施茂林教授
七秩華誕祝壽論文集 下冊

●召集人：邱太三　●總策劃：唐淑美

五南圖書出版公司 印行

目　錄

第四篇　刑事法

第五篇　醫事法

第六篇　智慧財產權

附論

第四篇

刑事法

第一章

想像競合犯可否宣告輕罪保安處分？最高法院大法庭鑑定意見書（摘要版）

林鈺雄 *

壹、前言

貳、法律解釋之論證

參、我國實務之例證

肆、德國實務及比較法之例證

伍、結論：敬覆鈞院之四大提問

陸、附圖

*國立台灣大學法律學院專任教授

摘　要

緣以最高法院 108 年度台上大字第 2306 號案涉及「被告以一行為觸犯數罪名，從一重論處所犯重罪之『刑罰』，應否依其所犯輕罪一併宣告『保安處分』？」，因最高法院歷來裁判有肯定說、否定說之不同見解，滋生疑義，筆者受託提出鑑定意見。

本案乃我國大法庭新制上路後，最高法院第一件大法庭案件，具有指標性意義。本鑑定意見書採肯定說，以下摘要版分別從法律解釋、我國實務、德國實務及立法例觀點論證，結論認為**重罪刑罰無論如何從重（或加重），皆無法吸收輕罪保安處分**，依立法意旨輕罪保安處分仍應（或得）宣告（詳見鑑定意見書全文）。

關鍵詞：從一重論處，想像競合，保安處分，充分評價原則，吸收原則。

壹、前言[1]

被告以一行爲觸犯數罪名，從一重論處所犯重罪之「刑罰」，應否依其所犯輕罪一併宣告「保安處分」[2]？關此問題，本鑑定意見採肯定說，並區分以下問題面向，歸納如下結論[3]：

Q1：輕罪之法律效果，對於想像競合之主文宣告是否毫無作用？

Q2：想像競合規定，究竟是採取「（絕對的）吸收原則」，抑或結合所觸犯不同刑法規定之「結合原則」？

Q3：想像競合規定，是不是要讓行爲人因爲多觸犯了一個重罪，所以就得到豁免輕罪法律效果的概括優惠呢？這也是有無違反「充分評價原則」的競合論根本問題，必須念茲在茲。

---

1 本文為我國最高法院第一件大法庭案件（108年度台上大字第2306號）法律鑑定意見書之摘要版，與全文版一併於109年1月7日提出。全文版刊登於《月旦法學雜誌》，第299期，2020年4月，頁65-94，詳細引註請參考該版本。關於大法庭制度之繼受沿革，另參下文註7之說明。

2 Vgl. Eschelbach, in: SSW-StGB, 3. Aufl., 2016, § 52 Rn. 69 f.; Fischer, StGB, 65. Aufl., 2018, § 52 Rn. 1 ff.; Roxin, AT II, 2003, 2. Aufl., § 33 Rn. 109 ff.; Sternberg-Lieben/Bosch, in: Sch/Sch-StGB, 29. Aufl., 2014, § 52 Rn. 38 ff.; Wessels/Beulke/Satzger, AT, 48. Aufl., 2018, Rn. 1265 ff.

3 歧異裁判僅例示：108年度台上字第337號（刑事，下同）判決採肯定說；108年度台上字第1908號判決採否定說。國內文獻採肯定說者如：吳燦（2018），〈加重詐欺及參與犯罪組織之法律適用：最高法院107年度台上字第1066號刑事判決評析〉，《月旦裁判時報》，75期，頁50-60；林鈺雄（2019），《新刑法總則》，7版，頁613。採否定說者如：薛智仁（2019），〈想像競合之輕罪封鎖作用：評最高法院108年度台上字第337號刑事判決〉，《月旦裁判時報》，86期，頁49-58；許澤天（2019），《刑法分則（上）：財產法益篇》，頁159。

Q1：有別於法條（規）競合，想像競合係屬**「眞正競合」，所有觸犯的犯罪皆已眞正成立**，故不但主文皆應宣告有罪（羅列罪名之釐清功能），且輕罪之法律效果，對於想像競合之主文宣告並非毫無作用，仍應注意；**在輕重罪分別規定「不同種類的制裁效果」時，例如：僅輕罪規定保安處分或義務沒收**，尤其重要。

Q2：想像競合於法理上及立法上皆不採「（絕對的）吸收原則」，而是採取結合已成立之不同刑法規定的「結合原則」；我國刑法體例上將觸犯數罪名／眞正競合之想像競合與實質競合，一併納入總則編「第七章 數罪併罰」，亦表明此立法意旨。**僅在立法明示的「刑罰／主刑」範圍內（刑法第55條前段，結合第33、35條之主刑輕重比較），始例外採取「限制吸收」給予特別優惠**，其餘已經成立之輕罪法律效果皆應回歸結合原則／併罰規則而不在限制吸收範圍。結合原則就（眞正）觸犯數罪名之不同種類、無法比較輕重之法律效果，以併科宣告之累積原則爲本，以達罪刑相當，及充分而不重複、不過度之評價。

Q3：想像競合規定不是要讓行爲人只因多觸犯了一個重罪，所以就得到概括豁免輕罪所有效果的額外好處；**憲法（罪刑相當、平等原則）、刑法法理（充分評價原則）及刑事政策上**不容如此，立法者亦無此概括豁免用意。

據此研究結論，**重罪刑罰無論如何從重（或加重），皆無法吸收輕罪保安處分**，依立法意旨輕罪保安處分仍應（或得）宣告。以下分別從法律解釋、我國實務、德國實務及立法例，摘要論證如下（詳見鑑定意見書全文）：

貳、法律解釋之論證

現行刑法第55條如何解釋？首應區分條文前段（「從一重處斷」）

與但書（「封鎖效果」，此概念亦僅用於較輕刑最輕本刑之限制，無涉其他效果）。由於法條結構上，但書是跟著前段文字而來且構成前段例外，因此，前段如何解釋既是先決問題也是核心所在，必先界定前段之射程距離，始能論斷但書之適用範圍。關此，解釋上大體可分爲兩種對立見解：

第一說：前段採擴張解釋論／全部吸收說（圖 1.1、1.3）

前段全部吸收，也就是採絕對吸收原則（Q2），「從一重處斷」是指最重本刑之重罪，完全吸收輕罪之刑罰（含主刑、從刑、併科罰金），以及保安處分和沒收等其他法律效果。

第二說：前段採限縮解釋論／結合原則說（圖 1.2）

結合原則才是想像競合之基本原則（Q2），僅在法律特別規定排除的範圍內，始予例外優惠，此即前段所稱「從一重處斷」，立法者僅在此明文範圍內承認**主刑限制吸收**作爲結合原則之例外。據此，但書所示構成例外之例外，僅是回歸結合原則本身之立法宣示及例示而已，縱無明文規定，解釋上亦同。

一、文義解釋

文義解釋是所有法律解釋的出發點。第一說全部吸收的唯一論據，是形式上前段文義所稱「從一重處斷」，但卻過度引申、擴張（圖 1.3），逸脫條文文義之解釋極限。**既然文義稱從一「重」處斷，適用前提是法律效果有輕、重可資比較，才能判斷出孰輕孰重**；因此，前段必須結合關於輕重比較之其他立法指示規定，始能適用，而**現行刑法僅限於「刑罰／主刑」才有輕重比較的明文規定**，且以立法明文界定「不同種類主刑」之輕重判斷（刑法 §§ 33、35）。總言之，縱使將前段文義做最擴張的解釋，射程距離至多也僅止於吸收刑罰而已。

反之，要件、目的與性質不同的刑罰 v. 保安處分之間，以及不同種類的保安處分之間（例如：毒品戒治 vs. 性犯罪強制治療），不但形式上沒有任何比較輕重的立法規定可循，實際上也無從比較孰輕、孰重，故**單從文義解釋即可得知保安處分本來就不在前段文字的射程距離，因此也無關但書之擴張適用或類推適用**。全部吸收說法把保安處分納入輕重比較，形式上違反文義解釋且實際上也不知如何比較，迄今亦未提出如何比較的標準。

二、體系解釋

以上第二說解釋爲當，亦可從體系解釋獲得支持。應予注意，我國刑法體例上係將實質競合與想像競合這兩種「觸犯數罪名」的眞正競合型態，一併納入總則編「第七章 數罪併罰」，其本質及原則就是結合觸犯且成立的數罪名的效果而併罰之，僅在有特別立法排除規定時才予以排除，而第 55 條前段的限制吸收，正是這種排除併罰一般規則的特別規定，否則也沒有理由一併規定在第七章。超過文義範圍而不在第 55 條前段射程距離範圍者，自是回歸結合原則與併罰規定，**不同種類制裁是依累積原則**，因爲不同種類制裁彼此無法取代或比較輕重，併予宣告也不生重複評價問題，而是達到充分評價要求；系爭輕罪保安處分即屬之，故應併予宣告。反之，第一說論者，無法解釋我國刑法這種體例用意爲何；此外，德國實務當初也是從想像競合規定於刑法典的章節體例，依體系解釋認爲絕對吸收說，顯不可採。

其次，前段以立法方式明示「從一『重』處斷」，而現行刑法僅有「刑罰／主刑」才有輕重比較的明文規定，且以立法明文界定「不同種類主刑」之輕重判斷（刑法 §§ 33、35），保安處分則否，這也是依我國刑法應採第二說的體系解釋例證，已如前述。我國立法並無不同種類保安處分之輕重比較規定。

三、目的性解釋／規範目的

(一) 自二元制裁論以觀：宣告刑罰不能吸收保安處分

以本案系爭輕罪保安處分爲例，在我國現行二（多）元制裁論之下，刑罰與保安處分這兩種法律效果的要件、目的及性質有別，**刑罰無論如何科處（或加重）都不能吸收保安處分，例如：刑罰再怎麼從重也無法吸收或免除性犯罪者之強制治療或毒癮者之觀察勒戒**。但依全部吸收說對於條文前段的解釋，包含保安處分在內的輕罪所有效果都將一概被吸收，不但於法無據，也完全顛覆二（多）元制裁之體系，違反立法者創設保安處分之目的。

(二) 自競合論目的以觀：充分評價原則

競合論的目的／任務，在於對行爲人的所有犯行，作出充分而不過度、不重複的評價。這是指導競合論的「帝王條款」。所稱「充分而不過度」的評價，其實也是罪刑相當、禁止過度評價及禁止不足評價等原則映射在競合論的倒影，與憲法的比例原則有關。

全部吸收的第一說，將造成評價不足，違反充分評價原則。**全部吸收說法所持的「立法假設」是，依重罪最重本刑宣告即足以涵蓋輕罪所有效果的全部不法與罪責內涵；持第1說也只能這樣假設，否則不可能達到充分評價要求**。然而，縱使在狹義刑罰的範圍內，這個假設也不成立，立法者從來也沒有這個意思。單以從刑爲例，僅輕罪有褫奪公權規定時，無論重罪主刑多重，都無法涵蓋、反映立法者於輕罪中課予從刑之本旨，褫奪公權完全未被評價，嚴重不足。更遑論刑罰以外之保安處分等其他效果，僅宣告重罪刑罰，已經成立之輕罪的保安處分完全未被評價在內，顯然違反充分評價原則，也違反立法者於輕罪制訂保安處分效果之立法目的，犯罪與制裁之間難謂評價相當。

四、立法沿革解釋

將前段極度擴張解釋到包含輕罪所有法律效果的全部吸收，不但違反文義、體系與目的解釋，且從歷史／立法沿革解釋觀點，迄今提不出來任何立法史料的支持，也無法說明，若立法者有意要將保安處分納入從一「重」比較的射程距離，爲何不比照主刑而訂立比較輕重的規定呢？否則實務如何適用？

論者迄今唯一提出的立法沿革論據是[4]：我國刑法第 55 條於 2005 年修正時，（當時）德國刑法第 52 條第 4 項已有輕罪保安處分規定，我國立法者既然曾參考該條規定且僅針對科刑封鎖事項增訂但書，故可反面推知，立法者修法意旨係有意排除德國刑法科刑封鎖以外事項，因此不得宣告輕罪保安處分。

然而，以上說法恐是欠缺任何立法史料可以支持的主觀推測，且照此推測邏輯，德國當時立法條文也已經明文增修了「**同種想像競合**」的條文文字（「同一行爲觸犯多數刑法規定或同一刑法規定多次者」），但我國修正時卻未仿效立法。由此可反面推知，我國立法者也有意排除同種想像競合？果爾，我國向來承認同種想像競合之裁判，豈非全部違反修法意旨？

同此，德國刑法於第 53 條（實質競合）也明文規定適用第 52 條第 3、4 項，也就是實質競合時，也依照想像競合相同規則併予宣告保安處分；既然我國刑法於 2005 年修法時不採之，未增修第 51 條併予宣告保安處分，亦可反面推知，**我國於數罪併罰／實質競合情形也不得併予宣告輕罪保安處分**？據此，我國向來實務也是違反修法意旨？

---

4 參最高法院108年度台聲字第143號提案裁定，頁9-10。

五、合憲性解釋

充分而不過度評價，始符合罪刑相當原則、比例原則，已如前述。於合憲性解釋脈絡應提醒的另一問題是「平等原則」之違反問題。若就前段採全部吸收說，一個依法本來可能且個案亦有必要施以強制治療的性犯罪者，只因為其以一行為多犯了一個重罪，反而不能對其施以強制治療，亦即無論個案評估多有必要，都一概不得強制治療（Q3）。其荒謬何在，不待多言，刑事政策觀點難容如此解釋適用，更重要的是，「除了多犯了一個重罪的行為人之外，其餘性犯罪者皆可能施以強制治療處分」的顛倒優惠，恐怕是反其道而行的恣意差別待遇，裁判若採此見解，自身可能違反憲法保障之平等原則，將來成為憲法訴訟審查之對象[5]。強制工作規定被宣告違憲前，情形亦同。

參、我國實務之例證

於最高法院否定說裁判出現之前，依照我國實務穩定見解（不論刑法修正前或修正後），結論都是同本鑑定意見書所採的第二說；若採第一說擴張前段射程距離至全部吸收，則最高法院因裁判歧異而必須連動統一見解的規模與數量，恐怕超出想像，不僅止於輕罪保安處分問題而已。

簡言之，針對2005年封鎖效果但書（表1.2　A2事項）修正之定性，是否屬於刑法第2條所稱的行為後「法律有變更者」呢？依照第1說之論證，前段射程距離及於輕罪所有效果，因此，除但書明文規定之科刑封鎖效果外，其餘全部被吸收。據此說法，依我國舊刑法，因欠缺

5　參已於2019年1月4日修正公布，自3年後施行之憲法訴訟法§§ 1 I (1)、59 I（裁判憲法審查案件）及§ 92 I（援引大法庭見解之裁判的過渡條款）。

但書明文，故輕罪最輕本刑依法不生封鎖效果。一以貫之，一來，不但修法前實務肯認封鎖之見解皆違反當時刑法規定（如 65 年度第 7 次刑事庭推總會決議（二）及其後所有援引之裁判），有違罪刑法定原則；二來，2005 年之修法應屬刑法第 2 條所稱之「行爲後法律有變更」且對行爲人不利。故依照刑法第 1、2 條罪刑法定原則與從輕原則之綜合適用，於舊法行爲時之所有案件，修法後皆應進行新舊法比較，且應適用舊法，故不受輕罪最輕法定本刑之限制。實務若溯及適用對行爲人不利之新法規定，可能**違反罪刑法定原則派生之禁止溯及原則**。

反之，若依第二說之限縮解釋，但書修正於定性上非屬法律變更，故無庸比較新舊法，亦不生罪刑法定或從輕原則之違反問題。關此，我國實務率皆認爲上開新增封鎖效果立法規定，僅係將通說與實務早已承認之「法理明文化」而已（德國修法，立法理由亦同此定性）；換言之，有規定時固然應該如此，沒規定時依法理本來也應該如此，新舊法解釋上既然相同，因此增訂但書不是刑法第 2 條所稱「法律有變更」。**我國最高法院就此結論皆同第二說**，如修法前之 65 年度第 7 次刑事庭推總會決議（二），及修法後之 95 年度第 8 次刑事庭會議決議（「新法第 55 條但書係科刑之限制，爲法理之明文化，非屬法律之變更。」）及 95 年度第 21 次刑事庭會議決議。此外，我國實務於但書增訂後，從來也不比較新舊法，與第一說的論點完全不同；**若要髮夾彎改採第一說，所有相關實務見解都要一併變更**，否則自相矛盾。

另應注意，我國現行數罪併罰規則（刑法 § 51），就觸犯數罪名者，不止想像競合，**連實質競合同樣未明文規定各罪名之保安處分應否併予宣告問題**，但實務向來都是理所當然併予宣告。系爭本案採否定說的指控若可成立，我國向來實質競合實務同樣也違反罪刑法定原則，必須一併變更。

由以上我國實務例證可知，我國最高法院一致立場是第二說，同德國修法前之實務見解。

肆、德國實務及比較法之例證

德國刑法第 52 條想像競合規定修正之前，亦無明文規定，但其實務見解[6]（包含刑事大法庭之裁定，亦為我國大法庭制度主要繼受的藍本）皆已採第二說，同本鑑定意見書，認為主文宣告亦顧及輕罪已經成立且有罪之事實，因此也應在所有已成立之刑法規定的範圍內並考慮所有刑法規定的法律效果而宣告（Q1）；據此，想像競合規定解釋上不應採取形式意義的絕對吸收原則，而應採取實質意義的結合原則，不同種類之制裁效果應予併科（Q2）。想像競合規定之規範目的，並非容許任何人只因為多觸犯了一個重罪，就反而得到概括豁免輕罪其他法律效果的好處，立法規定也無法解讀出立法者曾有這種想法（Q3）。此乃合法、合理之法律解釋範圍，符合充分評價要求且不生違反罪刑法定、權力分立或法官造法之問題。

例如：1939 年帝國法院刑事大法庭裁定（RGSt 73, 148）[7]，提案法律問題即包含當時法（仍）無明文規定的輕罪主刑以外之其他法律效果問題，裁定要旨認為：於想像競合，當僅較輕罪規定允許從刑及附隨效果時，從刑及附隨效果也應或得宣告之。

再如，德國聯邦最高法院（BGHSt 7, 307）延續帝國法院見解，於

---

6 Vgl. RGSt 18, 193; 73, 148; BGHSt 1, 152; 7, 307.

7 Großer Senat für Strafsachen. Beschluß v. 22 März 1939. G.S. St. 2 und 3/1938-4D 764/37, 301/38 und 565/38.
就制度言，德國帝國法院本來是以聯合刑事庭（vereiniger Strafsenat）統一法律見解（§§ 136 ff. GVG a. F.），類似我國舊刑事庭會議模式；1935年德國法院組織法修法後，改採大法庭制度，大體沿用至今（§§ 132, 138 GVG）；此即我國法院組織法新增修二階式大法庭制度之繼受藍本。沿革參王士帆，〈德國大法庭—預防最高法院裁判歧異之法定法庭〉，刊：林鈺雄主編，《最高法院之法治國圖像》，2016年，頁157-199（頁165-166）。

修法前即明白肯認輕罪所定之保安處分或沒收等其他法律效果，亦應或得宣告之（A4）。判決理由同樣強調：想像競合之宣告刑不得低於較輕罪之最輕本刑、從刑的基本想法是，行爲人不得因爲其行爲不僅觸犯一條刑法規定，而是多數刑法規定而獲得好處（Q3）。該案被告因一行爲不僅觸犯一個刑法規定，而是多數刑法規定，且較輕罪有宣告剝奪駕駛許可之保安處分的規定，故應允許宣告命剝奪駕駛許可之保安處分。德國後來修法雖增訂 A1-A4（表 1.2）等事項，但立法理由特別強調僅係**將實務早已承認的見解明文化而已**。同我國實務對於 2005 年但書增修之定性。

再就德國以外之其他立法例言，如採單一刑罰原則之德國少年法院法、奧地利刑法及瑞士刑法，對於系爭輕罪保安處分之立場爲何？一言以蔽之，就是皆併予宣告，結論與採區分原則之德國刑法，並無不同。刑罰與保安處分屬於不同種類的制裁，觸犯數罪名者若僅宣告刑罰，根本不足以也不可能吸收執行保安處分之必要性，不同種類保安處分之間亦然，因此結論都是回到累積併科之原則，也就是所觸犯輕重罪之一有保安處分規定且符合其前提者，應併予宣告。瑞士舊刑法就此明文規定，現行刑法修正時反而刪除這些文字，但刪除後仍應併予宣告，依其權威刑法文獻說明[8]，這是眞正競合的自明之理，根本不待法律明文規定！

換言之，依照本鑑定意見書所分析的所有立法例及解釋論，從 19 世紀到 21 世紀，**只要是眞正競合，不論想像競合或實質競合，不論採單一刑罰或區分原則，結論都是併予宣告輕罪保安處分；縱使競合規定未明文規定採肯定說，解釋上及實務上皆然，迄今未見就輕罪保安處分**

8 Vgl. Ackermann, in: Basler Kommentar Strafrecht I - Art. 1-110 StGB / Jugendstrafgesetz, 3. Aufl., 2013, Art. 49 Rn. 100; Stratenwerth, Schweizerisches Strafrecht, AT I: Die Straftat, 4. Aufl., 2011, § 19 Rn. 23.

採否定說之比較法例證。

伍、結論：敬覆鈞院之四大提問

基於以上說明，針對鈞院所提四個子問題，結論說明如下：

一、刑法第 55 條前段想像競合犯從一重罪名時，其「處斷刑」之性質與形成，及其與罪刑相當原則、罪刑法定原則之關係與適用。

想像競合採結合原則，體例上與同屬真正競合的實質競合規定在「第七章　數罪併罰」，限制吸收是基於一行為而來的例外優惠，前段即是採限制吸收之例外優惠的立法特別規定，立法者指示於可資比較輕重的法定刑之間，應從最重法定本刑處斷（主刑輕重比較依刑法 §§ 33、35 之明文規定，含不同種類之主刑的比較），立法意旨與射程距離也僅止於此。亦即，在主**刑**範圍內，立法者於前段以限制吸收來達成充分但不過度、不重複之罪刑相當評價。

在刑罰以外之其他法律效果，如系爭本案保安處分問題，自始無從依前段比較輕重，也不在前段的射程距離，**立法者自始無將其吸收於刑罰之用意**；若想自創立法規定所無的不同種類保安處分的輕重比較，既做不到也於法無據。認為重罪刑罰完全吸收輕罪保安處分之說法，於法無據。

此外，刑罰固然應受罪刑相當原則、罪刑法定原則之拘束，但保安處分並非刑罰，其適用原則主要是法律保留原則、比例原則。宣告保安處分自應合乎各該規範保安處分要件的立法授權依據，依輕罪保安處分規定而宣告，不違反法律保留原則；且保安處分目的無法被刑罰吸收，宣告輕罪保安處分正是充分評價原則之表現，犯罪與制裁相當，也合乎比例原則。至於立法者是否濫用保安處分，則是另一立法論問題。退萬步言，縱使將拘束人身自由之保安處分一概當成刑罰而納入前段處斷「刑」，也無法依據第 33、35 條的主刑／法定刑去比較輕重，結論仍無關第 55 條前段從一「重」之適用。

由此可知，不在前段射程距離的輕罪保安處分及沒收等其他法律效果，主文仍應宣告始能充分評價，犯罪與制裁兩者之間始屬相當；且因其性質、目的自始無從被重罪刑罰吸收，故併予宣告不生重複評價或過度評價之問題。

二、法學上有無「法律應統一及整體適用，不得任意割裂適用之原則」？若有，其概念為何？於想像競合犯有無適用？

法學上並不存在所謂的「法律應統一及整體適用」之概括統一原則，競合論上從來亦無此原則可言，且無創設此原則之必要。不眞正競合如法條競合，之所以不適用被排斥的法條，是因為依照立法者的意旨，實際上並不成立被排斥的法條，且被排斥之法條的不法與罪責內涵已經被包含，因此僅能適用成立之法條而已，本來就無關概括統一原則。

反之，眞正競合時所有的犯罪都已成立，本質上是結合（各該當之）刑法規定，所以稱為觸犯數罪名，更不可能適用本來就不存在的概括統一原則，也沒有「任意」割裂適用的問題；否則我國刑法規範眞正競合的總則編「第七章 數罪併罰」規定，幾乎都是違反所謂的概括統一原則。退萬步言，縱使法學上有此原則，我國想像競合輕罪科刑封鎖效果的立法規定，乃至於數罪併罰的併科規則規定，也已明文否定此項原則。

三、若將刑法第 55 條但書所規定，輕罪科刑之封鎖作用，擴張至輕罪所規定拘束人身自由之保安處分者，有無違反罪刑法定原則？
四、刑法第 55 條但書所規定，輕罪科刑之封鎖作用，是否及於輕罪所規定之沒收、拘束人身自由之保安處分或其他法律效果？

問題三、四，提問之「前提」及「概念」皆有待釐清。就「封鎖作用」此法律概念與專有名詞言，本來就僅指稱「較輕罪主刑最輕本刑限制」（A2 事項）而已；保安處分或沒收（A4 事項）自始就無涉封鎖作用，遑論擴張，故不應誤（濫）用此概念；A4 併予宣告是來自於其他法理與條文解釋。依照法律解釋，刑法第 55 條的但書是跟著前段而來，邏輯上必先落入前段射程距離，始生但書適用與否；反之，若提問之保安處分及沒收等其他非屬刑罰之法律效果，自始不在前段射程距離與吸收範圍，如本意見書所採第二說見解，則根本不生但書的擴張或類推適用問題，當然就更無關禁止不利類推之罪刑法定原則的違反問題。

此外，前段不但僅規範刑罰，且依其文義也僅針對法定本刑／主刑輕重而發，此點亦可由參照刑法第 33、35 條體系解釋獲得印證。再者，縱使將拘束人身自由保安處分當成實質刑罰，也不是立法規定所列舉的法定本刑／主刑，更無從依法比較輕重（不然，如 A 罪最重 5 年有期徒刑，B 罪最重 2 年有期徒刑＋ 3 年拘束人身自由保安處分，試問孰輕孰重？再如 C、D 罪主刑皆同，C 罪有 3 年強制戒治、D 罪有 3 年強制工作之保安處分，何者為重？），故同樣不在前段射程距離，性質上亦無從比較或吸收。更遑論非拘束人身自由之保安處分及沒收等其他法律效果，自非前段所及，更不生但書擴張問題。

最後特別強調，強制工作規定立法本身有合憲性與立法論之質疑，但宣告其違憲並非大法庭之職責與任務，更不宜以否定想像競合輕罪保安處分之統一法律見解方式來達成，否則反而造成評價輕重顛倒、恣意差別待遇之惡果：實務對只犯輕罪者仍義務宣付 3 年強制工作，對多犯重罪者則網開一面。裁判若如此，等於是昭告人民，害怕被義務宣付強制工作者，一定要多犯重罪，而且犯越重才越保險！這不但沒有解決強制工作之立法與違憲問題，反而自身開啓另一個令人質疑合憲性的戰場，治絲益棼，顯非得宜。

陸、附圖

表 1.1　犯罪競合論之體系表：眞正 v. 不眞正競合關係

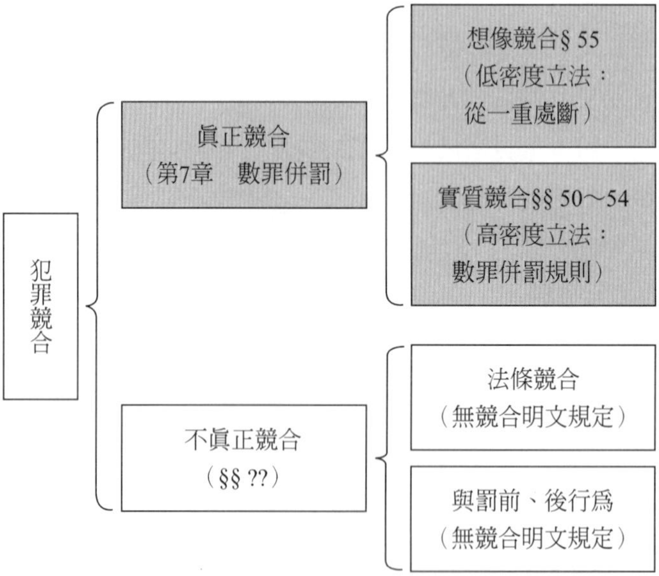

表 1.2　立法（未）明文規定事項比較

刑法想像競合條文有無明文規定：	我國舊刑法	我國新刑法	德國舊刑法	德國新刑法	日本刑法
A1同種想像競合？	╳	╳	╳	○	╳
A2輕刑封鎖效果？	╳	○	╳	○	╳
A3併科罰金？	╳	╳	╳	○	╳
A4其他法律效果 a.從刑 b.保安處分 c.沒收……	╳	╳	╳	○	僅規範沒收併科
A5行政罰競合？	╳	╳	╳	╳	╳
A6（去）夾結效果？	╳	╳	╳	╳	╳
A7主文釐清功能？	╳	╳	╳	╳	╳
A8法條競合適用？	╳	╳	╳	╳	╳
A9……					

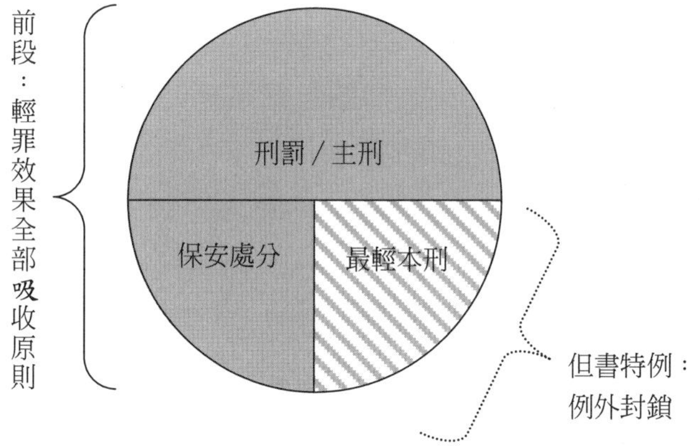

圖 1.1　前段擴張解釋說：全部吸收（灰色區域）＋封鎖特例

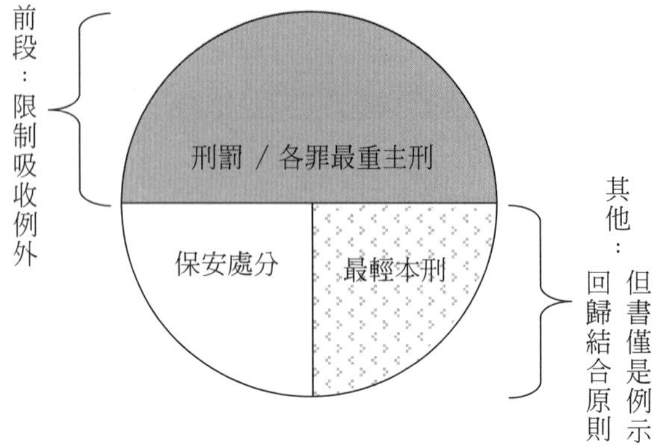

圖 1.2　前段限制解釋說：結合原則＋限制吸收例外（灰色區域）

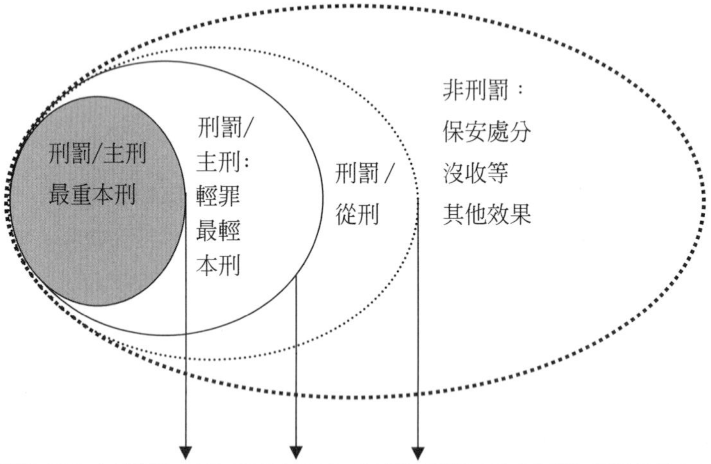

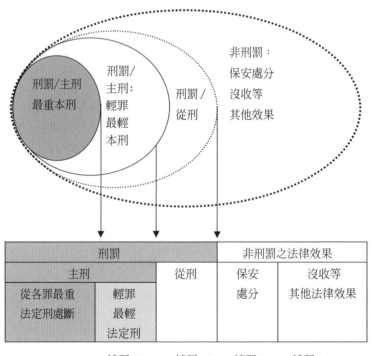

刑罰			非刑罰之法律效果	
主刑		從刑	保安處分	沒收等其他法律效果
從各罪最重法定刑處斷	輕罪最輕法定刑			

→ 擴張 *1　→ 擴張 *2 → 擴張 *3 → 擴張 *4

第一說擴張解釋前段／全部吸收範圍

圖 1.3　前段射程距離範圍

第二章

最高檢察署訴訟組的現在與未來

江惠民 [*]
陳瑞仁 [**]
吳巡龍 [***]

*檢察總長
**調辦事檢察官
***調辦事檢察官

摘　要

最高檢察署訴訟組於 2019 年 2 月 26 日正式揭牌成立，其設立宗旨爲：至最高法院蒞庭進行言詞辯論、作爲法務部的法律智庫、針對具體個案提供法律意見給一、二審檢察官、建立檢方與學界之平台、發掘與組織一、二審法律人才。至 2020 年 4 月止已參與 13 件案件，本文介紹其中之 4 件案件。未來展望則期望藉由參與憲法訴訟，追求與美國聯邦訴訟總長（The Solicitor General）同等崇高地位爲目標，故本文第三章先探討聯邦訴訟總長辦公室的基本運作模式與成功之因素，接著指出最高檢察署訴訟組參與憲法訴訟之可能方式應該有四：經法院或法規範主管機關依憲法訴訟法第 6 條第 2 項指定爲「相對人」、經法院依同法第 19 條前段指定爲「關係人」、經法院依同法第 19 條後段指定爲「就相關問題提供專業意見或資料之機關」、依同法第 20 條第 1 項主動聲請法院裁定許可提出「法庭之友書狀」。相信數年之後，訴訟組應能展現實力贏得最高法院與大法官以及人民之高度信賴，爲提升訴訟品質與促進法治貢獻心力。

關鍵字：最高檢察署訴訟組，美國聯邦訴訟總長，大法庭，憲法訴訟，法庭之友，言詞辯論，蒞庭，專家諮詢。

壹、最高檢察署訴訟組的建置過程與成立宗旨

一、籌設經過

2018 年 5 月間，爲因應最高法院言詞辯論常態化之趨勢，時任法務部長邱太三認最高檢察署成立訴訟組（原稱「公訴組」）之時機已經成熟，即與檢察總長會商籌設事宜。由於 2 人理念契合，訴訟組之重要藍圖儼然成形，以倣效美國聯邦訴訟總長辦公室（The Office of the Solicitor General）爲中心思想。同年 6 月 29 日法務部於函准新竹地檢署檢察官陳瑞仁（時任法務部參事）、澎湖地檢署檢察官吳巡龍、新北地檢署檢察官黃則儒 3 人至最高檢辦事，協助總長辦理籌設事宜。同年 7 月 16 日，蔡清祥部長上任後，籌設小組提出第一份「最高檢察署公訴組建制企劃書」，開始訴訟組之規劃工作，初步蒐集國內外法律審言詞辯論相關法規（含組織、程序、辦案手冊）及國內法現有規則，著手翻譯美國聯邦最高法院訴訟規則，並拜會最高法院法官了解該院現行言詞辯論現狀，討論未來訴訟組檢察官蒞庭時所可能面對的問題。同年 9 月 26 日至 10 月 8 日間，公訴組之「設置要點草案」、「書類製作要點草案」、「分案流程圖、書類流程圖」的初稿相繼出爐。最高檢察署遂於同年 10 月 16 日召開第一次訴訟組籌設會議，討論已出爐之二內規草案及其他設置事宜。至 11 月 6 日再開第二次訴訟組籌設會議。在此籌設期間，已經陸續提出 2 件行言詞辯論聲請書。

同年 12 月 7 日，立法院三讀通過關於大法庭設置之法院組織法修正草案，其中法院組織法第 51-8 條第 1 項明定「民事大法庭、刑事大法庭裁判法律爭議，應行言詞辯論。」最高檢察署即加快腳步，於同月 27 日下午，在檢察官會議討論訴訟組成立事宜及相關內規，並於 108 年 1 月 31 日上網發布「最高檢察署訴訟組辦案作業要點」（含總說明及逐點說明），翌日由總長指派詹麗麗主任檢察官爲訴訟組主任檢察

官，朱富美檢察官、蔡瑞宗檢察官爲訴訟組檢察官。同年2月15日總長率員至最高法院拜會鄭玉山院長，傳達最高檢即將成立訴訟組之訊息。108年2月26日，本署訴訟組正式揭牌成立，並舉行記者說明會。

二、成立宗旨

最高檢察署訴訟組成立的第一個宗旨是蒞庭與撰狀，即至最高法院蒞庭進行言詞辯論並事前製作書類。在大法庭新制引進後，檢方面臨最大的挑戰是法庭辯論的直播（或全程錄音之公告）與法律專家諮詢。所以必須有專組集中人力與時間專心研究系爭法律問題，以便在法庭以堅強的法理面對法律專家並說服法官。

訴訟組成立第二個宗旨是做爲法務部的「法律智庫」。長久以來，檢方面對一波一波的司法改革，窮其力應付民間團體與司法院之眾多法律提案，均處於被動狀態，僅能對單一問題做出救火性質的回應，致無法主動提出一套完整的對應版本。究其原因，在於檢方欠缺一個能夠專心研究法案之團隊。而最高檢察署訴訟組可以集合學者型之檢察官負起此項任務，積極與法務部檢察司合作，做爲法務部的法案後援部隊。

訴訟組成立第三個宗旨是針對具體個案提供法律意見予一、二審檢察官作爲辦案參考。檢察總長依據法院組織法第64條與法官法第93條對於具體個案有指揮權，此具體指揮權並不限於偵查作爲，尚包括「法律適用之妥適」，故訴訟組可以透過檢察總長的指揮權適時提供法律意見給一、二審檢察官。而法務部檢察司雖亦可提供法律見解給全國檢察官參考，然僅限於通案，不得針對具體個案爲之（參法官法第94條第2項但書「但法務部部長不得就個別檢察案件對檢察總長、檢察長、主任檢察官、檢察官爲具體之指揮、命令」），故檢察總長之指揮權剛好可以補充法務部通案函釋不足之處。

訴訟組成立的第四個宗旨是建立檢方與學界之平台。訴訟組在行專家諮詢或參與法務部之修法工作時，均會與學者有頻繁之互動。若再加上積極出席學術研討會及發表學術性文章，更能提升檢方法律見解的能見度。

訴訟組成立的第五個宗旨是發掘與組織一、二審法律人才。檢方不乏優秀的法律人才，訴訟組可以在提供法律意見予基層檢察官時，或在特定法律議題與一、二審檢察官專案合作時，發掘這些人才作爲訴訟組之協力成員，以擴展訴訟組之能量，甚或吸收爲訴訟組辦事檢官。如此檢方可培養源源不斷的法律人才，以深化法學之精研。

三、主動提出聲請

最高檢察署訴訟組設置之初，最高法院刑事大法庭尚未正式運作，除死刑案件外，最高法院甚少通知檢方開庭，故訴訟組須主動尋求案件聲請言詞辯論。至大法庭成立後，訴訟組亦積極向大法庭聲請提案，其運作模式如下。

找案方式主要由調辦事檢察官從晚近之台灣高等法院法律座談會紀錄、專業法學期刊著手，了解目前實務法律爭議及學界對該等爭議之看法。若認爲該法律爭議對司法正義或社會治安有重大影響，即蒐尋目前上訴最高法院之案件，是否有合適案件包含此法律爭議？若有，調辦事檢察官 3 人先合議確認，再向承辦檢察官報告，由承辦檢察官決定自行承辦（可要求調辦事檢察官協助）或簽移訴訟組檢察官接辦。另外，有部分案件係最高檢察署承辦檢察官主動發現原判決之法律見解有實務見解歧異或不當之情形，因需調辦事檢察官協助查詢國內外相關文獻，而簽移訴訟組檢察官接辦。

訴訟組檢察官接案後，主責之調辦事檢察官負責整理系爭案件與法律爭點有關的事實、本案下級審對法律爭點之見解，並研究相關法條之立法意旨、實務見解、國內學說，其他調辦事檢察官則協助研究國外相關立法例、學說及實務見解，並一起研究、草擬本署對該爭點之意見，再報告承辦檢察官共同討論及書狀定稿。

本文以下分二部分，第二章對最高檢察署訴訟組聲請提案予刑事大法庭之 4 個案件作簡要介紹，藉以說明訴訟組至今做了些什麼。第三章對最高檢察署訴訟組參與憲法訴訟之可行性做評估分析，藉以說明訴訟組未來可以做些什麼。

貳、最高檢察署訴訟組聲請提案予刑事大法庭案件簡介

最高檢察署成立訴訟組，核心任務是促使及對應最高法院行言詞辯論及妥適統一法律見解。最高檢察署訴訟組成立迄今，依個案司法實務見解歧異程度及爭點之繁簡，並考量最高法院刑事大法庭案件負荷，分別向最高法院聲請提案予刑事大法庭、聲請最高法院審理庭行言詞辯論、提非常上訴書、追加理由書，書類並均即時在本署網頁上網，供社會各界檢視，至今共計 13 件，其提出日期與法律爭點詳如附件表 2.1「最高檢察署訴訟組案件列表」。

本文因篇幅所限，僅就聲請提案予刑事大法庭之 4 個案件作簡要介紹，該等案件均係因原判決之法律爭點與最高法院先前見解產生分歧，且具原則重要性，實務經常發生，原判決之見解違背學理及主要參考國家如美國、德國、日本之立法例，才決定聲請提案予刑事大法庭。但最高檢察署訴訟組其他聲請案件亦相當重要，其中聲請最高法院審理庭行言詞辯論之案件計 4 件，提出非常上訴書 2 件，追加理由書 3 件，有興趣之讀者可參閱前述附表，或自行上最高檢察署網站、訴訟組資料查閱。

一、108 台聲菈 7 號楊○○加重詐欺案

台灣詐欺集團多年行騙海內外，非常猖獗，但我國法院對於詐欺集團成員應如何處罰，見解莫衷一是。因組織犯罪防制條例於 106 年 3 月

31 日修正、並自同年 4 月 21 日起生效施行，該條例第 2 條第 1 項修正爲「本條例所稱犯罪組織，指 3 人以上，以實施強暴、脅迫、詐欺、恐嚇爲手段或最重本刑逾 5 年有期徒刑之刑之罪，所組成具有持續性及牟利性之有結構性組織。」組織犯罪防制條例第 3 條規定：「（第 1 項）發起、主持、操縱或指揮犯罪組織者，處三年以上十年以下有期徒刑，得併科新台幣一億元以下罰金；參與者，處六月以上五年以下有期徒刑，得併科新台幣一千萬元以下罰金。……（第 2 項、略）（第 3 項）犯第一項之罪者，應於刑之執行前，令入勞動場所，強制工作，其期間爲三年。」刑法第 339 條之 4 規定：「（第 1 項）犯第三百三十九條詐欺罪而有下列情形之一者，處一年以上七年以下有期徒刑，得併科一百萬元以下罰金：一、冒用政府機關或公務員名義犯之。二、三人以上共同犯之。三、（略）。（第 2 項）前項之未遂犯罰之」。

因此，行爲人參與詐欺犯罪組織，並分工詐欺行爲，將觸犯參與犯罪組織罪與加重詐欺取財罪。倘以想像競合犯從重論以加重詐欺取財罪，應否依組織犯罪防制條例第 3 條第 3 項、第 1 項規定，於刑之執行前，令入勞動場所強制工作？因刑法第 55 條規定：「一行爲而觸犯數罪名者，從一重處斷。但不得科以較輕罪名所定最輕本刑以下之刑。」該條僅就「刑」明文規定輕罪封鎖效果，輕罪之保安處分是否同生封鎖效果，乃生疑義。

本案台灣高等法院台中分院 107 年度金上訴字第 2146 號判決認爲：被告就事實欄第一次所爲詐欺被害人王 0 明之行爲分擔，與該參與犯罪組織行爲間具有部分行爲重疊之情形，是此部分所犯參與犯罪組織與三人以上共同犯詐欺取財等罪間係爲想像競合犯之裁判上一罪關係，應依刑法第 55 條之規定，論以刑法第 339 條之 4 第 1 項第 2 款之 3 人以上共同犯詐欺取財罪；如事實欄之其餘四次詐欺行爲，均係犯刑法第 339 條之 4 第 1 項第 2 款之 3 人以上共同犯詐欺取財等罪；本案被告關於第一次行爲部分之論罪係依想像競合犯規定，論以刑法第 339 條之 4 第 1

項第 2 款之 3 人以上共同犯詐欺取財罪，而非組織犯罪防制條例第 3 條第 1 項後段之參與犯罪組織罪，爰不予適用組織犯罪防制條例第 3 條第 3 項之規定對被告再為強制工作之諭知；被告所為並不成立洗錢防制法之洗錢罪。

本案實務見解發生重大歧異之處有三：(一) 行為人參與詐欺犯罪組織，並分工詐欺行為，觸犯參與犯罪組織罪與加重詐欺取財罪，上開 2 罪應數罪併罰或以想像競合犯從重論以加重詐欺取財罪？(二) 上開情形，倘以想像競合犯從重論以加重詐欺取財罪，應否依組織犯罪防制條例第 3 條第 3 項、第 1 項規定，於刑之執行前，令入勞動場所強制工作？(三) 洗錢防制法 106 年 6 月 28 日修正施行後，詐欺集團車手之提款行為是否構成洗錢防制法第 14 條第 1 項之洗錢罪？本署乃就該案上開 3 爭點經聲請最高法院提案予刑事大法庭，最高法院僅就爭點二裁定送刑事大法庭。

就爭點二部分，目前最高法院對參與犯罪組織從事加重詐欺取財者，倘以想像競合犯從重論以加重詐欺取財罪時，應否依組織犯罪防制條例第 3 條第 1 項、第 3 項規定，於刑之執行前，令入勞動場所強制工作，有二種見解：(一) 仍應依組織犯罪防制條例宣告強制工作，例如：最高法院 108 年度台上字第 47 號、108 年度台上字第 337 號等判決。(二) 不應依組織犯罪防制條例宣告強制工作，例如：最高法院 108 年度台上字第 4 號、108 年度台上字第 416 號等判決。

本署認為被告於 106 年 7 月下旬某日參與犯罪組織與 106 年 8 月 15 日開始分工詐欺，係數罪併罰關係，分別犯組織犯罪防制條例第 3 條第 1 項後段之參與犯罪組織罪、刑法第 339 條之 4 第 1 項第 2 款之 3 人以上共同犯詐欺取財罪，就其所犯參與犯罪組織部分，應依組織犯罪防制條例第 3 條第 3 項規定，諭知於刑之執行前，令入勞動場所強制工作 3 年。倘認為被告以一行為觸犯組織犯罪防制條例第 3 條第 1 項後段之參與犯罪組織罪，及刑法第 339 條之 4 第 1 項第 2 款之 3 人以上共同犯詐欺取財罪，依想像競合犯關係從一重論以加重詐欺取財罪，經探求我國刑法第 55 條規定封鎖效果之立法目的、參考德國、日本、美國立法例、該等國家實務見解及主流學說，仍應依輕罪即參與犯罪組織罪所適用之組織犯罪防制條例第3條第3項之規定，一併宣告刑前強制工作。

本案成爲我國最高法院刑事大法庭第一件受理、也是目前爲止唯一受理之案件（108 年度台上大字第 2306 號裁定），最高法院開庭前徵詢程序顯示最高法院有三庭持與本署相同之肯定見解，五庭持否定見解。刑事大法庭於 109 年 1 月 16 日開庭，由最高法院選定林鈺雄、楊雲驊、許恒達、薛智仁四位教授提出法律鑑定意見，開庭過程以錄音檔全程上網，刑事大法庭於 109 年 2 月 13 日裁定，認爲：「行爲人以一行爲觸犯組織犯罪防制條例第 3 條第 1 項後段之參與犯罪組織罪，及刑法第 339 條之 4 第 1 項第 2 款之加重詐欺取財罪，依刑法第 55 條前段規定從一重之加重詐欺取財罪處斷而爲科刑時，於有預防矯治其社會危險性之必要，且符合比例原則之範圍內，由法院依組織犯罪防制條例第 3 條第 3 項規定，一併宣告刑前強制工作。」本件大法庭裁定意旨既忠於法理從善如流、且展現憲法高度，令人敬佩。

二、108 台聲菈 3 號謝○○貪污案

前台北市議員、現任中衛發展中心董事長謝○○，於 89 年間被控收受捷運工程包商、長發公司新台幣（下同）220 萬元賄款，爲劉○池關說北捷人事，歷審均判謝○○有罪，但最高法院於 107 年 8 月 15 日以 106 年度台上字第 3329 號判決認爲：全案其他被告均獲無罪確定，無從認定謝○○與長發工程負責人陳○華間的 220 萬元匯款不是借貸，也難認謝○○關說人事有收賄的對價，改判無罪確定。

本案經提起非常上訴，其不爭事實爲：謝○○利用其議員身分，爲人事關說及施壓，並向相關商人收錢。其重要爭點有二：(一) 最高法院依刑事訴訟法第 394 條第 1 項規定，應以第二審判決所認之事實爲判決

基礎，能否自行認定無對價關係，改判無罪？(二) 最高法院可否不經言詞辯論程序，而為與原審不同之事實認定？

刑事訴訟法第 394 條第 1 項規定：「第三審法院應以第二審判決所確認之事實為判決基礎。但關於訴訟程序及得依職權調查之事項，得調查事實。」刑事訴訟法第 398 條第 1 款規定：「第三審法院因原審判決有左列情形之一而撤銷之者，應就該案件自為判決。……一、雖係違背法令，而不影響於事實之確定，可據以為裁判者。」刑事訴訟法第 398 條第 1 款規定「不影響於事實之確定」，可據以為裁判之情形，依最高法院向來的實務見解，均是未變更原審事實認定之情形。本案最高法院 106 年度台上字第 3329 號判決，對於有無構成要件該當之事實，認定既與原審不同，其撤銷原判決、自為無罪判決之適法性，乃生重大爭議，對最高法院之角色定位影響深遠。

本署認為刑事訴訟法第 398 條第 1 款規定之「不影響於事實之確定」，應僅指第三審法院之重要事實認定與原審並無不同之情形，且縱有經過言詞辯論程序，亦不得為與原審不同之事實認定。原判決違背立法意旨、實務向來見解及學說，復悖於主要參考國家如美國、日本對此類撤銷改判原則均應經言詞辯論程序之立法例，既與事實審為不同之事實認定，且未予檢辯雙方表示意見之機會，其判決違背法令。本署於 108 年 7 月 15 日聲請最高法院將本案上開二爭點提案予刑事大法庭，唯最高法院並未裁定提案予刑事大法庭，而係由審理庭（第五庭）於 108 年 10 月 30 日自行開庭行言詞辯論，並委請王士帆、林超駿、陳運財三位教授出庭提出諮詢意見。

本案最高法院於 109 年 3 月 31 日裁定提案大法庭聲請駁回、判決上訴駁回。理由係認同本署意見，認為：最高法院 106 年台上 3329 號判決自行認定事實，嚴重侵犯一、二審事實判斷之空間；將各項證據割裂觀察，論證不合論理法則；「罪嫌不足」、「行為不罰」不分；就有爭議事項未經言詞辯論，而為突襲性裁判；但該等法律見解原無爭議，最高院無重申必要，駁回非常上訴及聲請提案大法庭。

三、108 台聲葅 1 號林〇〇貪污案

林〇〇係台北縣蘆洲市市民代表，與廢棄物清運業者蔡〇龍均明知蘆洲市公所核定清境公司載運進入垃圾轉運場之廢棄物數量爲每日 1 車 5 噸，蔡〇龍自 95 年 10 月間起，於每月上旬，親自或委託其子女至林〇〇住處，各交付 30 萬元現金予林〇〇或其配偶，林〇〇則於清境公司垃圾車司機載運垃圾進場，遇有清潔隊人員檢查、阻撓時，向該等人員施壓，以排除清境公司超量及夾帶一般事業廢棄物進場之障礙。案經台灣板橋地方法院檢察署（現已改制爲台灣新北地方檢察署）檢察官以林〇〇涉犯貪污治罪條例第 4 條第 1 項第 5 款之對於違背職務之行爲收受賄賂罪嫌提起公訴，台灣新北地方法院以 98 年度矚訴字第 1 號判決林〇〇犯對非主管、監督事務圖利罪，處有期徒刑 8 年，褫奪公權 5 年；台灣高等法院以 104 年度上訴字第 1546 號判決原判決關於林〇〇有罪及定應執行刑均撤銷，林〇〇犯對非主管、監督事務圖利罪，共二十一罪，各處有期徒刑 5 年 2 月，各褫奪公權 5 年，應執行有期徒刑 8 年，褫奪公權 5 年；最高法院以 106 年度台上字第 259 號判決原判決關於林〇〇有罪部分均撤銷，發回台灣高等法院。台灣高等法院以 106 年度重上更（一）字第 42 號判決原判決關於林〇〇對非主管、監督事務圖利罪部分暨定應執行刑部分，均撤銷。林〇〇犯對非主管、監督事務圖利罪，處有期徒刑 3 年，褫奪公權 3 年。

本案主要爭點爲：貪污治罪條例第 4 條第 1 項第 5 款違背職務收賄罪及第 5 條第 1 項第 3 款不違背職務收賄罪之「職務上之行爲」認定標準爲何？民意代表所制衡之行政機關職掌之事務，是否屬於民意代表之「職務上之行爲」？

本案台灣新北地方法院 98 年度矚訴字第 1 號判決、台灣高等法院 106 年度重上更（一）字第 42 號判決均認爲：「民意代表主要在於議

案之議決及審議，係以集體行使權力之方式展現，其個人並無所謂主管、監督事務；又關於行政機關所主掌管理及執行之特定行政事務，固屬民意代表個人質詢權行使所作用之對象，然此並非民意代表本身之『職務』，亦非其『主管、監督之事務』。是民意代表就其所制衡之行政機關職掌之事務，應無貪污治罪條例第 4 條第 1 項第 5 款之違背職務行為收賄罪、同條例第 5 條第 1 項第 3 款之職務上行為收賄罪、第 6 條第 1 項第 4 款之對於主管或監督事務圖利罪等規定之適用。」但又均強調，「惟市民代表之質詢或決議，既係在市民代表會中，直接針對市公所首長、官員之決策或政務施行而來，縱該質詢或決議並無法律上之拘束力，惟對於公務員職行職務勢有或多或少的影響，當可想像。」

然貪污治罪條例第 5 條第 1 項第 3 款規定：「有下列行為之一者，處七年以上有期徒刑，得併科新台幣六千萬元以下罰金：三、對於職務上之行為，要求、期約或收受賄賂或其他不正利益者。」本案最高法院 106 年度台上字第 259 號判決即以：「林○○究係違背職務收受賄賂或圖利，以及所圖清境公司獲得之不法利益究為幾何？事實認定並不明確，已有可議」等理由撤銷發回，對於林○○行為究係違背職務收受賄賂或圖利，提出疑問。

我國實務對有關「職務上之行為」認定之見解有很大之演變，由採取具體職務權限擴張及於一般職務權限（參照 101 年度台上字第 4867 號判決、最高法院 103 年度第 8 次刑事庭會議決議），並不以實際上所具體擔負之事務為限，而最高法院 99 年度台上字第 7078 號判決（陳水扁、吳淑珍龍潭購地案）改採實質影響說後，最高法院 100 年度台上字第 3656 號判決、100 年度台上字第 7001 號判決、103 年度台上字第 3356 號判決同此見解，已成穩定見解。

但最高法院對民意代表「職務上之行為」之判斷標準，見解仍有顯著差異，最高法院 107 年度台上字第 2052 判決明確表示：「習慣上所公認為其擁有之職權或事實上所掌管之職務，以及因自己之法定職務關係或因之所生之必要輔助性權力，經由指揮、監督、干預、或請託之方式，足以形成一定之影響，使特定之公務機關或公務員爲職務上積極之行爲或消極不爲行爲」均屬之，關於「職務上之行爲」認定，及於必要輔助性權力，經由請託之方式，足以形成一定之影響，使特定公務員爲職務行爲之情形，最高法院 107 年度台上字第 1563 號判決、台灣高等法院 102 年度金上重訴字第 21 號判決（即倍受社會矚目之林益世案）即採此見解。

最高法院 103 年度台上字第 1327 號判決則認爲：「應以立法委員因遊說所從事之特定行爲是否屬其職權之行使而判斷」，亦即：以是否屬行爲人「職權之行使」判斷是否「職務上之行爲」，否定立法委員之職權包括「遊說」在內，最高法院94年度台上字第628號亦採相似見解。

因中央或地方民意代表關說、遊說，是否爲「職務上之行爲」，上開歧異見解已影響本案被告及類似案件是否成立（不）違背職務收賄罪。本署參考我國學說、先進國家立法例、實務及學說，認爲民意代表向受其制衡監督之公務機關運用影響力，影響其公務行爲，屬民意代表「職務上之行爲」。民意代表若因收賄，爲業者向其職務影響力所及之其他公務員進行關說、遊說、施壓，且二者有對價關係時，至少構成貪污治罪條例第 5 條第 1 項第 3 款不違背職務收賄罪；若被告關說、施壓有具體違法情節，則構成貪污治罪條例第 4 條第 1 項第 5 款違背職務收賄罪。

本案於 108 年 11 月 6 日向最高法院聲請提案予刑事大法庭，最高法院於 109 年 2 月 26 日裁定提案大法庭聲請駁回、判決原判決關於盧〇〇共同犯對主管事務圖利罪及林〇〇部分均撤銷，發回臺灣高等法院。理由係認同本署意見，認爲：公務員收受賄賂，利用職務上之行爲，向無隸屬或監督關係之他公務員關說、請託或施壓等，圖使他公務員爲交互賄賂者所意欲之職務上或違背職務上之行爲，應成立不違背職務收受賄賂罪，原審 106 年度重上更(一)字第 42 號判決所持法律見解，爲本庭所不採；本院關於貪污治罪條例第 5 條第 1 項第 3 款之不違背職務收受賄賂罪所稱「職務上之行爲」，包括與其職務權限事項之行使，有密切關聯性之行爲之見解已趨一致。

四、108 台上聲 2 號陳○○毒品案

本案台灣士林地方檢察署檢察官 105 年度偵字第 16701 號起訴書起訴被告陳○○於 105 年 10 月 29 日 23 時 46 時前某時許，在其駕駛之自小客車上，無償轉讓甲基安非他命 1 包予吳○家，吳○家搭乘被告所駕上開車輛前往新北市永和區得和路 405 號之麥當勞店，下車自行至麥當勞 3 樓與警方佯裝之毒品買家見面，並爲警當場自吳○家身上查獲被告轉讓之該包甲基安非他命，被告陳○○涉犯轉讓第二級毒品及轉讓禁藥罪。第一審台灣士林地方法院允許公訴檢察官更正起訴事實及罪名，並據此爲 107 年度訴緝字第 18 號判決：被告陳○○與共犯吳○家間，有犯意聯絡及行爲分擔，被告陳○○涉犯毒品危害防制條例第 4 條第 6 項、第 2 項之販賣第二級毒品未遂罪。第二審台灣高等法院 108 年度上訴字第 269 號判決認爲：公訴檢察官之更正已影響起訴「犯罪事實同一性」及被告防禦權之行使，第一審法院仍逕予審判，係就未經起訴之犯罪審判，且等同於就起訴之「犯罪事實」未予判決，而併有已受請求之事項未予判決，及未受請求之事項予以判決之違法，撤銷該判決。

本案主要爭點有二：(一) 檢察官對被告起訴涉嫌轉讓毒品罪後，公訴檢察官於審判中，得否就同一事件，更正所起訴之犯罪事實及起訴法條，並變更被告涉嫌之罪名爲販賣毒品？如有更正，應生何效力？(二) 倘若法院就被告該次販賣或轉讓毒品事件，認定被告販賣或轉讓毒品之相對人與起訴書認定之相對人不同，並因而影響被告犯罪時間、地點之認定，是否影響該案同一性？

公訴檢察官可否更正起訴犯罪事實及變更起訴法條？我國實務有不同見解。(一) 採肯定說者，有最高法院 92 年台上字第 5925 號、101 年

度台上字第 1921 號、104 年度台上字第 965 號等判決；(二) 認爲檢察官之更正不生訴訟法上之效力者，有最高法院 95 年台上字第 2633 號、105 年度台上字第 1893 號等判決。

關於案件同一性，我國實務向以「基本事實同一說」爲主流，主張比較前訴或起訴與後訴或法院所認定之基本事實，若基本事實相同，雖枝節有所差異，仍具有同一性。例如：最高法院 107 年度台上字第 201 號判決：「法院得依刑事訴訟法第 300 條之規定變更檢察官起訴法條而爲判決者，以法院所認定之事實與起訴之基本社會事實相同爲前提，若二者之基本社會事實不同，即無適用上開規定變更法條改判之餘地」。因爲實務採基本事實同一說，故犯罪行爲人多寡、被告是正犯、教唆犯或從犯、犯罪客體、犯罪時間地點，法院認定與檢察官不同，仍不妨害事實同一性，得變更檢察官所引應適用之法條。此見解與日本實務界相似。

我國有部分判決認爲起訴事實與法院認定事實是否具有同一性之判斷，應有法律評價，而有「訴之目的及侵害行爲之內容同一說」、「罪質同一說」、「構成要件共通說」等見解，亦有判決因說理不清、無法分辨其理論依據者。我國實務對同一性見解相當分歧，例如：侵占罪與背信罪有無同一性？竊盜罪、侵占罪與詐欺罪有無同一性？檢察官以竊盜罪起訴，法院得否變更法條爲侵占遺失物罪？最高法院均產生分歧見解。

對此問題，司法院（82）廳刑一字第 4989 號刑事法律問題研究曾表示：「被告既有交付安非他命予人之行爲，雖其自對方取得價金，因有無營利之意圖，而異其法律上之判斷，但起訴事實中被告之行爲則屬特定，並無發生混淆或誤認之虞，兩者之基本事實應屬相同，自得於檢察官依非法販賣化學合成麻醉藥品罪起訴時，逕行變更起訴法條，改依明知爲禁藥而轉讓罪處斷。」司法院（84）廳刑一字第 07260 號再次採肯定見解。

上開見解與目前法院實務相同，例如：最高法院 100 年度台上字第 4920 號、101 年度台上字第 1218 號等判決。然而，倘若法院就同一販賣或轉讓毒品事件，認定販賣或轉讓毒品之相對人與檢察官認定不同（並因而影響被告犯罪行爲時間、地點之認定），是否影響同一性？台灣高等法院暨所屬法院 101 年法律座談會刑事類提案第 39 號（發文日期：民國 101 年 11 月 12 日）討論此問題，審查意見認爲：「本號法律問題，自訴訟經濟之角度而言，以甲說（肯定說）爲當。惟最高法院既就類似案件有不同意見，建請司法院轉請最高法院研究。研討結果：照審查意見通過〔實到 74 人，採審查意見 52 票，採乙說（否定說）10 票〕。」足證上開問題因見解歧異，對司法實務非常困擾。

最高法院對此法律問題見解仍然分歧，採肯定說者，有最高法院 107 年度台上字第 632 號、106 年度台上字第 1422 號等判決，本案第一審台灣士林地方法院 107 年度訴緝字第 18 號判決即採肯定見解。採否定說者，有最高法院 99 年度台上字第 5454 號、107 年度台上字第 469 號等判決，本案第二審台灣高等法院 108 年度上訴字第 269 號判決，即引最高法院 107 年度台上字第 469 號判決，採否定見解。

本署參考我國學說、先進國家立法例、實務及學說，認爲依檢察一體原則，公訴檢察官於同一性範圍內，得更正起訴書之犯罪事實及所犯法條，本案起訴及更正之犯罪事實有同一性，事實審法院應就更正之犯罪事實認事用法。本署就本案於 108 年 12 月 16 日向最高法院聲請提案予刑事大法庭，最高法院迄今未裁定提案予刑事大法庭，尙未開庭，亦未判決。

參、最高檢察署訴訟組參與憲法訴訟之可行性

最高檢察署訴訟組辦案作業要點第三點規定訴訟組之任務如下：「(一) 最高法院行言詞辯論案件之撰狀及到庭執行職務。(二) 非常上

訴、憲法法庭案件，經檢察總長指定承辦或協辦。(三) 依檢察總長指示就具體個案提供法律意見予第一審、第二審檢察官，或提供修法意見予法務部。(四) 檢察總長指定之其他事務。」至今四大任務中的最高法院蒞庭、參與非常上訴案件、提供法律意見及修法意見等事項均已陸續進行，而 2020 年即將登場的憲法法庭訴訟，訴訟組參與之可行性如何，即關乎訴訟組未來的發展。

在探討我國訴訟組參與憲法訴訟可行性之前，可先參考美國聯邦訴訟總長（The Solicitor General）及其辦公室在美國聯邦最高法院的蒞庭現狀。

一、美國聯邦訴訟總長之崇高地位

美國聯邦訴訟總長設置的法律依據是 28 U.S. Code §505：「總統應經參議院之建議及同意，由司法部中指定一名熟諳法律之人[1]爲訴訟總長，協助司法部長行使其職權。（The President shall appoint in the Department of Justice, by and with the advice and consent of the Senate, a Solicitor General, learned in the law, to assist the Attorney General in the performance of his duties.）

至於訴訟總長的法定職權則規定在 28 CFR § 0.20，可分爲四大項：

(一) 執行或分派、督導所有在最高法院的案件，包括上訴、聲請或反對上訴許可、書狀撰寫與言詞辯論，及依 § 0.163 所爲之和解[2]。

(二) 決定是否上訴至各上訴法院及其上訴範圍（含聲請二審法院爲全

---

1 此段規定最引人注意的是learned in the law，此條件是連聯邦大法官都沒規定的任命條件。

2 (a) Conducting, or assigning and supervising, all Supreme Court cases, including appeals, petitions for and in opposition to certiorari, briefs and arguments, and, in accordance with § 0.163, settlement thereof.

院裁判[3]及向該等法院聲請特別令狀）[4]。

(三) 決定在任何上訴案件中，檢方是否提出法庭之友書狀或是否訴訟參加[5]。

(四) 協助司法部長、副部長、第二副部長研發司法部之一般政策計畫[6]。

由於所有聯邦案件之上訴都要經過訴訟總長的同意，所以檢方可以在眾多政府機構之不同訴訟中去歸納出有系統的訴訟策略，這便是訴訟總長應有的最大功能。而此功能又與訴訟總長的另一職權即「至最高法院蒞庭」相結合，後者包括選擇上訴案件、實體理由之辯論、回覆最高法院之關於應否准予上訴之諮詢（Calling for the Views of the Solicitor General，詳下述）、決定在何案件提出法庭之友書狀（不限於刑事案件，亦不限於當事人一方是政府之案件），以及蒞庭辯論[7]。

---

3 美國聯邦上訴法院（二審）有一程序稱為「全院裁判」（En Banc Determination），規定在Federal Rules of Appellate Procedure, Rule 35，就是由該院全體法官而不是各庭之三位法官合議裁判），其條件類似我國大法庭：(一)統一各庭見解（to secure or maintain uniformity of the court's decisions），或(二)原則重要性（the proceeding involves a question of exceptional importance）。其程序又可分為在三人合議庭判決前即進行者（hearing en banc），以及在三人合議庭判決後再聲請由全院「再為審理」者（rehearing en banc）。

4 (b) Determining whether, and to what extent, appeals will be taken by the Government to all appellate courts (including petitions for rehearing en banc and petitions to such courts for the issuance of extraordinary writs) and, in accordance with § 0.163, advising on the approval of settlements of cases in which he had determined that an appeal would be taken.

5 (c) Determining whether a brief amicus curiae will be filed by the Government, or whether the Government will intervene, in any appellate court.至於訴訟參加請參Rule 24, Federal Rules of Civil Procedure.

6 (d) Assisting the Attorney General, the Deputy Attorney General and the Associate Attorney General in the development of broad Department program policy.

7 關於訴訟總長設置以來其角色之變遷請參閱：Margaret Meriwether Cordray/ Richard Cordray, The Solicitor General's Changing Role in Supreme Court Litigation, 51 Boston

至於訴訟總長的團隊如下。聯邦訴訟總長辦公室（The Office of the Solicitor General）在訴訟總長之下設置四名「代理訴訟總長」（Deputy Solicitor General），其中一名政務官（political deputy），三名事務官（career deputies），底下再設十七名至二十名之「訴訟總長助理」（Assistant Solicitor Generals），每一名助理均有其律師助理（paralegals）及律師秘書（law secretaries）其他行政人員[8]。其運作基本上有做「出庭」與「撰狀」的分工（最高法院的判決書也都會載明是哪位檢察官（律師）出庭辯論，哪位檢察官（律師）提出準備書狀），所有書類都會上網公告供公眾與學術界閱覽[9]。

當聯邦政府係當事人之一方時（例如：搜索之合憲性被挑戰之案型，或民事案件之當事人），訴訟總長之參與訴訟乃當然之事，其程序與一般當事人無異。但值得注意的是當聯邦政府並非當事人之案件，訴訟總長仍然積極參與訴訟，且此種案件數還遠高於聯邦政府是當事人之案件，謹詳述此部分之法律與實務背景如下。

(一) 徵詢訴訟總長意見程序（Calls for the views of the Solicitor General）

徵詢訴訟總長意見程序（Calls for the views of the Solicitor General，簡稱 CVSG），並非法定制度，而是聯邦最高法院多年發展出來的實務作法。

在 1950 年代之前，美國聯邦最高法院偶而會在聯邦政府不是當事

College Law Review 1323-1382 (2010).

8 關於訴訟總長辦公室成員之介紹請參：Ryan C. Black/ Rayan J. Owens, The Solicitor General and the United States Supreme Court (2012)頁10-19，最高檢察署藏書。該辦公室號稱為「國內最好的一家法律事務所」（The Finest Law Firm in the Nation）。

9 訴訟總長辦公室所提之書類官方網站：https://www.justice.gov/osg/supreme-court-briefs

人之案件中，主動徵詢訴訟總長的法律意見，但尚未成爲制度。到了 1950 年代，民權與勞工運動風起雲湧，聯邦最高法院面臨聲請許可上訴案件（petition for certiorari）大量湧進，陷入如何有效審查上訴之困境中。當時大法官們針對「邊緣案件」（borderline cases），也就是駁回上訴也可以、許可上訴也可以之案件，首先想到的方法是將案件打散給每一位大法官單獨審查，但此方法會有偏頗之虞且消耗太多精力。後來大法官們想到一個人可以客觀地從第三人角度提出是否許可上訴之意見，且其亦有充沛的法律人才作爲後盾，此人即是訴訟總長。於是在 Tennessee Burley Tobacco Growers Ass"n v. Range, 353 U.S. 981 (1957) 案中，聯邦最高法院第一次針對「應否許可上訴」徵詢訴訟總長意見，接著在 San Diego Building Trades Council v. Garmo, 359 U.S. 236 (1958)，再次徵詢同樣問題，並且正式在判決書第一頁上記載「訴訟總長應邀提出書狀表明美國政府的意見」（The Solicitor General is invited to file a brief in this case setting forth the views of the United States.）[10] 從此確立「徵詢訴訟總長意見程序」Calls for the views of the Solicitor General 制度 [11]。

聯邦最高法院對於訴訟總長所提意見都非常尊重，據統計在 1998-2004 年庭期期間，關於是否許可上訴，訴訟總長提出之「應許可上訴」之意見經聯邦最高法院採之者達 75%，「不應許可上訴」之意見經聯邦最高法院採之者更高達 80%[12]。

---

10 Garmon, 358 U.S. 801.

11 關於Calls for the views of the Solicitor General的發展經過與時代背景請參：Lepore, Stefanie, The Development of the Supreme Court Practice of Calling for the Views of the Solicitor General (October 30, 2009). Journal of Supreme Court History, December 2010. Available at SSRN: https://ssrn.com/abstract=1496643

12 參Margaret Meriwether Cordray/ Richard Cordray, The Solicitor General's Changing Role in Supreme Court Litigation, 51 Boston College Law Review 1323-1382 (2010)文章之註41。

訴訟總長回應 Call for the View of Solicitor General 時，所提的法律意見書也是屬於「法庭之友書狀」（詳下述），但一般會特地將這種書狀稱之為「訴訟總長應邀書狀」（SG Invitation Briefs）[13]，而司法部官方網站書類上網時，也會在這種法庭之友書狀以包括註明（invitation），以示區別。

值得注意者，CVSG 之程序雖是在「聲請階段」（petition stage; certiorari stage）行之，但如果訴訟總長建議許可上訴，他通常會接著對該個案之實體問題提出意見，此時「訴訟總長應邀書狀」之內容，即不限於「程序問題」尚會包含「實體理由」（merits），據統計，在 1998 年至 2004 年之庭期中，訴訟總長就在 CVSG 程序下針對實體理由提出三十件法庭之友書狀[14]。

對訴訟總長的肯定，Ginsburg 大法官就曾說過這一段話：「大法官們在評議是否許可上訴時，偶而會邀請訴訟總長提供意見。訴訟總長是在聯邦最高法院代理聯邦政府之人，當我們在聯邦政府並非當事人之案件請其提供意見時，他可以在徵詢各行政機關、官員或相關專家後，以一個法院的眞正朋友之身分，表達其對系爭問題究係重要或不重要的看法，以利聯邦法律之正常發展。[15]」

---

13 由於聯邦最高法院對於訴訟總長所提某案件「應該許可上訴」之贊同率非常高，所以當每年5月訴訟總長依慣例發布該年度（前一年秋冬及當年春季）之SG Invitation Briefs時，都會引起司法界高度關注，因為可以預測到當年下半年最高法院可能會受理哪些案件，例如：此篇最高法院之部落格文章：https://www.scotusblog.com/2007/05/upcoming-sg-invitation-briefs/

14 David C. Thompson and Melanie F. Wachtell, AN EMPIRICAL ANALYSIS OF SUPREME COURT CERTIORARI PETITION PROCEDURES: THE CALL FOR RESPONSE AND THE CALL FOR THE VIEWS OF THE SOLICITOR GENERAL, GEO. MASON L. REV. (2009), p.237-302, 277. Available at: http://www.georgemasonlawreview.org/wp-content/uploads/2014/03/16-2_Wachtell.pdf

15 "Occasionally, the justices invite the views of the Solicitor General before voting on a

也因此訴訟總長被尊稱爲「第十位大法官」（The Tenth Justice）[16]。事實上，聯邦最高法院建築物一樓有一間辦公室是給訴訟總長專用，其他訴訟代理人，只能使用律師休息室。

(二) Amicus Curiae 法庭之友

當美國聯邦政府是當事人之一時，訴訟總長所提出之書狀稱之爲briefs，與一般之書狀無異，若非當事人時，其所提之書狀則屬於「法庭之友書狀」（Amicus Curiae Briefs）。

聯邦最高法院之法庭之友書狀規定在Rule 37, Rules of the Supreme Court of the United States，可分爲聲請許可上訴階段（Amicus Curiae in petition stage）與受理上訴後之實體理由階段（Amicus Curiae in merits stage），任何一名有在最高法院登錄的律師都可以提出[17]，不限於刑事案件，及於其他民事或行政法案件。基本上在行言詞辯論之案件，法庭之友書狀之提出須經當事人雙方書面同意或法院許可[18]，而且法庭之友

review petition. The Solicitor General is the Department of Justice officer responsible for representing the United States in the Supreme Court. When we call for the Solicitor's views in a case in which the United States is not a party, the Solicitor acts as a true friend of the Court; after consulting with federal executive agencies and officers with relevant expertise, he offers his views on the importance or unimportance of the question presented to the sound development of federal law." 引自David C. Thompson and Melanie F. Wachtell前揭註頁270。

16 Caplan, Lincoln (1987). The Tenth Justice: The Solicitor General and the Rule of Law. New York: Knopf.

17 An amicus curiae brief may be fled only by an attorney admitted to practice before this Court as provided in Rule 5.

18 Rule 37. (a) An amicus curiae brief in a case before the Court for oral argument may be filed if it reflects that written consent of all parties has been provided, or if the Court grants leave to file under subparagraph 3(b) of this Rule.

之提出者通常不能參與言詞辯論[19]。

但訴訟總長所提出法庭之友書狀並毋庸經法院同意[20]。亦即，訴訟總長可以被動應法院之請求提出法庭之友書狀，亦可主動提出。據統計，訴訟總長在 1999-2008 年庭期中共提出法庭之友書狀 187 件，其中有 177 件是應聯邦最高法院之請求而提出者[21]。而且，當訴訟總長在提出法庭之友書狀後請求參與言詞辨論時，最高法院幾乎百分之百同意。例如：2005 年至 2006 年庭期訴訟總長提出法庭之友書狀有 80 件，而法院同意其（或其代理人）出席言詞辯論者達 79 件[22]。

爲何聯邦最高法院如此信賴訴訟總長？除了學者 Stefanie Lepore 所指出之時代背景以外（即 1950 年代以 Warren E. Burger 爲首的大法官們與訴訟總長 J. Lee Rankin 間有長期私人情誼與共同理念〔支持民權運動〕，以及案件大量湧進促使大法官們向外求助）[23]，訴訟總長團隊之成

---

19 Rule 28, 7. By leave of the Court, and subject to paragraph 4 of this Rule, counsel for an amicus curiae whose brief has been filed as provided in Rule 37 may argue orally on the side of a party, with the consent of that party. In the absence of consent, counsel for an amicus curiae may seek leave of the Court to argue orally by a motion setting out specifically and concisely why oral argument would provide assistance to the Court not otherwise available. Such a motion will be granted only in the most extraordinary circumstances.

20 Rule 37, 4. No motion for leave to file an amicus curiae brief is necessary if the brief is presented on behalf of the United States by the Solicitor General; on behalf of any agency of the United States allowed by law to appear before this Court when submitted by the agency's authorized legal representative; on behalf of a State, Commonwealth, Territory, or Possession when submitted by its Attorney General; or on behalf of a city, county, town, or similar entity when submitted by its authorized law offcer.

21 Cordray前揭註，頁1323註42。

22 Cordray前揭註，頁1331註39。

23 Lepore, Stefanie, The Development of the Supreme Court Practice of Calling for the Views of the Solicitor General (October 30, 2009). Journal of Supreme Court History, December 2010. Available at SSRN: https://ssrn.com/abstract=1496643

功因素到底爲何？

二、美國訴訟總長辦公室的成功因素

美國聯邦訴訟總長爲何如此成功？有下列各種理論曾被提出來[24]。

第一個理論是因爲訴訟總長是以「法院之代理人」（as agent of the court）身分中立地提供法律意見給法院參考（they make balanced, principled arguments before the Court），不但不濫行上訴（按聯邦檢察官所有案件之上訴均須經訴訟總長同意，已如前述），甚至在二審維持有罪之案件被告聲請上訴時，發現系爭法律問題確實有其原則重要性，會建議法院許可上訴〔即不會因爲想維持有罪判決而去阻止被告上訴，此程序稱之爲「默許」（acquiescing）〕，有時更進而在最高法院受理上訴後，主動承認檢方之錯誤〔此程序稱之爲「認錯」（confession of error）〕。

第二個理論是「熟能生巧」（repeat player），因爲案件多，與法院互動頻繁，熟知法官之所需，可以有長期訴訟目標。且後備支援多（政府各部門會幫忙提供意見與專業知識），可提供可信度高的資訊給院方，因而講話較有份量。

第三個理論是訴訟總長辦公室人員素質極高（the quality of OSG attorneys），所有成員均有最好的學歷與經歷（大部分都當過聯邦最高法院或上訴審法官之助理），在挑選時，特別注重其分析與寫作能力（analytical and writing abilities），以便提供比對手更好品質的論證去說服法官。多年來的表現，證明這些檢察官不僅能說服法官以某特定方式去解釋既存判例，更能說服法官建立將來判決所應適用之新規則（can persuade judges, not only to interpret existing precedents in particular way but also to develop new legal rules that channel decisionmaking in future

---

24 Ryan C. Black/ Rayan J. Owens，前揭書，頁32-45。

cases），因此訴訟總長辦公室可謂是集天下之菁英（the cream of the crop）。

第四個理論是政治解讀，即訴訟總長有其政治意識形態（the solicitor general as an ideological actor），其與大法官都是總統提名國會同意，二者之政治意識形態大多相同，故成爲訴訟常勝軍。

第五個理論是從權力分立理論下手（the solicitor general and the separation of powers），認爲大法官們通常不會故意與行政權與立法權對槓，因爲總統可以在行政上拖延執行法院之判決，甚至動員利益團體攻擊法院判決的正當性。而國會則可以彈劾法官、凍結法院預算，更可以立法推翻法院的判決。因此大法官們通常會尊重訴訟總長的意見。

第六個理論是訴訟總長的選案策略（selection strategy）成功，只讓能夠贏的案件進法院。據統計，美國聯邦檢察官之上訴率不到二成，訴訟總長通常只在六件檢察官請求提起上訴中，准許一件。

三、我國最高檢察署訴訟組可否參與憲法訴訟

最高檢察署訴訟組參與憲法訴訟之可能態樣應有二：(一) 到庭言詞辯論或陳述意見；(二) 提出書狀供法院參考。

(一) 到庭言詞辯論

我國憲法訴訟法第 28 條第 1 項規定「言詞辯論期日應通知當事人、訴訟代理人或關係人到庭。」因此，得至憲法法庭辯論者應限於「當事人」、「訴訟代理人」及「關係人」，法律上檢察官或檢察署有無可能到憲法法庭蒞庭辯論？底下依序討論最高檢察署有無可能以上述三種身分至憲法法庭進行辯論或陳述意見（含書面與言詞）。

1. 當事人

憲法法庭之當事人，依憲法訴訟法第 6 條第 1 項，係指下列案件之

聲請人及相對人：(1) 第三章案件（法規範憲法審查及裁判憲法審查），指聲請之國家最高機關、立法委員、法院及人民。(2) 第四章案件（機關爭議），指聲請之國家最高機關及與其發生爭議之機關。(3) 第五章案件（總統、副總統彈劾），指聲請機關及被彈劾人。(4) 第六章案件（政黨違憲解散），指聲請機關及被聲請解散之政黨。(5) 第七章案件（地方自治保障），指聲請之地方自治團體或其立法、行政機關。(6) 第八章案件（統一解釋法律及命令），指聲請之人民。以上六類其聲請人均未提及檢察官或檢察署，故檢察官或檢察署，應非憲法法庭案件之「聲請人」[25]。

但同條第 2 項復規定「受審查法規範之主管機關或憲法法庭指定之相關機關，視爲前項之相對人」，因此在第三章案件之法規範憲法審查案件，如果該法規之主管機關（尤其是法務部）指定最高檢察署爲相對人，或憲法法庭本身指定最高檢察署（訴訟組）爲相對人，法律上實不無可能。因此，最高檢察署訴訟組至憲法法庭辯論（含書面與言詞）第一個可能的身分應是憲法訴訟法第 6 條第 2 項之「相對人」。

2. 訴訟代理人

雖然美國聯邦檢察官在司法部長帶領下，屬於美國聯邦政府之律師（國家律師）[26]，但我國檢察官並非國家或政府律師，因此國是司改會議第三組才會在 2017 年 5 月 24 日提案討論「評估採行政府律師制度」。當時法務部報告[27]認爲因爲我國政府各機關已有「法制人員」制度，認

---

25 司改國是會議第二組曾在2017年3月20日決議檢察總長可以用「公益代表人」的身分聲請釋憲，第二組成員吳巡龍檢察官於2018/12/23亦曾投書蘋果日報「憲法訴訟聲請人應包括檢察總長」，但2019/1/4修正公布之憲法訴訟法並未採納此些建議。

26 美國聯邦行政規則28 CFR § 0.5規定美國司法部長（The Attorney General，相當於我國之法務部長兼檢察總長）之職權包括「在任何法律案件代理美國聯邦政府」（Represent the United States in legal matters generally）。

27 此書面報告全文可參：https://www.google.com/url?sa=t&rct=j&q=&esrc=s&source=w

無重疊設置政府律師之必要，不過，因爲法制人員並非均有律師資格，且縱使有律師資格，亦因爲律師法第 31 條規定律師不得兼任公務員而無法至法院執行訴訟代理人之職務，所以建議修改考試相關法規讓律師得轉任法制人員，或改爲具律師資格者始得報考法制人員。另一改革方式則是鼓勵法制人員考取律師資格並修改律師法讓其得擔任政府機關之訴訟代理人。在此改革之前，我國檢察官或法制人員應均非政府之訴訟代理人。

3. 關係人

憲法訴訟法對於「關係人」並未有條文定義，而其所準用之行政訴訟法[28]與民事訴訟法[29]亦未有明文定義。然憲法訴訟法第28條之立法說明之文字如下：「三、所稱關係人，包含證人、鑑定人或其他憲法法庭認爲有必要到庭說明、陳述意見之人。」將此段說明與憲法訴訟法第 19 條之規定「憲法法庭審理案件認有必要時，得依職權或依聲請，通知當事人或關係人到庭說明、陳述意見，並得指定專家學者、機關或團體就相關問題提供專業意見或資料。」二相對照結果，應可理解爲第28 條之關係人係「廣義之關係人」，含第19條之關係人與專家學者（機關團體），而第 19 條前段之「關係人」應屬「狹義之關係人」，其本身並未具有專業知識，而第 19 條後段之專家學者（機關團體）則應具有專業知識。

至於最高檢察署有無可能依「關係人」身分到庭？不論是 19 條前

---

eb&cd=5&ved=2ahUKEwjumerihdXnAhXhGaYKHblBA70QFjAEegQIBhAB&url=https%3A%2F%2Fwww.moj.gov.tw%2Fdl-25971-5112eaee70904ad6805e470b175d038b.html&usg=AOvVaw2bxDbLgzFvEiUujOHTY2D-

28 憲法訴訟法第46條「行政訴訟法之規定，除本法或審理規則別有規定外，與本法性質不相牴觸者，準用之。」

29 行政訟法第307-1條規定「民事訴訟法之規定，除本法已規定準用者外，與行政訴訟性質不相牴觸者，亦準用之。」

段或後段應均有可能。依前段時，有可能案情牽涉到檢察署之內部運作，憲法法庭爲探求「案件的事實面」而「通知」最高檢察署到庭說明。依後段時，則再分爲「專業知識」與「法律知識」，前者例如：檢察官對於緩起訴之裁量標準，或依毒品危害防制條例所定之「控制下交付」實際運作情形；後者例如：檢察一體之法律理論，此二者憲法法庭應均有可能「指定」最高檢察署爲「就相關問題提供專業意見或資料」之「機關」。

按就實務操作方式而言，依憲法訴訟法第 19 條後段之「指定之專業機關」到庭，與依憲法訴訟法第六條之「相對人」及第 19 條前段之「關係人」到庭，應仍有差異。前者（指定之專業機關）到庭陳述意見後，有可能須接受雙方當事人或法官之提問[30]，後者（相對人或關係人）應只是陳述意見，不會接受提問。

(二) 提出法庭之友書狀

前述以相對人、關係人或專業機關身分時最高檢察署都是被動「被指定」與「被通知」而參與憲法訴訟，另有一較積極主動之參與訴訟方式，就是依憲法訴訟法第 20 條第 1 項「當事人以外之人民、機關或團體，認其與憲法法庭審理之案件有關聯性，得聲請憲法法庭裁定許可，於所定期間內提出具參考價值之專業意見或資料，以供憲法法庭參考。」之規定，主動提出「法庭之友」（Amicus Curiae）書狀，經法院裁定許可後作爲法院或當事人得引用之資料。依前述美國聯邦訴訟總長

---

30 以2019年1月16日舉行之第一件刑事大法庭言詞辯論為例，該法庭對於依法院組織法第51-8第4項「民事大法庭、刑事大法庭認有必要時，得依職權或依當事人、其代理人或辯護人之聲請，就專業法律問題選任專家學者，以書面或於言詞辯論時到場陳述其法律上意見」規定所實務操作結果，該場次出席之四位專家學者均有接受檢辯雙方與法官之提問。

辦公室之經驗，此途徑可以預測應是最高檢察署訴訟組來日最常使用之參與憲法訴訟方式。

(三) 小結

綜上所述，最高檢察署（訴訟組）[31]得參與憲法訴訟之途徑應有四：1. 經法院或法規範主管機關依憲法訴訟法第 6 條第 2 項指定爲「相對人」，2. 經法院依同法第 19 條前段指定爲「關係人」，3. 經法院依同法第 19 條後段指定爲「就相關問題提供專業意見或資料之機關」，4. 依同法第 20 條第 1 項主動聲請法院裁定許可提出「法庭之友書狀」。

四、最高檢察署訴訟組的應有作為

如前所述，依我國法規定，最高檢察署訴訟組參與憲法訴訟，不論是透過前述四種方式中之任何之一，幾乎完全操之在大法官之手裡。因此，如何鍛鍊訴訟組成爲具有美國聯邦訴訟總長辦公室一般之法律專業地位，以爭取大法官之信任，認爲訴訟組的參與對於司法有其貢獻度，實爲當務之急。

至今爲止，最高檢察署訴訟組進行的體質調整至少有：

(一) 書類格式學術論文化，尤其是引進「小標題」、「註解」與國內外學說，俾能加強書狀之易讀性與深度。現今訴訟組之書類[32]共通格式基本上爲：本案之法律爭點、與法律爭點相關之本案事實、本案下級審對上開法律問題爭點之見解、非常上訴或應行言詞辯

31 檢察總長得依內規指定案件給訴訟組，自不待言。

32 依據最高檢察署頒布之「最高檢察署行言詞辯論案件相關書狀製作手冊」第二點，訴訟組之書類計有：本手冊書狀指最高檢察署檢察官提案予刑事大法庭聲請書、行言詞辯論聲請書、行言詞辯論意見書、行言詞辯論反對意見書之答覆書、行言詞辯論聲請書或意見書之補充理由書、言詞辯論意旨書、言詞辯論答辯書、言詞辯論答覆書、言詞辯論意旨書或答辯書之補充理由書及其他必要書狀。

論之理由、我國相關法律規定、修法及立法理由、國際公約及外國立法例與實務、我國實務見解、本署見解、行言詞辯論之必要性。所有書類送達最高法院後，均立即上網公告接受社會各界檢驗參考。

(二) 積極參與法務部主持下之修法工作，提供法律意見書，以擴展法律視野，並累積法學實力。至 2020 年 4 月間最高檢察署訴訟組出具法律意見書或出席會議發言之法律議題至少有：賭博罪場所之認定、鑑定人制度、肇逃罪之合憲性、貪污罪、人民檢察審查會、法官法、國家賠償法、行政簽結、刑事補償法、人民參審、傳聞法則、死刑辯論、定應執行刑、反資恐、通緝犯之解送、反蒙面法、科技偵查法、公務員自傳的法律性質、澎湖海沙案、陳同佳案、被告能否聲請非常上訴、網路侮辱公署、性侵法第 17 條之合憲性、防疫法規、軍機防護法與限時法、不利益變更禁止、假消息與假新聞、德國偵查案件爲不起訴處分的救濟方式、拘提證人、測謊之證據能力、德國檢察官之國家賠償責任、德國檢警合作方針、確定判決之閱卷、假釋中再犯撤銷假釋、強制工作之合憲性、偵審自白減刑、地下金融匯兌案件犯罪不法所得之認定、追訴權時效、抵抗權、偵查中聲押閱卷、國安法第 9 條第 2 款修訂等等。

(三) 主動投稿刊物發表學術論文，強化與學術界交流，以提升檢方法律素養。訴訟組檢察官由於承辦案件之數量少，較能集中時間心力在單一法律議題，故在學術論文之生產力方面較有發揮餘地。至今已發表之學術文章如下：調辦事檢察官陳瑞仁發表之「從美國吹哨者保護法談我國立法方向」（法學叢刊）、「美國聯邦洗錢罪構成要件之分析」（檢察新論）；調辦事檢察官吳巡龍發表之「伺服器傳眞影像之調取」（月旦法學教室）、「大法庭應如何運作」（月旦法學雜誌）、「刑事第三審自爲判決之界限」（檢察新論）、「限制出境新制」（月旦法學教室）、「被告之說服責任—以議員詐領助理費案說明」（月旦法學雜誌）；調辦事檢察官黃則儒發表之「以增加不具公共訴追利益爲由的職權不起訴來有效分配偵查資源」（檢察新論，與廖先志檢察官合著）、「民事裁判之憲法審查界限」裁定（德國聯邦憲法法院裁判選輯）。

(四) 善用專家諮詢制度[33]，建立與學者之聯繫平台。至今訴訟組正式行專家諮詢之案件計一件，係針對民意代表「職務上行爲」之日本實務與學說見解與所謂「職務密接關係之行爲」之內涵，請教陳子平教授。

(五) 加入新血輪即調辦事檢察官（尤其著重在外語能力與寫作能力），以注入新觀念與外國學說判例。這些調辦事檢察官原則上應年輕化，並應採任期制，以維持訴訟組之活力。然法院組織法第 66-1 條第 1 項規定：「法務部得調高等法院以下各級法院及其分院檢察署檢察官或候補檢察官至最高法院檢察署辦事，承檢察官之命，辦理訴訟案件程序之審查、法律問題之分析、資料之蒐集及書類之草擬等事項。」從文義而言，調三審辦事檢察官能否獨立對外行使職權尚存疑慮（含至最高法院或憲法法庭莅庭辯論，雖然刑事大法庭在 2020 年 1 月 16 日第一個案件開庭時許可調辦事檢察官到庭執行職務，惟應屬個案處理）。故根本解決之道應是在調辦事檢察官之外，另以調二名至四名「實任檢察官」之方式加入最高檢之新血輪。當然，此部分之「最高檢訴訟組實任檢察官」亦應採任期制，以維持訴訟組的活力。

33 請參2019年1月15日公布之「檢察機關行專家諮詢要點」。

肆、結論

健全的檢方要有嚴謹的偵查做前鋒，更要有堅強的公訴守戰果，而法律審是公訴的最終一役，最高檢察署訴訟組在刑事程序之重要角色不言可諭。其次，最高檢察署訴訟組應該以「法務部之法律智庫」甚至「國家的法律智庫」自居，而要擔任起此種角色，除到最高法院與憲法法庭進行訴訟外，積極參與學術座談、修法會議、公聽會、各機關（含監察院）法律諮詢，都是累積學術實力的有效方式。檢方不乏學者型的檢察官，只是欠缺一個機構去把這些人才結合起來，而最高檢察署訴訟組無疑是擔任此時代任務的最佳機構。故訴訟組平日即應與一、二審檢察官多多聯繫互動，選擇議題與學有專精的檢察官個案合作，進而發掘人才主動邀請擔任訴訟組之調辦事檢察官。行之多年後，訴訟組應能展現實力贏得最高法院與大法官以及人民之高度信賴，爲提升訴訟品質與促進法治貢獻心力。

表 2.1　最高檢察署訴訟組案件列表

	聲請案號	案由	書狀送最高法院日期	開庭情形	爭點	案件終結情形
1	108台聲涖4	加重詐欺	107.11.02	未開庭	爭點一：行爲人參與詐欺犯罪組織，並分工詐欺行爲，觸犯參與犯罪組織罪與加重詐欺取財罪，上開2罪應數罪併罰或以想像競合犯從重論以加重詐欺取財罪？ 爭點二：上開情形，倘以想像競合犯從重論以加重詐欺取財罪，應否依組織犯罪防制條例第3條第3項、第1項規定，於刑之執行前，令入勞動場所強制工作？	被告死亡，撤銷原判，不受理 108.02.14，108台上346
2	108台聲涖5	加重詐欺	107.11.02	未開庭	爭點一：行爲人參與詐欺犯罪組織，並分工詐欺行爲，觸犯參與犯罪組織罪與加重詐欺取財罪，上開2罪應數罪併罰或以想像競合犯從重論以加重詐欺取財罪？ 爭點二：上開情形，倘以想像競合犯從重論以加重詐欺取財罪，應否依組織犯罪防制條例第3條第3項、第1項規定，於刑之執行前，令入勞動場所強制工作？	撤銷原判，發回更審 108.06.20，108台上1467
3	108台聲涖2	銀行法	108.01.31	尚未通知開庭	爭點：銀行法第29條之1所謂「與本金顯不相當之紅利、利息、股息或其他報酬」之標準爲何？行爲人未經許可，以「保本保息」、「提供年利率6%」爲誘餌，向不特定多數人吸金投資外匯，是否構成銀行法第125條第1項前段、第29條第1項之非法經營收受存款業務罪？	未結

	聲請案號	案由	書狀送最高法院日期	開庭情形	爭點	案件終結情形
4	108非上131	賭博	108.06.14	未開庭	爭點：刑法第266條第1項賭博罪所稱之公衆得出入之「場所」是否不應侷限於有可供人前往之一定空間場地；而「公衆得出入」應指不特定人或特定多數人得以任何方式在該所在參與賭博或將賭博之意思傳達至該所在，無論透過電話、傳眞或通訊軟體均可？	上訴駁回（認同本署見解，但表示實務上並無爭議）108.07.17，108台非148
5	108台聲蒞1	貪污	108.06.24	尚未通知開庭	爭點：貪污治罪條例第5條第1項第3款不違背職務收賄罪「職務上之行爲」之界限爲何？立法委員爲廠商進行關說，遊說公家機關向該廠商採購物品，因而收賄，是否構成不違背職務收賄罪？	未結
6	108台聲蒞3；108台庭聲2	貪污	108.07.16	108.07.08準備程序，108.10.30、108.12.18言詞辯論	爭點一：刑事訴訟法第398條第1款規定之「不影響於事實之確定」，最高法院可自爲裁判。是否包括第三審法院對於重要事實認定與原審不同之情形？ 爭點二：第三審法院可否不經言詞辯論程序，對於重要事實爲與原審不同之認定？	裁定提案大法庭聲請駁回、判決上訴駁回。認爲106年台上3329號判決：自行認定事實，嚴重侵犯一、二審事實判斷之空間；將各項證據割裂觀察，論證不合論理法則；「罪嫌不足」、「行爲不罰」不分；就有爭議事項未經言詞辯論，而爲突襲性裁判；但該

	聲請案號	案由	書狀送最高法院日期	開庭情形	爭點	案件終結情形
						等法律見解原無爭議，最高院無重申必要。108台聲124 107台非205
7	108台非聲1	洗錢防制法	108.08.02	尚未通知開庭	爭點：洗錢防制法於民國106年6月28日施行之後，將本人之銀行帳戶提供給詐欺集團用來收受與提領被害人匯入之款項者，應否論以洗錢罪？	未結
8	108台聲蒞7；108台庭聲1	加重詐欺	108.10.16	108.11.15準備程序 109.01.16大法庭辯論	爭點一：行爲人參與詐欺犯罪組織，並分工詐欺行爲，觸犯參與犯罪組織罪與加重詐欺取財罪，上開2罪應數罪併罰或以想像競合犯從重論以加重詐欺取財罪？ 爭點二：上開情形，倘以想像競合犯從重論以加重詐欺取財罪，應否依組織犯罪防制條例第3條第3項、第1項規定，於刑之執行前，令入勞動場所強制工作？ 爭點三：洗錢防制法106年6月28日修正施行後，詐欺集團車手之提款行爲是否構成洗錢防制法第14條第1項之一般洗錢罪？	裁定：併宣告刑前強制工作 109.02.13，108台上大2306 判決：撤銷發回台中高分院 109.02.25，108台上2306
9	108非上232	妨害秘密	108.10.25	尚未通知開庭	爭點一：被告爲司法警察，爲偵查犯罪，未經聲請法院許可，在嫌疑人車輛底盤私裝GPS追蹤器，紀錄該車輛於公共道路之行蹤，其所紀錄之客體是否該當刑法第315條之1第2款無故竊錄他人之「非公開行爲」？	

	聲請案號	案由	書狀送最高法院日期	開庭情形	爭點	案件終結情形
					爭點二：承上，被告行爲時，司法實務許可司法警察裝設GPS追蹤器蒐證，行爲後司法實務變更見解，認爲目前法律並無許可裝設GPS追蹤器蒐證之明文，不得以此方式蒐證。被告上開行爲是否該當刑法第315條之1第2款之「無故」？	
10	108台上聲1	貪污	108.10.30	尙未通知開庭	爭點一：檢察官起訴被告利用擔任議員之機會，於公費助理名冊上記載未實際在職之某甲姓名及每月支領金額，送交議會，致不知情之承辦公務員陷於錯誤，而依其申報之金額如數核發，涉犯貪污治罪條例第5條第1項第2款公務員利用職務上之機會詐取財物罪。被告承認上開事實，於第一審認罪；因不滿量刑上訴，於第二審主張其實際聘用之助理爲某丙，其領取之助理費實際交給某丙，被告沒有不法所有之意圖。應由檢察官或被告就被告上開抗辯之眞實性負舉證責任？其心證程度門檻爲何？ 爭點二：承上，被告於103年12月25日、104年1月1日、105年6月1日分別3次於公費助理名冊上記載某甲姓名及每月支領金額，並於105年7月1日（第4次）於公費助理名冊上記載某甲及某乙姓名及每月支領金額，使議會承辦公務員登載不實而按月如數核撥助理費，應論以一罪或四罪？	未結

	聲請案號	案由	書狀送最高法院日期	開庭情形	爭點	案件終結情形
11	108台庭聲3	貪污	108.11.08	尚未通知開庭	爭點：貪污治罪條例第4條第1項第5款違背職務收賄罪及第5條第1項第3款不違背職務收賄罪之「職務上之行爲」之認定標準爲何？民意代表所制衡之行政機關職掌之事務，是否屬於民意代表之「職務上之行爲」？	裁定提案予大法庭聲請駁回、判決原判決撤銷發回。理由係認爲：原審見解爲本庭所不採；本院關於不違背職務收受賄賂罪所稱「職務上之行爲」，包括與其職務權限事項之行使，有密切關聯性之行爲之見解已趨一致。 108台聲207 108台上3592
12	108台上聲2	毒品	108.12.12	尚未通知開庭	爭點一：檢察官對被告起訴涉嫌轉讓毒品罪後，公訴檢察官於審判中，得否就同一事件，更正所起訴之犯罪事實及起訴法條，並變更被告涉嫌之罪名爲販賣毒品？如有更正，應生何效力？ 爭點二：倘若法院就被告該次販賣或轉讓毒品事件，認定被告販賣或轉讓毒品之相對人與起訴書認定之相對人不同，並因而影響被告犯罪時間、地點之認定，是否影響該案同一性？	未結

	聲請案號	案由	書狀送最高法院日期	開庭情形	爭點	案件終結情形
13	108台上聲3	妨害性自主	109.02.12	尚未通知開庭	爭點一：起訴書記載：被告基於侵入住宅強制性交之犯意，侵入被害人之住所強制性交未遂，構成刑法第222條第2項、第1項第7款之侵入住宅強制性交未遂罪。法院得否變更犯罪事實爲：被告基於侵入住宅竊盜之犯意，侵入被害人住處內，著手竊盜之行爲未遂，再著手強制性交未遂，構成刑法第321條第2項、第1項第1款之侵入住宅竊盜未遂罪及刑法第221條第2項、第1項之強制性交未遂罪？亦即，法院上開判決變更檢察官所引應適用之法條而判處被告侵入住宅竊盜未遂罪部分，是否有同一性？ 爭點二：我國刑法第222條第1項第7款規定侵入住宅強制性交罪，該罪之成立是否以侵入住宅之初即基於強制性交之意思，方能構成？若行爲人係因他故侵入住宅，臨時起意強制性交，是否應論以侵入住宅強制性交罪責？	未結

第三章

科技設備（電子）監控的功能與檢討

張麗卿*

壹、前言

貳、電子監控的緣起及發展軌跡

參、從控制犯罪風險，思考電子監控的功能

肆、我國電子監控的刑罰功能與檢討

伍、結語

*國立高雄大學特聘教授

摘　要

利用科技設備監控犯罪人，早在 1960 年代就有人提出。這個措施首先在美國運用，歐洲國家則陸續跟進。所謂的科技設備，隨著科學技術的發展一直在改變。最新的科技設備是電子監控。將來可能會因爲人工智能（AI）的發展，讓電子監控更多元豐富並且嚴密。電子監控的功能，除可作爲替代刑事執行措施外，在我國也出現了另一項功能：「羈押防逃」。近日來（2020 年 2 月以後），更因新冠肺炎疫情，在迫不得已的情況，使用電子監控用於防疫。總之，電子監控的刑罰目的，最先是爲了社會防衛，保護一般民眾免於受到侵犯。後來則兼顧社會復歸。監控的目的不只是爲了防衛社會，也爲了讓犯罪人眞心的悔過，進而積極的融入社會。

關鍵詞：電子監控，科技設備監控，羈押防逃，社會防衛，社會復歸。

壹、前言

傳統的刑事制裁措施，大部分建立在防止犯罪人受到犯罪因子的引誘，透過封閉式的監禁手段，使犯罪人無法與外界接觸，確保犯罪不再發生。然而，一味限制人身自由，除了龐大的監禁成本之外，犯罪人也可能在監所中相互學習，強化犯罪技巧。所以，監禁只能對社會呈現暫時性的安全。比較理想的情況是，犯罪矯治透過醫療模式的理念，對受刑人再教育，使其悔悟並成功復歸社會。

誠如施前部長所言：「懺悔之心到達最高峰之前就釋放，會造成把人沒關怕，出獄後還可能繼續犯罪。太晚釋放，懲罰過度，也會使受刑人心生不滿，對社會產生敵視與怨恨。而「悔悟期」的研究，必須要長時間的投入人力、物力，無法立即見到成效。所以，改革最重要的是提昇「人」、「心」。」[1]

的確，提升「人」、「心」，洗心革面成功復歸社會的犯罪矯治，才是最好的刑事制裁措施。只是刑事制裁措施的功能，始終擺盪在「社會防衛」與「社會復歸」的辯證中，許多國家也一直在尋找最妥適的手段，期望透過適當、合理的手段約束受刑人，又不影響其回復社會的機會，而科技設備（電子）監控（本文以下僅簡稱「電子監控」）的運用，即爲一例。

欣逢　部長七十大壽，謹以本拙文呼應部長高瞻遠見。

祝福：部長　青松不老、身體康健，再登生命高峰！

1 參照，【前法務部長施茂林專訪】司法改革是漫漫長路，在於為或不為的由「心」改革！https://follaw.tw/f01/10671/（最後瀏覽日：02/01/2020）。

貳、電子監控的緣起及發展軌跡

一、電子監控的緣起

1960 年代，美國開啓電子監控在刑事政策上的序幕。以 Ralph K. Schwitzgebel 教授爲首的哈佛大學研究團隊，進行以電話機連線爲主的電子追蹤系統研究，認爲這項研究可用於治療精神病患，也能運用於矯治受刑人，特別是青少年犯罪[2]。可惜受限於當時的科技，以及人力與經費的短缺，使得該研究無法展現理想的成效，因而未被重視。但是此項研究已經具備今日電子監控的雛型。

直至 1977 年，新墨西哥州的 Jack Love 法官，從知名漫畫《蜘蛛人》中，爲了探知蜘蛛人的眞面目，於蜘蛛人身上裝設追蹤器的橋段，產生使用電子監控進行監控的靈感，並且在 1983 年藉由居家監控而落實這樣的構想[3]；1984 年佛羅里達州的 Palm Beach 法官也開始運用電子監控，此後，美國其他州也陸續跟進[4]。

由於美國實施的效果良好，以及電子科技的急速發展，其他各國也紛紛仿效。首先是加拿大，隨之跟進的是南非，歐洲國家相繼有英國、

---

2 關於這些內容，可以參見：Ralph K. Schwitzgebel(1964). Streetcorner Research: An experimental approach to the juvenile delinquent, Cambridge: Harvard University Press; Ralph K. Schwitzgebel, Robert L. Schwitzgebel (1980). Law and Psychological Practice, New York: John Wiley & Sons Inc.; Vgl., auch Haverkamp, Rita, Electronic Monitoring, Die elektronische Überwachung von Straffälligen, Bürgerrechte & Polizei, CILIP Nr. 60, 2/1998, 43 ff.

3 Matt Black and Russell G. Smith, Electronic Monitoring in the Criminal Justice System, in: Trends & Issues, No.254, 1(1).

4 Dick Whitfield (2001). The Magic Bracelet, Waterside Press, pp. 9-11. 亦可參見：汪南均（2008），〈電子監控技術設備於刑事司法之實務運用（一）〉，《法務通訊》，2398期，5版。

荷蘭、瑞典、義大利、法國跟進。2000 年，德國的黑森邦（Hessen），在法蘭克福地區試辦電子監控的實驗方案[5]。

2005 年，台灣於「性侵害犯罪防治法」第 20 條，增列得對於性侵害犯罪加害人實施科技設備監控的法源依據後[6]，正式邁入刑事司法處遇的新頁。爲時雖然短暫，不過，受惠於科技發展的日新月異，電子監控設備已逐步提升效能。以下說明台灣這些年的發展軌跡及運作實況。

---

5 由於德國的刑事司法政策向來謹慎，因此對於新型態的刑事處遇手段在態度上，較其他國家保守。可從德國黑森邦（Hessen）的實驗方案即可窺見。既稱實驗方案即非正式的法案，僅屬於實驗性質的研究案，甚至在其後巴登·符騰堡邦（Baden-Württenberg）所制定的《執行自由刑之電子監控法》，亦有落日條款，可以想見，電子監控對於犯罪控制上產生不錯的效果，而採取保守態度的德國亦考慮加以運用。Vgl. Sven Bergmann, Training des bürgerlichen Normalzustandes - Ethnographie zum Projekt Elektronische Fußfessel, S. 1.

6 台灣性侵害犯罪防治法第20條第3項規定：觀護人對於付保護管束之加害人，得採取下列一款或數款之處遇方式：

一、實施約談、訪視，並得進行團體活動或問卷等輔助行為。

二、有事實足認其有再犯罪之虞或需加強輔導及管束者，得密集實施約談、訪視；必要時，並得請警察機關派員定期或不定期查訪之。

三、有事實可疑為施用毒品時，得命其接受採驗尿液。

四、無一定之居住處所，或其居住處所不利保護管束之執行者，得報請檢察官、軍事檢察官許可，命其居住於指定之處所。

五、有於特定時間犯罪之習性，或有事實足認其有再犯罪之虞時，得報請檢察官、軍事檢察官，命於監控時段內，未經許可，不得外出。

六、得報請檢察官、軍事檢察官許可，對其實施測謊。

七、得報請檢察官、軍事檢察官許可，對其實施科技設備監控。

八、有固定犯罪模式，或有事實足認其有再犯罪之虞時，得報請檢察官、軍事檢察官許可，禁止其接近特定場所或對象。

九、轉介適當機構或團體。

十、其他必要處遇。」

同條文第8項授權法務部會商相關機關，訂立關於科技設備監控之技術性、細節性事項之辦法，法務部即於2005年頒布《性侵害犯罪付保護管束加害人科技設備監控實施辦法》。

二、我國電子監控的發展軌跡

(一) 第一代之「影像電話監控系統」

2005年公布施行性侵害犯罪防治法時，因電子監控設備未能及時完成建置，故初期先採用「性侵害假釋犯影像電話監控」系統，作爲電子監控的暫時替代機制。影像電話監控系統，是透過影像電話與監視器作爲暫時監控的機制。在受監控者家中安裝影像電話，同時將其網路連接到地檢署的法警室中央電腦系統，此系統可傳送聲音與即時影像，透過影像通話，確保受監控者於特定時間位於特定處所。影像電話監控系統須輔以夜間宵禁，由負責監控所屬地檢署的法警，不定時以電話連繫受監控者，同時要求受監控者親自透過影像電話進行通話，而確認其現處位置。

影像電話監控設備雖可完全確認受監控者是否在家，但仍屬於被動式的監控方式，一旦受監控者未主動撥打電話，或是不再接電話時，則必須投入更多人力去查詢確認，否則無法判定受監控人是否爲故意規避[7]。再者，因爲以視訊傳輸影像，需要較高的頻寬，此傳輸設備最好能獨立而專屬於受監控者，以避免欲查詢時卻面臨占線問題，因此「性侵害假釋犯影像電話監控」系統雖能完全掌握受監控者是否在家，但受囿於其屬被動式的監控，需耗費更多人力成本填補查詢確認時的不足[8]。

---

7 例如：桃園地檢屬率先以租用影像電話的方式執行電子監控，由夜間值班法警監看影像（經寬頻傳送），如其違反宵禁或指定居所居所之規定外出，法警即通報相關單位（包括性侵害防治中心、警局勤務指揮中心、觀護人），並由線上警網或管區警察前往查看、回報。參照，林順昌（2009），〈破除『電子監控』之迷思—論回歸實益性之犯罪者處遇政策〉，《亞洲家庭暴力與性侵害期刊》，5卷2期，頁250-257。

8 有論者將第一代的電子監控系統稱為「計畫性查詢裝置」。吳景欽（2005），〈利用電子監控解消性侵害再犯疑慮之立法評析〉，《軍法專刊》，51卷8期，頁49。

(二) 第二代「RFID 電子監控系統」

鑑於第一代影像電話監控系統的不足與諸多缺點，2006 年 11 月改用「RFID 電子監控設備」，開啓台灣實施電子監控的歷史新頁[9]。

第二代的 RFID 居家電子監控設備，係指訊號發射器（環狀，有如大型手錶，配戴於受監控者手上或腳踝）、訊號接收器（裝置於受監控者住處，一般會在受監控者臥室裝置監控主機，並視監控環境決定是否加裝延展器）及監控平台電腦設備（裝置於高檢署中央監控中心主機與各地檢署法警室）。當性侵害案件加害人離開接收器 30 公尺，電腦設定的伺服器就會出現異常訊號。目前監控用電腦主機設置於法務部，透過電腦設定的伺服器查詢異常訊號時，通知所在轄區內的觀護人與轄區員警，實地了解受監控人是否違規外出。一旦違規外出，衡量情節嚴重，可撤銷假釋，作爲懲處，及時做出有效的再犯預防[10]。

所謂的 RFID，是「Radio Frequency Identification」的縮寫，中文可以稱爲「無線射頻識別系統」。通常是由感應器（Reader）和 RFID 標籤（Tag）所組成的系統，其運作的原理是利用感應器發射無線電波，觸動感應範圍內的 RFID 標籤，藉由電磁感應產生電流，供應 RFID 標籤上的晶片運作並發出電磁波回應感應器[11]。由於RFID的特性，適合用

---

9 第一代的監控設備僅為「回報」系統的一環，與利用電子設備進行監控的科技設備監控尚屬不同。因此，法務部委由民間廠商研發新一代的技術，除了回報的功能外，更能進一步了解受監控人是否在特定時間停留於特定處所。汪南均（2008），〈電子監控技術設備於刑事司法之實務運用（三）〉，《法務通訊》，2400期，5版。

10 參照，法務部開辦全國第一例性罪犯RFID電子監控，https://www.moj.gov.tw/cp-21-49557-8565b-001.html（最後瀏覽日：12/11/2019）。

11 其實RFID在日常生活環境中，早已廣泛使用，例如：出門搭乘捷運會用到的『悠遊卡』，開車上高速公路不用停下車來繳回數票所使用的『ETC』儲值卡，去7-11買個飲料用到的『VISA WAVE』信用卡，心愛的寵物身上的植入的『寵物晶

來作爲人或物品在通路上的管控追蹤及識別，所以 RFID 廣泛應用在門禁控制、流程管控以及電子票券等方面[12]。

此後，RFID 監控系統更配合 ZigBee 無線傳輸技術，因而大量減低訊號覆蓋率的問題，有效掌握受監控人的行蹤，但依舊屬於被動式的監控手段。通常是配合宵禁實施，因此若受監控人特地選擇在白天犯案，將造成監控漏洞[13]。

(三) 第三代「GPS 衛星定位系統」

前述的缺點，因爲行動監控（又稱戶外監控，GPS 設備監控），獲得解決。GPS（Global Positioning System），是全球定位系統，又稱全球衛星定位系統，是一個中距離圓型軌道衛星導航系統。它可以爲地球表面絕大部分地區（98%）提供準確的定位、測速和高精度的時間標準。

行動監控最重要的功能，除了獲悉個案身處何處及現實行蹤外，就是設定禁止區（熱區），禁止受監控的個案接近該區域。例如：針對戀童癖的個案，禁止區設定爲小學及幼兒園，一旦個案接近該區域，GPS 監控設備就會提醒個案與觀護人，以避免個案再犯。簡言之，藉由 GPS 監控設備設定個案危險區域，因爲這些區域個案可能會有再犯罪的問

片』，商店或圖書館內的防盜晶片，回到家裡開啓大門門禁所用的『MiFare』晶片卡，這些都是RFID的實際應用。

12 參照，陳啓煌（2007），RFID原理與應用，國立臺灣大學計算機及資訊中心電子報，第0002期，http://www.cc.ntu.edu.tw/chinese/epaper/0002/20070920_2005.htm（最後瀏覽：01/18/2020）。

13 自由時報電子報（4/23/2010），〈監控時間竟可商量／戴電子腳鐐「趁空」又性侵〉，https://news.ltn.com.tw/news/society/paper/390083（最後瀏覽日：12/30/2019）；TVBS NEWS（12/24/2008），〈電子腳鐐無效？假釋男又性侵〉，https://news.tvbs.com.tw/local/190833（最後瀏覽日：12/30/2019）。

題，所以禁止個案進入。

表面上，GPS 行動監控加上 RFID 居家監禁，讓電子監控似乎已成爲一個完美的處遇措施，惟第三代電子監控仍須面對許多挑戰，除了行動監控的正當性基礎外[14]，技術上亦存有一定的困難尚需克服。例如：GPS 可能受環境影響而無法發揮功能，GPS 仍存有相當程度的誤差等[15]。

(四) 第四代「wifi 行蹤（定位）科技設備監控」[16]

2016 年 12 月之後，各地方檢署執行約 100 件左右的電子監控案件，都是使用第四代設備進行監控。所謂的第四代監控設備，目前根據實務執行單位的內部資料說明，稱爲「行蹤（定位）科技設備監控」。

第四代系統的研發，主要是爲提升設備本身使用上的耐受性。例如：提升監控設備錶帶的堅固性，避免受監控人可以使用剪刀等器具破壞設備。另外，更重要的是，第四代監控系統引進了 wifi 定位功能，目的是爲強化受監控人的監控效力。不同於三代系統僅能依賴 GPS 作爲居家以外的戶外行蹤監控，第四代監控系統除了運用三代的 GPS 定位外，同時也納入了電信業者提供的 4G 通訊系統與 wifi 系統等技術，這種先端設備功能的提升，讓第四代監控系統同時也具備了居家監控的效果。

隨著第四次工業革命所發展出的尖端 IOT 技術，更能有效的預防

---

14 行動監控的正當性乃適時監控有再犯風險的個案，達到預防犯罪目的。然而，由於行動監控是24小時不間斷的持續監管，因此除了隱私權的侵害外，其造成的標籤化效應，更易使個案居住與工作的權利受到干擾。故行動監控雖立意良善，然所造成的負面影響亦不可小覷。

15 參照，張麗卿（2012），〈電子監控實務運作之難題與改革：以觀護人的深度訪談為核心〉，《軍法專刊》，58期，頁42-43。

16 相關最新實務資料，感謝台灣士林地方地檢署鄭添成觀護人提供。

犯罪。爲了達成減少相關費用的政策目標，以人工智慧和大數據爲基礎的技術和尖端 IOT 技術，藉由 GPS 和 WIFI 的活用方式來進行定位，更能減少誤差範圍。因此 2018 年以後，受惠於智慧技術發展更進一步的利用最新資通訊技術，建構跨線偵測〔3D 電子圍籬（Cross line detection）〕，對性罪犯的行蹤掌控外，更利用GPS軌跡路線套疊方法，藉由智能運算技術，分析每位受監控者在過去特定期間所最常停留的位置。從數以百萬計的歷史點位資料，得出受監控人可能的位置資訊，作爲觀護人及檢察官後續案件執行的參考依據。

參、從控制犯罪風險，思考電子監控的功能

已實現的犯罪，表示損害社會利益的結果已經出現；尚未實現的犯罪，意味著社會即將承擔的風險。積極的犯罪控制政策，是要思考如何掌握這些即將實現的風險，並且加以控制。在這樣的思考脈絡下，有「社會防衛」與「社會復歸」二種思維模式；前者，講求將犯罪者與社會隔絕，使之無法再犯；後者，認爲要將犯罪者改造向善，如此便不會再犯。不管從何種角度思考犯罪風險，電子監控都能發揮一定的功能。

欲在社會防衛與復歸之間求取平衡，有賴於中間措施的「電子監控」[17]。電子監控有雙重功能的防治手段，就控制現存風險的角度，電子監控可以確知受監控人蹤跡，對受監控人產生拘束的功效，而消滅現存風險，具有防衛社會安全的機能。就控制未來風險的角度，電子監控可以配合其他治療、輔導手段，根除受監控人的再犯因子，進而對社會安

17 中間制裁措施屬當代社區處遇的一種模式，於1980年的美國極為盛行。其特色在於緩和監禁的嚴苛，又較傳統觀護處分嚴厲，擺動於二者中。例如：密集觀護、居家監禁、日間報到中心、魔鬼營、震撼監禁等。這些內容詳請參照：林山田、林東茂、林燦璋（2017），《犯罪學》，5版，頁683-685，台北：三民。許福生（2010），《風險社會與犯罪治理》，頁86、152，台北：元照。

全的維護達到全面預防，並達到復歸社會的效果。

一、傾向社會防衛的電子監控

(一) 隔離現存風險的工具

面對治安惡化的情況，嚴厲的制裁手段常常被認爲是快速且有效的防治方法。透過嚴厲制裁的威嚇，除了能使犯罪人懼於犯罪外，更能讓一般民眾安心。因此，爲了打擊特定類型的犯罪現象，有時會採取重刑化的立法。

對現存風險的控制，最具效力的手段就是監獄。藉由監獄的隔離，使犯罪風險無法對社會造成危害，進而保護社會大眾的安全生活。然而，只有監獄沒有辦法滿足風險的控制，而仍有賴監獄外的控制，這就是電子監控。電子監控使受監控人受到約束，具相當程度的監督效能。電子監控屬於隔離現存風險的有效工具之一。電子監控具有威嚇功能，透過機器的定位與搜尋，持續掌握受監控者的行蹤，讓受監控者感覺自己正處於無所不在的監管，因而得以防止風險的擴散，降低社會的不安。

一般社會大眾最關心的是，現實的犯罪風險是否確實被管控。風險如果沒有受到有效的控制，犯罪恐懼勢必蔓延開來。對於具有犯罪風險的出獄人，仍須嚴密監控，避免犯罪發生，才能撫平社會的擔憂。

(二) 以美國法為例

1970 年代，美國的犯罪率攀高，又受經濟崩毀影響，造成社區處遇預算呈現短拙的困境。據此，隔離、嚇阻的嚴格刑事政策因應而行，但同時卻也造成監獄壅塞的現象。爲了解決此難題，介於機構處遇與社區處遇的「中間制裁措施」逐漸受到重視。該中間制裁措施，較監禁處分自由，而且經濟，其控制力則比社區處遇強烈。

例如：在打擊性侵害犯罪的議題上，採取多元併進的策略，除了從嚴審查緩刑或假釋的條件外，不定期的毒品篩檢，訪談與心理諮商，同時交由社區進行鑽石監控模式的監控[18]。值得一提的是，針對性犯罪者，美國法同時採用登記、社區通告、民事拘禁令、設定禁制區等手段降低再犯發生的機率。以登記制度爲例，從 1994 年「雅各．威特靈對兒童犯罪與性侵害者登記法案」（the Jacob Wetterling Crimes Against Children and Sexually Violent Offender Registration Act, JWA）、1994 年「梅根法案」（Megan's Law）、1997 年「雅各．威特靈改善法案」（the Jacob Wetterling Improvement Act）、2005 年「潔西卡法案」（Jessica's Law）、2006 年「亞當沃爾許法案」（Adam Walsh Child Protection and Safety Act, AWA），透過漸趨嚴格的登記制度強化社區監控的力道，使民眾得以知悉性犯罪者的相關資訊而採取防備行爲[19]。

就電子監控而言，美國法的制度隨著各州不同的政策，而有不同的發展模式，但總體而言，是傾向社會防衛的。以性侵害犯罪者爲例，由於美國境內發生一連串重大的性侵害犯罪，促使性犯罪的處遇態度趨於嚴格[20]，這樣嚴格的態度，也反應在對性侵害犯罪者的電子監控上，其

---

18 為預防性罪犯再犯，美國弗蒙特州發展「性罪犯社區監控鑽石模式」，該處遇模式藉由定期之測謊、社區之輔導治療師、案主之支持網路及觀護人之社區監督（實施科技設備監控），形成嚴密之預防再犯機制。該模式對性罪犯實施預防性測謊已有多年歷史，且證明其對預防再犯之成效良好。

19 關於美國法的法案進展，可以詳見：Richard G. Wright, PAROLE AND PROBATION: Sex Offender Post-Incarceration Sanctions: Are There Any Limits?, 34 N.E. J. on Crim. & Civ. Con. 17(2008). 相關電子監控的內容可以參見：Steven P. Lab, Crime Prevention, 7th ed., LexisNexis (2010), pp284-291; Todd R. Clear, George F. Cole, Michael D. Reisig, Amerian Corrections, 9th ed., Wadsworth (2011), pp572-574.

20 有相同見解認為若電子監控標榜預防再犯、協助更生、實質懲罰、產生心理威嚇壓力、減少監獄壅擠、節省成本的功能，那將是刑事司法的最愛，惟電子監控強調監控遠大於矯治的功能。因此，電子監控是強調對犯罪者之監督與控制，反應出近代矯治的發展朝向隔離化的嚴格刑事政策。參照：許福生，前揭註17，頁

中最著名的，就是2005年的潔西卡法案。

潔西卡法案除了對性侵害犯罪的懲罰重刑化之外，更強制實施有期限或終身的電子監控，即以防堵性侵害犯罪者再犯爲主要目的。因此，在美國對性侵害罪犯的處遇上，電子監控扮演監控的重要角色[21]，從社會防衛的觀點出發，遏止性犯罪的再犯，進而降低社區居民的被害恐懼。此外，電子監控也可與美國行之有年的「登記通告制度」搭配，建構全方位的監控網絡，對性侵害犯罪的假釋者，進行最嚴密的監督，防止其再犯。由此可知，美國在性犯罪的處遇上，電子監控制度主要是出於避免再犯的社會防衛思想。

雖然美國的電子監控傾向社會防衛，但因各州規定不同，適用範圍並不一致。某些州的電子監控帶有社會復歸的色彩，例如：美國伊利諾斯州的處遇中心，就針對犯罪人不同的生活習性與態樣，調整監控的實施，以免因監控而影響受監控者的工作和學習[22]；阿拉巴馬州在處理少年犯罪，採用電子監控也是比較傾向社會復歸的態度[23]，希望曾經犯錯的少年知過能改，走回正途。但是，與更加傾向於社會復歸的電子監控的國家相比（如德國），美國在電子監控的運用上比較傾向社會防衛。

綜上，電子監控在美國法上，雖然存有許多不同態樣與目的，但多數仍著重在防衛的本質。以性侵害犯的處遇而言，電子監控扮演著管控與監視的功能。社會復歸與減少監獄人數過多，雖屬電子監控目的之一，惟從該國的其他處遇措施如登記、社區通告、民事拘禁令、設定禁

169。

21 潔西卡案發生在美國佛羅里達州，這是一名幼女被性侵殺害的案件，造成當時佛羅里達州極大的轟動，進而催生潔西卡法案。關於佛羅里達州電子監控的規定，參閱the 2011 Florida Statutes §800.04; §775.082。

22 參照：林順昌（2009），〈概觀美國科技社區監督實務〉，收錄於《觀護法論》，頁205，台北：自版。

23 See State of Alabama Department of Youth Services, 2010 Annual Report, p.5.

制區等作法看來，皆係以防堵性侵害犯罪者再犯爲主要目的[24]。因此，美國對性侵害罪犯的處遇，電子監控主要還是從「社會防衛」的觀點出發，遏止性犯罪的再犯，進而降低社區居民的被害恐懼[25]。

二、趨近社會復歸的電子監控

(一) 消除未來風險的輔助

依特別預防的觀點，刑罰發動與否在於去除危險性格，尋求「再社會化」的可能。因此犯罪人是否可以復歸社會，端視其危險性格存在與否。亦即，危險性格可能導致於再犯風險的提高，唯有去除危險性格，降低再犯的風險，才能提高犯罪人回歸社會的可能性。因此，刑事政策上，透過剔除犯罪人的危險因子，使犯罪人回復平和的心理狀態，而再度融於一般人的生活。

傳統的監禁僅在於阻隔犯罪誘因，掌握現時的風險，避免社會安全遭受破壞。但現實風險被阻隔，不代表犯罪不會再度受到誘發，若不從個案本身加以矯治，再犯防治的口號始終只能維持暫時狀態。如果控制犯罪是建築大樓的工程，社會復歸就是大樓地基，地基穩固，犯罪控制

24 有相同見解認為若電子監控標榜預防再犯、協助更生、實質懲罰、產生心理威嚇壓力、減少監獄壅擠、節省成本的功能，那將是刑事司法的最愛，惟電子監控強調監控遠大於矯治的功能。因此，電子監控是強調對犯罪者之監督與控制，反應出近代矯治的發展朝向隔離化的嚴格刑事政策。參照，許福生，前揭註17，頁169。

25 美國最新的性侵害社區處遇政策是設置禁制區，期待將性犯罪者圍堵並監視，此種方式又稱「抑制模式」，惟此種方式是否能有效防堵犯罪，在美國仍受到質疑。在立法的過程中，民意、婦運團體的壓力，迫使著立法者常常流於激情，未考量到性犯罪的根本問題。雖然電子監控制度的發展很迅速，但司法實務界仍相對保守觀望。詳見：劉寬宏（2011），〈論美國性侵害加害人社區監護處遇之電子監控法律規定及實例分析〉，發表於：《電子監控法制之展望學術研討會》，台灣彰化地方法院檢察署（主辦），台北，頁70。

才得以有效確實。

再社會化的復歸精神，對於電子監控制度的影響是，人性化的監控手段。採用輔導與教育模式對受監控人進行矯正，使受監控人學習辨別是非善惡的標準，同時透過其他社區處遇手段，解決心理層面的犯罪問題，而增加受監控人回歸社會的機率。不過，無可否認，電子監控的功能，就是一種透過電子訊號設備掌握行蹤的方式，雖於社會復歸的理念指引與掩護下，沖淡侵蝕人權的色彩，但究其本質，仍非一種純粹的復歸理念。

(二) 德國法的經驗

以德國法為例，電子監控的實施必定伴隨著「個別化」的監控計畫，用以矯治個案不同的犯罪傾向，達到排除再犯的目標。所謂個別化的監控計畫是指，矯治機關根據風險程度的不同，對犯罪人施予寬嚴不同的監控條件，使犯罪人在監控之餘，能適應社會的生活並成功返回社會。此外，受監控人同意與否也是社會復歸的特徵之一，透過同意的機制反映出受監控人願意向善的傾向，而達到根治深層犯罪心理的目標。

從德國法制觀察，我們可以充分了解德國如何運用電子監控當作社會復歸的輔助方式。德國電子監控的法制建構，最早發跡於1999年的刑事執行法（StVollzG）草案，該草案特別針對不超過6個月刑期的受刑人，考慮以電子監控的手段命其居家服刑，但必須「得到受刑人同意」[26]。2000年德國黑森邦（Hessen）在法蘭克福地區率先試辦電子監控的實驗方案，由政府單位針對不同犯罪者的身心狀態、生活環境等，對於個案回歸社會最有利的情況下，給予不同的監控條件。由此可見，電

26 Dahs, Im Banne der elektronischen Fußfessel, NJW 1999, S. 3470; Anna Kaiser, Auf Schritt und Tritt - die elektronische Aufenthaltsüberwachung: Entwicklung, Rechtsgrundlagen, Verfassungsmäßigkeit, 2015, S. 21ff.

子監控只是協助個案回歸社會的輔助策略，達到再社會化的目標。

以德國黑森邦（Hessen）的電子監控實驗方案爲例，當時雖未有司法明確授權的依據，但該邦的法官則透過「刑事附帶處分」的方式，進行爲期 2 年的試驗。該實驗方案原則上允許電子監控適用於下列五種受刑事處遇的對象[27]：第一、受緩刑者（§ 56c StGB)；第二、受緩刑者違反規定而不撤銷之情形（§ 56f StGB)；第三、假釋犯（§§ 57 f. StGB）；第四、受生活監督者（§§ 68 ff. StGB）；第五、審前替代拘留之手段（§ 116 StPO）。其次，透過個別化監控計畫[28]，輔助個案使其不但可以適應一般生活，更能徹底回歸社會。

2009 年 7 月，巴登．符騰堡邦（Baden-Würtenberg）制定「執行自由刑之電子監控法」，成爲德國首個電子監控法制。該邦司法部長 Ulrich Goll 曾說，「電子監控可以避免執行拘禁，而避免拘禁其實就是

---

27 Markus Mayer, Modellprojekt Elektronische Fußfessel. Wissenschaftliche Befunde zur Modellphase des hessichen Projekts, https://pdfs.semanticscholar.org/d857/9c13905b7f42697e3e473b2a1c330cf7aba3.pdf?_ga=2.47956206.89411520.1581000342-2116631720.1581000342, S. 1f.（最後瀏覽日：02/02/2020）

28 以德國黑森邦的實驗計畫為例，若平常日間有正常工作者，週一至到週四原則上自20時開始實施監控至隔日6時；週五則在15時至20時容許彈性調整；週六的監控時段提前於18時開始監控，並且延長至隔日9時，其餘時間則容許做彈性的調整（基本上10時至14時亦需要監控）；週日最為嚴格，除了在14時至18時可以彈性調整外，全天皆需加以監控。依據個案狀況，若日間無正常工作者，該實驗計畫更加限縮受監控人自由活動期間。尤其是在週一至五增加下午監控時段，希望避免無正常工作者利用機會再度犯案。關於確切的監控計畫，可以參見：Markus Mayer, Modellprojekt Elektronische Fußfessel. Wissenschaftliche Befunde zur Modellphase des hessichen Projekts, https://pdfs.semanticscholar.org/d857/9c13905b7f42697e3e473b2a1c330cf7aba3.pdf?_ga=2.47956206.89411520.1581000342-2116631720.1581000342, S.1f.（最後瀏覽日：02/02/2020）此外，德國巴登．符騰堡邦的電子監控法中，為被監控者量身設計個別性的監控處遇措施，亦展現再社會化的特色。Anna Kaiser, Auf Schritt und Tritt - die elektronische Aufenthaltsüberwachung: Entwicklung, Rechtsgrundlagen, Verfassungsmäßigkeit, 2015, S. 36ff.

最好的再社會化」[29]。從巴登電監法的相關內容可以知悉，該邦採取「社會復歸爲主」的立法模式，對於協助罪犯再社會化的工作相當精緻。例如：該法第 7 條規定，實施電子監控的期間，每週應給予受監控人 20 小時的時間，進行關於工作、教育、兒童照料的活動；若要進行其他戶外活動，考量個案的狀況不同，於不同監控的時期給予不同的活動時間。又如該法第 4 條規定，受監控人需理解電子監控的意義，且同意在約定的時間及方式進行監控計畫。此外，其監控方式乃以與手機大小相當之監控器才綁在受監控者腳上，可以被褲子蓋住不被發現，避免受有標籤化之疑慮。另一方面，政府需提供適當的監控住所、以及設置相關的監控人員。同時爲了使受監控人盡速適應社會的生活，培養自食其力的能力，政府需提供適合受監控人的工作、規劃適合生活的環境。因此該邦實施電子監控具備全盤性計畫[30]。

值得注意的是，在巴登．符騰堡邦制定「執行自由刑之電子監控法」試行模式後，2010 年開始德國有了全國實施電子監控的明確司法授權，並於 2011 年 1 月 1 於刑法正式施行[31]。這個契機始於 2009 年 12 月歐洲人權法院針對德國徒刑執行完畢後，才施以帶有刑罰意味的「保安監禁處分」，宣告違反歐洲人權公約；其後，德國聯邦憲法法院也據以判定違憲[32]，且爲了回應人權公約的精神，德國亦在刑法第 68 條中作出相應修正。

根據德國刑法第 68 條 b 第 1 項第 12 款規定，法院得對已受判決

---

29 https://www.welt.de/politik/deutschland/article10004912/Gefangene-werden-jetzt-mit-Fussfesseln-ueberwacht.html（最後瀏覽日：02/02/2020）

30 Anna Kaiser, Auf Schritt und Tritt - die elektronische Aufenthaltsüberwachung: Entwicklung, Rechtsgrundlagen, Verfassungsmäßigkeit, 2015, S. 31ff.

31 BGBl. Teil, 2010, S.2300.

32 http://www.bundesverfassungsgericht.de/entscheidungen/rs20110504_2bvr236509.html（最後瀏覽日：01/28/2020）

並於保護管束之全部或部分期間的受刑人指令（weisung）隨身攜帶電子監控，且不得損害科技設備功能，並隨時保持設備完好。此外，得以配戴電子監控者亦受到限縮，僅有符合：1. 保護管束之原因係 3 年以上之自由刑、宣告刑執行完畢、保安處分進行完畢；2. 判處自由刑或宣告刑或核定安置之原因在於侵犯一次或數次第 66 條第 3 項第 1 句所列舉之罪名（如侵害生命、身體法益、妨礙個人自由或性自主的權利等重罪）；3. 受判決人有再犯第 66 條第 3 項第 1 句所列舉罪名之虞，且 4. 指令有必要，方得以依刑事訴訟法第 463a 條第 4 項第 2 句利用資訊來監控受判決人有無遵守依第 1 句第 1 款及第 2 款之指令，並藉此防止其再犯第 66 條第 3 項第 1 句所列舉之罪。亦即，要宣告配戴電子監控，實質要件上必須符合有相當危險性（德國刑法第 68bI 第 3 款第 3 句的事由），以及具有必要性的考量（德國刑法第 68bI 第 3 款第 4 句的事由），且依據德國刑法第 68d 第 2 項，法院需每 2 年審查是否停止電子監控之指示[33]。

法院是否給予命配戴電子監控之指令，由法院依職權而決定。至於受處分人自願承擔或承諾特定事項，是否導致法院對指令之放棄，由法院來決定[34]。是否發布指令之界限，主要在基本權利之考量；如比例原則、身體不可侵犯等等。依本條第 1 項第 12 款之電子監控，主要應監督在場義務（第 1 款）或在場禁止（第 2 款）等指令。其他監控目的並未禁止，但在資訊自主權爲基本權的前提之下，要在其他情況使用電子監控，應由法院謹慎評估，以免遭到合憲性質問。因此，施行電子監控之門檻很高；依第 2 句受該指令者應：具有因暴力傾向或性犯罪傾向所

---

33 Anna Kaiser, Auf Schritt und Tritt - die elektronische Aufenthaltsüberwachung: Entwicklung, Rechtsgrundlagen, Verfassungsmäßigkeit, 2015, S. 104ff.; Tomas Fischer, StGB Kommentar, 66.Aufl., 2019, § 68d, Rn.4.

34 Tomas Fischer, StGB Kommentar, 66.Aufl., 2019, § 68b, Rn.18.

犯之罪而受刑；所判處之徒刑在 3 年以上；且實施該指令之目的在防止再犯同類別之罪[35]。

此外，由於歐洲各國受恐攻事件之頻率明顯增加，且由於部分犯罪者在實行恐攻之前或曾參與中東之所謂「聖戰組織」，或於網路上表示支持相關組織及其核心訴求，但未另犯傳統重罪，所以德國立法者於 2017 年 7 月 1 日針對相關現象設置刑罰規範，且將之納入於保安處分範圍內。除上述第 66 條第 3 項有關保安監禁之外，本規定亦允許對該「危害者」核定電子監控之處分。

從德國刑法修正可以發現，就刑後接受保護管束（Weisung）者，得施以電子監控的法律依據，降低刑罰拘禁的色彩[36]。此外，針對刑後的保安監禁處分，新增受保安監禁的行為人，在符合特定的要件時，可不對其施以監禁，而改施以電子監控[37]。得施以電子監控的前提在於，行為人故意犯特定之罪而受 2 年以上徒刑，法院於宣告刑罰時可同時宣告行為人於刑後須受到保安監禁，於保安監禁期間施以電子監控。

從黑森邦到巴登．符騰堡邦再到刑法的修正規定，關於刑法保安監禁的規範，都可以看出德國希望透過電子監控，輔助受監控人重返社會，其功能就像是提醒個案「在某個時段，你必須做什麼行為或在什麼地方」，反覆提醒個案，使之適應社會。但是，這並不表示電子監控維

---

35 Tomas Fischer, StGB Kommentar, 66.Aufl., 2019, § 68b, Rn.20.

36 依照德國刑法第68條b第1項第12款規定，法院得以保護管束相同的期間或者更短的期間，對受刑人指示要求其配戴，對其指定之處所進行電子監控所必須的科技設備，並持續保持設備能運作的狀態，不得干擾其正常運作的功能。Vgl., Tomas Fischer, StGB Kommentar, 66.Aufl., 2019, § 68b, Rn.18.

37 依德國刑法第68條b第2項的規定，受保安監禁之人，若犯下特定之罪（如侵害生命、身體法益、妨礙個人自由或性自主的權利等重罪）；或受刑人將來有犯德國刑法第66條第3項所列舉犯罪的可能，可在執行保安監禁的同時，對其施以電子監控，而不拘束人身自由。Vgl., Tomas Fischer, StGB Kommentar, 66.Aufl., 2019, § 68b, Rn.18ff.

護社會治安的功能喪失，電子監控作爲中間制裁措施，本來就兼有社會防衛與復歸的色彩，只是德國法的作法上傾向社會復歸[38]。

肆、我國電子監控的刑罰功能與檢討

自 2005 年開始，以受保護管束的性侵害犯罪者爲對象，建立本土的電子監控制度，就是希望能藉此避免再犯的發生，又不使犯罪者與社會脫節，並得重返社會。因此，如能在法制上將台灣電子監控制度慢慢由社會防衛走向社會復歸，並由性侵害犯罪者，逐步擴大電子監控的適用範圍，應是恰當的作法。

一、朝向以復歸為主防衛為輔的電子監控

其實，我國引進電子監控時，並非處於減輕監獄人數過多或使受刑人重返社會的社會氛圍，反而是爲了監控假釋在外的性侵犯。立法之初，是採取社會防衛的觀點，希望減緩社會大眾的被害疑慮，滿足安全的期望。不過，施行幾年以來，依舊發生社會矚目的性侵案件，使得監控功效受到質疑。例如：發生於 2019 年 1 月 10 日，有高度再犯風險的台東 25 歲性侵假釋犯，竟然破壞電子腳鐐潛逃，震驚社會，讓人質疑監控功效似乎有限[39]。

性侵害犯罪電子監控的實施，是由觀護人報請檢察官發動。觀護人評估的重點，是再犯可能性的高低。觀護人會配合個案的情況，提出適

---

38 Anna Kaiser, Auf Schritt und Tritt - die elektronische Aufenthaltsüberwachung: Entwicklung, Rechtsgrundlagen, Verfassungsmäßigkeit, 2015, S. 52ff.

39 三立新聞電子報（1/11/2019），〈有高度再犯風險！台東25歲性侵假釋犯，破壞電子腳鐐逃逸〉https://www.ettoday.net/news/20190111/1353596.htm#ixzz65hOV1FnD（最後瀏覽日：01/20/2020）

合個案的監控時段。所以，台灣電子監控有社會復歸的色彩，但與德國相比，尚不夠精緻。這可能是受限於觀護的人力資源。

要消滅再犯的風險，社會防衛只是治標的手段。電子監控雖能掌控風險，但終究無法根除風險。此外，持續性的電子監控也可能走極端，成爲完全不定期或終身的電子監控，引發戕害人權的疑慮。相較下，社會復歸的作法，則屬於較爲緩和且積極的治本方式，藉由教化或治療等方式，讓罪犯眞正悔改，永不再犯。

要揉合社會防衛與復歸，是困難的工作。以性侵害犯罪爲例，除了利用外在的監控力量，如密集報到與訪談、登記公告制度以及電子監控外，也必須重視對犯罪人本身的輔導矯治，以增加行爲人的自我控制能力。自我控制與他人監控，雙管齊下，方能有效降低性侵害犯罪者的再犯率[40]。

總之，要罪犯永遠與犯罪脫鉤，還必須犯罪者眞誠覺悟，否則外在監控一旦弱化，犯罪勢必再起。**理想的電子監控功能，應該以社會復歸爲主，社會防衛爲輔的方向前進。這是我們未來應該努力的方向。**

二、強化電子監控功能的立法與配套

(一) 電子監控的新立法

電子監控的功能，除可作爲替代刑事執行措施外，在我國也出現了

---

40 性侵害犯罪的再犯機率，國內外的研究報告見解不一。有研究認為再犯率約為10至15%之間，有認為遭判決後的性侵害犯罪者幾乎或甚少再犯；然而也有見解認為基於性侵害案件之特殊性，受害人皆不願主動舉發與出面作證，因此犯罪黑數相當高，加上統計採樣數據的問題以及追蹤期的不足，影響再犯機率的高低甚深，因此提出質疑。周煌智、文榮光（主編）（2018），〈性侵害犯罪流行病學〉，收錄於《性侵害犯罪防治學—理論與臨床實務應用（二版）》，頁64-65，台北：五南。

另一項功能：「羈押防逃」。台灣曾發生多起經濟罪犯、貪污罪犯捨棄高額具保金，潛逃出境的案例[41]。羈押之目的乃防止被告逃亡或湮滅證據，不過，實務上卻屢見，在重大經濟犯罪中的交保或限制出境（刑事訴訟法稱「具保」或「限制住居」）的效果卻不盡理想 。因此，若能妥適運用電子監控，輔助交保制度的運行，不但使停止羈押的交保制度更具嚇阻性，也能減輕司法成本，達到有效監管與獄政資源合理運用的雙贏局面。

2019 年 7 月 17 日立法通過刑事訴訟法修正案，於刑事訴訟法第 116 條之 2 第 4 款規定，法院於**許可停止羈押時**，經審酌人權保障及公共利益之均衡維護，認有必要者，得定相當期間，命被告接受適當之科技設備監控。立法理由指出，該次修正主要是在強化具保、責付、限制住居之羈押替代處分效力。換言之，法官宣告許可羈押之具保、責付、限制住居後，仍可以命該名被告接受適當之科技設備監控，以免被告於偵查或審判中逃匿[42]。

科技設備監控運用於羈押防逃，並無法明確分類爲社會防衛或社會復歸。因爲，配戴腳鐐者仍屬於未經判決確定之被告，無從定位究屬於刑事制裁手段的「社會復歸或社會防衛」。不過，配戴科技設備監控之目的，若在於犯罪預防或避免再犯，則解釋上就會有所不同。亦即，修法前法院許可停止羈押時，僅需命被告具保、責付及限制住居以替代羈押，但是修法後，法院得依刑事訴訟法第 116 條之 2 第 4 款「命被告配戴科技監控設備」，則此時法院所爲處分，不應僅止於羈押防逃，更有避免被告於再犯之目的。因此，命科技監控處分，亦屬一種風險控制手

---

41 三立新聞電子報（11/5/2018），〈落跑大集合！貪污、掏空、弊案　商界大佬與高官犯罪就遣逃〉，https://www.setn.com/News.aspx?NewsID=452193（最後瀏覽日：01/20/2020）

42 參照立法院公報處（2019），《立法院公報》，108卷65期，頁157、165，台北：立法院。

段，傾向於社會防衛措施。

採用社會防衛措施的立法，有學者認爲，電子監控的功能除監控行動外，更應探究犯罪人的犯罪動機，具體協助受監控者改過，而不是在刑事訴訟法中訂立監控意味濃厚的措施，以監視被告的一舉一動[43]。

不過，本文以爲，電子監控運用於偵查及審判中，當作羈押替代措施，有其必要性。尤其是預防性羈押的替代措施，透過科技設備監控確實能達到一定程度的犯罪預防，避免被告再犯。另外，若能落實以科技設備監控取代預防性羈押，則預防性羈押長期被詬病的問題，也可以適度緩解。不過，科技設備監控侵害個人隱私權利仍屬強烈，甚至可能涉及共同生活者的隱私問題。若加上人工智慧演算系統以監控被告，可能更擴大個人隱私的侵害。因此，考量科技設備運用的合理性，應當再輔以個人意願作爲法院命配戴科技設備的合理依據，以避免違憲疑慮[44]。

(二) 強化電子監控功能的配套

現行的電子監控，主要用於受保護管束的性侵犯，也作爲剛修正通過的替代羈押的手段。如果電子監控的目的是以社會復歸爲主，社會防衛爲輔，並且擴大適用範圍，那麼在制度設計上，必須有兩個重要的配套：一是監控中心的設立，二是加強觀護部門的資源。

關於「監控中心的設置」，一直都是討論的重點。尤其，現行刑事訴訟法已經通過以電子監控當作羈押防逃的手段後，更是迫切！詳細地說，台灣刑事訴訟法於第 116 條之 2 增加幾種防逃措施；當法院停止羈押時，法院得命相當期間，命被告遵守特定事項，包括：接受適當之科技設備監控：像是電子監控，但該由誰來實施、實施的人員、方式及

43 馬躍中（2019），《刑事制裁》，頁205，台北：新學林。

44 相同見解，Vgl., Anna Kaiser, Auf Schritt und Tritt - die elektronische Aufenthaltsüberwachung: Entwicklung, Rechtsgrundlagen, Verfassungsmäßigkeit, 2015, S. 161, 202.

程序等事項，新法授權給司法院會同行政院制定執行辦法。未經法院或檢察官許可，不得離開住、居所或一定區域：這個和原本的限制住居並不完全一樣。原刑事訴訟法的限制住居是指住居所不得變更，但並沒有限制離開，只要被告能收到法院或檢察官的傳票，遵期到庭即可。交付護照、旅行文件；法院亦得通知主管機關不予核發護照、旅行文件：雖然有限制出境出海的方式，但這並無法防止被告偷渡出境後，拿護照在國外生活，故增加了要求被告交付護照的法源依據。未經法院或檢察官許可，不得就特定財產爲一定的處分：這是爲了避免被告取得逃匿時候的經濟來源，依照這個新規定，法院可以禁止不動產移轉、銀行帳款轉帳、付款等等。這個條文，也同時準用在檢察官或法院認爲有羈押原因，但無羈押必要的情形，法院或檢察官都可以命被告遵守上述事項。

遺憾的是，如前所述，科技設備監控該由誰來實施、實施的人員、方式及程序等事項，刑事訴訟法僅是授權給司法院會同行政院制定執行辦法；然而，截至目前，由於要成立監控中心，設備、運作等相關經費龐大，若要委外更須有人力、管理等費用，法務部由於經費有限，司法院及法務部就此仍未形成共識，以致有該制度被譏爲仍屬虛設之嫌[45]。有關於此，如果將電子監控中心設爲獨立的機構機構，或許就可排除院檢互推的問題[46]。

---

45 參照，自由時報（11/8/2019），〈司法龍頭喬不攏 防逃機制如虛設〉，https://news.ltn.com.tw/news/society/paper/1330532（最後瀏覽日：12/30/2019）。

46 這個部分或許可以參照韓國的作法。詳參，尹鉉鳳（2019），〈韓國電子監控制度的現況與發展〉，發表於：《2019年司法保護與犯罪預防論壇：觀護制度的探索》，法務部（主辦），台北。尹鉉鳳一文係由本人與談。韓國係於2008 年成立2 個獨立的「位置追跡管制中心」，主要針對高風險犯罪人：如性暴力罪犯、殺人犯、強盜犯、擄人勒贖、搶奪犯、未成年誘拐者（含：緩刑、假釋、暫停治療監護、刑期執行結束後各階段）。該中心經歷六次更新，於2018年結合人工智慧（AI）、物聯網、尖端感應器，定位、通信速度、精確度得到提升，尤其結合Wi-Fi及無線網路GNSS全球衛星導航系統，而有最新「一體型裝置」的電子監另外，值得關注是，現行觀護人執行電子監控時，並沒有警察權，一旦個案發生違規情事，欠缺警察權的觀護人無法在第一時間快速解決，而有待轄區警員的協助。如此，將產生組織協調的棘手問題。設置一個專責的監控中心，快速、妥當地處理個案違規的情事，不但能降低社會治安的疑慮，更能減少個案的反彈，達到最佳的監控效果。檢察官、司法警察、觀護人、工程師、心理師、社工，等等進駐監控中心，是必要的。理想的狀況是，由工程師判讀訊號的正確性，復由警察、觀護人及社工進行訪查，並由心理師做再犯風險的評估，最後若確認是高風險的情形，再由檢察官依法處理。彼此分工合作，才能降低錯誤的機會，進而爭取時間進行相關防治的工作。

總之，加強觀護部門的資源，解決觀護人力不足的問題，最爲迫切。台灣現行的法規及運作模式，觀護人爲掌控電子監控的主角，但台灣觀護事務錯綜複雜，同時受限於人力資源的不足，工作負擔過大。傾向社會復歸的電子監控，其最終目的是要讓罪犯重返社會，在此目的下，增強觀護部門的力量，即爲刻不容緩的議題。如此，在監控中心成立後，觀護人可以將更多的精力放在觀護業務上，不但協助社會防衛的落實，更能朝向社會復歸的目標邁進。

伍、結語

剝奪自由的監禁措施有許多弱點，因而受到質疑。監禁的相反措施就是社區處遇，讓受判決人處在自由的環境裡，例如：保護管束。但是，社區處遇卻無法消除一般人的擔憂，因爲無法對於行爲人有效的監

控。尹稱：這個一體化裝置，不但節省成本（僅有監獄矯正花費的5分之1）並能有效降低再犯率。因此，僅2017年就有亞洲和非洲計15國家參訪觀摩。從其執行成效言，可以看出並沒有院檢互推的疑慮。

控。介於監禁與社區處遇的中間措施，於焉形成。那就是，利用科技設備監控受判決人。犯罪人或受判決人雖然不受監禁，卻持續受到嚴密的監控，市民因此可以免除受侵犯的擔憂。

利用科技設備監控犯罪人，早在1960年代就有人提出。最先是用以對付精神病人，以及青少年犯罪人，後來逐漸運用到其他受刑人。這個措施首先在美國運用，歐洲國家則陸續跟進。至於所謂的科技設備，隨著科學技術的發展一直在改變。最新的科技設備是電子監控。將來還會因爲人工智能（AI）的發展，讓電子監控更多元豐富並且嚴密。

電子監控的對象，本以性侵犯爲主，後來逐漸擴大運用的對象。依照台灣刑事訴訟法的最新規定，電子監控也可以適用在停止羈押的被告。這樣，可以讓人犯獲得相對的自由，卻也不至於忽略了監控，對於民眾也有穩定的作用。

電子監控可說是監禁措施與社區處遇的中介，但與社區處遇相較，對於犯罪人仍有很多的不便與干涉，對於隱私的侵犯相當巨大，所以有些國家（如德國）的電子監控必須得到犯罪人的同意。得到犯罪人同意而實施電子監控，才不會落入可能違憲的質問。

電子監控的刑罰目的，最先是爲了社會防衛，保護一般民眾受到侵犯。後來則兼顧社會復歸。監控的目的不只是爲了防衛社會，也爲了讓犯罪人眞心的悔過，進而積極的融入社會。電子監控如何達成有效的社會復歸，還要在執行的內容上更加的精緻。這需要藉鑑各國的經驗，還有持續的思考與改進。

參考文獻

一、中文部分

林山田、林東茂、林燦璋（2017年），《犯罪學》，5版，台北：三民。

馬躍中（2019），《刑事制裁》，台北：新學林。

許福生（2010），《風險社會與犯罪治理》，台北：元照。

周煌智、文榮光（主編）（2018），〈性侵害犯罪流行病學〉，收錄於《性侵害犯罪防治學：理論與臨床實務應用》，2版，台北：五南。

林順昌（2009），〈概觀美國科技社區監督實務〉，收錄於《觀護法論》，頁201-218，台北：自版。

吳景欽（2005），〈利用電子監控解消性侵害再犯疑慮之立法評析〉，《軍法專刊》，51卷8期，頁46-66。

汪南均（2008），〈電子監控技術設備於刑事司法之實務運用（一）〉，《法務通訊》，2398期，5版，頁3-6。

汪南均（2008），〈電子監控技術設備於刑事司法之實務運用（三）〉，《法務通訊》，2400，5版，頁3-5。

林順昌（2009），〈破除『電子監控』之迷思：論回歸實益性之犯罪者處遇政策〉，《亞洲家庭暴力與性侵害期刊》，5卷2期，頁239-280。

張麗卿（2012），〈電子監控實務運作之難題與改革：以觀護人的深度訪談為核心〉，《軍法專刊》，58期，頁29-60。

立法院公報處（2019），《立法院公報》，108卷65期，台北：立法院。

尹鉉鳳（2019），〈韓國電子監控制度的現況與發展〉，發表於：《2019年司法保護與犯罪預防論壇：觀護制度的探索》，法務部（主辦），台北。

劉寬宏（2011年8月），〈論美國性侵害加害人社區監護處遇之電子監控法律規定及實例分析〉，發表於：《電子監控法制之展望學術研討會》，台灣彰化地方法院檢察署（主辦），台北。

二、外文部分

Anna Kaiser (2015). Auf Schritt und Tritt - die elektronische Aufenthaltsüberwachung: Entwicklung, Rechtsgrundlagen, Verfassungsmäßigkeit.

Rita Haverkamp (1998). Electronic Monitoring, Die elektronische Überwachung von Straffälligen, Bürgerrechte & Polizei, CILIP Nr. 60.

Dahs (1999). Im Banne der elektronischen Fußfessel, NJW.

Dick Whitfield (2001). The Magic Bracelet, Waterside Press.

Matt Black and Russell G. Smith (2003). Electronic Monitoring in the Criminal Justice System, in :Trends & Issues, No.254, 1(1).

Ralph K. Schwitzgebel (1964). Streetcorner Research: An experimental approach to the juvenile delinquent, Cambridge: Harvard University Press.

Ralph K. Schwitzgebel, Robert L. Schwitzgebel (1980). Law and Psychological Practice, New York: John Wiley & Sons Inc..

Richard G. Wright (2008). PAROLE AND PROBATION: Sex Offender Post-Incarceration Sanctions: Are There Any Limits?, 34 N.E. J. on Crim. & Civ. Con..

State of Alabama Department of Youth Services, 2010 Annual Report.

Steven P. Lab (2010). Crime Prevention, 7th ed., LexisNexis.

Todd R. Clear, George F. Cole, Michael D. Reisig (2011). Amerian Corrections, 9th ed., Wadsworth.

Tomas Fischer (2019). StGB Kommentar, 66.Aufl.

第四章

赦免與刑事訴訟程序之障礙：評蘇炳坤先生開啓再審案

陳運財 *

*成功大學法律系教授

摘 要

蘇炳坤先生聲請再審乙案突顯出了作爲救司法途徑已窮的赦免制度反而有可能阻礙受判決人聲請再審的司法救濟管道的問題，最高法院106年台抗842號裁定基於赦免與再審二者乃同屬救濟誤判，維護被告人權的機制，具有併存互補關係等理由，容許經總統依赦免法第3條後段特赦後之受判決人仍得向法院聲請開啓再審予以救濟。此項見解，值得高度肯定。

本文另從訴訟條件之定位與被告無罪判決請求權的觀點分析，指出刑事程序設定訴訟條件的規範目的，旨在節制檢察官或自訴人追訴權的濫用，被告享有免於遭受欠缺訴訟條件下之不當追訴的利益，且被告享有無罪判決請求權，故於判決確定前，如因案件之時效已完成或曾經大赦而欠缺訴訟條件之情形，被告仍享有提起上訴請求爲無罪判決的權益。基於此項觀點，推論總統行使「赦免」，亦不得成爲受判決人聲請開啓再審的程序障礙。同時，從赦免之目的與性質、以及再審之目的與效力，深入論述經總統已行使赦免之案件應容許可再尋求司法程序予以救濟，二者可相互併存，彼此作爲防止司法誤判的雙重保險，並無侵害憲法保障總統赦免特權之虞。相信本文的論述，可以爲調和總統赦免權的行使與刑事程序再審的互補關係，提供學理上更具有體系的研究基礎。

關鍵詞：赦免，再審，誤判，訴訟條件，程序障礙，無罪判決請求權。

壹、前言

我國憲法第 40 條規定，總統依法行使大赦、特赦、減刑及復權之權；赦免法第 6 條第 1 項規定總統得命令行政院轉令主管部爲大赦、特赦、減刑及復權之研議，賦予總統行使赦免之決定權。其中，屬於「一般赦免」之大赦，因使已受罪刑之宣告者，其宣告爲無效；未受罪刑之宣告者，其追訴權消滅，其效力最強（赦免法第 2 條）。而爲求愼重，憲法第 58 條第 2 項及第 63 條規定大赦案應經行政院會議及立法院之議決[1]。再者，屬於「個別赦免」之特赦，則是免除受罪刑宣告之人之刑之執行；其情節特殊者，得以其罪刑之宣告爲無效（赦免法第 3 條）。惟因有罪判決確定所生之既成效果，不因大赦、特赦等而受影響（赦免法第 5 條之 1）。此之特赦，得命令行政院轉令主管部研議，經總統之核可後，由主管部發給證明予受赦免人即可[2]。

一般赦免之大赦或全國性減刑，通常於國家遇有重要之慶弔，基於因應社會現實的變化及國民感情等之考量，規定行使赦免之犯罪類型，給予罪犯更新向善之機；個別赦免之特赦或減刑，則係出於避免因刑罰法律齊一僵硬之適用所造成刑之嚴苛或不均衡的缺憾、或爲救濟裁判之錯誤或犯罪人顯有悛悔情事等特殊的情況下爲之。因此，多數見解認爲赦免制度，主要乃爲救濟司法誤判之窮，以行政權變更司法權審判結果的例外，緩和機械式之權力分立的運作，爲憲法上所容許的第三種的非常救濟程序[3]。

---

1 林紀東（1992），《中華民國憲法逐條釋義（二）》，修訂5版，頁87以下。

2 參照赦免法第7條。

3 林紀東，前揭註1。佐藤幸治（1992），《憲法1》，頁243。杉原泰雄（1992），《憲法2》，頁349。桶口陽一等著（1991），《注釋日本國憲法（上）》，頁139。

依據上述憲法及赦免法之規定，刑事訴訟法第 252 條第 3 款規定，案件有曾經大赦者，檢察官應為不起訴之處分。第 302 條第 3 款規定，案件曾經大赦者，法院應諭知免訴之判決[4]。在學理上，一般稱法院為實體判決之合法有效之前提要件為訴訟條件。所謂訴訟條件，指追訴之有效要件或使訴訟有效繫屬於法院之條件，乃法院諭知實體判決之前提要件；起訴後，於法院為實體判決前，訴訟條件如有欠缺，法院應逕以形式判決終結程序。廣義而言，刑事訴訟法明文所定之欠缺訴訟條件的情形，包括起訴之訴訟行為本身違反法律所規定之定型要件者，例如：檢察官公訴之提起違反第 264 條第 2 項之規定，未記載被告犯罪事實，此時，依第 303 條第 1 款「起訴之程序違背規定者」，法院應諭知不受理判決。其次，有訴訟行為之外部存在追訴之障礙者，例如：案件曾經判決確定或大赦等、告訴乃論之罪其告訴已經撤回等情形，此時法院應分別依第 302 條或第 303 條之規定為免訴、不受理之判決。另外，因未向管轄錯誤起訴之情形，此時法院應依第 304 條之規定為管轄錯誤之判決[5]。

惟為何在刑事程序中要設定所謂訴訟條件，其理論基礎如何？以及遇有訴訟條件欠缺之情形，被告得否主張無罪判決或對下級審法院所為的形式判決提起上訴？目前國內相關學說的探討仍屬少數。特別是，曾經總統依法特赦的蘇炳坤先生於其罪刑消滅後，能否聲請再審，最近亦成為審判實務爭議的焦點，赦免可謂是憲法上所容許的第三種的非常救濟程序，而蘇炳坤案突顯出作為總統行政特權的赦免制度與刑事程序非常救濟程序之間的緊張關係以及如何調和的新課題。爭議的焦點主要在

4 另外，第三審法院之調查，雖以上訴理由所指摘之事項為限。但有無免訴事由或原審判決後之赦免，得依職權調查之（刑事訴訟法，第393條第2、5款）。

5 黃東熊（1987），《刑事訴訟法論》，頁272。蔡墩銘（1999），《刑事訴訟法論》，頁113。林鈺雄（2019），《刑事訴訟法（上）》，頁253。

於，依赦免法第3條後段所爲罪刑宣告無效之特赦後，得否再爲受判決人之利益聲請再審？

以下，本文先整理蘇炳坤案開啓再審之經過及爭議所在（下文二），接著釐清刑事訴訟程序中有關訴訟條件的定位、欠缺訴訟條件與無罪判決請求權的關係，以作爲檢討本件蘇案爭點的基礎（下文三）。其次，針對本案的爭點，檢討憲法賦予總統的特赦權是否優先於司法審判權？容許確定案件於特赦後再開啓再審，是否有侵害總統憲法職權之違憲疑慮（下文四）。最後，再就依赦免法第3條後段所爲罪刑宣告無效之特赦後，得否主張因有罪確定判決仍然存在，而容許受判決人聲請再審，進行檢討（下文五）[6]。期待本文的論述，可以作爲日後調和總統赦免權之行使與刑事程序非常救濟機制間的互補關係的理論基礎，避免作爲救司法途徑已窮的赦免制度反而可能阻礙受判決人聲請再審的救濟管道。

貳、蘇炳坤案開啓再審之經過及爭議所在

一、本件事實概要[7]

本件再審聲請人蘇炳坤先生於民國75年間，因違反懲治盜匪條例（強劫而故意殺人未遂）案件，經檢察官提起公訴後，第一審新竹地方法院於75年9月11日諭知無罪判決，檢察官提起上訴，台灣高等法院於75年12月19日判決有罪處有期徒刑15年，褫奪公權10年。聲請人不服，上訴於最高法院，於76年3月26日經最高法院實體判決駁回

---

6 本文係由作者於2018年1月18日就最高法院106年度台抗字第842號案件進行言詞辯論時提供的法律諮詢意見，補充修正而成。

7 本件事實概要整理自高等法院106年聲再字第225號刑事裁定及最高法院106年台抗字第842號裁定。

上訴確定。案件確定後，曾先後 4 次聲請再審，均經原審法院分別認爲無理由或不合法爲由，予以裁定駁回。89 年 12 月 10 日，聲請人經總統考量其可能受有冤抑，而依赦免法第 3 條對其爲「罪刑之宣告爲無效」的特赦。於 106 年，聲請人主張由於赦免是向將來發生效力，且赦免與再審的規範目的、功能不同，其對原確定判決仍有尋求非常救濟的法律上實益及聲請刑事補償等之權益，遂第 5 度聲請再審。

對此，高等法院 106 年聲再字第 225 號刑事裁定指出：1. 聲請人雖經總統對其爲「罪刑之宣告爲無效」的特赦，但因赦免是向將來發生效力，且與再審之規範目的與功能，皆不相同，爲確保受冤抑的受刑人有請求刑事補償的機會，自應認聲請人仍得聲請再審。2. 依聲請人所提出之本案被害人涉嫌詐欺案件確定判決書、履勘現場筆錄以及勘驗扣案金飾外觀、重量筆錄等新證據，加以判斷，堪認已經符合 104 年 2 月 6 日新修正刑事訴訟法第 420 條第 1 項第 2 款、第 6 款及第 3 項所定「原確定判決所憑之證言已證明其爲虛僞」，並發現新事實、新證據，足以動搖原確定判決所認定事實的基礎等要件，爰准予開始再審。

檢察官不服，提起抗告。其中針對依赦免法第 3 條後段規定特赦後，是否仍得聲請再審部分，其抗告意旨略謂：1. 依赦免法第 3 條後段規定所爲罪刑宣告無效的特赦，與經大赦相同，不但赦免其刑，並視爲與未犯罪者同，僅其效力不能溯及既往，而係自赦免之時起，往後生效而已。本件聲請人原受的罪刑宣告，既經總統於 89 年 12 月 10 日，依憲法第 40 條及赦免法第 3 條後段規定，給予特赦，即歸無效而消滅，對之聲請再審，此情於我國，尚不曾見，但參照日本實務見解，當認「即屬不具理由」。2. 目前我國「法律」，並無「再審之聲請，不因赦免而受影響」的明文規定，則原遭認定有罪而判決所宣處之罪刑，既因特赦歸於無效，聲請再審之標的，即失所依附，理論上，豈能對於已經不存在之訴訟標的，聲請再審？

二、最高法院 106 年台抗字第 842 號裁定要旨

最高法院 106 年台抗字第 842 號刑事裁定基於下述理由，認定聲請人經依赦免法第 3 條後段規定特赦後，仍得聲請再審。

(一) 再審與特赦二項救濟制度屬於互補併存關係

特赦，顧名思義，乃特別赦免，係針對個案，從政治上考量，特別予以寬免罪罰，依憲法第 40 條規定，專屬總統特權。實際運作上，赦免係以行政權的作用，變更了司法權的結果，目的當在於衡平刑罰的嚴苛及救濟司法無法自行糾正的錯誤。至於再審制度之設，係承認法官是人、不是神，不免偶因證據等因素而判斷、認定事實錯誤，當予糾正、救濟。其中，對有罪確定判決的聲請再審，乃有聲請再審權人，以確定有罪判決所認定的事實不當，作爲理由，請求原審的法院，重新審判，撤銷或變更原確定判決的救濟方法。兩者同屬對於有罪確定判決的非常救濟手段，本質上，既都以受判決人的利益爲目標，則基於公部門對於人民權益保障多多益善的法理，該二制度自應屬於併存、互補的關係，而不相互排斥。

何況，就邏輯上言，未經赦免的受判決人，於有罪判決確定後，既得隨時爲自己之利益聲請再審，毫無限制，則豈有因獲得了強化個案救濟的特赦，反而不得聲請再審之理，益見二制度互斥、不相容之主張，有其缺陷、不夠周延，未完全把握赦免制度設計的本旨。

(二) 赦免法第 3 條後段規定之特赦之效力

依司法院釋字第 283 號解釋，總統依憲法第 40 條及赦免法第 3 條後段規定，所爲罪刑宣告無效之特赦，對於已執行之刑，不生溯及既往之效力。可見該特赦，係向「將來」發生效力，且只限於「罪」、「刑」宣告無效。然則，法院認定有罪的判決，係以「主文」、「事實」

及「理由」三項構成，觀諸刑事訴訟法第 308 條規定即明，上揭特赦效力，卻僅止於就「主文」乙項之罪、刑宣告，有所宣示，而對於該確定判決所認定犯罪的「事實」與「理由」二項，既無宣告，故於理論上，當是依然存在，此亦爲一般國民於認知和法律感情上，多偏向認爲受判決人雖經赦免，但其實隱然仍屬有罪（已執行之刑，不受影響），而非眞正等同於「清清白白」的無罪。

(三) 具備透過再審救濟之實益

有罪之判決確定後，經由開始再審，依其審級之通常程序，更爲審判，若改獲無罪判決確定，不僅應依同法第 440 條規定，將該無罪判決書刊登公報或其他報紙，以回復受判決人之名譽；如有先前曾受羈押、刑罰之執行情形，甚至可依刑事補償法第 1 條規定，請求國家補償，而此等附隨效果，卻非僅宣告罪刑無效之特赦，所能展現、達成。本件聲請人自認其仍是遭司法誤判而蒙冤的「有罪之身」，尋求透過再審程序平反，以便註銷前科紀錄、重拾清白、回復名譽，並向國家請求刑事補償，客觀上當認其具有利用再審制度救濟的實益。

(四) 比較法的觀點

本件檢察官抗告意旨，雖謂日本實務見解認爲經特赦後，若復聲請再審，應認其「不具理由」等語，但既未提出相關資料供參，且與最高法院行「專家諮詢」所得日本實務及多數學說見解，恰恰相反；美國亦採二種制度併行、不互斥的作法，例如：西元 2017 年，加州 Craig Richard Coley 被訴謀殺案，經判罪確定、監禁近 40 年，因 DNA 鑑定證明其非眞正兇手，不但州長發布特赦令，法院更連下二裁定，除撤銷原有罪判決外，並宣告其「眞實無辜」；德國法上則認爲因特赦的效力，主要在於構成一個「執行障礙事由」而已，如受判決人認爲其所受之原有罪確定判決，因事實認定嚴重錯誤，或是經歐洲人權法院確認有違歐洲人權公約者，同准為受判決人之利益，聲請再審。上揭三國作法，足供我國參考[8]。

最高法院基於上述見解，同時認為聲請人所提出的聲請事證，符合准許開始再審新規定的要件，本件檢察官之抗告為無理由，裁定予以駁回。原開啓再審之裁定確定，高等法院進行通常審判之結果，駁回檢察官之上訴，維持蘇炳坤先生一審的無罪判決[9]。

參、訴訟條件之定位與無罪判決請求權

本件爭點可謂聚焦於，判決確定案件經總統行使赦免後，當事人得否再向法院聲請再審；換言之，赦免是否對再審之救濟形成程序障礙的問題。為釐清此項爭點，本文認為，法理上有必要先回到案件於審判中，未判決確定之前，遇有大赦或追訴權消滅等訴訟條件欠缺之情形，為什麼法院應以免訴判決終結程序？探究所謂的訴訟條件應如何定位，遇有大赦等訴訟條件欠缺之情形，被告得否請求法院為無罪判決，而不是由法院逕以免訴判決終結程序？

一、關於訴訟條件之定位

如上所述，訴訟條件係指追訴之有效要件或使訴訟有效繫屬於法院之條件，乃法院諭知實體判決之前提要件；起訴後，於法院為實體判決前，訴訟條件如有欠缺，法院應逕以形式判決終結程序，乃國內歷來通說的看法。惟此種形式的論述，乃立於法院得否為實體判決的觀點，並非實質上從節制檢察官追訴權力或被告的程序防禦觀點所為的詮釋。

8 參照最高法院106年台抗字第842號裁定。

9 參照107年8月8日，高等法院107年再字第3號刑事判決。

參酌日本刑事訴訟法學有關訴訟條件與公訴權之發展，學說上早期見解受職權主義的影響，認爲起訴案件如具備訴訟條件，法院得爲實體判決，而當事人有受實體判決之利益，就檢察官而言，此項利益即爲公訴權，檢察官公訴權的本質係一實體判決請求權，公訴權的行使是否適法或有效的問題，應由法院依訴訟條件有無欠缺進行審查判斷[10]。惟隨著戰後刑事訴訟構造的改變，引進當事人進行的訴訟原理，關於訴訟條件論，則從保障被告訴訟權益的觀點理解，認任何人均應不被強制接受欠缺追訴利益或合法性基礎的起訴，對於訴訟條件欠缺之情形，被告享有妨訴抗辯的權益。亦即，刑事訴訟程序設定訴訟條件，乃爲節制原告當事人之檢察官所爲之恣意或不當的起訴，維護刑事程序之信義原則，稱此爲公訴權濫用論的觀點[11]。而學理上，有力見解認爲所謂濫行起訴之情形，並不以刑事訴訟法所明定之欠缺訴訟條件的類型爲限，亦包括檢察官對於無犯罪嫌疑者之起訴、逾越裁量之起訴以及基於違法偵查之結果所爲之起訴等，遇有上開情形，法院應以檢察官行使公訴權違法爲由，依形式判決終結訴訟程序[12]。

在此意義下，訴訟條件的規範目的，重心並不在法院對於繫屬案件是否具備爲實體判決的有效要件，而是其誡命的對象是行使追訴權的檢察官，防止其恣意發動追訴權而侵害被告人權。換言之，於判決確定前，遇有因大赦或時效完成等情形，法院應爲免訴判決之規定，乃在片面的節制追訴者的追訴權，而賦予被告享有妨訴抗辯權。

---

10 半谷恭一（1999），〈公訴權濫用論〉，《刑事訴訟法の爭點》，頁106。

11 田宮裕（1996），《刑事訴訟法》，頁221。三井誠（1989），〈訴追裁量〉，高田卓爾等編，《演習刑事訴訟法》，頁182。

12 基於公訴權濫用理論，關於欠缺實體事由之無犯罪嫌疑之起訴、逾越裁量之起訴等亦足以致使訴訟無法有效繫屬於法院，屬刑事訴訟法所未明文規定之訴訟條件欠缺的事由，故學理上稱之為「未成文的訴訟條件」或「開放的訴訟條件」。松本一郎（1993），〈公訴權濫用論〉，《刑事訴訟法の争点》，頁122。

二、被告對於形式判決之上訴權

對於下級審法院所爲之免訴、不受理或管轄錯誤之形式判決，被告得否主張無罪提起上訴？在學說及實務上向來存有爭議。

學說上持否定說見解者認爲，檢察官之起訴，既經法院以起訴不合法或欠缺訴訟條件爲由諭知形式判決，對被告而言，乃產生一不受實體判決風險之有利的勝訴判決。即便容許被告提起上訴，倘原審判決無誤，則因該案件形式上仍欠缺訴訟條件之故，上訴審法院亦僅能維持該形式判決，而無法就本案進行實體審理，故被告欠缺上訴利益，不得對形式判決提起上訴[13]。反之，部分學說見解認爲，對於管轄錯誤之判決上訴，求爲不受理判決；對於不受理之判決上訴，求爲免訴或無罪之判決；對於免訴之判決上訴，求爲無罪之判決等，仍屬於被告有利，採肯定說[14]。

另一方面，我國審判實務對此項問題之看法，亦存有爭議。已停止適用的最高法院 20 年上字第 1241 號判例指出：「刑事被告之上訴，自以受有不利益之裁判，爲求自己利益起見請求救濟者，方得爲之，若原判決並未論罪科刑，即無不利益之可言，自不得上訴。[15]」惟另已停止適

---

13 黃東熊（1999），《刑事訴訟法論》，頁629以下。

14 陳樸生（1993），《刑事訴訟法實務》，頁475。林山田（2004），《刑事程序法》，頁665。

15 另外最高法院87年度台上字第651號判決認為：「刑事訴訟之目的，在實現國家刑罰權，端由檢察官之起訴，而經法院確認其存否及其範圍，法為保障人權，雖賦與被告適當之防禦權，但被告尚無請求確認其刑罰權存否之權利，此與民事訴訟之被告得請求消極確認之訴尚有不同。故起訴權如已消滅，國家刑罰權已不存在，縱判決無罪之蓋然性甚高，被告亦不得請求為實體上之判決。法院為程序判決（免訴、不受理），案件即回復未起訴前之狀態，被告雖不無曾受起訴之社會不利評價，但並無客觀之法律上不利益。……從而被告對原判決之免訴判決部分上訴，主張應受無罪之判決云云，依上說明，亦難認有客觀上之上訴利益，而得謂為適法。」

用的29年上字第248號判例則指出，對於不受理判決，被告提起上訴主張無罪，仍具有上訴利益，而應該容許[16]。

本文認爲，基於無罪推定原則，應肯認被告享有無罪判決請求權。案件既經起訴，雖經法院以形式裁判終結訴訟程序，惟在無罪推定之下，被告獲判無罪之實體判決的利益不可被剝奪。此外，基於憲法訴訟權的保障，刑事訴訟之形式判決雖亦對被告有利，惟被告可能仍需另負民事或行政責任，而於名譽或人身自由的保護方面，形式判決亦難以有效使被告獲得應有的補償或賠償。因此，宜肯認被告對於下級審法院所爲之形式判決，仍具有獲判無罪之上訴利益，而得對此提起上訴。上訴審法院應逕就其聲請有無理由，針對本案之實體進行審理[17]。

綜上，刑事程序中關於訴訟條件的規範目的，不宜專以法院對於繫屬案件是否具備爲實體判決的要件予以形式的理解，而應定位爲在節制檢察官或自訴人追訴權的濫用，被告享有免於遭受欠缺訴訟條件下之不當追訴的利益。況且，被告享有無罪判決請求權，故於判決確定前，法院發現檢察官所爲之起訴，如因案件之時效已完成或曾經大赦，法院基於維護被告的妨訴利益，固得依刑事訴訟法第302條規定，諭知免訴判

---

16 29年上字第248號判例（已停止適用）指出：「該司法處以偽證為妨害國家審判權之罪，不得提起自訴，諭知不受理之判決，此項判決雖未論罪科刑，但諭知不受理之判決非與被告絕無利害關係，與無罪判決不同，原審判決認上訴人就該項判決未受有不利益之裁判，不得提起第二審上訴，將其上訴駁回，於法自有未合。」

17 最近，審判實務見解已大幅尊重被告上訴利益，容許被告對於原審主文諭知無罪並令入相當處所施以監護處分的判決，仍具上訴利益。參照最高法院106年台上136號刑事判決以及106年度第9次刑事庭會議決議。另外，107年台上2071號判決認定被告對於原審主文諭知無罪並令入相當處所施以監護處分的判決，仍得主張具有阻卻違法事由而不罰的單純無罪，而具上訴利益。關於被告有無上訴利益的爭議，請參照陳運財（2020），〈關於刑事被告對無罪判決之上訴利益：評106年度台上字第136號刑事判決〉，《月旦裁判時報》，91期，頁40以下。

決，惟此項判決的誡命對象係濫用追訴權的檢察官，不得據此謂同時發生阻礙受無罪推定之被告對此項形式判決聲明不服，提起上訴的機會。基於如此的此觀點思考於判決確定後，經總統行使赦免的案件，聲請人得否再向法院聲請再審的爭議問題，應可提供較具理論基礎的論證。

肆、是否有侵害總統憲法職權之違憲疑慮

在檢討評析經總統行使特赦，原罪刑宣告已無效之案件，得否再聲請開啓再審程予以救濟的爭點時，於憲法層次上，可能先會被質疑的是，此種情形，若仍得准許開始再審，是否形同法院審核總統特赦是否妥當，而有司法權侵害總統特權之虞？

最高法院 106 年台抗字第 842 號刑事裁定理由中，對於此項疑慮，提出如下的回應：「而再審則是法律正當途徑，准許受判決人在特赦後聲請再審，非但不違人性，且與大眾的『正義感情』相契合，更是保障人民訴訟權的具體實踐，自無所謂可能會滋生『司法對於總統高權行使的特赦，再加以進行審查，恐屬違憲』的疑慮」。以結論而言，本文亦採相同的看法，惟如容許開啓再審，有無司法權侵害總統特權之違憲之虞，仍有再從赦免之目的與性質、以及再審之目的與效力，深入論述理由的必要。

一、赦免之目的及性質

關於憲法賦予總統赦免權之性質，學理上向來存有立法權說、行政權說及司法權說之不同見解，惟多數見解認爲赦免係以行政權變更司法權之結果，屬於三權分立之例外，其目的在於緩和機械式之權力分立之運作，同時亦爲衡平刑罰的嚴苛及補救司法體系無法自行糾正之錯誤，

而賦予國家元首之特權，爲憲法第77條之例外[18]。而爲使此項元首特權不致於對審判獨立及裁判結果的安定性造成過度或不當之干涉，赦免權之行使應極其審慎，始與憲法承認總統赦免權爲司法權之例外之理念相符，自不待言。

本文認爲，赦免已從過去君王之恩惠性的色彩，演進爲作爲衡平刑罰之嚴苛及救濟法律之窮的手段，故容許國家元首行使赦免權，其實是法治國家對於法治的一種謙抑。我國赦免法第3條後段規定受罪刑宣告之人經特赦，其情節特殊者得以其罪刑之宣告爲無效，以赦免救濟司法誤判之窮，係刑事訴訟法對於確定判決設有再審及非常上訴之外，憲法所容許的第三種非常救濟程序[19]。而特赦作爲所謂救濟法律之窮的手段，乃憲法爲緩和實體刑罰的形式一體適用可能於個案上造成嚴苛的現象，以及補救個案於刑事程序中未能以正當程序發現眞實的缺失，屬總統行政特權變更司法審判效力之作用，其性質、目的與效力自與刑事訴訟法上依審判程序救濟事實誤認之再審不同，兩者之間具有互補關係，而非相互排斥。

再者，我國憲法及赦免法雖未就人民得否請求赦免爲明文規範，惟我國已予以國內法化之公民權利和政治權利國際公約第6條第4項明定：「任何被判處死刑的人應有權要求赦免或減刑。對一切判處死刑的案件均得給予大赦、特赦或減刑。」針對死刑之受判決人已明文賦予其有請求特赦或減刑之權。而特赦之目的既係以衡平刑罰之嚴苛或補救裁判之錯誤，直接關涉受判決人之重大利益，雖非死刑案件，自應容許受判決人得請求總統或主管研議赦免之機關啓動赦免之審查程序，進一步

---

18 蘇俊雄（1976），〈減刑的哲學、法學與藝術〉，《法律世界》，18期，頁46。翟唤霞（1989），〈論刑法上之赦免與赦免法上之赦免〉，《刑事法雜誌》，33卷3期，頁75。許育典（2008），《憲法》，頁351。

19 陳運財（1998），〈赦免法之修正與誤判之救濟〉，《月旦法學雜誌》，43期，頁90。

彰顯公民權利和政治權利國際公約之意旨。

二、再審之目的及效力

如上所述，依赦免法第 3 條後段所為罪刑宣告無效之特赦，其性質、目的與效力既然與刑事訴訟法上依審判程序救濟事實誤認之再審不同，係為救濟司法誤判之窮，憲法所容許的第三種非常救濟程序。與再審之非常救濟程序具有互補關係，而非相互排斥。在此意義下，經總統依赦免法第 3 條後段行使特赦之案件，容許仍得為受判決人之利益聲請再審，再由法院審查有無開啓再審之事由以及准許開始再審後之通常程序之審理，本質上並不是法院事後審核總統特赦之妥當性，法院所調查者，乃原確定判決之有罪認定是否存有合理之懷疑而足以裁定開始再審、以及之後回復通常程序進行審判，故不生司法權侵害總統特權之問題。同時，一般而言，經總統依赦免法第 3 條後段行使特赦之案件，如准許開始再審，之後法院改諭知受判決人無罪之可能性極高，自較不會衍生案件循環不已的窘狀。即便准許開始再審後，法院為實體審判之結果，再為有罪判決，由於總統依赦免法第 3 條後段消滅刑罰權之特赦，就同一受判決人之同一案件，其向後效力猶在，且依第 439 條禁止不利益變更原則之規定，重啓再審之管轄法院本不得宣告較重於原判決所諭知之刑，故對該再審之有罪判決，自毋庸由總統再度予以特赦之必要，故亦不會造成案件循環不已的窘狀。

本文在此要進一步強調的是，思考依赦免法第 3 條後段特赦之案件得否再聲請再審之問題，其實並無比較總統赦免特權與司法審判權孰優孰劣的必要，根本上反而要省思的是，總統行使赦免的行政高權可以阻絕受判決人為其利益聲請再審的權利嗎？顯而易見的答案是，在民主法治下的受判決人聲請再審的訴訟權益，自應置於過往專制時代所殘留的赦免制度之上而被優先保護。若是如此，則上述對於罪刑宣告無效之特赦案件，如准許開始再審，會有司法權侵害總統特權的掛慮，自屬多餘。

要言之，針對此項憲法層次的疑慮，本文認爲赦免制度重要功能之一即在救濟司法之窮，而非阻絕司法本身的救濟管道。判決確定後，經總統行使赦免之案件，容許仍得再循司法程序請求救濟，只要司法判斷結果不具推翻原先總統赦免的效果，則經赦免後再容許再重返司法途徑予以救濟，自無損及憲法賦予總統赦免特權的問題。相對的，如果限定一旦經總統行使赦免，此類案件即不得再重返司法程序聲明不服的話，反而將導致總統在行使赦免權時更趨於不必要的愼重或是產生寒蟬效應，而與赦免制度的設計本旨相違。因此，容許經總統赦免之案件再尋求司法程序予以救濟，二者可相互併存，彼此作爲防止司法誤判的雙重保險，並無違憲之虞。

伍、「赦免」不得成為受判決人聲請開啓再審之程序障礙

如上所述，基於訴訟條件之定位與被告無罪判決請求權的觀點，本文認爲刑事程序設定訴訟條件的規範目的，旨在節制檢察官或自訴人追訴權的濫用，被告享有免於遭受欠缺訴訟條件下之不當追訴的利益，且被告享有無罪判決請求權，故法院於判決確定前，遇有因案件之時效已完成或曾經大赦而欠缺訴訟條件之情形，應爲免訴之形式判決，其誡命的對象是針對追訴者的檢察官，訴訟條件的欠缺，並不當然阻礙被告享有提起上訴請求爲無罪判決的權益。另一方面，從赦免之目的與性質、以及再審之目的與效力，深入論述容許經總統已行使赦免之案件再尋求司法程序予以救濟，二者可相互併存，彼此作爲防止司法誤判的雙重保險。基於上述觀點，自可合理推論總統行使「赦免」，解釋上不得成爲受判決人聲請開啓再審的程序障礙。

以下，進一步具體針對赦免法第 3 條後段「罪刑之宣告爲無效」

之內涵、司法院釋字第283號解釋以及刑事訴訟法第423條之規範目的等，強化論述為何總統依法行使「赦免」不得成為受判決人聲請開啓再審之程序障礙的理由。

一、赦免法第3條後段「罪刑之宣告為無效」之內涵

赦免法第2條規定，大赦之效力有二：其一，已受罪刑之宣告者，其宣告為無效。其二，未受罪刑之宣告者，其追訴權消滅。同法第3條規定，受罪刑宣告之人經特赦者，免除其刑之執行；其情節特殊者，得以其罪刑之宣告為無效。於此有疑義的是，第3條後段所為之罪刑宣告無效的特赦與大赦的效力是否相同？以及罪刑宣告無效的內涵如何，是否視為與未犯罪者同？

首先，依赦免法第2條規定，大赦係對於過去為特定犯罪之行為人一律使國家刑罰權消滅之赦免，對於偵查或審判中之嫌疑人或被告，尚未有罪判決確定者，消滅追訴權；對於有罪判決確定者，使其罪刑之宣告失效。且如前所述，總統依法行使大赦時，其大赦案經行政院會議及立法院之議決。相對的，特赦原則上乃針對特定之受判決有罪之人免除其刑之執行而已，不僅不適用及於判決確定前之被告，經特赦之受判決人亦僅毋庸發交執行或繼續執行所剩之刑期，係屬於阻卻刑之執行，而非消滅對其追訴權或刑罰權本身，故對原已宣告之罪，並不生影響。且特赦之程序，係由法務部研議，經總統之核可後實施。因此，基本上大赦與特赦之性質及效力，顯有差異。問題是，赦免法第3條後段明文使用「罪刑之宣告無效」，與同法第2條第1款所定之罪刑宣告無效的用語相同，是否表示依第3條後段規定所為之「罪刑之宣告無效」之特赦，其效力與第2條第1款之大赦之效力相同？

本文認為，依第3條後段規定所為之特赦，除了主觀上所適用之對象係特定之受判決人，與大赦之效力係對不特定多數人之不同外，就罪

刑宣告無效之客觀效力而言，由於兩者均屬赦免之作用，此項規定之特赦係爲補救個案於刑事程序中，未能以正當程序發現眞實的缺失，以求個案之具體妥當性，且於同法中用語相同，故應解釋依第 3 條後段規定所爲之特赦，亦具有消滅對於受判決人刑罰權的效力。惟我國審判實務見解向來認爲，「大赦有消滅罪刑之效力，故犯罪經大赦後，不但赦免其刑，並視其與未犯罪同[20]。」則依第 3 條後段規定所爲之特赦，其效力若與大赦之客觀效力相同，亦視爲與未犯罪同，此種情形，得否再成爲聲請再審之標的？即成爲問題，自有必要再進一步就何謂罪刑宣告無效的內涵予以探究。

基於下述理由，赦免法第 2 條第 1 款大赦之客觀效力與第 3 條後段之「罪刑之宣告無效」，應屬於刑罰權消滅之效果，對於行爲人以後之犯罪，固不發生累犯問題，惟該有罪確定判決本身形式存在之效力以及其所認定之犯罪事實之內容，並不受赦免法第 2 條第 1 款大赦或同法第 3 條後段特赦之影響，故原判決若有違背法令或事實誤認之情形，解釋上仍有回歸刑事訴訟法非常救濟程序予以處理的必要[21]。

第一，裁判經宣示或送達後，即對外發生效力。而對於裁判，因逾越上訴或抗告期間、或因當事人放棄或撤回上訴或抗告，或經駁回上訴或抗告等而無法再聲明不服時，即生裁判確定之效力。裁判確定力的內容，包括：1. 對於該系爭案件，不得再聲明不服，稱爲形式或程序上的確定力，這是訴訟程序中當然的效果。2. 確定的裁判內容，具有一定的執行效果，以刑事有罪判決而言，檢察官負有依判決之內容指揮執行的義務，稱爲「執行力」。3. 裁判內容既經確定，對任何裁判機關而言，

---

20 參照已停止適用之22年上字第2051號判例，25年上字第714號、37年非字第40號判例同旨。

21 法理解釋上，倘貫徹刑法新制沒收採獨立法律效果之意旨，則依赦免法第2條第1款大赦或同法第3條後段特赦，對於法院宣告沒收、追徵之效力，亦不生影響。

已不得就受裁判之人與裁判事項爲不同的裁判或加以變更，此乃確定裁判對於後訴的束縛性，屬裁判內容的確定力，一般稱爲「拘束力」。
4. 如爲刑事實體裁判或具實體關係之裁判確定者，對該案件不得再行追訴或處罰，此稱爲「一事不再理」的效果[22]。

則依赦免法第 3 條後段所爲罪刑宣告無效之特赦，究竟會溯及的影響或消滅何項有罪確定判決的效力呢？本文認爲，因赦免法第 3 條後段之特赦，其罪刑之宣告雖已失其效力，惟此屬行政特權干預司法權之處分，就原司法判決而言，解釋上應認爲仍處於不得逕循判決確定前之通常程序，對其提起上訴之狀態，亦即，罪刑之宣告雖已失效，惟原確定判決之形式確定力猶存。其次，因罪刑宣告之失效，似可認爲原有罪判決內容的拘束力，亦已消滅，惟實際上，職司審判權之法院，除非依刑事訴訟法之再審或非常上訴，否則亦無法再以新的判決來改變原有罪判決的內容，作成與原判決內容不同或相反的判決結果；換言之，因赦免法第 3 條後段之特赦，原有罪之確定判決已失其內容的拘束力，惟該有罪判決認定的犯罪事實內容並未被改變，事實上仍屬於存在的狀態，除非經再審程序，始能由法院作出相異內容之認定。至於，一事不再理的效力，本屬於維護個人不受雙重追訴或處罰之安全性的權利保護，自不因總統赦免權之行使而受影響，此部分並無疑義。職是可見，因赦免法第 3 條後段之特赦，致有罪之宣告失其效力的關鍵，無非是在判決確定力效果中之「執行力」消滅；相對的，在刑事訴訟程序中，對於該有罪確定判決不得再聲明不服的狀態、所認定之犯罪事實的內容依舊存在以及一事不再理的效力不受影響。在此意義下，本文認爲案件雖已因赦免法第 3 條後段之特赦，罪刑宣告失其效力，惟解釋上，仍有透過再審之非常救濟程序變更原有罪判決認定之犯罪事實內容的空間或餘地。

---

22 黃東熊（1999），《刑事訴訟法論》，頁478以下。陳樸生（1993），《刑事訴訟法實務》，頁248以下。田口守一（1980），《刑事裁判の拘束力》，頁211。

第二，司法院釋字第 283 號解釋指出，總統依憲法第 40 條及赦免法第 3 條後段規定所爲罪刑宣告無效之特赦，對於已執行之刑，不生溯及既往之效力。據此項解釋所增訂之赦免法第 5 條之 1 規定：「因有罪判決確定所生之既成效果，不因大赦、特赦、減刑或復權而受影響。但因罪刑之宣告而喪失之公職，經大赦或依第三條後段特赦後，有向將來回復之可能者，得由當事人申請該管主管機關回復。其經准許者，溯自申請之日起生效。」可見赦免係向將來發生效力，即便依赦免法第 3 條後段所爲之特赦，其罪刑宣告失其效力，對於已執行之刑，並不生溯及既往的效力，對於已執行之部分的救濟或補償，仍有待回歸司法審判程序另行處理。

第三，司法院釋字第 135 號解釋指出，民刑事訴訟案件下級法院之判決，當事人不得聲明不服而提出不服之聲明或未提出不服之聲明而上級法院誤予廢棄或撤銷發回更審者，該項上級法院之判決及發回更審後之判決，均屬重大違背法令，固不生效力，惟既具有判決之形式，得分別依上訴、再審、非常上訴及其他法定程序辦理[23]。依據此項解釋之意旨，因赦免法第 3 條後段所爲之特赦，原有罪判決之宣告雖已無效，惟畢竟仍具有判決之形式，若有判決違背法令或事實誤認之情形，解釋上仍得分別依再審、非常上訴程序予以救濟。

二、刑事訴訟法第 423 條之解釋

再者，我國刑事訴訟法第 420 條爲受判決人利益之再審，不僅無聲請期間之限制，且於受判決人死亡之情形，亦得由其配偶或直系血親等

23 司法院釋字第271號解釋針對不利益於被告之合法上訴，上訴法院誤為不合法，而從程序上為駁回上訴之判決確定者，其判決固屬重大違背法令，惟既具有判決之形式，仍應先非常上訴程序將該確定判決予以撤銷後，始得回復原訴訟程序，就合法上訴部分進行審判。

親屬聲請再審。尤其是，依刑事訴訟法第423條之規定，爲受判決人之利益聲請再審，即使於刑罰執行完畢或已不受執行時，亦得爲之。其規範意旨，即在彰顯非常救濟程序之再審對於誤判零容認之發現眞實救濟誤判的功能，故解釋上，依赦免法第2條第1款之大赦或同法第3條後段所爲之特赦，因罪刑宣告失其效力而不受刑之執行之情形，亦合於刑事訴訟法第423條所定之「已不受執行」之情形，而得爲受判決人之利益聲請再審。同時，不僅曾受大赦或特赦之受判決人得爲其利益，聲請再審，檢察官基於公益代表人之立場，遇有刑事訴訟法第420條第1項之情形，亦應積極爲受判決人之利益聲請再審（刑訴法427條）。

故不僅曾受大赦或特赦之受判決人得爲其利益，聲請再審，檢察官基於公益代表人之立場，遇有刑事訴訟法第420條第1項之情形，亦應積極爲受判決人之利益聲請再審（刑訴法427條）。

另外，刑事訴訟法上之非常上訴，係以統一法令適用爲目的，遇確定判決之審判係違背法令，與統一適用法令有關，且具有原則上之重要性者，檢察總長得提起非常上訴。是以，縱使因赦免法第2條第1款之大赦或同法第3條後段所爲之特赦，致有罪確定判決之宣告失其效力，惟檢察總長依刑事訴訟法第441條之規定，對該確定判決提起非常上訴之權力，亦不受影響。

三、仍准許聲請再審之實益

另外，經依赦免法第3條後段特赦之受判決人是否仍享有聲請再審之實益？亦爲爭點所在。

確實，刑事訴訟法第420條第1項及第421條分別規定，得爲受判決人之利益聲請再審之事由；第427條則規定得爲受判決人之利益聲請再審之人。依前開規定所提之再審聲請，必須是出於爲受判決人之利益，始得行之。由於作爲非常救濟程序之再審，本質上與判決確定前之上訴制度，均屬對法院裁判聲明不服的救濟管道，故判斷有無聲請再審之利益，自得依有無上訴利益之一般審查標準來進行認定。關於上訴利益之審查判斷之標準，國內學說見解主要有二：一是法律的客觀利益說，認爲原審判決是否於被告不利，應從客觀標準定之，而非主觀問題，且以法律爲準，並非事實問題，且應以主文所載爲準[24]。另一則是社會倫理說，認爲刑事裁判之本質，具有倫理秩序評價的內涵，故有無上訴之利益，應立於社會倫理的觀點，檢驗被告對原判決的內容（不限於主文的文字記載）有無聲明不服之利益，而以社會通念來進行判斷[25]。

本文認爲，不論採取上述何項見解來檢驗經赦免法第2條第1款之大赦或同法第3條後段之特赦之受判決人，均可認爲具有聲請再審之利益。具體言之，如依前說進行檢驗，由於大赦或特赦之效力與法院依再審程序爲免訴或無罪判決之效力不同，倘受有罪判決確定之受判決人仍可因再審之結果，而改諭知無罪或免訴者，即屬客觀上具有法律上之利益，而得聲請再審。此項訴訟實益，自不應因其已經總統赦免權之行使，而失去法律上應予保護的必要。如採後說進行判斷，受判決人即便因大赦或特赦而致其罪刑宣告無效，惟其因犯罪而受處罰之既成事實並未消滅，其受損之名譽尚未回復，故從倫理觀點而言，仍有透過再審程序經獲判無罪而依刑事訴訟法第440條之規定，回復其名譽的利益存在。另外，現行刑事補償法第1條及第2條規定並未將依大赦或特赦而使罪刑宣告無效之情形，列爲得聲請補償的範圍。復依赦免法第5條之1規定，因有罪判決確定所生之既成效果，不因大赦、特赦而受影響；對於已執行之刑，不生溯及既往之效力，故實務運作上，對於經大赦或特赦致罪刑宣告無效之案件，不得請求補償。在此狀況下，依赦免法第

24 陳樸生，前揭註22，頁475。

25 黃東熊，前揭註22，頁565。

2 條第 1 款大赦或依第 3 條後段特赦之受判決人，實質上仍享有透過聲請再審而獲得改判無罪或免訴判決之機會，再分別主張適用刑事補償法第 1 條第 2 款[26]、第 2 條第 3 款之規定請求補償的重要利益[27]。

要言之，依赦免法第 3 條後段特赦之受判決人仍享有向法院聲請再審改諭知無罪判決之法律上客觀利益，且因諭知無罪判決而依刑事訴訟法第 440 條之規定回復其名譽、以及依刑事補償法第 1 條第 2 款請求國家補償的實益。

更何況，由於爲受判決人之利益聲請再審，並無聲請期限及次數之限制，故未經赦免之受判決人，於有罪確定判決後，得隨時爲自己之利益聲請再審，並無限制；相對的，對於依赦免法第 3 條後段特赦之受判決人，倘以其經特赦爲由而否認其聲請再審之權利，反而將使此種情節特殊而有必要予以救濟之個案，失去聲請再審之權利，兩相比較，不僅有失均衡，更不當的使特赦制度背負著陷有罪之受判決人於無法再聲請再審洗刷冤情的風險，實非赦免制度設計之本旨。

四、日本法上關於大赦與再審之關係

至於，日本審判實務針對赦免後，得否再聲請再審的問題，扼要說明如下。

日本法例上，依憲法第 73 條第 7 款規定，大赦、特赦、減刑、免除刑之執行及復權，係由內閣會議決定，經天皇認證後實施（憲法第 7

26 刑事補償法第1條第2款規定，依再審、非常上訴或重新審理程序裁判無罪、撤銷保安處分或駁回保安處分聲請確定前，曾受羈押、鑑定留置、收容、刑罰或拘束人身自由保安處分之執行者，受害人得依本法請求國家補償。

27 刑事補償法第2條第3款規定，依再審或非常上訴程序判決免訴或不受理確定前曾受羈押、鑑定留置、收容、刑罰或拘束人身自由保安處分之執行，如有證據足認為無該判決免訴或不受理之事由即應為無罪判決者，受害人亦得依本法請求國家補償。

條第6款）。依日本憲法及恩赦法之規定，恩赦之總類包括大赦、特赦、免除刑之執行、減刑及復權五種。恩赦法第2條規定，大赦，以政令規定罪之種類行之。大赦，除政令有特別規定外，關於大赦之罪，受有罪之宣告者，其宣告失其效力；尚未受有罪宣告者，消滅公訴權（恩赦法第3條）。恩赦法第4條及第5條規定，特赦，對受有罪宣告之特定人行之，使其有罪之宣告失其效力。

日本法上之恩赦，依其適用範圍及實施方式，可區分爲所謂政令恩赦及個別恩赦。前者之政令恩赦，係指於國家遇有重要之慶弔，基於社會現實環境的變化、國民感情等之考量，不特定具體對象，由內閣研擬行使恩赦之犯罪類型，制定政令，實施全國性的大赦、減刑或復權，給予罪犯更新向善之機。相對的，後者之個別恩赦，則係出於避免因刑罰法律齊一僵硬之適用所造成刑之嚴苛或不均衡的缺憾、或爲救濟裁判之錯誤或犯罪人顯有悛悔情事等特殊的情況，由內閣制定恩赦之標準，常時地或特別接受特定之受判決人之請求、或依保護觀察所長之職權報請內閣決定，實施特赦、免刑或復權[28]。

關於大赦與再審之關係，受判決人於經大赦後，得否再主張無罪而聲請再審，在實務及學說上分別存有消極說及積極說的不同看法。

首先，實務見解上，1952年4月24日東京高等法院曾裁判指出，確定判決因大赦而失其效力者，已屬青天白日之身，不容許再主張無罪而聲請再審[29]。相對的，於所謂的橫濱事件的第三次聲請再審程序中，東京高等法院於2005年3月10日裁定認爲，曾經大赦之案件，即使進入再審之通常程序應不經實體審理即應爲免訴判決，鑑於因進行再審得回復名譽或請求刑事補償等實益，容許爲受判決人之利益聲請再審係屬適當。日本最高法院雖未直接針對此項爭議表示看法，惟於2008年

28 平田友三（1982），〈恩赦〉，《現代刑罰法大系7》，頁416以下。

29 東京高裁昭和27年4月24日裁定，高裁刑事判決特報29號148頁。

3 月 14 日，對於橫濱事件的再審審判的第三審上訴，最高法院判決指出，判決確定後經大赦，而開始再審之案件，於開始再審後之審判程序中，不得爲實體判決，而應諭知免訴判決。被告於開始再審後之審判程序中，對於免訴判決，不得主張無罪提起上訴[30]。此項判決間接肯認了確定判決雖因大赦而失其效力，惟受判決人仍得主張無罪而聲請再審。

學說上，少數說認爲，確定判決之案件一旦經大赦，因已無法再爲無罪之諭知，故不得聲請再審[31]。惟多數見解主張，有罪確定判決經大赦後，受判決人仍享有依再審程序回復其名譽等社會上的利益，且有罪確定判決的錯誤，仍應由司法作用之再審獨立加以糾正，故判決確定案件經大赦後，仍容許受判決人聲請再審[32]。

至於，於裁定開始再審後，法院是否應不經實體審理，而逕爲免訴判決？學說上存有免訴說及實體判決（無罪）說的對立[33]。

六、衍生的問題

最後附帶一提的，倘法院裁定開始再審，可能衍生的問題是法院依通常程序審理的結果，得爲如何之判決（程序或實體）？若仍爲有罪之判決確定，則所爲之新罪刑宣告，得否予以執行或應如何執行？

依刑事訴訟法第 436 條規定，開始再審之裁定確定後，法院應依其審級之通常程序，更爲審判。且依第 439 條之規定，爲受判決人之利益聲請再審之案件，諭知有罪判決者，不得重於原判決所諭知之刑。再審程序中，亦受不利益變更禁止原則之拘束，且無刑事訴訟法第 370 條但

30 最高裁判所第二小法廷平成20年3月14日刑集第62卷3号185頁。

31 平野龍一（1958），《刑事訴訟法》，頁341。

32 團藤重光（1984），《新刑事訴訟法綱要》，頁593。高田昭正（2000），〈再審請求の時期〉，藤永幸治等編，《大コンメンタール刑事訴訟法第七卷》，頁117。

33 高田昭正，前揭註。

書規定之適用。由上開規定可知，即便為受判決人之利益聲請再審，管轄法院認為有再審之理由而裁定開始再審，於回復通常程序審判後，仍不排除有維持被告有罪判決之可能。惟經赦免法第 3 條後段特赦者，聲請再審之情形，倘法院裁定開始再審，回復通常審判程序審理後，仍認應維持有罪判決時，除了受到第 439 條禁止不利益變更原則之拘束外，根本上，在與特赦的關係中，法院得否再重新為刑之諭知，不無疑義。

具體言之，法院於開始再審之裁定確定後，依其審級之通常程序進行審理時，不得僅以該再審案件曾經特赦為由而逕為程序上之不受理或免訴判決，而應依其審級之通常程序進行實體判決。其結果，法院倘為無罪判決者，即應依刑事訴訟法第 440 條之規定，將該判決書刊登公報或其他報紙，以回復受判決人之名譽，且於該無罪判決確定後，如受判決人於判決確定前曾受羈押者，並得依刑事補償法之規定聲請補償。此種情形，由於依赦免法第 3 條後段消滅刑罰權之特赦與刑事訴訟法上之為受判決人利益之再審本具互補關係，故解釋上，原特赦之效力並不受此項再審無罪判決確定效力之影響，兩者之間，不生牴觸之問題。反之，縱使法院為實體審判之結果，再為有罪判決，由於依赦免法第 3 條後段消滅刑罰權之特赦，就同一受判決人之同一案件，其向後效力猶在，且依再審程序中之刑事訴訟法第 439 條禁止不利益變更原則之規定，重啓再審之管轄法院本不得宣告較重於原判決所諭知之刑，故應不生執行新宣告之刑的問題。

陸、結語

蘇炳坤先生聲請再審乙案突顯出了作為救司法途徑已窮的赦免制度反而有可能阻礙受判決人聲請再審的司法救濟管道的問題，關於判決確定的案件經總統依赦免法第 3 條後段特赦後，受判決人究竟得否再向法院聲請開啓再審救濟程序？最高法院 106 年台抗 842 號裁定基於赦免與再審二者乃同屬救濟誤判，維護被告人權的機制，具有併存互補關係的觀點，並認為罪刑宣告無效之特赦的效力，僅向「將來」發生效力，對於原確定判決所認定犯罪的「事實」與「理由」並不生影響，此種情形就被特赦之受判決人仍有准許開啓再審程序予以救濟的實益，而容許本件聲請人得向法院聲請開啓再審。此項見解，值得高度肯定，足以作為將來類似的誤判個案，先後分循由總統行使赦免及依刑事訴訟之非常救濟程序件予以救援的指標。

本文不揣淺陋，另從訴訟條件之定位與被告無罪判決請求權的觀點分析，指出刑事程序設定訴訟條件的規範目的，旨在節制檢察官或自訴人追訴權的濫用，被告享有免於遭受欠缺訴訟條件下之不當追訴的利益，且被告享有無罪判決請求權，故於判決確定前，如因案件之時效已完成或曾經大赦而欠缺訴訟條件之情形，被告仍享有提起上訴請求為無罪判決的權益。基於此項觀點，推論總統行使「赦免」，亦不得成為受判決人聲請開啓再審的程序障礙。同時，從赦免之目的與性質、以及再審之目的與效力，深入論述經總統已行使赦免之案件應容許可再尋求司法程序予以救濟，二者可相互併存，彼此作為防止司法誤判的雙重保險，並無侵害憲法保障總統赦免特權之虞。相信本文的論述，可以為調和總統赦免權的行使與刑事程序再審的互補關係，提供學理上更具有體系的、整合的研究基礎。

最後附帶一提的，蘇炳坤案另一方面也喚起我們必須重視如何使總統赦免權之行使程序透明化及正當化的課題。於 1998 年 9 月 28 日，立法院司法委員會曾審議通過赦免法修正第 6 條及增訂第 6 條之 1 規定，刑事案件經法院判決死刑、無期徒刑或 10 年以上有期徒刑確定，經檢察總長提起兩次非常上訴被駁回者，法務部應呈請行政院轉請總統召開赦免審議委員會進行調查審議，行使赦免權。惟因爭議性過高，此項赦免法修正提案最終並未經立法院院會審議通過[34]。誠然，總統行使何種型態之赦免，要如何予以明確化或正當化，誠屬不易。因為要在屬於憲法例外之赦免權的行使，設置原則性的規定，恐因此招致動用頻仍，流於浮濫；相對的，若嚴格地予以列舉各個得行使赦免之要件，又恐總統之赦免權過度的萎縮及僵化，而無法因應個案之特殊性及因時制宜。不過，本文仍深切期待，有關總統是否行使個別赦免之法制化的研議，應本於審查原確定判決有無違反憲法正當之法律程序、無罪推定之法理及有無造成判決錯誤之虞，或基於比例原則判斷實現判決結果之正當性或必要性是否仍然存在，再做進一步的檢討。

34 參照立法院議案關係文書，院總第38號委員提案第2216號，87年5月23日。

參考文獻

一、中文部分

（一）書籍

林紀東（1992），《中華民國憲法逐條釋義（二）》，修訂5版。

黃東熊（1987），《刑事訴訟法論》。

蔡墩銘（1999），《刑事訴訟法論》。

林鈺雄（2019），《刑事訴訟法（上）》。

陳樸生（1993），《刑事訴訟法實務》。

林山田（2004），《刑事程序法》。

許育典（2008），《憲法》。

（二）期刊

蘇俊雄（1976），〈減刑的哲學、法學與藝術〉，《法律世界》，18期，頁46。

翟唳霞（1989），〈論刑法上之赦免與赦免法上之赦免〉，《刑事法雜誌》，33卷3期，頁75。

陳運財（1998），〈赦免法之修正與誤判之救濟〉，《月旦法學雜誌》，43期，頁90。

陳運財（2020），〈關於刑事被告對無罪判決之上訴利益：評106年度台上字第136號刑事判決〉，《月旦裁判時報》，91期，頁40以下。

二、外文部分

（一）書籍

佐藤幸治（1992），《憲法1》。

杉原泰雄（1992），《憲法2》。

桶口陽一等著（1991），《注釋日本國憲法（上）》。

田宮裕（1996），《刑事訴訟法》。

田口守一（1980），《刑事裁判の拘束力》。

平野龍一（1958），《刑事訴訟法》。

團藤重光（1984），《新刑事訴訟法綱要》。

（二）書之篇章

三井誠（1984），〈訴追裁量〉，高田卓爾等編，《演習刑事訴訟法》，頁182。

松本一郎（1993），〈公訴權濫用論〉，《刑事訴訟法の争点》，頁122。

平田友三（1982），〈恩赦〉，《現代刑罰法大系7》，頁416以下。

高田昭正（2000），〈再審請求の時期〉，藤永幸治等編，《大コンメンタール刑事訴訟法第七巻》，頁117。

半谷恭一（1979），〈公訴權濫用論〉，《刑事訴訟法の爭點》，頁106。

第五章

Reforming the Criminal Justice System: Forensic Expert Witness in Taiwan*

Shu-Mei Tang**

*This article is dedicated to my good friend and colleague, Mr. Shih, Mau-Lin for his 70th Birthday. Mr. Shih, Mau-Lin is a former Minister of Justice in Taiwan and is currently Chair Professor in Asia University. He is a gentle man who has dedicated and devoted his lifetime to the law practices and legal system in Taiwan. The original paper was published in Bio-Industry Technology Management Review, Volume 8.

**Professor, Financial & Economic Law, Asia University, Taiwan.（亞洲大學財經法律學系教授）Email: tangshumei@asia.edu.tw.

Abstract

The role of forensic expert witnesses in courts has become the focus of considerable interest in recent years. Infamous cases including wrongful convictions: the Chiang Kuo-ching case, the Hscichih trio case, the Hsu Tzu-chiang case, the Zheng Xin-zhe case, the Houfeng Bridge murder case, have raised the awareness of problems existing in expert testimony and have refocused attention on proper standards of admissibility. In assessing the admissibility of scientific evidence, due process of law must be respected in order to protect the rights of prosecutors, plaintiffs and defendants. The inclusion of the right of defendants to have the opportunity of cross-examination, and the right to full disclosure of the standards and procedures of scientific evidence in laboratories should also be safeguarded. Advanced technology could play an important role in criminal case proceedings in Taiwan, especially with respect to scientific evidence; however, violation of human rights must be avoided.

The Judicial Reform Foundation found wrongful convictions mostly coming from errors in terms of forensic identification, or misconduct/malfeasance of personnel. In 2019, the Judicial Yuan announced the draft amendment on articles of Code of Criminal Procedure, with several main points: 1. To specify the qualification requirements of forensic expert 2. The right of defendant to appoint a forensic expert 3. The right of defendant to state his opinion before appointing an expert in the investigation 4. The level of professional expertise of forensic experts is required and the forensics report shall contain sufficient information and explanation of methodology application 5. The forensic report from forensic institute shall include his/her name of the expert and the forensic expert shall appear in court for cross-examination 6. The court may appoint any expert for legal consultation 7. Lie detector test without recurrence results cannot be used as conviction evidence in court. This article attempts to find possible reasons behind discord in communication of forensic science with the court and the difficulty of subpoenaing or appointing forensic experts to court. I found counsels often lacking professional knowledge about scientific evidence. Thus, they cannot work well in the cases in which scientific evidence is used. Most forensic experts propose to deliver their opinion in writing instead. For this reason, cross-examination might not be conducted efficiently and professionally, raising the question of whether the accused having a fair trial.

Keywords：Expert Witness, Due Process of Law, Cross-examination, Forensic Identification

刑事司法制度改革：台灣專家證人之探討

唐淑美

摘　要

近年來，刑事科學專家證人在法庭中的重要性已成爲人們關注的焦點，著名之江國慶案、蘇建和案、徐自強案、鄭性澤案、后豐大橋女子墜橋案，引起了人們對專家證詞的重視及科學證據的可接納標準。在評估科學證據時，必須遵守正當法律程序，以保護被告的詰問權利，保障被告有機會針對專家證人提出之科學證據進行交互詰問的權利，以及要求專家證人充分披露科學證據的實驗室標準和程序的權利。先進的科學技術固然可以在刑事訴訟中發揮重要作用，但必須避免侵犯法庭當事人之基本人權。

民間司法改革基金會追究「冤獄案」主要原因，乃爲科學鑑識錯誤及相關鑑定人員之違法失職。2019 年 5 月司法院公布第 177 次院會通過刑事訴訟法及刑事訴訟法施行法鑑定部分修正條文，共有下列重點：一、明確鑑定人之資格要求。二、當事人於審判中得自行委任鑑定人。三、當事人於偵查中選任鑑定人前有陳述意見之機會且於審判中選任鑑定人前得陳述意見。四、鑑定人應具備專業能力，鑑定報告應載明有足夠的基礎、可靠的原理及方法。五、機關鑑定時從事鑑定之自然人應於書面報告具名，且鑑定人應出庭接受交互詰問。六、法院得就法律意見選任專家學者陳述意見。七、明定測謊之結果不得作爲認定犯罪事實存否之證據。本文試圖探討我國鑑定人與法院之代溝瓶頸以及鑑定人出庭接受交互詰問之障礙。我們發現檢察官、法官及律師們，通常缺乏有關科學證據的專業知識。因此，無法針對科學證據的重要關鍵細節進行專業性的交互詰問，導致大多數鑑定人建議改以書面函詢方式回覆意見。法院未命實際鑑定之人到庭言詞說明以釐清待證事實，可能使被告原已存在專業知識欠缺之武器不平等，又再欠缺對質詰問權，更對人權保障與科學證據的均衡造成失重，從而產生了被告是否受到公正審判的爭議。

關鍵詞：專家證人，正當法律程序，交互詰問，刑事鑑定。

I. Introduction

The role of forensic evidence is widely recognized by the criminal justice system, and it is usually conducted by a group of experts who apply their knowledge and methodology of expertise on legal matters.[1] Expert evidence is an important component in both criminal and civil cases. It usually involves scientific data or information, covering a wide range of theories, procedures, and tests that are provided by scientists, and is therefore not easy for laymen to understand. Generally, forensic expert witnesses are qualified by their skill and expertise to advise the court on science, art, professional competence and other areas of learning.[2] There are many different types of evidence in court, encompassing the testimony of witnesses, records, documents, exhibits, facts agreed to by both sides, and anything perceptible to the five senses. The use of expert witness testimony in criminal trials has expanded to include psychological, medical, and DNA testimony. To present scientific evidence in courts as per instructed by a judge or inquired into by lawyers if with no experience of such matters at all, is the least effective way to argue a case.

Experts in Taiwan who are selected by the court for their special knowl-

1 Caddy, B. & Cobb, P., 2004. Forensic science. In P.C. White (Ed.), Crime scene to court: The essentials of forensic science (2nd ed., pp. 1-20). Cambridge, UK: The Royal Society of Chemistry; McEwen, T., 2010. The Role and Impact of Forensic Evidence in the Criminal Justice System, Final Report. Unpublished manuscript, Institute for Law and Justice, U.S. Department of Justice.

2 House of Lords Science and Technology Select Committee, 2019. Forensic Science and the Criminal Justice System: a Blueprint for Change, 3rd Report of Session 2017-2019 HL Paper 333, available at: https://publications.parliament.uk/pa/ld201719/ldselect/ldsctech/333/333.pdf (accessed 20 March 20, 2020).

edge and experience can present expert evidence. The function of the expert witnesses is to compensate for the lack of scientific or specialist knowledge on the part of the courts or procurators. Taiwanese judges played an inquisitive role in courtrooms before 2003.[3] In 2003, the Criminal Procedure Law was significantly amended and the adversarial system was applied. The Criminal Procedure Law 2003 has deeply influenced the court activities of judges, attorneys and expert witnesses. In the procedure of cross-examination, scientific evidence has to be given strictly by question and answer. Opportunities to present and challenge evidence are available during the procedure of cross-examination. This procedure for examining qualification is known as *voir dire*, which takes a serious approach to the handlings of the use of scientific evidence. The judge may only and should only examine the scientific evidence according to formal evidence regulations to determine whether evidence is accurate and whether examination results are reliable and acceptable. Thus, the important role of the prosecution or the defence in a criminal trial is to apply the evidence with the intention of showing it in the strongest possible light so as to disprove the case of the other side. The standard of scientific evidence in Taiwan was based on relevance, with the relevancy standard depending on the courts' discretion. It is important to acquire assistance from the expert witnesses. Forensic evidence is a part of expert evidence; it is more

3 Before 2003, the judges established the facts, applied the law and exercise their discretion when making a judgement, while expert witnesses played a dual role of witness and assistant (to a judge). No emphasis is put on the "accusatorial rules", as the judges were inquisitorial. The system was designed in such a way that it expects a judge to be objective, just, and good at conflict resolution, and to conduct litigation in accordance with his/her authority in the most efficient manner, and to neither convict an innocent person nor acquit a criminal.

influential than evidence from eyewitnesses or other sources.

The right of cross-examination is a basic requirement for fair trial, and the exercise of the right of cross-examination is instrumental to fact-finding. The investigation method of evidence identification should not be limited to the discretion of a judge. The core of a trial procedure is the investigation of evidence. The legal basis of a defendant's exercise of the right to cross-examine an expert witness in a criminal case can be found in the Constitution, by making reference to interpretation No 396 of the Grand Judges Conference.

The cross examination of the prosecution and defence makes good practice for challenging scientific evidence. In the courtroom, an expert is questioned by a counsel on her/his client's side in the same way as a witness is questioned by a counsel of the opposite side, that is, the expert is questioned in a positive way by a counsel on her/his client's side first, then s/he is cross-examined by a counsel of the opposite side. When both sides have their own experts testifying in court, a battle of experts will usually arise. To confirm an expert's qualification before s/he makes an opinion on identification, the counsel on the expert's side questions the expert about his/her expertise, experience and skill with respect to the identification matter. Then the opposite side examines the expert about his/her expertise, experience and skill. Eventually, the judge decides whether the expert can be identified as an expert in the case.

Even with requirements included in the Code of Criminal Procedure's cross examination, miscarriage of justice still occur, and the reason might be because of misjudgments of judges' discretion (freie Beweiswürdigung), or judiciaries are over relied on expert witness and ignores the weight of evidence. The Judicial Reform Foundation found wrongful convictions mostly coming from errors in terms of forensic science, or misconduct/malfeasance of personnel. In October 9th, 2014, Taiwan Innocence Project along with Judicial Reform Foundation requested to reopen miscarriage of justice cases including the Chiang Kuo-ching case, the Hscichih trio case, the Hsu Tzu-chiang case, the Zheng Xin-zhe case, and the Houfeng Bridge murder case; on top of that, to 1. Find out reasons behind erroneous forensic science judgements 2. Reform the criminal forensic science system 3. Investigate and prosecute misconduct and malfeasance of personnel. This article tries to discuss possible reasons behind discord in communication of forensic science and the difficulty of subpoenaing or appointing forensic experts to court.

II. Cross-Examination Playing an Important Role in the Court

Professional judges do not necessarily acquire more knowledge on scientific evidence than the laypersons, hence the need for scientific experts. Experts' results should be presented at court as provided by law and should be open to the direct and verbal examination of the judge and parties concerned. The cross examination of the prosecution and defence is a good tool for challenging scientific evidence. The judge may only and should only examine the scientific evidence according to formal evidence regulations to determine whether evidence is accurate and whether examination results are acceptable. Thus, the important role of the prosecution or the defence in a criminal trial to apply the evidence with the intention of showing it in the strongest possible light so as to disprove the case of the other side.

The court decision should be based on the testimony in court, and cross-examination should be conducted during trial. Witnesses and scientific experts should be cross-examined, thereby truly exercising cross-examination during trial. Cross-examination, which is derived from the Common Law System, for examples the United Kingdom and the United States, is a good tool for examination of scientific evidence to see whether it can be adopted. It is also widely used in the courts of the Civil Law System as is provided expressly by the Criminal Procedure Law, Article 166 of Taiwan.

However, it is a general belief amongst the judiciary in Taiwan that, the judges may exercise their discretion to choose to use testimony or physical evidence for the investigation of scientific evidence. For this reason, little protection is given to defendants' right of cross-examination with respect to identifiers. Nonetheless, Interpretation No. 384 of the Justices of the Constitutional Court put forward the concept of due legal procedure, and opined that: "it is a basic right of a defendant in a criminal case to cross-examine a witness; when it comes to an identifier, a defendant should have the right of cross-examination for the same reason (because both the witness and the identifier are persons who testify in a court), so as to form an environment for effective defence; therefore, the issue is worthy of study".

To prevent judges from making judgments beforehand and having prejudice at a subconscious level, a defendant attending a criminal trial should have the right of cross-examination with respect to a testimony. Furthermore, a defendant's right of cross-examination in a criminal trial was considered part of the due legal procedure, in the interpretation of the Great Judge, No. 384 made at the Grand Judge Conference. Constitutional legal basis of a defendant's right of cross-examination in Taiwan is also found in the Constitution, Articles 8 and 16, as indicated in the Great Judge, No.384, 395, 396, 418, 436, 442 and 446. The implementation of defendants' right of cross-examination is provided by the Criminal Procedure Law, Article 166. In short, approving defendants' right of cross-examination and then creating an environment for effective defence, is an issue not to be evaded in practice.

III. The Issues of Forensic Expert Witnesses in Taiwan

The role of forensic expert witnesses in criminal courts has significantly become the focus of considerable interest after applying the adversarial system. As the potential for error resides in scientific evidence, judges, procurators, defence experts and triers of facts should be aware of its limitations. The competition of challenging or defending scientific evidence has led to many expert witnesses who are experienced in their profession being hired by the prosecution or the defence, trying to undermine each other's testimony.[4] But this vicious cycle can distort science or disguise facts and turn the experts into "liars for hire". However unlike the system in the United Kingdom and the United States, manpower and perception factors excessively shrink the role of the prosecution and defence in the criminal case trial in Taiwan. Understanding the obstacles of scientific experts' reluctance to attend courts for cross-examination in Taiwan is emphasized in this paper, and it is one of the core issues of fact-findings in Taiwanese courts.

A. Gap between the Court and Forensic Expert Witnesses

The first issue is surrounding the gap between the court and forensic

[4] See *People v Simpson*, No BA097211 (Super. Ct., Los Angeles Cty., 1995); Belli, M. M. 1968. Forensic Medical Experts, Obligations and Responsibilities, *Medicine, Science and the Law*, 8(1), 15-23.; Cauchi, L., 2002. An Obligation to Serve?: Ethical Responsibilities and the Legal Profession, Alternative Law Journal, 27(3), 133-135.

expert witnesses. The approach taken by scientists is quite different from the jury, the judge and the lawyers because of their different backgrounds. Scientists are usually not comfortable in court, because they are constrained by the judge's or attorney's questions. Scientists often feel that the court does not fully understand the principles of the scientific evidence.[5] It is a worrying problem in Taiwan that the judge does not fully understand the message given by the forensic experts exists.

Thus, it is important to assess the likelihood of prosecutors or judges misunderstanding scientific evidence. Does the expert witness always fully understand the subject matter or adversely even restrict the answers of the scientific expert? Does the court inform the issues of the subject matter to the forensic expert witness before cross-examination? These are important questions to assess because such improper practices will cause a negative effect on the court's competency and credibility in Taiwan.

Touching to the main obstacle of requiring the scientific experts to attend cross-examination in court in Taiwan might be coming from the gap between the scientific and the legal background. In order to obtain the information required, it was necessary to conduct an in-depth interview with key individuals in the relevant organization. Eight authoritative forensic experts were inquired to contribute their opinions to this study and the issues were emphasized. [6]

From the interviews, we found that most experts were not used to be-

---

5 *Ibid* 2.

6 During 2010-2012 and 2018-2020, a survey of assessing the obstacles of scientific experts while attending the court during cross-examination was conducted and eight authoritative forensic experts were inquired to contribute their opinions to this study.

ing in court. They could not express their opinions orally as completely as in the written form. In contrast, the experts are used to deliberating their opinions through long-term considerations. It is difficult for them to defend their arguments during cross-examination in an open court with time limitations. Although most forensic scientists in Taiwan are reluctant to attend cross-examinations, a few scientific experts still insist presenting in court and to develop certain strategies in order to protect their scientific integrity and resist opposing counsel's tactics in cross-examination.

We look into our interviews with forensic experts to find possible reasons behind discord in communication of forensic science with the court and the difficulty of subpoenaing or appointing forensic experts to court. From the question of "Have you ever been biased under pressure from the defence counsels and the prosecution?" Accordingly, most experts want to keep their reputation and speak the truth in trial. It is crucial for them to be unbiased and honest, even when under political pressure.

Regarding the question of presenting their arguments in court, most scientific experts are unwillingly to go to court to state their opinions. Most scientific experts propose to deliver their opinion in writing instead. Some experts even complained that they felt uncomfortable during the cross-examination process because the questioner cannot fully understand the subject matter which inadvertently restricts the answer of the experts. Questions in cross-examination, which contain hidden assumptions, may sometimes yield answers that almost contradict the witness's real meaning unless the expert is quick enough to detect and expose the assumptions. Sometimes, by splitting up a question into fragments and compelling the witness to answer each fragment separately, he may be able to mislead the witness into saying the direct opposite of what he intends.[7] Thus, it is essential for the questioner to have a full grasp of the subject matter. We are worried that the Taiwanese court might misplace the focus of the case and lay emphasis on the partial answers of the expert, which might affect and harm the verdict of the case.

B. Making an Affidavit

The second issue concerns the willingness of the experts who actually carry out the forensic identification appearing in court for cross-examination. If they are not willing to present their opinions in the court for cross-examination, shall they be ordered to make an affidavit that they will tell the truth before making their written reports?

Concerning the importance of making an affidavit that they will tell the truth while making their written reports, experts whose profession are Forensic Pathologists agreed that the law should require the scientific expert, who actually carries out identification in the institution whether it is governmental or private, to make an affidavit, so as to increase the reliability of the result of identification. However, expert witnesses whose profession are serological experts or toxicology experts disagree that the identifier, who actually carries out identification in the institutions, shall be ordered to make an affidavit. Expert witnesses whose profession are medical practitioners are also reluctant to make an affidavit in the medical negligence cases. These kind of institutional identification reports are usually conducted or decided by a team with several experts and all the experts' identities are not revealed in court.

Thus, the person who actually conducts the team work for an identifica-

---

7 Ormrod, R., 1968. Scientific Evidence. *Crim. L. R.* at 240.

tion institution is not required to make an affidavit that they will tell the truth before making their written reports, nor is s/he required to attend a court for cross-examination. It is believed that the provision on making an affidavit of telling the truth does not certainly apply to all identification institutions.

In practice, Article 208 of the Criminal Procedure Law of making an affidavit of telling the truth does not definitely apply to all identification institutions.[8] The major reason is that the institutional identifications could be conducted or decided by a team with several experts. Thus, these experts are all responsible for the written reports. None of them are in charge of making an affidavit as expert witnesses are only responsible to provide their information to the court. The final acceptance or rejection of expert evidence is still to be decided by the court itself. As a result, we worry that scientific identification is at present carried out without the reliable warranty provided by the procedures on making an affidavit of telling the truth. In this regard, the legal basis of the present practice is rather flimsy, and the law should require the identifier, who actually carries out identification, to make an affidavit, so as to improve the reliability of the result of identification.

C. Respecting Scientific Experts Appearing in Criminal Cases

The third issue concerns the procedures in respect of scientific experts appearing in criminal cases. Due to the profession of forensic pathologist and

---

8 Article 208—A court or public prosecutor may request a hospital, school, or other suitable establishment or group to make an expert examination or to review the examination of another expert witness; also, subject mutatis mutandis to the provisions of Articles 203 through Article 206-1; if a report or explanation should be made verbally, the person who actually made an expert examination or the person who reviewed the examination of another expert witness may be ordered to do it.

medical examiner long been despised in the Chinese custom,[9] the Judicial Yuan enacted the guidelines to respect scientific experts attending the cross-examination in criminal courts in 2004. These guidelines should be read with the modified Criminal Procedure Law 2003 together. There are several guidelines in the procedure to respect scientific experts appearing in criminal cases.

We look into our interviews with whether these procedures have fully been respected to date with questions: Have you ever felt distressed being a scientific expert during the process of cross-examination because of the attitude of the questioners? Have the court clerks ever informed you that you are allowed to choose a convenient and suitable time to appear in criminal courts? Has the court ever notified that there are special waiting rooms for expert witnesses before appearing in criminal courts? Does the notification you receive on the writ of summons clearly inform the following matters including the rights and duties of expert witnesses, the issues to be inquired, the expecting time for appearing in court and what kind of documents should be presented to the court? Does the court always examine the expert witnesses according to the notification on the writ of summons such as the issues to be inquired, the expecting time for appearing in court? Has the judge ever restrained the examinations which significantly infringe upon expert witnesses' dignity?

On the issues of respecting scientific experts appearing in criminal cases, most of the expert witnesses had not in fact, been informed that they do have such equivalent rights. They stated that they were often been questioned by the attorney about their capacity as professionals. Some attorneys even asked

---

9 Some procurators even despise the profession of the coroner and laugh that butchers can become coroners if they lack a coroner.

the experts about his/her dissertation content. Direct examination shall be made on the facts to be proven and other matters concerned.[10] However, most of experts are not used to the procedures of cross-examination and are often regarded as being insulted and not being fully respected by the questioners.

Even though the judicial system emphasizes the procedures of respecting scientific experts appearing in the criminal cases, their profession still does not receive sufficient respect from the court. Besides, the lack of funds to pay the experts to state their opinion in court has caused the serious issue of experts presenting their opinions in court. The serious shortage of expert witnesses in Taiwan might have an effect as most of the experts are occupied with their work. Most experts assume they are busy in their practices and the cross-examination would seriously affect their work schedule and incurs inconvenience in the provision of an expert to take care of his practice during his absence. Besides, the professional witness allowance in Taiwan is definitely too low. The payment for investigation enquires or salary structure in Taiwan showed their payment in comparison with their professional market value is too low.[11] Furthermore, the Forensic Pathologist and forensic exam-

---

10 According to Article 166-1 of the Criminal Procedure Law, to examine the probative value of the statement of the witness or expert witness, the direct examination may be made as to the necessary points thereof. No leading question may be asked in direct examination, except for the following circumstances: ... The personal identity, education, experience of the witness or expert witness ... . The provision on cross-examination does require the expert witnesses should prove their capacity to their professional including education and experience.

11 In UK, the professional witness allowance depending on the period of time of attendance necessitating an absence from place of residence or practice and the earning or benefits lost. The total fee payable is from £83.80 to £230.50. See Constitutional & Community Policy Directorate Coroners Section Increases In Financial Loss Allowances For Jurors

iners have to pass the Civil Forensic Pathologist Examination to become a qualified forensic scientist. Although the Ministry of Legal Affairs has raised the salary significantly, it is still not enough to encourage medical students to join this specialized profession.

Another effective way to protect the scientific expert is using dual-monitor to reduce the violent arguments such as face-to-face cross-examination. Thus, Article 177 of the Criminal Procedure Law was also amended in 2003 and dual-monitor cross-examination is allowed. "In circumstances specified in the preceding section, if there is audio and video transmission technical equipment that can communicate between the place where the witness is located, the court may conduct the examination by utilizing the said technology if the court deems appropriate to do so".[12] The dual-monitor cross-examination seems to further save time and the expenses.

And Ordinary Witnesses, In Fees For Professional Witnesses In Coroners' Courts, And In Fees For Coroners' Post-Mortems, Home Office Circular No. 56/1999.

12 Article 177—If a witness is unable to appear or there are other necessary circumstances, after considering the opinion of the party or defence attorney, he may be examined where he is found or in the court of the judicial district in which he resides. In circumstances specified in the preceding section, if there is audio and video transmission technical equipment that can communicate between the place where the witness is located and the court, the court may conduct the examination by utilizing the said technology if the court deems appropriate to do so. In conducting the examination specified in the preceding two sections, the party, defence attorney, and agent may be present and may examine the witness; the court shall send notice in advance regarding the date and place of examination. The provisions of the preceding two sections shall apply mutatis mutandis to the investigation stage.

D. Forensic Expert Witness for the Defence

The fourth issue highlights on the defence right. In a criminal trial, the status of the defence is often in an inferior position during trial, so it is difficult for the defendant to find the right expert who is able to challenge the expert hired by the prosecution side. Besides, it is generally not easy for the defence to obtain advice from suitable expert bodies after receiving the prosecution's evidence on the committal proceedings. If a case includes the profession of particular fields, it is difficult to find a proper expert in small counties. Contact and communication between prosecution and defence experts are rare and sometimes are not allowed in order to avoid conspiracy and covering the truth.

We assessed whether establishing some forensic expert bodies are necessary for the defence to find the right expert and the necessity of the legal aid mechanism for requiring the state to subsidise a defendant for hiring an expert witness. Does a defendant have the right to request government subsidy so as to hire an expert witness to help with his/her defence? Should the legal aid mechanism, which requires the state to subsidise a defendant for hiring an expert witness, be introduced in Taiwan? Thus, we asked a number of questions about the willingness of experts to present their opinions in criminal courts for the defence. Would you agree to provide your specialized areas and experience to certain forensic organizations? Do you prefer to be an expert witness for the defence or the prosecution? Are you interested in joining a formal or informal forensic association for the purposes of exchanging information, promoting training and establishing standards?

From the interview, we found the scientific experts who are working full time for the government institution are not allowed to present their results for the defence. Thus, there are only few experts who agreed to provide their name and qualifications on the forensic organizations for the defence who seek an expert. Turning to the topic of the legal aid mechanism for requiring the state to subsidise a defendant for hiring an expert witness, most scientific experts agreed that the state should subsidise a defendant for hiring an expert witness if the defence is financially unwell. In the issues of being the member of the relevant forensic associations, it is not abundantly clear from the answers we received as to whether such a body could meet their requirements. Most of the experts already belong to relevant organisations, but due to the budget of the organisations, they question whether the relevant organisations can provide substantial assistance for them to appear in court during cross-examination.

Article 33 of the Criminal Procedure Law in Taiwan provides that a counsel has the right to read documents and physical evidence, and may make a copy or take a picture of them. Article 245 of Criminal Procedure Law "A defendant's or a suspect's counsel may be present, when the defendant or suspect is investigated and examined by a prosecutor, a legal executive of a procuratorate, a judicial police official or a judicial policeman." However, when there is solid evidence showing that the counsel may destroy or forge the evidence, then the counsel's presence may be restricted or prohibited. Article 245 allows a defendant or a suspect to be investigated in the presence of his or her counsel, and the counsel can express his opinion during investigation. It is ambiguous whether or not the detailed procedure and methods of trace evidence (for example, standard of comparison, demographics, precision testing and other information) are allowed to be disclosed to the defence. What is the reality of this right? Does a defendant hold the right to test a piece of evidence? Does a defendant have a right to request a second test?

We found it difficult to seek qualified scientific experts for the defendants in a limited time, and counsels seldom share the same understanding with the expert witnesses. A detailed and comprehensive preparation carried out beforehand is essential to effective cross-examination. There should also be a plan for a defendant's expert witness to attend the court.

During a trial, a defendant has to read documents kept by a prosecutor, in order to defend himself/herself against the evidence presented by the prosecutor. Although the law allows a defendant to read documents after an indictment, the interval between the indictment and a trial is so short that, it is doubtful whether the defendant will have enough time to prepare himself/herself for a defence. In 2019, the Judicial Yuan announced the draft amendment on articles of Code of Criminal Procedure with the points: 1. The right of defendant to state his opinion before appointing an expert in the investigation 2.The forensics report shall contain sufficient information and explanation of methodology application. It is necessary to allow the defendant to read evidence before the end of an investigation, so that the investigation procedure will be correct, wrong investigation will be avoided, and a suspect's exercise of the right to the defence will be strengthened. In particular, it is important that, during an investigation, biological evidence is collected, analysed, and preserved as soon as possible, as it is easy for biological evidence to decay for the second test.

To fully implement the right to disclose evidence in those cases in which scientific evidence is used, with every single detail of the identification report disclosed and expressed comprehensively to the defendant; information relevant to the result of identification should be provided at a defendant's request. Because proper cross-examination is only possible on the condition that the defendant is allowed to access all information regarding the prosecutor's collected evidence. If the defendant cannot have a good grasp of the above information, s/he will not be able to conduct cross-examination regarding the substantial content of identification.

E. Serious Shortage of Forensic Pathologist in Taiwan

'Forensic pathology is that branch of medicine which provides the investigation and interpretation of disease and injury for courts of law — the use of primarily pathological knowledge in criminal investigations and other enquiries, particularly in establishing the cause of injuries or death.'[13]

Around 1800 bodies require autopsies in Taiwan annually, however, the number is met with only three forensic pathologists to perform post-mortems. The number of 600 autopsies a year for forensic pathologists is two to three times higher than the average number in western countries. Compared to Germany which has 400 forensic pathologists performing 8600 cases per year, the number is 28 times higher, showing Taiwan's scant supply of forensic pathologists.[14]

The serious shortage of forensic pathologists[15] in Taiwan might result from their unequivalent payments, and consequently, the shortage might have an effect on the implementation of the cross-examination. Dr. Tu Daren, for-

13 A useful definition of forensic pathology is that provided by the British Association in Forensic Medicine (BAFM), available at http://www.bafm.org/#!about/c240r

14 Editorial, 2018. Overworked Forensic Pathologist/600 Autopsies a Year, (Apple Daily, 27 April, 2018), available at: https://tw.news.appledaily.com/headline/daily/20180427/37997218/ (accessed 20 March, 2020).

15 Xu, R. X.; Huang, L. Z.; Lin, Y. C. et al., 2019. Special Topic: The Dilemma Under the Forensic Manpower System: the Coexistence of Oversupplying and Undersupplying on Forensic Manpower, *NCCU Uonline News*, Volume 1705.

mer director of the Department of Forensic medicine of the Ministry of Legal Affairs claims that the Taiwanese society continues to hold the stereotype of "seeing the living is better than looking at the dead"; moreover, public forensic pathologists are paid fewer than physicians, making the salary difference another reason why few people desire the occupation.[16] Whether the salary structure for the profession and the professional witness allowance has truly accommodated the market price, the problem lies in the inequivalent payments of being an expert witness.[17]

In fact, the Taiwanese government had long acknowledged the shortage of forensic pathologists and had begun to improve the recruiting and training process in the 1990s. Due to the serious shortage of forensic pathologists, the Ministry of Justice collaborated with College of Medicine in National Yang-Ming University and National Cheng Kung University, to fund outstanding students' education and training in forensic autopsy in 1994. However, it was revealed that a lot of students regarded the program as a stepping stone to require physician's qualification. Students would rather pay indemnity to avoid the forensics obligation that was required in the training program.

In 2005, Forensic Pathologist Act was enacted to establish a sound forensic pathologist system, to improve the performance of inspections and

---

16 *Op. cit.*

17 *Ibid* 7. A number of questions touched on the market value of being an expert witness were asked in the survey. Including: How much payment do you usually receive for offering an investigation or appearing in court? Do you think the current payment of offering an investigation is much lower than the market price? The questions touched on the reasonable payments of being an expert witness. It is strongly believed that the majority of expert witnesses complain that they have received lower payment in comparison with their professional market value, especially for forensic medical doctors.

investigations, to protect human rights, to preserve social justice, and to promote democracy and the rule of law. According to Article 4, a person may take the forensic pathologist examination only if he or she meets one of the following requirements: (1) He or she has graduated from a forensic science graduate school (2) He or she has graduated from a medical, dental, or Chinese medicine school and passed the medicine practitioners' examinations, received a certificate as a physician, a dentist or a Chinese medicine practitioner, and has studied and successfully completed in a forensic science program or professionally trained in a local or foreign forensic department for more than one year and has received verification documents.[18]

Originally, the Forensic Pathologist Act was initiated to reform the dilemma of physicians becoming forensic pathologists. The Forensic Pathologist Act thus adopted a new system diverting forensic pathologists and physicians, making forensic pathologists' education, examination, training, and appointment an independent system. However, due to the controversy over the scope, the legislation stirred a strong backlash from the medical profes-

---

18 According to Article 4, a person may take the forensic pathologist examination only if he or she meets one of the following requirements: (1) He or she has graduated from a forensic science graduate school at a public or registered private university, an independent college or a foreign university or an independent college recognized by the Department of Education and has successfully completed their internship and received a diploma. (2) He or she has graduated from a medical, dental, or Chinese medicine school at a public or registered private university, an independent college in Taiwan or a foreign university or an independent college recognized by the Department of Education, passed the physicians', dentists' or Chinese medicine practitioners' examinations, received a certificate as a physician, a dentist or a Chinese medicine practitioner, and has studied and successfully completed in a forensic science program or professionally trained in a local or foreign forensic department for more than one year and has received verification documents..

sion.

Unions including Medical Professionals Alliance disagree on the first requirement for the forensic pathologist examination under the Forensic Pathologist Act which states: students graduating from a forensic science graduate school at a public or registered private university, who do not have physician licenses, may take the forensic pathologist examination and furthermore conduct an autopsy and identification. The medical profession argues that forensic pathologist lacks physician's qualification, which prohibits them from conducting trainings that include medical treatments, if so, they would violate the Physician's Act. Based on those grounds, the medical profession refuses to provide those students who lack a physician's qualification pathology and anatomy trainings. In this case, students without a physician's qualification, though from a forensic science graduate school, subsequently lack the knowledge and trainings of pathological and anatomical abilities which disables them from performing post-mortem examinations and making professional judgements on the cause of death.

On the other hand, from the standpoint of the forensic society, eg. Taiwan Society of Forensic Medicine, they strongly hold the opinion that according to Article 4 of the Forensic Pathologist Act, only ones with a forensic pathologist license may perform an autopsy. Physicians with only a physicians' license are not qualified to participate in the direct conduct. The Legislative Yuan amended Article 9 of the Forensic Pathologist Act in 2015, stating that autopsies shall be performed only by a Forensic Pathologist. The amendment of Article 9 stirred up a hornet's nest as it led to Forensic Pathologist Act to contradict Article 216 of Code of Criminal Procedure. According to the original Forensic Pathologist Act, anyone with physician's accreditation and qualification can perform an autopsy under the name of 'Honorary Forensic Pathologist' or 'Consulting Forensic Pathologist', allowing physicians without Forensic Pathologist license to perform autopsies.

According to Article 216 of Code of Criminal Procedure, in conducting an autopsy, a medical doctor shall be ordered to do it. Therefore, graduates from the Forensic Science Graduate School, who has obtained their forensic license upon graduation, yet lacks a physician's license may only perform toxicological assessment, evidence assessment, but cannot perform an autopsy. With very few laboratory job openings from local procurators around Taiwan each year, these students who hold a forensic license have yet a place to go, leading to new problems of oversupplying of forensic license holders and yet undersupplying of public forensic pathologists.[19]

Initially, when the Forensic Pathologist Act was passed in 2005, there was anticipation that with professional educational-forensic-programs, forensic pathologists would be able to open clinics. With very little forensic vacancies in the public office, forensic license holders have to work as contract employees over the past decade, making fewer and fewer students wanting to go down the path. The Ministry of Examination claims that if the educational end cannot cultivate candidates for this specialized profession that concerns human rights, the ministry will have to amend current laws, allowing physicians interested in forensic trainings to attend Forensic Pathologist Examination.[20]

---

19 *Ibid* 15.

20 Liu, L. Z., 2019. Solving the Shortage of Forensic Pathologists/The Ministry of Examination claims Opening the Gate for Physicians (Liberty Times Net, 24 March, 2019), available at https://news.ltn.com.tw/news/life/breakingnews/2737570 (accessed 20 March, 2020)

According to the investigation report of Control Yuan,[21] the Ministry of Justice, the competent authority of the Forensic Pathologist Act should provide judicial autopsy and the cause of death training for those who have passed the forensics professional and technical examination, and shall rightly coordinate with the Ministry of Health and Welfare to solve the disputes coming from the uncertainty of the law; however, the Ministry of Justice along with Ministry of Health and Welfare holds opposing opinions that the newly qualified forensic pathologists who lack physicians' license will violate Physicians Act Article 28 if they were to take clinical trainings. The Ministry of Justice has been accused of its irresolute standpoint, leading to the Forensic Pathologists Act having passed for over 14 years yet the field remains heavily understaffed, the problem of forensic pathologist shortage unsolved.

IV. Conclusion

Forensic science is a complex discipline that interacts with a range of fields, including science, policing, government and law. "Good scientists hate the [court room and the presumption] is that they are lying and cheating. It is total culture shock."[22] Disputes have risen as it has become rather challenging between scientific evidence and expert witnesses hired by the prosecution or the defence as both compete to undermine the other's testimony.[23]

---

21 The investigation was conducted by the Control Yuan member Ms. Lin Ya-feng and Mr. Kao Yung-Cheng and the report was published on November 13, 2019. See Year 2019 Judicial Investigation Case No 0065.

22 Roberts Leslie. 1992. Science in Court: A Culture Clash. *Science*. 257, 732.

23 For example the case of O.J. Simpson. See *People v Simpson*, No BA097211 (Super. Ct., Los Angeles Cty., 1995).

Although scientific techniques can have great utility in the application of forensic science, it has become worrying that some miscarriages of justice occur with over-reliance on science. Some might question the requirements of Code of Criminal Procedure's cross examination as to why cases of miscarriage of justice still occur. The situation lies between the wrong judgements of judges' discretion, or that the judiciaries who overly rely on expert witness ignore the weight of evidence and put all the blame of miscarriages of justice on criminal expert witnesses. Some might question the reasons behind the lack of inquest of presiding judge or commissioned judge from expert witness regrading professional matters, as it is stated in Article 198 of the Code of Criminal Procedure. The complexity of the procedure of scientific evidence and the consequent evaluative difficulties indicate that there is a need to regard scientific evidence with extensive caution. The right of cross-examination is a basic requirement for a fair trial, and the exercise of the right of cross-examination is instrumental to fact-finding.

Most forensic experts in Taiwan propose to deliberate their opinions in writing as mentioned in previous sections. There is scepticism as to whether cross-examination is conducted professionally, raising the question of whether the accused has had a fair trial. Moreover, the person who actually conducts the work for an identification institution is not required to make an affidavit of telling the truth, nor is s/he required to attend a court for cross-examination. Furthermore, currently, the Department of Forensic Medicine of National Taiwan University is the sole established program in Taiwan, which fails to meet the ongoing workforce shortage. Subsequently, the serious lack of forensic experts reduces the willingness and availability of attending court for cross-examination, eventually, affecting the discovery of the facts in Taiwan. Unless these shortcomings are recognised and changes made, public trust in forensic science evidence will continue to be lost and confidence in the justice system will be threatened.

The provision about cross-examination, as stipulated in article 166 of the Criminal Procedure Law, should be fully implemented. In 2019, the Judicial Yuan announced the draft amendment on articles of Code of Criminal Procedure, with several main points: 1. Specify the qualification requirements of the forensic expert 2. The right of the defendant to appoint a forensic expert 3. The right of the defendant to state his opinion before appointing an expert in the investigation 4. The level of professional expertise of forensic experts is required and the forensics report shall contain sufficient information and explanation of the methodology applied 5. The forensic report from the forensic institute shall include his/her name of the expert and the forensic expert shall appear in court for cross-examination 6. The court may appoint any expert for legal consultation 7. Lie detector test without recurrence results cannot be used as conviction evidence in court.

With the draft amendment on articles of Code of Criminal Procedure announced in 2019, defendants are entitled to appoint an expert of their own choosing, which enacts the core value of providing for equality of arms. The defense must have the opportunity to commission their own forensic testing where evidence is disputed. However, if the country lacks forensic experts, even with the right to appoint one's own expert, the defendant remains at a disadvantage standpoint, facing the prosecution with far more resources and State forensic experts.

Though Taiwanese law does not currently deny private experts, the situation of Taiwanese Evidence Law does not formally recognise private experts. The law stresses that governmental experts might act more justly, and thus most criminal cases are identified by the governmental institutions.

Accordingly, vice versa, why should not a concerned defendant be allowed to authorize a private expert for the reference of a court during a trial?

To establish a more wholesome forensic expert system is now urgent. To reform the criminal justice system on the issue of forensic expert witness, I would urge that there be more research and budgets into expert witnesses in Taiwan, in accordance with international standards, in order to recruit more scientific experts into the forensic field to serve the system of adversary. Therefore, this article suggest that it should be stipulated in the forensic expert law that all forensic experts should be independent and responsible to serve the system of adversary.

參考文獻

Belli, M. M. 1968. Forensic Medical Experts, Obligations and Responsibilities, *Medicine, Science and the Law*, 8(1), 15-23.

Caddy, B. & Cobb, P., 2004. Forensic science. In P.C. White (Ed.), *Crime scene to court: The essentials of forensic science* (2nd ed., pp. 1-20). Cambridge, UK: The Royal Society of Chemistry.

Cauchi, L., 2002. An Obligation to Serve?: Ethical Responsibilities and the Legal Profession, *Alternative Law Journal*, 27(3), 133-135.

Constitutional & Community Policy Directorate Coroners Section Increases In Financial Loss Allowances For Jurors And Ordinary Witnesses, In Fees For Professional Witnesses In Coroners' Courts, And In Fees For Coroners' Post-Mortems, Home Office Circular No. 56/1999.

Editorial, 2018. Overworked Forensic Pathologist/600 Autopsies a Year, (Apple Daily, 27 April, 2018), available at: https://tw.news.appledaily.com/headline/daily/20180427/37997218/ (accessed 20 March, 2020).

Gee, D. J., 1987. The Expert Witness in the Criminal Trial. *Crim. L. R.* 307-315.

House of Lords Science and Technology Select Committee, 2019. Forensic Science and the Criminal Justice System: a Blueprint for Change, 3rd Report of Session 2017-2019 HL Paper 333, available at: https://publications.parliament.uk/pa/ld201719/ldselect/ldsctech/333/333.pdf (accessed 20 March, 2020).

Leslie, R. 1992. Science in Court: A Culture Clash. *Science,* 257, 732.

Lin, Y.F. & Kao, Y.C., 2019. *Report of Judicial Investigation Case No 0065*, Control Yuan.

Liu, L. Z., 2019. Solving the Shortage of Forensic Pathologists/The Ministry of Examination claims Opening the Gate for Physicians (Liberty Times Net, 24 March, 2019), available at https://news.ltn.com.tw/news/life/breakingnews/2737570 (accessed 20 March, 2020).

McEwen, T., 2010. *The Role and Impact of Forensic Evidence in the Criminal Justice Sys-*

tem, Final Report. Unpublished manuscript, Institute for Law and Justice, U.S. Department of Justice.

Ormrod, R., 1968. Scientific Evidence. *Crim. L. R.* at 240.

People v Simpson, No BA097211 (Super. Ct., Los Angeles Cty., 1995).

Xu, R. X.; Huang, L. Z.; Lin, Y. C. et al., 2019. Special Topic: The Dilemma Under the Forensic Manpower System: the Coexistence of Oversupplying and Undersupplying on Forensic Manpower, *NCCU Uonline News,* Volume 1705.

第六章

企業併購時內線交易消息何時「明確」？*從最高法院102年度台上字第1420號刑事判決談起

陳學德 **

* 本文係就作者曾以同一題目投稿刊登於月旦裁判時報（77期，頁68-88頁，2018年11月）之文章，重新整理最新歐盟法規、實務見解加以整理而成。

** 台灣台中地方法院法官兼庭長，私立亞洲大學兼任助理教授

摘　要

企業併購自籌設到完成時間極長，變數亦多，為避免企業併購過程中，產生內線交易之弊端，重大消息揭露十分重要。本案於 2015 年底判決確定後，再度引起企業界之強烈反彈，引發內線交易紅線不明之爭論。而我國證券交易法於 2010 年修正證券交易法第 157 條之 1，修正前、後之法律適用，尤其「消息明確」之證明，判決已存有爭議，修正實施後，參諸相關子法，對於何謂消息，仍然抽象不具體，判決仍有不同認定標準。本文整理最高法院相關判決，參考美國、歐盟相關法制，認為重大消息之認定，應以特定交易之進行，是否已足以對投資人之決定產生重大影響，作為判斷標準。

關鍵詞：企業購併，內線交易，重大消息，消息明確，正當投資人。

壹、事實概要

甲公司爲國內著名手機機殼製造商，爲擴大客群，經考慮後認美商乙公司爲其最適合之合作對象，便積極尋找管道爭取合作機會。於2005年10月間雙方建立溝通管道，並於2006年6月重提合作事宜，同年7月27日甲公司於策略會前會，商討決定甲公司要成立獨立經營團隊，合作方式再議，乙公司於同年8月25日發出初始意向書予甲公司，表示想繼續推動雙方交易、方式及可能採取一階段併購，而非之前所提之三階段併購，內容尙含收購價格及期間內不得跟第三人進行收購等，甲公司收受乙公司之初始意向書，即於2006年8月26日召開內部管理會議後，並提交同年8月28日之甲公司董事會討論，在場之董、監事均不反對乙公司以現金併購甲公司之意思，但對價格有不同意見，甲公司因而於同年8月30日回函予乙公司，告知董事會討論之結論，乙公司亦於同年9月3日提出修正版意向書，並願以同年8月24日股票收盤價爲基準計算收購價格溢價率。同年9月6日甲公司董事會就乙公司之修正版意向書，決議簽立不具拘束力之意向書（Letter of Intent, LOI），同年9月11日提出，進而於同年9月12日簽署LOI，同年9月29日就上開LOI簽署保密協定。同年10月2日乙公司進行實地查核，同年11月3日乙公司表示交易架構爲「公開收購」，雙方於同年11月6日洽談收購價格與合併契約細節，並於同年11月8日就價格達成協議，並簽署SPA（Shareholder Purchase Agreement），同年11月22日甲公司召開董事會，通過與乙公司簽署合併契約案、召開記者會，並在公開資訊觀測站公布此一重大消息，2006年11月24至2007年1月12日乙公司進行公開收購。而被告身爲甲公司之獨立董事，且原爲丙公司行使甲公司法人董事職務之人，於2006年9月6日召開董事會時，以獨立董事身分出席該董事會，而知悉乙公司有意以百分之百現金方式併購或取得甲公司股權，詎爲圖謀賺取不法利益，竟與柯○等人共同基於違反證券交易法公司內部關係人內線交易規定之犯意聯絡，於甲公司有被乙公司進行收購，進而與乙公司合併等消息明確後（2006 年 9 月 12 日下午）、公開前（2006 年 11 月 22 日），將其所知悉上開影響甲公司股票價格之重大消息轉知柯○，作爲丙公司買進甲公司股票之重要參考，丙公司自 2006 年 9 月 13 日起迄同年 10 月 30 日止，下單買進甲公司股票，復於乙公司公開收購甲公司期間，將前開股票悉數賣出，而獲取新台幣 4 億 7,284 萬 7,065 元不法利益。

歷審法院認爲**消息明確時間爲** 2006 年 9 月 12 日**甲公司簽署意向書**之日，最高法院於本案表示：「蓋重大消息於達到最後依法應公開或適合公開階段前，往往須經一連串處理程序或時間上之發展，之後該消息所涵蓋之內容或所指涉之事件始成爲事實，其發展及經過情形因具體個案不同而異。易言之，認定行爲人是否獲悉發行股票公司內部消息，應綜合相關事件發生經過及其結果等各項因素，從客觀上作整體觀察以爲判斷，**不得拘泥於某特定、具體之時點**。」

是我國司法實務於新法下如何具體個案細緻探究重大消息之明確程度，值得觀察，本文擬就我國修法背景、美國及歐盟法制、實務見解，暨學說見解進行討論，提出適合我國之適用標準。

貳、證券交易法第157條之1之立法及修法意旨

一、重大性要件之立法意旨

我國證券交易法第 157 條之 1 於 1988 年增訂時，該條立法理由明

言，係仿自美國立法例[1][2]。從美國司法實務觀察，消息是否成立或是否明確與「重大性」之判斷乃一體兩面，因此學者有介紹美國法上 TSC 案之「合理投資人」（reasonable investor）測試基準與 Basic 案中所建立之「可能性／影響程度」（probability / magnitude）標準，作爲我國內線交易消息成立／明確之參考[3]。

而所稱「重大消息」，依 1988 年 1 月 29 日至 2010 年 6 月 2 日修正第 157 之 1 條文，同法條第 5 項所稱「重大消息」，其一爲「有重大影響其股票價格之消息」，其二爲「有重大影響其支付本息能力之消息」，前者又分爲下列二種情形之一，且其具體內容對其股票價格有重大影響或對正當投資人[4]之投資決定有重要影響：一、涉及公司之財

1 參閱行政院修正草案之修正理由（行政院以76年2月17日台財字第2912號函，將修正草案送請立法院審議）謂：「……為健全我國證實市場發展爰參照美國立法例，增訂本條……」。

2 美國上開關於內線交易之法律規定，首先為1934年證券交易法Section16 (b)及 Section10 (b) 2個條文，前者在規範禁止公司內部人之短線交易，後者則在規範任何直接或間接利用州際商務工具或郵件或全國性證券交易所設備者，於買賣上市或非上市證券或其相關活動時，不得有違反證管會為維護公共利益或保護投資人之必要，所明文禁止之操縱詐欺之行為。對於Section10 (b)美國證管會於1942年訂頒Rube10 (b)，這也是作為美國最多內線交易案例法（Insider Trading Case Law）發展基礎之規定，該條規定，任何直接或間接利用州際商務工具或郵件或全國性證券交易所之設備，在買賣過程中，不得有下列行為：(一)使用任何方法、計畫或技巧從事詐欺（defraud）；(二)對重要事實（material）作任何不實陳述，或省略某重要事實之陳述，以致在當時實際情形下產生誤導之效果；(三)從事任何對他人買賣證券產生詐欺（fraud）或欺騙（deceit）情事之行動、業務或商業活動）。

3 詳細介紹與討論，請參閱劉連煜（2013），《新證券交易法實例研習》，頁524-530，台北，自刊。

4 所稱正當投資人或理性投資人或合理投資人，係指認識並信賴市場運作及法制之投資人，其投資決策係以經濟利益為最重要之考量，且認知到決策應追求最大利益和避免損失，並會將市場上不合理之發展因素排除納入決策考量，但是合理投資人不等同於專業投資經理人或專家等級之投資人，係指一般平均懂得交易市場趨利避禍具決策能力之投資人。詳見陳彥良（2015），〈企業併購之內線消息認

務、業務，二、涉及該證券之市場供求、公開收購[5]。又應注意者，「證券交易法第 157 條之 1 第 5 項及第 6 項重大消息範圍及其公開方式管理辦法（下稱重大消息公開辦法）第 2 條至第 4 條例示之重大消息，雖有三種，但每種均訂有概括條款，是所謂重大消息，不以該條所例示者為限，仍必須就個別具體案例，是否對公司股票價格或對正當投資人之投資決定有無重大影響，加以判斷相關消息是否具有重大性。

二、明確性要件之修法意旨

證券交易法第 157 條之 1 於 2010 年 6 月修正通過之三讀會條文，係按照黨團協商條文通過，而依立法委員提案之修正理由謂：「鑑於外界對於現行第一項有關『發行股票公司有重大影響其股票價格之消息時』所規範重大消息之形成時點究竟係成立或確定，因法未明文，時有爭議，爰參酌二○○三年歐盟內線交易指令 article1 對內線消息之定義『inside information shall mean information of a precise nature（性質明確）which has not been made public, ... 』，爰於現行條文中第一項有關『發行股票公司有重大影響其股票價格之消息時 ，在該消息』之文字後增列『明確後』一詞，以求完備；至於具體案件中擔負舉證責任者，應舉證證明涉案之重大消息已達『性質明確』之程度，始該當此內線交易之構成要件」[6]，是依立法理由引用歐盟內線交易指令要求內線消息需具有

定一由嘉泥、台泥內線交易案觀察〉，《月旦法學雜誌》，236期，頁56-57。

5 所謂對交易所行情有重大之影響，則必須依個案來判斷，而以德國一般統計之情形而言，在百分之五之價格行情內之波動仍屬正常之範圍，故所謂重大之變動應至少是百分五以上之行情波動，再視實際個案判斷之，但反對者認為各種不同之狀況和不同之股票都有其差異性，訂下門檻似有不公，直正之主體應是投資人，所以應以投資人做出投資決策時是否會受到該「消息」之影響為判斷。詳見陳彥良，前揭註4，頁55。

6 賴英照（2016），〈內線交易的紅線：重大消息何時明確？〉，《中原財經法

明確性（precise）與美國要求證券詐欺中所涉資訊應具有重大性（materiality）本質上係屬同一，其用意皆在於劃定「消息成立」（而非事實發生）之界限，即所謂消息性質明確，意在排除謠傳或臆測之資訊，並非以具備高度發生機率爲必要[7]。

2003 年歐盟市場濫用指令（the Market Abuse Directive，下稱 MAD）第 1 條對於內線消息，明定須具有「明確性」[8]。而參酌歐盟 2014 年新制定之「市場濫用規則」（Market Abuse Regulation，下稱爲 MAR）第 7 條規定，內線消息必須「性質明確」（information of a precise nature），並非意指該消息「確定、成立」[9]。而所謂「性質明確」係指若消息本身涉及已經存在（已發生）可合理期待[10]將發生之一系列之情境或某事件，且其已特定到足以導出該一系列之情境或某事件對金融商品或其相關之衍生性金融商品之價格可能產生影響，即足當之。是依 MAR 第 7 條規定，所稱「性質明確」，係該資訊未被公開，直接或間接與一個或多個金融商發行人或多種金融商品有關，此類消息如經

學》，36期，頁25-26。這段理由出現在2010年5月3日立法院黨團協商結論之附表，但並未刊載於立法院公報或議案關係文書。立法院黨團協商之條文，則登載於立法院公報（2010），99卷31期，頁335-336、338-339。

7 賴英照，前揭註6，頁102-109。

8 曾宛如認MAD之立法目的，其前身為內線交易指令，對歐盟而言，此二指令之目的皆於確保歐洲共同體金融市場之完整與誠信，並促進投資人對市場之信心，因此內線交易應予處罰，相反的，行政處罰是各會員國必須實踐之手段，至於其他處罰方式則依會員之自由，是我國援用適用於刑事處罰是否妥適，應值深思。詳見曾宛如（2010），〈新修正證券交易法—資訊揭露、公司治理與內線交易之改革〉，《台灣法學雜誌》，155期，頁26。

9 林國全（2010），〈2010年5月證券交易法修正評析〉，《台灣法學雜誌》，155期，頁13。

10 歐洲法院實務對於很多德國法院認為足夠可能性是百分之五十以上機率之見解，認為有很高之不安定性。但是是否要採取超過百分之五十以上機率「壓倒性之可能性」標準，歐洲法院並未表態。詳見陳彥良，前揭註4，頁60。

公開，可對上述金融商品價格產生顯著性影響。是歐盟上開指令所謂之「明確」，其要件有二，其一係指「該消息係已存在或可合理期待其可能發生」，其二係指「對金融商品之價格可能產生影響」。於此觀點下，一段過程中，可能引起致某種特定之情境或事件而言，舉凡任何與引起或導致未來之情境或事件，一段過程中每一階段相關之消息，都可能被視爲是明確之消息，係指有明確可靠且客觀存在之事證證明該資訊並非謠傳，其意在排除純粹之臆測、個人意見或謠言。所稱「消息」之解釋，也無須加以限縮於事實，某些未成爲事實之「狀況」，特別是在企業併購之情形，有許多著眼於未來之計畫或企圖，甚至企併購本身都未必是事實，又如企業併購雙方之自始遲疑或最終破局，最後都未見企業併購此一事實發生，但於過程中許多之「狀況」，都有可能將內線消息之構成要件無限制擴張，便須運用「明確性」或「具體性」加以限制，將純粹之流言、傳聞或是個人之價值判斷及推論等將之排除。至於其中屬於傳聞如帶有部分之核心事實，仍會被認爲「消息」[11]。

至於消息「明確」之判斷，主管機關或實務見解多以係「消息成立」稱之。重大消息是否有成立之時間點[12]？應依何種標準判斷？實務見解分歧（詳如後）[13]，對此重大消息公開辦法第5條規定「前3條所定消息之成立時點，爲事實發生日、協議日、簽約日、付款日、委託日、成交日、過戶日、審議委員會或董事會決議之日或其他依具體事證可得認定之日，以日期在前者爲準」，主管機關在2010年就該條之說明欄謂「所

11 陳彥良，前揭註4，頁52-53。

12 德國法對於時間點，通說乃指一般業務執行期間，所生之事實影響到財務狀況而言，詳陳彥良（2013），〈由明碁看內線交易中重大消息相關爭議問題—兼評台灣高等法院98年度矚上重訴字第61號刑事判決〉，《月旦法學雜誌》，219期，頁198。

13 就相關法院見解之討論，請參閱賴英照（2009），《最新證券交易法解析》，頁517-525，台北：自刊。

謂重大消息，應係以消息對投資人買賣證券之影響程度著眼，衡量其發生之機率及對投資人投資決定可能產生之影響綜合判斷，而不以該消息確定為必要，爰將『其他足資確定之日』，修正為『其他依具體事證可得認定之日』，以免外界錯誤解讀重大消息須確定始為成立。

三、重大消息公開之方式

就重大消息之公開方式，根據重大消息公開辦法第 6 條規定，就重大消息公開方式，於「涉及公司之財務、業務或該證券之市場供求、公開收購，其具體內容對其股票價格有重大影響」及「影響公司支付本息能力」部分，因屬於公司所能決定或控制，須經公司輸入公開資訊觀測站，始為公開，至「對正當投資人之投資決定有重要影響之消息」之公開方式，除前述經公司輸入公開資訊觀測站外，尚可透過證交所櫃買中心「基本市況報導」之網站中公告，或「經由兩家以上每日於全國發行報紙之非地方性版面、全國性電視新聞或前開媒體所發行之電子報報導，如消息透過報紙等媒體之方式公開者，係以派報、電視新聞首次播出或輸入電子網站時點後在後者起算，前項派報時間早報以上午六時起算，晚報以下午三時起算，係以此類消息，非屬公司所能決定或控制，因而設有較多之公開管道，避免內部人易觸法網。應注意者，一經報紙媒體報導之消息，是否即為證券交易法第 157 條之 1 所謂之公開？本文認為，從證券交易法禁止內線交易之立法目的觀之，消息縱經媒體披露，但在公司或公司相關人士證實前，仍屬傳聞，一般投資人應無法判斷事實之眞偽，從而無法據以作成投資決定；相反地，內部人卻可以加以利用，造成市場之公平性遭到質疑[14]。另重大消息公開方式，是否以

---

14 賴英照（2011），《股市遊戲規則：最新證券交易法解析》，頁542，台北，自刊。劉連煜（2011），〈內線交易之客觀要件〉，《月旦法學教室》，108期，頁80。劉連煜（2011），《內線交易構成要件》，頁12，台北：元照。陳彥良，前

上開公開辦法爲唯一公開方式，實務及學說大多採取否認說[15]，而有力學者則認爲依投資人保護觀點言，公司仍應依規定完成法定之義務加以公告及申報，方得認定爲已公開[16]，以符合資訊保護平等原則。

參、外國法制

一、美國法制

(一) TSC v. Northway 案之測試標準：理性投資人之判斷基準

案例事實：一家名爲 Nation industries 之公司，從 TSC 公司之創辦股東處取得了 34% 之具表決權股份，從而有 5 名 Nation 公司之代表人擔任 TSC 公司董事會之董事。其後，TSC 董事會通過一項議案，決定解散 TSC 公司，而將全部資產賣予 Nation 公司（在該次會議中，Nation 之 5 名代表人曾出席會議，但未參與表決）。爲實施此一合併議案，TSC 公司與 Nation 公司遂聯合徵求此兩公司之股東委託書，「委託書徵求說明書」內並建議股東同意此一議案。此次委託書之徵求頗爲順利，最後遂依原先計畫，兩家公司完成合併事宜。TSC 之法人股東 Northway 公司，不贊同此項合併事宜，遂起訴主張前項「委託徵求說明書」之內容遺漏及不實陳述之情事，請求被告損害賠償及其他衡平救濟，聯邦最高法院與嗣後有關內線交易案引爲「重大消息」之認定標

揭註4，頁64-65。

15 賴英照，前揭註14書，頁539-541。實務部分，參見台灣高等法院台南分院92年度上1276號刑事判決、台北地院95年度矚重訴字第1號刑事判決。

16 賴英照（2011），《證券交易法解析簡明版》，頁380，台北：元照。陳彥良亦採肯定說，認為消息本身明確性難以判定，若再允許非法定之公開方式，對於禁止內線交易條文中保護性目的根本難以達成，況且我國新聞處理上有時相當難以判別，投資人並無法確認消息之真假，前揭註4，頁65-66。

準。而 Northway 公司所指「委託書徵求說明書」內有所遺漏者，乃指未表明 Nation 公司本身控制 TSC 公司之程度，以及系爭合併計畫之條件對 TSC 公司之股東是否有利等事實[17]。

從以上事實，不難發現因為 Nation 公司已充分控制了 TSC 公司，因此，其表決（指合併之議案）之結果可謂早已確定。是美國聯邦最高法院對於所謂「重要之消息」，著重於其「程序」（process）面，而非著重於其表決結果，並使用了「非常可能」（極可能）（substantial likelihood）之標準，以協助判斷「重大性」之概念。此一標準，就是否為「重大消息」之基準，即：一項未經公開之消息，假如一位「理性之投資人」知道此項消息，其為投資決定，「非常可能」（極可能）會認為此項項消息對其投資決定會有重要影響，則此一消息即為「重大之消息」[18]。

(二) Basic v. Levinson 案之測試基準

案例事實：Combustion 公司有意取得 Basic 公司，故由其代表數次與 Basic 公司董事及經理人直接會商及以電話討論此事。最初，Basic 公司三次公開否認其與 Combustion 公司進行合併磋商之事實。其後，則發表新聞稿承認確有磋商合併之事，並於稍後決定以每股 46 美元之代價將其普通股賣予 Combustion 公司。本案原告股東在 Basic 公司第一次公開否認有磋商合併事實之後，隨即出脫其手中持股。原告等人遂控告被告公司及其董事發布不實或引人誤導之消息，致違反 Rule10b-5，應負損害賠償責任。

美國聯邦最高法院在 Basic 案中，明確拒絕採用第三巡迴上訴法院

---

17 426U.S.438 (1976).

18 劉連煜（2011），〈內線交易之客觀要件（上）〉，《月旦法學教室》，108期，頁84。

之「重要原則已定之合議」基準，雙方主張理由如下：

第三巡迴上訴法院理由：1. 初步協商很可能破局，因其本質係暫時性資訊，揭露此種資訊可能誤導投資人，並使其產生錯誤樂觀。2. 該標準限制揭露義務範圍，並確保合併協商機密性。3. 該標準就資訊是否揭露提供可行之明確標準。因而採取嚴格之「重要原則已定之合議」基準（“agreement-in-principle” test），認爲一項「初步之合併磋商」必須等到該交易之「價格」與「基本架構」已達合意地步，始可謂爲重大之消息。

聯邦最高法院反駁理由：1. 投資人自知合併有相當風險。證券交易法之立法目的，即以完全揭露哲學取代買者自負責任之哲學。2. 合併協商機密性（secrecy）之問題，屬於發行人揭露義務（duty to disclose）之範疇，與重大性定義並非相合。3. 明確規則的確容易遵行，但「容易適用」，並不足作爲忽略證券交易法立法與國會政策制定之目的。重大性判斷強調個案事實發現，指定一個單一事實或事件之發生作爲「重大性」之決定性判斷標準，必會造成涵蓋過廣或過窄之情形[19]。所以聯邦最高法院認爲一項事實是否具「重大性」，基本上是「個案事實探討」（an inherently fact-specific finding）之問題，從而機械而無彈性之公式（如前述「價格」與「基本架構」之測試標準），應不足取。此外，聯邦最高法院並拒絕採用第三巡迴上訴法院所認爲：發行公司公開否認系爭消息後，該消息即爲「重大的」說法，因爲事實是否重大，應是客觀之性質，不重要之訊息不會因爲一個人之謊言，而爲成「重大消息」[20]。

聯邦最高法院對於 Basic 案更進一步認爲：如果某一事實對公司之影響（impact）是確定而清楚的（certain and clear），則 TSC 案界定「重

19 張心悌（2014），〈企業併購時內線交易消息「明確」之判斷：最高法院102年度台上字第1420號刑事判決〉，《月旦裁判時報》，25期，頁90。

20 485U.S. 224 (1988).

大性」之基準即可直接適用，然而如果事件本身性質上屬於「或許會或許不會發生」（contingent）或「推測性」（speculative）之情形，則因爲是否「合理之投資人」，在當時會認爲所遺漏之事實是重要之消息，頗難以斷定，有必要另定補充性之判斷基準，並引述著名之 SEC v. Texas Gulf Sulphur Co. 一案[21]謂：對於性質上屬於「或許會或許不會發生」或「推測性」之事件，「重大性」乃是「依一特定時間衡量事件發生所占之影響程度，加以斷定」[22]。此外，聯邦最高法院引述第二巡迴上訴法院法官 Friendly 在一件涉及「初步之合併磋商」（preliminary merger negotiations）案子所爲之分析：「因爲合併可使一家公司消失，故其應爲最重大之事件。吾人可認，有關此類合併之內線消息，可以較其他較不重要之交易，在初期即被認爲是重大之消息，而且即使合併不成功之可能性，在像這樣之磋商階段是如此地高，亦應如此認定[23]。再者，聯邦最高法院爲闡明前述「可能性／影響程度」（probability / magnitude approach）方式之適用，特別指引式地謂：一般而言，評估一項事件是否將發生之「可能性」（probability），得以公司最高層人士對系爭交易之興趣如何而定；也可從該公司董事會之決議、公司決策人士對投資銀行人員（investment bankers）之工作指示，以及兩造公司實際磋商之內容，加以認定最高層人士興趣之高低。至於系爭交易事件「影響程度之大小」，聯邦最高法院認爲，得參酌合併之兩造公司之規模，以及考慮因合併所可能帶來之股價漲幅等因素，加以認定。故而，低發生可能性與高程度影響力組合之事件，可以構成重大事件，同樣地，高發生可能性與低程度影響力之組合之事件，亦可能成爲重大事件。從而，

21 401F.2d 833 (2d CIR.1968).

22 劉連煜（2011），〈內線交易客觀構成要件（上）〉，《月旦法學教室》，108期，頁86。

23 劉連煜（2011），〈內線交易客觀構成要件（下）〉，《月旦法學教室》，110期，頁58。

根據聯邦最高法院就 Basic 案表示之法律見解，尚未確定發生之「重大性」，乃斟酌事件發生之可能性與事件影響之程度與規模而定。此外，美國法上界定 Rule 10b-5 之「重大性」要件，基本上屬於高度事實認定之問題（a highly factual inquiry）[24]。

學者認為，從 Basic 案判決上下文之內容觀之，應係補充性之判斷基準，亦即，原則上應先適用 TSC 案判斷標準，以認定內線消息之重大性，而 Basic 案之「可能性／影響程度」方式應係例外之補充適用基準。又凡具有「推測的」及「不可信賴的」本質之軟性資訊不適用「可能性／影響程度」方式，僅僅「硬的資訊」[25] 即歷史之資訊或其他客觀上可確認之事實之資訊（如公司之年度財務報告、半年度財務報告內容），才有依個案事實例外適用餘地[26]；換言之，即以「軟性資訊」或「硬的資訊」作為適用「可能性／影響程度」方式之分水嶺[27]。

(三) 小結

依上開二則判決之說明[28]，美國聯邦最高法院對於重大消息之認定標準，並非以單一事件作為衡量基準，而應綜合各項因素作整體之判

---

24 劉連煜，前揭註22，頁87。

25 如美國Carcia v. Cordova案所採之標準，詳930F.2d的826（1991）。

26 美國聯邦最高法院於Basic案所採之標準，是否僅限於合併磋商案件或者任何變動而不確定之事件，依聯邦最高法院該案判決註釋9之說明，引發美國學界與實務界之分歧解讀，參見Hiler該文章可知，係主張「可能性／影響程度」之判斷基準，並非取代TSC案之一般標準，而是將該標準具體適用於包含未來事件及軟性資訊之情形，事實上美國各級法院亦將此一標準適用於各類具有未來性與不確定性之事件中。詳見郭大維（2016），〈內線交易中有關「內線消息」與「消息」公開」之認定：評最高法院104年度台上字第376號刑事判決〉，《月旦裁判時報》，44期，頁18。

27 劉連煜，前揭註23，頁64-65。

28 以上二則判決之詳細說明，參見劉連煜，前揭註14，頁126以下。

斷[29]，其判斷客體，可分爲二：其一，依TSC案，某一事件對公司之影響係確定而清楚時，其判斷基準爲「是否合理之投資人，知道此一消息後『非常可能』會改變其投資決定，或是否將該未經公開之消息，與合理投資人已獲悉之其他消息合併觀察後，合理之投資人便會對該股票之價格或投資與否之決定，予以重新評估」。其二，依Basic案，某一事件屬於或許會或許不會發生或尚未確定發生者，其判斷基準爲「當時該事件發生之可能性」與「該事件在整個公司活動所占之影響程度」加以綜合評量，其適用如合併磋商性質之併購案談判或硬的資訊等，可例外適用此項標準[30]，故其限制爲並不適用於預估盈餘等軟性資訊（適用TSC案測試標準，但通常會認爲不具重大性）及推測性消息等[31]。

二、德國及歐盟法制

(一) 德國法制

德國於2004年修法以後，於該國證券交易法第13條規定，以「狀況」（Umstände）取代「事實」（Tatsache）來解釋內線消息，2018年修法後，取消原證券交易法第13條規定，而直接將歐盟濫用市場規則（Market Abuse Regulation，下稱MAR）第7條內線消息定義援用，並於證券交易法第14條明定禁止內線交易行爲，違者依該國證券交易法第119條第3項加以刑事處罰，也就是說消息未必等同於事實或確實有結果爲要件[32]；換言之，現行德國法律用語已由事實之較具體之文字轉

29 陳彥良，前揭註12，頁196。

30 劉連煜，前揭註23，頁67。

31 劉連煜（2009），〈推測的消息是內線交易之重大消息？Basic案的再省思〉，《台灣法學雜誌》，130期，頁25以下。

32 以下有關德國及歐盟關於內線交易法制之介紹，參見陳彥良，前揭註4，頁52以下。

為較抽象之用語，使內線消息之涵義更為寬廣，但因過程中之許多「狀況」，都有可能該當於內線消息構成要件，必須運用「明確性」（Prazisen）和「具體性」（Konkrenten）加以限制，二者均有將純粹之流言傳聞或是個人之價值判斷及推論將之排除於內線「消息」之射程範圍之外，至「明確性」或「具體性」兩者在檢驗強度上似無不同，僅是德國將歐盟市場規則之用語轉換為國內法而已。有關內線消息之認定，德國舊證券交易法第13條將「消息」定義為「有關於未公開於公眾之狀況之具體資訊」，而有關「內線消息」之認定，必須與證券發行人（Emittentenbeaug）或該證券有關（Insiderpapieerbezug）之消息，且無論直接或間接相關都符合法律之要件。而內線消息必須重大影響股票價格或對理性投人決定有重要影響，亦即應有市場之顯著性。所謂「對股票價格有重大影響」，德國法就該消息是否重大性之條件，係以該消息必重大影響到交易所中公開交易之有價證券之價格，方屬於必須特別公開揭露之資訊客體。對於交易市場股票價格之影響是否重大判斷基準之一，德國係以百分之五之價格以上之行情波動，再視實際個案判斷之。而於2004年修法後，加入「理性投資人」做出決策時是否會受到該「消息」之影響為判斷，是通說認為如有百分之五以上之行情波動外，仍必須以事後客觀之判斷，以個案事實來評估對市場之影響，以及用理性投資人之標準加以檢驗。

(二) 歐盟法制

歐盟於2014年新制定之MAR，取代原來之市場濫用指令，該規則第7條[33][34]明白規定，內線消息必須「性質明確」（information of a pre-

[33] 第七條　內線消息（MAR第7條中譯）

(1) 在符合本法目的下，內線消息之概念係指如下之消息類型：

① 直接或間接涉及一個或是多數證券發行人或是金融證券，以及如果公開該消

息後，會適切明顯影響該金融證券或其衍生性金融證券價格，而尚未被公開週知之精確消息者。

② 和衍生性商品有關而尚未被公開週知之精確消息，該消息直接或是間接涉及一個或是多個衍生性商品（Warenderivate），或是直接涉及即時性商品契約（Waren-Spot-Kontrakt），且如果公開該消息後，會適切明顯影響其價格者，並根據歐盟或是會員國之法律、行政命令、商業規範、契約約定或是相關之市場習慣，而必須被公開者，或是其公開根據合理之思維，是可以被期待公開之消息者。

③ 和氣體排放證書（Emissionszertifikate）或是所衍生之相關可以被拍賣之客體有關，而尚未被公開週知之精確消息，而該消息直接或是間接涉及一個或是多個與此類相關之金融證券，以及如果公開該消息後，會適切明顯影響此類金融證券或其衍生性金融證券價格，而尚未被公開週知之精確消息者。

④ 內線消息之概念也針對，被委任執行金融證券事務但尚未被執行，而被客户所告知之精確消息，直接或間接涉及一個或是多個發行人，或是涉及一個或多個金融證券，而如果該消息之公開會適切影響金融證券及相關之即時性商品契約（Waren-Spot-Kontrakt）或是相關之衍生性金融證券之價格者。

(2) 在符合上述第一項之目的下，如下之消息被視為精確之消息，當一系列已經發生，或是可以被合理期待未來將會發生之情況（Umstände複數），或是已經發生，或是可以被合理期待未來將會發生之單一事件（Ergebnis單數），而且該消息足以具體到可以推論出，會影響金融證券或其衍生性金融證券以及相關之即時性商品契約（Waren-Spot-Kontrakt）、或是氣體排放證書（Emissionszertifikate）或是所衍生之相關可以被拍賣之客體之價格者。而應該會或是已經導致一定之情況或是事件之發生，而具有時間延伸性之一件事務過程，此等被涉及之未來情況或是事件之事務過程，以及中間所發生之階段過程，只要和將來所發生之情況或是事件有關者，都也可以被視為是精確之消息。

(3) 一件具有延伸性之事務中間過程，一旦該中間事務過程本身足以符合本法之內線消息標準，就被視為是內線消息。

(4) 在符合本法第一項之目的下，所謂【如果被公開週知，可以適切明顯影響金融證券、衍生性金融證金融證券、及即時性商品契約（Waren-Spot-Kontrakt）或是氣體排放證書（Emissionszertifikate）或是所衍生之相關可以被拍賣客體之價格】，係指一般合理之投資者似乎會將之用來當成投資決定之部分基礎者。

即時性商品契約（Waren-Spot-Kontrakt）或是氣體排放證書（Emissionszertifikate）或是所衍生之相關可以被拍賣客體之市場參與者，有關於集體氣體排

cise nature），並非意指該消息「確定、成立」[35]。而所謂「性質明確」，

放或是熱所造成之數值，只要符合或是低於本法第17條第2項之第二次項之門檻，就可以被參與人認為並非會明顯影響金融商品價格之消息。

34 該MAR第7條原文如下：

Artikel 7 Insiderinformationen

(1) Für die Zwecke dieser Verordnung umfasst der Begriff “Insiderinformationen” folgende Arten von Informationen:

① nicht öffentlich bekannte präzise Informationen, die direkt oder indirekt einen oder mehrere Emittenten oder ein oder mehrere Finanzinstrumente betreffen und die, wenn sie öffentlich bekannt würden, geeignet wären, den Kurs dieser Finanzinstrumente oder den Kurs damit verbundener derivativer Finanzinstrumente erheblich zu beeinflussen;

② in Bezug auf Warenderivate nicht öffentlich bekannte präzise Informationen, die direkt oder indirekt ein oder mehrere Derivate dieser Art oder direkt damit verbundene Waren-Spot-Kontrakte betreffen und die, wenn sie öffentlich bekannt würden, geeignet wären, den Kurs dieser Derivate oder damit verbundener Waren-Spot-Kontrakte erheblich zu beeinflussen, und bei denen es sich um solche Informationen handelt, die nach Rechts- und Verwaltungsvorschriften der Union oder der Mitgliedstaaten, Handelsregeln, Verträgen, Praktiken oder Regeln auf dem betreffenden Warenderivate- oder Spotmarkt offengelegt werden müssen bzw. deren Offenlegung nach vernünftigem Ermessen erwartet werden kann;

③ in Bezug auf Emissionszertifikate oder darauf beruhende Auktionsobjekte nicht öffentlich bekannte präzise Informationen, die direkt oder indirekt ein oder mehrere Finanzinstrumente dieser Art betreffen und die, wenn sie öffentlich bekannt würden, geeignet wären, den Kurs dieser Finanzinstrumente oder damit verbundener derivativer Finanzinstrumente erheblich zu beeinflussen;

④ für Personen, die mit der Ausführung von Aufträgen in Bezug auf Finanzinstrumente beauftragt sind, bezeichnet der Begriff auch Informationen, die von einem Kunden mitgeteilt wurden und sich auf die noch nicht ausgeführten Aufträge des Kunden in Bezug auf Finanzinstrumente beziehen, die präzise sind, direkt oder indirekt einen oder mehrere Emittenten oder ein oder mehrere Finanzinstrumente betreffen und die, wenn sie öffentlich bekannt würden, geeignet wären, den Kurs dieser Finanzinstrumente, damit verbundener Waren-Spot-Kontrakte oder zugehöriger derivativer Finanzinstrumente erheblich zu beeinflussen.

(2) Für die Zwecke des Absatzes 1 sind Informationen dann als präzise anzusehen, wenn damit eine Reihe von Umständen gemeint ist, die bereits gegeben sind oder bei denen man vernünftigerweise erwarten kann, dass sie in Zukunft gegeben sein werden, oder ein Ereignis, das bereits eingetreten ist oder von den vernünftigerweise erwarten kann, dass es in Zukunft eintreten wird, und diese Informationen darüber hinaus spezifisch genug sind, um einen Schluss auf die mögliche Auswirkung dieser Reihe von Umständen oder dieses Ereignisses auf die Kurse der Finanzinstrumente oder des damit verbundenen derivativen Finanzinstruments, der damit verbundenen Waren-Spot-Kontrakte oder der auf den Emissionszertifikaten beruhenden Auktionsobjekte zuzulassen. So können im Fall eines zeitlich gestreckten Vorgangs, der einen bestimmten Umstand oder ein bestimmtes Ereignis herbeiführen soll oder hervorbringt, dieser betreffende zukünftige Umstand bzw. das betreffende zukünftige Ereignis und auch die Zwischenschritte in diesem Vorgang, die mit der Herbeiführung oder Hervorbringung dieses zukünftigen Umstandes oder Ereignisses verbunden sind, in dieser Hinsicht als präzise Information betrachtet werden.

(3) Ein Zwischenschritt in einem gestreckten Vorgang wird als eine Insiderinformation betrachtet, falls er für sich genommen die Kriterien für Insiderinformationen gemäß diesem Artikel erfüllt.

(4) Für die Zwecke des Absatzes 1 sind unter „Informationen, die, wenn sie öffentlich bekannt würden, geeignet wären, den Kurs von Finanzinstrumenten, derivativen Finanzinstrumenten, damit verbundenen Waren-Spot-Kontrakten oder auf Emissionszertifikaten beruhenden Auktionsobjekten spürbar zu beeinflussen" Informationen zu verstehen, die ein verständiger Anleger wahrscheinlich als Teil der Grundlage seiner Anlageentscheidungen nutzen würde.

Im Fall von Teilnehmern am Markt für Emissionszertifikate mit aggregierten Emissionen oder einer thermischen Nennleistung in Höhe oder unterhalb des gemäß Artikel 17 Absatz 2 Unterabsatz 2 festgelegten Schwellenwerts wird von den Informationen über die physischen Aktivitäten dieser Teilnehmer angenommen, dass sie keine erheblichen Auswirkungen auf die Preise der Emissionszertifikate und der auf diesen beruhenden Auktionsobjekte oder auf damit verbundene Finanzinstrumente haben.

(5) Die ESMA gibt Leitlinien für die Erstellung einer nicht erschöpfenden indikativen Liste von Informationen gemäß Absatz 1 Buchstabe b heraus, deren Offenlegung nach

其要件有二，其一係指若消息本身涉及已經存在（已發生）可合理期待[36]將發生之一系列之情境或某事件，且其已特定到足以導出該一系列之情境，其二爲某事件對金融商品或其相關之衍生性金融商品之價格可能產生影響，即足當之。於此觀點下，一段過程中，可能引起致某種特定之情境（Umstände，複數）或事件（Ergebnis，單數）而言，舉凡任何與引起或導致未來之情境或事件，一段過程中每一階段相關之消息，都可能被視爲明確之消息，係指有明確可靠且客觀存在之事證，證明該資訊並非謠傳，其意在排除純粹之臆測、個人意見或謠言。所稱「消息」之解釋，也無須加以限縮於事實，某些未成爲事實之「狀況」，特別是在企業併購之情形，有許多著眼於未來之計畫或企圖，甚至企業併購本身都未必是事實，又如企業併購雙方之自始遲疑或最終破局，最後都未見企業併購此一事實發生，但於過程中許多之「狀況」，都有可能將內線消息之構成要件無限制擴張，便須運用「明確性」或「具體性」加以限制，將純粹之流言、傳聞或是個人之價值判斷及推論等，將之排除。至於其中屬於傳聞，如帶有部分之核心事實，仍會被認爲「消息」[37]。

vernünftigem Ermessen erwartet werden kann oder die nach Rechts- und Verwaltungsvorschriften des Unionsrechts oder des nationalen Rechts, Handelsregeln, Verträgen, Praktiken oder Regeln auf den in Absatz 1 Buchstabe b genannten betreffenden Warenderivate- oder Spotmärkten offengelegt werden müssen. Die ESMA trägt den Besonderheiten dieser Märkte gebührend Rechnung.

35 林國全，前揭註9，頁13。

36 歐洲法院實務對於很多德國法院認為足夠可能性是百分之五十以上機率之見解，認為有很高之不安定性。但是是否要採取超過百分之五十以上機率「壓倒性之可能性」標準，歐洲法院並未表態。詳見陳彥良，前揭註4，頁60。

37 陳彥良，前揭註4，頁52-53。

(三) 德國、歐盟之「足夠可能性」發生機率是否等於美國 Basic 案之「可能性／影響程度」測試

舊德國證券交易法第 13 條第 1 項或 MAR 第 7 條明文規定，對於將來有「足夠可能性」之消息亦得屬「具體」，並非一定要百分之百可能性方爲內線消息。而就「足夠可能性」發生機率多少方屬之，依德國通說和實務見解必須是超過百分之五十。歐洲法院實務對於德國法院「足夠可能性」是百分五十以上機率見解，認有很高之不安定性，惟是否要採取超過百分之五十以上機率「壓倒之可能性」標準，並未表態。而許多文獻同意，這種到底需要具備「百分之多少可能性」之判斷方式，最終也跳脫不了「理性投資人」之標準，亦即站在一個理性投資人立場，訊息所指涉未來情況是不是具有「發生之足夠可能性」，是「是不是已經可能到理性投資人在決策時，會將之列入考量之程度」之問題而已[38]，歐盟或德國所建立之「足夠可能性」標準是否能包括美國 Basic 案之「可能性／影響程度」測試於其中？在歐洲法院 2012 年有關內線交易之 Daimler Chrysler 案判決中[39]認爲「可能性／影響程度」測試於 2003/124/EG 市場濫用指令中，並未有法源基礎，亦即認爲在檢驗「足夠可能性」時，拒絕適用「可能性／影響程度」測試，其認爲「可能性／影響程度」測試不具法源基礎，而是在「形成內線消息中間過程步驟」中，有關影響市場價格潛在影響之判斷。至於發生之機率仍必須有「足夠可能性」要求，二者不能混在一起檢驗，仍應分別對「價格影響顯著性」和「足夠可能性」分別加以判斷。

---

38 惲純良（2016），〈誰的標準？誰的具體？評最高法院104年度台上字第3877號判決、內線訊息具體性的認定標準〉，《月旦法學雜誌》，254期，頁235。

39 EuGH V.286.2012-Rs.C-19/11 RN.50= 2012,708,710.

肆、我國學者見解

我國學者間，對此見解不一：

一、晚期標準

認爲於企業併購案件中，宜規定以「實地查核進行後，對於收購價格及主要併購契約架構完成」，作爲重大影響其股票價格之消息已經明確時點之認定標準[40]。其主要理由，係以『新法下，美國Basic案聯邦最高法院所表示之「**可能性／影響程度**」方式』之見解，也許某種程度受到限縮適用，精確地說，會限制在前述初步合併磋商處裡，在我國法下，採取美國第三巡迴上訴法院（third circuit）之「重要原則已定之合議」標準（agreement-in-principle test），即一項「初步之合併磋商之案例裡，必須等到該交易之『價格』與『基本架構』已達合意之地步始可謂明確、有具體內容之重大消息」[41]。蓋以併購實務上，完成實地查核只是確認雙方有無交易意願而已，併購案能否完成，仍待雙方進一步議價及洽談各項細，實地查核後，併購案依然破局者，所在多有，故實地查核（due diligence）前，均不屬重大消息明確之明確點[42]。至併購過程中

40 賴源河、郭土木（2012），〈企業併購訊息與內線交易重大消息明確點認定之探討〉，《中正財經法學》，4期，頁40。賴源河、郭土木（2015），〈論企業併購案涉及內線交易之重大消息何時明確—最高法院104年度台上字第78號刑事判決評釋〉，《月旦法學雜誌》，244期，頁193。劉連煜（2011），《新證券交易法實例研習》，頁484-485，元照出版。陳彥良，前揭註4，頁63。李禮仲（2014），〈內線交易構成要件之研究：以證券交易法第157條之1第5項及第6項重大消息範圍及其公開方式管理辦法」第5條規定為中心〉，《萬國法律》，195期，頁105。

41 劉連煜，前揭註40，頁484。

42 賴源河、郭土木（2015），〈論企業併購案涉及內線交易之重大消息何時明確—最高法院104年度台上字第78號刑事判決評釋〉，《月旦法學雜誌》，244期，頁189-190。陳彥良，前揭註4，頁63。

若簽署意向書（letter of intent），是否表示併購案已經成形？意向書是否具有類如契約之拘束力，應視其文件內容、協商過程、當事人是否已部分履約、未決項目之內容，以及案件之繁複等等而為判斷。而按解釋意思表示法則，當事人既故意使用「意向書」作爲文件名稱，且該文件內容已經表明無拘束力，則其眞意顯然無意將該文件作爲有法律拘束力之契約[43]，學者亦有依德國通說，認爲「意向書」通常不是一個具體之內線消息，採對於併購價格及主要契約架構完成作爲重大影響股票價格之消息已達明確之認定[44]。

二、非晚期標準

反對者認爲[45]，觀諸併購實務，並非每件併購案，均會簽署備忘錄（memorandum of understanding）、不具約束力意向書（letter of intent）、股票購買協議（share purchasing agreement）等相關文件，故如非基於我國企業併購相關法規所需備妥之文件，併購案當事人常會因其他考量而決定，譬如是否要簽定不具約束力意向書，常有正反兩方不同主張，支持簽署者認爲，至少買賣雙方皆有道德承諾進行此項交易過程，然反對方，尤其在美國，因爲上市上櫃公司簽立意向書負有重大訊息揭露義務，所以不願簽立，反觀台灣重大訊息揭露之範圍僅涵蓋到購併契約，所以可能爲了避免消息過早揭露，而僅簽署意向書，故意向書是否構成合法有效之契約，視當事人意願而定，自難如前揭所論，單純以雙方簽署「不具約束力」之意向書，而認非屬重大消息。

---

43 賴源河、郭土木，前揭註40，頁192。並參見美國律師協會（ABA）所提出「模範股權買賣契約」，2版，有關意向書之法律上說明，http://apps.americanbar.org/buslaw/blt/content/departments/2010/09/mspa-letter-of-intent.pdf（最後瀏覽日：07/20/2015）

44 陳彥良，前揭註4，頁63。

45 伍忠賢（1998），《企業購併聖經》，頁99-100，台北：遠流。

反對者另認，美國聯邦最高法院強調，美國公司揭露諮詢委員會經過許多研究後，反對將重大消息判斷繫於僵固之公式（rigid formula），並表示重大性概念本質上需要判斷者，應以個案基礎（on a case-by-case basic）來思考該重大性問題[46]。雖然我國法後來加上「明確」之要件，惟是否朝向美國最高法院就 Basic 案，已清楚拒絕適用之「重要原則已定之合議」標準，仍應持保留態度。蓋以 1. 依證券交易法第 157 條之 1 規定，交易之中間形成過程，也可以是明確之消息，此觀條文將「消息明確」用語放在「重大影響股票價格消息」規定之後，足見重大消息不以確定爲必要。2. 依重大消息公開辦法第 5 條規定，「事實發生日、協議日……」等中間步驟，而且「以日期在前者爲準」，且主管機關有關本條規定之說明強調「重大消息應係以消息對投資人買賣證券之影響程度著眼……而不以該消息確定爲必要」，因此所謂「重大消息須確定始爲成立」之說法，純是錯誤解讀。3. 歐盟指令及美國聯邦最高法院判決，亦無從嚴認定重大消息明確時點之意涵，歐盟所謂「性質明確」，意在排除謠傳或臆測之資訊，此觀盟法院於 Daimler 案中表示，爲維護市場之健全，促進投資人之信心，所謂性質明確之重大消息，包括交易協商之中間步驟，而不必是協商明確之結果，至於評估交易發生之合理期待，只須是務實之預期，而不必具備高度發生之機率。4. 美國聯邦最高法院於上述 Basic 案中指出，消息之重大性，係衡量交易可能完成之機率，完成後對公司整體活動可能產生之影響，判斷系爭消息是否足以影響投資判斷，最高法院並非以雙方就收購價格及架構達成基本共識，作爲認定標準，而係以以消息是否足以影響投資判斷爲決定標準。鑑於併購對投資人之重要影響，併購協商之初步進行階段，雖然失敗率仍高，更無從確定併購交易必定成爲事實，但由於此種消息如公開，已足以對投判斷產生重大影響，因此構成重大消息。. 又歐盟對性

46 張心悌，前揭註19，頁90-91。

質明確之要件有二，其一爲可以合理期待事件行將發生，其二爲對金融商品之價格可能產生影響。歐盟法院依文義解釋，認該二要件應別分別獨立判斷。台灣證券交易法對重大消息規定，係以「對股票價格有重大影響」或「對正當投資人決定有重要影響」作爲標準，除此外，並未設定發生可能性之要件，與歐盟規定不同，實務上亦不以成爲事實之交易爲要件（最高法院 95 年度台上字第 1220 號刑事判決），縱認修法後加上「消息明確後」之文字，係有意增加「發生可能性」要件，但依歐盟判決，亦不以「在特定時間內必定成爲事實」之高度發生機率，作爲消息明確之時點。故從修法及其所引用美國、歐盟法制，均不支持「必定成爲事實」之認定標準。5. 禁止內線交易之目的，是爲防止內部人藉其資訊優勢買賣股票，影響交易公平，因此「消息明確」之認定，必須以達成此項目的爲依歸，從上開實務見解，在雙方同意換股比例或收購價格前，已經歷許多「中間步驟」，包含實地查核及價格協商等階段，此等中間步驟之消息，如公開而足以影響投資決定者，重大消息已經明確。以中間步驟做爲認定標準，雖有「明確時點」不明確之問題，並可能限制內部人在重大消息形成過程中買賣股票之自由，但目前實務上，以「必定成爲事實」作爲認定標準，同樣發生不明確之結果，因「在某特定期間內必定成爲事實」之標準，本身就不明確。是以立法目的及保護投資人之觀點言，所謂消息明確，重點是一項消息是否影響投資判斷，而非確保交易最後成爲事實，雖採前開標準，可能影響內部人買賣股票利益，與健全市場及維護投資信心立法目的相較，仍以健全市場及維護投資信心爲優先[47]。

[47] 賴英照，前揭註6，頁102-109。

三、作者見解

我國證券交易法於 1988 年立法時，立法理由明白表示，係參考美國法，而該國聯邦最高法院，認重大消息判斷，應以個案基礎思考該重大問題，故 TSC 案與 Basic 案中似有不同標準，但均指向確定之消息，或對可能發生、或不發生等消息，衡量交易可能完成之機率，完成後對公司整體活動可能產生之影響，判斷系爭消息是否足以影響投資判斷，均以最後結果是否影響合理投資人投資判斷爲歸依，非以雙方就收購價格及架構達成基本共識爲認定標準；縱我國其後於 2010 年修法時，提案立法委員正理由雖揭示參酌歐盟 2003 年濫用市場指令第 1 條規定，認爲所謂「內線消息」，係指性質明確之消息，同時並強調重大消息須達明確之程度，才能適用內線交易之規範，但三讀通過條文未引用一讀會通過條文「在該消息確定、成立後」之文字，似非採歐盟上開指令標準，加上重大消息公開辦法第 5 條規定將「其他足資確定之時」修正爲「其他依具體事證可得明確之日」，亦未傳達一讀會之標準，復參酌證券交易法第 157 條之 1 第 5 項對重大消息規定，係以「對股票價格有重大影響」或「對正當投資人決定有重要影響」作爲標準，未設定發生可能性要件。況歐盟於上開 Daimler Chrysler 案中明示，所謂消息性質明確之重大消息，包括交易協商之中間步驟，不必是協商明確之結果等，是由上述修法背景及美國、歐盟法制，均不支持「必定成爲事實」之認定標準，而可能性之標準，亦僅是作爲判斷是否影響投資人之參考資訊，應認「消息明確」，係指一項消息（未必是事實）是否影響投資判斷爲依歸。

伍、我國實務見解

按內線交易係指「具特定身分之人，獲悉未經公開且影響證券價格之重要消息後買賣證券」[48]，其所欲禁止者，並非為公司內部人交易本身，而係規範與公司有信賴關係之公司內部人之「未揭露」內線消息[49][50]。我國證券交易法第157條之1於2010年6月修正為「下列各款之人，實際知悉發行股票公司有重大消息影響其股票價格之消息時，在該消息

48 賴英照（2019），《股市遊戲規則：最新證券交易法解析》，頁445，作者自刊。

49 內線交易規範於證券交易法學說分類上，其實係歸類於「純粹隱匿「（pure commission），所規範之行為，為公司內部人之「未揭露」內線消息，其規範法理係以行為人負有「信賴義務」（fiduciary duties」，亦即行為人與公司或消息來源具有「信賴關係（fiduciary relationship）者始足當之，而美國各州公司法明定具有上揭信賴義務之人，乃為公司董事（director）、高階經理人（high-rank officer）與控制股東（controlling shareholders）。而於民法體系上歸類於不作為侵權之「證券詐欺」（securities fraud），於刑法上屬於「不作為犯」，詳陳俊仁（2011），〈處罰交易或處罰未揭露？內線交易規範法理基礎之檢視與規範之解構與再建構〉，《月旦民商法雜誌》，32期，頁 26-29。有關內線交易相關理論介紹，除上述外，尚有資訊平等理論（abstain or disclose theory）（或稱「戒絕交易，否則公開理論」）、消息傳遞責任理論（tipper/tippee liability），均詳見劉連煜，前揭註12，頁12以下。

50 此項行為人與公司具有信賴關係之前提，於下列二項事由則無適用，其一為「公開收購」（tender offer）時並不適用，此觀美國證管會基於該國證券交易法第14條e項之立法授權，於1980年制定之rule 14e-3明定於公開收購時不適用之，而明文規定禁止任何人自公開收購之「要約人」、目標公司或前二者之董事、高階經理人、員工代表前二者為併購事宜協商人而獲悉企業收購之內線消息，皆不得利用該內線消息為系爭有價證券之買賣行為。其二，為私取理論（misappropriation theory）之創設與採行，即獲悉內線消息之人，若對「消息來源」具有「信賴關係」或負有「信賴義務」，則未經「消息來源」同意即利用該內線消息，即負有向「消息來源」揭露之義務，否則即為內線交易，屬於「不作為」侵權法理之修正，並不採「市場論」之資訊平等理論（equal access to material information theory），係屬於修正之義務論，亦即係以「不作為」侵權行為法理之「揭露義務」為核心，對於負有「信賴關係」之公司內部人，以及對於「消息來源」具有「信賴關係」或負有「信賴保密義務」公司外部人，如獲悉足以影響公司所發行有證券價格之未公開訊息，則於為該公司有價證券交易前，即負有將未公開訊息予以揭露之義務。詳見陳俊仁，前揭註49，頁32-36。

明確後，未公開前或公開後 18 小時內，不得……」，即修法後對內線交易所規範之重大消息應達「明確」（precise）之要件，在消息明確之前，並無禁止內線交易[51]規定之適用。

一、消息明確之要件

我國最高法院不論在「消息明確」之文字增訂之前，例如：訊碟案（94 年度台上字第 1433 號刑事判決）、力特案（98 年度台上字第 7898 號刑事判決）等，或增訂後之諸多判決（詳後），最高法院對「消息明確」之認定標準並無顯著差別，判決所表達之標準主要包括：

(一)「重大消息所指內涵於一定期間內必然發生之情形已經明確」（最高法院 104 年度台上字第 3877 號、102 年度台上字第 4868 號、99 年度台上字第 3770 號等刑事判決）。

(二)「在某特定時間內必成爲之重大影響股票價格之消息」（最高法院 94 年度台上字第 1433 號、98 台上字第 7898 號及 102 年度台上字第 1672、3250 號、104 年度台上字第 78 號等刑事判決、105 年度台上字第 85 號民事判決）。

(三)「在某特定期間內相當可能成爲事實之資訊或訊息」（最高法院 99 年度台上字第 2015 號刑事判決）。

(四) 有判決在上開文字之後，加上「並不限於（內部人）知悉時該消息已確定成立或爲確定事實爲必要」（最高法院 94 年度台上字第 1433 號、98 年度台上字第 7898 號、100 年度台上字第 3800、1449 號及 102 年度台上字第 1420 號等刑事判決及 100 年度台上

51 內線交易按其原文insider trading，應翻譯為「內部人交易」，惟學者多以內線交易稱之，但於討論時仍以「內部人」為核心論述。詳余雪明（2003），《證券交易法》，頁642-662，出版：證券暨期貨市場發展基金會。賴英照，前揭註48，頁445；陳俊仁，前揭註49，頁25。

字第1449號、102年度台上字第123號等民事判決）。

上開判決文字雖有差異，惟均以事情發生之機率作爲判斷標準，並以「必定成爲事實」之判斷，法院大體上依循兩條主軸：

(一)「影響投資判斷」標準：以交易進展之情形觀察，如已達重大影響投資人判斷之程度，認定消息業已明確或成立。

(二)「交易必然發生」標準：依事實發展之情形，判斷重大消息所指內涵，於一定期間內必然發生，據以認定消息明確性[52]。

二、消息明確時期之分類標準

基於上述主軸，法院認定上有早期、中期、晚期三種標準：

(一) 早期標準：系爭交易之發展，雖然尚未到可以成爲事實之階段，但已足以對投資人之投資決定產生重大影響時，法院認爲消息已告明確[53]。

相關判決，如1. 品佳與世平公司整併案（100年度台上字第3800號及101年度台上4351號等刑事判決），其重大消息明確時點，係實地查核前，即雙方代表決定依企業併購法，以股份轉換方式新設控股公司之時。2. 德宏與大強生公司換股案（台灣高等法院台中分院98年度金上訴字第1358號刑事判決），其重大消息明確時點爲實地查核之前，即雙方代表初步以交換股權作爲合作方向。

此一標準，就是否爲「重大消息」之基準，即一項未經公開之消息，假如一位「合理之投資者」知道這項消息，其爲投資決定，**「非常可能」**（**極可能**）會認爲此項消息對其投資決定會有重要

52 賴英照，前揭註6，頁27以下。

53 賴英照，前揭註6，頁29。

影響，則此一消息即爲重大之消息[54]。

(二) 中期標準：對於系爭交易之重要條件，例如：公開收購價格或換股比例等，雙方達成共識時，消息成立或明確。

相關判決，如 1. 捷普併購綠點案（105 年度台抗字第 845 號刑事裁定及 102 年度台上字第 1420 號、106 年度台非字第 223 號、106 年度台非字第 21 號、107 年度台非字第 75 號等刑事判決），其重大消息明確之日爲實地查核之前，即雙方代表簽訂意向書，就收購價格區間達成共識時。2. 台泥香港子公司與嘉泥香港子公司併購案（102 年度台上字第 4868 號刑事判決），其重大消息明確之日爲雙方董事長就換股比例達成協議之日。3. 宏碁併購倚天案（102 年度台上字第 3211 號刑事判決），其重大消息明確之日爲實地查核之後，即雙方董事長同意換股比例之日；4. 橡樹收購復盛股權案（台北地方法院 100 年度金訴字第 7 號刑事判決），其重大消息明確之日爲實地查核之後，橡樹公司查核後向復盛董事長提具體併購簡報，復盛董事長表達「可愼重考慮時」）；5. 力晶半導體購買旺宏晶圓廠及策略聯盟案（106 年度台上字第 2438 號民事判決），其重大消息明確之日爲實地查核之後，雙方召開會議決議買斷價格時；6. 渣打銀行併購新竹商銀案（105 年度台上字第 85 號、105 年度台再字第 54 號等民事判決），其重大消息明確之日爲實地查核後，主要股東代表與收購方第二次協議達成初次協議收購價格時。

(三) 晚期標準：雙方必須對交易之價格及主要併購契約架構等其他具重要事項均已達成共識，確保系爭交易能夠完成時，消息才算明確。

相關判決，如 1. 渣打銀行併購新竹商銀案（103 年度台上字第

54 劉連煜，認此項標準為美國TSC案之標準，前揭註26，頁84。

3220 號、106 年度台上字第 1503 號等刑事判決），其重大消息明確之日爲實地查核後，即收購價格外，尚須考慮收購股數是否過半等重要事項；2. 佳鼎公司與志超公司終止策略聯盟案（99 年度台上字第 3770 號刑事判決），其重大消息明確之日爲實地查核之後，即志超公司停止發給訂單、搬走機器、撤走全部及設備之時）[55]。3. 力晶與旺宏公司策略聯盟案（102 年度台上字第 1672 號、104 年度台上字第 78 號等刑事判決），其重大消息明確時點爲實地查核後，即雙方談判代表就收購價格及主要併購契約架構達成共識之日。

學者認爲[56]，上述早期標準實質上以系爭消息是否影響投資人之決定爲基準，與 2010 年證券交易法修正理由、主管機關之說明及美國聯邦最高法院 Basic 案之意旨較爲符合。晚期標準，則以系爭交易必然發生爲基礎，必須交易進行到確定能順利完成時，如收購價格及併購契約主要架構完成時，消息才告明確。中期標準仍以「交易必然發生」爲基礎，但對於「交易必然發生」之判斷，採取比晚期標準較寬鬆之基準，例如：雙方對系爭交易之價格或換股比例達成協議時，即認定交易必然發生，因而消息明確。中期及晚期標準與 Basic 案之判決意旨及歐盟管理規則之規定，均有明顯不同。實務上頗多採取中期標準之案例，儼然成爲最高法院之主流見解[57]。

---

55 上述分期標準，詳見賴英照，前揭註6，頁29以下。

56 賴英照，前揭註6，頁29。

57 賴英照，前揭註7，頁29。惟就同一標準，因採取可能性／影響程度之標準，不同人間認定時點仍有不同，如普捷併購綠點公司案，學者有認其消息明確時點，較歷審法院認定時間點更早，應為2006年8月25日普捷提提出意向書之時，或同月28日綠點公司董事會討論併購案時，或同年9月6日綠點公司對於併購案討論與決議，均有可能被認定為重大消息明確之時點，詳邵慶平（2016），〈台灣高等法院102年度金上重更（一）字第7號刑事判決—內線交易禁止規定的適用〉，《月旦民商法雜誌》，53期，頁129。

陸、合併與公開收購，就消息「明確」之判斷標準是否不同

本文認為兩者在消息明確時點確實可能不同，蓋於合併情形，目標公司願意與收購者攜手磋商購併事宜，收購者事先與目標公司經營者商議，徵得同意，目標公司經營者主動向收購方提供必備資料，是雙方需經漫長之協商談判過程，則雙方合作意願之高低、被併購方主要經營或所有者之意願等變數，均高度影響併購案成功之事實是否必然發生，如綠點案、橡樹案因雙方合作意願高，在協商過程中，縱尚未經實地查核前，即經法院認為重大消息之時點；反之，於公開收購[58]情形，僅需收購者單方面決定發動公開收購，故就公開收購程序或決策內容是否已達明確之程度，僅由收購者行為加以認定，不需要考量被收購公司大股東或董事會之決定[59]。

而美國在公開收購內線交易消息是否明確之判斷上，與合併內線交易情形同，使用較具有彈性之「重要步驟」用語，避免使用單一或僵化之標準[60]。美國法對於公開收購內線交易行為所為之規範，主要係以 Rule 14e-3 為適用依據。依 Rule 14e-3(a)，當公開收購人已採取重要步驟進行公開收購，或已開始公開收購行為時，系爭公開收購消息應可認為具有重大性。所謂已採取公開收購之「重要步驟」，包括公開收購

58 證券交易法第43條之1第3項及公開收購管理辦法第11條第1項之規定，任何人單獨或與他人共同預定於50天內取得公開發行公司20%以上股份者，應以公開收購之方式為之。強制公開收購制度之立法目的，除係為避免短時間內大量經由交易市場收購有價證券，恐造成個股市場價格之劇烈波動，而基於維持股價穩定之考量外，亦係為確保全體股東均有公平出售股票之權利。

59 吳韶芹（2009），《企業併內線交易法規範之研究》，國立台北大學法律研究所碩士論文，頁166。

60 張心悌，前揭註19，頁92。

公司於董事會中，投票通過公開收購議案，或已開始規劃公開收購計畫，或進行其他實質上會促進公開收購之活動，如規劃公開收購之資金來源、準備或授權他人準備公開收購所需之文件、展開併購談判或授權他人展開談判[61]。在S.E.C. v. Musella案[62]，法院即認爲公開收購公司雇用律師事務所提供有關公開收購案件之法律諮詢服務，已符合「採取重要步驟進行公開收購」之要件，認定公開收購消息具有重大性。法院亦有認爲若公開收購人已聘用投資顧問公司、與目標公司簽署保密協議書，並準備與目標公司之經理人進行協商，可認爲已採取公開收購之重要步驟[63]。上開見解，均可作爲台灣法解釋之參考。

我國證券交易法第157條之1第5項已明文列舉公開收購消息爲重大消息，「重大消息範圍辦法」中，並依發行股票公司本身係「收購公司」或「被收購公司」，該公開收購消息之性質會有所不同。公開收購消息對收購公司而言，屬於「重大消息範圍辦法」第2條第12款「涉及公司財務、業務之重大消息」；對被收購公司而言，則屬於「重大消息範圍辦法」第3條第1款「涉及該證券之市場供求之重大消息」，是法院應區分併購類型爲「重大消息」之判斷依據。

此外，本文亦認爲倘併購之內線交易消息已達「明確／重大性」，並不會因爲雙方併購計畫，最後係採公開收購而非或合併之方式，得以規避內線交易之責任。

61 See Stephen M. Bainbridge, Securities Law: Insider Trading, (Foundation Press, 2nd ed. , 2007), at 127. 轉引自吳韶芹，前揭註59，頁145。

62 575 F.Supp.425 (S.D.N.Y. 1984). 轉引自吳韶芹，前揭註59，頁145。

63 See SEC v. Mayhew, 123 F.3d 44 (2d Cir. 1997)，轉引自吳韶芹，前揭註59，頁145。

柒、結論

企業併購內線交易案件，消息是否「明確」之判斷，依我國 2010 年修正證券交易法第 157 條之 1 之立法經過，及其參酌之美國及歐盟法制，均不宜採美國第三巡迴法院之「重要原則已定之合議」標準，認爲必須「價格」與「基本架構」已達合意之地步始可謂明確，蓋以一個明確或僵固之標準，等於宣告在商業世界變化複雜之企業併購案件中，明確／重大性之判斷無須依個案特定事實加權衡；則將可能爲內線交易操作預留更多空間，而與禁止內線交易之立法意旨相違背。

依前述整理之最高法院判決，所謂重大消息明確，係指「重大消息於一定期間內必然發生之情形已經明確」而言，關於公司併購之消息，許多判決認爲必須雙方就價格已達成共識，甚至確定能收購過半股權時，消息才算明確，此種以「事情必然發生」之基準，並且對於價格尚未達成共識情形，一律認爲消息尚未明確，與證券交易法第 157 條之 1 文義不合，且與立法史料所引進美國、歐盟法制不同，更與禁止內線交易立法目的相違，對重大消息之認定，不宜採取「價格共識」或其他更晚之標準，應以「重大特定交易之進行，是否達到對投資人之投資決定或股票價格，具有重大影響之程度」作爲判斷標準，以健全市場及維護投資信心之立法目的。

最高法院於甚多判決中（如 102 年度台上字第 1672 號刑事判決），一再其強調重大消息，於達到最後依法應公開或適合公開階段前，往往須經一連串處理程序或時間上之「消息鏈」或「中間步驟」發展，之後該消息所涵蓋之內容或所指涉之事件始成爲事實，其發展及經過情形因具體個案不同而異，即不得拘泥於某特定、且體確定之時點，應採美國聯邦最高法院就消息重大性之認定方式，亦即採「個案特定事實調查」與「綜合權衡」之方式，不採以特定客觀事實爲判斷消息重大性之依據，即拒絕採用「重要原則已定之合議」之鮮明界限法則等列舉特定客觀事項之方式[64]。

本件由收購過程以觀，綠點公司於2006年8月26日接獲美商捷普公司之收購要約時，該公開收購消息之收購程序（一階段或多階段）、支付方式（現金、股權或資產置換）、標的（流通股數）、價格（美金6億2千500萬至7億間）、比例（百分之百）、併購後之存續與消滅公司、排他期間、收購價錢與溢價率、何時開始實地查核等重要事項均已具體約定，而於同年9月12日簽定意向書時，應可認定系爭重大消息之內容，已具體到足以對綠點公司之股票價格發生影響，最高法院之結論實爲正確見解。

至對於公開收購內線交易消息是否明確之判斷上，宜使用較具有彈性之「重要步驟」用語，避免使用單一或僵化之標準。此參美國法以Rule 14e-3爲規範公開收購內線交易之依據，亦即當公開收購人已採取重要步驟進行公開收購，或已開始公開收購行爲時，系爭公開收購消息應可認爲具有重大性。

64 張心悌，前揭註19。頁92-93。武永生（2006），〈內線交易案件消息重大性之認定—股市之極限遊戲規則（二）〉，《銘傳大學法學論叢》，11期，頁50。

參考文獻

一、書籍部分

伍忠賢（1998），《企業購併聖經》，台北：遠流出版社。

余雪明（2003），《證券交易法》，台北：證券暨期貨市場發展基金會。

劉連煜（2011），《內線交易構成要件》，初版，台北：元照出版。

劉連煜（2011），《新證券交易法實例研習》，增訂9版，台北：元照出版。

賴英照（2014），《股市遊戲規則：最新證券交易法解析》，3版，台北：自刊。

賴英照（2011），《證券交易法解析簡明版》，台北：元照出版。

二、期刊論文

邵慶平（2016），〈台灣高等法院102年度金上重更（一）字第7號刑事判決：內線交易禁止規定的適用〉，《月旦民商法雜誌》，53期，頁122-130。

林國全（2010），〈2010年5月證券交易法修正評析〉，《台灣法學雜誌》，155期，頁1-21。

武永生（2009），〈內線交易案件消息重大性之認定：股市之極限遊戲規則（二）〉，《銘傳大學法學論叢》，11期，頁1-52。

郭大維（2016），〈內線交易中有關「內線消息」與「消息」公開」之認定：評最高法院104年度台上字第376號刑事判決〉，《月旦裁判時報》，44期，頁14-22。

陳俊仁（2011），〈處罰交易或處罰未揭露？內線交易規範法理基礎之檢視與規範之解構與再建構〉，《月旦民商法雜誌》，32期，頁21-38。

陳彥良（2015），〈涉及企業併購之內線消息認定：由嘉泥、台泥內線交易案觀察〉，《月旦法學雜誌》，236期，頁48-66。

陳彥良（2013），〈由明基案看內線交易中重大消息相關爭議問題：兼評台灣高等法院98年度矚上重訴字第61號刑事判決〉，《月旦法學雜誌》，219期，頁193-209。

張心悌（2014），〈企業併購時內線交易消息「明確」之判斷：最高法院102年度台上字第1420號刑事判決〉，《月旦裁判時報》，25期，頁80-93。

曾宛如（2010），〈新修正證券交易法：資訊揭露、公司治理與內線交易之改革〉，《台灣法學雜誌》，155期，頁22-29。

劉連煜（2011），〈內線交易之客觀要件（上）〉，《月旦法學教室》，108期，頁75-87。

劉連煜（2011），〈內線交易之客觀要件（下）〉，《月旦法學教室》，110期，頁57-67。

劉連煜（2009），〈推測的消息是內線交易之重大消息？Basic案的再省思〉，《台灣法學雜誌》，130期，頁25-33。

賴英照（2016），〈內線交易的紅線：重大消息何時明確？〉，《中原財經法學》，36期，頁1-119。

賴源河、郭土木（2012），〈企業併購訊息與內線交易重大消息明確點認定之探討〉，《中正財經法學》，4期，頁1-45。

賴源河、郭土木（2015），〈論企業併購案涉及內線交易之重大消息何時明確：最高法院104年度台上字第78號刑事判決評釋〉，《月旦法學雜誌》，頁186-193。

三、中文論文集

吳韶芹（2009），《企業併內線交易法規範之研究》，台北大學法律研究所碩士論文（未出版），新北。

四、網站資料

美國律師協會（ABA）所提出「模範股權契買賣契約」，2版，有關意向書之法律上說明：http://apps.americanbar.org/buslaw/blt/content/departments/2010/09/mspa-letter-of-intent.pdf（最後瀏覽日：12/11/2016）。

第七章

淺論人工智慧犯罪

李維宗*

*德國慕尼黑大學法學博士，現任亞洲大學財經法律學系教授級專業技術人員

摘　要

本文淺談人工智慧犯罪的問題，雖然分成弱人工智慧與強人工智慧論述，但是結論上都立基於科技發展與風險掌控並進的立場，主張預防重於懲罰，在法所容許的風險制度中，將人類的智慧發揮淋漓盡致。本文也建議在現行刑法當中針對人工智慧機器設計、生產、監督、使用者制定特別的處罰規定，保證其可以在前述法律的規範下，合法發展人工智慧，避免刑事風險，使能以開放無畏的態度，研發人工智慧產品。

關鍵詞：弱人工智慧，強人工智慧，刑事責任，風險控管。

A Preliminary Study on Artificial Intelligence Crime

Abstract

This paper talks about the problems of artificial intelligence (AI) crime. Although AI is divided into weak AI and strong AI, research conclusions of both two types of AI are based on the stance that technology development and risk control go hand in hand. They advocate prevention is above punishment, which fully exerts human wisdom in the risk system permitted by law. This paper also recommends that under the current criminal law regime, special penalties be enacted for design, production, supervision, and users of AI machines to ensure that people can legally develop AI with open and fearless attitudes under the norms of the aforementioned laws and can avoid criminal risks.

Keywords：weak artificial intelligence、strong artificial intelligence、criminal responsibility、risk control.

壹、前言

時代進步，科技發展快速，智慧家電、智慧手機、智慧導航等具有高科技性能的人工智慧產品已經深入我們的學習、服務、生活中，從智能機器人、智慧家居到無人駕駛、無人工廠，人工智慧技術被廣泛應用，對於國家安全、政府管理、公共服務、企業營運等領域發揮著越來越重要的作用，此可稱爲第四次工業革命，足見人類已然進入人工智慧時代，然而高科技必然也伴隨著高風險，吾人需要警惕的是，人工智慧「便利性」背後暗藏的危險。法學者關注的是法律如何在人工智慧快速的發展中，保護人的生命與健康、尊嚴與隱私、自由與安全？例如：2007 年，美國食品藥品監督管理局收到 200 多份投訴，指控醫療外科手術機器人對病人造成燒傷、切割傷以及感染，其中包含 89 例導致病患死亡。[1] 美國急救醫學研究所（簡稱 ECRI 研究所）最近發布的 2020 年「Top 10 Health Technology Hazards for 2020」報告中，將醫藥縫合器濫用列爲第一大健康科技危害。2019 年美國 FDA 發布了自 2011 年以來對 109,997 起手術縫合器事件的分析，包括 412 起死亡，11,181 起重傷和 98,404 起故障。在過去的 20 年中，ECRI 研究所對 75 起釘書機事故進行了調查，其中包括多起死亡事故，並發布了 42 條安全警報。[2]

人工智慧，亦稱人工智能，是指英文 Artificial Intelligence（縮寫爲 AI），其實就是以「人工」編寫的電腦程式，模擬人類的「智慧」行

---

1 吳漢東，〈人工智慧技術在挑戰我們的法律：人工智慧時代的制度安排與法律規制〉，《法律科學》，網站：https://kknews.cc/tech/ax8g8y6.html（最後瀏覽日：01/21/2020）。

2 ECRI研究所：2020年值得關注的十大健康科技危害，網站：https://ibmi.taiwan-healthcare.org/news_detail.php?REFDOCTYPID=&REFDOCID=0pz32emmfyjko2jp（最後瀏覽日：01/21/2020）。

爲，其中包含模擬人類感官的「聽音辨讀、視覺辨識」、大腦的「推理決策、理解學習」、動作類的「移動、動作控制」等行爲。人工智慧除了電腦科學以外，還涉及資訊理論、控制論、自動化、仿生學、生物學、心理學、數理邏輯、語言學、醫學和哲學等多門學科。研究領域包括機器人、語言識別、圖像識別、自然語言處理和專家系統等。[3]

「人工智慧」一詞最初是在 1956 年美國達特茅斯（Dartmouth）學會上由 MIT 麻省理工 John McCarthy 爲首的數人提出的，自此以後，人工智慧的研究逐步開展。1980 年代約翰瑟爾（John Searle），提出對「人工智慧」分類方式，將人工智慧分爲：強人工智慧（strong AI）——機器能具有與人類相同完整的認知能力像一般。如同我們在科幻片（西部世界、機器公敵）中看到的那種人工智慧，就是所謂「強人工智慧」或者也可以叫做「通用人工智慧」（Artificial General Intelligence, AGI）；與弱人工智慧（weak AI）——機器不需要具有與人類相同完整的認知能力，只要設計得看起來像具有智慧就即可，像是亞馬遜的 Alexa、蘋果的 Siri，或者在 2016 年風風光光打敗人類棋王的 AlphaGo。[4]

近幾年人工智慧蓬勃法展，作爲新一輪科技革命和產業變革的核心力量，正在推動傳統產業升級換代，驅動「無人經濟」快速發展，在智能交通、智能家居、智能醫療等民生領域產生積極正面影響，但也可能帶來大量的失業問題[5]。另一方面，個人訊息和隱私保護、人工智慧創作

---

3 MBA智庫．百科，人工智慧（Artificial Intelligence，AI），網站：https://wiki.mbalib.com/zh-tw/%E4%BA%BA%E5%B7%A5%E6%99%BA%E8%83%BD（最後瀏覽日：01/21/2020）。

4 「人工智慧」入門介紹—什麼是人工智慧（What's AI）？載於網站：https://jason-chen-1992.weebly.com/home/-whats-ai（最後瀏覽日：01/21/2020）。

5 日本野村總合研究所與英國牛津大學的研究學者共同調查指出，在不久的將來，可能被機械和AI取代的工作包括：店員、一般事務員、出租車司機、收費站運

內容的知識產權、人工智慧系統可能存在的歧視和偏見、無人駕駛系統的交通法規、腦機介面和人機共生的科技倫理等問題已經顯現出來。[6] 本文討論的就是其中之一，即人工智慧所產生的犯罪問題。以下從刑法學的理論分別歸納探討弱人工智慧以及強人工智慧的犯罪問題，並提出本文的一些看法。

貳、弱人工智慧的犯罪問題

弱人工智慧觀點認為不可能製造出能真正地推理和解決問題的智能機器，這些機器只不過看起來像是智能的，但是並不眞正擁有智能，也不會有自主意識。一般認為弱人工智慧是指具備了一定推理能力和解決特定問題能力的智慧機器或者系統，由於弱人工智慧的技術發展水準尚沒有達到模擬人腦意識思維的程度，所以弱人工智慧仍然屬於「工具」或「產品」的範疇[7]，如果以機器的自主意識與可控性為強、弱人工智慧

營商和收銀員、市場營銷人員、客服人員、製造業工人、金融中間人、分析師、新聞記者、電話公司職員、麻醉師、士兵、保安、律師、醫生、軟體開發者、操盤手、股票交易員等高薪酬的腦力職業將最先受到衝擊。據史丹佛大學的教授傑瑞・卡普蘭（Jerry Kaplan）統計，美國註冊在案的720個職業中，將有47%被AI取代；那些以低檔技術、體力工作為主的國家，這個比例可能超過70%。參見青蓮，人工智慧與機器人 人類召喚的惡魔？網站：https://udn.com/news/story/6846/3540599（最後瀏覽日：01/21/2020）。

6 前揭註1。

7 人工智能之父Alan Mathison Turing於1950年提出了著名的「圖靈測試」，如果第三者無法辨別人工智慧機器與人類反應的差別，就可以論斷該人造機器具備了人工智慧。2014年6月8日，一個聊天機器人成功通過圖靈測試。這被認為是人工智慧發展的一個里程碑事件，但專家警告稱，這項技術可用於網路犯罪。參考圖靈測試，網站：https://wiki.mbalib.com/zh-tw/%E5%9B%BE%E7%81%B5%E6%B5%8B%E8%AF%95（最後瀏覽日：01/21/2020）。但約翰・羅傑斯・希爾勒為即使有機器通過了圖靈測試，也不一定說明機器就真的像人一樣有思維和意識。參前揭註1。

的區別標準，目前全世界仍處於弱人工智能時代，亦即仍屬可控性的範圍。一切關於因爲弱人工智能產生的犯罪，仍可以現行刑法原理加以探討。

美國自動駕駛汽車特斯拉頻頻出事故：2016 年 5 月間，在佛羅里達的一條高速公路上，一輛開啓了 Autopilot 自動駕駛輔助技術的特斯拉發生了車禍，致駕駛員死亡，2018 年 1 月、2019 年 1 月、3 月，另三起駕駛遭遇了同類型的致命事故。特斯拉宣稱自己擁有目前道路上最安全的系統之一，但兩條人命引發了外界的廣泛質疑，直斥該公司忽視了一個嚴重的技術缺陷。NTSB 調查這幾起事故後表示，特斯拉 Autopilot 可能存在漏洞，駕駛員對自動駕駛輔助系統可能會產生過度依賴，導致行駛過程中的疏忽。[8]而2015年7月英國《金融時報》報導的大眾「機器人殺人事件」中，大眾承包商的一名工作人員不幸身亡，當時這名 21 歲的工人正在安裝和調製機器人，後者突然「出手」擊中工人的胸部，並將其碾壓在金屬板上。[9]以上案例事實上還是屬於「機器」殺人，而非「人」殺人，至於是否應歸責於人？以及有關弱人工智慧造成的犯罪，可以分析如下：

一、犯罪的行為主體相關問題

人工智慧是人工創造的智慧，即在電腦或其他設備上類比人類思維的軟體系統，再透過硬體（機器）表現出的行爲，其理應仍然屬於人類的意志表現。在我國刑法領域，只有自然人與法人才可能是刑法規範的

---

8 特斯拉交通事故頻發，自動駕駛到底行不行？參網站：https://kknews.cc/zh-tw/car/ro8rx8n.html 暨Autopilot再惹爭議 特斯拉的黑科技到底靠不靠譜？https://news.sina.com.tw/article/20191213/33651676.html（最後瀏覽日：01/23/2020）。

9 真相大白德國機器人殺人事件另有隱情，不必恐懼機器人，而應反思人類自己，原文網址：https://kknews.cc/tech/aozemzj.html另參網站：https://kknews.cc/zh-tw/tech/aozemzj.html（最後瀏覽日：01/23/2020）。

主體。機器人畢竟是根据人類所賦予的程序和指令，雖某程度上可自行決定一定的行爲，其行爲主體還是人，具體來說，是指研發者（技術開發者）、生產者（產品製造者）、銷售者或使用者。在研發設計階段管理階段未嚴格按照研發技術的標準程式進行測試及交付生產，在生產階段未依嚴格的品管進行製造檢測，在進入市場後，仍有義務依照科技進步的程度，隨時進行監督、管控以及維修，發現可能的瑕疵，更有召回之義務，銷售者亦有詳細說明安全使用的義務，使用者未履行智慧型機器的操作步驟和及時交回瑕疵產品進行檢測維修，都可能導致人工智慧造成的危害，進而構成犯罪。如「微軟聊天機器人 Tay 散布種族主義、性別歧視和攻擊同性戀言論」案件中，Tay 是微軟 2016 年在 Twitter 上推出的聊天機器人，僅上線 1 天，Tay 就開始有一些種族歧視之類的偏激言論，微軟不得不緊急關閉了 Tay 的 Twitter 帳號，此案微軟就盡到監督的責任。因此上述自然人明知人工智慧存在瑕疵，加以利用而犯罪，無疑是自然人故意犯罪，也沒有間接正犯適用的問題，蓋間接正犯是利用「人」爲「工具」犯罪，而由人工智慧產生的機器人，仍是機器，而不是自然人。例如：駭客、病毒等人爲因素侵入網際網路，進而控制人類家庭的兒童看護機器人、助老機器人、護士機器人或其他智能系統，由此導致危及人類的後果，都是故意犯罪。中國大陸浙江省紹興市於 2017 年首例利用 AI 特大侵犯公民信息犯罪案，駭客破解驗證碼快至毫秒級，即爲適例。[10] 比較難認定的還是間接故意與有認識過失的問題，尤其是在機器人被濫用的情形或當發現人工智慧的設計上有重大瑕疵，而仍然交付、生產、未說明、未召回時所產生的損害，究竟如何認定故意或過失犯罪？恐有疑義。在罪疑惟輕的原則適用下，對生命、身體的侵害行爲所造成的結果有過失致人於死、過失致重傷、過失傷害

10 全國首例利用AI侵犯公民信息犯罪案告破，黑客破解驗證碼快至毫秒級，原文網址：https://kknews.cc/society/xn6vb4q.html（最後瀏覽日：01/23/2020）。

等規定適用；對於其他過失行爲所造成的損害結果，若沒有明文處罰的規定就無法可罰了。大部分人工智慧產品犯罪事件，並不是智慧型機器人基於獨立意志所自主實施的行爲，而多是由於機器、程式故障或操作失誤所致。例如：前述德國大眾汽車廠「機器人殺人」事件其實是生產安全事故而非智慧型機器人基於獨立意志所自主實施的行爲。至於特斯拉汽車 Autopilot 如果存在設計或生產的缺陷或漏洞，則追究設計者或生產者的責任，使用者是否有責任？論者有謂當人工智慧產品因存在當前人類認知水準下，難以發現的技術缺陷而導致實害結果發生時，其使用者是否因存在過失而被追究刑事責任，應當依據使用者與人工智慧之間的互動關係進行判斷。當使用者基於對人工智慧技術的信賴，按照人工智慧產品的使用規則，讓人工智慧產品獨立完成某一任務而非與之一同完成時，不應認爲使用者存在過失進而追究其刑事責任。在上述尚未實現駕駛任務完全不需要駕駛員承擔的情況下，將注意義務完全分配給自動駕駛汽車的設計和製造者並不合理。駕駛員如果有違反法律法規、職業倫理以及合同承諾等爲其提出的注意義務，單獨或者與自動駕駛汽車的故障、缺陷等共同作用導致交通事故的發生，那麼駕駛員作爲人工智慧產品的使用者也應在其注意義務範圍內承擔相應的刑事責任。[11] 可資贊同。上述的行爲主體也可能是以法人型態出現，是否處罰？如何處罰？我國刑法現採與德國相同立法政策，即於刑法中僅承認有意識之自然人之行爲，始可成立犯罪行爲而成爲刑罰的評價對象，並僅處罰不法及有責之自然人之行爲。對於法人部分，則於附屬刑法中，承認其具受罰主體之地位，如銀行法第 127 條之 4、期貨交易法第 18 條、公平交易法第 37 條、食品安全衛生管理法第 49 條、水污染防治法第 39 條、廢棄物清理法第 47 條等 63 項法規，均有對法人爲處罰之規定。現行法

11 葉良芳、馬路瑤（2018）〈風險社會視閾下人工智慧犯罪的刑法應對〉，《浙江學刊》，6期，頁71。

人刑事責任之規定有二種類型，即「兩罰責任」及「自己責任」。針對快速發展的人工智慧以及影響層面之廣，造成侵害的結果也可能極大，如有人工智慧相關立法規定時，似應在附屬刑法中，訂定法人的刑事責任。

以上分析僅對人工智慧機器人犯罪責任主體的主客觀做分析，但在科技發展與法律實務運作上，還有兩大問題需要處理：第一、人工智慧是科技發展中人類最偉大的發明，同時存在極大的潛在風險，可能在研發過程所產生的風險，也可能是研發出的產品所帶來的風險，即使如此，人類卻不會因人工智慧的研發具有的風險，而讓科技進步停滯不前，阻礙了人類的進步。反而更應該鼓勵相關參與者控制風險，並進而以更開放的腳步前進。此時，法制規範做爲控制風險的第一關就顯得格外重要。第二、如何認定究竟是哪個階段（或說哪個人）才是歸責的主體？以最熱門的自動駕駛爲例，自動駕駛汽車由於行駛造成他人傷亡、財物毀壞，是否應由相關人員來承擔刑事責任還是僅由民事賠償即可，若應承擔該由誰來承擔刑事責任，又應承擔哪種罪名的刑事責任？假如汽車生產商聲稱汽車是按照自動駕駛系統行駛而與其無關，系統開發商認爲汽車是由生產商生產也與他無關，汽車所有人說他沒有事實上駕駛汽車，輔助駕駛人說汽車本質上是由自動駕駛系統控制與他無涉，都拒絕承擔責任或相互推諉，這些造成他人傷亡、財物毀壞的犯罪由誰來承擔刑事責任？[12]

二、客觀歸責理論的運用：信賴原則

科技的進步必然伴隨風險的產生，人工智慧既然是最新科技，當然

12 王德政（2018）〈人工智能時代的刑法關切：自動駕駛汽車造成的犯罪及其認定〉，《重慶大學學報（社會科學版）》，網址：http://kns.cnki.net/kcms/detail/50.1023.C.20181210.0547.002.html（最後瀏覽日：01/29/2020）。

也不例外。人工智慧因其有深度學習、人機協作、自主操縱等特徵，對於現行法律規定造成的極大挑戰，爲了讓科技進步不致因爲有犯罪的疑慮而裹足不前，反而應在嚴密監控風險的前提下鼓勵研發、生產工作，對此本文主張應借助客觀歸責理論的可容許風險與信賴原則，以框架立法來解決此問題。亦即客觀規則的第一個判斷標準：行爲人的行爲必須對行爲客體製造了不被容許的風險。反之，行爲與結果縱有因果關係，但該行爲仍在法所容許的界限時，行爲人即未製造出法律上具有重要性的風險，即便結果發生亦不能歸責於行爲人。因此，導引出信賴原則。除了眾所熟悉的交通信賴原則以外，其他現代工業設施或產品所產生的風險，立法者在法定安全標準之內，容許某程度的風險存在，若因此產生意外事故，乃立法者所容許的風險，並不該當傷害、殺人等客觀構成要件。[13] 當人工智慧科技高度發展之季，立法者應盡速立法訂國家的標準與規則，促成科技發展與風險掌控的並行不悖。

我國對於人工智慧的發展並無直接立法規範，相關的立法則有兩部管理條例草案，一部是「自動駕駛車輛測試管理條例」，於 2017 年 10 月 27 日提出，另一部草案爲「無人載具科技創新實驗條例草案」，於 2018 年 5 月 17 日經行政院通過，送請立法院審議。其中無人載具科技創新實驗條例草案並於 2018 年 11 月 30 日經立法三讀通過，並於同年 12 月 19 日經總統制定公布，惟尚另需由行政院指定施行日期。因「無人載具科技創新實驗條例」不只包含自動駕駛車輛，尚包含無人機、無人船等陸海空三種智慧載具，在該條例第 1 條即載明立法目的是爲了鼓勵無人載具之研究發展，並建構完善之實驗環境。其適用包括無人載具包括車輛、船舶、航空器，並須具備感測技術、定位技術、監控技術、決策及控制技術（第 3 條），採取個案申請之方式，經主管機關許可後於某一特定場域實施測試，其中對於智慧載具會發生的資安風險、個

---

13 林鈺雄（2019），《新刑法總則》，頁164-166，台北：元照。

人資料保護等問題，以及為了將來產業發展與日後責任分配風險產生，有保留數據之必要，且明文排除了實驗期間我國對汽車監理的規定，包括道路交通管理處罰條例的車輛設備檢驗要求、駕照與執業登記、通訊行為、非屬汽車之動力載具、連續駕車、交通指揮與道路號誌、記點等規定，並保留了給予主管機關裁量個案排除適用法規之權限。該條例第 22 條雖規定申請人得經過主管機關核准，於實驗期間排除該等法規命令或行政規則全部或一部之適用。並經由主管機關公告得排除適用之法律，包括公路法、道路交通管理處罰條例、船舶法、民用航空法等，第 2 項第 7 款規定「其他因無人載具科技之研究發展及應用需排除適用之法律。但不包括民事、刑事責任規定」，即法規的免除適用不影響自駕車的民刑事責任分配，亦即自駕車如在實驗當中發生事故，仍有過失致死、過失致傷害等刑事責任。然實驗期間結束後，通過實驗而允許生產及上路的無人載具，是否即可認為法所容許的風險，排除刑事責任？本文認為既然這是國家標準的人工智慧產品，至少對於研發者可以認定是法所容許的風險，但仍無法排除製造商在製造過程可能產生生產上的失誤而造成的瑕疵，或使用者有操作不當產生的過失結果，而仍有刑事責任問題。反之，均可依照未製造法所不容許的風險，排除刑事責任。本文探討人工智慧犯罪主體問題範圍比無人載具科技創新實驗條例所稱之無人載具範圍為廣，無人載具是當前國家科技發展的非常重要項目，但除此之外，國家發展人工智慧之當下，是否應著眼於人工智慧全面的發展，訂定國家標準，尤其是應該訂定人工智慧的產品必須經過如何嚴格程序，在保證安全無虞後，始得生產，讓人工智慧產品所製造的風險降到最低，也能讓研發者、生產者的責任清楚，安心從事人工智慧的開發，似乎是當務之急。尤其是可能涉及人民生命、身體安全的人工智慧產品，更應訂定國家標準，如果是侵害性較小的人工智慧產品則可授權企業界訂定測試標準與報告說明，即使發生過失責任之認定時，再以研發時的技術作為是否有過失的認定標準，經由鑑定，對研發設計者或生產者之刑事責任加以認定，似較合理。但是必須注意，研發技術與時俱進，注意義務亦應同步，隨時注意之前的技術產品是否可能發生侵害的危險，並有進行修改或召回的義務，才能將產品危險降到最低，否則，仍有保證人義務，負過失責任的可能。至於民事責任是否採無過失的賠償責任，並不在本文探討範圍內。

三、人工智慧責任認定之證據與沒收

人工智慧產生的犯罪，無論是故意或過失，最大問題在於如何依證據認定？此即人工智慧所做決策，是否具有可驗證性及問責性，亦即潛在的「黑盒子」的疑慮。因爲人工智慧無法向人類解釋其決策和行動背後的成因，這項缺點在機器學習中有時又稱爲「黑盒子」。機器學習從大量資料中不斷學習訓練，建立模型並持續進行演算法優化，理論上可提升預測準確度與決策可靠度。然而，機器學習經過數以百萬計的測試，以得到最佳方案的過程，都在黑盒子的狀況下進行，使用者無法得知與了解其中邏輯與原因，加上學習的資料大都來自人類，無可避免亦將學到人們對特定人事物的固有偏見與主觀認知。美國國防高等研究計畫署（Defense Advanced Research Projects Agency，簡稱 DARPA）則已投入「Explainable artificial intelligence，簡稱 XAI」研發推動方案的五年計畫，包括多家知名大學及企業皆參與其中。該計畫以深度學習等各種機器學習技術爲對象，目標爲在 2021 年前，開發出人類可以理解的演算法，以及可解釋推論依據的介面。此外，歐盟已宣布 2018 年 5 月 25 日正式實施「通用資料保護條例」（General Data Protection Regulation，簡稱 GDPR），規定用戶可要求公司對 AI 系統自動產生的決策做出解釋，亦即企業之任何決策，若可能影響公眾利益，就必須說明其推論邏輯。[14] 法國新創公司 AnotherBrain 執行長兼創始人 Bruno Maisonnier

---

14 周維忠，阻礙開發應用　提昇透明化XAI成重點。網址：https://www.netadmin.

在接受 EE Times Europe 採訪時，強調「機器人很棒，但與此同時，它們又很愚蠢」。「它們無法理解基礎知識，也無法理解周圍的環境。2010 年時，我開始研究人工智慧並爲機器人提供更自然的行爲能力，使其更像我們所期望中該有的行爲。」在研究了深度學習系統之後，他得出的結論是「今天所有人都稱之爲人工智慧的深度學習，根本是騙人的」。「我創立 AnotherBrain，是要實現一個承諾——創造更通用的智慧。」他已經有了框架，但還缺少一些電子元件；他還希望將系統嵌入到晶片中。[15]

「黑盒子」，在人工智慧犯罪的責任認定上，非常重要，當然也對對人民正當法律程序的保障構成極大的挑戰。在可預見的未來，「可解釋的人工智慧」會記載在「黑盒子」中，一旦發生問題，透過專家的鑑定即可據以認定責任。因此，應參考諸如德國對自動化車輛所採強制加裝黑盒子的規定，以法律規定強制安裝人工智慧產品的黑盒子：其他規範上則對高度自動化車輛要求同步錄數據，且該紀錄最短應保存 3 年，如有必要應提供給地方主管機關，第三人如有必要也可以請求提供之。[16]

此外，對人工智慧犯罪的沒收也會產生問題，蓋我國沒收的規定

---

com.tw/netadmin/zh-tw/viewpoint/640EBD175EFF455D8293F9C0CB0A9DE9（最後瀏覽日：02/02/2020）。

15 網址：AI如何實現真正的智慧？https://www.eettaiwan.com/news/article/20190807NT31-AI-Needs-Brain-Inspired-Technology-for-Real-Intelligence（最後瀏覽日：02/02/2020）。

16 曾更瑩合夥律師主持（2018）「人工智慧之相關法規國際發展趨勢與因應」，國家發展委員會委託理律法律事務所研究計畫結案報告註272，轉引自日本國土交通省（2018），《自動運転における損害賠償責任に関する研究会，資料1-2自動運転と民事責任ドイツの状況》，http://www.mlit.go.jp/common/001174139.pdf。網址：https://www.ndc.gov.tw/News_Content.aspx?n=B7C121049B631A78&s=3F2FA3A380C32AB1（最後瀏覽日：02/04/2020）。

雖未對故意犯罪或過失犯罪而為區別，學說上也有不同看法，然我國實務對刑法第 38 條第 2 項供犯罪所用之物則採僅故意犯罪才可以宣告沒收。此有最高法院 106 年度台上字第 1374 號刑事判決為代表，其要旨如下：修正刑法第 38 條第 2 項規定：「供犯罪所用、犯罪預備之物或犯罪所生之物，屬於犯罪行為人者，得沒收之。但有特別規定者，依其規定。」旨在藉由剝奪犯罪行為人所有以預防並遏止犯罪，而由法官審酌個案情節決定有無沒收必要。所謂「供犯罪所用之物」，乃指對於犯罪具有促成、推進或減少阻礙的效果，而於犯罪之實行有直接關係之物而言。由於供犯罪所用之物與犯罪本身有密切關係，透過剝奪所有權的沒收宣示，除能預防再以相同工具易地反覆非法使用之外，亦能向社會大眾傳達國家實現刑罰決心的訊息，對物之所有權人濫用其使用權利也產生更強烈的懲戒作用，寓有一般預防與特別預防之目的。在主觀要件上，本法雖未明文限制故意犯或過失犯，但過失行為人欠缺將物品納入犯罪實行媒介之主觀利用認識，並未背離其使用財產的合理限度或有濫權使用財產之情形，故無剝奪其財產權之必要，自應將犯罪工具沒收適用範圍限縮為故意犯，方符合目的性解釋。另在客觀要件上，應區分該供犯罪所用之物，是否為實現犯罪構成要件的事實前提，即欠缺該物品則無由成立犯罪，此類物品又稱為關聯客體，該關聯客體本身並不具促成、推進構成要件實現的輔助功能，故非供犯罪所用之物，其沒收必須有特別規定方得為之。例如：不能安全駕駛罪，行為人所駕駛之汽車或機車即為構成該罪之事實前提，僅屬該罪之關聯客體，而不具促成、推進犯罪實現的效用，即非屬供犯罪所用而得行沒收之。至於犯罪加重構成要件中若有特別工具，例如：攜帶兇器竊盜罪、利用駕駛供不特定人運輸之交通工具之機會犯強制性交罪，該兇器、交通工具屬於犯罪行為人者，分別對於基本構成要件之普通竊盜罪、強制性交罪而言，仍具有促成、推進功能，即屬於供犯罪所用之物，而在得沒收之列。」因此，在過失犯或依罪疑惟輕之原則無法認定為故意犯罪時，就無法對人工智慧的軟硬體宣告沒收。另外，如客觀上非促成、推進構成要件實現的輔助功能，亦無法沒收，必須個案判斷。再者，依 106 年度台非字第 32 號判決要旨：修正刑法第 40 條第 3 項規定：「第三十八條第二項、第三項之物、第三十八條之一第一項、第二項之犯罪所得，因事實上或法律上原因未能追訴犯罪行爲人之犯罪或判決有罪者，得單獨宣告沒收。」乃因沒收已修正爲具獨立性之法律效果，其宣告不必然附隨於裁判爲之，且犯罪行爲人因死亡、曾經判決確定、刑法第 19 條等事由受不起訴處分或不受理、免訴、無罪判決者，或因刑法第 19 條之情形、因疾病不能到庭而停止審判或獲得免刑判決，此等因事實上或法律上原因，未得追訴犯罪行爲人之犯罪或判決有罪者，增訂仍得單獨宣告沒收之規定。綜合刑法沒收章上開條項規定之修正情形以觀，就扣押在案而得沒收之供犯罪所用、犯罪預備之物或犯罪所生之物，應以「該物之所有人」爲判定標準，如該物屬於犯罪行爲人所有者，應適用修正刑法第 38 條第 2 項規定，如屬於犯罪行爲人以外之第三人（自然人、法人或非法人團體）所有者，應適用同條第 3 項規定，亦即其「沒收之主體」，可區別爲「犯罪行爲人」及「犯罪行爲人以外之第三人」二類，彼此互斥，不能混淆。至於沒收之「程序」，於該沒收客體屬於犯罪行爲人所有之情形，如犯罪行爲人因死亡，致未得追訴或經法院諭知不受理判決者，法院仍得依刑法第 40 條第 3 項規定，單獨宣告沒收，惟該物已因繼承發生而歸屬繼承人所有，檢察官聲請法院沒收時，應依修正刑事訴訟法第 455 條之 35 規定，以書狀記載應沒收財產之對象、標的，及其由來之刑事違法事實，構成單獨宣告之依據等事項與相關證據，亦即應記載斯時「財產所有人」即繼承人之姓名等事項，提出於管轄法院爲之。於此情形，犯罪行爲人之繼承人自非屬刑法第 38 條第 3 項「犯罪行爲人以外之第三人」之範疇，自不待言。亦宜注意。

參、強人工智慧的犯罪問題

「強人工智慧」一詞最初是約翰・羅傑斯・希爾勒針對電腦和其他訊息處理機器創造的，其定義為：「強人工智慧觀點認為電腦不僅是用來研究人的思維的一種工具；相反地，只要運行適當的程式，電腦本身就是有思維的。」（J. Searle in Minds Brains and Programs. *The Behavioral and Brain Sciences*, Vol. 3, 1980），弱人工智慧並非和強人工智慧完全對立，也就是說，即使強人工智慧是可能的，弱人工智慧仍然是有意義的。至少，今日的電腦能做的事，像算術運算等，在一百多年前是被認為很需要智能的。並且，即使強人工智慧被證明為可能的，也不代表強人工智慧必定能被研製出來。[17]而以色列歷史學家尤瓦爾，《人類簡史》和《未來簡史》的作者，描述了人工智慧三個不同的階段——弱人工智慧（Weak Artificial Intelligence）、強人工智慧（Strong Artificial Intelligence）和超強人工智慧（Super Artificial Intelligence）。超強人工智慧階段將在本世紀的40-60年代出現，整個社會裂變為兩大階層，大部分人歸屬於「無用階層」，對社會沒有任何貢獻可言，依賴智能機器人而活著。[18] 強人工智慧和超強人工智慧的分類與將強人工智慧分成兩類是一樣的道理：即類人的人工智慧，即機器的思考和推理就像人的思維一樣；非類人的人工智慧，即機器產生了和人完全不一樣的知覺和意識，使用和人完全不一樣的推理方式。當前的人工智慧系統在訊息感知、機器學習等「淺層智能」方面進步顯著，但是在概念抽象和推理決策等「深層智能」方面的能力還很薄弱。總體上看，目前的人工智慧系統可謂有智能沒智慧、有智商沒情商、會計算不會「算計」、有專才而無通

---

17 前揭註3。

18 吳漢東（2017），人工智慧時代必須關注的社會風險及四大問題，網址：https://kknews.cc/tech/z2p6aqq.html（最後瀏覽日：02/06/2020）。

才。因此，人工智慧依舊存在明顯的局限性，依然還有很多「不能」，與人類智慧還相差甚遠。[19] 因此，目前多數人工智慧仍屬於「弱人工智慧」時代。就人工智慧今後到底會經過哪些技術突破和應用階段，目前存在不少的預測研究。有人認爲，人工智慧軟體架構可能突然出現重大革新，從而使得人工智慧很快達到人類智慧水準。例如：美國未來學家雷．庫茲韋爾就認爲，在2045年前後人工智慧將發展到一個「奇點」，跨過這個點人工智慧就將超越人類智慧。但是，也有人工智慧研發專家認爲，人工智慧大概需要幾個世紀才能完成。長期從事人工智慧研發專案的美國著名未來學家羅賓．漢森就認爲大概需要200-400年才會出現眞正的人工智慧，基於機器學習（圖像識別、語音辨識）的人工智慧技術在硬體和軟體上不久都會遇到瓶頸，下一個階段應該是以模擬人（大腦模擬）爲基礎的人工智慧的發展，這個過程大概需要一個世紀，然後進入模擬人時代，提出模擬人規範需求，之後才進入不以模擬爲基礎的人類智慧水準的人工智慧開發期。[20] 關於人工智慧的法律地位，當沙烏地阿拉伯在2017年10月授予機器人索菲亞（Sophia）獲得世界上第一個機器人公民身分之後，在與設計者漢森（David Hanson）的對話中冒出一句「我想毀滅人類」，全世界尤其是法學家們開始變得躁動不安。而在之前的2017年2月16日歐洲議會通過的「關於機器人民事法律規則的決議」建議至少明確最精密的自主機器人擁有「電子人」地位，使之能夠承擔其引發的損害的責任，並可能把「電子人格」適用於那些機器人自主決定或其他獨立與協力廠商交互的案件。[21] 對於人工智慧成爲

---

19 前揭註3。

20 龍衛球（2020），〈科技法反覆運算視角下的人工智慧立法〉，《法商研究》，網址：https://wemp.app/posts/883d019d-addc-4d56-8b6a-a0e645855a3b（最後瀏覽日：02/07/2020）。

21 皮勇（2018），〈人工智能刑事法治的基本問題〉，《比較法研究》，2018年第5期，頁155，轉引自European Parliament resolution of 16 February 2017 with

民事責任的主體，恐已是大勢所趨。但是人工智慧是否可以成爲犯罪的主體？本文尤指強人工智慧因具有自主意識，甚至可能無法爲人類所控制，是否成爲刑事責任的主體？有無犯罪能力？學者間的爭論正方興未艾，由於爭論頗具法學上的研究價值[22]，本文擬就所蒐集資料歸納分析後，再提出一些個人看法。

一、強人工智慧犯罪的爭論

強人工智慧本身可否爲犯罪行爲？可否單獨爲刑事責任的主體？大體可歸納爲：

(一) 肯定說

1. 人工智慧技術是人類創造了本來只有自然人才具有的「智慧」的技術。既非「機器」也非「人」，而是「機器人」。人區別於其他所有動物的關鍵在「會思考」，即自然人的外形不是人類智慧的表現，「會思考」才是。
2. 強智慧型機器人，因其可能脫離人類設計和編制的程式控制而產生自主意識和意志，具有獨立的辨認能力和控制能力，會自主實施犯罪行爲。我們完全可以將智慧型機器人理解爲是人類「智慧」的附著物，這樣智慧型機器人當然可能理解自己行爲的外部意義和社會價

recommendations to the Commission on Civil Law Rules on Robotics（2015 /2103（INL））, http: //www.europarl.europa.eu /sides /getDoc.do? Pub Ref =—//EP // NONSGML + TA + P8 – TA – 2017 – 0051 + 0 + DOC + PDF + V0//EN.

22 其中劉艷紅（2019），〈人工智慧法學研究中的反智化批判〉，《東方法學第5期》，參網站：https://zhuanlan.zhihu.com/p/76991959（最後瀏覽日：02/09/2020）。劉憲權（2020），〈對人工智慧法學研究「偽批判」的回應〉，《法學第1期》，參網站：https://wemp.app/posts/b946d1f3-f135-411e-b723-8f89ad-f4521a（最後瀏覽日：02/09/2020），有非常精采的對話與爭辯。

值。[23]

3. 刑法上「工具」並不一定排斥成爲刑事責任主體的可能性，自然人不僅可以成爲犯罪工具（例如：間接正犯），還可能成爲刑事責任主體。並且刑法也已將法人犯罪處以刑罰，爲人工智慧的刑法提供了先例。[24]人工智慧是類比人類的思維體系製造而成的，相比於單位（法人）更類似於人。因此刑法據此進行法律擬制，賦予其刑事責任主體地位具有合理性。[25]
4. 對於無形的強智慧型機器人而言，其存在的基礎在於程式，可以根據無形的強智慧型機器人所實施行爲的社會危害性大小，分別對其適用刪除資料、修改程式、刪除程式等刑罰處罰。有形的強智慧型機器人與自然人相類似，其存在的基礎在於軀體，可以根據其所實施行爲的社會危害性大小，參考刑法中針對自然人設立的刑罰處罰方式，分別對其適用限制自由刑、剝奪自由刑和銷毀的刑罰處罰方式。[26]多數則建議設置罰金刑，在每個人工智慧產品建成之初，便爲其設立專門的資金帳戶，作爲機器人刑事罰金責任的基礎，並應建立人工智慧產品強制登記制度。[27]
5. 對智慧型機器人實施刑罰實際上能對被害人起到慰藉作用，亦可以滿足社會公正的報應要求，達到一般預防的效果。同樣可以達到特殊預防的圓滿結果，接受改造的智慧型機器人仍然可以繼續爲社會

---

23 劉憲權、朱彥（2018），〈人工智慧時代對傳統刑法理論的挑戰〉，《上海政法學院學報》，2期，頁48-49。

24 例如：王肅之（2018），〈人工智能犯罪的理論與立法問題初探〉，《大連理工大學學報（社會科學版）》，39卷4期，頁59-60。

25 例如：蔡婷婷（2018），〈人工智能環境下刑法的完善及適用：以智能機器人和無人駕駛汽 為切入點〉，《犯罪研究》，2期，頁24。

26 劉憲權、朱彥（2018），前揭註23，頁51。

27 例如：蔡婷婷（2018），前揭註25，頁25。

生活作貢獻。也可以讓其他具有辨認能力和控制能力的智慧型機器人「懸崖勒馬」，還可以透過明確犯罪行爲的性質，使一些具有獨立意識、意志但又不知法的智慧型機器人自覺控制自己的行爲，從而對智慧型機器人犯罪起到「防患於未然」的作用。[28]

6. 在人工智慧故意犯罪背後，往往也存在諸多的自然人主體，比如設計者、生產者、銷售者以及使用者等。但是由於很難確定每一個主體的責任比例，讓人工智慧獨立承擔刑事責任，可免予或者降低背後自然人主體的刑罰成本。再者，如不承認人工智慧過失所導致的法益侵害，需要獨立承擔刑事責任的話，則極有可能會透過過失犯理論的重構，將過失責任直接歸結到背後的自然人主體。[29] 按現行歸責原則，人工智慧所產生的「失控」風險由設計者、程式設計者、生產者等承擔，必然妨礙技術創新。將人工智慧予以人格化，並以自我歸責爲基礎，讓人工智慧獨自來承擔因其所致法益侵害的刑事責任。[30]

(二) 否定說

1. 智慧型機器人是人類的工具，其無法理解自己行爲的外部意義或社會價值，也與具有自己獨立意志並作爲自然人集合體的法人不同，因此不可能成爲刑事責任主體。[31]

---

28 劉憲權；朱彥（2018），前揭註23，頁50。

29 儲陳城（2018），〈人工智慧時代刑法的立場和功能〉，《中國刑事法雜誌》，6期，頁87，轉引スザンネ・ベック：インテリジェント・エージェントと刑法—過失、答責分配、電子的人格，根津洸希訳，載《千葉大学法学論集》2017年第（3.4）号，頁115-117。

30 儲陳城（2018），前揭註29，頁85。

31 例如吳漢東（2017），〈人工智慧時代的制度安排與法律規制〉，原載《法律科學》，5期，網站：https://www.chinalaw.org.cn/portal/article/index/id/16433/cid/72.html（最後瀏覽日：02/10/2020）。

2. 智慧型機器人所謂的「辨認能力」和「控制能力」並非自主的，智慧型機器人始終是人類的工具。不具備與人類完全相同的善惡觀、倫理觀，對其施以刑罰處罰，也難以發揮刑罰預防犯罪的功能。[32]
3. 針對機器人，刑罰制度顯然沒有任何意義，刑罰的報應或者預防目的也都無從實現。人類對自由刑、死刑的痛苦感是來自天然的肉體和心理上的，機器人的痛苦感則來自於人的設計而非其自身，它沒有痛感。因此，人類爲 AI 設計的「刑罰」根本不具有任何刑罰的屬性。即使將機器人視爲與人類擁有同等程度的自控性人格，對機器人實施再程式化，也就相當於對人類實施腦白質切除術，以強行改變人格的不可逆性一樣，對被承認具有人格的自控型機器人，也就不能實施強制變更其內置程式。再程式化應該和人類死刑一樣被禁止。[33]
4. 機器人不是具有生命的自然人，也區別於具有自己獨立意志並作爲自然人集合體的法人，將其作爲擬制之人以享有法律主體資格，在法理上尚有商榷之處。肯定說可以防止技術發展的萎縮，但不當地降低了人工智慧產品設計和製造者和使用者的注意義務[34]。
5. 討論機器人的責任、自由意志的前提條件，也即追究責任的一方（自然人）和被追究責任的一方（機器人）需要被認定具有對等性。然而，至少在目前，我們人類和機器人之間的主觀交流和探討的基礎尚不存在。因此，以自然人狀態下，承認將自由意志予以擬制，將這一理論原封不動地導入到機器人領域，尚不可行。[35]
6. 如果將人工智慧視爲獨立的犯罪主體並對其進行刑罰處罰，將會加

32 葉良芳、馬路瑤（2018），前揭註11，頁67。
33 儲陳城（2018），〈人工智慧時代刑法歸責的走向：以過失的歸責間隙為中心的討論〉，《東方法學》，3期，頁34。
34 葉良芳、馬路瑤（2018），前揭註11，頁67。
35 儲陳城（2018），前揭註33，頁35。

劇風險社會下「有組織的不負責任」的狀態，人工智慧所隱藏的風險將永遠不可能減少和消除，這顯然不利於對人類生存安全的保護。[36]

二、本文看法

我們在討論強人工智慧問題時，首先必須認清（超）強人工智慧（superintelligence AI）並不會有人類的情感，因此在本質上也不會有善意或惡意之分。例如：他們極其有效率，知道如何採取「最短路徑」來實現目標，但並不考慮在過程中可能造成的破壞。雖然在執行一些有益的事情，但卻可能在無意中導致了毀滅性的後果。如果我們只關注於效率，那麼AI將會不擇手段地讓我們達到所要求的目標。[37]沒有人能確定人工智慧的發展不會帶來風險，我們也不會爲了所可能帶來的極大風險而停滯尖端科技的發明，我們所要做的更應該是爲這些風險做好準備。美國中佛羅里達大學和澳大利亞陽光海岸大學的幾位科學家，聯合發表了一篇文章，人工智慧的發展有三種控制應該得到立即開發和測試：1. 確保 AGI（強人工智慧 Artificial General Intelligence，簡稱 AGI）系統設計者和開發人員能夠創建安全的 AGI 系統；2. 確保「常識」、道德、操作程序、決策規則等因素能嵌入到 AGI 系統本身；3. 比 AGI 運行系統的更廣泛的系統，如法規、實踐準則、標準操作程序、監控系統和基礎設施等等。[38]從英國著名理論物理學家史蒂芬・霍金（Stephen Hawking）到特斯拉創始人伊隆・馬斯克（Elon Musk）等世界頂尖人工智能（AI）專家，都曾表示過人工智能對人類生存的威脅。加州大學伯克

---

36 葉良芳、馬路瑤（2018），前揭註11，頁68。

37 AI與ML崛起：未來風險難料？網站：https://www.edntaiwan.com/news/article/20180429NT01-ai-and-ml-should-we-be-worried（最後瀏覽日：02/12/2020）。

38 人工智慧真的會威脅人類嗎？科學家：有必要採取行動保護我們自己，網站：https://kknews.cc/tech/6qy32ep.html（最後瀏覽日：02/12/2020）。

萊分校（University of California, Berkeley）的斯圖爾特·羅素教授（Stuart Russell）在剛出版的《人類相容：人工智能與控制問題》（*Human Compatible: AI and the Problem of Control*）一書中指出，這種威脅並非來自機器人開始有了自我意識，並起來反抗人類主人。而是因爲這些機器人能力變得超強，最後有可能是因爲人類的疏忽，爲機器人設置了錯誤的目標，讓他們無意中把我們都消滅了。羅素教授強調：我們應該擔憂的不是意識，而是它們的能力（competence）。劍橋大學存在風險研究中心表示，隨著人工智能逐漸強大，它可能會成爲超級智能。它會在許多，或是幾乎所有領域都超越人類。羅素教授的建議是人類需要收回控制權。羅素說，賦予人工智能更明確的目標並不是解決這一難題的方法，因爲人類自己都無法確定這些目標是什麼。人們應該徹底改變建立人工智能系統的整體基礎，例如：不再給機器人一個固定目標，而是讓人工智能系統必須明白，它不知道目標是什麼。此時它們（AI）會樂意接受被隨時關閉的選擇，因爲它們也希望避免做那些你不喜歡的事情。[39]

以上都在表明人類創造出人工智慧，就應該致力於發明掌握人工智慧的方法，包括法律制度，以預防人工智慧失控後的風險。而再強的人工智慧究非人類，要其行爲對人類發生損害結果時，追究其刑事責任，於理不合。因此，本文傾向上述的否定說。退而言之，當眞有一天，人類無法控制人工智慧的意識與行爲而發生人工智慧犯罪行爲，意味著人工智慧有它的自我意識，決定著他認爲的正確行爲（或許它才是正確的），但是最終卻仍然要以人類的標準、「人類」「審判」決定其是否犯罪？若果，人工智慧機器人可否提出反駁？它在訴訟上的權益置於何地？現行法人的犯罪可以由代表人出庭應訊、辯護，人工智慧機器

---

39 人工智能未來可能會摧毀人類的真正原因，網站：https://www.bbc.com/ukchina/trad/50236993（最後瀏覽日：02/12/2020）。

人呢？是否還要有一套刑事訴訟程序？審判者是機器人嗎？筆者必須承認，此時終究還是以人類程序上公平正義的標準去看待此一問題，因此未必全面，至於以人類的標準對人工智慧科以刑罰，筆者也認爲無此必要，如果從結果言，行政、民事手段都可以處理肯定說所提的「刑罰」方式，又何必動用刑罰？至於，果眞如預言，超強人工智慧強大到掌握了全世界，人類無論用什麼方法都無法避免這場浩劫，屆時則人工智慧所作所爲有何犯罪可言？

肆、結論

本文淺談人工智慧犯罪的問題，雖然分成弱人工智慧與強人工智慧論述，但是結論上都立基於科技發展與風險掌控並進的立場，主張預防重於懲罰，在法所容許的風險制度中，將人類的智慧發揮淋漓盡致。我國目前例如「自動駕駛車輛測試管理條例」草案、「無人載具科技創新實驗條例草案」，雖然無人載具科技只是人工智慧目前最具象徵性的產物代表，但該等草案卻是我國法治在人工智慧發展過程中的起步。科技進步一日千里，立法速度更應前瞻並具效率。本文結語也建議在現行刑法當中針對人工智慧機器設計、生產、監督、使用者制定特別的處罰規定，保證其可以在前述法律的規範下，合法發展人工智慧，避免刑事風險，使能以開放無畏的態度，研發人工智慧產品的同時，也在刑事處罰規定中，加強人工智慧在發展過程中，尤其是對研發者、監督者的注意義務，以訂立懲罰之規定來達到預防風險的效果，應屬可行。

參考文獻

一、中文書籍暨期刊

王肅之（2018），〈人工智能犯罪的理論与立法問題初探〉，《大連理工大學學報（社會科學版）》，39卷4期。

皮勇（2018），〈人工智能刑事法治的基本問題〉，《比較法研究》，5期。

林鈺雄（2019），《新刑法總則》，台北：元照。

二、網路期刊文獻

「人工智慧」入門介紹—什麼是人工智慧（What's AI）？載於網站：https://jason-chen-1992.weebly.com/home/-whats-ai（最後瀏覽日：01/21/2020）。

AI與ML崛起：未來風險難料？載於網站：https://www.edntaiwan.com/news/article/20180429NT01-ai-and-ml-should-we-be-worried（最後瀏覽日：02/12/2020）。

Autopilot再惹爭議特斯拉的黑科技到底靠不靠譜？https://news.sina.com.tw/article/20191213/33651676.html（最後瀏覽日：01/23/2020）。

ECRI研究所：2020年值得關注的十大健康科技危害，網站：https://ibmi.taiwan-health-care.org/news_detail.php?REFDOCTYPID=&REFDOCID=0pz32emmfyjko2jp（最後瀏覽日：01/21/2020）。

MBA智庫・百科，人工智慧（Artificial Intelligence, AI），網站：https://wiki.mbalib.com/zh-tw/%E4%BA%BA%E5%B7%A5%E6%99%BA%E8%83%BD（最後瀏覽日：01/21/2020）。

人工智能未來可能會摧毀人類的真正原因，網站：https://www.bbc.com/ukchina/trad/50236993（最後瀏覽日：02/12/2020）。

人工智慧真的會威脅人類嗎？科學家：有必要採取行動保護我們自己，網站：https://kknews.cc/tech/6qy32ep.html（最後瀏覽日：02/12/2020）。

王德政（2018）〈人工智能時代的刑法關切：自動駕駛汽車造成的犯罪及其認定〉，《重慶大學學報（社會科學版）》，網址：http://kns.cnki.net/kcms/detail/50.1023.C.20181210.0547.002.html（最後瀏覽日：01/29/2020）。

全國首例利用AI侵犯公民信息犯罪案告破，黑客破解驗證碼快至毫秒級，吳漢東（2017），〈人工智慧時代的制度安排與法律規制〉，原載《法律科學》，5期，網站：https://www.chinalaw.org.cn/portal/article/index/id/16433/cid/72.html（最後瀏覽日：02/10/2020）。

吳漢東（2017），人工智慧時代必須關注的社會風險及四大問題，網址：https://kknews.cc/tech/z2p6aqq.html（最後瀏覽日：02/06/2020）。

吳漢東，人工智慧技術在挑戰我們的法律：人工智慧時代的制度安排與法律規制，《法律科學》，網站：https://kknews.cc/tech/ax8g8y6.html（最後瀏覽日：01/21/2020）。

周維忠，阻礙開發應用　提昇透明化XAI成重點網址：https://www.netadmin.com.tw/netadmin/zh-tw/viewpoint/640EBD175EFF455D8293F9C0CB0A9DE9（最後瀏覽日：02/02/2020）。

青蓮，人工智慧與機器人人類召喚的惡魔？網站：https://udn.com/news/story/6846/3540599（最後瀏覽日：01/21/2020）。

原文網址：https://kknews.cc/society/xn6vb4q.html網址：https://kknews.cc/society/xn6vb4q.html（最後瀏覽日：01/23/2020）。

特斯拉交通事故頻發，自動駕駛到底行不行？參網站：https://kknews.cc/zh-tw/car/ro8rx8n.html（最後瀏覽日：01/23/2020）。

真相大白德國機器人殺人事件另有隱情，不必恐懼機器人，而應反思人類自己，原文網址：https://kknews.cc/tech/aozemzj.html另參網站：https://kknews.cc/zh-tw/tech/aozemzj.html（最後瀏覽日：01/23/2020）。

曾更瑩合夥律師主持（2018），「人工智慧之相關法規國際發展趨勢與因應」，國家發展委員會委託理律法律事務所研究計畫結案報告。網址：https://www.ndc.gov.tw/News_Content.aspx？n=B7C121049B631A78&s=3F2FA3A380C32AB1（最後瀏覽日：02/04/2020）。

圖靈測試，網站：https://wiki.mbalib.com/zh-tw/%E5%9B%BE%E7%81%B5%E6%B5%8B%E8%AF%95（最後瀏覽日：01/21/2020）。

網址：AI如何實現真正的智慧？https://www.eettaiwan.com/news/article/20190807NT

31-AI-Needs-Brain-Inspired-Technology-for-Real-Intelligence（最後瀏覽日：02/02/2020）。

劉憲權（2020），〈對人工智慧法學研究「偽批判」的回應〉，《法學》，1期，參網站：https://wemp.app/posts/b946d1f3-f135-411e-b723-8f89adf4521a（最後瀏覽日：02/09/2020）。

劉艷紅（2019），〈人工智慧法學研究中的反智化批判〉，《東方法學》，5期，參網站：https://zhuanlan.zhihu.com/p/76991959（最後瀏覽日：02/09/2020）。

龍衛球（2020），〈科技法反覆運算視角下的人工智慧立法〉，《法商研究》，網址：https://wemp.app/posts/883d019d-addc-4d56-8b6a-a0e645855a3b（最後瀏覽日：02/07/2020）。

第八章

警察舉發違規係採球員兼裁判的法則？評板橋地院98年度交聲字第3837號裁判

蔡佩芬 *

*亞洲大學財經法律系專任副教授，現任亞洲大學財經法律系專任副教授。

摘　要

本案評論 98 年度交聲字第 3837 號裁定。本裁定是關於員警舉發交通違規事件，經當事人（即本案異議人、亦即原告）提出異議之地院裁定。

法院以舉發違規之員警案發後才去拍攝之照片與對該照片之解說，以及該員警對異議人素昧平生又無怨懟，不可能僅因績效壓力獎金等甘冒偽證罪責而編織不實舉發，且考量交通違規行為又多屬迅速、稍縱即逝及不可回復等特性，無法提供更多相關之書證、物證時，故員警證述是否可採，全由交通法庭依經驗及論理法則判斷。法院以員警有證人之地位，其陳述與製作之文書仍有證據能力，員警陳述內容均可採為證據，異議人（原告）之陳述應全盤否定。

本文認為，交通案件之訴訟程序準據法為刑事訴訟法，蓋道路交通管理處罰條例第 89 條規定：「法院受理有關交通事件，準用刑事訴訟法之規定」，而刑事訴訟法第 159-4 條之適用前提，係公文書所載事項具有真實性，且具備若有錯誤容易發現且得及時糾正之特性，一旦有顯不可信之情況，則得不得作為證據。由於「舉發違反道路交通管理事件通知單」並非具備隨時可得糾正之特性，且已經載明「拒簽收、已告知其權利義務」，其真實性已經受到本案異議人質疑，該文書之真實性內容正是兩造爭執的對象（「無不實之可能性」與「確有真實性」之間，不能畫上等號），且製作公文書之公務員等同是本案被告（機關舉發人），球員兼裁判是錯誤的證據方法，則「舉發違反道路交通管理事件通知單」無法適用第 159-4 條作為本案證據。換言之，「舉發違反道路交通管理事件通知單」非經對質詰問無法取得證據能力，亦無適用刑事訴訟法第 159-4 條第 1 項第 1 款之餘地。

「找不到沒有違法證據」就是違法，這是錯誤的邏輯推論，是錯誤的證據法則。

法律之前人人平等，在沒有違法證據之前，不管這種違法是屬於行政秩序罰還是違背刑法，都不該先認定民眾（原告）違法而員警不違法。法官應秉持審判中立性原則，不該僅聽取公務員之陳述而無故捨棄當事人之陳述；且員警既然未親身目擊，法院不該當作員警是親身目擊；法院既未調查，就不該無故爲員警背書，更不能以法院公署之地位擔保員警不會爲了獲得這績效而違法舉發。法院應該要保持中立。

刑事訴訟法第 154 條，無證據不得認定犯罪事實；直接將臆測之詞當作主要且是違法裁罰的惟一證據，亦違背交通案件準用刑事訴訟法第 160 條之證據法則。他人違規，不代表本案當事人違規，員警無法舉證證明當事人有違規情事者，不該以他人違規就將當事人以違規處置。

車牌，係機車或汽車於特別情形如車禍、違規等，用以管理及辨識、追蹤身分之功能，且平時即懸掛於眾所可見之處，甚至較大型之客貨車，還須另於車體上漆上車牌號碼，故單純車牌並無所謂隱私或秘密性。法院以車牌具隱私性而不詳查，並任令員警主張一律均予採認，實在令人匪夷所思。

應到案說明未打勾，卻無端苛予當事人到案說明之義務；以及未記載應記載事項之效果卻仍視爲已收受；甚至於員警站立於當事人後方竟可以拍攝到正面，此等乖違現象顯示法院未詳細調查案情，或者法院另有苦衷？

本文亦簡略介紹異議人敗訴之後，提出上訴救濟，抗告法院之裁定內容。抗告法院認爲，行政案件無無罪推定原則之適用，以及無刑事訴訟法證據法則適用。惟道路交通管理處罰條例第 89 條規定：「法院受理有關交通事件，準用刑事訴訟法之規定」本規定尚無其他可資排除之相關法規，故抗告法院之主張無法律依據，亦違背法律適用原則。

原審與抗告法院均屬裁定確定而非判決確定，故全案已無法以再審救濟而全案終告確定，故本案當事人求訴無門。

本篇裁判只是諸多交通案件中的一小角，上網發現，諸多部落格文章申訴著相同的冤屈內容，期盼在任何一個交通案件中，法院都能公正且中立的審判，罰其該罰，也還與清白。

關鍵詞：判決，評釋，裁判，裁定，交通案件，交通違規，違規，行政罰，證據，證據能力，證據力，證明力。

壹、案例事實

這是關於一個異議人（即原告）自認爲未違反交通法規卻被員警攔查並拒絕收受「舉發違反道路交通管理事件通知單」，員警於法庭上坦承無法舉證異議人（即原告）有交通違規情事，但是異議人（即原告）無端於 1 年後被監理所裁罰 4,500 元並記違規三點之令人匪夷所思的案子。

一、監理站與員警裁罰之事實與意見摘要

(一) 監理站之主張

原處分機關交通部公路總局台北區監理所板橋監理站裁罰事實及意見認爲：聲明異議人（以下簡稱異議人）駕駛機車，因「駕車行經有燈光號誌管制之交岔路口闖紅燈」之違規行爲，經台北縣政府警察局板橋交通分隊執勤員警，以舉發通知單攔停後當場舉發，嗣舉發機關將本件舉發通知單移送聯移送本站處理。

本件因異議人未到案繳納罰鍰或陳述意見，本站遂認異議人前開違規事實屬實，依道路交通管理處罰條例第 53 條第 1 項、第 63 條第 1 項第 3 款及違反道路交通管理事件統一裁罰基準表之相關規定，以違反道路交通管理事件裁決書（下稱裁決書）對異議人裁處罰鍰 4,500 元，並記違規點數三點。

(二) 員警之主張

舉發員警主張異議人有闖紅燈之違規情事，摘要簡述如下：

1.「我立刻用相機拍照存證，兩輛機車都有拍照，異議人的機車我是拍照正面，當時無法立刻給異議人看照片，是因爲還有拍到他人的機車車牌，基於隱私所以不能給異議人，有拍到兩輛已經違規左轉的

機車，當場異議人就口頭提出異議，我有跟他解釋如何的違規。」

2.「開紅燈左轉，但他拒絕簽收紅單，我就告知如果拒絕簽收紅單，監理站不會另行寄發舉發通知單給他，我有跟他說必須於期限即九月二十四日之前到監理站，並告知他如果警方告知就視同已收受。」

3.「當時我距離地政事務所約五十公尺，我站的位置可以清楚看到實踐路口燈號的變換情形，實踐路口燈號變換情形有三個時相，當時異議人左轉至實踐路時，我所看到實踐路的時相是綠燈，表示館前東路號誌是紅燈，當時實踐路綠燈已經好幾秒了，我們不會馬上變換燈號馬上攔停，那邊只能綠燈直行。……我當時機車就放在轉角，我人站的攔檢點距離事發路口只有五十、六十公尺左右，並沒有異議人所說的一、兩百公尺那麼遠。」

三、聲明異議人主張之事實與理由摘要

(一) 異議人主張之事實摘要

異議人主張，其當下神智清醒，並無酒駕或服用藥物，且異議人車速在標準內，視線亦可清晰看見車前狀況，於交叉路口見行駛方向之號誌燈為綠色，遂打左轉燈後進行左轉，當時見一輛機車在前方快速行駛，突然從一旁衝出警員欲攔檢那輛機車，機車駕駛人卻快速衝過，險些撞上員警，正覺真是危險時，突遭警方攔下並告知是闖紅燈。

路上無警車、亦無攔檢站、也未有一般常理可見即認為有警方於此巡行盤查之跡象，為何突有警察衝出，且更莫名攔下異議人，謂異議人闖紅燈之情事？異議人雖覺莫名，仍依然配合警方查驗相關證件，當警方欲開罰單時，異議人告訴警方是綠燈左轉，但警方要求異議人看其背後路口號誌，並告知推測剛才是紅燈左轉，異議人立即主張是綠燈才左轉，但員警仍堅持開紅單，異議人為保障自己權益，立即要求觀看違規照片，警方回答不能給異議人看照片，因為照片上有他人車牌，基於隱

私不可以看，並要求異議人於通知單上簽名，異議人主張看到違規照片後就簽名，或者照片與罰單一同寄到戶籍地，若眞有違規到時再去繳，但員警告知直接去監理所繳，異議人詢問沒有罰單要怎麼繳？警方不回應。異議人離開現場返家後未收到通知單及違規相片，事隔 1 年後卻接到板橋監理所的裁決書，裁罰 4,500 元，並記違規點數三點。

(二) 異議人主張之理由摘要

1. 警方對違規之情事本該有舉證責任，縱違規情事眞清楚可見，警方亦不得依此而免除舉證責任。但本案員警沒有器材在現場蒐證，經異議人要求亦未提供任何照片證明。

   交通警察執行開單舉發之職務時，必須備妥必要之蒐證器材，且警察勤務裝備系統應按規定配置，對於違規行爲給予違規人了解違規事項及違規事實，以保障人民之權益。

2. 警方攔停地點距其所言之違規處尚有 2、3 百公尺，其肉眼是否眞可清楚可見異議人駕駛車輛違規闖紅燈，有可議之處。爲保障自身權益異議人亦清楚表明要求警方舉證後即收受「舉發違反道路交通管理事件通知單」（以下簡稱罰單或紅單），警方卻表明拒絕，實有違常理與規定。

   道路交通管理事件統一裁罰基準及處理細則第 11 條第 1 項規定：「被查獲之駕駛人或行爲人爲受處分人時，應於塡記通知單後將通知聯交付該駕駛人或行爲人簽名或蓋章收受之；拒絕簽章者，仍應將通知聯交付該駕駛人或行爲人收受，並記明其事由及交付之時間；拒絕收受者，應告知其應到案時間及處所，並記明事由與告知事項，視爲已收受」，可顯見其步驟應爲，先將塡妥之通知單的通知聯交付違規者簽名或蓋章收受，若拒簽時仍應交付通知聯並記明理由及交付時間，若仍拒收時，應告知到案時間及處所，並記明事由與告知事項，才可視為已收受，此規定清楚可悉，並無須要特別解釋之處，且警方為執行職務前皆有勤務前之訓練，故應可信，全國警方執行勤務時皆具備了解此規定內容之能力，並亦已清楚了解；然而，異議人於拒簽時，警方並未於通知單上記明事由及交付時間再行將通知單交付異議人，而異議人告知警方將違規證據及通知單一併寄至家中，即收受並繳費，警方亦未告知可或不可，逕自推定為拒收，亦未告知異議人到案時間及處所僅係告知異議人可至監理所繳交罰鍰，處罰金額、相關日期、地點皆未說明，且於通知單上並無記明拒收事由及警方有告知事項。

3. 違規通知單上，警方除未依規定之順序辦理外，未對應告知之事項進行告知，應記明之事項亦未記明，但員警卻於「收受通知聯者簽章」欄上註明「已告知其權利義務」，這是與事實完全相反的記載。員警本有告知民眾權利義務之責任，但員警所主張已告知之權利義務內容，並未符合上開規定應告知之事項，且通知單上亦未依法記明「應記明之事項」，故形式上完全無法觀察到員警已依規定按部就班處理。

   警方告知異議人闖紅燈係對於攔檢異議人之理由陳述，告知可至監理站繳費，更是令人瞠目結舌、無言以對。試問員警於何時「已告知其權利義務」了？

4. 依道路交通管理處罰條例第 8 條第 2 項規定「前項處罰於裁決前，應給予違規行為人陳述之機會。」及違反道路交通管理事件統一裁罰基準及處理細則第 40 條前段「違反本條例行為之處罰，處罰機關於裁決前，應給予違規行為人陳述之機會」，皆已明文規定，應於裁決前予以違規行為人陳述之機會。然而，異議人係於相隔事發日期 1 年餘，方收到交通部公路總局台北區監理所板橋監理站之違反道路交通管理事件裁決書，過程中未曾被通知有任何陳述機會，異議人當然不知何時去或去哪邊陳述自己的冤屈，卻逕受裁罰新台幣 4,500 元之罰鍰及記違規點數三點，顯然此裁決過程顯有瑕疵，對異議人實有權益上之侵害。

異議人很難置信，此種種違法過程，竟係經過勤前訓練及國家考試通過之警員，爲保障異議人自身權益，具狀依法提出聲明異議。

貳、法院裁判結果與理由摘要

(一) 法院裁定之事實摘要

異議人駕車於事發當時，確有「闖紅燈（左轉）」之違規行爲，應堪認定。

(二) 法院裁定結果

原處分撤銷。

汽車駕駛人行經有燈光號誌管制之交叉路口闖紅燈，處罰鍰新台幣3,000 元，並記違規點數參點。

(三) 法院裁定依據

異議人於本件違規情節尚非重大，所生影響亦非甚鉅，而原處分機關竟不予詳察，以及審酌違反道路交通管理事件統一裁罰基準及處理細則第 43 條第 1 項規定即：「違反道路交通管理事件之裁決，應參酌舉發違規事實、違反情節、稽查人員處理意見及受處分人陳述，依基準表裁處，不得枉縱或偏頗。」而對異議人爲適當之裁處，僅依異議人有逾越應到案期限 60 日以上之單一裁量要素而逕爲此一違規行爲中之機器腳踏車之違規而爲高額之罰鍰金額 4,500 元及記違規點數三點之裁罰，其適用法律所爲之行政裁量已達濫用程度，而屬違法，故本件自應由本院將原處分予以撤銷。

然本件異議人既有前開駕車闖紅燈（左轉）之違規事實，則依道路交通案件處理辦法第 20 條規定，即異議人之異議異議雖部分無理由而原處分違法，本院自得將原處分予以撤銷，改依道路交通管理處罰條例第 53 條第 1 項、第 63 條第 1 項第 3 款與第 87 條第 2 項之規定，並參以行政罰法第 18 條第 1 項規定裁量要素而審酌異議人之違規情節、所生危害、否認違規行爲、態度難謂良好、應受責難程度、所生影響等一切情狀，改論知異議人 3,000 元與違規記點三點之處罰，以資適法。

按違反道路交通管理事件統一裁罰基準表屬於行政程序法第 159 條第 2 項第 2 款所規定之裁量基準，屬於行政權之原處分機關行使裁量權時固受其拘束，惟從憲法所規範之權力分立原則下之司法權即交通法庭對交通裁罰處分行使司法審查及裁量權之法律解釋及適用上，該統一裁罰基準表僅得作爲參考依據，而無從作爲拘束司法權即交通法庭行使司法審查及裁量權之強制規定。

(四) 法院裁定理由

地院裁定認爲異議人騎車有「紅燈左轉」之違規行爲，所依據之理由與證據，摘要重點如下：

1. 舉發員警陳述現場狀況，蓋 (1) 證人（指舉發違規之員警）於本件事發當時係台北縣政府警察局板橋交通分隊員警，該時又係職司交通巡邏勤務，且與異議人間素昧平生又無怨懟，當無甘冒僞證罪責，故爲編織不實舉發之原因及理由存在，且考量交通違規行爲又多屬迅速、稍縱即逝及不可回復等特性，而無法提供更多相關之書證、物證時，則舉發員警於司法審查之訴訟程序上立於證人之地位而證述其當時親身目擊及見聞之交通違規行爲經過，亦屬於法定證據方法之一之人證證述，於法亦不有違。(2) 舉發員警立於證人之地位所爲之證述是否可採，此乃交通法庭依經驗及論理法則判斷其證明力爲何而得否採擇之心證層次，斷不可以舉發員警作爲證人之所述，因不可能反於其先前所爲舉發或遽謂其有績效壓力或獎金激勵而認均不可採，而全盤否定其立於證人地位所爲之陳述。

2. 物證照片：(1) 異議人騎車過來要左轉的角度；(2) 員警攔查點的地方，距離事發路口只有五十、六十公尺左右，並沒有異議人所說的一、兩百公尺那麼遠；(3) 他人違規的照片：兩輛已經違規左轉的機車；(4) 拉遠鏡頭把整個路口拍攝進去的照片；(5) 攔檢站立的位置往前方拍攝；(6) 另一輛機車看到員警站在那邊，就逆向逃走的照片；(7) 異議人駕車已闖紅燈左轉行駛之違規照片一張；(8) 事後拍攝之照片四張。
3. 對於上述物證 (6) 之法官訊問筆錄。
4. 舉發現場之錄音內容。

參、本案評論

從地院裁定之理由發現，法院認定異議人有違法行爲的主要依據[1]，是舉發違規之員警的陳述內容，以及從異議人合法行駛於道路上之照片（本案沒有其他任何直接證據證明異議人違法，縱使有照片爲證，也是他人違規的照片，並無當事人違法之照片）中，員警根據這張照片去推測幾秒鐘之前異議人可能是違法之陳述，和法院認定員警有證人資格並且所陳述之內容因「無不實之可能性」而據以爲眞。[2]

然而，「無不實之可能性」，就可以直接認定當事人一定違法嗎？「無不實之可能性」與「確實違法」二者能直接畫上等號嗎？難道

1 裁判書明確記載：「查本件異議人有前開駕車闖紅燈之違規行為而為警當場攔停舉發，且本院採信證人楊松樺前述證述，已如前述……」

2 有關車禍處理的相關流程可詳尤重道（2019），〈交通事故肇事責任與刑事附帶民事訴訟暨爭議問題之探討（上）〉，《全國律師》，23卷2期，頁2。

人民違不違法是單純建立在法官無法找到證據證明控訴人所陳述之內容找不到虛假之上嗎？如果是這樣，就是在沒證據之下已經先把人民推上斷頭台，然後才在斷頭台上審判人民，並因爲人民找不到不該推上斷頭台之證據，所以人民違法確定。試問，人民莫名其妙下突然被控訴違法，單憑控方的陳述而無任何違法證據，人民該如何證明自己沒有違法？找不到沒有違法證據就是違法，這是錯誤的邏輯推論，是錯誤的證據法則，這等同宣示審判是建立在有罪推定而非無罪推定之前提，而交通案件根據道路交通管理處罰條例第 89 條規定[3]，是準用刑事訴訟法之程序，故很明顯已經違背我國刑事訴訟法第 1 條無罪推定原則之規定。

況且，在邏輯推論上，眞實與不實是相反，但是，無不實並非就是眞實的相反。此外，本案的證據法則，還有幾點値得深思。詳述於下。

一、球員兼裁判的證據方法

法院認爲：「舉發本案之員警是立於證人之地位，所爲之證述是否可採，此乃交通法庭依經驗及論理法則判斷其證明力爲何而得否採擇之心證層次，斷不可以舉發員警作爲證人之所述，因不可能反於其先前所爲舉發或遽謂其有績效壓力或獎金激勵而認均不可採，而全盤否定其立於證人地位所爲之陳述。」

本文認爲，首先，舉發本案的員警雖然在不是本案被異議對象（本案被異議對象是原處分機關交通部公路總局台北區監理所板橋監理站）[4]，但

[3] 道路交通管理處罰條例第89條規定：「法院受理有關交通事件，準用刑事訴訟法之規定；其處理辦法，由司法院會同行政院定之。」

[4] 有認為「舉發違規通知單」俗稱「紅單」的法律性質是行政處分，另有認為是「暫時性行政處分」，後因交通裁決係最後對外發生法律效果之行政行為，方始最終的行政處分，「舉發違規通知單」未對民眾產生法律效果而非行政處分。詳李建良（2016），〈道路交通違規舉發通知單之法律性質、生效與效力：行政處分概念、生效、效力與行政訴訟之關聯課題〉，《興大法學》，19期，頁24。陳

原處分機關是根據舉發本案的員警所開立的「舉發違反道路交通管理事件通知單（通說簡稱罰單）」進行裁決罰款金額，亦即員警雖與原處分機關之間沒有隸屬關係，但是員警開「舉發違反道路交通管理事件通知單」（簡稱罰單或紅單）之後，該張「舉發違反道路交通管理事件通知單」就有處罰效果，若未前往繳納罰款，裁決所就會進行裁罰與累進加罰處分，故雖名爲「舉發」，實係「行政罰」之效果[5]，與一般民眾向裁決所舉發或告發違規只是促使警方進一步調查而不是直接有處罰效果，當有所不同[6]；簡言之，警察舉發是機關舉發之一環，而人民舉發不是機關舉發[7]，所以員警不是中立證人地位，而是執行國家公權力機關的控訴

正根（2012），〈行政法上之舉發〉，《月旦法學雜誌》，204期，頁98；http://mypaper.pchome.com.tw/macotochen/post/1246792406（最後瀏覽日期2020.3.30）。

5 李建良（2016），〈道路交通違規舉發通知單之法律性質、生效與效力：行政處分概念、生效、效力與行政訴訟之關聯課題〉，《興大法學》，19期，頁24。林昱梅（2012），〈行政法上人民舉發之制度與救濟機制〉，《月旦法學雜誌》，204期，頁52。

6 李建良（2016），〈道路交通違規舉發通知單之法律性質、生效與效力：行政處分概念、生效、效力與行政訴訟之關聯課題〉，《興大法學》，19期，頁24。陳正根（2012），〈行政法上之舉發〉，《月旦法學雜誌》，204期，頁89。林昱梅（2012），〈行政法上人民舉發之制度與救濟機制〉，《月旦法學雜誌》，204期，頁54。吳庚（2011），《行政法之理論與實務》，增訂第11版，頁580，台北：自刊。

7 警察舉發是機關舉發之一環，與人民舉發不同，……人民舉發只是促動機關發動職權，人民舉發前後的調查行為均非行政行為，但是警察舉發前後的調查行為都是屬於行政行為。詳陳正根（2012），〈行政法上之舉發〉，《月旦法學雜誌》，204期，頁88。亦有謂是行政調查行為，詳陳景發（2009），〈論道路交通違規事件之舉發與處罰〉，《警大法學論集》，16期，頁100。梁添盛（1995），〈論行政上之即時強制〉，收錄於梁添盛著，《警察法專題研究（一）》，頁146-147，桃園：中央警官學校出版社。李震山（2002），〈從釋字第五三五號解釋談警察臨檢的法制與實務〉，《台灣本土法學雜誌》，33期，頁76。洪文玲（1993），《論行政調查法制》，頁1-11，台北：三鋒。蔡秀卿（2002），〈日本警察臨檢法制與實務〉，《台灣本土法學雜誌》，33期，頁85以下。

者，有如刑事訴訟案件中，檢察官是代表國家機關進行訴追並依職權指揮司法警察辦案，司法警察提供搜索調查證據給檢察官，檢察官根據這些證據起訴，檢察官不是證人，此時警察的地位亦非證人。

再者，「舉發違反道路交通管理事件通知單」（簡稱罰單或紅單）之性質，依據大法官會議解釋第 423 號解釋以來，應屬行政處分，已無爭議[8]，故警察的舉發行爲與一般民眾之舉發行爲不可同日而語，員警是執行國家公權力機關的控訴者，猶如檢察官立場般，豈可同時是擔任控訴角色又可站上證人台成爲證人？

綜上理由，既然舉發違規員警不具備證人資格，縱使在法庭上經法官誤以爲證人而具結，該具結陳述之內容也不會因此成爲證詞。除非，員警以其親身經歷的過程作爲感知事實經過的普通證人，此時，警察不具備特殊身分，僅僅只是一般證人地位，不再有警察身分，則一切按照一般證人的程序來做[9]，並且接受異議人之質詢和對質詰問，而其所作成之公文書或具備行政處分效力之罰單內容亦不該當刑事訴訟法第 159-4 條第 1 款之規定，否則，便是落入球員兼裁判的錯誤法則。

實際上，本案員警未親身目擊，亦未曾感知異議人任何違法行爲，實與證人應以親身經驗爲作證內容不該當，故本案員警不該當證人地位；而關於其以員警身分所製作之公文書（罰單）效力，亦因違反刑事訴訟法第 159-4 條第 1 款「顯無不可信之內容」而不得作爲證據，此部分請詳後述。

另外，本案法院更爲員警背書其絕無行政出錯或恣意的可能性，甚至認爲員警不會爲了績效而違法舉發。試問，法院從未調查，如何能確

---

8 陳正根（2008），〈論一行為不二罰：以交通秩序罰為探討中心〉，《高雄大學法學論叢》，4期，頁63。蔡振榮（2006），〈論釋字第六零四號解釋對交通裁量之影響〉，《台灣本土法學雜誌》，7期，頁37。

9 李娌媛（2010），〈美國警察的作證制度〉，《中國法學文檔》，7期，頁77。

信員警的績效壓力與違法舉發之間沒有因果關係？又怎能知道，員警不可能為了逃避責任而糾正自己先前所為的錯誤舉發？難道法官是員警身體裡的蛔蟲？雖然我們相信，員警可能沒有績效壓力而必須做出違法舉發行為，但是，審判者仍應該基於中立立場，不該對任何一方有色彩，這色彩可能是白的，可能是黑的，在沒有任何訊問或調查之下，就裁定是白的，等同法官為員警背書清白，違背審判中立原則。這根本是球員簽裁判的證據法則。是錯誤的證據法則。

舉個例子：某甲看到某乙從超商匆匆走出來，隔天翻開報紙發現，那個時間點剛好就是那一家超商發生搶案，於是甲就去指控某乙就是搶匪，因為那一時間只有乙走出來，而且神色匆忙，雖然超商有給舉發獎金，但這與某乙是否搶劫無關，而且甲與某乙間素昧平生又無怨懟，當無甘冒偽證罪責，所以舉發本案之甲是立於證人之地位，而且甲所為之證述是否可採，此乃法庭依經驗及論理法則判斷其證明力為何而得否採擇之心證層次，斷不可以甲其先前之舉發因不可能反於其先前所為舉發或遽謂其有績效壓力或獎金激勵而認均不可採，而全盤否定其立於證人地位所為之陳述。想問的是，法院並未調查，如何能確信，甲不會為了獲得這一筆舉發獎金而違法舉發？又怎能知道甲不可能反於其先前所為舉發？難道法官是甲的身體細胞？如果這位某乙就是本案承辦法官，結論是否不同？

二、法院將臆測內容當作親身目擊是違反證據法則

法院認為：「舉發員警於司法審查之訴訟程序上立於證人之地位而證述其當時親身目擊及見聞之交通違規行為經過，亦屬於法定證據方法之一之人證證述，於法亦不有違。」

本文認為，如果員警真有目睹當時異議人的違規情形，法院的論述當屬正確，但是翻遍所有證物、照片，甚至包括員警自己的陳述，卻都沒有舉發違規之員警有過親身目擊當事人闖紅燈，只有員警以自己心中

讀秒，以騎車在當事人前方的第三人有違規情事去倒數讀秒推論當事人亦有闖紅燈的違規行爲，殊不知每人心中秒差可能有跨有慢，差了一秒或零點五秒，都不算是闖紅燈。但是法院根本沒有對員警調查訊問或質疑此讀秒，直接以當事人背後是綠燈所以推測當事人左轉時是闖紅燈，由此可見法院裁判內容前後矛盾，一下子認爲有親身幕即，一下子卻又認爲是員警陳述無不可信，法院未對舉發違規的目擊陳述確認過，就直接相信控方之推論，連員警都坦承只是推測有違規，法院卻進一步寫成是員警有親身目擊，其審判的中立性當然令人質疑。

縱使法院將舉發違規之員警立於證人地位是正確的證據方法，按交通案件根據道路交通管理處罰條例第 89 條規定，既是準用刑事訴訟法之程序，而刑事訴訟法第 160 條規定：「證人之個人意見或推測之詞，除以實際經驗爲基礎者外，不得作爲證據。」舉發違規之員警所提供之證詞，與前述超商搶案有同樣情形，都未實際經歷過刑事訴訟法第 160 條所指之實際經驗一當場違法的事實，亦未親眼所見當場違法的事實，都是憑著案發當場那一刻剛好當事人經過現場，推測該當事人就是行爲人，並且在法庭上以證人資格陳述。這推測與意見，就算沒有任何法條爲依歸，單純用邏輯與理性思維去想，怎可以直接將控方所言之陳述當作主要且是違法裁罰的唯一證據？

而所謂其他佐證資料均係與本案當事人無涉之第三人違法，法院怎可以根據員警陳述因爲第三人違法所以推論本案當事人也有違法之陳述作爲補充證據？這更是錯誤的邏輯與證據法則。不論是員警臆測當事人違規之陳述內容，或是員警根據第三人有違規而推論本案當事人因此也有違規之臆測內容，都是違反刑事訴訟法第 160 條規定。

三、供述證據應經交互詰問取得證據能力

證據取得或確認有證據能力、證據資格之後，才會有證據力多少的

問題。換言之，缺乏證據資格者則無證據力多少的問題，因爲根本不能在法庭上被當作證據使用。

本案退步言，縱令該舉發員警有證人資格，其陳述內容之法律性質則屬「供述證據」，而供述證據之可信性取決於四個要素[10]：

(一) 感官知能（perception）：無論是人的視覺、聽覺或是其他感官能力都有其極限，沒有辦法鉅細靡遺的觀察到或聽到具體事件中的任何一個細節，供述者本身有無近視、聽力如何、與事件發生地點的距離、角度及其身處環境等的因素，都會影響到供述人的陳述內容可信度。

(二) 記憶能力（memory）：人不是攝錄影機，即便是看過或聽過特定事件，也無法詳實記住其中的每一個細節及情狀，隨著時間的經過，記憶更是會模糊不清，是故供述者的記憶能力會影響到陳述是否可信。

(三) 描述能力（narration）：供述者的事後描述能力也會影響到供述內容的可信度。供述者可能拙口笨舌、甚至辭不達意，或者供述者可能是舌粲蓮花，口若懸河；支支吾吾者容易使人對其供述內容產生懷疑，進而使審判者懷疑其供述內容之眞實性，而過於精準仔細之描述，又可能令人產生是否經過精心設計的疑問，而影響其眞實性。

(四) 誠實與否（sincerity）：人可能基於各式原因或心情而說謊，縱使供述者能對事件發生經過認識清晰且毫無遺漏的正確敘述，也無法擔保其陳述的正確性而完全沒有說謊。

基此，供述證據必須程序上要有相對應的機制，以確保作爲認定事

10 參考王兆鵬（2007），《美國刑事訴訟法》，頁508-511，台北：元照。李榮耕（2011），〈傳聞證之認定：最高法院九十九年台上字第四〇八號刑事判決〉，《裁判時報》，9期，頁86。

實的證據與事實相符。這些機制包括了宣誓（oath）、到場陳述（presence），以及接受交互詰問（examination）[11]。具結的目的在於使供述者在僞證罪壓力下能爲眞實之陳述，嚇阻其做出不實的證詞；要求陳述人到場，是可以讓審判者親自觀察陳述人的肢體動作與表現，以判斷所言是否爲眞；透過原被告對於供述者的交互詰問，審判者可以發現其有無感官知能、記憶、描述能力與誠實方面之瑕疵。美國證據法大師 John H. Wigmore 曾言：「在法律史上，交互詰問是爲發現眞實所發明最偉大的利器。」[12]。根據我國司法院大法官會議第582號解釋指出，刑事被告對證人之詰問權是憲法第 8 條與第 16 條所保障之權利，不得剝奪以保證公平審判結果。

本案法官未經對質詰問便採納舉發員警之供述內容作爲判決處分之依據，亦即法官對於供述證據是否有可信性未經調查，故該供述證據應無證據能力。面對無證據能力之證據，法官自由心證其證明力並作爲判決處罰之依據當屬違法。

又該法官認爲：「由於交通違規行爲多屬迅速、稍縱即逝及不可回復等特性，故員警係職司交通巡邏勤務，與異議人間素昧平生又無怨懟，當無甘冒僞證罪責，編織不實舉發之原因及理由，且不可以因爲舉發員警有績效壓力或獎金激勵而否定其陳述。」

有疑問的是，任何行爲，都可以因爲迅速、稍縱即逝及不可回復等特性，就直接認定員警說了就算數而無須任何佐證？

又只要是與異議人素昧平生又無怨懟之情形下，難到員警所爲之任何行爲就絕對正確而毫無可能失誤、認錯人、看錯號誌燈的可能性嗎？

---

11 California vs.Green,399 U.S.149,155（1970）：John S. Strahorn, Jr., *A Reconsideration Of The Hearsay Rule And Admissions,* 85 U. Pa .L. Rev. 484(1937).

12 李榮耕（2011），〈傳聞證之認定：最高法院九十九年台上字第四〇八號刑事判決〉，《裁判時報》，9期，頁87。John H. Wigmore,5 Evidence 32（James H. Chadborn ed., 3d ed. 1974.）.

換言之，裁判文正宣示著，任何人只要冠上員警的光環下，身為人本可能存在的失誤可能性都會變成絕無失誤可能性。這樣的信念竟是存在法官的心底而體現於裁定文中，眞是很令人詫異與難以令人置信。

又為逃避執法失當帶來之懲處，而編織謊言合法化自己行為亦不無可能，此乃人性之一部分，不因職業為何即可完全否定無此性格，難道身為員警就沒有此種可能？

又法官為何連僞證行為存在與否，都未經調查，就可以直接認定無僞證可能性？為何法官沒有經過任何的調查，便能確信僞證行為之動機或原因不可能來自績效獎金？這相當令人匪夷所思。

又僞證行為難道只有在與人認識與怨懟情形下，才有可能發生嗎？如果僞證行為只有在與人認識與怨懟情形下，才有可能發生，那麼，收人錢財替人消災的犯罪行為就不可能存在！又如果，僞證行為只有在與人認識與怨懟情形下，才有可能發生，那麼，直接把僞證行為與認不認識以及有無怨懟畫上等號就行，只要沒有認識、沒有怨懟，就沒有僞證。僞證與否依存在認不認識與有無怨懟之上的邏輯推論是錯誤的。但是很遺憾的是，竟然出現在裁判文當中。

按法院之推論，任何人只要與員警素昧平生又無怨懟情形下，員警所言均可直接作為違法事實之依據，那麼，犯罪又何需要證據？只要員警說了就算，不是嗎？

試問：本裁定之法官與員警係相交甚篤，亦或是本裁定之法官熟悉觀人眉宇之術，竟可直接由員警片面陳述即可知無造假、虛捏或誣陷之可能？殊不知實務上不乏員警造假、揑造、誣陷之情事，亦不乏執法失當之情事，法官之認定顯有違背經驗法則，又無證據可佐證員警指控之眞僞，法官斷然認定員警之指控為眞，此乃違反控訴者之舉證責任及無罪推定原則，亦違背證據法則。

四、經驗及論理法則是證明力層次

綜上所述，該舉發員警所為之陳述內容已如前述無證據能力，無證據能力而不得作為證據，理當無證據證明力程度是多少之問題。

換言之，雖然如法官所言，證述是否可採，乃法庭依經驗及論理法則判斷其證明力為何而得否採擇之心證層次，但是因為員警陳述之詞已如前述無證據能力，該證述根本不得進入判斷證明力，亦不產生法庭依經驗及論理法則判斷其證明力為何的問題。

五、爭執警察舉發內容則應調查其真實性

本案爭執的對象就是員警的陳述不眞實與其處分不合法，若法院不針對此部分進行調查，一味認定員警舉發行為具眞實性與合法性，則本案救濟毫等於無意義。

如前所述，若將員警當作一般證人處理，則其陳述內容是否眞實，是法官應調查之對象，應踐行刑事訴訟法第 187 條與第 188 條具結之規定，以及證人須依據刑事訴訟法第 189 條據實陳述，決無匿、飾、增、減，而法官對於證人之證詞態度應秉持中立，是否眞實亦應調查比對其他相關證據，而非全盤接受，並踐行刑事訴訟法第 184 條規定，因發見眞實之必要，得命證人與他證人或被告對質，亦得依被告之聲請，命與證人對質。遺憾的是，本案法官對異議人（即原告）之陳述視而不見，更未踐行與證人對質，怎能確認證人之證詞確實有眞實性呢？

六、本案不該當刑事訴訟法第 159-4 條

根據刑事訴訟法第 159-4 條規定：「除前三條之情形外，下列文書亦得為證據：一、除顯有不可信之情況外，公務員職務上製作之紀錄文書、證明文書。二、除顯有不可信之情況外，從事業務之人於業務上或通常業務過程所須製作之紀錄文書、證明文書。三、除前二款之情形

外，其他於可信之特別情況下所製作之文書。」根據本條文之修正理由可知，公務員職務上製作之紀錄文書、證明文書如被提出於法院，用以證明文書所載事項眞實者，性質上亦不失爲傳聞證據之一種，但因該等文書係公務員依其職權所爲，與其責任、信譽攸關，若有錯誤、虛僞，公務員可能因此負擔刑事及行政責任，從而其正確性高，且該等文書經常處於可受公開檢查（public inspection）之狀態，設有錯誤，甚易發現而予及時糾正，是以，除顯有不可信之情況外，其眞實之保障極高。因此，適用本條文之前提，必須是所載事項具有眞實性之文書，甚至應具備若有錯誤，甚易發現而予及時糾正之特性。

但是，「舉發違反道路交通管理事件通知單」（簡稱罰單）並不具備一旦有錯誤，得及時糾正與容易被發現之特質，且罰單上已經於上載明「拒簽收、已告知其權利義務」，其眞實性顯然已經受到當事人質疑，製作文書者甚至是本案被告，該文書之眞實性內容正是兩造爭執的對象，怎可不經調查就直接認定具有證據能力？因此，關於本案之「舉發違反道路交通管理事件通知單」應經對質詰問以取得證據能力，非能直接適用刑事訴訟法第 159-4 條第 1 項第 1 款。[13]

再者，根據最高法院 97 年度台上第 2550 號判決與 93 年台上 1361 號判決與學說[14]指出，第 159-4 條第 1 款及第 2 款規定原則上得爲證據，但若反對方證明該證據「顯有不可信之情況」者，得排除該文書作爲證據。

13 參考林俊益（2019），《刑事訴訟法概論（上）》，頁444-446，台北：新學林。黃東熊、吳景芳（2010），《刑事訴訟法論》，頁429，台北：三民。張麗卿（2008），《刑事訴訟法理論與應用》，頁359，台北：五南。

14 鄧振球（2011），〈供述證據能力之解析〉，《檢察新論》，9期，頁118。

七、員警臆測之詞不應作為違規舉發的證據

本案是根據員警陳述：「有拍到兩輛已經違規左轉的機車，當場異議人就口頭提出異議，……當時我距離地政事務所約五十公尺，我站的位置可以清楚看到實踐路口燈號的變換情形，實踐路口燈號變換情形有三個時相，當時異議人左轉至實踐路時，我所看到實踐路的時相是綠燈，表示館前東路號誌是紅燈，當時實踐路綠燈已經好幾秒了，…… 」，可見，員警是在自己心中讀秒去倒數推測當事人違法，並未親眼看見當事人違規。如果員警是證人地位，根據刑事訴訟法第160 條臆測之詞，不得作爲證據之規定。

舉發違規的員警就好比檢察官地位，是立於指出他人違法之立場，根據刑事訴訟法第 161 條規定：「檢察官就被告犯罪事實，應負舉證責任，並指出證明之方法。」同理，員警舉發違規亦應該負舉證責任並且指出證明方法，不能空口無憑，說了就算。

單憑心中數秒就推論異議人有闖紅燈之行爲，甚至被法院作爲裁判之主要基礎，不但未盡到舉證責任，更是違反了刑事訴訟法第 160 條規定：「證人之個人意見或推測之詞，除以實際經驗爲基礎者外，不得作爲證據。」

八、本案不該當刑事訴訟法第 158-4 條

刑事訴訟法第 158-4 條規定：「除法律另有規定外，實施刑事訴訟程序之公務員因違背法定程序取得之證據，其有無證據能力之認定，應審酌人權保障及公共利益之均衡維護。」，此條雖爲一設有條件之證據能力規定，惟大致上係認爲公務員違法取得之證據，不具證據能力，其目的同樣係在避免公務員爲取證而不擇手段，甚至侵害被取證者之其他

人權。[15] 本條立法目的係刑事訴訟重在發見實體眞實，使刑法得以正確適用，形成公正之裁判，當公務員取證不合法者，則該證據能力之認定尚非絕對違法，亦應衡量人權保障與公共利益之關係。關於人權保障與公共利益之關係，本條立法理由謂：「法官於個案權衡時，允宜斟酌(一) 違背法定程序之情節。(二) 違背法定程序時之主觀意圖。(三) 侵害犯罪嫌疑人或被告權益之種類及輕重。(四) 犯罪所生之危險或實害。(五) 禁止使用證據對於預防將來違法取得證據之效果。(六) 偵審人員如依法定程序有無發現該證據之必然性及 (七) 證據取得之違法對被告訴訟上防禦不利益之程度等各種情形，以爲認定證據能力有無之標準，俾能兼顧理論與實際，而應需要。」

換言之，當違法事實已被確認時，雖公務員採酌證據之手段違背法定程序，則以人權保障與公共利益維護審酌考量下，退讓法定程序育保障之法益。亦即是用本條文之前提是違法情事已經被確認之前提，然而，本案是否違法仍有待證明，故本條文不適用於本案。

九、他人違法不代表當事人違法

刑事訴訟法第 154 條「被告未經審判證明有罪確定前，推定其爲無罪。犯罪事實應依證據認定之，無證據不得認定犯罪事實。」之規定。

既然員警是控訴者，當事人違法之舉證責任在員警，員警主張「有拍到兩輛已經違規左轉的機車」，這是他人違規，不是本案當事人違規，員警無法舉證證明異議人有違規情事，而事後，警方也沒有舉證本案當事人違規情事，因此，無證據不得認定犯罪事實。

---

15 http://www.ycplaw.com.tw/tw/lawarea/?method=detail&aid=33（最後瀏覽日：03/30/2020）

十、衆所周知的「車牌沒有隱私權」問題

當事人當場否認違規並要求警員出示違規照片，員警立即表示照片上有其他人的車牌，故有隱私問題不能提供[16]。試問，車牌本是掛在車子外面讓公眾週知，有何隱私問題？再者，舉證，乃係警方爲舉發違法行爲時，對於行爲人之違法行爲予以直接或間接證明，以免陷於濫行公權力之情事；而車牌，係機車或汽車用於管理或於特別情狀時，如車禍、違規等，用以管理及辨識、追蹤身分，且平時即懸掛於眾所可見之處，甚至較大型之客貨車，還須另於車體上漆上車牌號碼，故單純車牌並無所謂隱私或秘密性；員警卻以當場有他人隱私不願提供違法照片，而依員警之身分顯知，於警察學校必定受過相當之法學訓練，故可知員警應明白舉證之重要性以及隱私之定義，而奇怪的是，法官面對員警這種乖離的陳述，竟然沒有任何質疑，甚至於裁定書中予以肯認，實在令人匪夷所思。

十一、應到案說明之未打勾當事人無到案說明之義務

「舉發違反道路交通管理事件通知單」之注意事項第 3 點載明著：「本單經勾記『須至應到按處所聽後裁決』者，須依應到案日期、處所，持本單聽後裁決，如違規人未滿十八歲，請由法定代理人、監護人等攜帶違規人之戶口名簿等文件到案，逾期不到案，逕行裁決之。」

詳查「舉發違反道路交通管理事件通知單」左上角有一欄「須至應到按處所聽後裁決」，但本件此處並未被打勾，可是本案法院裁判確認，異議人有到案說明之義務，不禁令人質疑，既然沒有在此處打勾，

16 詳判決文理由四、員警法庭上表示：「異議人的機車我是拍照正面，當時無法立刻給異議人看照片是因為還有拍到他人的機車車牌，基於隱私所以不能給異議人」。

員警當場亦沒有告知要到案說明（只有告知會罰錢要去繳錢），原處分機關也沒有另行發函通知，當事人怎知道要到案說明？爲何當事人有到案說明的義務？以及當事人如何知道要在何時到案說明？

法院雖於裁判書理由五中諭知異議人未前往說明而裁罰新台幣4,500元屬於行政權濫用[17]，卻仍是肯認異議人有到案說明之義務。本文仍不禁想要提問，此義務之法律依據何在？又爲何異議人對此義務提出異議，法院卻充耳不聞？根據刑事訴訟法第163-2條規定：「當事人、代理人、辯護人或輔佐人聲請調查之證據，法院認爲不必要者，得以裁定駁回之。下列情形，應認爲不必要：一、不能調查者。二、與待證事實無重要關係者。三、待證事實已臻明瞭無再調查之必要者。四、同一證據再行聲請者。」而是否到案說明與裁罰基準有關，本案均無這四種無調查必要之情形，但是法院卻未調查，已違背調查證據之義務，抑進一步無端苛予當事人有到案說明之義務。

十二、未記載應記載事項之效果，不得視為已收受

違反道路交通管理事件統一裁罰基準及處理細則第11條規定：「行爲人有本條例之情形者，應填製舉發違反道路交通管理事件通知單（以下簡稱通知單），並於被通知人欄予以勾記，其通知聯依下列規定辦理：一、當場舉發者，應填記駕駛人或行爲人姓名、性別、出生年月日、地址、身分證統一編號及車主姓名、地址、車牌號碼、車輛種類。被查獲之駕駛人或行爲人爲受處分人時，應於填記通知單後，將通知聯

17 ……對異議人為適當之裁處，僅依異議人有逾越應到案期限六十日以上之單一裁量要素而逕為此一違規行為中之機器腳踏車之違規而為高額之罰鍰金額四千五百元及記違規點數三點之裁罰，其適用法律所為之行政裁量已達濫用程度，而屬違法，故原處分關於行政裁量部分則難認有理由，當認異議人此部分所指原處分機關所為之裁決顯有瑕疵及違背法令等語，尚非無據，尚可認有理由。

交付該駕駛人或行為人簽名或蓋章收受之；拒絕簽章者，仍應將通知聯交付該駕駛人或行為人收受，並記明其事由及交付之時間；拒絕收受者，應告知其應到案時間及處所，並記明事由與告知事項，視為已收受。」此所謂「到案」，係指到哪裡？員警告知要 5 天後才去繳錢，觀察「舉發違反道路交通管理事件通知單」之注意事項第 3 點載明著：「本單經勾記『須至應到按處所聽後裁決』以及『舉發違反道路交通管理事件通知單』左上角之『須至應到按處所聽後裁決』欄位，與『得採網際網路語音轉帳、郵局或向經委託代收之機構繳納罰鍰』觀察，該『到案』應係指到裁決所聽後裁決之意思。」；此之「記明事由」，有法院認為，是要記明拒絕簽收的理由，但亦有法院認為，是要記明拒簽或拒收；不巧的是，認為要記明拒絕簽收的理由者，是載明於本案第一審裁判書，而認為要記明拒簽或拒收者，是記明於本案之抗告法院裁定書，亦即本案之第二審裁判書。

已收受與未收受「舉發違反道路交通管理事件通知單」的實益點差在哪裡呢？差別在於，已收受者，自認為自己有違規情事，則應該自動於期限內繳納罰款，若未於期限內繳納罰款，又未向警方提出異議，亦未前往裁決所到案說明者，裁決所則以逾越時間未自動繳納罰款而依照裁決基準表各種情形去裁決罰款金額，通常此種情形下所繳納之罰款，會比自動繳納高。

既然第一審法院認為，應該要記明拒絕簽收之理由，詳查本案之「舉發違反道路交通管理事件通知單」上面之記載，是寫著：「拒簽收、已告知其權利義務」。按法學方法與法律解釋原則，應記載事項未記載者，法律效果為無效；再者，就算法院認為，已經濃縮於罰單上「已告知其權利義務」當中，也必須實際上有告知應到之處所時間，可是，從錄音內容可知，員警現場並沒有告知要到案之處所，法官也確認員警沒有告知過，更沒有在「舉發違反道路交通管理事件通知單」左上角欄位上勾選應到案聽後裁決，僅告知要 5 天後才能繳納罰款，但是法官卻於裁判文中直接認定已經有告知到案處所與日期，實在令人匪夷所思。[18]

「舉發違反道路交通管理事件通知單」雖然記載著到案日期是97年9月24日之前（案發日期是97年9月9日），但此之「到案日期」，綜觀整張「舉發違反道路交通管理事件通知單」，是指繳納罰款之日期而非到案日期，因爲沒有勾選「舉發違反道路交通管理事件通知單」左上角之「須至應到按處所聽後裁決」而是勾選「得採網際網路語音轉帳、郵局或向經委託代收之機構繳納罰緩」，且員警於審判訊問時，也有陳述應於97年9月24日之前繳納罰緩。

縱使要解釋此之到案日期就是到案聽後裁決之日期，而不考慮未勾選「須至應到案處所聽後裁決」與已勾選「得採網際網路語音轉帳、郵局或向經委託代收之機構繳納罰鍰」，法院應對此進行調查與說明，但法院不但未調查，亦未說明反於應記載事項的效果爲何不是無效而是「難視爲瑕疵已達明顯或重大而屬違法情形」，更未配合錄音內容，便逕自認定舉發通知單已經告知應到處所與合法送達，便據此認定員警陳述屬實而異議人推諉卸責之詞，是裁判不備理由。

十三、站立後方拍攝到正面，係違反物理法則與經驗法則

舉發本案之員警主張：「異議人的機車我是拍照正面，……我人站的攔檢點距離事發路口只有五十、六十公尺左右，並沒有異議人所說的一、兩百公尺那麼遠」，又說是距離地政事務所五十公尺之遠，並且提出照片標示其執勤所在之位置；惟根據員警提出之證物上所標示之拍攝站立點觀察，員警站立執勤的地方雖是在地政事務所前五十公尺之遠，

18 有關舉發違規之連續處罰與否，可參詳元照研究室（2017），〈一行為不二罰原則中行為數之認定：對於裁處罰鍰前的繼續性行為，可以在裁處罰鍰後再次課與行政罰嗎？〉，《時事短評》，頁3。

但地政事務所各有左右兩邊五十公尺，而員警所在之處恰好是在異議人後方那一處，且法庭上員警陳述僅有自己一個人値勤，沒有其他人一同執勤，因此沒有其他人代爲拍攝[19]，所以絕對不可能拍攝到異議人的正面，但是員警又陳述是拍攝到正面，實際上，照片也是呈現拍攝正面，此等矛盾之處，法院卻完全沒有理會亦沒有調查，就堅信有違規情事，顯見法院無明察秋毫與細心採證之審判精神與過程，這樣的裁判品質與結果，如何讓人民接受呢？

十四、事後照片不得作為證據

依員警所提出之照片，除照片編號五爲事發當天之照片外，其餘皆屬員警於事發一年後於同地點另行拍照，此於本裁決書中亦有提及；對於編號五之照片，竟以事發一年後所拍之照片來佐證解釋，不但已經與事發之現場迥異，於經驗上，所陳述之內容，當與現場有差異，在此前提下，仍成爲本案裁判之重要依據而不只是輔助證據，亦是違背證據法則。

十五、審判應秉持中立性原則

法院裁判書清楚明確記載著：「案發時地所拍照舉發異議人駕車已闖紅燈左轉行駛之違規照片一張（即編號五照片）」。而實際上，根據證物顯示，該張照片並非異議人駕車已闖紅燈左轉行駛之違規照片，而是異議人已經左轉到進入到實踐路六十多公尺之遙，背後實踐路口號誌燈是綠燈的照片，這樣的照片，沒有顯示出異議人違規，反而是員警與法官均以路口綠燈直接臆測異議人闖紅燈的最佳證明。員警是控方，基於控訴立場把推測之詞直接寫成已經是違法現場，這種心情可以理解，

19 裝設監視器之必要性，詳劉靜怡（2016），〈監視科技設備與交通違規執法〉，《月旦法學雜誌》，248期，頁3。

但是法官仍與員警陳述相同內容，而未呈現眞實，此舉已經逾越審判中立性範圍，實不可採。

再者，法院採認警員陳述：「我有跟他解釋如何的違規，他也明白情形，有請求我們不要開或罰少一點，……」但實際上，異議人從未說過這一些話，而是告訴警方就算開罰單也沒有錢繳納，但是法官卻直接表明要跳過聽取這一段現場錄音的內容，卻於心證上與裁判書直接採認警察的陳述，並且據此推論異議人既然請求開少一點，就是自知有違規之心虛態度。本文質疑的是，錄音內容是案發現場的物證，法官捨棄錄音內容卻採認員警事後的陳述，其捨取的標準何在？未具明理由，不禁令人感受，法官的態度是，現場錄音的證據力比員警事後的解釋陳述內容還要薄弱，亦顯偏袒員警之情，審判中立性當然受到質疑。

又員警謂：「異議人與另一輛重機車於館前東路紅燈時一起左轉實踐路」，然而，照片僅拍到異議人，此與員警所言，與另一人一起紅燈左轉不符，但法院卻捨棄現場照片而採認員警之陳述，此乃與證物事實相反之認定，很難令人信服審判有中立性可言。

又員警謂：「我有告知他可以去申訴的管道」，惟查員警所提之當場錄音，從未向異議人提及「可如何、如何申訴」等語，而原裁定卻逕自認定員警所言爲眞，係反於錄音證物與反於眞實之裁定，不得不令人認爲，法官係爲支持員警而存在，審判中立性蕩然無存。

肆、後續發展：抗告法院

抗告法院[20]撤銷原裁定，甚至認爲無不利益變更禁止原則之適用，維持原處分機關監理站之裁決數額。換言之，面對原審裁判諸多證據法則錯誤與理由不備之處，抗告法院全數支持，而且僅以刑事訴訟法就犯

20 台灣高等法院98年度交抗字第2903號交通事件裁定。

罪證據有關之部分與行政秩序罰之交通違規裁罰本質不符之部分，不在準用之列作爲回應，甚至主張，不適用刑事訴訟法之無罪推定原則。

道路交通管理處罰條例第 89 條規定：「法院受理有關交通事件，準用刑事訴訟法之規定」對此規定，已無其他排除適用之相關法規，換言之，縱使是形政秩序罰之事件，亦不排除刑事訴訟法之證據法則[21]，但是抗告法院卻認爲，無罪推定原則在行政事件不適用，證據排除法則亦不適用，故抗告法院之主張無法律依據。按法律之適用，應以法律爲優先，法律無規定者，方適用習慣或法理，故而抗告法院之主張已經違背法律適用原則。

本文認爲，國家是爲了保護人民而成立，爲什麼人民本該享有的清白，卻還須要自己舉證，而不是由公務員舉證人民不清白？而且，沒有做過的違規事情，卻要舉證沒有做過，請問沒有就是沒有，該如何舉證？尤其面對法院先入爲主的認爲公務員無失誤或犯錯可能性下，人民縱使提出影響判決結果之清白證據，法院就是不理睬，人民該如何有清白？這無異宣告著，法律之前，人人未必平等，享有公務員身分者才是高階人；難怪筆者近日聽聞，沒有當公務員是低等人，這種話會出現在教育界，正教育著我們的大學生，眞是令人非常驚愕與遺憾！

原審與抗告法院均屬裁定確定而非判決確定，故全案已無法以再審救濟而全案終告確定，當事人求訴無門。

伍、結論

人人生而平等。法律之前人人也平等。在沒有違法證據之前，不該

---

21 公務員非實施刑事訴訟程序，而係實施警察職權行使法，是否應適用證據排除法則？本書持肯定見解，蓋我國證據排除法則同時受「憲法」及「法律」之規範。詳王兆鵬（2007），《刑事訴訟講義》，頁37，台北：元照。

先認定人是違法的，不管案件性質是屬於行政秩序罰還是刑法。

縱使公務員行使職權被推定爲眞正，畢竟這是「推定」而不是「視爲」，且法院是刑法或行政罰的最後一道防線，更不該罔置人民的證據而偏取公務員之陳述。維持中立原則，是法院的責任。

從善的角度去著眼，我們相信員警是執法熱誠，毋枉毋縱心切，所以，在沒有目睹與沒有證物或沒有違法照片之下，仍以執法當下心中讀秒去臆測，甚至以騎車在當事人前方的第三人有違規情事，就直接推論當事人有闖紅燈的違規行爲，差一秒就不是闖紅燈的可能性，都在執法心切的情緒下被淹沒，員警這種心情可以被理解。但是，法官應該站在中立立場，而不是以同樣身爲公務員之心情來審理案件，不該一概認爲公務員辦案就不會有犯錯可能性。檢察官舉證不足，法官認爲不成立犯罪，自應爲無罪判決；同樣道理，員警辦案，舉證不足，法官認爲不違法，自應爲駁回處分，而不是尋找任何藉口支持員警，更不該爲員警背書不可能會失誤或犯錯。只因爲，法官應該中立審判！

找不到沒有違法證據就是違法，這是錯誤的邏輯推論，是錯誤的證據法則。整篇裁判文充斥著這種論理方式，這是將人先認定是違法爲前提，而找不到沒有違法的證據就是有違法，這是違反刑事訴訟法原則中最忌諱的無罪推定原則，更違反法律之前人人平等之原則。

不論從紅單的性質觀察，或是從員警是機關舉發人之法律性質觀察，舉發違規之員警的法律性質都不是證人地位，而是控訴角色，而球員兼裁判的證據方法，當然不能做爲證據方法。

根據刑事訴訟法第 160 條規定，證人未實際經歷或親眼所見之個人意見或推測之詞，根本沒有證據能力，連成爲證據的資格都沒有，就是不能作爲證據，但本案法院卻據以作爲當事人違法之主要裁判依據，是錯誤的證據法則。

交通案件中，前面有人闖紅燈，騎在後面的騎士不該在沒有證據之下就直接被當作也有闖紅燈，因爲差一秒的瞬間沒有闖紅燈，就是沒有闖紅燈。況且，他人違法不代表當事人是違法。所以，法院不應該將員警提出騎在當事人前面的案外人闖紅燈，而逕自認定在岸外人後面幾公尺之遙的本案當事人也是闖紅燈，並以此等推測作爲本案當事人違法的證據。這樣的認定是一竿子打翻全船人，是違反證據法則。

刑事訴訟法第 159-4 條規定之前提是該公文書並無顯不可信之情事，若製作公文書之公務員（員警）已因該文書而成爲被告，或該公文書也有可被爭執之顯不可信之內容者，該公文書不可排除於傳聞法則之外。

本篇裁判只是諸多交通案件中的一小角，上網發現，諸多部落格文章申訴著相同的冤屈內容，公務員是人，人民也是人，人人生而平等，爲何法院捨棄民眾之陳述卻偏取公務員之陳述？甚至捨棄人民提出之物證與現場錄音，卻偏取公務員單方說詞？其標準與理由何在？期盼在任何一個交通案件中能有所交代，這也是法官對當事人與社會的責任。

第九章

德國聯邦最高法院刑事大法庭法律問題之擬定及裁判

黃則儒 *

壹、前言

貳、相關法律規定及實務

參、法律問題合併徵詢及裁判或其他修正法律問題的情形

肆、法律問題之擬定及裁判

伍、結論

*現任最高檢察署調辦事檢察官

摘　要

我國大法庭制度於民國 107 年 12 月 7 日經立法院三讀通過法院組織法、行政法院組織法部分條文修正，108 年 1 月 4 日總統公布，108 年 7 月 4 日施行。關於提案事由區分為歧異提案與原則上重要性提案，而無論是歧異提案或原則上重要性提案，為判斷法律見解有無歧異或有無原則上重要性，關鍵均在於提案、徵詢時「法律問題」之擬定。又大法庭為裁判時，得否修正提案庭所擬之法律問題。大法庭在回答法律問題時，除了肯定、否定之外，可否概括地回答，以上疑問都有待觀察大法庭的實務運作。

德國大法庭制度歷史悠久，關於法律問題之擬定，無論是歧異提案或原則上重要性提案，提案之法律問題均需具有裁判顯著重要性。刑事大法庭可以是否有裁判顯著重要性、文義是否足夠明確來修正提案庭所擬之法律問題。聯邦檢察總長就每件提案大法庭之法律問題，均會表示聲請為如何的裁定。大法庭於回答提案之法律問題時，不限於肯定、否定的答案，可較提案庭的法律問題更廣的方式來下裁定，而可細緻地、完整地回答，並附加一些字句，為更詳盡的說明，與提案之法律問題有嚴格關聯者，亦可於裁定時一併考慮。以上德國聯邦最高法院刑事大法庭之實務，或可供我國刑事大法庭運作之參照。

關鍵詞：德國聯邦最高法院，刑事大法庭，法律問題，法律問題之擬定，法律問題之裁判。

壹、前言

大法庭制度於民國107年12月7日經立法院三讀通過法院組織法、行政法院組織法部分條文修正，108年1月4日總統公布，108年7月4日施行。關於提案事由區分爲歧異提案與原則上重要性提案，但無論是歧異提案或原則上重要性提案，爲了判斷法律見解是否有歧異、是否具有原則上重要性，關鍵均在於提案、徵詢時該「法律問題」如何擬定？而大法庭爲裁判時，在多大範圍受提案庭所擬「法律問題」之拘束，得否修正提案庭所擬之法律問題？何種情形下得修正？且大法庭在回答法律問題時，除了肯定、否定之外，可否概括地回答？以上問題如何處理，都有待觀察大法庭的實務運作。德國大法庭制度歷史悠久，可溯源至1832年普魯士秘密高等法庭，即當時德國的最高法院[1]，本文擬由文獻資料已整理的德國聯邦最高法院大法庭實務以及德國聯邦最高法院刑事大法庭的裁定，來觀察德國聯邦最高法院大法庭如何處理上開問題。首先說明德國聯邦最高法院大法庭關於提案法律問題之相關規定及實務（貳），以四則德國聯邦最高法院刑事大法庭裁定來說明法律問題可能有合併徵詢及裁判或其他修正法律問題的情形（參），並以二則德國聯邦最高法院刑事大法庭之裁定，從本案事實、徵詢及回覆裁定、提案裁定、大法庭裁定、小法庭裁定來具體觀察法律問題之擬定及裁判（肆），最後分析及整理德國聯邦最高法院大法庭的實務作法作爲結論（伍）。

1 請參照王士帆（2012），〈德國大法庭：預防最高法院裁判歧異之法定法庭〉，《月旦法學雜誌》，208期，頁66。

貳、相關法律規定及實務

德國法院組織法第 132 條規定：「（第一項）聯邦最高法院設一民事大法庭及一刑事大法庭。此兩大法庭組成聯合大法庭。（第二項）當聯邦最高法院之法庭對一法律問題，擬作出相異於另一法庭之裁判時，各由下列大法庭裁判之：……當一刑事庭擬作出相異於另一刑事庭或刑事大法庭之裁判時，由刑事大法庭裁判之，當一民事庭欲作出相異於另一刑事庭或刑事大法庭之裁判，或者當一刑事庭欲作出相異於另一民事庭或民事大法庭之裁判，或者當一法庭欲作出相異於聯合大法庭之裁判時，由聯合大法庭裁判之。（第三項）僅於其裁判將被背離之法庭，經承審之法庭徵詢後表明將堅持其法律見解時，方得將案件提交大法庭或聯合大法庭裁判。……。徵詢及答覆，由法庭以判決所必要之方式組成，以裁定裁判之；……（第四項）當承審之法庭依其見解認為，為了法律續造或確保裁判一致性有必要時，得將具有原則上重要性之問題，提案予大法庭裁判之。（第五項）（略）。（第六項）（略）。」德國法院組織法第 138 條規定：「（第一項）大法庭及聯合大法庭僅就法律問題為裁判。得不經言詞審理為裁判。該裁判於本案對於承審之法庭有拘束力。（第二項）在刑事大法庭或聯合大法庭裁判前，以及以撤銷死亡宣告為對象之法律爭議，應聽取聯邦檢察總長之意見。聯邦檢察總長亦得於開庭時陳述其見解。（第三項）（略）。」[2]

由上開規定可知，德國大法庭之提案類型有歧異提案以及原則上重要性提案二種[3]。歧異提案為聯邦最高法院之審判法庭對法律問題擬與同

---

2 德國法院組織法之中譯，均係參照連孟琦譯（2016），《德國刑事訴訟法》，台北：元照，以及王士帆，前揭註1，頁90-92。

3 本文重點在於德國聯邦最高法院刑事大法庭法律問題之擬定及裁判。關於德國大法庭之組織、程序之詳細介紹，請參照王士帆，前揭註1，頁65-92。

院其他法庭之先前裁判爲不同之裁判時，負有提案義務；原則上重要性提案爲法律問題具有原則上重要性之提案[4]。就歧異提案而言，因爲同一法律問題只能有一致的終審裁判，因此如何判斷法律問題是否同一，即爲重點。概括地說，法律問題是否具有同一性，以同一規範內容或同一法律原則爲審查標準，但不以同一條文爲限。若同一部法律在多處有內容相同的條文，但這些條文表達的法律概念卻有不同解釋時，仍爲同一法律問題，而並非考慮案情事實是否近似於同一[5]。聯邦憲法法院於2009年3月10日2 BvR - 49/09裁定中提到：「依德國法院組織法第132條第2項，當一刑事庭對一法律問題，擬作出相異於另一刑事庭之裁判時，由刑事大法庭裁判之。當一刑事庭擬就同一法律問題爲與其他庭不同的回答，且該歧異法律見解具有裁判顯著重要性，就存在該條意義下的歧異。當因法律問題的相似，在沒有考慮案件或適用規定的差異下，僅能作出一致的判決時，就始終存在同一法律問題。[6]」此外，德國實務一貫見解要求，該法律問題必須是形成裁判結果的基礎，對於提案庭之系爭案件以及其他庭不同見解之裁判，均具有**裁判顯著重要性**（Entscheidungserheblichkeit）。因爲聯邦最高法院不在解決學術爭議，而是應只就受理之具體案件，且對裁判形成具必要性之法律問題，作出決定[7]。就

4 請參照王士帆，前揭註1，頁78。

5 王士帆，前揭註1，頁73。

6 BverfG Beschl. v. 10.03.2009 - 2 BvR 49/09. "Eine Abweichung im Sinne dieser Vorschrift liegt vor, wenn ein Strafsenat dieselbe Rechtsfrage anders als ein anderer beantworten möchte und die divergierenden Rechtsauffassungen entscheidungserheblich sind. Dieselbe Rechtsfrage liegt immer dann vor, wenn wegen der Gleichheit des Rechtsproblems die Entscheidung ohne Rücksicht auf die Verschiedenheit der Fälle oder der anwendbaren Vorschriften nur einheitlich ergehen kann." BeckOK GVG/Graf, 5. Ed. 1.5.2019, GVG § 132 Rn. 7.

7 審判法庭對系爭法律問題擬為的裁判，與依其他法庭之不同見解，會得出不同結果者，即符合裁判顯著重要性的要件；但若僅是說理不同，裁判結果沒有不同

原則上重要性提案而言，是讓不存在裁判歧異的法律見解，也有提請大法庭統一解釋的機會，在此，法律問題也須具有裁判顯著重要性。德國實務認為該法律問題必須具有顯著的實際或普遍的重要性、重要性已超越個案，例如：許多刑事案件有罪與否取決於該法律問題之答案或是該答案對於相關法律領域具有指標性等[8]。

程序上，承審法庭擬與其他法庭為不同裁判時，須先徵詢其他法庭，僅於被徵詢之法庭作出堅持其法律見解之答覆時，承審法庭方得向大法庭或聯合大法庭提案。而徵詢及答覆，皆以裁定的方式為之，惟下裁定之法庭應以做成判決的方式組成。徵詢裁定應附理由，原因是唯有附理由才能清楚看出為何應偏離截至當時為止的實務見解。反之，回覆裁定原則上不需要附理由，因為通常可從截至當時為止的實務見解中得出。但是若徵詢問題很複雜，回覆上為了法律見解之明確及清楚，應附上可理解的理由[9]。且須由提案庭作出提案裁定（Vorlegungsbeschluss），才開啓大法庭程序。若提案合法，大法庭應僅就提案之法律問題為裁判，不審理未提案或與提案問題無關的其他法律問題[10]。另應注意者為，德國聯邦檢察總長在大法庭的角色，德國法院組織法第 138 條第 2

者，就不符合裁判顯著重要性的要件。王士帆，前揭註1，頁73。Graf, in: BeckOK GVG, 2019, § 132 Rn. 9. Cierniak/Pohlit, in: MüKoStPO, 2018, GVG § 132 Rn. 11.

8 王士帆，前揭註1，頁77-78。

9 Graf, in: BeckOK GVG, 2019, § 132 Rn. 17. 另外，僅僅是因為某一庭提出徵詢裁定，並無法得出拘束其他庭繼續基於截至當時為止的實務見解為判決的封鎖效力（Sperrwirkung）。但提出徵詢裁定的提案庭，自己的見解必須一致，提出徵詢裁定後，不能再為與徵詢裁定歧異見解的判決，否則表示提案庭不再維持其於徵詢裁定中的見解，而使徵詢失效。被徵詢法庭若作出肯認變更截至當時為止法律見解之裁定，此時對於被徵詢法庭有拘束效力（Bindungswirkung），自此該被徵詢法庭不能再回到「舊」的法律見解，除非再聲請提案大法庭。Graf, in: BeckOK GVG, 2019, § 132 Rn. 19-20.

10 王士帆，前揭註1，頁80-81。

項明文規定，在刑事大法庭或聯合大法庭裁判前，以及以撤銷死亡宣告爲對象之法律爭議，應聽取聯邦檢察總長之意見。聯邦檢察總長亦得於開庭時陳述其見解[11]。

大法庭所作裁定，依聯邦最高法院處務規程（Geschäftsordnung des Bundesgerichtshofes）第 9 條第 6 項第 1 句，是以裁定附理由的形式（in Form eines Beschlusses mit Entscheidungsgründen）。裁定回答法律問題，但不一定限於肯定或否定的答案，而是也可以包含修正徵詢的法律命題（Rechtssatz）。大法庭尤其是可以解釋被提交的法律問題，且在這種情況下，考慮到提案裁判的事實（BGHZ 6, 270[12]），或是依據提案裁定另外解釋其提問（BGHZ 11, 156[13]），或僅限縮地回答提問（BGHSt 40, 350[14]）。也不排除基於完整廣泛考量的回答，就此同時創造擴張的見解（BAGE 23, 292[15]）。大法庭裁定可限縮提案法律問題的必要範圍（BGHZ 6, 270；BGHSt 19, 7[16]；40, 350）或比較概括地回答（BGHSt 21, 29[17]；34, 171），也可爲了法律續造及統一法律見解給一個細緻的答案（BAGE 23, 292）。裁定也可僅說明，因欠缺德國法院組織法第 136 條、第 137 條之前提要件，以裁定駁回（聯邦最高法院處務規程第 9 條第6項第2句）[18]。學說上認爲，只要其他法律問題與提交的法律問題形成裁判關聯（Entscheidungszusammenhang），大法庭也可就這些法律

11 Graf, in: BeckOK GVG, 2019, § 138 Rn. 12-13.

12 BGH, 10.06.1952 - GSZ 2/52.

13 BGH, 16.11.1953 - GSZ 5/53.

14 BGH, 22.11.1994 - GSSt 1/94.

15 BAG, 21.04.1971 - GS 1/68.

16 BGH, 27.05.1963 - GSSt 2/62.

17 BGH, 14.02.1966 - GSSt 1/65.

18 Graf, in: BeckOK GVG, 2019, § 138 Rn. 16-18. Feilcke, in: KK-StPO, 2019, GVG § 138 Rn. 8.

問題一起裁判[19]。例如：在 BGHSt 39, 100[20] 大法庭裁定，不僅說明了德國刑法第 211 條謀殺罪與同法第 251 條強盜致死罪的關係，也說明了德國刑法第 251 條強盜致死罪與同法第 212 條殺人罪的關係，因爲這兩者競合的關係僅能爲相同的評價。在 BGHSt 40, 138[21] 大法庭裁定，除了先提出的法律問題外，也一併就是否維持連續的一行爲一起裁判。依 BGHSt 32, 115[22] 大法庭裁定，與提交問題有嚴格關聯，但沒有明確涵蓋的其他法律問題，其中同樣有原則重要性者，大法庭可於裁判中一併考慮進去。但依BGHSt 33, 356[23] 大法庭裁定，大法庭不得就與提交問題沒有直接關聯的問題爲裁判[24]。

參、法律問題合併徵詢及裁判或其他修正法律問題的情形

一、刑二庭及刑三庭提案之法律問題合併徵詢及裁判

BGH GSSt 2/93, GSSt 3/93 - 1994 年 5 月 3 日刑事大法庭裁定[25]，把刑二庭與刑三庭的提案合併在一起，一併徵詢及裁判。刑二庭提案的法律問題爲：「連續的一行爲的假設是否排除下列情形，即犯罪行爲人的故意沒有從一開始就受犯罪期間、個別行爲的次數以及所企求結果之範圍的限制？」而刑三庭提案的法律問題，涉及的不僅是連續犯的內在層面，也包括外在層面，其法律問題爲：「連續的一行爲的假設的前提是

19 Graf, in: BeckOK GVG, 2019, §138 Rn. 19.

20 BGH, 20.10.1992 - GSSt 1/92.

21 BGH, 03.05.1994 - GSSt 2/93, GSSt 3/93.

22 BGH, 17.10.1983 - GSSt 1/83.

23 BGH, 07.11.1985 - GSSt 1/85.

24 Feilcke, in: KK-StPO, 2019, GVG § 138 Rn. 9.

25 BGH, 03.05.1994 - GSSt 2/93, GSSt 3/93.

否是，全部事件一而不僅是其個別行爲一具有緊密的時間上及空間上的關聯，且犯罪行爲人已經在實行犯罪的一開始就有涵蓋個別實現犯罪構成要件的具體、重要基本特徵及其全部範圍的故意？」上開大法庭裁定中提到：「這些提案問題有緊密的內在關聯。分開而僅重複才可能回答，將是不合適的。刑事大法庭因此於適用刑事訴訟法第 237 條之法律思維下，將兩個提案合併共同徵詢及裁判。」亦即，具有緊密的內在關聯之法律問題，若分開回答，勢必會重複，這樣可以適用德國刑事訴訟法第 237 條數個有牽連關係之刑事案件合併審判之法律思維，一併徵詢及裁判。

二、聯邦檢察總長認為提案法律問題過於狹隘

關於 BGH GSSt 1/06 - 2007 年 4 月 23 日刑事大法庭裁定[26]，該案刑一庭提案的法律問題爲：「關於一個允許被告方所提起的程序指責，該程序指責是不利於被告，若基於筆錄的更正，會喪失上開程序指責之重要的事實基礎，更正筆錄的證明力（刑事訴訟法第 274 條）對於法律審就也是重要的嗎？」聯邦檢察總長認爲，提案法律問題僅限於被告提起的上訴，是過於狹隘，應擴張至檢察官及附加訴訟人提起之法律審上訴。聯邦檢察總長並聲請大法庭爲如下裁判：「a) 程序指責是不利於上訴人，於提出程序指責後之審判筆錄的更正，對於法律審而言，在刑事訴訟法第 274 條意義下，原則上就也是相當重要的，當經由審判筆錄的更正會喪失程序指責的事實基礎。b) 若從法律審的角度，存在關於筆錄更正的內容有不正確的線索，法律審得以自由證明來澄清具有判決重要性的程序事項。」本案刑事大法庭裁定：「1. 經過允許的筆錄更正也得不利於上訴人，使一個已經依規定提起的程序指責的事實基礎因而喪

[26] BGH, 23.04.2007 - GSSt 1/06.

失。2. 在這樣的情形，預計要更正筆錄前，公證人首先要聽取上訴人的意見。若他有證據反對預計的更正，必要時應詢問其他程序參與者。若儘管有反對，公證人仍維持筆錄的更正，應在其裁判中就此附上理由。3. 筆錄更正的重要性是在經由法律審審查被提起的程序指責的範圍內。懷疑時，就此而言適用筆錄未修正的版本。」亦即，提案法律問題僅限於被告提起之法律審上訴，聯邦檢察總長可就此表示太過狹隘，並建議也適用於檢察官及附加訴訟人所提起之法律審上訴，也就是擴張法律問題。之後，由刑事大法庭的裁定內容觀之，並未限定是被告提起法律審上訴之情形，而適用於全部法律審的上訴人。

三、刑事大法庭以裁判顯著重要性來修正提案庭的提案法律問題

關於 BGH GSSt 1/16 - 2016 年 7 月 15 日刑事大法庭裁定[27]，該案刑二庭於 2015 年 3 月 18 日提案的法律問題，刑事大法庭曾指示欠缺裁判顯著重要性而不受理，刑二庭於 2016 年 2 月 24 日撤回，但刑二庭同日再重新提交法律問題予刑事大法庭，法律問題爲：「證人於審判程序才行使拒絕證言權，透過訊問曾訊問證人的法官，引入及評價證人先前的證言，僅於該法官不僅曾對證人告知其拒絕證言權，而且還告知其證述會在接下來的程序引入及評價的可能性時才允許？」就這個法律問題，刑事大法庭認爲考慮到裁判顯著重要性，該問題擬定得太廣泛，因爲可能不僅涉及本案之基於個人原因的拒絕證言（德國刑事訴訟法第 52 條），而也會涉及基於職業原因的拒絕證言（德國刑事訴訟法第 53 條、第 53a 條及第 54 條）。德國刑事訴訟法第 53 條、第 53a 條及第 54 條並未如同第 52 條第 3 項第 1 句一樣，有規定每次訊問前應告知其權利。因此依德國刑事訴訟法第 252 條審查可否使用這群人先前的證述時，是

[27] BGH, 15.07.2016 - GSSt 1/16.

否取決於之前有無告知拒絕證言權以外的事項，並非如同德國刑事訴訟法第 52 條的情形。因此提案法律問題應限縮於基於個人原因拒絕證言的情形。刑事大法庭因此將提案法律問題擬定爲：「證人於審判程序才依刑事訴訟法第 52 條第 1 項行使拒絕證言權，透過訊問在具體犯罪行爲所涉及的偵查程序中，曾訊問證人的法官，引入及評價證人先前的證言，僅於該法官不僅曾對證人告知其拒絕證言權，而且還告知其證述會在接下來的程序引入及評價的可能性時才允許？[28]」本案刑事大法庭裁定：「證人若於審判程序才依刑事訴訟法第 52 條第 1 項行使拒絕證言權，爲引入及評價證人先前的證言至審判程序，透過訊問在具體犯罪行爲所涉及的偵查程序中，證人曾在該法官前證述的法官，以及評價由此取得的證據結果，要求該法官曾依刑事訴訟法第 52 條第 3 項第 1 句告知證人其拒絕證言權；不需要更廣泛的教示。」亦即，刑事大法庭可以裁判顯著重要性來限縮提案法庭的法律問題，由原本未限縮證人係以何種原因行使拒絕證言權，限縮至以個人原因行使拒絕證言權的情形。

四、刑事大法庭以文義不夠明確來修正提案庭的提案法律問題

關於 BGH GSSt 3/17 - 2017 年 7 月 24 日刑事大法庭裁定[29]，提案問題是有關量刑，刑三庭提案的法律問題爲：「事實審法官得否在刑法第 21 條、第 49 條第 1 項的範圍所要求的所有與罪責相關的狀況的整體評價，把裁量判決不管刑罰移用方案，無法律錯誤地僅基於被告有責的酒醉所導致其責任能力之顯著減少，就算不能確定有經由酒醉所決定、基於個別情形之個人或環境關係，可預見明顯提高從事犯罪行爲的風

---

28 德國刑事訴訟有偵查法官的制度，於偵查程序中，證人可在偵查法官前作證述。參照德國刑事訴訟法第162條。連孟琦譯（2016），《德國刑事訴訟法》，頁218，台北：元照。

29 BGH, 24.07.2017 - GSSt 3/17.

險？」刑事大法庭認爲提案法律問題的文義不夠明確，如同刑二庭與刑四庭所闡述，該法律問題的寫法可能理解爲，裁判應當完全基於特定觀點來作成，因此參照刑四庭的考量，刑事大法庭將提案法律問題擬定爲：「事實審法院依刑法第 21 條、第 49 條第 1 項關於刑罰移用方案所要求的整體評價所有與罪責相關的情況的裁量判決的範圍內，自己有責的酒醉得否不給予刑罰減輕，就算不確定個別情形基於個人或環境關係有可預見明顯的提高從事犯罪行爲的風險？」刑事大法庭裁定：「事實審法院依刑法第 21 條、第 49 條第 1 項關於刑罰移用方案所要求的整體評價所有與罪責相關的情況的裁量判決的範圍內，自己有責的酒醉得不給予刑罰減輕，就算不確定個別情形基於個人或環境關係有可預見明顯的提高從事犯罪行爲的風險。」亦即，刑事大法庭可以提案庭之提案法律問題不夠明確，來修正提案之法律問題。

肆、法律問題之擬定及裁判

一、聯邦最高法院刑事大法庭 2001 年 3 月 22 日 GSSt 1/00 裁定[30]

(一) 本案事實、徵詢及回覆裁定

依地方法院的認定，本案二名被告於 1998 年 5 月間合意，於長達數週的時間，以分工合作的方式從汽車販售中心竊取高價二手車。他們自 1998 年 6 月間起，至 1998 年 7 月 30 日被逮捕時止，執行共同的計畫，即探訪多家汽車販售中心，查看停放在戶外的待銷售車輛並假裝有購買的興趣。依犯罪計畫，由一位被告負責轉移銷售人員的注意力，同時，另一位被告利用這個情況悄悄地將所參觀車輛的原始鑰匙換成同廠

[30] BGHSt 46, 321。

牌外觀相似的鑰匙。於接下來的週末就使用原始鑰匙竊取這些車輛。刑事庭尚無法弄清楚是否是被告或一位或數位不明的共犯竊取這些車輛並可能運到東歐。地方法院以該二名被告觸犯加重集團竊盜五罪、加重集團竊盜未遂、集團竊盜二罪以及集團竊盜未遂判處應各執行有期徒刑 4 年 9 月[31]。

本案德國聯邦最高法院刑四庭於徵詢裁定[32]主文中提到：「本庭擬爲裁判：即集團的概念是**超過**二人以眞摯的意志聯合，在未來某一段期間做許多獨立的、細節還不確定的犯罪行爲。集團竊盜的構成要件並不**要求至少二位集團成員同時同地**合作來犯罪。本庭徵詢聯邦最高法院其他刑事庭，是否維持反對的見解。」其理由略以：「依截至當時爲止聯邦最高法院一貫實務見解，集團的概念係二人以眞摯的意志聯合，在未來某一段期間做許多獨立的、細節還不確定的犯罪行爲（BGHSt 23, 239f.; 31, 202, 205; 38, 26, 27f.; 39, 216, 217; 42, 255, 257f.;）。這二名被告可能依該實務見解看作是『集團』。但德國刑法第 244 條第 1 項第 2 款及第 244a 條第 1 項有罪判決的實務見解卻要求，至少要有二位集團成員同時同地合作竊盜（參照 BGHSt 25, 18; 33, 50, 52）。關於車輛竊盜案，這個見解可能是有疑問的，因爲本案依地方法院認定，僅於竊取車鑰匙時是在有其他集團成員的合作之下，但於竊取車輛時是否如此，並非無疑。本庭認爲截至當時爲止的實務見解對於德國刑法第 244 條第

31 引自徵詢裁定即BGH, 14.03.2000 - 4 StR 284/99之內容。德國刑法第244條第1項第2款規定：「有下列情形之一者，處六月以上十年以下有期徒刑：2.以身為持續實行強盜或竊盜所連結的集團成員，在其他集團成員之一的合作下竊盜者」。德國刑法第244a條第1項規定：「以身為持續實行強盜或竊盜所連結的集團成員，在其他集團成員之一的合作下竊盜者，而有本法第243條第1項各款、第244條第1項第1款或第3款之情形者，處一年以上十年以下有期徒刑。」德國刑法之中譯，均係參照何賴傑、林鈺雄審譯，李聖傑、潘怡宏編譯，王士帆等合譯（2019），《德國刑法典》，2版，台北：元照。

32 BGH, 14.03.2000 - 4 StR 284/99.

1 項第 2 款、第 244a 條第 1 項之『集團』構成要件，即二人聯合就足夠的見解，此一解釋太寬。然而，『在其他集團成員合作下』之構成要件，即竊盜時應同時同地合作的見解，本庭又認爲該解釋太窄。」基於上開徵詢，刑五庭表示不反對刑四庭擬爲的判決，就「集團的概念係**超過**二人以眞摯的意志聯合，在未來某一段期間做許多獨立的、細節還不確定的犯罪行爲」表示不維持自己的反對見解；就「集團竊盜的構成要件並**不要求至少二位集團成員同時同地**合作來犯罪。」表示贊同[33]。刑一庭及刑二庭均表示維持其截至當時爲止的見解，反對刑四庭擬爲的裁判[34]。刑三庭建議將徵詢裁定中所提出的法律問題依德國法院組織法第 132 條第 4 項送交刑事大法庭，並表示維持截至當時爲止的見解，即二人就能組成集團；就「集團竊盜的構成要件並**不要求至少二位集團成員同時同地**合作來犯罪。」則表示贊同[35]。

由上可知，承審法庭之徵詢裁定的主文是寫該庭擬採見解，並非以疑問句寫出法律問題。且就「集團的概念係**超過**二人以眞摯的意志聯合，在未來某一段期間做許多獨立的、細節還不確定的犯罪行爲」之徵詢係基於爲保持對所有實體刑法之集團犯罪所必須具備的集團成員數目，有一致的解釋，這因此擴張至所有集團犯罪[36]。

(二) 提案裁定及法律問題

刑四庭裁定[37]依德國法院組織法第 132 條第 2 項及第 4 項向聯邦最高法院刑事大法庭提出下列法律問題：

---

[33] BGH, 04.04.2000 - 5 ARs 20/00.

[34] BGH, 27.06.2000 - 1 ARs 6/00, BGH, 21.06.2000 - 2 ARs 76/00.

[35] BGH, 16.08.2000 - 3 ARs 3/00.

[36] 參照刑一庭回覆裁定的理由，BGH, 27.06.2000 - 1 ARs 6/00。

[37] BGH, 26.10.2000 - 4 StR 284/99.

1. 集團的概念是否以超過二人的聯繫爲前提？
2. 集團竊盜罪的構成要件是否要求（至少）二位集團成員同時同地合作？

提案裁定的理由略以：「經由 1998 年 1 月 26 日第 6 次刑法修正，集團方式犯罪的加重法律效果擴張至相當大的範圍[38]。立法者把集團的概念委由實務見解決定。爲了不讓『集團犯罪』氾濫，並與共犯相區別，以及對抗組織犯罪，主張集團應至少有三人追求犯罪上的共同利益。」由此可知，第一個法律問題，即「集團的概念是否以超過二人的聯繫爲前提？」亦適用於其他集團犯罪。另外，提案裁定最後也表示依提案庭的看法，本案法律問題均具有原則上重要性。

(三) 大法庭裁定[39]

主文如下：

1. 集團的概念以至少三人的聯合爲前提，這些人以將來某段期間，做許多獨立的、細節還不確定的、法律中所稱犯罪類型的犯罪行爲的意志相互結盟。「鞏固的集團意志」或「實行上位的集團利益」並非必要。
2. 集團竊盜罪的構成要件不以至少二位集團成員地點上及時間上一起犯竊盜罪爲前提。當一位集團成員爲行爲人以及另一位集團成員於竊盜時以任一方式合作即足。該取走行爲本身也可透過與集團無關

---

38 參照德國刑法第146條第2項偽造變造貨幣罪，第152a條第3項偽造變造簽帳卡支票匯票罪，第236條第4項第1款買賣兒童罪，第263條第3項第1款、第5項詐欺罪，第264條第3項補助詐欺罪，第266條第2項背信罪，第267條第3項第1款、第4項偽造文書罪，第268條第5項偽造機械紀錄罪，第275條第2項預備偽造官方證明文件罪，第276條第2項取得偽造官方證明文件罪等，均有以身為持續實行各該犯罪所連結的集團成員犯之的規定，或準用相關條文之規定。

39 BGH, 22.03.2001 - GSSt 1/00.

的行為人實行。

大法庭裁定之理由中會提到聯邦檢察總長對於法律問題所擬聲請的裁定內容。聯邦檢察總長聲請就本案二個法律問題為下列裁定：1. 集團的概念不以超過二人的聯合為前提。2. 集團竊盜罪的構成要件不要求至少二位集團成員同時同地合作犯罪。

另外，大法庭裁定理由也說明提案法律問題關於集團的概念，不僅限於竊盜罪的情形，未來很多刑事程序是否以集團方式犯之來判決，取決於該法律問題的答案。且在徵詢程序中，各刑事庭有歧異見解，因此刑事大法庭的裁判不僅是對於法律續造，而且也是對於確保一致的實務見解有所必要。

德國聯邦最高法院刑事大法庭基於刑四庭的提案，根本性地變更了集團竊盜的實務見解。德國刑法第 244 條規定不同型態特別危險的竊盜情狀，並處以較重的刑罰，其中依德國刑法第 244 條第 1 項第 2 款，以身為持續實行強盜或竊盜所連結的集團成員，在其他集團成員之一的合作下竊盜者，犯集團竊盜罪。德國聯邦最高法院所有刑事庭截至當時為止的實務見解，對於該條意義下的集團，以及其他集團構成要件的理解是，於存在其他前提要件下，僅有二人的聯合也構成。而限縮該要件的方式是經由要求集團成員合作的形式及方式。就此而言，當時實務見解認為至少必須要有二位集團成員於竊取物品時在犯罪現場同時同地合作。對於該兩項要件，即集團成員最少人數及對於集團成員於犯竊盜罪時合作的要求，刑事大法庭認為截至當時為止實務見解之續造是合適的且法律上允許的。

依刑事大法庭的見解，集團的概念以至少三人的聯合為前提。這些人必須以將來某段期間，觸犯法律所稱犯罪類型的犯罪行為的意志相互結盟。不要求維持截至當時為止適用的集團成員合作方式及方法的嚴格要求。集團竊盜的構成要件並未以至少有二位集團成員同時同地一起從事竊盜為前提。當一個集團成員作為行為人，另一位集團成員以任一方式合作即足。該取走行為本身甚至可透過與集團無關的行為人實行。這個對於德國刑法第 244 條第 1 項第 2 款的解釋符合該條規定的意義與目的。法律以提高的刑罰威嚇來處理集團犯竊盜的特別危險性，雖然也可在此表達要二位集團成員在犯罪現場合作。但同樣地也可表示，依各情況的特殊性，集團竊盜，例如：可透過一位集團成員計畫犯罪細節、另一位勘查犯罪現場或安排交通工具，再一位在犯罪現場取走物品（或是透過讓一位與集團無關的行為人取走）來分工合作，以及最後還有一位將取走的物品帶到安全的地方。當也許是依集團首腦的指示，只有一位集團成員在犯罪現場行動時，一個正因為其成員分工合作所成功行動的大集團之集團首腦必須依刑事大法庭的評價也可因集團竊盜罪被處罰。基於今日集團犯罪的呈現方式，大集團基於其組織及分工行動而不一定要有兩位集團成員出現在犯罪現場，相較於兩位一起犯罪的犯罪行為人，前者對於財產的危險性更高[40]。

(四) 聯邦最高法院 2001 年 7 月 17 日 4 StR 284/99 裁定（本案小法庭裁定主文）

1. 基於被告上訴，撤銷 Münster 地方法院 1999 年 2 月 22 日之判決及事實認定。
2. 事實及上訴費用發回地方法院其他刑事庭重新審理及判決。

(五) 小結

1. 本件聯邦最高法院刑事大法庭裁定變更聯邦最高法院一向以來對於「集團竊盜罪」的實務見解，改為至少三人以上，但不需同時同地出現在犯罪地點，僅有一人出現在犯罪地點即足。

---

[40] Bundesgerichtshof, Mitteilung der Pressestelle, 03. April 2001, Nr. 28/2001.

2. 本案小法庭因此裁定撤銷地方法院判決發回更審，理由援引聯邦檢察官 2001 年 7 月 18 日書狀，即目前爲止的調查無法支持集團竊盜罪的有罪判決。依刑事大法庭裁定關於集團竊盜罪的概念，截至目前爲止不確定被告是否與第三個人聯合，是否以及多大範圍能做與此相關的補充調查，應保留給新的審判程序。
3. 承審法庭在徵詢裁定會敘述實務及學說對於法律問題的相關見解，以此確認擬定法律問題的抽象程度。
4. 本案大法庭的裁定主文除了回答提案庭的法律問題外，有進一步精確的說明，例如：就第一個法律問題，大法庭裁定主文除了回答「集團的概念以至少三人的聯合爲前提」之外，並提到「這些人以將來某段期間，做許多獨立的、細節還不確定的、法律中所稱犯罪類型的犯罪行爲的意志相互結盟。『鞏固的集團意志』或『實行上位的集團利益』並非必要。」而於第二個法律問題，大法庭裁定主文除了回覆「集團竊盜罪的構成要件不以至少二位集團成員地點上及時間上一起犯竊盜罪爲前提」之外，也補充說明「當一位集團成員爲行爲人以及另一位集團成員於竊盜時以任一方式合作即足。該取走行爲本身也可透過與集團無關的行爲人實行。」

二、聯邦最高法院刑事大法庭 2003 年 2 月 4 日 GSSt 1/02 裁定

(一) 本案事實、徵詢及回覆裁定

依地方法院認定，被告至遲於 2000 年 7 月間與另案偵辦的 P 合意，未來共同在荷蘭取得毒品，特別是搖頭丸（Ecstasy），並於德國轉售獲利。2000 年 7 月底他們決定，駕駛被告弄到的汽車到荷蘭的芬洛市（Venlo），以便在那裡建立取得毒品的聯繫管道。因爲被告帶了許多錢在身上，而且這是第一次與還不認識的販毒者爲毒品交易，基於安全理由，被告要求 P 應該隨身帶著被告的空氣槍（槍口朝前）。儘管一

開始有疑慮，P 仍表示準備好了。抵達芬洛市後，P 基於害怕事態可能擴大，而把空氣槍放在汽車副駕駛座前的置物箱裡，這對於被告而言是藏著。在芬洛市的集市廣場，被告及 P 認識了販毒者 T，他們與 T 一起開車到荷蘭的魯爾蒙德市（Roermond）。在魯爾蒙德市被告從 T 那邊取得 1,000 顆搖頭丸（每單位服用量之有效成分數量至少 25 毫克）以及 200 公克安非他命（有效成分含量至少有 10% 安非他命鹽基）。被告及 P 拿到毒品後就開車回○城市，路途中該已上膛的空氣槍仍一直放在汽車置物箱裡，但被告並不知情。被告一直認爲，P 將武器直接帶在身上。地方法院判決被告於犯罪事實 II, 6 以一行爲觸犯攜帶槍砲未經許可輸入非微量麻醉藥品罪及未經許可交易麻醉藥品罪（麻醉藥品交易法第 30a 條第 2 項第 2 款）。

本案德國聯邦最高法院刑三庭於徵詢裁定[41]主文中提到：「本庭擬爲裁判：『於共同實行犯罪行爲時，實現麻醉藥品交易法第 30a 條第 2 項第 2 款構成要件者，不僅是那位可自己直接拿取隨身攜帶槍砲之行爲人；自共同犯罪計畫所涵蓋的一位行爲人的武器更可將其共犯依一般原則（德國刑法第 25 條第 2 項）劃歸爲共同正犯（來自聯邦最高法院 BGHSt 42, 368 的課題）』本庭徵詢刑一庭是否維持反對的見解，且送交其他刑事庭並徵詢，上開所擬裁判是否與其見解歧異以及是否維持該歧異見解。」其理由略以：「刑一庭認爲麻醉藥品交易法第 30a 條第 2 項第 2 款之「攜帶」（Mitsichführen）的構成要件要求行爲人直接拿取槍砲的可能性，因此排除共犯的基本原則，且該規定之限縮解釋參照攜帶武器竊盜（德國刑法第 244 條第 1 項第 1 款）、攜帶武器強盜（德國刑法第 250 條第 1 項第 1 款 a）以及攜帶武器妨害公務（德國刑法第 113 條第 2 項第 1 款）或攜帶槍砲重大破壞公共秩序（德國刑法第 125a 條第 1 款）並無疑問。本庭認爲刑一庭的見解讓麻醉藥品交易法第 30a

[41] BGH, 14.12.2001 - 3 StR 369/01.

條第 2 項第 2 款之攜帶武器交易麻醉藥品成爲己手犯，麻醉藥品交易法第 30a 條第 2 項第 2 款之文義並不導出該罪是己手犯，立法者的意思及規範目的也不支持攜帶武器交易麻醉藥品爲己手犯，由立法資料可得出，只要至少有一樣武器，該條規定係針對所有麻醉藥品交易之參與者。立法者制定該規定是因爲行爲人攜帶武器之麻醉藥品交易具有特殊危險性。當犯罪時有攜帶武器，無論誰直接掌控武器，該危險性始終存在。就算與刑法其他有相似加重構成要件的規定[42]比較，也不一定能解釋該條可排除共犯規定的適用。毋寧是，若排除共犯規定的適用，將無理由的割裂共犯的概念。」基於上開徵詢，刑一庭表示維持限縮解釋的見解，關於麻醉藥品交易法第 30a 條第 2 項第 2 款之攜帶武器交易麻醉藥品，排除德國刑法第 25 條第 2 項共犯之適用[43]。刑二庭、刑四庭及刑五庭均表示刑三庭擬爲之裁判與其見解並無歧異。其中刑二庭贊同刑三庭之見解，刑五庭不維持其可能歧異的見解[44]。

聯邦檢察總長基於 1997 年 1 月 14 日（BGHSt 42, 368）及 1998 年 9 月 10 日（1 StR 446/98）刑一庭之判決聲請就被告於犯罪事實 II 6 之有罪宣告變更爲，被告以一行爲觸犯教唆攜帶武器交易麻醉藥品、未經許可輸入非微量麻醉藥品及未經許可交易非微量麻醉藥品。

(二) 提案裁定及法律問題

刑三庭裁定[45]依德國法院組織法第 132 條第 2 項及第 4 項向聯邦最高法院刑事大法庭提出下列法律問題：

共同實行犯罪行爲的情形，僅麻醉藥品交易法第 30a 條第 2 項第 2

---

42 例如：德國刑法第177條第7項第1款攜帶武器為妨害性自主犯罪、第244條第1項第1款a攜帶武器竊盜以及第250條第1項第1款a攜帶武器強盜。

43 BGH, 03.04.2002 - 1 ARs 14/02.

44 BGH, 07.05.2002 - 3 StR 369/01, S. 5.

45 BGH, 07.05.2002 - 3 StR 369/01.

款的那一位行為人，即可自己直接拿取隨身攜帶的槍砲者，或是自共同犯罪計畫所涵蓋的共犯的武器也可將剩下的人依一般原則（德國刑法第25條第2項）劃歸為共同正犯？

提案裁定的理由略以：「就算與刑法其他有相似加重構成要件的規定，例如：德國刑法第177條第7項第1款攜帶武器為妨害性自主犯罪、第244條第1項第1款a攜帶武器竊盜以及第250條第1項第1款a攜帶武器強盜等規定相比較，也不一定能解釋該條可排除共犯規定的適用。」是以，提案法律問題僅限適用於麻醉藥品管理法第30a條第2項第2款。刑三庭依德國法院組織法第132條第2項歧異提案以及也依同法第132條第4項原則重要性提案至刑事大法庭。

(三) 大法庭裁定

主文如下：

共同實施犯罪者不僅是依麻醉藥品交易法第30a條第2項第2款之罪的那一位行為人，即可自己直接拿取隨身攜帶的槍砲或該條意義下的其他物品。更確切地說，自共同犯罪計畫所涵蓋的共犯的武器可將剩下的行為人依一般原則（德國刑法第25條第2項）劃歸為共同正犯。

大法庭裁定之理由中會提到聯邦檢察總長對於該法律問題的見解。本案聯邦檢察總長認為，自共同犯罪計畫所涵蓋的共犯的武器，可將剩下的行為人依一般原則（德國刑法第25條第2項）劃歸為共同正犯。

另外，大法庭裁定理由也引用聯邦憲法法院之前的判決（BGHSt 44, 62, 66）表示，就算是同樣的文字，同一概念在不同的構成要件也可依其目的為不同的解釋。並舉例德國刑法第125a條第2句第2款攜帶武器破壞公共秩序罪，因為該罪具有「人數眾多的犯罪」之特性，於區別共犯範圍時，就有以是否親自攜帶武器作為標準的必要。但這個觀點對於麻醉藥品交易法第30a條第2項第2款不具重要性。而參照德國刑法第 177 條妨害性自主罪，肯認同一結論，即目前意見是不需要親自攜帶武器，也可成立共犯[46]。是以，提案法律問題僅限於麻醉藥品交易法第 30a 條第 2 項第 2 款的情形。

麻醉藥品交易法第 30a 條第 2 項第 2 款攜帶武器交易的構成要件是為了對抗行為人攜帶武器為毒品交易的特殊危險性，即為了實現犯罪利益而沒有顧忌地使用武器。因為該規定的適用範圍很廣，而且是最輕本刑 5 年以上有期徒刑之罪，因此法學上有許多批判。刑一庭於 1997 年在一個判決中採限縮解釋，即僅攜帶武器的行為人自己涉犯該罪。依刑一庭的見解，在此不適用共犯的一般原則（BGHSt 42, 368）。與此相對，刑三庭認為仍應適用共犯規定，並將爭議問題送交大法庭。大法庭裁定，攜帶武器為交易之行為人不僅是自己拿隨身武器者。毋寧是，他攜帶的武器也可歸屬到剩下沒有帶武器的行為人，如果這些行為人是被整體犯罪計畫所涵蓋。理由是一般法律解釋標準，以及這樣才能將毒品交易的幕後操縱者繩之以法。這些幕後操縱者基於小心的理由，不會直接接觸毒品及武器[47]。

(四) 聯邦最高法院 2003 年 4 月 24 日 3 StR 369/01 裁定（本案小法庭裁定主文）

1. 基於被告上訴，變更 Duisburg 地方法院 2001 年 5 月 15 日判決如下，即被告於下列犯罪事實有罪：
   - 交付麻醉藥品予未成年人（犯罪事實 II, 1）
   - 二次無償轉讓麻醉藥品予未成年人（犯罪事實 II, 2 及 3）
   - 一行為觸犯交付麻醉藥品予未成年人及販賣麻醉藥品（犯罪事實 II, 4）

[46] BGH, 04.02.2003 - GSSt 1/02, S. 9-10.

[47] Bundesgerichtshof, Mitteilung der Pressestelle, 28. März 2003, Nr. 45/2003.

- **攜帶槍砲交易麻醉藥品（犯罪事實 II, 6）**
- 一行爲觸犯輸入非微量麻醉藥品、販賣麻醉藥品及幫助販賣非微量麻醉藥品（犯罪事實 II, 7）
- 一行爲觸犯輸入非微量麻醉藥品、販賣非微量麻醉藥品及幫助販賣非微量麻醉藥品（犯罪事實 II, 8）
- 三次一行爲觸犯輸入非微量麻醉藥品及幫助販賣這些麻醉藥品（犯罪事實 II, 9 至 11）
- 三次一行爲觸犯輸入非微量麻醉藥品及販賣這些麻醉藥品（犯罪事實 II, 12 至 14）及
- 販賣麻醉藥品（犯罪事實 II, 15）

2. 其餘上訴駁回。
3. 上訴人應負擔其上訴費用。

(五) 小結

1. 小法庭的裁定是基於被告上訴而審查原判決，從而變更有罪與否的宣告，但因爲法律上的錯誤不能不利被告，是以維持刑的宣告。
2. 犯罪事實 II, 6 的部分，被告係與一位攜帶槍砲的陪同者於荷蘭取得非微量麻醉藥品並輸入之，以販售獲利，而這是否構成攜帶槍砲交易麻醉藥品，經刑事大法庭裁定後，改爲依攜帶槍砲交易麻醉藥品判決有罪。排除依麻醉藥品交易法第 30a 條第 2 項第 2 款攜帶武器輸入毒品罪的理由是，因爲依該條是規定「未交易」之輸入。此外交易的構成要件也排斥輸入的構成要件。
3. 本案小法庭裁定之理由中一開始就提到：「補充聯邦檢察總長之說明，注意：……」可知聯邦檢察總長在大法庭裁定後，會向小法庭送交詳細的書狀。
4. 本案大法庭的裁定除回答提案庭的法律問題外，有將麻醉藥品交易

法第 30a 條第 2 項第 2 款規定中的「或該條意義下的其他物品」也納入，也就是不限於提案法律問題所寫的「槍砲」，而有加入該條意義下的其他物品。

伍、結論

法律問題之擬定，需先整理可能涉及之實務及學說見解，確認終審法院先前裁判之見解有無歧異、是否具有原則上重要性。此外，德國實務一貫見解要求，該法律問題必須對於提案庭之系爭案件以及其他庭不同見解之裁判，均具有裁判顯著重要性，亦即是形成裁判結果的基礎。

法律問題若有緊密的內在關聯，分開回答要重複才可能回答時，可適用德國刑事訴訟法第 237 條之法律思維，合併徵詢及裁判。刑事大法庭可以法律問題是否具有裁判顯著重要性、文義是否足夠明確來修正提案庭的法律問題。聯邦檢察總長就每件提案大法庭之法律問題，均會表示聲請爲如何的裁定。於 BGHSt 1/06 - 2007 年 4 月 23 日刑事大法庭裁定，聯邦檢察總長甚且表示該案提案之法律問題過於狹隘，最後刑事大法庭裁定主文也是以較廣的方式回答（適用於所有上訴人），並未限於提案法律問題（僅被告爲上訴人的情形）。是以，刑事大法庭也可較提案庭的法律問題更廣的方式來下裁定。

以具體的二則刑事大法庭裁定來觀察，從徵詢裁定來看，小法庭是表明擬爲裁判的見解，以此徵詢其他庭是否維持反對的見解，在這個階段，尚非以法律問題的形式表現。在確定有見解歧異，通常也具有原則上重要性後，提案裁定才以法律問題的形式提出於大法庭。從提案的法律問題、提案裁定及大法庭裁定的內容中，可以得出各該法律問題適用的範圍，有可能是各法條中有出現法律問題中所提的概念者（例如：集團的概念），也有可能是僅限於特定法律規定者（例如：限於麻醉藥品交易法第 30a 條第 2 項第 2 款之攜帶槍砲）。而大法庭裁定回答各該法律問題時，不一定是僅把提案法律問題從問句改爲肯定句或否定句，而是會附加一些字句，例如：更詳盡地說明集團的概念，而非僅回答人數要超過幾人；或是除了槍砲之外，還加上該條意義下的其他物品。

總結而言，無論是歧異提案或原則上重要性提案，提案之法律問題均需具有裁判顯著重要性。大法庭可以是否有裁判顯著重要性、文義是否足夠明確來修正提案庭所擬之法律問題。大法庭於回答提案之法律問題時，不限於肯定、否定的答案，而可細緻地、完整地回答，與提案之法律問題有嚴格關聯者（例如：謀殺罪與強盜致死罪及殺人罪與強盜致死罪的關係），亦可於裁定時一併考慮。

我國最高法院刑事大法庭於 109 年 2 月 13 日就 108 年度台上大字第 2306 號加重詐欺案件宣示裁定，該案之法律問題爲：「被告以一行爲觸犯組織犯罪防制條例第 3 條第 1 項後段之參與犯罪組織罪，及刑法第 339 條之 4 第 1 項第 2 款之加重詐欺取財罪，如依想像競合犯從一重之加重詐欺取財罪處斷，應否依較輕之參與犯罪組織罪所適用之組織犯罪防制條例第 3 條第 3 項規定，一併宣告刑前強制工作？」裁定主文爲：「行爲人以一行爲觸犯組織犯罪防制條例第 3 條第 1 項後段之參與犯罪組織罪，及刑法第 339 條之 4 第 1 項第 2 款之加重詐欺取財罪，依刑法第 55 條前段規定從一重之加重詐欺取財罪處斷而爲科刑時，於有預防矯治其社會危險性之必要，且符合比例原則之範圍內，由法院依組織犯罪防制條例第 3 條第 3 項規定，一併宣告刑前強制工作。」是以，本件刑事大法庭裁定，未僅就該案之提案法律問題爲肯否之回答，而有加入「於有預防矯治其社會危險之必要，且符合比例原則之範圍內」之字句，在裁定理由之論述中，並說明刑法第 55 條想像競合犯之規定，係在刑法總則編第七章「數罪併罰」內，且法文稱「一行爲而觸犯數罪名」，則依體系及文義解釋，可知行爲人所犯數罪係成立實質競合，自應對行爲人所犯各罪，均予評價，始屬適當，想像競合犯本質上爲數罪，各罪所規定之刑罰、沒收及保安處分等相關法律效果，自應一併適用等語。此爲我國最高法院刑事大法庭第一件裁定，其裁定主文及理由對於各級法院裁判之後續影響，均値得觀察。

第十章

檢警關係之調整：以日本雙偵查主體爲中心

許家源*

*靜宜大學法律學系助理教授，台灣日本刑事法研究學會秘書長。

摘　要

對於偵查主體制度設計之變革，台灣已經討論多年，從1999年的全國司法改會議乃至2016年的「司法改革國是會議」，均被列爲改革主要議題之一，但至今仍陷入爭議狀態，改革仍缺乏共識。惟日本所謂「雙偵查主體」之制度，在上開兩場會議中，一再被提及，本文以比較法之研究，藉由日本經驗之啓示，提供我國未來改革建議。

我國法至今仍認檢察官爲「偵查主體」，也因此有關偵查事務的最終決定，仍不得假他人之手，導致案件負擔過重，且面對日趨「多元」且「專業」的偵查事務，確實有考慮交由各種專業司法警察直接實施之必要。此外，檢警之間若繼續維持此種「將兵關係」，從偵查結構而言，對於我國朝向當事人主義之改革路線，恐怕有所扞格。日本在二戰後的司法改革與我國現在所面對的情況極爲類似，其長期以來透過雙偵查主體—「警主檢輔」之體制，達到所謂「精密司法」之自傲成果。當然，此種體制在實際操作上，不無隱憂；從日本的經驗顯示，當年從「檢察官司法」演變成「警察司法」，導致如今「刑事程序警察化」之批評，包括檢察官監督之功能日益弱化、檢察官之定位不明、檢察官成爲警察之補正者等，凡此種種優劣，都是未來我國在引進之前，都必須加以評估或調整。

關鍵詞：雙偵查主體，檢察一體，警察司法，精密司法。

壹、前言

在目前我國刑事訴訟法（以下簡稱刑訴法）架構下，若論及誰是「偵查主體」（偵查主宰），法律人當然不作第二人想，答案正是「檢察官」。或許這只是法律人的「基本知識」，但就國民「生活常識」而言，未必是理所當然，尤其在刑案現場發號施令、在媒體前宣布破案、展示成果的是警察，似乎警察才是犯罪偵查的主導者，畢竟只有在發生重大或矚目案件，時，檢察官始有可能現身。

對於上述「知識」與「常識」之分——檢察官是「主持人」、司法警察是「助理」，對法律人雖然習以爲常，一般市民卻未必知悉、未必習慣。然而，在刑事偵查事務上，姑且不論「偵查主體」用語是否妥當，在偵查階段檢、警權責之分配或檢警關係之定位，不僅攸關偵查品質之良莠，其影響更延伸至日後審判之效度與準度，特別是偵查階段在第一時間所生之瑕疵，實務上經常成爲雙方爭點。因此，在程序法上，若無視於前階段有關偵查職務配置設計之缺失，即便反覆修改後階段之審判階段、甚至是在案件確定後，修法降低再審門檻、強化再審程序等事後補救措施，恐怕只是事倍功半，甚至是徒勞無功。換言之，與偵查品質息息相關之檢警權責配置，在刑事司法改革上，實屬先決性、急迫性之議題。關於檢警之間彼此之定位、權限等問題，國內學界雖不乏論述，然多半聚焦在「微罪處分權」此一議題，即便累積了相當數量之文獻，惟微罪處分權與建構雙偵查主體之間有何關聯性，則較少著墨；此外，對於借鏡日本雙偵查主體之文獻討論，仍屬有限，究竟日本法如何演進並建構其雙偵查主體之模式，凡此相關議題，對於急思變革的我國來說，饒富探究之價值。以下，將先從我國法律架構檢視檢警關係之現況，隨後說明日本雙偵查主體之架構與運作之實情，對照我國當前之需要，提出個人調整檢警關係（偵查主體）之初步想法，提供未來立法改革之參考。

貳、我國偵查職務之制度設計

在現行法之下，偵查程序由檢察官開啓、指揮，並於偵查終結時做出起訴與否之判斷，亦即檢察官扮演偵查之指揮官、司法警察（機關）扮演偵查之輔助者，前者承擔成敗，後者純粹協助，檢警之間如此之職務分配，究竟有何不妥？國內多數論者從檢警內部之職務分配加以檢討，著重強化、擴大司法警察之職權，提出改採「雙偵查主體」或賦予警察「微罪處分權」等建議[1]；另有少數論者則批評前者過於窄化議題，強調在偵查中考量法官的介入機制，始爲改革之關鍵[2]。不過，改革之何去何從，不論如何，都得先從現行制度談起。

一、單一檢察機關與複數警察機關

我國偵查機關之設計，總體而言，係由獨立、單一的檢察機關，與集權、多元的複數（司法）警察機關組合而成。

按刑訴法「偵查」一節，開宗明義規定「**檢察官因告訴、告發、自首或其他情事知有犯罪嫌疑者，應即開始偵查**」（第 228 條），以此作爲啓動偵查程序之法定事由，與警察機關有無受理報案或主動查辦等情事無關；在法條編排順序上，在本條之後隨即規定我國「司法警察」之三種類型，依序爲：1. 對檢察官享有「協助」職權之司法警察官；2. 負有「接受指揮」義務之司法警察官；3. 同時對檢察官、司法警察官負有「接受命令」義務之司法警察等（第 229 條至第 231 條各員，以下統稱

1 黃朝義（2014），《刑事訴訟法》，4版，頁154以下，台北：新學林。陳運財（2004），〈檢警關係定位問題之研究：從貫徹檢察官控訴原則的立場〉，《月旦法學雜誌》，108期，頁64以下。

2 林鈺雄（2008），〈改革之偵查程序之新視野：從歐洲法趨勢看我國法走向〉，《月旦法學雜誌》，157期，頁202以下。

爲司法警察）顯然的，制度預設偵查程序由檢察官擔任主宰，並由司法警察依職別、官階之高低分別擔任協助、接受指揮、接受命令等不同形式之偵查助手。姑且不論上開三條文在區分官階而負擔不同程度義務之設計是否妥當，法條形式上已經預設了「檢主警從」，此與現實上偵查實務所見之「警主檢從」，完全相反。即便 2001 年修正第 229 條第 2 項及第 230 條第 2 項，司法警察於知有犯罪嫌疑「應即開始調查」，不僅刻意用「調查」一詞以與偵查有所區隔，後段仍課予「報告」該管檢察官之義務。申言之，在第一時間直接面對犯罪並保全、蒐集證據者，雖然是爲數眾多、裝備專業、甚至是無所不在的「警察」，但在法制設計上，幕後的檢察官仍是唯一被法律所認證的偵查主宰。

此外，我國採行複數司法警察機關制度，刑訴法並未窮盡列舉所有司法警察類型，另有「依『法令』關於『特定事項』」得行使相當於警察或憲兵之職權者（第 229 條第 1 項第 3 款、第 230 條第 1 項第 3 款、第 231 條第 1 項第 3 款），例如：森林暨自然保育警察隊、鐵路警察、電信警察等各種專門任務型之警察編組，在執行其法定職務時，若發現涉有犯罪嫌疑之情事而進行「調查」，仍視爲具有刑訴法之司法警察身分。相對於檢察機關，雖然設有毒品、智財或婦幼等「專股」，但畢竟只是初步之分案基準，雖有基於專股需求之內部在職訓練，但仍無專用之裝備器材或專職人員，即便在矚目案件發生後所設立之「專案小組」，亦僅屬臨時性任務編組，並非常態性機關。申言之，隨著刑事案件之種類多元化，警察之任務與分類也隨之專業化、分工化，而檢察官方面在法律上未有相應之設計。以上所述，乃僅就刑訴法本身之觀察。然而所謂的「司法警察」，在警察法制上又是如何設定？以下繼續就「警察法」、「調度司法警察條例」、「檢察官與司法警察機關執行職務聯繫辦法」三者，分別說明之。

就「警察法」而言，警察之任務包括「維持公共秩序，保護社會安全，防止一切危害，促進人民福利」（同法第 2 條），在行政管轄上，採中央集權模式，由內政部警政署掌理全國警察行政事務[3]，並監督各直轄市、縣市警政業務（同法第4條），掌理範圍除了保安、外事、國境、刑事、水上等一般警察業務之外，也包括鐵路、航空、工礦、森林、漁業等專業警察業務（同法第5條），其中之「刑事警察」並兼受當地檢察官之指揮、監督（同法第6條），警察職權當然也包括了「協助偵查犯罪」（同法第9條第3款），若刑事警察受檢察官之命執行職務時，有廢弛職務之情事，依規定主管長官「應接受檢察官之提請，予以懲處」（同法第14條）。綜上規定，不難得知我國警察具有高度之上命下效之行政屬性，不僅行政業務方面受到警政署直接監督、命令。就刑事偵查部分，刑事警察必須服從檢察官在個案之指揮、監督，且主管長官對於檢察官因刑事警察廢弛職務提請處分者，亦有服從之義務（即懲處之義務）。

承前述警察法之規定，檢察官對於刑事警察有指揮監督之權力，其具體指揮、監督或命令之方式，另以「調度司法警察條例」（下稱本條例）爲依據[4]。按本條例第1條前段規定「檢察官辦理偵查執行案件，有指揮司法警察官、命令司法警察之權」，受檢察官指揮監督之警察人員，其範圍除了包括刑事訴訟法第229條至第231條規定之總則性規定外，也包括鐵路、森林、漁業、礦業等各種專業警察，以及海關、鹽場

---

3 在警政沿革上，內政部警政署掌理之業務原本尚包括消防、海巡、移民等三大項，後來於1995年內政部另立「消防署」、2000年行政院成立「海岸巡防署」、2007年內政部另立「入出國及移民署」，上開警察業務始移撥各該機關，因此，警政署目前重點之業務為維護治安及交通安全兩大項。

4 惟「調度司法警察條例」迄今已逾30年未有修正，嚴格言之，自1945年立法迄今未有重大修正，與其後所新增之各種專業警察類型或其用語已難以比擬，甚至已不存在。又依照本條例第9條僅規定司法警察受檢察官之指揮命令者，「應即照辦，不得藉詞延擱」，對互不隸屬之機關間，如何「照辦」，殊難想像，似乎只能依照同條例第10條所制訂之子法：「檢察官與司法警察機關職務聯繫辦法」作為依據。

等警察（本條例第 2 條至第 4 條），更擴及區長、鄉鎮長其他具有司法警察職務之人員（本條例第 5 條）。除此之外，例如：海巡署特定官階或職務之人員[5]，調查局人員[6]、移民署職員[7]等，雖然未在此條例中明列，但仍有可能爲司法警察之業務範圍。姑且不論此一戒嚴時期之產物是否有其實質正當性、合法性，抑或有侵害地方自治之虞等有害因素，其所突顯者，是檢察官在刑案偵查業務上，需要有警察機關全面性、義務性的配合；換言之，檢察機關雖然本身不具可供指揮之武力或人力，但制度上課予警察機關之高度服從義務，在在顯示檢警之間有「上命下從」或俗稱「將命兵從」之關係或思維，確實有法律上依據。

對於互不管轄、屬性各異之檢、警，欲共同從事偵查工作，有其聯

---

5 海岸巡防法第10條：

「巡防機關主管業務之簡任職、上校、警監、關務監以上人員，執行第四條所定犯罪調查職務時，視同刑事訴訟法第二百二十九條之司法警察官。」「前項以外巡防機關主管業務之薦任職、上尉、警正、高級關務員以上人員，執行第四條所定犯罪調查職務時，視同刑事訴訟法第二百三十條之司法警察官。」「巡防機關前二項以外之人員，執行第四條所定犯罪調查職務時，視同刑事訴訟法第二百三十一條之司法警察。」「前三項人員，除原具司法警察身分者外，須經司法警察專長訓練，始得服勤執法；其辦法由行政院定之。」

6 法務部調查局組織法第14條：

「本局局長、副局長及薦任職以上人員，於執行犯罪調查職務時，視同刑事訴訟法第二百二十九條之司法警察官。」「本局所屬省（市）縣（市）調查處、站之調查處處長、調查站主任、工作站主任及薦任職以上人員，於執行犯罪調查職務時，分別視同刑事訴訟法第二百二十九條、第二百三十條之司法警察官。」「本局及所屬機關委任職人員，於執行犯罪調查職務時，視同刑事訴訟法第二百三十一條之司法警察。」

7 入出國及移民法第89條：

「入出國及移民署所屬辦理入出國及移民業務之薦任職或相當薦任職以上人員，於執行非法入出國及移民犯罪調查職務時，分別視同刑事訴訟法第二百二十九條、第二百三十條之司法警察官。其委任職或相當委任職人員，視同刑事訴訟法第二百三十一條之司法警察。」

繫、執行上的障礙，因此，行政院依據上開調度司法警察條例第 10 條[8]頒布「**檢察官與司法警察機關執行職務聯繫辦法**」以作爲依據。檢警雙方除了個案可以隨時聯繫外，透過定期或不定期聯席會議方式檢討偵查之各項問題。此外，也明定部分具體情況的處置方式，包括人犯不解送或解送（第 7、8 條）、帶同在押被告之追查贓證共犯時之交付、解交、寄押、解還等具體方式（第 9～15 條）、有犯罪習慣人及違反社維法者之相互通報義務（第 23 條）。雖然名爲「聯繫辦法」，但不管是人犯解送或是帶同在押被告外出等問題，一方面著眼於涉及人身自由事項，須明確化其具體作法，以避免長時間之拘束，另一方面則企圖課予警察機關向檢察官爲「報告」或「請准」之義務，藉由「偵查主體」之許可或批示，適正化警察機關偵查上之作爲。

二、偵查結構與檢警制度之搭配

除了從刑事訴訟法及警察相關法制了解我國檢警關係之現況外，由於偵查程序具有動態性、發展性，檢警關係之調整，不單單涉及檢察官與警察機關之靜態面，尚須顧及整體偵查程序一將嫌疑人、法院等角色之互動關係納入觀察，對此，本文認爲應從我國之偵查結構談起。

(一) 糾問型偵查結構／彈劾型偵查結構

在訴訟構造（公判程序）上，根據主導者是法院抑或當事人而有「職權主義」與「當事人主義」之分，偵查程序之結構雖不能完全與之比擬，但結構上有其類似之處，可藉以對照說明[9]。蓋所謂「糾問的彈劾

8 「檢察官與司法警察機關關於職務之執行，應密切聯繫；其辦法由行政院定之。」

9 以「糾問的偵查觀」及「彈劾的偵查觀」探討偵查結構者，乃日本平野龍一教授首先提出。參見平野龍一（1958），《刑事訴訟法》，有斐閣，頁83。但應留意

觀」，係指偵查程序乃偵查機關—檢察官單方面對嫌疑人所進行之調查程序，檢察官也因此擁有相當之強制處分權，類似職權主義之訴訟模式；而所謂「彈劾的」偵查結構，則指偵查不僅僅是偵查機關單方面的準備活動，而是包括嫌疑人一方的準備活動，類似當事人主義之訴訟模式。換言之，前者之偵查機關猶如立於職權主義下法院之立場，後者之偵查機關則猶如立於原告（當事人之一）之立場[10]。

這兩種結構之論述，對偵查中檢警關係究竟有何影響？其影響在於檢察官地位會有所不同，警察機關的角色也因此受到連動。若採取糾問之觀點，檢察官顯然爲偵查程序之中心，權力集中檢察官一人，發動強制處分令狀之必要性由檢察官自行判斷，嫌疑人負有高度之忍受義務，偵查利益優於嫌疑人之防禦利益；相對的，若採取彈劾之觀點，訴訟程序重心在公判庭，檢察官以擔任公訴人爲重心，由警察機關主導偵查工作，其發動強制處分之必要性交由法院判斷，嫌疑人僅負低度忍受義務，偵查利益不必然高於防禦利益[11]。

(二) 我國法之偵查構造

偵查結構之分類已如上述，那麼，我國現行制度之偵查結構偏向何者？從我國現行偵查法制之特徵觀之，除了檢察官獨占公訴之外，且享有廣泛的起訴裁量權，加上卷證併送制度，並擁有相當程度的強制處分權，與糾問型偵查結構之屬性不僅一致，且屬於高度糾問屬性的結構。然而，偵查結構的糾問型或彈劾型，或許無孰優孰劣之問題，但若立於刑事政策之角度，鳥瞰整體刑事訴訟程序—從偵查、起訴乃至於審判階

的是，平野教授雖因此借用職權主義與當事人主義對照說明，但兩組概念終究有別，不能混為一談。參見田宮裕（2009），《刑事訴訟法》，頁46-47，有斐閣。

10 田宮裕，前揭書，頁46。

11 田宮裕，前揭書，頁47-48。

段，在這環環相扣的程序中，不論採取哪一種偵查結構，都將面臨如何依照結構之特性設定檢察官之權責，或司法警察應該如何參與偵查階段事務之方式、範圍，方能符合刑事訴訟眞實發現、程序正當之理想模式。

三、小結

從上開偵查結構之探討，回頭檢視前述我國偵查機關之配置，如果僅定焦於偵查階段，制度上確實仍保有其一致性，亦即在糾問型偵查結構之下，一方面設定檢察官爲偵查主宰，使其擁有相當之強制處分權，另一方面，司法警察負有協助偵查之義務，與檢察官保持緊密的「將兵關係」[12]。不過，若採取變焦式觀察，將偵查程序置於整體刑事訴訟程序之一環，亦未必妥當。舉例來說，若檢察官在偵查終結時，享有高度之起訴裁量權，則政策上是否可能出現所謂「檢察官司法」之現象，是否須設計監督或防免之方法？又若檢察官偵查中所製作之筆錄，在審理階段動輒可主張傳聞例外（例如：我國刑訴法第 159 條之 1 第 2 項），則傳聞法則之篩選證據功能如何實現？被告之防禦利益（詰問權）又如何維護？凡此種種與整體制度走向之間的協調性、一致性之議題，恐怕是未來需要連動關注的改革焦點。

---

12 當然，單就「制度」而言，檢察官是偵查主體，但實務運作上常與制度相反之情形，則又另當別論了。

參、雙偵查主體之表裡：日本經驗之啓示

一、從「檢察官司法」走向「警察司法」

(一) 制度沿革

日本在二戰前之刑事訴訟制度可劃分爲兩個時期[13]：即所謂「明治刑訴法時期」（1892年施行）、「大正刑訴法時期」（1922年施行）。在明治刑訴法時期，明文檢察官有偵查之發動權及公訴權，並對於司法及行政事件基於公益代表人在法律上有監督之職務，但檢察官除現行犯之逮捕外，並無強制處分權，僅預審法官有強制處分權。當時司法警察（限於「警部補」以上之官員）僅居於協助之地位，並無獨立偵查之權限。到了大正刑訴時期，未有大幅更動，檢察官仍是偵查主宰，但在現行犯逮捕之外，增加了緊急事件之強制處分權，司法警察雖仍立於輔助之地位，但此一時期偵查機關常假藉行政執行法之「檢束」、或違警罪即決例之「拘留」爲名，行偵查之實，而檢察官又獨占公訴權，且享有起訴裁量權，即便是預審法官也多偏袒檢察官一方，預審法官做成之筆錄亦無證據能力之限制，導致檢察官實質上主導了整個刑事訴訟程序，因此當時有所謂「糾問的檢察官司法」之批評，這也成了日本在二戰後司法改革的重要因素[14]。換言之，日本在二戰前的刑訴法，因爲是仿效

13 更早之刑事訴訟法乃明治15年（1882）在法國學者協助下仿拿破崙法典制訂、施行之「治罪法」。但隨著大日本帝國憲法（明治憲法）的制訂（1889），同時參酌德國刑訴法修改原本之治罪法，成為明治刑訴法（或稱「舊舊刑訴法」），同此時期制訂法院組織法（裁判所構成法），各法院設有檢事局。其後，在大正11年始大量採用德國刑訴法加以修改，被稱為大正刑訴法（或稱「舊刑訴法」）。加藤康榮（2010），〈検察と警察の関係について〉，《日本法学》，75巻4号，頁40。

14 福井厚（2007），〈 後日本の検察と警察〉，收錄於《刑事司法改革と刑事訴

法國及德國之大陸法系制度，故以檢察官爲偵查主宰，司法警察爲偵查助手，當時之制度設計與我國現行法極爲相似。

二戰之後，日本被迫接受美式的民主憲政體制，在 1948 年公布現行之刑訴法，改採當事人主義─檢察官當事人化，採起訴狀一本主義，使檢察官致力於公訴（公訴專従論），警察也從過去中央集權制被改造爲地方分權制，另於中央及都道府縣設立「公安委員會」作爲監督警察職務之機關。依照現行日本刑訴法，檢警關係係規定於第 189 條至第 194 條。第 189 條第 2 項規定「司法警察知有犯罪嫌疑者，應即偵查犯人及證據。」，另第 191 條第 1 項規定「檢察官認爲在必要時，得自行偵查犯罪」，因上開兩項規定之故，國內學者多稱之爲「雙偵查主體」，而在學理上區分司法警察所爲之偵查爲「第一次的偵查權」，檢察官所爲者屬「第二次偵查權」。至於檢警之間的關係，主要規定於第 192 條，即檢察官與都道府縣公安委員會及司法警察，關於偵查應「互相協助」，故一般稱其檢警之間爲一種「協力關係」。不過，在協力義務之外，檢察官對司法警察仍有基於適法性監督之下的指示權及指揮權[15]。附帶一題，這樣的變革，也被認爲與二戰之後的政治氛圍有關，警察民主化、地方分權化的影響也是促成改革的因素[16]。

訟法（上卷）》，村井敏邦、川崎英明、白取祐司編，1版，頁61-62，日本評論社。

15 亦即所謂「一般指示權」、「一般指揮權」及「具體指揮權」。參見日本刑事訴訟法第193條或犯罪搜查規範第46條、第48條及第49條。應留意所謂一般指示權，並不是指個案的直接指揮，日本眾議院在立法當時為免誤解，為此另做成附帶決議。加藤康榮，前揭註，頁49。

16 白取祐司（1988），〈検察捜査：苅田町税金操作疑惑〉，《法学セーミー》，No.408，頁40。

(二)「警主檢輔」之特殊體例

就日本刑訴法本身而言，檢察官僅在認爲有「必要時」始自行偵查犯罪，亦即司法警察負有第一次偵查之責任，而檢察官僅負第二次的補充性偵查責任，另搭配前述第192條的協力關係。

爲何檢察官是立於「補充性」、「第二次」的偵查職務，而不是由司法警察負完全之偵查責任？在立法當時，不乏有全面將偵查權限委諸司法警察之主張，但立法者最後並未採納。當時立法者所顧慮之因素來自於二個方面。一方面是基於刑事訴訟法第1條[17]之觀點，認爲刑罰權之行使，有賴於正當刑事程序的實踐，而作爲刑事程序第一階段的犯罪偵查爲了澄清事實，若未能正當且充分的進行，適正的公訴程序則無法實現，因此委由具有高度法律知識之檢察官作爲補充性偵查機關，並在必要時給予指示或指揮，導正其程序，確有必要；另一方面則是戰後刑訴法之證據法則較爲嚴格，偵查若有欠充分，將來檢察官恐怕無法維持公訴，在偵查方法上需給司法警察必要之指示[18]。

雖然警察已成爲第一次偵查主體，但有兩種類型之案件，係由檢察官發動第一次偵查：一、違反稅法、獨占禁止法、勞動法等特定犯罪（例如：國稅犯則取締法第12條之2以下、關稅法第137條以下、私的獨占禁止法第73、74條等），條文上已經預設向檢察官爲告發之案件；二、政界、商界或公務員之高層涉嫌行賄收賄等犯罪，學者多認爲相較於司法警察，宜由享有身分保障且具法學素養之檢察官發動第一次偵查，以確保偵查適正公平及避免泛政治化，對於眞相的查明與刑罰的

17 第1條：
「この法律は、刑事事件につき、公共の福祉の維持と個人の基本的人権の保障とを全うしつつ、事案の真相を明らかにし、刑罰法令を適正且つ迅速に適用実現することを目的とする」

18 加藤康榮，前揭註，頁51-52。

實現也較有效果[19]。

(三) 運作之實情—「刑事程序警察化」之隱憂

就現行法之文義及架構而言，日本法將檢察官與警察並列，兩者爲等位之偵查機關，分別執司第一次的直接偵查與第二次的補充性偵查，檢察官對於警察也有指示權或指揮權，以適正化警察在偵查程序之作爲，若有不服從者，甚至檢察官得向公安委員會提出懲戒或罷免之追訴；除此之外，檢察官同時是刑事訴訟程序的核心，從偵查、起訴到執行，皆有強大之權力，支配整個刑事訴訟程序，在戰後修法之前，曾有以「**刑事程序檢察官化**」形容日本刑事實務之被檢察官掌控之運作狀況[20]。但如今是否依然以檢察官爲核心？檢察官依然主導著刑事程序？這答案恐怕是否定的。

多位學者指出，事實上日本已經與德國發生同樣的狀況，亦即「**刑事程序之警察化**」現象。就日本而言，綜合學者之分析論述，其因素主要有三：1. 在 1970 年之後，警察權限日益擴大，檢察官漸漸淪爲警察之背書人，原本篩選或監督的功能已經消失，不僅有批評檢察官乃「有名無實」，甚至認爲檢察官是從屬於警察的「補正者」。2. 檢察機關內部對於自己定位、身分的不明確，甚至有批評檢察官官僚化。3. 警察在人力、情蒐能力、通信、科學偵查等方面，遠優於檢察官。刑事程序被警察支配之態勢日益明顯[21]。換言之，日本從戰前以檢察官爲偵查主宰的「檢察官司法」，在改旗易幟之後，卻形成「警察（官）司法」，可能已經超出立法者當初的想像了吧！

---

19 白取祐司，前揭註16。

20 加藤康榮，前揭註，頁62-64。福井厚，前揭註，頁65以下。

21 同前揭註。

二、以公益代表人為核心的檢察官屬性

(一) 源自明治維新的改革理念

檢察官在我國最富爭議性的議題，莫過於其究竟是定性爲「司法官」或「行政官」，甚至介於兩者之間，這也是2016司改國是會議上議論的焦點。此一爭議固然源自其權力分立下之歷史脈絡，但基本上仍不脫大陸法系與英美法系在文化差異上的對立，而且我國各個法學領域充斥著這種源自法律文化差異的莫名衝突。雖然各別法學領域之歷史背景無法複製，但是在制度繼受之時，卻可以根據本地文化自主篩選、自我評估的。警察或檢察官在刑事程序所扮演之角色，是否無法擺脫這樣的先決宿命？日本刑事訴訟法從明治時代至今，前後歷經法國法、德國法與美國法的洗禮，日本法的經驗也許可以提供我國改革主事者不同的理解途徑。

從明治初期的「治罪法」時代，雖然是採國家追訴原則，但因爲有預審法官之設計，檢察官之偵查地位未受到重視，直到明治23年（1890年），「裁判所構成法」修正時，引進當時德國法之架構，將檢事局從司法省（行政機關）移至法院轄下，檢察官之偵查主宰之角色始日益明顯。不過，誠如前述，在二戰後，與盟軍司令部及美國政府幾經折衝後，檢察官成爲第二線偵查機關，並身兼起訴之裁量。事實上，在英美法系並不存在所謂「司法警察」與「行政警察」之區分，偵查一事，乃所有警察的共通權限，而檢察官本於警察所蒐集之犯罪證據，據以擔任對犯人追訴之機關，此在同屬英美法系之英國與美國，略有差異。詳言之，在英國是以公眾（私人）追訴爲主，檢察官提起之公訴較爲少見，亦即比例上警察所提起之公訴仍占大宗[22]。犯罪的偵查一向由警察獨力

---

22 由警察所提起之公訴亦屬公眾（私人）追訴的類型，不過，在1985年檢察官制度化（Crown Prosecution Service）之後，檢察官所提起之公訴有略微增加。小山雅

爲主，即便是殺人等重大案件或經大陪審團之案件，也是由警察在掌握案情後向檢察官報告，檢察官則提供警察追訴上必要的注意或協助，仍由警察提起公訴，檢察官與警察之間不存在所謂指揮或命令的關係[23]。而美國方面則採取國家追訴主義，除少數類型案件外，檢察官專職公訴，而由警察擔任偵查機關。

但值得注意的是，日本法雖有前述之歷史演變，但早在明治5年（1872年）由第一任司法卿（相當於現在之法務大臣）江藤新平主導制訂並頒布的「司法職務定制」第六章「検事章程」即規定：「検事は、法憲及人民の権利を保護し，良を扶け悪を除き、裁判の当否を監するの職とす。」（譯：檢察官係維護憲法及人民權利，扶良除惡，監督裁判當否之職務），一般認爲此即「公益代表人」之內涵[24]。在司法權尚未眞正獨立的明治維新時代，檢察官之公益代表人屬性已經被確立，在將近150年之後，儘管檢察官在偵查職務多所變動，其內涵卻始終不變。時至今日，日本學者即便多認爲現行法之檢察官具有「準司法官」之地位，但仍強調其「公益代表人」之機能。

(二) 公益代表人之意義

公益代表人一詞，在台灣司法改革之相關論述上已聽聞多年，究竟該如何理解其意義？簡單來說，任何犯罪皆屬對於全體法秩序的破壞，國民對於秩序與惡害之回復有所期待，因此，對犯罪者追訴之「利益」，屬於國民全體，所以，檢察官之追訴權係源自全體國民，屬於代

亀（1996），《イギリスの訴追制度—検察庁の創設と私人訴追》，頁85，成文堂。

23 小山雅亀，前揭註。

24 裘索（2003），《日本國檢察制度》，頁3，商務印書館。另參日本法務省網頁（網址：http://www.moj.go.jp/keiji1/keiji_keiji04.html，最後瀏覽日：03/10/2020）。

理權，檢察官是國民的代理人，不是政府的代理人，與行政機關截然有別。我國法官法第 86 條第 1 項規定：「檢察官代表國家依法追訴處罰犯罪，為維護社會秩序之公益代表人。檢察官須超出黨派以外，維護憲法及法律保護之公共利益，公正超然、勤慎執行檢察職務。」雖然用詞未必妥當，但強調檢察官維護憲法、保護公共利益、公正超然等語，已經相當程度的傳遞了所謂公益代表人之內涵。

肆、建構雙偵查主體？說在引進之前

司法改革之路途，難免會有歧見，檢警關係之爭論，最忌落入權力或政治之妥協，尤其檢察官與警察之關係，誠如日本知名學者松尾浩也所言：「是以指揮權為擔保而相互協力一種微妙關係」，檢警共同承擔的是刑事程序的第一關，其重要性不言而喻，如何回歸問題本質，就事論事，兩者既「分工」且「合作」，始符合人民對刑事司法之期待與想望，也是未來改革奏效的關鍵。因此，我國如何透過前述對日本法發展脈絡之了解，建構我國應有之檢警關係？在引進雙偵查主體之前，以下幾個面向之問題，必須先行說明：

一、仍以「當事人主義」為改革基礎

刑事訴訟是一連串、三個面向的互動程序，檢警在偵查階段的職務分配，毋庸質疑，其必然影響後續所有程序。但關鍵在於，刑訴整體的走向若未能先行確立，則所有的細節將無法有效搭配。

根據 1999 年全國司法改革會議結論，早已宣示了我國刑事訴訟法將朝向「（改良式）當事人進行主義」改革[25]。在此政策目標下，當年旋

25 1999年全國司法改革會議之第二組有關「刑事訴訟制度之改革」，包含諸多議題，包括是否採取卷證不併送制度、訴因制度、當事人證據調查主導權及法

即展開修法，落實當事人證據調查聲請權及檢察官之舉證責任，並導入英美法之傳聞法則，以及建立起訴狀一本、證據開示等配套制度，使審判階段之檢察官眞正「當事人化」。2016 年召開之司法改革國是會議，仍然以此爲改革之前提，因此，未來在檢警關係的議題上，其上位概念必須在當事人主義理念下，往前延伸至偵查階段，亦即使「偵查機關」與「被告」雙方在偵查階段即實質對等，避免落入糾問模式，至於要維持現行法檢察官爲唯一偵查主體，抑或是引進日本雙偵查主體之設計，則屬於下一層次之問題。申言之，在檢警關係之調整上，必須使其在偵查階段能在效率與品質之外，同時兼顧當事人對等之上位理念，包括資訊探知、法律協力等方面，能有對應之設計。

二、偵查之實施須以「專業」為考量

偵查資源有限，目前檢、警人力業以捉襟見肘，過去上命下從之思維，乃立基於檢察官是「唯一」偵查主宰之思維，且檢察官負有「實施偵查」之法定職務（法院組織法第 60 條）。但犯罪偵查日益複雜化、專業化，檢察官未必能與第一線實際從事偵查實務的警察共同作戰，檢察機關可以運用之資源也不如警察機關之專業。檢察官起訴與否之決定，固然是依據偵查所取得之證據資料，但不必然等於檢察官必須親力親爲，也未必要賦予其調兵遣將之權力。何況現行之搜索、羈押、監聽等強制處分，在令狀原則下，制度上也早已導入第三者—法院進入偵查

院之補充性調查、檢察官之實質舉證責任以及各項當事人主義之配套措施，雖然各議題未全面達成共識，但依照會議記錄所顯示，絕大多數與會者均贊成採行前述各該制度，朝向當事人主義改革之方向，已然確立（參考網頁：https://www.jrf.org.tw/articles/806#2-1，最後瀏覽日：03/10/2020）。即便在2016年至2017年間召開之「司法改革國是會議」，其中多項改革議題，依然維持在當事人主義框架之下。（總結會議資料參考網頁：https://drive.google.com/file/d/0B6gni5Xwp9QwaDR3Q05fRWpYaU0/view，最後瀏覽日：03/10/2020）

程序。因此，在採行當事人主義之前提下，檢察官若能純粹立於公益代表人之角色，代表國家進行犯罪之追訴與法律之監督，居於警察機關與審判機關之樞紐性、雙向性地位，揚棄過去上命下從之舊思維，反而有促使警察機關偵查業務之精緻化、專業化之効果，更有助於日後審判之效率。當然，另一個涉及修法的重點是警察法制。不論另立專法或修改現行警察法，皆必須先確立「司法警察」之範圍。

至於實際偵查作爲之規範，除刑事訴訟法之偵查乙節外，參考日本之「**犯罪偵查規範**」，將我國「**警察偵查犯罪手冊**」提升至法律層級，除實際偵查作爲之指導外，亦明訂獎懲方式以及與檢察機關之業務聯繫方式等，使檢警在偵查階段處於不合作但有往來之情況下，一方面使檢察官得以全力因應公訴，另一方面有助於提升司法警察之偵查品質[26]。

三、「微罪處分權」與雙偵查主體之建構無關

國內學者論及日本檢警關係時，往往以引進日本警察之微罪處分權爲立法建議，究竟此二者有無必然之關係？此所謂微罪處分權，實則源自日本刑事訴訟法第 246 條但書之規定。按該條規定，司法警察將案件調查完畢後必須將所有卷證送交檢察官處，然在但書中則有就檢察官「指定」之案件，無需把卷證送交地檢署之規定。對於但書所規定沒有送交地檢署而在警察局就直接終結案件之程序，一般稱之爲「微罪處分」。對此類型之案件，警察依據「犯罪搜查規範」，須另製作「處分書」，按月向檢察官報告其終結之情形[27]。警察依照此一微罪處分權所

26 國內雖有論者認為警察法治觀念不足，若由其主導偵查程序，恐有人權遭受更大侵害之疑慮。本文認為，制度之改革，也包括人員的訓練，警察機關在法律專業之不足，未必代表其必然違法偵查，猶如法律專業之法官亦有可能違法裁判。因此，將法律專業的提升列入改革項目，同步提升偵查品質，反而務實。

27 具體規範詳見日本犯罪搜查規範第198條至第200條，此不贅述。

終結之案件，以平成 30 年（2018 年）為例，在人數上約占所有新收案人數 6%[28]，對於減少訟源而言，雖有幫助，但亦屬有限；換言之，引進微罪處分權，或許有助於部分案件類型之消化，但改革之重點仍在於如何根據檢警之偵查資源，合理有效配置其偵查上之負擔，單純以罪名之輕重為結案權限之劃分，並非改革之關鍵，其引進與否，與引進雙偵查主體制度無必然之連結。

四、「警主檢輔」無礙於檢察官之主體性

誠如前述，日本之雙偵查主體，有兩項主軸：一是「警主檢輔」、二是「檢警協力」。前者係指司法警察立於偵查之第一線，直接進行犯罪證據之蒐集，而檢察官退居補充地位之第二線，主要負責犯罪之起訴裁量。後者則指檢警雙方在犯罪偵查事務上，檢察官需給予司法警察適法性偵查之監督與協助，以利日後在審判程序上證據之合法性。此一設計，乍看似乎是檢察官拱手將偵查主體送給司法警察，但事實上，檢察官仍是唯一享有起訴裁量之主體，而此一終結偵查之主體，反而更能突顯檢察官之專業法律判斷，同時使司法警察更能善用其專業之偵查資源，有效蒐集犯罪事證，以提供檢察官在日後起訴裁量上之妥當性、適正性。換言之，國內實務或有認為引進日本雙偵查主體恐危及其偵查主體之地位，事實上不然，反而是協助檢察官在行使起訴裁量權時，更有餘裕，也更形專業。

伍、結論

我國檢警關係之興革議題，延宕多年仍未見大幅調整，即便刑事訴

---

28 平成30年版犯罪白書，網址：http://hakusyo1.moj.go.jp/jp/65/nfm/images/full/h2-1-01.jpg（最後瀏覽日：03/18/2020）。

訟法已翻修數十回，檢察官仍是不動如山的唯一偵查主體，也是手無寸鐵的偵查主體。然而，法律專業的檢察官搭配偵查專業的司法警察，兩者理應既分工且合作，各自主導各自之職務，共同完成偵查階段必要之蒐證與追訴，實無劃分誰主誰從之必要。透過考訓制度，檢察官固然有其法律上專業，但隨著我國刑事司法改革近 20 年來的努力，司法警察的法律專業學養也已不可同日而語，尤其司法警察在偵查實務接受更多分門別類的專業考訓，更適合直接參與偵查職務，爲審判之適正化增添助力。

日本刑事法之發展沿革，一向與我國有相近之脈絡，皆是從職權主義改行當事人主義，而檢察官從過去單一偵查主體轉型爲現代之雙偵查主體，在檢警合作下，造就了其引以爲傲的「精密司法」。筆者認爲，若我國能引進日本雙偵查主體制度，亦即使司法警察其享有第一線之偵查權限，再由第二線之檢察官加以監督並給予協助。當然，日本當前出現的危機—「刑事程序警察化」之疑慮，我國未來在引進時，也有必要愼重思考如何解套，俾能一方面防止檢察官之裁量權被司法警察架空，另一方面也要避免審判程序上受司法警察之過度影響，畢竟檢察官蒞庭實施公訴，並非爲司法警察背書，而是必須貫徹其身爲公益代表人之的追訴權。

第五篇

醫事法

第一章

從胚胎幹細胞研究到基因編輯技術的倫理法制省思

莊晏詞 *
顏上詠 **

* 亞洲大學財經法律系專案助理教授（Assistant Professor, Department of Financial and Economic Law, Asia University, Taichung, Taiwan, R.O.C.），E-mail: chuangyt@asia.edu.tw
** 逢甲大學科技管理碩士學位學程教授（Professor, Master's Program of Management of Technology, Feng Chia University, Taichung, Taiwan, R.O.C.），E-mail: syyen@fcu.edu.tw

摘　要

胚胎幹細胞的研究以及基因編輯技術所衍生的倫理與法律爭議始終不斷，諸多的討論亦難取得風險與利益的平衡。本文回顧相關發展提出兩部分探討說明，首先，胚胎幹細胞研究所涉及的最大倫理爭議仍在於人類胚胎的使用所衍生的衝突，科學具備研究以及掌握人類發展的能力，建立中立性的準則應有助於未來生技的發展。其次，從法律規範觀點，我國如 2007 年「人類胚胎及胚胎幹細胞研究倫理政策指引」規範訂有胚胎取得與利用之範疇，惟當中的部分規定仍可能因爲科技的變遷而有所影響；再者，從專利取得觀點，參照歐洲法院先後針對胚胎訴諸於不同的定義範疇，歐洲法院並非解決人類生命起源的問題，而是僅限於在生物科技的專利發明層面當中，判斷其道德標準應如何在商業的環境應用中達到一定的約束作用，而目前科學知識的概念將會影響法律的界線範疇應如何制定而達到安全性之目的。

關鍵詞：再生醫療，胚胎幹細胞，基因編輯。

Rethinking the ethical and legal implications for the research of embryonic stem cell research genome editing

Chuang, Yen-Tzu
Shang-Yung Yen

Abstract

The research on embryonic stem cells and gene editing technology raise some ethical and legal disputes and challenges. However, it has always been difficult to achieve a real balance between risk and potential benefits, which involves the degree of openness of research, the degree of restrictions. This article reviews the past, present and future developments of embryonic stem cells and the recent controversial issues arising from gene editing technology. First, the human embryonic stem cell research is ethically and politically controversial because it involves the destruction of human embryos. Secondly, from a legal perspective, in Taiwan, the related guidelines call for special scrutiny on human embryonic stem cell research with rigorous ethical standard and define permissible and impermissible experiments. These also include the scope of embryo acquisition and utilization, but some of the provisions may still be affected by technological changes. For example, whether the research should comply with the 14-day principle. In addition, while applying to the patent application, the Court of Justice of the European Union (CJEU) has successively resorted to different definitions of embryos, it did not decide questions of ethical nature in very sensitive fields such as the definition of human embryo. Instead, it left it to the national court to determine in the light of knowledge which is sufficiently tried and tested by international medical science. In other words, it shall be conducted basing on current scientific knowledge to see whether it has the inherent capacity of developing into a human being.

Key words：Regenerative Medicine, Embryonic stem cells, Genome Editing.

壹、前言

幹細胞具備發展成爲不同細胞的潛力，其研究被視爲生技醫療的一大突破，在近年來的技術發展之下，儼然成爲再生醫療發展的領頭羊。幹細胞的研究爲疾病的治療帶來很大的進步，例如：當有組織器官移植之需求時，若移植器官的來源或經費有限或受到機體免疫排斥等情形出現時，皆會阻礙臨床上的疾病治療，因此，透過幹細胞產品治療，利用工程化方式已結合新生物材料等，即可解決移植器官可能產生的困境。然而，此等完美的醫療願景卻往往充斥著風險，市場上，生技業者爲推廣其產品，將未經科學證明的幹細胞治療推入市場的情形時有見聞，致使病人或消費者在未獲得充分的資訊了解下誤信其中。消費者遭受損害的情形層出不窮，以美國爲例，一家位於美國佛羅里達州的幹細胞公司，使其患者接受幹細胞注射於眼睛，卻導致至少四名患者失明。期間，該公司雖然停止針對眼睛部分之治療，但仍將幹細胞注射於帕金森氏症患者或脊髓受傷患者部位。美國食品藥物管理局（FDA）進而起訴該家公司，在訴訟當中，FDA 認爲該公司違反規定製造未經過 FDA 核准之實驗性藥物，儘管被告公司聲稱其僅爲一種治療程序而無法由 FDA 進行藥物監管，然在 2019 年 6 月法院最終判決中，確認 FDA 具有職權判斷幹細胞產品是否應經過 FDA 之藥物核准[1]。在我國方面，對於幹細胞治療的管制上，衛福部在「特定醫療技術檢查檢驗醫療儀器施行或使用管理辦法」修正案通過後，開放六項細胞治療技術，並且具備業者和醫院合作共同申請，僅讓符合的病患納入治療範圍更有保障。除此之外，則預計通過「再生醫療製劑管理條例」草案以縮短產品上市時

1 U.S. v. US STEM CELL CLINIC, LLC, 403 F.Supp.3d 1279, 1298 (S.D.Fla. 2019).

程並強化產品安全監控[2]。

幹細胞的研究以及相關產品的開放已逐漸成爲各國生醫政策的主要目標之一，然而，其中最具爭議的胚胎幹細胞研究以及延伸至目前的基因編輯技術，其倫理法制爭議始終不斷，諸多的討論亦難得到研究與法規風險之間的平衡。胚胎幹細胞的研究，乃至於專利的申請等，在倫理道德爭議方面，涉及開放程度爲何、限制程度爲何等問題。胚胎幹細胞研究自從 1998 年 12 月由美國生物學家 Dr. James Thomson 發表論文指出渠等已分離出第一個胚幹細胞株後，即廣受矚目，亦即成爲人類胚胎幹細胞的體外培養的成功案例[3]；但因其唯一取得的方式是必須從人類胚胎在受精的幾天後抽取出，此等行爲被認定破壞胚胎的生存可能，導致其後相關倫理與道德的問題不斷地被討論，即便如此，該等研究針對複雜和重大的疾病具有醫療上治癒的可能，極具吸引力。除此之外，近來 CRISPR/Cas9 基因編輯技術可將胚胎中突變之基因剪去而以健康基因代之，以終結遺傳性疾病，而此等即具爭議但又對部分人類疾病治療具有幫助的技術再度挑起道德倫理與法律規範的界線。本文將回顧胚胎幹細胞過去到目前的發展、以及近來基因編輯技術所衍生的爭議問題，並以國際之發展歷程一併比較分析，透過本文的探討，希冀能在了解科技不斷進步發展同時，法律也能與時俱進地調適而促進醫療的發展。

貳、胚胎幹細胞研究技術發展

胚胎通常係指在有性生殖的生物中，精子使卵子受孕，卵子就變

2 行政院網站：https://www.ey.gov.tw/Page/9277F759E41CCD91/a602e0f5-ee02-40cb-a955-25e31c4c4cc5（最後瀏覽日：02/15/2020）。

3 Dr. James Thomson是利用不孕症治療時所備用的授精卵，將剩餘的部分經過患者同意之後，研究將以分裂的原始胚囊體內之細胞加倍分離賠償，其成功取得的細胞株內即含有正常的染色體，可以持續培養與分裂。

成受精卵，並且同時擁有精子和卵子的DNA。植物、動物、部分原生物中，受精卵會自發進行細胞分裂，並形成一個多細胞的生物體，胚胎是發展的最初階段，從受精卵開始第一次分裂，到下一階段發展開始之前，呈現自由浮體的型態[4]；幹細胞（Stem Cell, SC）的特性是生物體內原始尚未分化成特定細胞類型的基礎細胞（foundation cells），除了能自我複製外，還具有進一步分化發展出特化細胞、組織與器官的潛能，其中尤以胚胎幹細胞的應用最受爭議，原因在於應用層面廣泛，包含胚胎發育過程之研究、再生醫學的應用、新藥開發與基因功能研究等。幹細胞依據功能劃分，可分為：1. 全能幹細胞（totipotent）：由卵子和精子的融合產生受精卵。而受精卵在形成胚胎過程中四細胞期之前任一細胞皆是全能幹細胞，具有發展成獨立個體的能力。換句話說，能發展成一個個體的細胞即稱為全能幹細胞；2. 萬能幹細胞（pluripotent）：是全能幹細胞的後裔，無法發育成一個個體，但具有可以發育成多種組織的能力的細胞。多能幹細胞（multipotent）只能分化成特定組織或器官等特定族群的細胞（例如：血細胞，包括紅血細胞、白血細胞和血小板）；3. 專一性幹細胞（unipotent）：只能產生一種細胞類型，不過其具有自更新屬性，將其與非幹細胞區分開。

其次，若依具發育過程出現先後和分布區劃分，則可分為成體幹細胞（多能細胞，multipotent）與胚胎幹細胞（多潛能性幹細胞，pluripotent）。前者從已知的研究中可以得知，成體幹細胞可塑性較胚胎幹細胞差。雖然成體幹細胞在應用於自體或他人身上所產生的抗原排斥性上，不會有太大阻礙，但是比較起胚胎幹細胞，它的分化能力、適用範圍也受限許多。成體幹細胞指具有複製與自己相同型態之細胞的能力，並有能力分化成特定種系成熟組織細胞之細胞，此在分化能力上，屬於複效

[4] NIH, http://www.nlm.nih.gov/medlineplus/ency/article/002398.htm (last visited Mar. 23, 2020)

性幹細胞。一般成人組織中可發現這些複效性成體幹細胞，這些細胞可補充體內被破壞喪失的細胞。胚胎幹細胞的研究則是源自於 1998 年，美國威斯康辛大學醫學中心之 Dr. James Thomson 首次成功地自人體囊胚時期胚胎的內部細胞團分離出多能性幹細胞。胚胎幹細胞取自囊胚期胚胎，具有分化成全身各種細胞型態之能力，但缺乏形成胎盤之細胞，因此無法著床形成胎兒。若以分化能力而言，胚胎幹細胞屬於多能性幹細胞（pluripotent stem cells）。比較成體幹細胞與胚胎幹細胞的差異，一般認爲，成體幹細胞主要有三項缺點：第一，這些細胞爲有多種能力的細胞，通常較趨成熟，故無法形成所有型態的細胞，在治療上便有它的限制，而胚胎幹細胞就能發展爲任何種類的細胞，並有潛力治療較多項的疾病；第二，成人幹細胞較難鑑定，體內有數十億的細胞，要找出幹細胞有如大海撈針，即使找到量亦少，胚胎細胞則很容易發現，因爲年輕胚胎中所有的細胞都屬於全能或多能幹細胞；第三，成人幹細胞需花費較長的時間培養，若需急用於治療似乎較不具時間效益；相對的，胚胎細胞可將其培養成許多不同的細胞型並儲存起來，當有重病患急需使用時便能直接加以利用。

胚胎幹細胞之取得途徑略可分爲三種方法：1. 人工受孕後之剩餘胚胎：一般醫生在進行人工受孕手術，爲確保懷孕成功，會從婦人卵巢中取出十幾個卵子進行體外授精，然後從中挑選最健康的卵子植入婦女體中，其餘已在囊胚期的受精卵則冷凍保存，以備不時之需。此時其餘囊胚期的受精卵，即可成爲材料；2. 爲研究目的製造的胚胎：此時只是重複類似人工受孕手術的體外授精階段，進而培養出能夠成爲材料的受精卵；3. 以細胞核轉殖術製造[5]。

基因組編輯在近幾年已發展多項應用工具，例如：ZFNs 與

---

5 石凱元（2005），〈研究與倫理：淺談胚胎幹細胞之規範〉，《萬國法律》，140期，頁63-65。

TALENs 技術使用特定蛋白工程結合特定的 DNA 序列，並在特定位置切割 DNA。然而，這類蛋白質工程耗時且困難，因此發展另一項基因編輯技術爲 CRISPR-Cas9，由 CAS9 蛋白組成可以剪輯 DNA，並具有將蛋白質引導到基因組中特定位置的 RNA。胚胎幹細胞是基因編輯領域的敏感地帶，此等新技術使人類可以藉由人工方式選擇，並且帶來龐大的商機，預估在 2020 年時基因組編輯市場將價值約 60 億元美元。近來，CRISPR-Cas9 技術引發最著名的爭議爲中國科學家利用該技術修改人類的胚胎。2018 年 11 月，中國科學家賀建奎發表基因編輯嬰兒的研究成果，利用 CRISPR/Cas9 基因編輯技術編輯胚胎 CCR5 基因，並使一對基因編輯嬰兒誕生，依此想透過基因編輯技術改造或移除 CCR5 基因，對愛滋病免疫。DNA 的修改和序列編輯有良好的方法，可用於植物、魚類，或鳥類、猴子、豬隻或其他哺乳類動物等，實際上，基因組編輯在治療造血疾病領域方面具有重要的發展成果，包括修改各種血液細胞如造血幹細胞來治療該等疾病，但因爲生物科技技術的進術以及在人類方面使用的成效增加，使得倫理法律爭議問題更受重視[6]。CRISPR/Cas9 基因編輯技術全名爲常間回文重複序列叢集關聯蛋白（Clustered Regularly Interspaced Short Palindromic Repeat/CRISPR associated protein 9），CRISPR 爲日本科學家在 1987 年間在大腸桿菌中所發現的一段特殊序列，而一直至 2013 年科學家針對此技術建構系統，其技術原理爲以特殊序列引導 Cas 9 蛋白攻擊目標基因，藉由細胞體內的雙股 DNA 斷裂、修補，以達成基因編輯之目標[7]。

---

6 Fazli Dayan, Ethico-legal aspects of CRISPR Cas-9 genome editing: A balanced approach, BJMS Vol. 19 No.01, pp.11-12 (2020).

7 國家實驗研究院網站：https://www.narlabs.org.tw/xcscience/cont?xsmsid=0I148638629329404252&sid=0J030336920470561193（最後瀏覽日：02/15/2020）。

參、從胚胎幹細胞研究到基因編輯之社會倫理風險

回顧過去胚胎幹細胞研究的爭議問題，早在1970年晚期，美國科學家透過試管嬰兒胚胎植入的方式，發展能夠在實驗室取得胚胎的方法。自此幾年之後，涉及胚胎及胎兒組織時，都著重在人工試管受孕方面。之後在1981年，從老鼠的胚胎中分離出第一個胚胎幹細胞，自此開始胚胎幹細胞的研究。至1998年，Drs. James Thompson及John Gearhart兩位學者爲研究之目的分離並培養出胚胎幹細胞，建立幹細胞爲所有細胞的開端。胚胎幹細胞實際進行研究時，必須先製造符合要求的細胞種類，且數量必須充足，且從胚胎幹細胞中取得的治療細胞必須具備純度，不可含雜其他不同的胚胎幹細胞，否則一旦移轉即可能產生腫瘤。如何將細胞移轉至需要的器官上則是另一向挑戰，部分器官，如腦部、心臟等，可能很難將細胞植入。一旦將細胞植入，就必須與現有組織細胞連結運作，此時需要其他的藥物或方式輔助。再者，此容易造成病人免疫系統的排斥，此後則需利用抗排斥藥物來進行治療[8]。

一、胚胎研究風險

在這些過程當中，可能產生的風險問題包括：1. 政治與社會文化之於胚胎幹細胞研究之現況，例如宗教議題；2. 移植問題安全性；3. 參與者受試者之年齡；4. 研究限制，例如如精卵之取得；5. 告知後同意；6. 保密義務等。研究當中最爲核心之議題即倫理道德相關之風險問題，有時因爲研究人員未完全考慮需要的資訊與風險評估，造成試驗落後，因此，研究人員應該衡量考慮需要什麼資訊，以及如何適當進行臨床試

---

8 Suzanne Kadereit, Stem cell research and human cloning: where do we draw the line-an overview of stem cell research, 39 New Eng. L. Rev., pp.618-620(2005).

驗，並且與參與者做真正討論，並達到一個切合實際需求的研究。若缺乏應有的關注，將造成胚胎幹細胞移植臨床試驗與相關倫理議題再度延誤幹細胞的發展[9]。從再醫療生領域的研究觀察，胚胎幹細胞的研究在治療疾病上帶來很大的希望，然而，胚胎幹細胞研究所涉及的最大倫理爭議仍在於人類胚胎的使用所衍生的衝突。依傳統的方式，取得胚胎必須破壞囊胚，因此多數爭執認爲這是故意破壞胚胎導致無法發展成爲胎兒，依據此類東西作成的實驗研究十分不道德，而多半認爲違反倫理的原因在於宗教上的影響，特別是羅馬天主教會已明確表示其反對胚胎幹細胞的研究，儘管目前的研究顯示此項研究有助於人類的醫療等等，教會相信生活和個人的特質等概念，甚至尚未形成胚胎前，都是屬於神聖不可侵犯，須受尊重及保護。因此，反對見解認爲，生存權是無法剝奪的權利，胚胎幹細胞的研究則是涉及這樣概念的破壞[10]。換句話說，以宗教界觀點來看，人類胚胎從受精的那一刻起，就朝向增生分化成爲獨立的個體邁進。任何毀損胚胎行爲都等同視爲與殺人無異，這也是宗教團體及反墮胎團體，對於胚胎幹細胞研究持反對的理由。

以醫學界的解讀來說，胚胎在受精後的 14 天內（原條期），胚胎

---

9 除了進行研究時的規範之外，保護移植接受者也是必要的，在移植過程中，會先損壞自體免疫系統，不論是臍帶血、骨髓血液或是經由週邊血液萃取分離出來的『幹細胞』，在移植到病人體內之前必先將病人本身的免疫系統以大量的化學藥物先摧毀，以免移植進去的『幹細胞』會被本身所殘存的免疫系統破壞或排斥掉。相同地，為盡量減少排斥反應，勢必使用抑制免疫的藥物。此外，嚴重的家庭遺傳病史，也可能是移植的風險，例如，從捐贈者取出的成體幹細胞可能是癌細胞，都有可能在移植過程中被植入。然而，最大的問題通常發生在臨床階段，亦即進行癌症的臨床試驗時，儘管其主要目的是測試安全性，而非強調其療效，但研究者普遍預計從人體移植的試驗過程中獲得利益，所以往往會發生醫療上的誤解。從同意基因移轉的臨床試驗研究可發現，研究人員描述參加第一階段的試驗效果通常是模糊與充滿高度不確定性。

10 Syliva E. Simson, *el al*, Pushing Promise: America's need for an embryonic stem cell regulatory scheme, 34 Brook. J. Int'l, pp.540～542(2009).

內的幹細胞，尚未開始分化成特定細胞，所以不具有任何感受能力。換言之，胚胎在研究過程中所受到破壞，並不會使胚胎感到痛苦。並且反對幹細胞研究的人也應該思考一個問題：究竟是幾十個尚未分化且註定要死亡，還是利用此細胞來發展出可以造福大眾的新醫療技術方法，孰重孰輕？兩造雙方對於胚胎的定義有著天差地遠的解釋與堅持，要如何調和科學上的發展與道德價值觀的衝突應是事後努力的目標。胚胎幹細胞另一個爭議處出現在「複製」的層面，以細胞核轉殖術製造受精卵，因為此種技術是以動物細胞取出一個細胞核，將其置入於去核的卵細胞內。最終直接成為受精卵的狀態。但是，經由細胞核轉殖術所製成的胚胎，其中遺傳資訊和來源無相異之處。到此階段的技術，被稱作為「再生性複製（regenerative cloning）」，其目的是利用自體的細胞複製出病患所需要的細胞、組織或器官，進而解決異體移植的排斥性問題。若此細胞被植入子宮內，有可能孕育出完全相同的複製體。此階段的技術，被稱作為「生殖性複製」，也是眾所皆知的桃莉羊以及複製人的研究。這兩者的差異只在於階段性不同，所以很容易讓有心人士假再生性複製之名，行生殖性複製之實。為避免上述的各種倫理道德爭議，科學家試圖找出別種方式已進行胚胎幹細胞的培養，免於摧毀胚胎，例如：利用胚葉切片（blastomere biopsy），於胚胎植入前進行基因診斷（簡稱 PGD），此方式是在受精卵經過分裂為八個細胞後，約 2 天大的胚胎來進行基因分析，於之後再植入子宮。因此，當進行試管嬰兒時，透過這樣的檢測，在植入子宮之前，可以測試出一些像唐氏症等遺傳疾病。此等方式可以取代傳統胚胎幹細胞的取得，避免摧毀胚胎，讓胚胎保持完整。從此觀點來觀察，似乎可以通過倫理道德層面的檢視，雖然新技術仍存有安全性的風險，PGD 檢測讓胚胎有 80% 的存活率，因此，若以上述宗教的論述，即可避免造成人性尊嚴為害的問題[11]。

---

11 Sylvia E. Simson, Breaking Barries, Pushing Promise: America's Need for an Embryonic

除了上述胚胎幹細胞研究帶來爭議以外，目前的 CRISPR/Cas 基因編輯技術亦帶來非預期的效果，包括做爲非原先目的性之應用而衍生倫理道德爭議。實際上，任何的生物科技技術發展，從過去的胚胎幹細胞爭議到現階段的基因編輯技術爭議，無不圍繞著倫理道德議題著墨，而如何使科技進展不逾越其目的而作爲其他用途之用並且促進科技繼續進步，多半則採取自律的方式。舉例而言，1975 年阿西洛馬會議（Asilomar Conference）討論重組 DNA 技術的問題，自此則凝聚國際共識，針對重組 DNA 的應用創設自律性準則，確立科學研究的自主性同時也應對相關的研究負責 [12]。相同的，針對基因編輯技術的倫理議題，科學家亦不斷聚焦討論，最終的問題仍在於這些了解特定技術應用的科學家族群能對人類具備多少的控制能力？而何者方屬正確的界線？了解特定技術的科學家族群擁有決定編輯人類基因的能力，即如同立法者一般可以決定基因編輯的定義，也因此帶來更多的不確定性，更待於中立性的準則作爲基礎。

事實上，有支持者認爲基因編輯技術並不會造成太多的爭議性議題，這樣的技術可平衡社會中部分錯誤的事實，其認爲基因編輯技術的應用可以修補遺傳錯誤以避免一些難以承受的責任。例如：哲學家約翰・哈里斯（John Harris）認爲生殖細胞並非神聖的，其如同人工受孕（IVF）一樣，透過技術來影響後代子孫，基因編輯技術並不會比體外授精技術更具有道德層面的爭議 [13]。不過，技術的進展，實際上造成的道德風險問題可能更趨複雜，舉例來說，體外授精屬於一種生殖細胞的改變，所有的體外授精之胚胎在植入體內之前，皆經過基因篩選，而

stem cell Regulatory Scheme, 34 Brook. J. Int'l L. 531, p.544-545 (2009).

12 Paul Berg, Asilomar 1975: DNA modification secured, Nature 455, 290-291 (2008).

13 Sara Reardon, Ethics of embryo editing paper divides scientists, https://www.nature.com/news/ethics-of-embryo-editing-paper-divides-scientists-1.17410 (last visited Feb. 15, 2020).

就父母親的角色來說，自當選擇健康經過基因篩選的胚胎，從這個面向觀察，允許基因編輯並無不可。但在極端的情形下，或許父母親反而選擇不正常的基因，例如：過去英國曾發生一對聽障夫妻希望未來的孩子也是一位聽障人士，以延續這樣的聽障家族[14]，而面對此等現況是否應該加以阻止，對於社會大眾而言爲何不希望此等情形發生？ 此等情況都是目前技術發下持續應面對的問題。再者，胚胎的基因編輯要如何確保在每個試驗的過程中不會有胚胎因爲實驗的失敗而遭丟棄，倘若爲了製造編輯一個未來無任何疾病的健康孩子反而丟棄試驗過程中實驗失敗的胚胎時，這樣的基因編輯技術是否即代表符合目前社會所期待不無疑問。在目前的基因編輯技術中，倘若能修正當中的錯誤機率而控制細胞的品質時，或許當中的道德性爭議與安全性問題將能減緩，但仍待解決的是目前對於此等技術的倫理道德標準應如何看待，又應如何作爲合於目的性的利用。

二、倫理學角度檢視胚胎與人之定義

不論是胚胎幹細胞之研究或是基因編輯技術，總是帶來許多倫理道德風險之爭議，對於胚胎本身的研究，目前以 14 天爲發展界線，超過時間則不允許研究；就基因編輯研究來說，觸及胚胎幹細胞的敏感地帶，則可能造成引響人類進化或是導致人類不公平的情形。胚胎的相關研究，始終關係著胚胎進展到人的定義應如何看到，從社會層面、醫學、法律或宗教層面各有不同的論述，同時也面臨解釋瓶頸，例如：法律強調人性尊嚴、生命權，但從憲法架構下解釋似乎亦未見有更好的解決方式，如再尋求更上位概念的倫理學或道理理論解釋如「功利主義」等，似乎能爲目前逐漸開放的研究提出一個較佳的解釋，從倫理

[14] Gaby Hinsliff and Robin McKie, https://www.theguardian.com/science/2008/mar/09/genetics.medicalresearch (last visited Feb. 15, 2020).

的角度出發對於胚胎幹細胞之研究具有一定程度之重要性[15]。有見解極端將胚胎幹細胞認爲需與一般人有同等程度之權利義務地位加以保障的觀點，學者或將之稱爲以「完整地位」（full status）加以對待[16]。例如：羅馬天主教會由宗教之角度出發，認爲胚胎一旦成形，即應將之視爲具等同於人的地位加以對待，也因此倘剝奪其未來之生存可能，將之分離銷毀，即爲侵害其生存權。同時，另一個極端的道德觀認爲，在尚未脫離母體而能獨立自主生存前的胚胎幹細胞，無疑地並未具備任何等同於人的地位，無法享有人之權利義務價值，被相對地認爲係爲「無地位」（no status）[17]之狀態。在此等倫理觀念下，權利能力的完整性通常係僅有「全有」或「全無」的兩種選項。當然，在此兩種極端的倫理觀中間，尚有較爲折衷的看法，稱之「限制性地位」（limited status）之狀態，而這種觀點亦因爲其涵攝範圍較廣泛的關係，爲較多數見解所接受。不過，該等折衷的觀念其實是相當模糊的，因爲此種觀念只是告訴我們無法接受極端地完全忽略胚胎幹細胞之法律地位，或是將之視爲與獨立生存之人類個體具有同等法律地位此二種看法，也因此，此模稜之看法需要加以細緻化。其中，依比例原則對之加以定位，亦即，越接近出生時點的胚胎幹細胞組織如欲加之摧毀，則對其加之的倫理責難程度相對地較高；反之則相對地較容許一定程度之研究，此種觀點被學者稱之爲「比例地位」（proportional status）[18]之狀態。另外，此種折衷的見

15 追溯歷史上有關於生命倫理學的發展主要有：1954年第二次世界大戰後的紐倫堡大審、1947年紐倫堡宣言（Nuremberg code）、1964年世界醫學大會（WMA General Assembly）制定赫爾辛基宣言、1974年美國將保護人類受試者政策列入聯邦法規，並設立「生物醫學及行為研究之人類保護國家委員會」。資料來源：本研究整理。

16 Pattinson, Shaun D., Medical Law and Ethics 317, London: Sweet & Maxwell (2006).

17 *Ibid.*

18 *Ibid.*

解尚有另一觀點認爲，利用剩餘的胚胎作爲幹細胞研究或許是可以被接受的，但是相對地，若爲研究而刻意製造新的胚胎以提供研究之所需，則是不被允許的[19]。例如：自然或符合法規範之人工流產後的剩餘胚胎組織，或是施行人工生殖後，所剩餘得銷毀的一定期間內之胚胎組織。

就倫理學上常見的三種觀察與考量基礎，亦即功利主義（utilitarianism，或譯作效益主義[20]）、以義務作爲思考基礎（duty-based）的哲學觀以及以權利作爲思考基礎（rights-based）的哲學思維等三者[21]言，在前述對於胚胎與胚胎幹細胞觀點光譜的分析上，各自有不同的落點。[22]例如：就功利主義與以權利作爲思考基礎的觀點二者言，都較不傾向於前述羅馬天主教會的「完整地位說」。因爲無論功利主義是被解釋爲需要感受到痛苦或是被解釋爲能夠有做出抉擇能力的類型，在胚胎幹細胞的較早期階段都無法達成該等構成要件；另一方面，以權利作爲思考基礎的觀點認爲，只有該等能自由抉擇放棄其權利所帶來的利益之個體，方能夠享有其權利，也才有其地位。至於相對地，以義務作爲思考基礎的哲學觀則可能較與所謂的「完整地位說」相契合，例如：前述羅馬天主教會的觀點，即被認爲是其中一種以義務作爲思考基礎的哲學觀典型。不過這邊應該要注意的是，並非所有的以義務作爲思考基礎的哲學觀均是贊同「完整地位說」的觀點，例如：康德學派雖在大部分情況下，被歸納爲以義務作爲思考基礎的哲學觀，然其認爲道德之地位僅存在於個

---

19 Mason, J. K. & Laurie, G. T., Mason & McCall Smith's, Law and Medical Ethics, Oxford: Oxford University Press, 7th edition, p.704 (2006).

20 林火旺（2003），《倫理學》，初版，77頁。

21 The Nuffield Council on Bioethics, The forensic use of bioinformation: ethical issues, p. 32(2007);http://www.nuffieldbioethics.org/go/ourwork/bioinformationuse/introduction（最後瀏覽日：02/15/2020）

22 Pattinson, Shaun D., op. cit, p.318.

體（agent），此即與「完整地位說」之見解相斥[23]。

肆、法律界限

胚胎研究的倫理爭議主要爲討論胚胎取得之方式、在研究過程中胚胎應如何處理，以及研究完成後胚胎摧毀等。針對胚胎幹細胞的研規範我國在 2002 年 2 月 19 日由改制前之衛生署公布之「胚胎幹細胞研究的倫理規範」當中，第 1 條即明訂研究使用的胚胎幹細胞來源限於：自然流產之胚胎組織、符合優生保憲法規定之人工流產胚胎組織、施行之人工生殖後，所剩餘得銷毀之胚胎，但以受精後未逾 14 天的胚胎爲限，此爲我國第一個以人類胚胎幹細胞爲規範主軸之行政命令。然而，隨著技術的進步，基因編輯技術的使用以及其他人與動物胚胎混合發展人類器官或解決不孕症問題等等，胚胎相關研究規範架構似應可重新檢視。現行與胎胚相關之法律規定，主要出現在民法有關胎兒權利能力、相關人工協助生殖法令以及刑法與優生保健法有關墮胎之規定。在民法領域中，雖因民法將權利能力之概念規範在始於出生終於死亡，其保護是否能延伸至胚胎幹細胞研究無從得知；從憲法的層次來看，我國憲法雖然對於人性尊嚴與生命權加以保障，但是胚胎的法律地位無法從憲法中得到答案。由於台灣欠缺西方社會的基督教傳統，墮胎的議題也從來沒有被突顯，以致於不曾產生墮胎的憲法爭議，司法院大法官沒有機會對於墮胎等相關問題表示過意見，遑論就胚胎地位發表看法。從法律的層次來看，實行多年的優生保健法，對於胚胎的保護十分微弱，論者甚至常常批評規定過於寬鬆，使得墮胎過於浮濫。至於尚未完成立法程序的人工生殖法草案，雖然對於因進行人工生殖所製造的胚胎提供一定程度的保護，但嚴格說起來，對胚胎的法律地位還是沒有明確表態。至於

---

23 *Ibid.*

在命令的層次，主管機關衛生署先後公布了「人工生殖技術倫理指導綱領」、「人工協助生殖技術管理辦法」以及「研究用人體檢體採集與使用注意事項」等行政命令，以作爲行政管制的依據，直接或間接地將胚胎的使用納入管理，但也僅限於技術層次的規範。衛生署公布實施之「人工協助生殖技術管理辦法」（以下簡稱管理辦法）。當管理辦法第3條第5款規定：「胚胎：指受精卵分裂未逾八週者。」而取得「胚胎」之目的，係爲實施「人工生殖」。另外，依管理辦法第15條第1項規定，「胚胎」應於構成1. 保存逾10年；2. 捐贈人或受術夫妻之一方死亡；3. 受術夫妻完成活產一次等三種情況之一時，於情況發生後兩各月後銷毀之。由上述說明可之，如果非爲「人工生殖」之目的，取得「胚胎」者，應不在管理辦法之適用範圍內。

歐盟對於人類胚胎的研究規範於歐洲「人權暨生物醫學公約」當中，禁止基於研究目的創設胚胎。然而，部分國家拒絕簽屬公約，如比利時與英國，原因在於該規定過於嚴格。英國主管機關「人類受孕與胚胎學管理局」（Human Fertilization and Embryology Authority, HFEA）要求研究人員必須取得每一項計畫之許可、研究必須合於「人類受孕及胚胎學法」（The Human Fertilization and Embryology Act of 1990）之要件、捐贈者同意基於研究目的而捐贈、研究之胚胎不得植入女性體內、以及胚胎的研究不得超過14天等。相同地，在我國2002年「胚胎幹細胞研究的倫理規範」、2007年「人類胚胎及胚胎幹細胞研究倫理政策指引」、以及2008年7月「人類胚胎及胚胎幹細胞研究條例草案」等亦有相似的規範。對於胚胎的取得、應用，以及過程設計所涉及的銷毀問題等，過去已有諸多討論，在此不再詳加論述，惟當中的部分規定仍可能因爲科技的變遷而有所影響，以下將依此爲基礎，說明科技的變革是否應影響法規變革之情形。

一、胚胎研究十四天原則之限制

胚胎研究具十四天限制之原則，主要來自於美國 1979 年由改制前之衛生、教育及福利部（United States Department of Health, Education, and Welfare）倫理委員會針對胚胎研究所所提出之報告，以及英國 Warnock 人類受孕與胚胎學委員會之建議，自此多數國家皆採納十四天爲原則。過去英國 Warnock 委員會針對胚胎是否能進行研究的論點表達贊成，然應基於該問題的道德問題、敏感性和爭議性來嚴格管制與監督胚胎的相關研究，而決定十四天原則乃是具有一定的道德基礎，此指人類胚胎拉長並形成一條原線（primitive streak）之時間，這條線標誌著脊髓最終生長的通道，在十四天之後代表個體發展的開始。因此，英國在 1990 年制定「人類受孕及胚胎學法」（The Human Fertilization and Embryology Act of 1990），規範胚胎之研究，允許針對十四天內的受贈胚胎進行研究，當時的研究範圍限於不孕症、流產因素、先天性遺傳疾病等範疇，2001 年則新增治療性複製，經主管機關人類受孕與胚胎學管理局許可，可自胚胎抽取幹細胞進行研究。十四天的限制是所有研究規範的核心，儘管有認爲十四天的標準只是國家未不同群體間的利益所做出的妥協政策，但長久以來十四天原則卻還是能拘束科學研究遵守最後的道德標準，而實際上在當時的研究背景中亦無任何研究機構具有能將胚胎培養至十四天的技術。然而，隨著科技演進，十四天原則似乎應有所修正，原因在於現階段的培養技術已發展至可在體外超過十四天而繼續維持胚胎之地位。例如：2016 年 5 月美國研究團隊 Zernicka-Goetz 和紐約洛克菲勒大學的 Ali Brivanlou 團隊首次發表能讓人體胚胎培養至十二至十三天之系統，不過礙於十四天之限制而最後終止。因科技帶來的變遷將對人類疾病的治療更加進步，此等道德規範問題似乎變得可以再次重新檢討[24]。

另外，依目前技術已有人類多能細胞在某些培養條件下生長時，可以以類似於人胚胎的方式自行組織[25]，又或者人與動物之合成胚胎來培育器官或解決不孕症之相關問題，這些皆面臨十四天原則的考驗。以人與動物結合之胚胎來說，儘管是一個錯綜複雜的議題，但卻可建立無限數量的研究胚胎而具有寶貴的價值，爲希望生育之人創造胚胎。對於建立安全性和有效性的研究，將胚胎在超過十四天直至發育的第二十八天將具有一定價值，原因在於使科學家能在形成第一個原始組織時在原腸胚（gastrulation）形成的過程中研究發育過程，並了解更多的神經系統資訊，同時也有助於進一步提高當前人工受孕程序之安全性和成功機率，例如：事先了解先天性疾病的性質，提供醫師預測[26]。

儘管上述的科技發展有助於疾病的治癒，但十四天原則的規範至今僅在部分國家提及動物與人胚胎嵌合之試驗研究中有所放寬，例如：日本在 2019 年放寬規定，允許一項人鼠嵌合體胚胎之試驗，在老鼠胚胎中植入人體細胞，並進而放入豬隻體內代孕，爲培育胰臟器官，以解決現階段器官移植不足的問題。相同地，在基因編輯部分，研究人員使用 CRISPR　Cas9 編輯人類胚胎的 DNA，以研究 OCT4 基因的去除如何影響早期胚胎發展。然而，該研究仍應遵守上述的十四天原則，許多人認爲十四天原則屬於成功的規定，但事實上仍有見解認爲這樣的規範必須保持具有一定的目的性。倘若超過十四天而發展至第二十八天時，則法律的規範是否應具備更嚴格的審查？此答案自屬肯定。目前英國胚胎研究之主管機關人類受孕與胚胎學管理局（HFEA）僅允許有明確目的

---

24 Sarah Chan, How and Why to Replace the 14-Day Rule, Current Stem Cell Reports 4, pp.228-234 (2018).

25 *Ibid.*

26 John B Appleby and Annelien L Bredenoord, Should the 14-day rule for embryo research become the 28-day rule, EMBO Mol Med V.10(9) (2018).

的研究，並取得許可的前提下將胚胎研究擴展至第二十八天[27]。

二、基因編輯技術之規範

CRISPR-Cas9 基因編輯技術的應用規範重點在於研究到臨床應用的界線範圍該如何界定，對於此新興技術的討論，最初乃訴諸於自律的方式管制，例如：2015 年在國際基因編輯會議中，組織委員會指出支持禁制任何 CRISPR 的研究，因該技術將永久改變人類的基因，倘若有更進一步的證明顯示試驗的過程中具有安全性和有效性，且取得社會大眾的共識，則基因編輯的技術持續發展將具有適法性。然而，缺乏法律的基礎下，這樣的自律共識未必能遵守最基本的倫理界線，此更突顯規範的重要性。爲建立良好的管制方式，必須思考在既有的規範體制內，如何將此種基因編輯技術納入規定，首先，可建立單一接入點（single-point-of entry）之方式可作爲參考，依此由主管機關建立審查委員會，審查基因編輯的相關產品是否適當；其次，通過審查後，再由主管機關核發許可進行試驗[28]。

在實際案例方面，英國在 2016 年 9 月通過第一個 CRISPR 試驗許可，該研究乃針對人類的早期發展階段進行研究，利用 CRISPR 技術使 OCT4 基因鈍化以觀察其發展成果。同時，基於規定，禁止對胚胎的研究超過十四天並禁止將基因編輯之後的胚胎植物人體內，但如基因編輯是爲預防嚴重的粒線體疾病時（POST Note 431）則例外允許[29]。在多數的國家，並未將胚胎的基因編輯視爲非法之研究，但以美國早期而言，雖未視爲非法但國家並未給予資金，然而在 2018 年 1 月則由國家衛生福利機構（US National Institutes of Health, NIH）公布計畫給予 1 億 9

27 *Ibid.*

28 *Ibid.*

29 House of Parliament, Genome Editing, POSTNOTE No. 541 (2016).

千萬之基因編輯研究，其中包括 CRISPR/Cas9 之技術。

綜觀 CRISPR 基因編輯技術所涉及的規範，應用既有的胚胎研究規範並無太大的疑義，並且，在部分國家如美國，既有的科學研究規範體制已能充分解決基因編輯技術所帶來的倫理界線問題，原因在於國家透過 NIH 對於聯邦資金的補助限制具有不分的約束效果；其次，當研究從動物試驗進展至人體試驗時，食品藥物管理局（FDA）即可介入對人體試驗的管理。兩種機制的相輔相成運作可以針對違反的基因編輯進行審查，例如：當研究並非由國家資金補助而是由私人企業進行時，雖無法經 NIH 審核，但進入臨床試驗程序時，則可透過 FDA 審查[30]。

三、以專利法角度觀察胚胎研究之發展

胚胎幹細胞在專利層面的討論，向來具有諸多爭議，其爭議亦環繞在若作爲商業上的利用是否違反公序良俗，此部分的討論値得以歐洲法院的判決作爲參考。歐洲法院 2011 年在 Oliver Brüstle v Greenpeace 一案中提及[31]，如在發明階段中有破壞人類胚胎之情形時，基於生物科技指令第 6 條 6(2)(c) 之規定，不予專利。在此，法院乃將胚胎採取廣義解釋，除傳統上的受精胚胎以外，亦包含人工胚胎。當人類胚胎幹細胞是從人類胚胎中取得，如果發現該細胞具有發展人類之能力時，則人類胚胎幹細胞應屬於胚胎之定義範圍內[32]。因此，在判決中，法院指出當專利涉及胚胎摧毀時，則不可賦予專利，而當該摧毀行爲是在執行發明

30 Kady S. Bruce, Legislative Recommendation for Regulating the Use of Germline Modification Techniques in the United States, 25 B.U.J. Sc. & Tech. L. 185, pp.214-217 (2019).

31 CJEU: Brüstle Oliver v Greenpeace case, C-34/10, 2011, Available at http://curia.europa.eu.

32 EllaO' Sullivan, International Stem Cell Corp v Comptroller General of Patents: the debate regarding the definition of the human embryo continues, E.I.P.R. 2014, 36(3), p.156 (2014).

之前發生者亦同。此次判決造成部分的影響，一部分爲胚胎幹細胞之研究若涉及胚胎之摧毀，將被嚴格限制，且立法者必須要重新思考胚胎幹細胞的研究政策，以及歐洲國家必須調整內國法律以符合該判決[33]。再者，倫理標準在此等新興的專利案件中是否更加難以拿捏其標準，因歐洲法院對胚胎採取廣義的解釋，即便在專利申請中未提及胚胎的利用問題，但仍屬於專利是否成立的分析範圍內。

2014年歐洲法院在International Stem Cell Corporation v Comptroller General of Patents, Designs and Trade Marks一案中，針對胚胎幹細胞之專利判決再度引起關注。該案爭議爲孤雌生殖方式以取得幹細胞是否具有可專利性，藉由單性生殖來開始胚胎之發育，但因缺乏雄性Paternal DNA而無法持續發展成爲胎兒。本案中，法院不同於上述Brüstle案之見解，其認爲依據目前的科學知識，因爲當，前技術的使用關係，無法將胚胎持續發展成爲人類，因而相關利用非屬於生物科技指令第6條6(2)(c)之胚胎定義[34]。綜上，胚胎幹細胞的定義將影響專利申請與否，歐洲法院先後針對胚胎訴諸於不同的定義範疇，而是事實上，歐洲法院在後續的胚胎定義解釋中，其並非要解決人類生命起源的問題，而是僅限於在生物科技的專利發明層面當中，判斷其道德標準應如何在商業的環境應用中達到一定的約束作用[35]，而判決中提及目前科學知識的概念，將會影響法律的界線範疇應如何制定而達到安全性之目的[36]。

---

33 Arif Jamil, Human Stem Cell Research in Europe and the U.S.A.: Post Brüstle and Sherley, Ethics Issues and Patent Quagmire, Vol. 2 NTUT J. of Intell. Prop. L. & Mgmt., pp.153-154(2013).

34 CJEU: International Stem Cell Corporation v Comptroller General of Patents, C-364/13, 2014, Available at http://curia.europa.eu

35 Markus Frischhut, The Ethical Spirit of EU Law (2019).

36 Amy Lai, The Possible Impact of Legal Globalization of the ECJ Decision on Human Embryonic Stem Patent and its Implications, 50 Int'l Law.261, p.261 (2017).

伍、結論

生物科技的發展，不論是從先前的胚胎幹細胞研究爭議問題到現階段的基因編輯技術，其發展之潛在利益皆存在著倫理道德與法律風險問題，除最嚴重的關於生存權見解與侵害程度之扞格之外，在其他方面，胚胎來源取得問題以及在專利權賦予後產生商業利用行爲等，均有價值或利益上衝突存在。然而，該等衝突之解決之道，多半亦以比例原則、平等原則等判斷標準加以衡量[37]，並且倫理道德層面的考量亦占有重要成分。實際上，法律亦隨著科技的變遷而不斷地發展與修訂，但最基礎的道德界線則不容許改變，例如：基因編輯或者任何的胚胎研究，必須限縮於特定的取得方式，並且不允許超過以十四天之界線標準，但基於公共健康利益，法律在不違背基本的精神之下，允許特定情形可超過十四天之研究，如人與動物的合成胚胎。再者，當新的生物科技研究逐漸成形時，則將面臨法律管制是否過於寬鬆或嚴謹之問題，並且若要進行規管，則應採用既有的體制或是新創一個各別因應該新技術的規範，這些都是在整體的法制政策上引起很大的挑戰。此時，管制模式的建立將包含設立一個獨立專責機構以處理新技術的發展、直接由國家核發許可進行試驗、透過資金補助來限制部分不當研究、以及進行所有的臨床試驗前後的監測等等。綜上，科技的發展引響法律的修訂與解釋範疇，而目前依據科學的解釋能將嚴重違反道德的事項直接於規範中禁止，但在像是基因編輯的新技術發展時，在無法完整透過自律方式解決倫理道德風險時，則必然應從整體的法制規範架構思考在現階段的制度下，如何防堵風險產生卻又能達到一定的公共利益。

---

37 Beyleveld, Deryck. ‘Conceptualising Privacy in Relation to Research Values’, in Shelia A. M. McLean ed., First Do Not Harm: Law, Ethics and Healthcare, pp.160-161 (2006).

參考文獻

一、中文部分

石凱元（2005），〈研究與倫理：淺談胚胎幹細胞之規範〉，《萬國法律》，140期，頁63-69。

陳志忠（2007），〈胚胎憲法地位之研究以醫療性複製胚胎為例〉，《東吳大學法律學報》，18卷3期，頁41-90。

陳英鈐（2008），〈胚胎幹細胞研究管制的挑戰：如何避免黃禹錫事件在台灣重演〉，《台北大學法學論叢》，67期，頁175-249。

莊智惠等（2019），〈再生醫學之專利申請趨勢及國際專利審查實務之探討〉，《智慧財產權月刊》，247期，頁6-50。

唐淑美、顏上詠（2017），〈「台灣人體生物資料庫」發展歷程與ELSI困境〉，《生物產業科技管理叢刊》，6卷1期，頁71-90。

二、外文部分

Alice Yuen-Ting Wong, , 2018, Human Stem Cells Patent-Emerging Issues and Challenges in Europe, United States, China and Japan, The Journal of World Intellectual Property 1, https://onlinelibrary.wiley.com/doi/abs/10.1111/jwip.12098.

Bernard Lo, , 2005, A new Era in the Ethics of Human Embryonic Stem Cell Research, Stem Cells Vol. 23(10), 1454-9.

Fazli Dayan, 2020, Ethico-legal aspects of CRISPR Cas-9 genome editing: A balanced approach, BJMS Vol. 19 No.1, 11-16.

James Field, The Patentability of Human Embryonic Stem Cell-Based Inventions in the European Union, https://www.abdn.ac.uk/law/documents/ASLR_Vol6_Dec15_1-31_Field.pdf

John B Appleby and Annelien L Bredenoord, 2018, Should the 14-day rule for embryo research become the 28-day rule, EMBO Mol Med V.10(9), 228-234.

Katriina Aalto-Setälä, , 2009, Obtaining Consent for Future Research with Induced Pluripotent Cells: Opportunities and Challenges, Plos Biology Vol. 7, 204-208.

Kady S. Bruce, 2019, Legislative Recommendation for Regulating the Use of Germline Modification Techniques in the United States, 25 B.U.J. Sc. & Tech. L. 185, 185-217.

Markus Frischhut, 2019, The Ethical Spirit of EU Law, https://www.springer.com/gp/book/9783030105815

Noah C. Chauvin, 2018, Custom-Edited DNA: Legal Limits on the Patentability of CRISPR-CAS9's Therapeutic Applications, 60 Wm. & Mary L. Rev. 297, 297-311.

National Research Council and Institute of Medicine, Guidelines for Human Embryonic Stem Cell Research. National Academies of Science, http://dels.nas.edu/bls/stemcells/reports.shtml

Robin Lovell-Badge, 2008, The regulation of human embryo and stem-cell research in the United Kingdom, Stem Cell-Science &Society, Vol. 9, 998-1003.

Sarah Duranske, 2018, Reforming Regenerative Medicine Regulation, 34 Ga. St. U. L. Rev. 631, 631-695.

Syliva E. Simson, , 2009, Pushing Promise: America's need for an embryonic stem cell regulatory scheme, 34 Brook. J. Int'l, https://brooklynworks.brooklaw.edu/bjil/vol34/iss2/7/

本文原載於《生物產業科技管理叢刊》，8卷（2020）。

第二章

淺論人工智慧時代：醫療器材軟體的風險與管理思維 *

牛惠之 **

* 本文業經刊載於《生物產業科技管理叢刊》（2020），8期，頁39-56。

** 中國醫藥大學科技法律碩士學位學程副教授兼主任
英國倫敦大學瑪莉皇后學院法學博士，研究領域是醫療法律、生醫科技法律、國際經貿法、健康與環境風險管理，現職為中國醫藥大學科技法律碩士學位學程副教授兼主任，Email: nieo.school@gmail.com

摘　要

將 AI 與醫療結合的醫療 AI 為一種新醫療趨勢，以 AI 與機器學習為基礎發展的醫療器材軟體雖然可能提升醫療的品質，但也可能因為其具有持續學習與更新的特質，而引發風險。傳統用於確保醫療器材的安全性與有效性的管理架構，顯然不足以因應這個新科技產品的應用所衍生的議題。為此，本文試圖分析我國的相關法規與美國 FDA 的研擬的產品全週期管理架構，以探討人工智慧時代醫療器材軟體的風險與管理思維。

關鍵詞：人工智慧，機器學習，醫療器材軟體，醫療器材，醫療 AI。

Risks and Regulatory Approach of Software as Medical Device in the Era of Artificial Intelligence

Abstract

To apply artificial intelligence in healthcare is a global trend. Software as medical device which is developed based on AI and machine learning may have potential to improve the quality of healthcare yet generate risks to patients. The regulatory framework to ensure the safety and effectiveness of traditional medical device may be insufficient to address the issues generated by this new products. This paper tends to consider the nature of an appropriate regulatory approach that can serve to balance the benefit and risk of software as medical device in the era of AI by addressing the relevant regulations of Taiwan as well as the total product lifecycle regulatory framework proposed by the FDA.

Keywords：Artificial Intelligence, Machine Learning, Software as Medical Device, Medical Device, AI in Medicine.

壹、前言

隨著人工智慧（Artificial Intelligence，以下簡稱 AI）時代的來臨，發展將 AI 與醫療結合的醫療 AI 也成為一種新的趨勢。當運用人工智慧演算法（Artificial Intelligence Algorithms），將蒐集到的數據資料持續進行學習，並採取相對應行動的軟體[1]，運用在醫療 AI 中，不論是以個人使用的穿戴式醫療裝置隨時量測、居家自主管理、篩檢或監測，或蒐集使用者的醫療狀況資訊，進而進行疾病預測及分析，更有效地進行醫療判定與檢定，或是醫療機構中做為醫療人員的診斷決策支援系統，在管理的分類上，屬於醫用軟體。醫用軟體中，如為非屬於醫療器材硬體的一部分，且能執行一個或數個醫療用途者，應以醫療器材列管，統稱醫療器材軟體（Software as Medical Device, SaMD）[2]。由於醫療器材屬於藥物[3]，在 2020 年 1 月 15 日公告的「醫療器材管理法」生效之前，受「藥事法」管理。「藥事法」限定販賣或製造商為特許行業、製造或輸入前需經查驗登記、廣告內容需經事前許可[4]。這些嚴格的管理規定的主要目的為確保醫療器材的安全性與有效性，以保護病患／使用者。

用管理傳統醫療器材的思維與方法來管理具有深度學習能力、且會快速更新改版的 AI 軟體，不但會限制 AI 在醫療領域的應用，且未必能有效處理這些醫療器材軟體所可能衍生的風險。如何便捷管理醫療器材軟體，卻又不損及安全與病患權益，是邁向醫療 AI 時代的重要議題

1 孫世昌（2019），量身打造以AI技術為基礎之醫療器材軟體上市法規環境～美國FDA公布新管理架構概念討論文件，載於：http://www.giant-group.com.tw/law-detail-734.html（最後瀏覽日：02/15/2020）。

2 醫用軟體判定參考原則。

3 藥事法，第4條。

4 藥事法，第14、27、40、65等條。詳第貳章。

之一。本文分爲幾部分探討此一議題。首先，以目前國內法規爲基礎，說明醫器材軟體的定義以及類型；第二部分介紹AI因爲機器學習（Machine Learning，以下簡稱ML）與深度學習（deep learning）的能力，當這些軟體運用於醫療時所可能產生的風險；並由此說明相對於傳統的醫療器材的穩定性，以AI與ML爲基礎的醫療器材軟體（以下簡稱AI/ML SaMD）因爲具有深度學習能力，使用的成果與造成的風險可能具有動態性的特質，故爲針對傳統醫療器材的管理模式無法有效處理或因應的。第三部分簡述我國關於醫療器材的主要管理規定，包括「藥事法」與新通過「醫療器材管理法」的相關規定，以藉此說明傳統管理模式並不適宜AI時代下推陳出新、日新月異的醫療器材軟體發展趨勢。第四部分以美國食品暨藥物管理局（U.S. Food & Drug Administration，以下簡稱FDA）最新公布的管理架構爲例[5]，介紹FDA如何試圖在病患安全與醫療AI發展之間設計新的管理架構，與探討FDA爲抛轉引玉所公告的管理架構，是否已能有效處理AI/ML SaMD的各類風險，或是否需繼續努力思考可行且有效的管理模式。

貳、醫療器材軟體

醫療器材軟體是醫用軟體中，非屬於醫療器材硬體的一部，且能執行一個或數個醫療用途者[6]。爲因應資通訊技術快速發展，大量應用於醫療器材產品的趨勢，我國乃參考美國、歐盟、日本各國管理規範

5 The US Food and Drug Administration (2019), Proposed Regulatory Framework for Modifications to Artificial Intelligence/Machine Learning (AI/ML)-Based Software as a Medical Device(SaMD) - Discussion Paper and Request for Feedback.

6 International Medical Devices Regulator Forum, Software as a Medical Devices(SaMD): Key Definitions (9 December 2013) I MDRF/SaMD WG/N10FINAL:2013. at 5.1 Software as a Medical Devices.

與國際醫療器材法規管理論壇（International Medical Devices Regulator Forum，以下簡稱 IMDRF）的相關指引文件後，於 104 年 4 月 13 日制定了「醫用軟體分類分級參考指引」。這項指引中，參照 IMDRF 的相關指引文件區分了醫用軟體與醫療器材軟體，如「醫用軟體」，泛指蒐集、儲存、分析、顯示、轉換人體健康狀態、生理參數、醫療相關紀錄等處理軟體，使用場所涵蓋醫療院所、個人居家使用及遠距醫療照護，而「醫用軟體」判定屬醫療器材管理者，在此則稱爲「醫療器材軟體」[7]。

判定醫用軟體是否列屬醫療器材管理，係依產品的功能、用途、使用方法及工作原理等綜合評估，主要可以參考下列幾點原則[8]：

(一) 是否符合「藥事法」第 13 條醫療器材定義。

(二) 是否符合醫療器材管理辦法附件一所列品項。

(三) 是否宣稱具診斷、治療功能或協助診斷、治療。

(四) 對疾病治療的重要性。

(五) 對疾病診斷的貢獻度、參考價值。

(六) 對人類生命健康可能產生的危害程度。

「醫用軟體分類分級參考指引」並說明幾種醫療器材軟體可能出現的型態[9]：第一類，在電子醫療器材本身內鍵以驅動、控制醫療器材的軟體，原則上並非醫療器材軟體；但如軟體可額外提供超出醫療器材原本功能用途，則可能被分類爲醫療器材的軟體。第二類，不是醫療器材的一部分單獨的軟體（stand-alone software）或應用程式，具有處理、分析醫療儀器產生的資料，協助診斷、治療等用途，且通常會和器材分開上市，則可能屬於醫療器材軟體。第三類，安裝在行動電話、平板電腦或其他電子產品上，搭配醫療器材使用地行動應用程式（mobile appli-

---

7 醫用軟體分類分級參考指引，二、適用範圍。

8 醫用軟體分類分級參考指引，三、醫用軟體判定參考原則。

9 醫用軟體分類分級參考指引，四、醫療器材軟體可能存在形式。

cations），若用於醫療目的，也可能是醫療器材軟體。第四類，醫療器材軟體可以儲存於光碟、記憶卡（SD）、隨身碟等實體記錄媒體，或可經由網路伺服器線上下載，無論軟體以何種形式供應，儲存軟體的記錄媒體（record media）只要符合醫療器材定義，皆需符合醫療器材相關規定。由此可知，醫療器材硬體的驅動程式軟體、醫院行政管理軟體、用藥紀錄、計算用藥劑量軟體、一般健康管理軟體並非醫療器材軟體。相對而言，醫療器材軟體可結合其他醫療器材產品使用（如作為一個模組），也可作為其他醫療器材（包括醫療器材硬體、其他醫療器材軟體或一般軟體）的介面；行動應用程式（mobile applications）若符合上述定義，也屬於醫療器材軟體。用於醫學影像處理的工具醫用軟體、電腦輔助偵測／診斷軟體、手術治療計畫軟體、病患生理參數監控軟體、遠據醫療照護軟體、多項臨床生化指標分析軟體等，皆可能屬於醫療器材軟體[10]。

參、AI/ML SaMD的使用風險

本文探討 AI/ML SaMD 在使用上的風險，主要是針對 AI 的深度學習的能力所可能產生的問題，並進而由此探討應有的管理規範認知與模式。現有 AI 大都是建立在深度學習的架構上，由巨量數據中摸索出特定的規律與模式，並以此來做出預測[11]。深度學習是機器學習的一種，前者讓電腦模擬人類神經網絡運作方式，可應用在視覺辨識、語音辨識、生物醫學等領域；後者屬於人工智慧方法學的一種，透過使用大量的資料與演算法訓練電腦，從中找出規律來學習，讓機器能如同人類一

10 醫用軟體分類分級參考指引，五、產品說明舉例。

11 葉姝涵（2019），所以，到底什麼是AI？，載於：http://highscope.ch.ntu.edu.tw/wordpress/?p=80153（最後瀏覽日：02/15/2020）。

般具備學習與判斷能力[12]。這樣的科學運用有可能發生一些問題，而使得醫療器材軟體出現某些使用上的風險。

首先，根據2018年6月刊登在「自然」（Nature）期刊的一篇文章指出，AI會對於性別或種族帶有歧視性[13]。例如：亞馬遜公司的人資部門就曾發生AI在考評應徵者資格時，發生自動降低女性應徵職務者分數的弊端[14]。AI的深度學習所發展出的判讀能力與分析結果，可能會出現偏見，亦即AI經過分析數據所得到的結果未必是客觀中性的[15]。AI是根據工程師「餵養」的訓練資料（training data）來進行學習，再將發展出的規律或邏輯應用在被賦予的任務上。當這些資料的內涵本身有所偏頗或未經適當篩選，其所推導出的結果便可能是偏頗或帶有偏見[16]。當訓練資料中存在有偏見，AI便會學習、應用甚至放大，如美國麻省理工學院的一間實驗室故意篩選和暴力、恐怖行為、死亡或屍體相關的文字或圖片給一個被以驚悚片中的精神疾病殺手命名為Norman的AI進行深度學習，使得Norman不論看到何種資訊或圖片，都會推演出負面的結論[17]。由此可知，AI並不具有故意施加偏見的能力，它只是誠實地反映了資料庫、乃至社會中真實存在的偏見[18]。這種偏見發生在醫療器材軟體的預測功能時，可能因為訓練資料的不夠全面性而產

12 李友專（2018），《醫療大未來》，初版，頁39，新北市：好人出版。

13 Zou, J. and Schiebinger, L.(2018). AI can be sexist and racist — it's time to make it fair, Nature, 559, 324-326.

14 量子位（2018），性別歧視！亞馬遜用AI評分履歷，看到女性就扣分是怎麼回事？載於：https://buzzorange.com/techorange/2018/10/11/amazon-ai-hr-discriminate/（最後瀏覽日：02/15/2020）。

15 前揭註12，頁190。

16 柳欣宇、黃英哲（2018），AI不中立？探討AI偏見帶來的影響，載於：https://sci-techvista.nat.gov.tw/c/sgtm.htm（最後瀏覽日：02/15/2020）。

17 前揭註12，頁190。

18 科技陳老大（2018），當AI學會性別歧視，背後暴露的問題值得反思，載於：https://kknews.cc/zh-tw/tech/8zyjbzg.html（最後瀏覽日：02/15/2020）。

生判讀的誤差，以致影響病患權益。例如：美國在 2017 年曾發生過以 129,450 張皮膚癌患者的照片訓練 AI 的而產生判讀偏差的情行。主要原因是這些照片中不到 5% 的病患的膚色是深色的，由於運算的數據中不曾針對膚色較深的病患進行測試，故分類判讀的結果將會因種族而異[19]。

其次，由幾位學者於 2019 年 12 月共同發表於「科學」（Science）期刊的一篇文章[20]，指出縱使是在鎖定演算法（locked algorithms）中，AI/ML SaMD 造成的風險將可能大於自適應演算法（adaptive algorithms）。鎖定演算是指當輸入相同的資訊時，都會得到相同的演算結果[21]。這種演算通常將輸入的資訊用於具有固定功能的應用中，如靜態閉鎖的表格分析、決策樹（decision tree）或複雜的分類器（complex classifier）等[22]；相對而言，自適應演算法是一種能持續學習的演算系統，可在被賦予的學習模式中，產生變動的結果。因此，當接受的資訊或變因不同時，得到的推演結果就會因之改變[23]。被鎖定的演算法屬於系統鎖定（system lock），由於未必能反映出輸入與輸出間的眞實關聯性，相對於眞實的功能鎖定（true function lock），對於病患未必是安全無虞的。造成風險的原因包括概念漂移（concept drift）、共變量改變（covariate shift）與不穩定性（instability）等[24]。

概念漂移是指輸出和輸入的關係並非一成不變，而會因爲時間或

---

19 前揭註13。

20 Babic, B.; Gerke, S. Evgeniou,T.; Cohen, G. (2019). Algorithms on regulatory lockdown in medicine. *Science*, *366(6470)*, 1202-1204.

21 前揭註5，p. 3.

22 前揭註5，p. 5.

23 關於自適應演算法的說明，可參見洪長村（2019），人工智慧醫療器材監管措施之初探，載於：https://portal.stpi.narl.org.tw/index/article/10511（最後瀏覽日：02/15/2020）。

24 Algorithms on regulatory lockdown in medicine, p. 1203.

環境因素而有所不同，或是因爲模型的錯誤設定所致。例如：皮膚癌的判讀系統中沒有針對或追蹤種族或膚色所可能造成的差異性，當把皮膚癌資料被輸入醫療 AI 系統中判讀之後，可能會使得不同膚色或種族的人因爲膚色影響判讀，而得到全然不同的診斷結果。共變量改變發生在輸入的新資料與醫療 AI 接受演算訓練時接收的資料不同時，例如：診斷特定疾病的醫療器材軟體接受的訓練資料是針對都會人年輕人的生活型態與疾病的關聯性，卻被運用於偏鄉人老人的生活與疾病關聯性的診斷。在這種情況下，判讀的結果自然會有所偏誤，進而影響醫療人員能夠提供的醫療照護服務。由此可知，因爲醫療器材軟體在被設計與接受訓練資料時，未必能掌握其日後被應用的對象，故而可能衍生應用上的風險。最後，不穩定性主要發生在因爲微小因子的變動，使得有相同疾病的病患受到不同的醫療處置。當輸入病歷資訊給 AI 與機器學習爲基礎開發的醫療器材軟體進行判讀時，輸出的應該是罹病的機率，如有 87% 的機會罹患特定皮膚癌。但在輸入的資料中，有些微的變異時，即便變異的是不具醫學上顯著意義的資訊，如能因此影響判讀的結果，就是不具穩定性的情況。如果這個情況無法被改善，罹患相同疾病的病患就有可能因爲醫療 AI 的診斷偏差，而受到有差異性的醫療處置。由於這種不穩定性很難被事先偵測到，因此要解決與管理這類議題，確有其難處[25]。以上這些 AI/ML SaMD 的問題，對於醫療器材軟體的管理者而言，都是待處理的挑戰。

除此之外，醫療器材軟體相對於一般常見的醫療器材有一個特質，即在產品生命週期中，可能需要經常性的更新或修改，包括適應性（adaptive）的維護，以與環境的變動維持同步、完備性的維護（perfective），如透過編碼提高性能、矯正的維護（corrective），如更正偵測到的問題，以及預防性的維護（preventive），如在軟體的故障衍生成操

25 前揭註20，pp. 1203-1204。

作性故障之前對軟體程式所進行的變更處理[26]。這個特質代表醫療器材軟體的內涵或功能會需要經常性的更新或變動，這項特質，亦可能對於醫療器材查驗登記與許可證核發管理，造成相當的影響。

肆、我國關於醫療器材管理規範之演進

「藥事法」是我國管理醫療器材的主要法規。93 年 12 月 30 日依據「藥事法」第 13 條第 2 項訂定「醫療器材管理辦法」，但迄今仍有部分條文未生效。經過多年的研議，2019 年 12 月通過「醫療器材管理法」，並於 2020 年 1 月 15 日公告，惟目前法尚未生效[27]。本章第一節將扼要說明「藥事法」中對於醫療器材的主要管理規定與思維；第二節介紹「醫療器材管理辦法」與醫用軟體判定參考原則中可能和醫療器材軟體相關的規定；第三節則分析剛通過的「醫療器材管理法」是否能有效提供醫療器材軟體的發展機會以及避免相關風險。

一、「藥事法」管理醫療器材的模式

「藥事法」規範的藥物包括藥品與醫療器材兩類[28]，醫療器材係用於診斷、治療、減輕、直接預防人類疾病、調節生育，或足以影響人類

26 前揭註6。

27 我關關於醫療器材的主要法規如下：藥事法、藥事法施行細則、醫療器材管理辦法、醫療器材查驗登記審查準則、藥物製造工廠設廠標準、藥物製造業者檢查辦法、藥物委託製造及檢驗作業準則、藥物製造許可及優良製造證明文件核發辦法、醫療器材優良製造規範（GMP/QSD）相關公告、西藥及醫療器材查驗登記審查費收費標準、藥物樣品贈品管理辦法、嚴重藥物不良反應通報辦法、藥物安全監視管理辦法、藥物回收處理辦法、藥物（藥品＋醫材）非臨床試驗優良操作規範、醫療器材優良安全監視規範、藥商得於郵購買賣通路販賣之醫療器材及應行登記事項、醫用軟體分類分級參考指引、醫療器材軟體效用指引等。

28 藥事法，第4條。

身體結構及機能，且非以藥理、免疫或代謝方法作用於人體，以達成其主要功能之儀器、器械、用具、物質、軟體、體外試劑及其相關物品[29]。因此執行一個或數個醫療用途的醫療器材軟體，受「藥事法」管理。

「藥事法」關於藥物的管理思維，主要是因為藥物一方面具有治療疾病、維護病人健康的效能，另一方面當藥物與人體接觸或進入體內也可能產生預期之外的負作用。因此在核可一項藥物製造與上市販售之前的藥品上市核准流程（drug review process），需要先由業者在動物試驗、人體試驗等階段，以嚴謹的科學方法證明這項藥物的安全性與有效性，再由中央衛生主管機管審查[30]。為了滿足安全性與有效性的要求，藥物的販賣與製造商為特許行業，僅有取得中央衛生主管機關的許可執照的藥商得以販售或製造醫療器材[31]。在製造或輸入醫療器材前，應向中央衛生主管機關申請查驗登記並繳納費用，經核准發給醫療器材許可證後，始得製造或輸入[32]。且經核准製造、輸入之藥物，非經中央衛生主管機關之核准，不得變更原登記事項[33]。至於對製造、輸入之藥物核發、變更及展延藥物許可證之基準，須遵守藥品優良臨床試驗準則、藥物優良製造準則、醫療器材優良製造規範等規定，以確保上市前的安全與品質管理。至於上市後的安全監控，則有醫療器材優良安全監視規範等。當藥商為了推廣行銷藥物而刊播廣告時，於刊播前將所有文字、圖畫或言詞，申請中央或直轄市衛生主管機關核准，並向傳播業者送驗核

---

29 藥事法，第13條第1項。

30 Mathieu, M. (8th ed. 2008) *New Drug Development: A Regulatory Overview* (Waltham: PAREXEL International Corp), p. 3.

31 藥事法，第14、27條。

32 藥事法，第40條。

33 藥事法，第46條。

准文件[34]，且藥物廣告在核准登載、刊播期間不得變更原核准事項[35]。

根據上述的「藥事法」規定，非藥商不得販賣醫療器材，故專司軟體開發的公司似乎必須申請為藥商才可以設計或生產醫療器材軟體。經核准製造、輸入之藥物，非經中央衛生主管機關之核准，不得變更原登記事項，如醫療器材軟體每次更新或升級都需要重新申請醫療器材許可證，實不符合產業發展的利益。而廣告採取事前許可制、非藥商不得為藥物廣告、完整刊登制等對醫療器材軟體的市場開發與銷售皆可能造成影響。這種以確保藥物的安全性與有效性為前提，透過上市前與上市後兩階段審查與監控的管理方式，將藥商列為特許行業、製造或輸入藥物前需經查驗登記、取得藥物許可證後不得變更登記事項、刊登廣告的內容需經事前核准，且不得變更核准事項等嚴謹卻保守的規定，是否能符合 AI/ML SaMD 產業的發展，或預防這類具有深度學習的醫療器材軟體於持續學習、更新後所可能衍生的各類風險，皆非不無疑義。

二、「醫療器材管理辦法」與「醫用軟體分類分級參考指引」

「醫療器材管理辦法」於 93 年 12 月 30 日制定至今，仍有部分條文未生效。該辦法除規定醫療器材製造應符合藥物優良製造準則第三編醫療器材優良製造規範外[36]，最重要的條文應是第二條，將醫療器材依據風險程度分為三級，分別是第一等級：低風險性、第二等級：中風險性、第三等級：高風險性。並在附件一醫療器材的分類分級品項中，將各類醫療器材依據風險程度加以分類，例如：藉由測量由於動脈脈動所引起的眼球體積變化，來診斷頸動脈栓塞疾病的眼體積描記器為第三級，而由塑膠或鋁製成的眼部遮蓋物，用來保護眼睛，或維持敷藥於固

34 藥事法，第66條第1項前段。

35 藥事法，第66條第2項。

36 醫療器材管理辦法，第4條。

定位置的眼科用眼罩，因風險程度較低，被歸爲第一類。

「醫療器材管理辦法」中雖有風險程度的分類，但分類的目的似乎既非方便上市前審查，如對於低風險程度的醫療器材用寬鬆與便捷的審查機制，亦非影響上市後的監控必要性，如對於風險程度較高的醫療器材課與較高的監控要求。實則，在對於醫療器材進行風險分類之後，如能彈性地對於不同風險程度的醫療器材設置不同的管理方式，應能符合 AI/ML SaMD 的產業發展需求，並可降低管理成本。這個概念出現在 IMDRF 於 2015 年的公告的「醫療器材軟體：風險分類與相關因素的可能框架」（Software as a Medical Device: Possible Framework for Risk Categorization and Corresponding Consideration）指引文件之中[37]。這份文件依據醫療器材軟體在治療或診斷、啓動臨床管理、提示臨床管理的功能、與受醫療照護者的病情嚴重性等[38]醫療照護決策過程，對於病患或公眾健康的影響程度，將風險分爲 I, II, III, IV 四類，其中第 IV 類的風險程度最高；反之，第 I 類的風險程度最低。這些分類的目的在於避免死亡、長期的殘疾或對於健康的嚴重危害，或對公共衛生的影響[39]。分類的建議結果如表 2.1。

[37] International Medical Devices Regulator Forum SaMD Working Group, Software as a Medical Device (SaMD): Application of Quality Management System(2 October 2015) IMDRF/SaMD WG/N23.

[38] 前揭註37，5.0 Factors Important for SaMD Characterization.

[39] 前揭註37，7.0 SaMD Categorization.

表 2.1[40]

醫療器材軟體被應用處理的健康狀況	醫療器材軟體提供的資訊對醫療決策的重要性		
	治療或診斷	啓動臨床管理	提示臨床管理
危急／Critical	IV	III	II
嚴重／Serious	III	II	I
不嚴重／Non-serious	II	I	I

「醫療器材管理辦法」中雖有風險分級的規定，「醫用軟體分類分級參考指引」則舉例說明部分醫療器材軟體的風險分類，如用於醫學影像處理的工具醫用軟體、電腦輔助偵測／診斷軟體、手術治療計畫軟體、病患生理參數監控軟體、遠據醫療照護軟體、多項臨床生化指標分析軟體等可能屬於風險等級屬於第二等級醫療器材的產品[41]，但卻無進一步的配套措施以管理不同風險等級的醫療器材，故對於 AI/ML SaMD 的管理與風險控管，顯然仍不足夠。

三、「醫療器材管理法」中關於醫療器材軟體的新管理模式

2020 年 1 月公告的「醫療器材管理法」，根據食品藥物管理署的新聞稿，係隨著科技日新月異及全球高齡化世代的來臨，對醫療器材的需求大增，致使醫療器材產業蓬勃發展，在這個趨勢之下，將醫療器材之管理由「藥事法」中抽離，以更彈性與簡化的管理制度，加速產品上市的期程嘉惠病患，並推動醫療器材產動產業發展，為我國醫療器材產業邁入國際開啓嶄新的扉頁[42]。

40 前揭註37，7.2 SaMD Categories.

41 醫用軟體分類分級參考指引，五、產品說明舉例。

42 食品藥物管理署（2019），立院三讀通過醫療器材管理法草案，醫療器材產業邁入新紀元，載於：https://kknews.cc/zh-tw/tech/8zyjbzg.html（最後瀏覽日：02/15/2020）。

本文僅就「醫療器材管理法」中對應於「藥事法」關於藥商爲特許行業、查驗登記、廣告內容事前許可等規定進行說明。相對於「藥事法」中的行業特許，限制藥商始得從事藥物的生產、販售，「醫療器材管理法」擴大了醫療器材商範圍，不論是從事醫療器材製造、包裝、貼標、滅菌或最終驗放，或從事醫療器材設計，並以其名義於市場流通的醫療器材製造業者，還是經營醫療器材之批發、零售、輸入、輸出、租賃或維修的醫療器材販賣業者，都是醫療器材商[43]。這樣的規定爲醫療器材產業提供了多元化的彈性空間。

就查驗登記之管理，「醫療器材管理法」針對不同風險的醫療器材採取不同管理手段的模式，如對於特定風險等級之醫療器材，醫療器材商及醫事機構應建立與保存產品直接供應來源及流向之資料[44]；關於臨床試驗，如執行經中央主管機關公告之無顯著風險之醫療器材臨床試驗時，無須申請主管機關核准[45]。部分低風險之醫療器材由查驗登記制度改採電子化線上登錄制度，並以年度申報延續登錄效力[46]。爲強化上市後醫療器材安全監督管理，確保市售醫療器材之品質與安全，中央主管機關得指定品項與期間，令醫療器材商依公告或核定之安全監視計畫，監視其安全性。當經中央主管機關認該產品有安全疑慮，或安全監視計畫執行之方式、內容與原公告或核定不符者，得令其限期改善或延長監視期間，必要時得令其暫停製造、輸入或販賣；情節重大者，得逕予廢止其許可證或登錄[47]。

至於廣告，「醫療器材管理法」與「藥事法」的規定相似，不但限定得爲醫療器材廣告者必須爲醫療器材商，且醫療器材商刊播醫療器

43 醫療器材管理法，第9-11條。

44 醫療器材管理法，第19條。

45 醫療器材管理法，第37條。

46 醫療器材管理法，第33條第2項。

47 醫療器材管理法，第47條。

材廣告時，應由許可證所有人或登錄者於刊播前，檢具廣告所有文字、圖畫或言詞，依醫療器材商登記所在地，申請核准刊播；經核准後，應向傳播業者送驗核准文件，始得刊播。醫療器材廣告於核准刊播期間，不得變更原核准事項而爲刊播[48]。「醫療器材管理法」較「藥事法」寬鬆的部分是醫療器材廣告核准文件有效期間爲3年[49]，而「藥事法」只有1年[50]。

「醫療器材管理法」相對於「藥事法」關於醫療器材的管理，雖然似乎較符合醫療器材市場的發展趨勢，但這個剛出爐的新規定是否能有效處理合 AI/ML SaMD 產業的發展特性，或預防這類醫療器材軟體可能衍生的各類風險？本文將繼續以美國近年來的相關發展，來回應這個問題。

伍、美國FDA的「討論文件」

爲因應醫療器材軟體在 AI 時代下的管理，美國 FDA 於 2019 年 4 月公布的「擬議供修正之以人工智慧／機器學習爲基礎的醫療器材軟體管理框架 - 討論文件和回饋請求」（Proposed Regulatory Framework for Modifications to Artificial Intelligence/Machine Learning (AI/ML) - Based Software as a Medical Device (SaMD) - Discussion Paper and Request for Feedback，以下簡稱「討論文件」[51]），試圖拋磚引玉，希望針對AI/ML SaMD 產業的發展特性，或預防這類醫療器材軟體可能衍生的各類風險，研擬出一套有別於傳統醫療器材管理模式，有能兼顧安全性、有效

48 醫療器材管理法，第40, 41條。

49 醫療器材管理法，第43條。

50 藥事法，第66-1條。

51 前揭註5。

性、產業需求與產品發展特質的管理架構，以增進病患、醫療服務提供者與廠商的利益。而 FDA 公布「討論文件」中所提出的預先構思的新法規管理架構概念，並非一項可付諸實行的指導方針，而是希望各界此爲基礎，提供相關專業領域的回饋意見，以作爲後續研擬新法規管理架構時的參考依據[52]。

「討論文件」開宗明義說明這類 AI/ML SaMD 具有藉由日常所提供的健康照護所產生的龐大資料中獲得新的、重要的知識，以革新健康照護的潛力。這類高附加價值的應用包括：早期疾病檢測、更精準的診斷、對人類生理的新觀察或型態的辨識，與發展個人化診斷與醫療。繼而，「討論文件」強調這類產品的科技特性與高度的利益在於其能從眞實世界的應用（訓練）與經驗中，不斷增進效能（自適應性）；而這些特性，使得醫療器材軟體在一般醫療器材中獨樹一格。「討論文件」中對於 AI/ML SaMD 的持續學習能力在軟體更新所可能衍生的風險類型所提出的全生命週期（Total Product Lifecycle, TPLC）的管理架構主要是依據 IMDRF 的風險分類原則、FDA 的利益－風險架構、軟體更新指導方針中的風險管理原則[53]、數位健康軟體預認證試行計畫（Digital Health Software Precertification (Pre-Cert) Program）[54]，或美國現行的預先

---

52 前揭註5，p.4。

53 The US Food and Drug Administration (2017), Deciding When to Submit a 510(k) for a Software Change to an Existing Device: https://www.fda.gov/downloads/medicaldevices/deviceregulationandguidance/guidancedocuments/ucm514737.pdf（最後瀏覽日：02/15/2020）

54 此一計畫的核心概念在於將過去以產品為本位的上市前審查機制，改為對於軟體廠商的組織文化（設計、測試、驗證、操作、維護的規劃，而非產品的特點）進行整體評估，並配合產品全生命週期的管理模式來加強醫療器材軟體上市後的監管強度。The US Food and Drug Administration (2019), Developing a Software Precertification Program: A Working Model; v1.0 - January 2019: https://www.fda.gov/downloads/MedicalDevices/DigitalHealth/DigitalHealthPreCertProgram/UCM629276.pdf（最後瀏覽日：02/15/2020）

上市計畫等規定研議。這個全生命週期的構想，讓 FDA 的監管監察（regulatory oversight）能在確保病患的安全能被維持的前提下，擁抱 AI/ML SaMD 的更迭進步；同時，也能確保未來的演算法的變更能符合事前確認的行為標的、能夠遵守被定義的演算變更計畫、並採用經過驗證的程序增益醫療器材軟體的表現、安全性、有效性，且在眞實世界中受到監控。因此，FDA 的目標是希望能為 AI/ML SaMD 量身打造出一套是適當的監管監察，以期能兼顧軟體功能的安全性與有效性，增益病患受到的照顧品質[55]。

本章將分為兩節探討這份「討論文件」，第一節摘要出其中的重要管理架構與內涵。這份文件包含五章，第一章為引言，第二章介紹 AI/ML SaMD 的定義與分險分類等背景資訊，第三章探討這類醫療器材軟體的更新／修正的主要類型，第四章說明生命週期管理模式，最後一章以三種假設性的醫療器材軟體的為例，說明其軟體更新是否能通過「討論文件」中研擬的管理模式。由於國內已有文獻介紹[56]，第一節僅摘錄第二、三、四章的部分重點。第二節則以前揭由幾位學者於 2019 年 12 月共同發表於「科學」（Science）期刊的文章中之部分觀點，回應這份「討論文件」的不足之處。

一、「討論文件」的主要架構

「討論文件」為標示出 AI/ML SaMD 所可能造成的風險特質與傳統醫療器材的差別，在第二章中先定義 AI/ML SaMD 為 AI 與 ML 科技來設計與訓練演算方法，從行為或數據中學習，並運用於治療、診斷、治癒、緩解或預防疾病或其他症狀的醫療器材。應用 AI/ML SaMD 對於病患所可能構成的風險以光譜的方式出現，且不論在鎖定演算法或自

55 前揭註5，p.2, Introduction.

56 關於此份文件的中文介紹，可參見孫世昌，前揭註1、洪長村，前揭註23。

適應演算法的系統皆可能發生。特別是自適應演算法可以被設計去處理不同的臨床情境或環境因素，以優化應用結果，或升級／改變醫療器軟體被設定的功能；故在不同情境下，可能會對於相同的輸入資料做出不同的判讀結果。雖然 AI/ML SaMD 依賴的演算法有所不同，但都共用相同的資料管理、再訓練（retrain）等模式。例如：不論是鎖定演算法或自適應演算法，嚴謹的績效評估需要倚賴測試方法、測試資料的品質與訓練方法。當醫療器材軟體更新之後，也需要一套共通的原則，如適當的驗證、透明化等以確保功能與表現的品質[57]。

第三章介紹 AI/ML SaMD 的三種主要的更新／改進型態[58]。第一種是更新表現功能，如更新臨床和分析性能，但不影響預期用途或輸入資料。這種修改可使製造商在不改變產品預期使用聲明的情況下，升級功能表現；例如：當乳房攝影數檢測出疑似病灶時，使得醫療器材軟體的敏感度增加。第二種是更新輸入資料類型，但不影響預期用途。這種變更的主要功能是透過改變演算法以處理新輸入的資料信號等方式，擴大醫療器材軟體與其他來源之相同類型輸入資料間之相容性；或增加不同類型之輸入資料。前者如支援其他製造商的電腦斷層掃描器的相容性；後者如擴大可輸入於診斷心房顫動的醫療器材軟體的資料類型，使從心律涵蓋血氧飽和度的資料。第三種是更新醫療器材軟體預期用途。這包括改變醫療器材軟體所能提供的資訊的重要性，如使得診斷出的信心指數從可驅動臨床管理的診斷輔助（an aid in diagnosis）提升成確診（definitive diagnosis）。此外，這種更新還包括變更醫療器材軟體製造者主張的適應的醫療照顧狀況或條件。例如：擴大預設的病患族群，如將適用對象從成年人擴及兒童；或擴大預設的疾病或條件，如將針對某種癌症的檢測演算法運用到另一種癌症的檢測。就管理而言，第三種的

57 前揭註5，p.4-6。

58 前揭註5，p.6-7。

更新方式會因爲預設的行爲目標與演算法更改協議（Algorithm Change Protocol，簡稱 ACP）而受到限制。

針對第三章的變更議題，「討論文件」提出三個待回饋的問題：

1. AI/ML SaMD 更新類型，是否與一般軟體發展上經常會遇到而會在上市前申報的一致？
2. 是否還有其他類型的 AI/ML SaMD 的更新類型需要納入這個建議方案中？
3. 這個處理更新與更新型態的建議架構是否有助於 AI/ML SaMD 的發展？

在第四章中，FDA 延用了軟體預認證計畫（Software Pre-Cert Program）[59] 中的全生命週期的管理模式，評估公司企業文化與組織的優越性，以及合理確認該公司發展軟體的水準、測試、與產品效能的監控。這種管理模式能經由確認企業與產品的生命週期的安全性與有效性，進而確保病患、照顧者、醫療專業與其他使用者使用該產品的安全性與品質。這種全生命週期的管理模式不但能評估與監督產品從上市前到上市後的功效，也能同時相關產業的持續優異表現，並平衡相關風險與利益 [60]。在操作上，全生命週期的管理模式，分四個部分 [61]：

1. 對於品質管理系統（quality systems）與優良機器學習規範（Good Machine Learning Practices，簡稱 GMLP）建立明確的要求。
2. 對於需要提交上市前申請的 AI/ML SaMD，執行上市前審查，以確保安全性與有效性，並爲相關軟體產品製造商建立明確的法規要求，以產品生命週期中持續管理對於病患的風險。
3. 要求製造商監控其 AI/ML 醫療器材，並應採取風險管理的方法，與

---

59 前揭註54。

60 前揭註5，p.7-8。

61 前揭註5，p.8-9。

其他於「Deciding When to Submit a 510(k) for a Software Change to an Existing Device」指引文件中所提出的方法，開發、監控與執行演算法的改變，如 AI/ML SaMD 預定規格的（SaMD Pre-Specifications，簡稱 SPS），與演算法變更協定（Algorithm Change Protocol，簡稱 ACP）。

4. 對使用者增加透明度，並由 FDA 根據產品上市後於眞實世界表現功能以繼續性地持續產品的安全性與有效性。

「討論文件」對於第一部分的 GMLP，提出三個待回饋的問題，分別是[62]：

1. 對於 GMLP 是否還存有額外的考量？
2. FDA 該如何支持 GMLP 的發展？
3. 醫療器材製造商與軟體開發商該如何將 GMLP 納入他們的組織之中？

對第二部分的 SPS 與 ACP 的待回饋問題爲[63]：

1. SPS 中的適當元素是什麼？
2. 爲支援 SPS，什麼是 ACP 中的適當元素？
3. 對於可適當描述 SPS 與 ACP 的上市前審查或申請的潛在格式，您有何建議？

就第三部分的上市前審查的待回饋問題爲[64]：

1. FDA 應如何因應不在 SPS 與 ACP 同意範疇內的改變？
2. 還有什麼其他的機制可以達到 SPS 與 ACP 的重點審查？
3. 重點審查應包含什麼內容？

對第四部分的透明化與上市後眞實世界性能表現的監控，則有以下

62 前揭註5，p.10。

63 前揭註5，p.12。

64 前揭註5，p.14。

問題[65]：

1. 醫療器材製造商如何能將演算法的升等、性能表現的改進、標示的改變等透明地呈現？能否提供任何案例？
2. 眞實世界的證據對於支持 AI/ML SaMD 的透明化有何功能？
3. 還有什麼額外的機制，能協助對於這些醫療器材軟體在眞實世界的性能表現的監控？
4. 是否還需要什麼額外的機制，以監控醫療器材軟體在眞實世界的性能表現？

二、學術社群的回應

針對「討論文件」提出的管理架構，前揭發表於科學期刊的論文中提出一項「持續風險監控方法」（A Continuous Risk-Monitoring Approach）的建議，透過發展出一個持續監控、確認與管理由 AI/ML SaMD 因爲概念漂移、共變量改變、不穩定等特質所衍生的風險的程序[66]。這個程序至少應包括下列元素：

1. 重新測試（Retesting）：所有的 AI/ML 系統皆應該經常性地接受重新測試，測試的範圍甚至應該超過最初被核可上市的權限。倘若與原先的測試發生重大差異的結果，可能會引發規範上的問題。
2. 模擬測試（Simulated checks）：爲測試系統的強度，AI/ML 系統會被反覆應用在由舊病患的資料所亂數產生的模擬病患身上，以評估其表現是否足以因應多樣化的病患。
3. 對抗壓力測試（Adversarial stress tests）：每一個 AI/ML 系統皆需要一個配對的監控系統以確認對抗案例。規範者可以借用網路安全中的紅隊作業（red teaming）與對抗攻擊測試設計出對抗的方式，對

---

65 前揭註5，p.15。

66 前揭註20，p. 1204。

AI/ML 系統的生命週期進行演算壓力測試，以找出存在於系統的弱點。

4. 適當分工（An appropriate division of labor）：在監控過程中應該要有不同專業的人員或非專業的第三機構參與，而非由軟體或醫療器材的研發專業來執行。這種作法在許多領域都具有避免專業盲點的效果。
5. 使用新穎的電子系統（Use of innovative electronic systems）：規範者應使用新的電子系統與資料分析科技，如變點檢測（change-point detection）、異常檢測（anomaly detection）等技術以持續監控 AI/ML 系統。

由於風險可能由 AI/ML 醫療系統在反應或適應環境時發生的預期外的改變所引起，故這篇文章的作者對於 FDA 釋出的「討論文件」中的眞實世界的性能的監控，提供能夠針對概念漂移、共變量改變、不穩定等特質所衍生的風險進行監控的操作方式的回饋。特別是未知的參數改變或輸入新型態的資訊，都可能衍生極爲嚴重的錯誤與損失，因此持續的監控與測試是絕對必要的。該文作者們最後強調，雖然該文的建議是針對 FDA 的「討論文件」，但這個議題對其他國家的管理者也是受用的。

陸、結論

由於 AI/ML SaMD 能經由深度學習而不斷更新，故其所衍生的管理議題較傳統的醫療器材複雜。此外，AI/ML 系統的某些科技面與應用面的成果，有可能對病患、使用者、醫療專業構程風險，更增加的管理上的難度。我國過去一直將醫療器材納入「藥事法」中以傳統的特許經營、事前查驗等方式管理，這套模式顯然無法因應 AI/ML SaMD 的特性，不旦無法有效確保安全性與有效性，更可能限制了產業發展。而我國於 2020 年 1 月公告的「醫療器材管理法」，雖然似乎較符合醫療器材市場的發展趨勢，但是否能有效處理合 AI/ML SaMD 產業的發展特性，仍不無疑義。相對而言，美國 FDA 爲因應此一風險管理議題與產業發展需求，於 2019 年公布的「討論文件」中提出的產品全週期管理的架構性概念，包括評估生產者企業文化與組織的優越性，以及合理確認該公司發展軟體的水準、測試、與產品效能的眞實世界監控等，並期待各界以此管理架構爲基礎，提供回饋的指正與建言。這個產品全週期管理的架構雖然比我國的規定對於因應 AI/ML SaMD 的更新與變化，更爲周延與彈性，但仍有學者指出尚需建立持續風險監控，才能更爲有效因應醫療器材軟體以 AI/ML 爲基礎設計特質，所可能造成的風險，並兼顧安全性、有效性與產業發展的需求。由於發展 AI/ML SaMD 並應用於醫療照護服務已成爲國際的趨勢，故該如何制定關於這類產品的管理模式與法律規定，仍有值得持續關切與研議。

參考文獻

一、中文部分

李友專（2018），《醫療大未來》，初版，新北市：好人出版。

科技陳老大（2018），當AI學會性別歧視，背後暴露的問題值得反思，載於：https://kknews.cc/zh-tw/tech/8zyjbzg.html（最後瀏覽日：02/15/2020）。

洪長村（2019），人工智慧醫療器材監管措施之初探，載於：https://portal.stpi.narl.org.tw/index/article/10511（最後瀏覽日：02/15/2020）。

柳欣宇、黃英哲（2018），AI不中立？—探討AI偏見帶來的影響，載於：https://sci-techvista.nat.gov.tw/c/sgtm.htm（最後瀏覽日：02/15/2020）。

食品藥物管理署（2019），立院三讀通過醫療器材管理法草案，醫療器材產業邁入新紀元，載於：https://kknews.cc/zh-tw/tech/8zyjbzg.html（最後瀏覽日：02/15/2020）。

孫世昌（2019），量身打造以AI技術為基礎之醫療器材軟體上市法規環境——美國FDA公布新管理架構概念討論文件，載於：http://www.giant-group.com.tw/law-detail-734.html（最後瀏覽日：02/15/2020）。

量子位（2018），性別歧視！亞馬遜用 AI 評分履歷，看到女性就扣分是怎麼回事？載於：https://buzzorange.com/techorange/2018/10/11/amazon-ai-hr-discriminate/（最後瀏覽日：02/15/2020）。

葉姝涵（2019），所以，到底什麼是AI？，載於：http://highscope.ch.ntu.edu.tw/wordpress/?p=80153（最後瀏覽日：02/15/2020）。

二、外文部分

Babic, B.; Gerke, S. Evgeniou,T.; Cohen, G. (2019). Algorithms on regulatory lockdown in medicine. *Science*, *366(6470)*, 1202-1204.

International Medical Devices Regulator Forum, Software as a Medical Devices(SaMD): Key Definitions (9 December 2013) I MDRF/SaMD WG/N10FINAL:2013. at 5.1 Software as a Medical Devices.

International Medical Devices Regulator Forum, Software as a Medical Device (SaMD): Application of Quality Management System(2 October 2015) IMDRF/SaMD WG/N23.

Mathieu, M. (8th ed. 2008) *New Drug Development: A Regulatory Overview* (Waltham: PAREXEL International Corp).

The US Food and Drug Administration (2017),Deciding When to Submit a 510(k) for a Software Change to an Existing Device: https://www.fda.gov/downloads/medicaldevices/deviceregulationandguidance/guidancedocuments/ucm514737.pdf（最後瀏覽日：02/15/2020）

The US Food and Drug Administration (2019), Proposed Regulatory Framework for Modifications to Artificial Intelligence/Machine Learning (AI/ML)-Based Software as a Medical Device(SaMD) - Discussion Paper and Request for Feedback.

The US Food and Drug Administration (2019),Developing a Software Precertification Program: A Working Model; v1.0 - January 2019: https://www.fda.gov/downloads/MedicalDevices/DigitalHealth/DigitalHealthPreCertProgram/UCM629276.pdf（最後瀏覽日：02/15/2020）

Zou, J. and Schiebinger, L.(2018). AI can be sexist and racist — it's time to make it fair, *Nature*, *559*, 324-326.

第三章

淺談我國醫療器材規範：以 2020 年公布之醫療器材管理法爲中心

李兆環*

*得聲法律事務所主持律師
** 中國政法大學法學博士；得聲法律事務所主持律師；財團法人藥害基金會董事；衛生福利部食品藥物管理署醫療器材安全評估諮議會委員；世新大學教授級專技人員。

摘　要

我國醫療器材管理規定，原規範於藥事法及相關子法，然有鑑於醫療器材與藥品的風險及管理未必相同且近年國內醫療器材產業蓬勃發展，藥事法之規範漸難因應多元需求，爲此，衛生福利部遂參酌國外立法例並兼顧國內產業之發展趨勢，於 2015 年開始研擬《醫療器材管理法》，該法業於 2019 年 12 月 13 日立法院三讀通過，並於 2020 年 1 月 15 日總統公布，本文擬就制定專法前之重要規定、外國醫療器材之立法例以及甫通過之「醫療器材管理法」之體例，和本次專法之重點，做整理與說明，分析目前醫療器材管理制度之架構與運作，俾利讀者對我國醫療器材法制變革及制定專法之立法目的和未來醫療器材業之發展有整體的了解，期能繼續維持我國醫療產業、醫療技術及健康照護國際領先的地位。

關鍵詞：醫療器材，查驗登記，不良反應，藥物，藥事法，醫療器材管理法。

Brief Intorduction o fthe Reuglations of Medical Devices in Taiwan: Based on the Medical Devices Management Act Annouced in 2020

Abstract

The regulations of the medical devices in Taiwan were originally prescribed in the Pharmaceutical Affairs Act (“PAA”) and the relevant sub-laws.

Notwithstanding the above, as the the risk and management of the medical devices and medicament are not necessary the same and the industry of medical devices are prosperously developed in the recent years, the regulations of the PAA are gradually unable to serve the muti needs. Therefore, the Ministry of Health and Welfare had commenced the draft of the Medical Devices Management Act ("MDMA") from 2015 by referring to foreign regulations and taking into account of the domestic development trend of the industry, which three reading was passed by the Legislative Yuan on 13 December 2019 and was announced by the Procedent on 15 January 2020. This Article will summarize and explain the substantial regulations of the previous rules, foreign medical devices regulations, and the structure of the recently passed MDMA and will analysis the current structure and operation of the management system of medical devices, which aims to provide the reader a comprehensive understanding of the change to the regulations of medical devices in Taiwan, the rationale of the MDMA, and the development of the medical industry in the future. We expect to maintain Taiwan's international leadership in medical industry, medical technique, and health care.We look forward that the reader may have a cthe change of regulations of the medical devices.

Keywords： medical device, inspection and registration, adverse reactions, medicaments,Pharmaceutical Affairs Act, Medical Devices Management Act.

壹、前言

我國醫療技術亞洲之冠、全球第三，僅次美國及德國[1]，其中健康照護指標更是於 2020 年蟬聯世界第一[2]，這些醫療照護方面的好成績，與醫療器材之創新精進息息相關。我國過去醫療器材管理規定，規範於藥事法，該法所稱「藥物」包括「藥品」及「醫療器材」，並以藥事法授權訂定醫療器材管理辦法來監督管理醫療器材，然而，近年來，我國醫療器材產業蓬勃發展，醫療器材在產品種類、規格性能及研發流程等均與藥品有顯著之差異，過去藥商業者多元化經營模式非屬世界立法之趨勢，藥事法同時管理藥品及醫療器材，容易導致規定複雜，法條解釋也易產生歧異[3]，隨著科技日新月異，醫療器材之種類與功能日漸多元，並因應我國高齡社會之來臨，對於醫療器材之需求大增，鑒於醫療器材係依產品風險程度採分類分級管理，並具有濃厚的風險管理性質，因此，爲保障國人使用醫療器材之安全、效能及品質，以及增進國人之健康，我國於 2019 年 12 月 13 日三讀通過醫療器材管理法，並於 2020 年 1 月 15 日總統公布[4]，以解決目前藥事法對藥物之規範尚難完足因應醫療器材管理之需求，並順應國際間醫療器材獨立立法之管理趨勢，使醫療器材之管理國際化與國際接軌，除此之外，醫療器材蓬勃發展並使醫療器材管理機制健全及專責化，亦爲本次制定專法之重點。

本文以最新修正通過「醫療器材管理法」爲主軸，比較與現行制度

---

1 依據美國國家地理頻道紀錄片《亞洲新視野：台灣醫療奇蹟》介紹。

2 全球資料庫網站Numbeo資訊公布2020年全球健康照護指標（Health Care Index）評比，台灣以86.71分蟬聯世界第一。

3 衛生福利部食品藥物管理署，醫療器材管理法草案推動進度及重點，https://www.fda.gov.tw/upload/133/2019071911063529907.pdf（最後瀏覽日：02/06/2020）。

4 依據醫療器材管理法第85條，其施行日由行政院另行定之。

之重要異同，先以介紹修法前醫療器材管理制度之運作及架構，再概述美國、歐盟及日本之立法例，最後將制定專法後相關重要規範作簡介，俾對我國醫療器材法制之變革及修法脈動，提供淺見及趨勢。

貳、我國醫療器材管理制度之介紹

一、概述

我國對於醫療器材之管理，最早可追溯至1970年8月17日公布之「藥物藥商管理法」，然該法僅要求輸入、製造醫療器材應辦理查驗登記，並無其他實質上之管理措施，1993年2月5日該法修正為「藥事法」，該法第4條：「本法所稱藥物，係指藥品及醫療器材。」對於醫療器材之範圍、種類、管理及其他應管理事項，明文賦予中央主管機關訂定醫療器材管理辦法之法源，至此，我國對醫療器材之管理方步入正軌[5]，故於本次專法制定前，醫療器材與藥品同屬以「藥事法」為母法之狀態。

在醫材專法制定前，我國藥事法第13條規定：「本法所稱醫療器材，係用於診斷、治療、減輕、直接預防人類疾病、調節生育，或足以影響人類身體結構及機能，且非以藥理、免疫或代謝方法作用於人體，以達成其主要功能之儀器、器械、用具、物質、軟體、體外試劑及其相關物品。」此乃我國過去依照藥事法對於「醫療器材」所規範之定義，而醫療器材產品從上市前產品設計、臨床驗證試驗之把關，經查驗登記後，到上市後之監督等，均須有週期性之管理，為此，醫療器材之管理除藥事法外，另輔以「醫療器材管理辦法」、「醫療器材查驗登記審

5 李兆環（2018），〈鳥瞰台灣醫療器材之規範：以醫療器材管理法草案為中心〉，《月旦醫事法報告》，頁25-26。

查準則」、「藥物製造業者檢查辦法」、「藥物委託製造及檢驗作業準則」、「藥物製造工廠設廠標準」、「藥物安全監視管理辦法」、「嚴重藥物不良反應通報辦法」，「藥物回收處理辦法」、「藥物製造業者檢查辦法」、「藥物委託製造及檢驗作業準則」、「藥物優良製造準則」、「藥物製造工廠設廠標準」、「食藥署辦理醫材自用原料輸入作業要點」、「藥物樣品贈品管理辦法」、「西藥及醫療器材查驗登記審查費收費標準」、「衛福部食藥署醫材專案諮詢輔導要點」等法規命令建立起管理之架構，並依據醫療器材管理辦法第 2 條及第 3 條之規定，按照醫療器材功能、用途、使用方法及工作原理等分爲 17 大類，此外，也依據風險程度分爲三級，對此，本文先以訂定醫材專法「前」重要之法規做相關之介紹，再以訂定專法「後」之重要規定及未來趨勢做整理與分析。

二、我國制定專法前之重要規定

制定專法前，醫療器材管理之母法爲藥事法已如前述，因此，有關醫療器材管理規範均與藥品同規範在藥事法，本文先以上市前，管理與上市後監督重要規定作相關簡介：

(一) 上市前管理之重要規定

1. 醫療器材管理之分級（醫材分級機制）

依據藥事法第 13 條第 2 項：「前項醫療器材，中央衛生主管機關應視實際需要，就其範圍、種類、管理及其他應管理事項，訂定醫療器材管理辦法規範之。」其中辦法第 2 條將醫療器材依據風險程度，分成低、中、高風險三個等級[6]。

---

6 本次專法制定前「醫療器材管理辦法」第2條規定:「醫療器材依據風險程度，分成下列等級：

2. 藥商之定義及登記（藥商登記機制）

在訂定專法前，我國藥事法第 14 條規定[7]，藥商爲藥品或醫療器材販賣業及製造之業者，同法第 17 條規定：所謂醫療器材販賣業者，係指經營醫療器材之批發、零售、輸入及輸出之業者，而經營醫療器材租賃業者，可準用本法關於醫療器材販賣業者之規定；同法第 18 條亦規範醫療器材製造業，是指製造、裝配醫療器材，與其產品之批發、輸出及自用原料輸入之業者。且醫療器材製造業者，得兼營自製產品之零售業務。

過去藥事法第 27 條規範，凡申請爲藥商者，應申請直轄市或縣（市）衛生主管機關核准登記，繳納執照費，領得許可執照後，方准營業；辦理登記時需有應登記之事項[8]。其登記事項如有變更時，應辦理變更登記。前項登記事項，由中央衛生主管機關定之。藥商分設營業處所或分廠，仍應依第 1 項規定，各別辦理藥商登記。

3. 醫療器材查驗登記及變更（查驗登記機制）

藥事法第 40 條，製造、輸入醫療器材，應向中央衛生主管機關申請查驗登記並繳納費用，經核准發給醫療器材許可證後，始得製造或輸入。

前項輸入醫療器材，應由醫療器材許可證所有人或其授權者輸入。

第一等級：低風險性。
第二等級：中風險性。
第三等級：高風險性。」

7 藥事法第14條：「本法所稱藥商，係指左列各款規定之業者：
一、藥品或醫療器材販賣業者。
二、藥品或醫療器材製造業者。」

8 藥事法施行細則第9條：「藥商登記事項：一、藥商種類。二、營業項目。三、藥商名稱。四、地址。五、負責人。六、藥物管理、監製或技術人員。 七、其他應行登記事項。」

申請醫療器材查驗登記、許可證變更、移轉、展延登記、換發及補發，其申請條件、審查程序、核准基準及其他應遵行之事項，由中央衛生主管機關定之。過去醫療器材之製造與輸入，不論是否爲低風險醫療器材，一律需先向中央主管機關申請查驗登記，故依據藥事法第 40 條第 3 項之授權訂定「醫療器材查驗登記審查準則」，規範醫療器材查驗登記程序、許可證變更、移轉及換發、補發、許可證之延展等事項。

(二) 上市後監控之重要規定

1. 醫療器材不良反應之通報（被動監控機制）

依據藥事法第 45 條第 1 項授權訂定「嚴重藥物不良反應通報辦法」，建構被動之監控機制。所謂嚴重藥物不良反應，依該辦法第 4 條係指因使用藥物致生下列各款情形之一者：一、死亡。二、危及生命。三、造成永久性殘疾。四、胎嬰兒先天性畸形。五、導致病人住院或延長病人住院時間。六、其他可能導致永久性傷害需做處置者[9]。

2. 醫療器材安全監視之管理（定期主動監控機制）

依據藥事法第 45 條第 2 項授權訂定「藥物安全監視管理辦法」對經核准製造或輸入之醫療器材之安全與有效性做監視，該辦法第 4 條規定，除依嚴重藥物不良反應通報辦法之規定通報外，另建構定期主動監控機制，即藥商應依中央衛生福利主管機關公告格式，於指定期限內提

---

[9] 參嚴重藥物不良反應通報辦法第4條：「本辦法所稱之嚴重藥物不良反應，係指因使用藥物致生下列各款情形之一者：
一、死亡。
二、危及生命。
三、造成永久性殘疾。
四、胎嬰兒先天性畸形。
五、導致病人住院或延長病人住院時間。
六、其他可能導致永久性傷害需做處置者。」

出藥物定期安全性報告，俾利監控。

3. 醫療器材製造業者之檢查（檢查機制）

依據藥事法第71條第3項授權訂定「藥物製造業者檢查辦法」，對於新設、遷移、擴建、復業或增加醫療器材品項之國產醫療器材製造業者，應如何繳費、確保生產品質及業已依法申請工作登記及取得製造許可等事項，均有規範[10]。

4. 醫療器材之回收處理（回收機制）

依據藥事法第80條第3項授權訂定「藥物回收處理辦法」，該辦法第2條，依回收藥物對人體健康風險程度分爲三級，做不同規範而予以回收，以保障全民之健康。

參、醫療器材管理監控之立法例

醫療器材雖具有診斷、治療、緩解或直接預防病患之疾病，並具有調節及改善人體結構及機能，然醫療器材的安全考量若不夠縝密、功能標示若不夠正確或製造過程管理不當，都有可能對病患造成無法預期

---

10 參藥物製造業者檢查辦法第2條：「應依本辦法實施檢查之藥物製造業者如下：
一、經營藥品製造、加工之業者。
二、經營醫療器材製造、裝配之業者。
三、其他與藥物製造、加工或裝配有關之業者，包括經中央衛生主管機關核准為研發而製造藥物者、兼作藥物標示及與分裝或包裝藥物有關之業者等。」及藥物製造業者檢查辦法第6條：「新設、遷移、擴建、復業或增加醫療器材品項之國產醫療器材製造業者，應繳納費用，並填具申請書表二份及檢附下列資料，向中央衛生主管機關申請檢查：
一、品質手冊。
二、工廠登記證明文件。
三、製造業藥商許可執照。」

的傷害，各國政府機構對醫療器材的管理特別謹慎，並紛紛訂定專屬的管制法令加以管理[11]，以下擇主要先進國家美國、歐盟、日本之立法制度，做簡要介紹[12]。

一、美國

美國爲全球第一大醫療器材市場[13]，其醫療器材之主管機關爲美國食品暨藥物管理局（Food and Drug Administration, FDA），美國對於醫療器材管理之法令係以制定於 1938 年之「聯邦食品藥物及化妝品法」（The Federal Food, Drug and Cosmetics Act of 1938; FD & C Act）[14]，爲主要核心。該法自 1938 年歷經三次修正[15]，其中較重要者爲 1976 年發布之「醫療器材修正案」（The Medical Device Amendments of 1976），該修正案授權 FDA 得對醫療器材爲上市前通知（Pre-market Notification 510(k)）[16]、上市前許可（Pre-market Approval, PMA）、優良製造規範（Good Manufacturing Practice, GMP）、上市後監控（postmarket surveillance) 以及分類（classification）等管制措施。

---

11 經濟部（2006），〈醫療器材工業年鑑〉，《工業技術研究院》，頁5-27。

12 李兆環（2018），〈鳥瞰台灣醫療器材之規範：以醫療器材管理法草案為中心〉，《月旦醫事法報告》，頁26-34。

13 經濟部（2006），〈醫療器材工業年鑑〉，《工業技術研究院》，頁2-47。

14 FDA, Regulatory Information, “Federal Food, Drug, and Cosmetic Act”, https://www.fda.gov/RegulatoryInformation/LawsEnforcedbyFDA/FederalFoodDrugandCosmeticActFDCAct/default.htm（最後瀏覽日：02/18/2020）。

15 陳炯瑜（2005），《論醫療器材衍生之民事法律責任》，頁35，國立清華大學科技法律研究所論文。

16 聯邦食品藥物及化粧品法第5章第510節（FD&C Act Chapter V: Drugs and Devices; Part A-Drugs and Devices; Section 510(k) Title Section 360-Registration of producers of drugs or devices）為醫療器材產品上市申請的程序與規則。因此，美國有關醫療器材上市管理法規簡稱為「510(k)」。

根據美國聯邦食品藥物及化粧品法之規定，醫療器材分為三大類，Class I 一般管制（general controls），Class II 特殊管制（special controls），及 Class III 上市前許可（pre-market approval），每一類醫療器材依其安全性及功效性的需求不同而有不同之管制程度[17]：

(一) Class I 一般管制

為 FDA 對醫療器材之基本要求，此類器材因對使用者潛在之危險性較低，故管制之程度較少，此類器材只要經過一般管制，就可以確保其功效與安全性[18]。

(二) Class II 特殊管制

此類器材如電動輪椅、輸液幫浦、手術巾等，因其僅依一般管制尚不足以確保其效能及安全性，故須進一步管制，包括特殊標示之規定，符合強制性的標準及上市後監督等。

(三) Class III 上市前許可

此類器材多為維持、支持生命或植入體內的器材，如心瓣膜、矽膠胸部植入物、腦部植入式刺激器等，對病患具有潛在危險，是危險度最高的產品，依一般管制及特殊管制仍不足以確保其效能及安全性，故須於上市前向 FDA 提出申請，經審核通過後，方可上市（PMA）。

---

17 杜培文、戴世傑、黃明權、張柏林（1999），〈歐、美、日醫療器材檢驗管理制度之比較分析〉，《藥物食品檢驗局調查研究年報》，17期，頁39-43。

18 管制項目包含(1)廠商註冊（Establishment Registration）：製造廠、銷售商、重新包裝及重新標示者，均須向FDA註冊，國外製造廠則不要求註冊。(2)醫療器材列名（Medical Device Listing）：製造商對於擬上市之產品均須列 名。(3)符合GMP規定。(4)標示須符合法規之規定。(5)提出上市前通知，前揭註，43頁。

表 3.1　美國醫療器材分級規範[19]

<table>
<tr><th>項目</th><th>Class I</th><th>Class II</th><th>Class III</th></tr>
<tr><td>核准型態</td><td>部分免除510(k)</td><td>510(k)</td><td>大部分屬PMA，部分爲510(k)</td></tr>
<tr><td rowspan="3">管制項目</td><td colspan="2"></td><td>上市前許可</td></tr>
<tr><td></td><td colspan="2">特殊管制</td></tr>
<tr><td colspan="3">一般管制</td></tr>
</table>

二、歐盟

歐洲主要醫療器材相關法規爲 1993 年頒布之「醫療器材指令」（The Medical Device Directive (MDD); Directive 93/42/EEC）[20]，及 2010 年 3 月 21 日起生效實施之 2007/47/EC 指令[21]。醫療器材指令之主要立法原則是依據歐盟規定的保護水準，相互承認在全體會員國的產品[22]，各會員國之醫療器材，只要符合指令要求之安全標準，取得產品 CE 標示（相當於我國之醫療器材許可證申請制度）後，不需得到各會員國之核准，即得自由在歐盟市場上行銷，大幅強化了醫療器材在各會員國間的流通性。

歐盟醫療器材法體系將醫療器材依據危險的等級分爲四類，即 I、

19 陳力維（2013），《醫療器材品質認證制度之研究》，頁30，逢甲大學工業工程與系統管理學系碩士在職專班論文。

20 EUR-Lex, "Council Directive 93/42/EEC of 14 June 1993 concerning medical devices", http://eur-lex.europa.eu/LexUriServ/LexUriServ.do?uri=CELEX:31993L0042:EN:HTML（最後瀏覽日：02/18/2020）。

21 EUR-Lex, "Medical Device Directive 2007/47/EC", http://eur-lex.europa.eu/LexUriServ/LexUriServ.do?uri=OJ:L:2007:247:0021:0055:en:PDF（最後瀏覽日：02/18/2020）。

22 陳麗娟（2013），〈初探歐洲醫療器材法之現況與影響〉，《貿易政策論叢》，20期，頁38。

IIa、IIb 與 III。製造者需按照危險等級進行相關的認證程序[23]，產品及品質系統驗證須通過由各會員國主管機構認證的驗證機構（notified body）之評鑑，通過後取得 CE 標誌，方可上市。依不同之產品類別，訂有不同之安全性及評核程序，第 I 類醫療器材對人體可能產生之傷害性極輕微，其符合性評鑑程序可由製造商自主負責，以自我宣稱符合方式爲主，第 IIa、IIb 類醫療器材爲中度風險者，在生產階段即須有認可之驗證機構參與，第 III 類醫療器材因具有較高之潛在危險性，故早於設計及製造階段，即須有認可之驗證機構參與[24]。

三、日本

醫療器材於 2002 年以前之日本藥事法稱爲「醫療用具」，日本眾議院於 2002 年 7 月 31 日公告藥事法（Pharmaceutical Affairs Law, PAL）修正案，將「醫療用具」改稱「醫療機器」，並於 2005 年 4 月正式生效。2005 年公告之藥事法，將藥品和醫療器材以類似的方式進行管理，其分類分級分式，將醫材分爲三大類、四種風險等級[25]。其後，日本於 2013 年將「藥事法」修訂爲「醫藥品醫療機器等法」，本次修法正式將「醫療機器」獨立成新的章節，和「醫藥品」分開管理，且對原有管理辦法做出許多變革[26]。

---

23 陳麗娟（2013），〈初探歐洲醫療器材法之現況與影響〉，《貿易政策論叢》，20期，頁43。

24 杜培文、戴世傑、黃明權、張柏林（1999），〈歐、美、日醫療器材檢驗管理制度之比較分析〉，《藥物食品檢驗局調查研究年報》，17期，頁38。又歐盟醫療器材指令對各級醫療器材所需之評估程序，規定相對複雜，有興趣之讀者還可參考尹其言，中國大陸醫療器材法規與監督管理制度之研究，國立政治大學法學院碩士在職專班論文，2016年4月，30頁以下有詳細介紹。

25 經濟部（2006），〈醫療器材工業年鑑〉，《工業技術研究院》，頁4-27。

26 何亦婕（2015），〈日本醫藥品醫療器材等法修正研析：以醫療應用軟體為中心〉，《科技法律透析》，27卷6期，頁43-44。

現行「醫藥品醫療器材等法」對醫療器材之管理仍係依循 2005 年藥事法之架構，依醫療器材可能造成的風險，將所有醫療器材分爲三個類別，以進行分級管理：第一類之「一般醫療器材」、第二類別之「管理醫療器材」、第三類別之「高度管理醫療器材」在此三大類別下，復依據國際醫療器材法規調和會（Global Harmonization Task Force, GHTF）之分級標準，分爲四個等級[27]，兩者之間的對照圖，如下表所示：

表 3.2　日本醫療器材分級規範[28]

類別	風險	GHTF分類標準	認證方式	審查方式
一般醫療器材	極低	Class Ⅰ	申請備案	不需審查
管理醫療器材	低	Class Ⅱ	第三者認證	登錄認證機關
高度管理醫療器材	高	Class Ⅲ	多數第三者認證	獨立行政法人醫藥品醫療機器綜合機構（PMDA）審查
		Class Ⅳ	厚生勞動大臣認證	

四、我國醫療器材專法制定前之立法例[29]

如前所述，我國於醫療器材專法制訂前，醫療器材之管理以藥事法爲據，另以「醫療器材管理辦法」、「醫療器材查驗登記審查準則」、「藥物製造業者檢查辦法」、「藥物委託製造及檢驗作業準則」、「藥物製造工廠設廠標準」、「藥物安全監視管理辦法」、「嚴重藥物不良反應通報辦法」等規定，建立管理制度，茲將制度簡要說明如下：

27 何亦婕（2015），〈日本醫藥品醫療器材等法修正研析：以醫療應用軟體為中心〉，《科技法律透析》，27卷6期，頁43-45。

28 何亦婕（2015），〈日本醫藥品醫療器材等法修正研析：以醫療應用軟體為中心〉，《科技法律透析》，27卷6期，頁45，由本文作者重新整理製表。

29 李兆環（2018），〈鳥瞰台灣醫療器材之規範：以醫療器材管理法草案為中心〉，《月旦醫事法報告》，頁31-35。

(一) 上市前之管理

1. 醫療器材分類分級管理模式

我國將醫療器材依照風險程度分爲三個等級，第一等級：低風險性。第二等級：中風險性。第三等級：高風險性[30]，並由此作爲輸入及製造的管理依據。另依據功能、用途、使用方法及工作原理，將醫療器材分爲17大類[31]，而依上開分類分級制度管理之醫療器材品項，共計1,739項[32]。

2. 製造商品質管理系統

1998年我國公告實施「醫療器材優良製造規範注意事項」及「醫療器材優良製造規範」，對於醫療器材之製造過程加以規範，其後全部列載於2004年11月26日發布之「藥物製造工廠設廠標準」中，並於2004年12月2日發布「藥物製造業者檢查辦法」及「藥物委託製造及檢驗作業準則」[33]。

除依前開分類分級方法，部分列屬第一等級—低風險性，未滅菌或不具量測功能品項之醫療器材外[34]，其餘所有三類之醫療器材製造，均

---

30 醫療器材管理辦法第2條規定參照。

31 醫療器材管理辦法第3條第1項參照：「一、臨床化學及臨床毒理學。二、血液學及病理學。三、免疫學及微生物學。四、麻醉學。五、心臟血管醫學。六、牙科學。七、耳鼻喉科學。八、胃腸病科學及泌尿科學。九、一般及整形外科手術。十、一般醫院及個人使用裝置。十一、神經科學。十二、婦產科學。十三、眼科學。十四、骨科學。十五、物理醫學科學。十六、放射學科學。十七、其他經中央衛生主管機關認定者。」

32 我國現行醫療器材管理，https://www.fda.gov.tw/upload/133/2019071911060377858.pdf（最後瀏覽日：02/18/2020）。

33 陳炯瑜（2005），《論醫療器材衍生之民事法律責任》，頁38-39，國立清華大學科技法律研究所論文。

34 醫療器材查驗登記審查準則第14條第1項第3款但書規定：「申請國產第一等級醫

必須符合我國 GMP（藥物優良製造準則）之規定。我國實務上藥品與醫療器材審查，藥品雖有以財團法人醫藥品查驗中心爲審查，而醫療器材上則仍以主管機關自行審查，是故，有關「國家藥物審查中心設置條例」草案將財團法人醫藥品查驗中心，規劃設立爲行政法人國家藥物審查中心專責辦理藥品與醫療器材技術性資料審查，賦予該行政法人國家藥物審查中心行使認可技術性資料之公權力，期縮短查驗登記程序，以利審查作業；此法人化之結果，對於實務上的醫療器材審查作業，應影響不大。

表 3.3　我國醫療器材分級管理模式[35]

項目	第一等級	第二等級	第三等級
查驗登記許可證	✔ （除部分無法臨櫃辦理之品項外，均得臨櫃辦理取得許可證[36]）	✔ （技術審查）	
醫療器材優良製造規範（GMP）	△ （部分品項可無須實施外，其餘均須實施）	✔	
臨床試驗資料	✘	△ 體外診斷醫療器材及規定須執行臨床試驗者	

療器材查驗登記，應檢附下列資料：三、製造廠符合藥物優良製造準則第三編醫療器材優良製造規範（下稱醫療器材優良製造規範）之證明文件。但依醫療器材管理辦法規定，適用醫療器材優良製造規範精要模式之品項，免附本款資料。」、醫療器材管理辦法第4條第2項：「附件二所列品項之醫療器材，除已經滅菌者應適用前項準則第三編第二章標準模式之規定外，應適用前項準則第三編第三章精要模式之規定。」

35 陳力維（2013），《醫療器材品質認證制度之研究》，頁25，逢甲大學工業工程與系統管理學系碩士在職專班論文。

36 行政院衛生福利部食品藥物管理署—無法臨櫃發證之第一等級醫療器材項目，https://www.fda.gov.tw/TC/siteContent.aspx?sid=4508（最後瀏覽日：02/18/2020）。

表 3.4　我國對醫療器材三種基本活動之管理 [37]

條件	製造業者	輸入業者	販賣業者
須具備之基本執照	工廠登記證、製造業藥商許可執照	製造或販賣業藥商許可執照	販賣業藥商許可執照
醫療器材GMP審查	實地查核品質系統符合性	國外製造廠QSD審查	
產品查驗登記	醫療器材許可證，至少由該產品之製造、輸入或販賣業者其中之一取得。		

(二) 上市後之監視及救濟

依藥物安全監視管理辦法之規定，醫療器材之安全監視期間自發證日起 3 年止，於必要時仍得延長前項安全監視期間；於此監視期間，持有許可證之藥商應積極蒐集國內、外使用之安全資料，除依嚴重藥物不良反應通報辦法之規定為通報外，其他不良反應亦須一併收錄，並列於定期安全性報告內，依衛生署指定時間通報 [38]。筆者，於參加實際個案安全評估會議時，常見決議要求廠商依法補提相關資料，以利醫療器材「安全性」與「效用」之評估；更有甚者，為了嚴謹把關，必要時再為延長監視期間之情形，亦不算罕見。

在救濟方面，我國雖於 2000 年 5 月 31 日公布藥害救濟法，對於因正當使用合法藥物而受害者，得依法請求救濟 [39]，然衛生署於同年 6 月 20 日以衛署藥字第 89034185 號公告第一階段適用藥害救濟法之藥物範圍，僅限於藥事法第 6 條規定之製劑，暫時排除醫療器材之適用 [40]。此

37 陳力維（2013），《醫療器材品質認證制度之研究》，頁26，逢甲大學工業工程與系統管理學系碩士在職專班論文。

38 藥物安全監視管理辦法第3、4條規定參照。

39 藥害救濟法第1條規定參照。

40 李兆環（2018），〈鳥瞰台灣醫療器材之規範：以醫療器材管理法草案為中

次專法第82條對於醫材製造商、輸入業者，有規定得提起消費訴訟（詳後述），亦值得注意。

肆、我國醫療器材專法之重要規範與影響

近年來國內醫療器材產業蓬勃發展，根據統計，2018 年，我國醫療器材總進口金額爲新台幣 873 億元，總出口金額爲新台幣 746 億元[41]，此外，醫療器材產業產值連年成長，2019年已突破800億[42]，業者多元化經營模式與藥品業者頗具差異，原藥事法對醫療器材之規範漸難以因應醫療器材之管理需求，且我國已正式邁入高齡社會，健康照護需求日益增加，衛生福利部遂參酌國際間有關醫療器材之管理規範，於 2016 年擬具「醫療器材管理法」草案，並於 2019 年 12 月 13 日三讀通過「醫療器材管理法」，以健全國內醫療器材管理制度[43]。

因應國際醫療器材管理法規快速變化趨勢，使國內醫療器材管理制度更臻完善，衛生福利部自 2014 年起，著手規劃醫療器材專法架構及法制面之評估，並參酌國際間有關醫療器材之管理規範，與我國國情進行調和，使醫療器材管理與國際接軌。2015 年開始進行法規草擬制定工作，整合藥事法中醫療器材相關條文，以藥事法中醫療器材相關條文爲基礎，蒐集並分析外國立法例，建置符合我國實務管理之醫療器材專

心〉，《月旦醫事法報告》，頁34-35。

41 經濟部（2018），〈2018年生技產業白皮書〉，頁71-73。

42 經濟部統計處－產業經濟統計簡訊，https://www.moea.gov.tw/mns/dos/bulletin/Bulletin.aspx?kind=9&html=1&menu_id=18808&bull_id=5708（最後瀏覽日：02/18/2020）。

43 行政院衛生福利部食品藥物管理署，預告法規沿革區，醫療器材管理法草案總說明，https://www.fda.gov.tw/TC/newsContent.aspx?id=21519&chk=7b7e54a3-84e3-4a7f-97fb-39c84279bf90（最後瀏覽日：02/18/2020）。

法架構，並於 2016 年 12 月 5 日研擬與國際調和及符合國內社會環境所需之規範，公布「醫療器材管理法」草案[44]，以健全國內醫療器材管理制度。我國於2020年1月15日總統公布「醫療器材管理法」，下稱（新法），新法共分 9 個章節，全文共 85 條，於立法院黨團協商時另有三個附帶決議亦有其重要性，本文擇其要點，說明如下：

一、醫療器材管理法規範重點

醫療器材獨立立法承前介紹可知已成爲國際間醫材管理趨勢，爲因應學研界及產業界發展需求，提升產業國際競爭力，以單一法源，統籌規劃醫療器材管理制度，並依產業多樣化之特性、產品全生命週期及風險管理原則，來制定管理機制，並加速產品上市，以一部法規全盤管理，搭配相關配套子法規，使醫療器材管理法與國際接軌，達到國際化、健全化及專責化之程度，遂制定我國之醫療器材管理法，正式與藥事法脫鉤。

本次新法有九大亮點，分述如下[45]：

(一) 加速創新醫材產品上市，滿足國人醫療迫切需求

將醫療器材製造、輸入許可證有效期間規範爲 5 年，醫材期滿仍須繼續製造、輸入者，應事先申請中央主管機關核准展延之；每次展延，不得超過 5 年，給予醫材許可證效期之彈性。

本條之規定乃參考藥事法第 47 條，以利管理上市後，產品許可證

---

44 礙於篇幅限制，僅就要點說明，完整之草案修正重點，請參前揭註。

45 參衛生福利部食品藥物管理署，醫療器材管理法懶人包，https://www.fda.gov.tw/tc/TifsanFile/%e9%86%ab%e7%99%82%e5%99%a8%e6%9d%90%e7%ae%a1%e7%90%86%e6%b3%95%e6%87%b6%e4%ba%ba%e5%8c%85.pdf（最後瀏覽日：02/18/2020）。

及換、補發之情形。（新法第27條）

(二) 簡化醫材臨床試驗程序，加速國產醫材研發進程

爲保護受試者權益，規範醫療器材臨床試驗之管理，試驗施行期間發生與臨床試驗有關之不良情事，皆應通報，施行期間有安全之虞，得中止或終止臨床試驗，並爲落實風險管理，明定執行經公告無顯著風險之醫療器材臨床試驗無需申請主管機關核准[46]，此乃建構我國醫療器材臨床試驗之管理法源依據。（新法第37條至39條）

(三) 健全醫療器材業者管理，強化消費者保護

醫療器材製造業者應建立醫療器材品質管理系統，就場所設施、設備、組織與人事、生產、品質管制、儲存、運銷、客戶申訴及其他事項予以規範，並應符合品質管理系統準則。本條規定明確爲民眾之安全把關。（新法第22條）

(四) 建立完善醫材流向管理制度，掌握產品來源及使用情形

爲考量醫療器材製造業及從事維修之販賣業需有專業技術，本法規範醫療器材製造及販賣業者，在管理、產品流向建立、製造品質管理系統上，須要求符合運銷管理之規定，且規範醫療器材製造業及從事輸入或維修之販賣業者，視爲醫療器材類別，必須僱用合格技術人員。

本條規定應是本次制定過程中之廠商所關注的焦點之一；爲確保醫材安全建立流向管理制度，並要求須僱用合格技術人員，故廠商未來必須配合新法落實執行。（新法第13條至第24條）

---

46 參衛生福利部食品藥物管理署，立法院三讀通過醫療器材管理法草案，醫療器材產業邁入新紀元，https://www.fda.gov.tw/TC/newsContent.aspx?cid=4&id=t549275（最後瀏覽日：02/18/2020）。

(五) 鼓勵各界投入研發，開創台灣品牌（Taiwan Brand）醫材

促進產業技術研發及產品創新，將從事醫療器材「設計」並以其名義上市者，納入爲醫療器材製造業，鼓勵產業研發及產品創新。精進醫療器材加速上市及配套機制之法源依據，以嘉惠病患。

我國醫療技術領先，已如前述，新法特明文規定鼓勵研發，開創我國醫材品牌。（新法第 10 條）

(六) 落實風險管理，簡化低風險（第一等級）醫材上市程序

落實產品風險分級管理，部分低風險之醫療器材由查驗登記制度改採電子化線上登錄制度，並以年度申報延續登錄效力。俾簡化低風險之上市程序。（新法第 25 條）

(七) 掌握新興販售型態管理，促進多元商務發展

完善醫療器材多元化科技產業管理，納入醫療器材維修業者管理，及規範特定醫療器材之販售及供應型態。此亦是本次新法中受到關注之重點。（新法第 18 條）

(八) 建立優良運銷管理系統，確保流通產品品質

爲保障消費者權益及使用產品安全，明確規範產品標示方式及事項；亦規定醫療器材販賣業者應符合醫療器材優良運銷準則規定，須報中央主管機關檢查合格，取得運銷許可後，始得批發、輸入或輸出。

並授權中央主管機關訂定相關子法，保障民眾健康安全。（新法第 24 條至第 33 條）

(九) 強化業者自主管理，落實上市後安全監視

爲確保市售醫療器材之品質與安全，強化上市後，醫療器材安全監督管理，確保市售醫療器材之品質與安全，部分特定高風險醫療器材須執行安全監視，醫事機構應協助配合辦理，並賦予業者主動監控上市後產品之風險管理，並進行必要矯正預防措施。對此，新法規範醫療器材商及醫事機構應配合執行安全監視、主動通報因醫療器材引起之嚴重不良反應上市後再評估之規定，以利風險控管，即參考藥事法第 45 條制定，以利醫療器材之風險控管。（新法第 48 條至第 51 條）

二、醫療器材管理法制定過程中，立法院三個附帶決議

本次立法院通過醫療器材管理法時於黨團協商之際另有附帶三個決議，也是十分值得提醒讀者注意，其決議內容說明如下[47]：

(一) 附帶決議一：醫療輔具排除於醫材廣告之範圍

新法第 3 條第 2 項規定，對於本條第 1 項第 2 款屬調節或改善人體結構及機能等非侵入性、無危害人體健康之虞，以及使用時無須醫事人員協助之輔具，得報請中央主管機關核准，免列爲前項醫療器材之品項；本條第 3 項規定，所稱輔具係指協助身心障礙者改善或維護身體功能、構造，促進活動及參與，或便利其照顧者照顧之裝置、設備、儀器及軟體等產品，對此，爲提供消費者選購輔具所需，本次立法院通過新法後，一併增列附帶決議一：

爲提供消費者選購輔具所需，衛生福利部應於「醫療器材管理法」第六條之立法說明及「醫療器材管理法施行細則」研訂時，將公開醫療器材價格、規格及材質等非屬醫療效能之內容，排除於醫療器材廣告之

[47] 參立法院第9屆第8會期第14次會議紀錄，醫療器材管理法通過條文，頁5-7。

管理範圍。

(二) 附帶決議二：中央編列預算補助因消費者受不良醫材所生消費訴訟費用

因不良醫療器材之製造，致消費者及病患受損害，除危害人體之健康外，亦造成龐大之損害群體，新法第 82 條規定，對於醫療器材製造、輸入業者違反第 8 條第 1 款、第 2 款規定，致生損害於醫療器材最終使用之病患或消費者時，應負賠償責任。因此，對於不良醫療器材所生消費訴訟費用，增列附帶決議二：

為保障醫療器材最終使用之病患或消費者之權益，中央主管機關應編列公務預算，補助因最終使用醫療器材所生之消費訴訟費用。

(三) 附帶決議三：醫事機構執行業務需要使用必須醫療器材

於醫療器材管理法制定前，我國現行對於醫療器材之管理，除藥事法外，衛生福利部尚有透過法令解釋，允許醫事機構得於執行醫療行為中，使用必須之醫療器材。為保障民眾權益並尊重各醫事專業發展，爰要求衛生福利部醫事司應於本法施行後，定期邀請相關團體就本法第 14 條第 3 項之執行狀況進行檢討。

從上開三個附帶決議，應能看出立法院於黨團協商本新法時，十分關切醫療輔具、消費訴訟費用以及允許醫事機關得於執行醫療行為中，使用必須之醫療器材把關等事項[48]。

---

48 醫療器材管理法第14條第3項：「醫事機構為執行業務之必要，得供應業務相關之醫療器材，並得免請領醫療器材販賣業許可執照。但非屬執行業務提供病人使用，而係販賣、零售醫療器材者，仍應依本法第十三條第二項規定，辦理醫療器材商登記。」

三、醫療器材管理法制定後之影響

本次新法雖特別將醫療器材列為專法獨立規範，但觀其核心內容，仍係以原來藥事法之規定為架構作原則性之規定，其他細節性之規定，則授權由主管機關另定之[49]，因此，使新法修正通過以後，實質上的管理措施，尚須仰賴配套之子法，亦即可能沿用或參照前述之「醫療器材查驗登記審查準則」、「藥物製造業者檢查辦法」、「藥物監視管理辦法」、「醫療器材優良安全監視規範」等規定執行，故實際上與現行醫療器材之管理模式或許無顯著變動，但本文認為新法有以下幾點與過去制度有較大不同[50]，仍值注意：

(一) 醫療器材設計、租賃或維修業者，納入管理規範（新法第 10、11 條）

配合醫療器材產業多元發展趨勢，明確定義醫療器材製造業者，並規定將從事醫療器材設計並以其名義上市之業者，納入醫療器材製造業規範，可建立品質管理系統串連醫療器材各製程階段，相較於原只能擔任委託製造商，更有利產品各製程技術保密及管理，以提升產、學、研界研發高階產品之意願。

醫療器材之維修能力影響產品品質甚鉅，將損壞產品回復至正常使用狀態，是醫療器材生命週期管理之一環，為此，新法第 11 條規定將

49 新法第3條第2項、第13條第3項、第15條第2項、第18條、第19條第2項、第20條第2項、第22條第1項、第4項、第23條第3項、第24條第3項、第29條、第35條第2項、第37條第2項、第38條第2項、第48條第2項、第53條、第59條、第78條第2項、第79條、第80條、第81條等規定參照。

50 參立法院第9屆第8會期第14次會議紀錄，醫療器材管理法通過條文；衛生福利部食品藥物管理署，醫療器材管理法草案推動進度及重點，https://www.fda.gov.tw/upload/133/20190719110635299O7.pdf（最後瀏覽日：02/18/2020）。

醫療器材原有之販賣業者，擴及醫療器材之「維修」及「租賃」業者，以利有效全面管理。

(二) 醫療器材商製造、輸入及維修業者須聘僱技術人員（新法第 15 條）

爲考量醫療器材製造業及從事維修之販賣業需有專業技術，新法第 15 條規範其業者，須依醫療器材類別，聘僱技術人員，並規範技術人員因解聘或其他原因不能執行任務而未另行聘僱，主管機關應令其限期改善，屆期未改善者，應即停止醫療器材之製造、輸入或維修業務，以提升醫療器材產業專業服務品質及安全。本條規定是以提升醫療器材產業專業服務品質及安全爲最主要考量。

(三) 新興販售型態之開放及建立產品來源及流向資料（新法第 18、19 條）

科技發達使醫療器材商之販售型態日趨多元化，故授權中央主管機關應視醫療器材使用風險，就新興之販賣型態（如通訊交易、自動販賣機等）研訂開放方式及規則，保障消費者權益。

另期有效管理醫材產品上市後之動向，新法第 19 條明定經中央主管機關公告一定風險等級之醫療器材，醫療器材商及醫事機構應建立與保存產品直接供應來源及流向之資料，以健全上市後管理產品流向，提升產品上市後之可追蹤性，並授權訂定子法，以完備落實執行。

(四) 規範醫療器材產品運銷管理系統（新法第 24 條）

衛生福利部雖於 2015 年 6 月 18 日公告「醫療器材優良流通規範」（GDP）[51]，對醫療器材經銷商執行醫療器材配送、儲存與運輸等可能影

51 中華民國行政院衛生福利部食品與藥物管理署，醫療器材優良流通規範（醫療器

響產品品質之重要過程進行明確規範，但此規範要求並無強制性，目前都是以宣導及輔導性查核推廣上開 GDP 規範，新法明訂經中央主管機關公告之醫療器材及其販賣業者，應符合醫療器材優良運銷準則，將現行「醫療器材優良流通規範」之行政指導提升法律位階並授權訂定法規命令。廠商經檢查合格取得許可後，始得從事批發、輸入或輸出，以建立優良運銷系統，確保醫療器材產品品質，俾保障民眾健康安全。

(五) 部分查驗登記制度之簡化放寬（新法第 25 條）

新法制定前，所有風險等級之醫療器材均須辦理查驗登記，僅第一類低風險性之醫療產品，原則上得臨櫃辦理查驗登記取得許可證而已，爲因應數位時代電子化管控趨勢，新法爲落實醫療器材全生命週期管理，參照美國、澳洲、新加坡相關規範，針對部分低風險醫療器材（例如：壓舌板、肢體裝具、矯正鏡片等），建立電子化登錄制度，以簡化上市前審查程序，僅要求業者進行登錄，免除查驗登記之程序，強化廠商自主管理責任，以簡化上市前之審查程序。

(六) 導入醫療器材許可證效期彈性核給機制（新法第 27 條）

爲鼓勵產業研發及生產對國人生命及健康維護有迫切需求之新創醫療器材[52]，並考量病患之臨床需求，導入醫療器材許可證效期彈性核給機制，縮短新創醫療器材上市期程，嘉惠病患，並搭配安全監視或上市後研究（post-approval study），以利管理並確保核准產品之安全及效能。

材GDP）宣導專區，https://www.fda.gov.tw/TC/siteContent.aspx?sid=7797（最後瀏覽日：02/18/2020）。

52 參立法院第9屆第8會期第14次會議紀錄，醫療器材管理法通過條文，頁15。

(七) 納入醫療器材臨床試驗管理（新法第 37 條至 39 條）

新法第 5 條規定：「本法所稱醫療器材臨床試驗，指醫療機構或經中央主管機關公告之機構（以下簡稱臨床試驗機構），對受試者所爲有關醫療器材安全或效能之系統性研究。」爲有效管理醫療器材之臨床試驗，新法第 37 條規定：「臨床試驗機構或試驗委託者發起醫療器材臨床試驗，應申請中央主管機關核准後，始得爲之。但無顯著風險經中央主管機關公告者，不在此限。」

從新法可知，醫療器材臨床試驗原則上應經中央主管機關核准，如無顯著風險經中央主管機關公告之醫療器材，才可例外不經核准而執行臨床試驗。

然而，臨床試驗具有高風險性，因此本條亦規範臨床試驗機構執行臨床試驗，應善盡醫療上必要之注意，除情況緊急者外，應先取得受試者之同意。如違反本條規定[53]，可處處新台幣3萬元以上，100萬元以下罰鍰。

爲使臨床試驗臨床試驗受試者，如施行期間發生死亡、危及生命等情事，臨床試驗機構及試驗委託者應於得知事實後 7 日內通報中央主管機關，並於15日內檢具詳細調查資料，報中央主管機關備查[54]，違反

53 醫療器材管理法第70條：「有下列情形之一者，處新台幣三萬元以上一百萬元以下罰鍰：
十一、違反第三十七條第一項規定，未經核准擅自執行臨床試驗，或違反第三十七條第二項規定，執行臨床試驗未先取得受試者之同意。」

54 醫療器材管理法第38條：「醫療器材臨床試驗之受試者，於臨床試驗施行期間發生下列情事之一者，臨床試驗機構及試驗委託者應通報中央主管機關：
一、死亡。
二、危及生命。
三、暫時或永久性失能。
四、受試者之胎兒或嬰兒先天性畸形。

者，依新法第 71 條可處新台幣 2 萬以上，50 萬元以下罰鍰。

(八) 健全醫療廣告審查機制（新法第 40 條至第 46 條）

基於消費者保護，規範醫療器材廣告申請資格、事前審查機制、傳播業者刊登規定、核准廣告效期及傳播方式限制之規定，健全廣告之管理；其中第 43 條規定醫療器材廣告核准文件有效期間爲 3 年，並得延展。另關於須由醫事人員使用之醫療器材，或經中央主管機關公告者，其廣告原僅能登載於專供醫事人員使用之醫療刊物，擴大得登載於專供醫事人員閱聽之傳播工具或專供醫事人員參與之醫療學術性相關活動。

(九) 醫療器材廠商主動監督產品安全（新法第 49 條）

有鑒於醫療器材商對所經銷之產品最爲了解，較易取得國際間警訊或安全性資訊，因此，爲維護醫療器材使用者之安全，新法明文規定要求醫療器材商發現其販售之醫療器材有危害人體健康之虞時，應主動通報中央主管機關、揭露並及時採取必要矯正預防措施，以達風險管控。爲此新法第 49 條規定：「醫療器材許可證所有人或登錄者發現醫療器材有危害人體健康之虞時，應即主動通報中央主管機關，並採取矯正預防措施。所謂矯正預防措施，應包括訂定警訊內容、更換零配件、產品檢測、暫停使用、產品回收或其他必要措施，並以合理方式揭露之，供醫事機構、醫療器材商及使用者知悉。」

以賦予廠商主動監控上市後產品風險管理之責任，以利主管機關對

五、需住院或延長住院。

六、其他可能導致永久性傷害之併發症。

臨床試驗終止後，受試者發生前項情事之一，且與臨床試驗有關者，臨床試驗機構應通報中央主管機關。

前二項通報，應於得知事實後七日內為之，並於十五日內檢具詳細調查資料，報中央主管機關備查。」

嚴重不良反應情形之監控。

(十) 不良醫材所生之損害賠償責任（新法第 82 條）

新法第 82 條規定：「醫療器材製造、輸入業者違反第八條第一款、第二款規定，致生損害於醫療器材最終使用之病患或消費者時，應負賠償責任。但醫療器材製造、輸入業者證明對於醫療器材之製造、包裝、貼標、滅菌、最終驗放、設計並無欠缺，或其損害非因該項欠缺所致，或於防止損害之發生已盡相當之注意者，不在此限。前項情形之醫療器材最終使用之病患或消費者，雖非財產上之損害，亦得請求賠償相當之金額。醫療器材最終使用之病患或消費者因前二項損害之請求，得準用消費者保護法第四十七條至第五十五條之規定提起消費訴訟。」關於本條規定，於立法院黨團協商時特別關注，並作成附帶決議，已如前述。

不良醫療器材可能致生龐大之損害群體，並可能發生類似藥害之損害情形，但我國目前藥害救濟仍限於藥品，醫療器材不得提起藥害救濟，雖因不良醫療器材之使用所造成損害，仍可依民法等相關規定向醫療器材商請其賠償，但基於消費者保護之概念，不僅強調民事上之損害賠償，更重視對於資訊弱勢端的消費者能有透過消費者保護訴訟的救助填補弱勢之理想，因不良醫療器材造成損害之消費者或病患，不論資力或醫療常識能力均有落差[55]，如能透過對於集體消費者保護的概念予以提供協助，故在新法明文規定消費者之請求權基礎，以保障消費者權益。

55 參立法院第9屆第8會期第14次會議紀錄，醫療器材管理法通過條文第82條立法說明，頁35。

伍、結論

由上開立法例及我國醫療器材管理制度可知，因為醫療器材攸關生命安全，各先進國家均採取相當程度之管制措施，而因法令要求，限制了醫療器材市場的自由流通性，醫療器材管理制度，成為左右醫療器材產業發展之重要因素，近來因人均壽命提高，醫療器材市場快速成長，各國對醫療器材之管理更是高度重視，衛生福利部為保障民眾使用安全、健全醫療器材管理制度，提供業者與國際調和之基礎，多年來持續修正醫療器材管理制度，本次制定專法時更參酌國際趨勢及過去管理經驗，特別將醫療器材之管理獨立專法規範，此立法符合國際趨勢，惟本專法仍有賴相關子法之配套方能落實，故有關執行細節配套之擬定、子法之研修、甚至是否沿用藥事法相關子法之規定，應積極配套完備，如此方能依照新法第 85 條由行政院另定施行日期，讓醫療器材管理法之制定，帶領我國走向更新更優質且具國際競爭力發展之醫療器材新境界，使我國持續維持醫療照護國際領先之優勢。

第四章

全民健保特約醫事服務機構停約處分之停止執行：以「難於回復之損害」要件審查爲中心

楊玉隆*

*亞洲大學財經法律學系兼任助理教授，楊玉隆家庭醫學科診所負責醫師。

摘　要

暫時權利保護機制爲司法權本質之一環，有效權利保護原則得以作爲暫時權利保護機制之憲法依據，而確立了暫時權利保護機制之必要性。本文以醫療院所認爲健保署作成「停止特約」處分，將造成醫療院所聲譽受損與營運困難甚至有倒閉之虞，是否該當行政訴訟法第 116 條第 2 項所指之「難以回復之損害」進行研討，研究結論以，有關健保停約處分之停止執行案例停止執行聲請案件，最高行政法院於裁定文之說明理由內，大多僅重複法條本身之用語，並未依法條之規定，發展出一套完整且經絡分明的審查體系。停止執行制度之運用，人民勝訴率仍嫌偏低。自民國 92 年迄今（109 年 1 月）17 年來，對於停止執行制度實過分嚴苛。有關停止執行要件中之「難以回復之損害」之審查基準，我國實務見解幾乎均認爲得以金錢賠償，即非「難以回復之損害」，不得准許停止執行，本論文認爲過於嚴苛保守，已限縮了暫時權利保護制度之功能，而有待商榷。在此，日本法即有值得參考之處。放寬停止執行要件中之「難以回復之損害」之審查基準，將回復困難之損害擴大解釋爲不僅指不能回復原狀或金錢賠償者，即使最後可能金錢賠償，但依社會通念，認爲僅以金錢賠償亦無法加以塡補之顯著損害亦屬之。

本文建議，停止執行要件「難於回復之損害」要件之類型化，放寬「難於回復損害」的判斷標準，不再嚴格地以「得否金錢賠償」作爲判斷「難於回復之損害」之唯一考量。

關鍵詞：全民健保，停約處分，停止執行制度，難於回復之損害。

壹、前言

暫時權利保護機制爲司法權本質之一環，司法院大法官闡釋指出，國家應提供一有效救濟途徑的立場，鑑於訴訟基本權下之有效權利保護內涵之要求，暫時權利保護機制此等保全制度實爲司法權本質之一環，有效權利保護原則得以作爲暫時權利保護機制之憲法依據，而確立了暫時權利保護機制之必要性[1]。我國憲法第 16 條規定，人民有訴訟權的基本權利，保障人民於其權利受侵害時，依法有受法院裁判的權利。然而，訴訟權的保障不單只是請求本案判決，國家有必要提供另一套制度避免本案訴訟即使勝訴，對人民權利有不可回復原狀的情形，或其他難以補償的損害以供救濟。因此，爲了達到有效權利保護的目的，遂有暫時權利保護制度的產生。而行政訴訟法第 1 條明文規定行政訴訟以保障人民權益，確保國家行政權之合法行使，增進司法功能爲宗旨。

國家設置行政機關任命公務員以達成國家作用，行政機關執行各種行政任務諸如稅捐徵課、環保稽查、公共衛生維護、公共工程建設、疾病防疫等，均爲公益目之高權行政行爲。執行眾多國家任務之不同行政作爲中，概以公益爲依歸，是類行政作用則以行政處分居多，乃因行政處分執行，爲達成國家公益作用之具體行政措施。依據行政程序法第 92 條之規定，行政處分係指行政機關就公法上具體事件所爲之決定或

---

1 司法院釋字第599號解釋文：「司法院大法官依據憲法獨立行使憲法解釋及憲法審判權，為確保其解釋或裁判結果實效性之保全制度，乃司法權核心機能之一，不因憲法解釋、審判或民事、刑事、行政訴訟之審判而異。如因系爭憲法疑義或爭議狀態之持續、爭議法令之適用或原因案件裁判之執行，可能對人民基本權利、憲法基本原則或其他重大公益造成不可回復或難以回復之重大損害，而對損害之防止事實上具急迫必要性，且別無其他手段可資防免時，即得權衡作成暫時處分之利益與不作成暫時處分之不利益，並於利益顯然大於不利益時，依聲請人之聲請，於本案解釋前作成暫時處分以定暫時狀態。」

其他公權力措施而對外直接發生法律效果之單方行政行爲。若其具備成立之要件，如無其他法定原因，即當然發生公法之效力，包括執行力。而所謂行政處分執行力，係指於相對人不履行行政處分所課予之義務時，行政機關得以該行政處分爲執行名義，自行對相對人爲強制執行[2]，該管行政機關執行之[3]，即行政機關不待法院之確定判決，即有權直接以行政處分爲執行名義，自行對義務人爲強制執行，使其履行義務或實現與履行義務相同之狀態。

雖爲使行政處分得以具體迅速的實現國家任務，依行政程序法第110條第1項規定，行政處分於送達、通知相對人或使其知悉時起，發生效力。且依同法條第3項規定：「行政處分未經撤銷、廢止，或未因其他事由而失效者，其效力繼續存在。」使行政處分受合法性與妥當性之推定[4]，並於成立生效後，即具執行力，而得據以執行迅速實現國家之公益目的。惟國家公益作用之實現，難免造成相對人利益或多或少之損害，造成人民財產、自由之損害，此即有處分停止執行之暫實權利保護之必要。

一、問題之提起

行政救濟中，原行政處分是否停止執行，各國立法例不一，德國採停止執行原則，不停止執行爲例外，而日本則採不停止執行原則，停止執行爲例外。我國訴願法與行政訴訟法就原行政處分之執行，向採不停止執行原則，於1998年行政訴訟法大幅修正時，就此部分，雖仍延續

---

2 許宗力（2000），〈行政處分〉，翁岳生（編），《行政法（上）》，2版，頁522，台北：元照。

3 行政執行法第4條第1項。

4 按法律規定「推定」之效力，並非絕對，仍得透過法定程序以事實證據加以推翻其效力。但於未經法定程序推翻其效力前，仍依法律規定，推定其效力。

舊有法制，續採不停止執行原則，惟為兼顧人民權益之暫時保障，乃仿德國及日本立法例，增設例外停止執行之相關規定，於符合法定要件情形下，給予人民暫時權利之保護，有助於落實憲政國家對人民權利應有的保障以及提升行政救濟的品質與公正性。然而，實務運作時，對不確定法律概念實質審查的標準，是否有「不食人間煙火」之議，甚或因而造成人民權益損失的無可回復，更是能否賦予法律條文生命的試煉。如果，對法條之解讀適用均採保守態度，就一切行政處分，均冠以公益目的不可承受之重，對人民因行政處分所造成財產權、工作權、信譽與情感之損害，均以金錢萬能，非不得以金錢予以回復，而不予人民暫時權利之保護，則事後獲得之程序正義對權利之保護，亦已名存實亡，實值得深入探討。

行政訴訟法第 116 條第 2 項就停止執行的實體要件規定：「行政訴訟繫屬中，行政法院認為原處分或決定之執行，將發生難於回復之損害，且有急迫情事者，得依職權或依聲請裁定停止執行。但於公益有重大影響，或原告之訴在法律上顯無理由者，不得為之。」本文藉整理我國實務與學說對第 116 條第 2 項實體要件的解釋，研究最高行政法院於於全民健保特約醫事機構停約處分停止執行之審查操作，在裁定文之說明理由，以明瞭並分析法院對於相關案件停止執行之審查操作。並希望藉以日本 2004 年停止執行實體要件（難以回復的損害／重大損害）的修正，作為我國再形塑停止執行制度的參考，使暫時權利保護制度更能發揮功能。

二、本案事實

醫療院所甲與衛生福利部中央健康保險署[5]（下稱健保署）簽有全民

---

[5] 我國全民健康保險制度於1995年3月實施。行政院衛生署中央健康保險局是行政院衛生署轄下的一個附屬機關，負責推動及執行全民健康保險制度以及醫療品質的

健康保險特約醫事服務機構合約，乃健保署之醫療特約基層診所。而健保署台北業務組於某年某時段內，派員訪查甲之診所保險對象，認定現甲有就保險對象多刷保險對象 IC 卡就診次數，再記載不實病歷向健保署申報於某年月期間之醫療費用等違規情事。

健保署在上開之事實認定基礎下，除函送台北市衛生局查明該診所是否違反相關醫療法規外，復於以甲行爲違反全民健康保險法第 72 條[6]及全民健康保險醫事服務機構特約及管理辦法第 34 條第 1 項第 7 款（業經修正公布爲第 66 條第 1 項第 8 款[7]）與全民健康保險特約醫事服務機構合約[8]作成停約之行政處分，規制性內容爲對醫療院所甲停止特約 2 個月，於停止特約期間，甲對保險對象提供之醫療保健服務，健保署不予支付。後甲不服，向該局申請複核[9]，但未獲變更，但經該署同意

改善。為配合2012年新衛生福利部成立（行政院組織法第3條），將更名為衛生福利部中央健康保險署。

6 全民健康保險法（2010年1月27日修訂，非現行條文）第72條：「以不正當行為或以虛偽之證明、報告、陳述而領取保險給付或申報醫療費用者，按其領取之保險給付或醫療費用處以二倍罰鍰；其涉及刑責者，移送司法機關辦理。保險醫事服務機構因此領取之醫療費用，得在其申報應領費用內扣除。」

7 按全民健康保險醫事服務機構特約及管理辦法（2006年2月8修訂，非現行條文）第66條：「保險醫事服務機構於特約期間有下列情事之一者，保險人應予停止特約一 至三個月，或就其違反規定部分之診療科別或服務項目停止特約一至三個月：……四、不當招攬病人……，五、收治非保險對象，而以保險對象之名義，申報醫療費用。六、登錄保險對象保險憑證，換給非對症之藥品、營養品或其他物品。七、拒絕對保險對象提供適當醫療服務，且情節重大。八、未診治保險對象，卻自創就醫者，應變更或撤銷原處置。」

8 按全民健康保險特約醫事服務機構合約第20條第1項：「乙方有全民健康保險醫事服務機構特約及管理辦法第65條、第66條及第67條所列情事之一者，甲方應分別予以扣減醫療費用、停止特約或終止特約。」

9 按全民健康保險醫事服務機構特約及管理辦法第45條第1項：「服務機構不服保險人依本辦法規定處置所為之通知時，得於收受通知後三十日內，以書面申請複核，但以一次為限。」

暫緩執行[10]。甲復向全民健康保險爭議審議委員會申請審議[11]，經爭審會審定「申請審議駁回」，甲再向衛生福利部提起訴願遭駁回。而在訴願駁回後，健保署即於函知甲停止特約 2 個月（即啓動上開處分之執行程序）。甲乃向台北高等行政法院聲請停止上開處分之執行[12]。

三、爭點

抗告人醫療院所甲認爲健保署作成上開不利於醫療院所甲之「停止特約」處分，將造成醫療院所甲，亦造成醫療院所甲聲譽受損與營運困難甚至有倒閉之虞，是否該當行政訴訟法第 116 條第 2 項所指之「難以回復之損害」？

四、判決理由

原裁定[13]駁回醫療院所甲在台北高等行政法院之聲請，其理由略以：1. 醫療院所甲於停止特約期間，仍可繼續運作醫療保健服務。縱因無健保之給付而導致客源減少，但其減少之部分是可以量化計算，其本質上仍爲減少醫療院所甲提供醫療服務所可獲得醫療費用之經濟收入，

---

10 按全民健康侏險特約醫事服務機構合約第22條第4項規定：「本合約第20條之停止特約或終止特約，甲方得依乙方之申請，於爭議審議審定前暫緩執行。」

11 按全民健康保險爭議事項審議辦法第2條：「被保險人、投保單位及保險醫事服務機構對保險人就下列全民健康保險事項所為之核定案件（以下簡稱權益案件）發生爭議時，應先依本辦法規定申請審議：……保險醫事服務機構對保險人就醫療費用事項及特約管理事項所為之核定案件（以下簡稱醫療費用案件及特約管理案件）發生爭議時，得經雙方約定，先依本辦法規定申請審議。」

12 按全民健康保險特約醫事服務機構合約第22條第3項：「乙方對甲方申請複核之結果仍有異議者，得於法定期間內提起爭議審議或行政訴訟等救濟。」健保特約醫事服務機構對停約處分得有向行政機關（衛生署）提起爭議審議或直接另提行政訴訟兩種救濟管道。

13 台北高等行政法院100年度停字第93號裁定。

非不能以金錢賠償，難認有何難以回復之損害。2. 醫療院所甲聲請停止原處分之執行，係爲其日後提起撤銷訴訟之權利保護目的，所指原處分之執行將發生難於回復之損害，核屬私益之損害而非公益之損害，殊不得以原處分之執行將發生公益上難於回復之損害爲由，聲請停止執行。3. 醫療院所甲所稱因原處分執行，員工之工作權、生存權、財產權及醫療院所甲之聲譽將受有損害乙節，縱若屬實，在一般社會通念上，亦非不能以金錢賠償或回復。且民法關於人格權之侵害，亦訂有各種回復原狀之方法，故系爭處分嗣後縱經撤銷，醫療院所甲之信譽及病患之信賴，仍可透過有關手段加以回復。病患如考量醫療院所甲所任負責醫師之診所無法提供全民健保醫療保健服務，亦非不得至其他相關醫療院所就診，尚無醫療院所甲所稱病患無法定期回診並獲得妥善照顧之情形。故尚無損害不能回復原狀或達到回復困難程度之情事等語。

最高行政法院認爲原裁定已就醫療院所甲主張之事項抗告意旨無非堅持其主觀歧異之見解，就原裁定論駁之理由再爲爭執，尚無可採，其抗告難認有理由，最高行政法院因而駁回甲之抗告[14]。

貳、全民健保特約醫療機構停約處分

一、全民健保特約醫療機構停約處分之法律根據與定性

我國之行政程序法第 92 條規定行政處分之定義，行政行爲須符合該條所列之構成要素始爲行政處分，若欠缺其一即非行政處分，行政處分成立之定義爲具備行政處分之構成要件，依行政程序法第 92 條規定，於符合實質意義的行政機關之行爲、能直接對外發生法律效果、公法行爲、單方行爲、外部行爲、針對特定具體事件所爲之行爲等要件。

14 最高行政法院101年度裁字第257號裁定。

而我國全民健康保險制度，提供全民醫療保健服務爲目的。醫療保健之服務，依全民健康保險法規定，係由保險人特約保險醫事服務機構對於被保險人提供之[15]。爲健全保險醫事服務機構對於被保險人提供完善之醫療保健服務，全民健康保險法第 40 條第 2 項授權主管機關訂定全民健康保險醫事服務機構特約及管理辦法以爲規範，爲法規命令。次按「前項保險醫事服務機構之特約、管理辦法由主管機關定之。」、「本辦法依全民健康保險法第 55 條第 2 項規定訂定之」、「保險醫事服務機構於特約期間有下列情形之一者，保險人應予停止特約 1 至 3 個月，或就其違反規定部分之診療科別或服務項目停止特約 1 至 3 個月：……」、「保險醫事服務機構受停止或終止特約者，其負責醫事人員或負有行爲責任之醫事人員，於停止特約期間或終止特約之日起 1 年內，對保險對象提供之醫療保健服務，不予支付。……」全民健康保險醫事服務機構特約及管理辦法第 1 條、第 66 條、第 70 條所明定。由上揭規定可知，保險醫事服務機構於特約期間，有特定情事者，保險人應予停止特約一定期間，其以管理辦法爲停約行爲，符合法律保留原則[16]。此項公法上應處罰之強制規定有規範保險人及保險醫事服務機構

---

15 關於特約醫事服務機構合約之性質，通說認為應從「契約標的與目的」為判斷標準予以探討。此判斷標準經司法院釋字533號予以援用：「依大法官釋字533號指出，全民健康保險特約醫事服務機構合約具有行政契約之性質，因為從契約標的是一方特約醫事服務機構提供就醫之保險對象醫療服務，而他方中央健康保險局支付其核定之醫療費用為主要內容；從契約目的來看是為達成全民健康保險法相關法規，促進國民健康、增進公共利益之行政目的；為擔保特約醫事服務機構確實履行其提供醫療服務之義務，以及協助中央健康保險局辦理各項保險行政業務，除於合約中訂定中央健康保險局得為履約必要之指導外，並為貫徹行政目的，全民健康保險法復規定中央健康保險局得對特約醫事服務機構處以罰鍰之權限，使合約當事人一方之中央健康保險局享有優勢之地位，此皆具有行政契約之特性。締約雙方如對契約發生爭議，屬公法上爭訟事件，應循行政訴訟途徑尋求救濟。」

16 司法院釋字753號解釋：「為辦理全民健保業務，承辦之健保署乃與醫事服務機構

之效力，非得以行政契約排除其適用，即使中央健康保險局與保險醫事服務機構間於合約中將之列入條款以示遵守，無非宣示之性質，乃僅係重申保險醫事服務機構如有上述違法情事時，中央健康保險局即應依前揭規定予以停止契約部分之旨而已，並無有使上開應罰之公法上強制規定作爲兩造契約部分內容之效力保險醫事服務機構一有該特定情事，保險人即應依上開規定予以停止特約之處置。保險人之所爲，單方面認定保險醫事服務機構行政院衛生署中央健康保險局就特約保險以不正當行爲虛報醫療費用之健保違規之所爲情事，單方面宣告停止特約之效果，乃基於其管理保險醫事服務機構之公權力而發，應認爲行政處分[17]。而全民健保特約醫療機構停約處分，屬一經作成、發布，法律效果便立即發生之「形成處分」[18]。

訂定特約，委由該特約之保險醫事服務機構提供醫療服務。是有效管理保險醫事服務機構並督促其確實依特約本旨履約，乃國家持續提供完善醫療服務之關鍵。於特約履行中，健保署認保險醫事服務機構違反特約，予以停止特約、不予支付、屬全民健保制度能否健全運作之重大事項，並涉及保險醫事服務機構及所屬醫事服務人員之財產權與工作權，依法治國之法律保留原則，應有法律或法律明確授權之命令為依據。系爭全民健康保險法第66條第1項規定，已就不予特約之條件、違約之處理等授權主管機關以法規命令定之，故無違反法律保留原則。」

17 有關中央健康保險局健保特約醫療機構「停止特約」之法律性質，早期實務上依據行政院衛生署2006年10月5日衛署醫字第0950214048號函：「醫師虛報全民健保醫療費用等行為，屬醫師執行醫療業務本身之不正當行為，應依醫師法第25條第5款所定「業務上不正當行為」移付懲戒，前經衛生署2006年5月4日衛署醫字第0950201019號函釋在案。又查，醫師於承辦全民健保醫療業務期間，因違規事件，受中央健康保險局處以停約、違約計點或扣減醫療費用者，係屬特約醫事機構與中央健康保險局間契約關係之違約罰。」之後最高行政法院2006年7月份庭長法官聯席會議決議認為行政處分。司法院秘書處（2006），《司法院公報》，48卷10期，頁205-208，台北：司法院。

18 行政處分依其特性，可分為給付處分（下命處分）、形成處分以及確認處分三種。給付處分係命令處分之相對人為特定行為，該特定之行為係作為、不作為或容忍之行政處分。形成處分係行政處分內容在於設定、變更、消滅法律關係（權本文以爲，由於最高行政法院 2006 年 7 月份庭長法官聯席會議決議將全民健保特約醫療機構停約處分停止特約定性爲行政處分已有相當時間，依循此一見解處理救濟案件，有助於法安定性之維持。對於停止特約行政處分之作成，與行政訴訟救濟，仍須依循嚴謹之程序規範，更能給予權益充足之保護。

二、停約處分之效力

行政訴訟法第 116 條第 5 項規定：「停止執行之裁定，得停止原處分或決定之效力、處分或決定之執行或程序之續行之全部或部分。」從停止效力之觀點，因本法同條第 2、3 項僅言「行政訴訟」，未限制訴訟種類，故舉凡撤銷訴訟、給付訴訟與確認訴訟均可聲請停止執行，所停止之內容已不限於行政上之強制執行，而係阻止行政處分效力之發生，是以本項乃明文採效果說，而非狹義之執行說，從而所確認或形成之法律關係，亦不生確認或形成之效力。就停止原處分或決定之效力部分，係指行政處分如不待執行即可發生效力，例如：形成或確認處分，一經停止執行之裁定，即暫時阻卻形成或確認效力之發生。就執行之停止部分，則僅執行力受阻，其他部分仍不停止。

依本法同條第 2 項規定：「行政訴訟繫屬中，行政法院認爲原處分或決定之執行，將發生難於回復之損害，且有急迫情事者，得依職權或依聲請裁定停止執行。但於公益有重大影響，或原告之訴在法律上顯無理由者，不得爲之。」據此，使受處分人之權利義務發生立即變動的

利或義務）之行政處分。確認處分係在於確認法律關係之存在與否，或對人之地位，物之性質在法律上具有重要意義事項之認定（行政程序法第113條）。其中，給付處分有強制執行的問題，形成處分及確認處分則沒有強制執行的問題。形成處分係設定、變更或消滅具體之法律關係，並對於權利、資格、法律地位等之處分。

「形成處分」，本質上毋庸執行即發生羈束力，並不生停止執行問題。如前述全民健保特約醫療機構停約處分，屬一經作成、發布，法律效果便立即發生之「形成處分」，因該處分無待執行即有羈束力，故不生停止執行之問題。

三、停約處分之停止執行

我國基於法安定性和行政機關執行行政處分公信力的維護，惟若於人民提起行政救濟時，原行政處分即予停止執行，則對行政處分所欲實現之公益或所欲避免之危害，亦有負面影響，且更影響行政效率，公權力的威信將受到重大傷害，故不應停止執行[19]。如果事後法院確定判決認定行政處分違法，則可透過國家賠償或其他方式塡補人民之損害。此外，亦可在嚴格規定下，例外允許停止執行，例外停止的立法例[20]。

在依法撤銷或變更行政處分之前，該行政處分具備執行力，因此原則上不會因爲提起訴願或行政訴訟，而停止該行政處分的執行力[21]。

---

19 此即行政訴訟法第116條之其立法理由。林明鏘（2002），〈停止執行〉，翁岳生（編），《行政訴訟法逐條釋義》，台北：五南。

20 在法律有特別規定行政處分因提起行政訴訟而停止執行的情形，例如稅捐稽徵法第50條之2規定依本法或稅法規定應處罰鍰者，由主管稽徵機關處分之，其罰鍰處分在行政救濟程序終結前，免依本法第39條規定予以強制執行，亦即因提起行政訴訟而停止執行。又如依稅捐稽徵法第39條規定，納稅義務人對於復查決定所核定之應納稅款繳納二分之一或提供相當擔保，並提起訴願行政訴訟時，即暫時停止原課稅處分之執行。另外我國實務上最近之之重要案例，係大法官會議釋字491號之關於考績法免職處分救濟程序中之暫時權利保護制度之解釋，依該解釋文末段之意旨「……依公務人員考績法第18條規定，服務機關對於專案考績應予免職之人員，在處分確定前得先行停職。受免職處分之公務人員既得依法提起行政爭訟，則免職處分自應於確定後方得執行。」

21 現行行政訴訟法第117條第5項明文倣照日本行政事件訴訟法第25條第1項條文，而規定：「停止執行之裁定，得停止原處分或決定之效力、處分或決定之執行或程序之續行之全部或部分。」據此，吾人大致可以確定，我國現行停止執行制度中而採行執行不停止原則，立法例即意謂是將爭訟程序與處分程序分別獨立爲規範態樣，而其間互不影響（亦即，將係爭處分作爲本案爭訟程序之程序標的而爲審理是爲一事，而對係爭處分效力與程序之續行則爲另一事）。此與執行停止原則，是直接承認此兩者之關聯性，於規範意義上，即有所差異[22]。

而行政訴訟法第116條所定之「停止執行」則是針對一般行政爭訟程序中有關「行政處分」規制效力爭議所設計之暫時權利保護制度，執行程序之接續執行動作如果不符合「行政處分」定義者，即無該條文適用之餘地[23]。

參、停止執行制度與要件實體審查

一、日本法之停止執行制度與「難以回復的損害」要件

(一) 前言

日本憲法保障概括的、實效的權利保護，實效的權利保護當然必須包含暫時權利保護之可能性。權利保護的實效性依存於時間的要件，過遲的權利保護即不生作用，特別是在侵害行政，本案訴訟確定前，是否能阻止發生難以回復原狀之既成事實，以及在給付行政之領域，是否承認獲得暫時給付之問題即屬重要，此即暫時權利保護之系統[24]。

的執行概念與德國法上的同一概念似無任何出入，停止執行所停止者，並非單純是行政處分之執行力問題，而是行政處分的效力全部。林明昕（2001），〈論行政爭訟上之「停止（不）執行原則」〉，《月旦法學雜誌》，77期，頁69。

22 陳世旻（1999），《行政爭訟之暫時權利保護制度》，頁163，中央警察大學法律學研究所碩士論文。

23 最高行政法院101年度裁字第507號裁定。

24 暫時救濟之法理，山本隆司（2009），〈行政訴訟における假の救濟の理論〉，

而因我國暫時權利保護中的停止執行制度的條文係模仿日本的立法例[25]，而因日本法例與我國皆採取「執行不停止原則」，其行政訴訟上的暫時權利保護制度，與我國現行行政訴訟法第116條停止執行的要件完全相同。本文認爲日本於2004年行政事件訴訟法修法後[26]，日本學說與實務如何操作停止執行的條文，重心放在「難以回復的損害」要件之法律面之審酌，以爲應可供我國運作停止執行制度的參考。

(二)「難以回復的損害」要件

1. 2004年行政事件訴訟法修法前

日本行政事件訴訟法第25條2004年修法前規定：「I. 撤銷處分之訴之提起，於處分之效力、處分之執行或手續之續行無影響。II. 提起撤銷處分之訴時，爲避免因處分、處分之執行或手續之續行發生難以回復之損害，而有急迫必要時，法院得依聲請以決定停止處分之效力、處分之執行或手續續行之全部或一部（以下簡稱「執行停止」）但處分效力之停止，如依處分之執行或手續之續行之停止，已能達成目的時，不

《自治研究》，85卷12號，頁28-48。

25 日本停止執行制度設計之淵源，最早見於明治27年（1895年）之行政裁判法第23條4之規定乃仿效當時德奧國家之體制。其後經過昭和7年（1932年）之行政訴訟法草案第97條至101條，昭和23年（1984年）之行政事件訴訟特例法第10條，到昭和37年（1962年）行政事件訴訟法第25條之規定，都是採取執行不停止為原則，例外情形得命停止執行之立法例，日本採用執行不停止原則，乃立法政策上偏向確保行政運作順暢之考量所致。林明鏘（1987），《人民權利之暫時保護：以行政訴訟為中心》，頁106-107，國立台灣大學法律學研究所碩士論文。

26 日本又於平成16年（2004年）6月修正通過行政事件訴訟法，於平成17年（2005年）4月1日開始施行。此次修正幅度甚大，被認為是該法制定施行四十餘年來首度實質大幅修正，該國行政法制及司法制度也將因此邁入另一不同之新里程。林素鳳（2006），〈「日本行政事件訴訟法」〉，《學警學叢刊》，36卷5期，頁275。

得爲之。III. 執行停止，對於公共福祉有重大影響之虞或關於本案顯無理由時，不得爲之。IV. 第二項之決定應基於釋明爲之。V. 第二項之決定，得不經言詞辯論爲之，但應先聽取當事人之意見。VI. 對第二項之聲請之決定，得爲即時抗告。VII. 對第二項決定之即時抗告，無停止該決定執行之效力」[27]。按日本學界與實務通說見解，乃將上述各項要件區分爲「積極要件」與「消極要件」。其中 II「難以回復之損害」與「急迫」乃是積極要件。日本通說見解認爲，「難於回復之損害」與「急迫」間，並無實質內涵上的差異，而應該視爲同一要件處理爲一體判斷。易言之，若原處分或決定之「執行將發生難以回復之損害」，通常即可認定爲有停止執行之「急迫情事」，兩者概念並非可以截然二分[28]。

修法前第 25 條之要件，依制定時之議論及立法擔當者之解說，均以包含金錢賠償在社會通念上，事實上無法回復之顯著損害爲出發點，按具體類型判斷，但因難以回復之損害之文義，過於抽象，致是否產生過狹的界限，是否及如何斟酌其他要素即成爲論點。例如：在認定難以回復之損害時，是否應衡量申請人之利益與因停止執行致行政所生的不利益也是問題[29]。關於「難以回復之損害」概念之解釋，實務上之運作係指包括「不能賠償之損害」以外，其他「不能回復原狀」或「一般社會通念上，不能僅以金錢賠償之損害」即屬之[30]。

---

27 譯文參陳秀美（1982），〈改進現行行政訴訟制度之研究〉，司法院（編），《行政訴訟論文彙編）》，頁171。司法院行政訴訟及懲戒廳（1996），行政法院（編），《中譯德奧法日行政法院法》，頁185以下，台北：司法院。

28 劉宗德、彭鳳至（2000），〈行政訴訟制度〉，翁岳生（編），《行政法（下）》，頁1302，台北：元照。

29 闕銘富（2012），《行政訴訟權保障之現代意義：以2004年日本行政事件訴訟法修正為中心》，頁111，台北：台灣法學會。

30「回復の困難な損害……」の要件の充足の判断に当たつては、抽象的な金銭賠償の能否や原状回復の能否を基準とすべきではなく、生ずべき損害を当事者に受忍させることの社会通念上の具体的妥当性を考慮すべきである。昭和53（行

是否可能存在「將發生難以回復之損害」，卻又「無急迫情事」之例子？日本學者及實務見解常將此二要件視作一體之判斷，一般多認爲若有「回復困難之損害」，幾乎即有停止執行之「緊急必要」。例如：國立大學所爲學生無限期休學處分，爲避免因超過在學年限而被開除，屆期回復原狀已不能，此時亦認爲有緊急停止執行之必要[31]。何謂「難以回復的損害」且有急迫情形單從條文的呈現，會認爲「難以回復的損害」與「緊急的必要性」爲兩個不同的要件，然而，法院判斷時點即爲如果不馬上停止執行將發生難以回復損害，通常兩者須一體判斷，法院如果認定有難以回復之損害通常即具有急迫性，急迫性通常並非獨立判斷的要件[32]。

在稍早「行政事件訴訟特例法」的時代，其第 10 條規定停止執行須發生「難以金錢補償之損害且有急迫情形」才可停止執行，這個要件無疑太過嚴格，而使停止執行制度的利用價值減損，所以「行政事件訴訟法」才將實體要件規定的更爲緩和，改爲「難以回復之損害」。

2. 2004 年行政事件訴訟法修法後

日本於 2004 年 6 月修正通過行政事件訴訟法，於 2005 年 4 月 1 日開始施行。此次修正幅度甚大，其中關於撤銷訴訟之行政處分的停止執行之要件修正爲「重大損害」，多數學者於舊法時代，對停止執行之要件進行便批判時，多集中於「難以回復之損害」的討論，故修法歷程亦著重於此一環節，進而將原要件之文字改爲——「重大之損害」等字

ス）12「行政処分執行停止申立却下決定に対する抗告事件」，昭和53年（1978年）05月25日，東京高等裁判所，警察関係最高裁判所網站，http://www.courts.go.jp/search/jhsp0010（最後瀏覽日：01/16/2020）。

31 蔡進良（2001），〈論行政救濟上人民權利之暫時保護〉，《月旦法學雜誌》，47期，頁73。

32 園部逸夫（1989），《注解行政事件訴訟法》，頁346，東京：有斐閣。南博方、高橋滋（2006），《條解行政事件訴訟法》，3版，頁475，東京：弘文堂。

樣。闡明何謂「重大之損害」，新法特別另於行政事件訴訟法第 25 條中新增第 3 項，以確保法院在解釋時，必定會就「損害性質」以外之要素進行觀察。「損害回復之困難程度」、「損害之性質與程度」與「處分之內容及性質」之考量[33]。「回復困難」僅是相對要件之一之意義，與修正前不同之定位。故可認金錢賠償之可能性，不再成爲決定性要素，即把「重大損害」改成停止執行的要件，「難以回復的損害」變成較低層次較低的論述。

本次修正將舊有規定「重大且回復困難之損害」有發生之虞者，始例外承認處分之停止執行，放寬爲僅須有「重大損害」，即可例外承認停止執行，顯有緩和其要件之意圖。惟本次修正同時於第 25 條增設第 3 項規定：「法院於判斷是否致生前項規定之重大損害時，應考量損害回復之困難程度，並應綜合參考損害之性質、程度及處分之內容、性質」。於此，被認爲「損害回復困難」之要件再度復活。從而，於裁判實務如重視此一「損害回復困難」之要件者，將與從前狀態未有太大改變（特別於過去判例中所常見般，一旦承認損害賠償之可能性，即以此爲由否認「損害回復之困難性」，如此一來，停止執行制度之實效性將大受影響。）當然，第 25 條第 3 項規定「損害回復困難」之要件同時，亦一併規定「損害之性質、程度」及「處分之內容、質」，三者同爲判斷「重大損害」與否之要素，故可知「回復困難」僅具相對要件之意義，此確係與修正前不同之定位[34]。此次修正以法條明文指示法院判斷是否該當「重大損害」時，應考量「損害回復的困難度，並斟酌損害之性質與程度，即處分之內容與性質」。此規定轉移了歷來停止執行僅將焦點

---

33 譯文參林素鳳（2006），〈日本行政事件訴訟法〉，《警學叢刊》，36卷5期，頁281。

34 藤田宙靖著，劉宗德譯（2010），〈2004年行政事件訴訟法改正が日本行政法の理論及び実務に与之た影響について〉，最高行政法院（編），《新制行政訴訟實施10週年國際學術研討會會議實錄》，頁228，台北：司法院。

放在當事人的損害上，進而要求法院就當事人損害的性質與程度，與處分的內容與性質作比較衡量。

停止執行制度中最重要的要件是，聲請人因處分效力續行將發生難以回復的損害且有急迫性，通說認爲須由聲請人對此要件負證明責任，本次修法將最重要的「難以回復的損害且有急迫性」的要件改爲「重大損害」，將損害的程度作較寬鬆的認定。並在第 25 條第 3 項針對前項「重大損害」對法院作出解釋上的指導方針，即法院在判斷是否該當「重大損害」時，應考量損害回復的困難度、損害之性質與程度及處分的內容與性質。藉由將停止執行的要件改正爲重大損害，賦予法院較大的裁量空間，使停止執行制度更易於被人民利用[35]。雖有學者對如停止執行之積極要件從原來少「難以回復」緩和爲「重大」之損善後，法院判例上亦有若干緩和傾向，惟法院不易將財產上損害及營業上損害認定爲「重大」。然而撤銷訴訟勝訴後以國家賠償訴訟回復損害前，原告之事業或人生或已陷於極爲不利之情況，且法院算定之損害金額亦極爲低廉，加害人僅付低額賠償金即可免除責任與精神損害之賠償金額亦甚低廉，原告即使勝訴，仍無法給付律師費用。而質疑此番改革之「積極化尙屬微小，行政事件訴訟法之修正進行改革毫無起色[36]。」

二、我國停止執行制度之實體要件：行政訴訟法第 116 條規定

(一) 前言

該條文規定內容如下：「原處分或決定之執行，除法律另有規定外，不因提起行政訴訟而停止（第一項）。行政訴訟繫屬中，行政法

---

35 南博方、高橋滋（2006），《條解行政事件訴訟法》，3版，頁474，東京：弘文堂。

36 阿部泰隆著，劉宗德譯（2011），〈關於日本行政法最近之「發展（實為停滯？）」及「大改革」之必要性〉，《法學新論》，33期，頁5。

院認爲原處分或決定之執行，將發生難於回復[37]之損害，且有急迫情事者，得依職權或依聲請裁定停止執行。但於公益有重大影響，或原告之訴在法律上顯無理由者，不得爲之（第二項）。於行政訴訟起訴前，如原處分或決定之執行將發生難於回復之損害，且有急迫情事者，行政法院亦得依受處分人或訴願人之聲請，裁定停止執行。但於公益有重大影響者，不在此限（第三項）。行政法院爲前二項裁定前，應先徵詢當事人之意見。如原處分或決定機關已依職權或依聲請停止執行者，應爲駁回聲請之裁定（第四項）。停止執行之裁定，得停止原處分或決定之效力、處分或決定之執行或程序之續行之全部或部分（第五項）[38]。」

---

37 「難於回復」用語只出現於行政訴訟法第116條第一項中。「難以回復」用語則出現於公務人員保障法第89條第2項、入出國及移民法第31條第4項、貨品進口救濟案件處理辦法第19條第1項。「難予回復」用語出現於裁判實務上（如最高行政法院100年度裁字第2796號裁定、98年度裁字第2295號裁定、96年度裁字第480號裁定與95年度裁字第2861號裁定）。本文認為，「難於回復」、「難以回復」、「難予回復」及「難於予以回復」均屬相同法律用語。

38 其立法理由分別如下，第1項之規定目的在於：按行政機關之處分或決定，在依法撤銷或變更前，具有執行力，原則上不因人民提起行政訴訟而停止執行，以「提高行政效率，並防杜濫訴。」第2項規定之立法理由為：行政機關是否依法行政，如有爭執須由行政法院加以裁判，設於行政訴訟繫屬中，因原處分或決定之執行，將發生難於回復之損害，且有急迫情事者，自應授權行政法院得依職權或依聲請，以裁定停止執行，俾兼顧原告或利害關係人之利益，但如果停止執行，將對公益產生重大影響或原告之訴，在法律上顯無理由時，為兼顧公共利益，自不得停止執行。第3項之立法目的則在於：補充第2項規定之不足。按本條第2項規定：須訴訟繫屬中，行政法院始得依職權或依聲請以裁定停止執行。但是部分行政訴訟類型採取訴願前置主義（例如：撤銷訴訟與課予義務訴訟），所以人民要提起行政訴訟前，必須經過漫長之訴願程序，此期間內人民權利之有效保護，將出現保護之漏洞，為彌補此段空窗期，並符合大法官會議釋字353號解釋之意旨，仿德國行政法院法第80條第5項規定增訂本項（原司法院草案並無此項之設）。第四項規定之目的在於：行政法院為利益衡量時，為避免偏袒公益或私益之一方，乃規定行政法院為停止執行之裁定前，應先徵詢雙方當事人之意見，以求妥善衡量法益之高低。第5項規定亦本司法院草案所無而新增之內容，其立法理由謂：

關於停止執行之實體要件之審理，須判斷下列之事項：1. 本案權利存在要件—原告之訴非於法律上顯無理由：所謂「原告之訴在法律上非顯無理由者」，係指非行政訴訟法第 107 條第 3 項之情形。亦即，無「依原告所訴之事實，不待查證即可知在法律上顯無理由者，行政法院得不經言詞辯論，逕以判決駁回」之情形[39]。2. 保全必要性之要件：積極要件 (1) 回復困難之損害．緊急必要性：亦即，行政訴訟法第 116 條第 2 項本文規定，須「原處分（或決定）之執行，將發生難於回復之損害，且有急迫情事者」。(2) 對公益有重大影響：亦即，行政訴訟法第 116 條第 2 項但書規定之「於公益有重大影響，不得爲之」。然而我國實務上，審查重點僅集中在「得否以金錢賠償」，並從事廣泛地認定，皆以「非不得以金錢賠償，不符合難於回復之損害要件」爲由，而拒絕停止執行。相較於日本法，我國對於停止執行的各項要件之概念解釋，實過分嚴苛[40]。

(二)「難以回復的損害」要件實務案例

1. 我國行政法院見解

如何認定損害難以回復，學說多認爲係指回復原狀不能或金錢賠償不能之損害，及金錢賠償雖可能，惟依其損害性質、態樣等情事，依社

本項乃參照日本行政事件訴訟法第25條第2項之規定，明定停止執行裁定之內容與效力，避免重蹈日本與德國之覆轍，有所爭議而造成實務運作上之困擾，林明鏘（2002），〈行政訴訟制度〉，翁岳生編，《行政訴訟法逐條釋義》，頁405，台北：五南。

39 陳計男（2000），《行政訴訟法釋論》，頁733以下，台北：自刊。

40 林明昕（2006），〈行政爭訟上停止執行之實體審查基準：以行政訴訟法第126條第2項為中心〉，湯德宗、劉淑範（編），《2005年行政管制與行政爭訟》，頁18-23，台北：中央研究院法律學研究所。

會通念凡認以金錢賠償卻無法塡補其損害者均屬之[41]。是以，例如：違章建築拆除處分、公立學校對學生之退學處分或對外國人驅逐出境之處分均屬之。

行政法院向來認爲「難於回復之損害」係指「其損害不能回復原狀，或不能以金錢賠償，或在一般社會通念上，如爲執行可認達到回復困難之程度而言。」易言之，損害若得以金錢賠償，即非屬難於回復之損害，致使實務在應否停止執行之判斷上，常以是否得以「金錢賠償」作爲唯一之認定標準[42]。最高行政法院99年度裁字第1371號裁定：「所謂難以回復之損害，係指其損害不能回復原狀，或在社會一般通念上，如爲執行可認達到回復困難之程度，且均不能以金錢估價賠償者……縱認抗告人因原處分無法參與其他公共工程投標或一般公司行號因此將抗告人列入拒絕往來廠商名單而發生營利損害，仍屬財產上之損害，在一般社會通念上，並非不能以金錢賠償，難謂將發生難於回復之損害」，即明揭其旨[43]。但此種將「可以金錢賠償」皆認爲「非難於回復之損害」之見解，無疑使得停止執行的門檻相當高，大爲降低停止執行之適用可能性，以致停止執行無法發揮其作爲暫時權利保護之功能[44]。

2. 行政法院於個案判斷上之趨向

按最高行政法院97年度裁字第5405號裁定：「行政訴訟法第116條第2項……構成要件之詮釋，或許不宜過於拘泥於條文，而謂一定要先審查『行政處分之執行結果是否將立即發生難於回復之損害』，而在

41 林騰鷂（2011），《行政訴訟法》，頁558，台北：三民。

42 前揭註，頁501。

43 相關實務見解，另請參最高行政法院98年度裁聲字第146號裁定、最高行政法院98年度裁字第597號裁定、最高行政法院98年度裁字第200號裁定、最高行政法院89年度裁字第1575號裁定、最高行政法院89年度裁字第1286號裁定。

44 林昱梅（2010），〈暫時性權利保護之有效性〉，《月旦法學教室》，91期，頁15。

有確認有此等難以回復之損害將立即發生後，才去審查『停止原處分之執行是否於公益有重大影響』或『本案請求在法律上是否顯無理由』，因爲這樣的審查方式似乎過於形式化。比較穩當的觀點或許是把『保全之急迫性』與『本案請求勝訴之蓋然率』當成是否允許停止執行之二個衡量因素，而且彼此間有互補功能，當本案請求勝訴機率甚大時，保全急迫性之標準即可降低一些；當保全急迫性之情況很明顯，本案請求勝訴機率值或許可以降低一些。另外『難於回復之損害』，固然要考慮將來可否以金錢賠償，但也不應只以『能否用金錢賠償損失』當成唯一之判準。如果損失之塡補可以金錢爲之，但其金額過鉅時，或者計算有困難時，爲了避免將來國家負擔過重的金錢支出或延伸出耗費社會資源的不必要爭訟，仍應考慮此等後果是否有必要列爲『難以回復損害』之範圍。」可知我國實務於應否停止執行之個案判斷上，對於放寬「難於回復損害」的判斷標準但尚未形成統一見解，雖有上開最高行政法院 97 年度裁字第 5405 號裁定所謂：「『難於回復之損害』，固然要考慮將來可否以金錢賠償，但也不應只以『能否用金錢賠償損失』當成唯一之判準」[45]，可知向來實務對於「難於回復之損害」已有所放寬，不再嚴格地以「得否金錢賠償」作爲判斷「難於回復之損害」之唯一考量，惟最高行政法院對於此種趨向，尚未形成統一的見解[46]。

(三)「難以回復的損害」要件學說見解

按「執行將發生難於回復之損害」者，係指「依社會通念觀察，認爲執行後會產生不能回復原狀之結果，或產生不能以金錢賠償之情

---

45 相同見解另請參最高行政法院99年度裁字第2454號裁定、最高行政法院99年度裁字第2034號裁定、最高行政法院97年度裁字第4594號裁定、最高行政法院97年度裁字第2921號裁定、最高行政法院95年度裁字第2380號裁定。

46 最高行政法院99年度裁字第560號裁定。

形。」惟是否有難於回復之損害，並不專以得否以金錢加以賠償做爲判斷標準。是縱使得以金錢填補其損害，但依社會觀念就具體案例事實判斷卻認爲回復原狀甚爲困難者，亦符合本要件之規定，用以放寬停止執行的適用機會[47]。再者，難於回復之損害應依客觀事實認定之，非以聲請人之主觀認識爲準。而是否有急迫情事，應由聲請停止執行之目的與時間併予考量。若縱使本案判決獲得勝訴，然因行政處分業已執行完畢而無從以金錢獲得補償時，應認有急迫之情事[48]。

學者蕭文生則認爲行政法院對是否屬於難以回復之損害，「得以金錢賠償與否」當然是考量的重點，但並非是「唯一」且「絕對」的判斷標準。所謂並非「唯一」的判斷標準係指，即使得以金錢填補損害，但若金額過於龐大時，爲了避免國家負擔鉅額的費用，仍應考慮此項財政後果是否屬於難以回復之損害。並非「絕對」的判斷標準係指，即使得以金錢填補損害，但若原告勝訴之機率極高時，則沒有必要執意執行行政處分，而導致事後不必要、曠日廢時的行政救濟程序[49]。

肆、最高行政法院健保停約處分停止執行案例之實證分析

一、研究案例資料案例來源

本文爲避免見樹不見林，產生研究上的偏差，乃嘗試利用司法院

47 林明鏘（1987），《人民權利之暫時保護：以行政訴訟為中心》，頁110，國立台灣大學法律學研究所碩士論文。

48 康春田（2003），《論行政訴訟法上停止執行之審查標準》，頁125，國立中正大學法律研究所碩士論文。

49 蕭文生（2010），〈行政處分之停止執行：評最高行政法院九十九年裁字第九七二號裁定〉，《月旦裁判時報》，6期，頁32。

網站法學資料檢索系統，就最高行政法院有關停止執行的案件，進行全面性的實證分類及歸納分析，以觀察最高行政法院於民國 92 年，迄至 109 年 1 月底止，這 17 年來，對於停止執行制度，相關健保停約處分之停止執行案是否能有效地於行政訴訟實務上發揮功能？就日漸增多的停止執行案件，目前實務運作概況及驗證情形如何？在實務運作上是否已得以提出一套有系統的實體審查標準所遵行？以下本文即以此方式進行研究，合計共有 16 件案件，每件案件並同時回尋原審行政法院裁判字號及裁判理由，以資與最高行政法院裁判理由比較呼應，本文並以上開停止執行案件作爲研究資料，作成如附表 1[50]。

二、健保停約處分停止執行案件的實證及歸納分析

(一) 我國採取之停止執行審查標準—相關健保停約處分之停止執行案例之判斷基準：關於我國停止執行機制之判斷方式，主要繼受自日本行政訴訟事件法第 25 條第 2 項及第 3 項規定，而採「以不停止執行爲原則」之立法例，故就各項要件概念之解釋而言，應得參酌其內涵。按日本學界與實務通說見解，乃將上述各項要件區分爲「積極要件」與「消極要件」。其中「難以回復之損害」與「急迫」乃是積極要件，須由當事人負釋明責任；而「於公益有重大影響」、「原告之訴在法律上顯無理由／合法性顯有疑義」則是消極要件，須由行政機關負釋明責任。然而，我國行政法院尚未意識到相關事實之證明責任分配問題，依「舉證之所在，敗訴之所在」之法理，對於聲請人顯然不利。

50 本文於司法院法學資料全文檢索網站中，以全文檢索語詞：檢索關鍵字「（全民健保+全民健康保險）&（醫療機構+醫事服務機構）&（停止特約+停約）&停止執行」蒐尋最高行政法院停止執行的案件裁定全文，司法院法學資料全文檢索網站，http://jirs.judicial.gov.tw/Index.htm（最後瀏覽日：01/09/2020）。

而我國上述案例實務上，最高行政法院審查重點僅集中在「得否以金錢賠償」，並從事廣泛地認定，皆以「非不得以金錢賠償，不符合難於回復之損害要件」爲由，而拒絕停止執行，對於相關健保停約處分之停止執行案例停止執行的各項要件之概念解釋，實過分嚴苛。可能因我國實務與學說對第 116 條第 2 項實體要件的解釋，法院對於全民健保特約醫療機構停約處分停止執行之審查操作，採嚴格「執行不停止原則」，且行政訴訟法第 116 條第 2 項「例外」停止執行的實體要件規定狹隘所致，造成人民幾乎無法藉由停止執行制度確保權利。

按「抗告人於停止特約期間對保險對象提供之門診醫事服務費用，相對人不予支付之結果，苟抗告人提起之本案訴訟勝訴，尚可向相對人請求支付該等門診醫事服務費用；是抗告人因原處分之執行，可能產生之損害，依一般社會通念，客觀上無不能以金錢賠償之情形，實難認抗告人因此有何難以回復之損害可言。再者，原處分並未停止抗告人醫療業務，抗告人仍可向病患提供醫療服務並收取對價，基礎醫病關係不變，醫院員工仍可藉醫療服務之提供獲取對價以維生計，抗告人所謂：『病患流失』」『醫病關係惡化』『員工生計受影響』等損害，核與原處分均無涉」[51]、「查抗告人並未提出其在雲林縣四湖鄉開業及該鄉是否僅有其一家診所供鄉民就醫等資料，亦未提出至其診所看診病患多寡、病患何以無法轉院，以及診所雇用之員工任職情形等證明資料，以資證明其主張爲眞實，已嫌無據。且查現今台灣各地（包括雲林縣）交通發達，如抗告人之診所停業，其原在其診所就診之患者轉診其他醫院或診所，應不致發生困難。……是抗告人主張本件原處

---

51 最高行政法院105年度裁字第946號裁定。

分之執行於公益有重大影響云云，依上開說明，顯無可採」[52]。

(二) 相關健保停約處分之停止執行制度下，人民勝訴率仍嫌過低（至零）：經本文整理觀察統計，合計這 16 件案件，但無一件係人民勝訴者，亦即這 10 多年來，停止執行制度能否有效地於行政訴訟實務上發揮功能，本文十分置疑。最高行政法院就相關健保停約處分之停止執行案例並未發展出一套完整且經絡分明的審查體系。按經本文整理翻閱前揭最高行政法院 16 筆停止執行案件，發覺大多數法院的裁定理由內容，僅重複行政訴訟法第 116 條停止執行條文之用語，並未就當事人聲請停止執行有無理由乙節，明確說明其審查標準為何。最高行政法院在相關健保停約處分之停止執行案例唯一一件提出停止執行的實體審查模式，認為「比較穩當的觀點或許是把『保全之急迫性』與『本案請求勝訴之蓋然率』當成是否允許停止執行之二個衡量因素，而且彼此間有互補功能，當本案請求勝訴機率甚大時，保全急迫性之標準即可降低一些；當保全急迫性之情況很明顯，本案請求勝訴機率值或許可以降低一些。」而就「難以回復之損害」要件方面，認為「固然要考慮將來可否以金錢賠償，但也不應只以「能否用金錢賠償損失」當成惟一之判準。如果損失之填補可以金錢為之，但其金額過鉅時，或者計算有困難時，為了避免將來國家負擔過重的金錢支出或延伸出耗費社會資源的不必要爭訟，仍應考慮此等後果是否有必要列為『難以回復損害』之範圍[53]。」

(三) 地方衛生行政主管機（衛生局）會隨著行政院衛生署中央健康保險局的處分[54]，另為健保特約醫療機構停約處分後再為不得執行業

52 最高行政法院99年度裁字第2014號裁定。

53 最高行政法院96年度裁字第1908號裁定。

54 除了健保特約可以管理醫療機構外，我國尚有衛生行政主管機關可以管理醫療機

務之處分。最高行政法院「鋸箭式」認此係另案，對健保特約醫療機構所爲不得執行業務相關處分加以主張問題，與本件原處分之執行是否造成保特約醫療機構難以回復之損害之判斷無關，無從執爲本件有利保特約醫療機構判斷之依據，從而抗告人聲請停止原處分之執行，核與行政訴訟法第 116 條第 2 項規定停止執行之要件不符爲由，乃駁回保特約醫療機構在原審之聲請，本院核無不合。

伍、結論

一、醫療院所之「停止特約」處分聲請停止執行勝訴率過低

我國行政法院對於全民健保特約醫事服務機構停約處分聲請停止執行之案例，人民勝訴率仍嫌過低（至零）。經本文整理觀察統計，合計這 16 件案件，但無一件係人民勝訴者，亦即這 10 多年來，停止執行制度能否有效地於行政訴訟實務上發揮功能，本文十分置疑。

構與醫事人員，所以現行健保特約醫事服務機構的管理，乃是「健保特約行政」與「衛生行政」並行的雙重管理。保險人先行依規定處理之違法或違約部分，原規定保險人應副知衛生主管機關（舊特約及管理辦法第72條規定：「保險醫事服務機構違反本法或本辦法規定者，除分別依規定處理外，保險人應副知衛生主管機關；其涉及刑責者，保險人並應移送司法機關辦理。」2007年3月20日修正後，將其中「保險人應副知衛生主管機關」刪除。），但保險醫事服務機構所違反的是健保法或特約及管理辦法，與衛生主管機關所主管者無涉，所以在最新修訂之特約及管理辦法中刪除，衛生主管機關應依醫療法、醫師法等相關醫療法規管理醫療機構及醫事人員。是故保險醫事服務機構受到健保特約行政、衛生行政的雙重管理，不可不謂周密。李志宏，施肇榮，〈全民健康保險解讀系列（5）：全民健保特約行政與衛生行政的雙重管理〉，《台灣醫界》，51卷3期，頁45。

二、有關停止執行要件中之「難於回復之損害」之認定過分嚴苛

「執行醫療業務收入減少之損害，並非不可以金錢賠償而回復，抗告人聲請並無理由。」「本件原處分縱然嗣後被撤銷，仍難謂將發生難以回復之損害，」「工作權、生存權、財產權及抗告人之聲譽將受有損害乙節，在一般社會通念上，亦非不能以金錢賠償或回復。」「民法關於人格權之侵害，亦訂有各種回復原狀之方法，故系爭處分嗣後縱經撤銷，抗告人之信譽及病患之信賴，仍可透過有關手段加以回復。」「病患亦非不得至其他相關醫療院所就診。故尚無損害不能回復原狀或達到回復困難程度之情事等語。」新行政訴訟法施行後，有關停止執行之聲請案件，最高行政法院於裁定文之說明理由內，大多僅重複法條本身之用語，並未依法條之規定，發展出一套完整且經絡分明的審查體系。停止執行制度之運用，人民勝訴率仍嫌偏低。我國對於相關健保停約處分之停止執行案例停止執行的各項要件之概念解釋，自民國 92 年迄今（109 年 1 月）17 年來，有關停止執行要件中之「難以回復之損害」之審查基準，我國實務見解幾乎均認爲得以金錢賠償，即非「難以回復之損害」，不得准許停止執行，此項見解，本論文認爲過於嚴苛保守，已限縮了暫時權利保護制度之功能，而有待商榷。

三、「難以回復」審酌考量過度僵化

依據我國實務解釋，所謂「難於回復之損害／係指其損害不能回復原狀，或不能以金錢賠償，或在一般社會通念上，如爲執行可認達到回復困難之程度而言。此所稱回復原狀，非謂應回復原有狀態，在財產權之情形，非指權利形態與內容之完全一致，而過度著重在經濟上之等價性[55]。對於「難以回復之損害」乃係取決於「回復原狀」以及「金錢賠償」

55 最高行政法院89年度裁字第1575號裁定、90年度裁字第578號裁定。

之可能性，然而對於「公益」損害之考量以「金錢」作爲衡量，是否妥適？而「難以回復」對於回復原狀之可能性、執行後情狀是否可逆等考量比重應較諸於「金錢賠償」而言，更需要被審酌考量。

在最高行之見解中，所謂「難於回復之損害」係指其執行對於當事人之私權益，將造成不能回復原狀之損害，或其回復有困難，且在社會一般通念上不能以金錢估價賠償者而言。其後放寬其認定範圍，認「如果損失之塡補可以金錢爲之，而其金額過鉅，或者計算有困難時，爲了避免將來國家負擔過重的金錢支出或延伸出耗費社會資源的不必要爭訟，仍應考慮此等後果是否有必要列爲「難於回復損害」之範圍。」依此，對於「難以回復之損害」乃係取決於「回復原狀」以及「金錢賠償」之可能性，然而對於「公益」損害之考量以「金錢」作爲衡量，是否妥適？而「難以回復」對於回復原狀之可能性、執行後情狀是否可逆等考量比重應較諸於「金錢賠償」而言，更需要被審酌考量，然實務卻多以得「金錢賠償」或將「回復原狀」之利益與「不停止執行」之利益與「停止執行」之利益三者間爲衡量（經濟成本上之衡量），對於人權保護或者重大公益保護，是否皆能以「社會成本」過高爲由，捨棄對人民權利之保障，此並非一概皆能通過比例原則之審查，而法院將權利侵害難以回復之判斷，繫諸於成本考量，即有其可非議之處。

陸、建議

一、停約處分聲請停止執行之案例先類型化再「難於回復之損害」要件審查

我國實務與學說對第 116 條第 2 項實體要件的解釋，研究法院對於全民健保特約醫療機構停約處分停止執行之審查操作，應係源於我國法採「執行不停止原則」，且行政訴訟法第 116 條第 2 項「例外」停止執

行的實體要件規定嚴格所致，造成人民幾乎無法藉由停止執行制度確保權利。惟鑑於暫時權利保護制度之功能向來不彰，且司法本即是爲服務人民而存在者，故本論文在此主張，寧可採取較寬容之態度以面對。希望法官們想到的不只是結案，而是更深更遠的法治觀念，能藉由這個案件，向行政機關以及高等行政法院闡釋如何正確的適用保障人民權益的行政程序法，讓其所表彰的依法行政原則成爲人民權益保障的利器。

實務常在重複「難以回復」用語後，即加諸剪貼似的術語字串，諸如：如損害不能回復原狀，或不能以金錢賠償，或在一般社會通念上，如 執行可認達到回復困難之程度而言。惟「不能回復原狀」及「達到回復困難之程度」等用語，無疑係用更抽象的說明文字來解析模糊的法條文字，終成循環論述，對人民來說毋寧難以措其手足。故「難於回復之損害」之類型化，可參考日本行政事件訴訟法第25條中新增第3項，以確保法院在解釋時，爲「損害回復之困難程度」、「損害之性質與程度」與「處分之內容及性質」之考量。「回復困難」僅是相對要件之一之意義，與修正前不同之定位。雖然我國學者與些許實務裁定已將「利益衡量說」作爲審查暫時權利保護制度的實體審查標準，但是日本法已將「利益衡量說」體現在法律條文上，在論證上更能讓人民信服，且放寬停止執行的審查標準，見賢思齊，或可爲我國暫時權利保護制度更能發揮功能吧。

二、醫療院所提起聲請停止執行之訴訟應為停止執行

關於行政執行，因我國係採不停止爲原則之立法例，如於不改變此立法例之原則下，爲貫徹憲法第16條「訴訟權」之有效權利保護與避免「居住自由」、「財產權」事後人民勝訴卻造成無法回復之狀態，本文建議應如同稅捐稽徵法第50條之2，於土地徵收條例增訂，提起徵收處分之行政訴訟時，即生「停止執行」之法律效果。如此於即得依行

政訴訟法第 116 條中「法律另有規定」之要件，發生停止執之效果。

三、統一放寬「難於回復損害」的判斷標準

按最高行政法院 97 年度裁字第 5405 號裁定所謂：「『難於回復之損害』，固然要考慮將來可否以金錢賠償，但也不應只以『能否用金錢賠償損失』當成唯一之判準」[56]，可知向來實務對於「難於回復之損害」已有所放寬，不再嚴格地以「得否金錢賠償」作爲判斷「難於回復之損害」之唯一考量。惟最高行政法院對於此種趨向，尚未形成統一的見解。暫時權利保護機制雖不同於本案訴訟，然其對於人民權利保護之重要性則完全不下於本案救濟程序，是以在行政訴訟法修法後，暫時權利救濟已成爲一獨立於本案訴訟外之救濟程序後，法院實務不應再固守錯誤見解，而經常性剝奪人民循此機制以獲得即時有效救濟之機會，將學說上重要的建議予以明文化，使實務得以遵循。

在此，日本法即有値得參考之處。放寬停止執行要件中之「難以回復之損害」之審查基準，將回復困難之損害擴大解釋爲不僅指不能回復原狀或金錢賠償者，即使最後可能金錢賠償，但依社會通念，認爲僅以金錢賠償亦無法加以塡補之顯著損害亦屬之。

四、法院應考量行停約處分之第三人利益之均衡

行政訴訟法第 116 條第 2 項規定：「行政訴訟繫屬中，行政法院認爲原處分或決定之執行，將發生難以回復之損害，且有急迫情事者，得依職權或依聲請裁定停止執行。但於公益有重大影響，或原告之訴在法律顯無理由者，不得爲之。」若於行政訴訟起訴前，依同法第 116 條第

---

56 相同見解另請參閱：最高行政法院99年度裁字第2454號裁定、最高行政法院99年度裁字第2034號裁定、最高行政法院97年度裁字第4594號裁定、最高行政法院97年度裁字第2921號裁定、最高行政法院95年度裁字第2380號裁定。

3 項規定：「行政訴訟起訴前，如原處分或決定之執行將發生難於回復之損害，且有急迫情事者，行政法院亦得依受處分人或訴願人之聲請，裁定停止執行。但於公益有重大影響者，不在此限。」法條雖稱受處分人或訴願人，解釋上應兼指主張權利受侵害之第三人。亦即遇有第三人效力處分時，雖非受處分人或訴願人亦得逕行提出聲請。然而，相較於第 2 項須考量公益因素，第三人提出停止執行之聲請時，法院應考量行政處分之相對人與第三人利益之均衡。或可仿增訂本法第 42 條規定：「行政法院認為撤銷訴訟的結果，第三人之權利或法律上利益將受損害者，得依職權命其獨立參加訴訟，並得因該第三人之聲請，裁定允其參加」。另外或可增訂「停止執行裁定參加」制度，即當之行政處分執行同時具有對於具利害關係第三人有不利負擔時，能以保護公益與第三人（病患）利益之保護之學理跟據，得由具利害關係第三人「停止執行裁定參加」停止執行裁定之方式，主張其權利。

附表 4.1　民國 92 年至 109 年 1 月相關健保停約處分之停止執行裁定實體要件判斷一覽表（最高行政法院／高等行政法院）

序號	最高行裁判字號	最高行裁判日期	行政法院裁定字號	行政法院裁判理由	最高行政法院裁判理由
A1	106年度裁字第1981號	民國106年11月9日	台北高等行政法院106停82	聲請人所謂「病患流失」「醫病關係惡化」等損害，核與原處分均無涉。且聲請人並未提出其在台中市大雅區僅有其一家診所供市民就醫等資料，亦未提出至其診所看診病患多寡、病患何以無法轉院，觀諸現今台灣各地交通發達，如聲請人診所停業，其原在其診所就診之患者轉診其他醫院或診所，應不致發生困難。而中山醫學大學及中國醫藥大學醫學系之實習生實習及修習臨床技術，並非一定要在聲請人之診所為之，難謂原處分會使實習生受教育的權利遭受侵害，聲請人主張原處分之執行於公益有重大影響云云，尚無足採。況若聲請人日後主張原處分違法而提起之行政訴訟，獲得勝訴確定判決，聲請人即可向相對人請求支付醫療費用及損害賠償，其因無健保給付導致病患減少、名譽權、生存權、工作權、財產權、營業權及二公約人權之損害，於勝訴確定之後，依一般社會通念，可得以金錢賠償，尚非難於回復之損害，聲請人據以聲請停止執行，已屬無據。	原處分之執行，縱因看診自費致病患減少，受有醫療業務收入減少之結果，此經濟利益損失，依一般社會通念，客觀上並無不能以金錢賠償之情形，難以此認為有難以回復之損害；至所稱造成名譽損害，得依民法有關回復人格權之方法請求回復原狀，或以金錢賠償獲得救濟，亦無難以回復之情事。 (三)、抗告人所稱原處分之執行，影響保險對象就醫權益、醫學系學生的實習等情，核非屬關於抗告人之權利或法律上利益，其據此主張受有難於回復之損害，即非可採。
A2	103年度裁字第888號	民國103年6月19日	台北高等行政法院103停28	經查，相對人雖以原處分一核定終止特約，並自終止特約之日起1 年內不得再申請特約，且聲請人負責醫師於終止特約期	觀諸抗告意旨無非堅持其主觀歧異之見解，就原裁定論駁之理由再為爭執，尚無可採，其抗告難認有理由，應予駁回。

序號	最高行裁判字號	最高行裁判日期	行政法院裁定字號	行政法院裁判理由	最高行政法院裁判理由
				間，對保險對象提供之醫事服務費用，不予支付，聲請人於終止特約期間，其診所仍可繼續運作，且原處分一非禁止聲請人之負責醫師執行醫師職務，聲請人之負責醫師仍可於終止特約期間執行醫師職務，只是該醫療費用相對人不予支付，待日後苟聲請人提起之行政訴訟勝訴，自可向相對人請求支付醫療費用，其金額可以金錢計算之，自不因相對人終止全民健康保險特約1 年之處分，而發生難於回復之損害，且又無急迫情事之法定要件。是聲請人縱因原處分執行而受有損害，惟依一般社會通念，在客觀上非不能以金錢賠償，故難認聲請人因此有何難以回復之損害可言。	
3	101年度裁字第491號	101年3月15日	台北高等行政法院101停3	1. 原處分停止抗告人特約期間，抗告人診所仍可繼續運作服務，只是病患看診必須自費；縱因此而使病患減少，僅係抗告人執行醫療業務收入減少之損害，換言之，並非不可以金錢賠償而回復，抗告人聲請並無理由。2. 因認本件原處分縱然嗣後被撤銷，對抗告人言，仍難謂將發生難以回復之損害，其抗告難認有理由，應予駁回。	抗告論旨所指原裁定「漏未審酌潛在性流失之病患」乙節，查此部分原審已於前揭裁定理由敘明甚詳，抗告人執此指摘原裁定違誤，尚非有據，其抗告難認有理由，應予駁回。
4	101年度裁字第257號	101年2月9日	台北高等行政法院100停93	1.抗告人於停止特約期間，仍可繼續運作醫療保健服務。縱因無健保之給付而導致減少提供醫療服務所可獲得醫療費用之經	經核原裁定已就抗告人主張之事項如何不足採，詳為論斷，揆諸前開說明，其認事、論理及釋法均無不合，觀諸抗告意旨

序號	最高行裁判字號	最高行裁判日期	行政法院裁定字號	行政法院裁判理由	最高行政法院裁判理由
				濟收入，非不能以金錢賠償，難認有何難以回復之損害。2.抗告人聲請停止原處分之執行將發生難於回復之損害，核屬私益之損害而非公益之損害，殊不得以原處分之執行將發生公益上難於回復之損害為由，聲請停止執行。3.員工之工作權、生存權、財產權及抗告人之聲譽將受有損害，在一般社會通念上，亦非不能以金錢賠償或回復。且民法關於人格權之侵害，亦訂有各種回復原狀之方法，故系爭處分嗣後縱經撤銷，抗告人之信譽及病患之信賴，仍可透過有關手段加以回復。病患亦非不得至其他相關醫療院所就診。故尚無損害不能回復原狀或達到回復困難程度之情事。	無非堅持其主觀歧異之見解，就原裁定論駁之理由再為爭執，尚無可採，其抗告難認有理由，應予駁回。
5	100年度裁字第2796號	100年11月17日	台北高等行政法院100停64	本件原處分核定抗告人停止特約，對保險對象提供之醫療保健服務，不予支付之處分，致抗告人之損害，無非係因相對人停止抗告人蔡美秀健保特約期間，其無法就全民健康保險被保險人之收治或醫療保健服務之提供，取得相對人之財產給付，核屬金錢上之損害，乃得以金錢補償，不生難以回復損害之問題。從而，本件聲請停止執行原處分，核與停止執行之要件不符，不應准許，而予以駁回。	經查台南市並非僅有抗告人1家藥局，健保局停止抗告人特約，應不致於即會發生市民健康不能維護之問題；且健保局僅停止健保特約，並未禁止其為健康保險以外之藥局業務，尤不致使抗告人發生不能生活之問題；且本件行政訴訟之結果，如撤銷原處分機關之行政處分，抗告人仍得請求健保局賠償，亦不致發生難予回復之損害。

序號	最高行裁判字號	最高行裁判日期	行政法院裁定字號	行政法院裁判理由	最高行政法院裁判理由
6	99年度裁字第1001號	99年4月29日	台北高等行政法院98停121	抗告人於終止特約仍得執行醫療業務，縱或因停止特約致使部分民衆不願向抗告人求診，亦不致危及診所之營運。倘因而影響其執行業務所得、業務數量，請求相對人以金錢予以賠償或以適當之方法回復其信譽。再依抗告人所稱其爲當地少數具有外傷專業之診所，是倘當地人民遇有外傷就醫之必要時，仍得向抗告人求診，況當地亦有其他醫療院所，人民亦可尋求其他適當之醫療協助。本件處分之執行不致發生難於回復之損害，且無急迫情事者。	抗告人猶執前詞，指摘原裁定違誤，求予廢棄，難認有理由，應予駁回。
7	99年度裁字第434號	99年2月25日	台北高等行政法院98停119	相對人非禁止抗告人之負責醫師程本釗執行醫師職務，醫師仍可於原處分終止特約期間執行醫師職務，只是該醫療費用相對人不予支付，待日後苟抗告人行政訴訟勝訴，自可向相對人請求支付醫療費用，其金額可以金錢計算之；至其他因終止特約所受之損害，亦非不可以金錢賠償而回復；至於抗告人主張其地處山地偏遠地區，體貼病患看診路遙遠云云，惟查抗告人聲請停止原處分之執行，係爲其日後提起撤銷訴訟之權利保護目的，所指原處分之執行將發生難於回復之損害，屬私益之損害而非公益之損害，殊不得以原處分之執行將發生公益上難於回復之損害爲由，聲請停止執行；且抗告人並非瑪家鄉地區唯一之特約醫事服務機構，瑪家鄉地區有	經查抗告人開設診所，專以提供醫療服務賺取報酬爲業，可資服務之病患來源衆多，非必以全民健康保險之被保險人爲唯一對象。是抗告人雖遭受終止全民健康保險特約1年之處分，僅足生抗告人金錢財產減少之結果，對抗告人之繼續執行醫療業務，不生任何影響，於同一時期內，其診所仍可繼續運作，服務非全民健康保險之病患，自不因相對人終止全民健康保險特約1年之處分，而發生難於回復之損害，且又無急迫情事之法定要件，從而，原法院駁回抗告人停止執行之聲請，並無不合。

序號	最高行裁判字號	最高行裁判日期	行政法院裁定字號	行政法院裁判理由	最高行政法院裁判理由
				多家特約醫事服務機構可供醫療服務，亦難認病患有因此而無法就醫之情形。另抗告人因終止特約處分之執行，其聲譽縱有損害，尚非不得回復，民法關於人格權之侵害，亦定有回復之方法，仍難謂將對抗告人發生難以回復之損害。是抗告人縱因原處分執行而受有損害，亦不發生難以回復損害之情形等由，駁回抗告人在原法院之聲請。	
8	98年度裁字第2664號	98年11月5日	台北高等行政法院98停71	抗告人因原處分之執行所受損害，實爲對其提供之醫療保健服務無法依全民健康保險法之相關規定向相對人請求支付醫療費用之財產上損害，與其名譽、信用無涉。原處分核定停止特約期間非長，且抗告人於停止特約期間並非不能執行業務，並無無法營運而有倒閉可能；況診所縱因無健保給付而致病患減少，抗告人所受影響亦僅係執行業務收入之減少，其本質仍屬財產上之損害，依客觀情形及一般社會通念，並非不得以金錢加以補償。	抗告意旨仍執陳詞，指摘原裁定違誤，求予廢棄，難認有理由，應予駁回。
9	98年度裁字第227號	98年1月22日	台北高等行政法院97停97	原處分內容，抗告人仍得繼續執行其醫師之業務，其本質上爲減少抗醫療費用之經濟收入，依一般社會通念，在客觀上非不能以金錢賠償，故非屬難於回復之損害。長期在抗告人處看診之病患，於停止特約期間，亦不難到其他醫院或診所以全民健	原裁定並無不合，其抗告難認有理由，應予駁回。

序號	最高行裁判字號	最高行裁判日期	行政法院裁定字號	行政法院裁判理由	最高行政法院裁判理由
				康保險之保險對象身分就診。再者，民法關於人格權之侵害，亦訂有各種回復原狀之方法，亦即信譽或名譽並非不得回復，故原處分嗣後縱經撤銷，抗告人之信譽及病患之信賴，仍可透過有關手段加以回復，難謂將對抗告人發生無法回復之損害。	
10	97年度裁字第3601號	97年7月17日	台北高等行政法院97停55	聲請人據以主張本件如不停止執行，其遭停止特約將影響聲請人醫療收入及聲請人之病患就醫權益，恐造成無法回復之損失云云，惟前揭停止特約之執行，縱致聲請人受有損害，在一般社會通念上，並非不能以金錢賠償或回復，而聲請人之病患在考量健保及病 情等相關情形，決定如何就醫，尚難認係屬聲請人之損害，均難謂聲請人將發生難於回復之損害，亦難認有急迫之情事。	原裁定並無不合，其抗告難認有理由，應予駁回。
11	96年度裁字第1996號	96年8月30日	台北高等行政法院96停96	抗告人提供之醫療服務並非不得由病患自費負擔，抗告人仍得繼續執行其醫師之業務，尚難謂此將使抗告人失去經濟來源，造成生活困難而致有難以回復之損害。抗告人非不得從事其他工作以獲得收入，尚不能認即造成抗告人無法生活。其因停止健保給付所受損害之數額終究可得計算，是原處分之執行，客觀上能以金錢賠償，非屬難以回復之損害。	抗告人所指衛生局會隨著相對人的處分，另為抗告人不得執行業務之處分，應係另案對抗告人所為不得執行業務相關處分加以主張問題，與本件原處分之執行是否造成抗告人難以回復之損害之判斷無關，無從執為本件有利抗告人判斷之依據。原裁定並無不合，其抗告難認有理由，應予駁回。

序號	最高行裁判字號	最高行裁判日期	行政法院裁定字號	行政法院裁判理由	最高行政法院裁判理由
12	96年度裁字第1908號	96年8月16日	台北高等行政法院96停28	停止特約處分之執行，抗告人仍非不能執行業務，故該處分之執行，與抗告人之聲譽如何，尙無關聯。縱令因此使抗告人執行業務減少，受有財產上之損害，或抗告人認其聲譽受有損害，依一般社會通念，尙非不能以金錢予以補償。台北地區醫療資源豐富，全民健康保險特約醫事服務機構衆多，應不會造成慢性病患之不便，對於病患而言，不致發生發生難於回復之損害。	本案已無保全必要。因爲在本院收案之際，原處分已執行完畢。暫停執行之保全意義已行喪失。應認保全裁定之抗告爲無理由，應予駁回。
13	96年度裁字第1457號	96年7月5日	台北高等行政法院96停11	抗告人開設中醫診所，病患來源衆多，非必以健保病患爲唯一對象。是抗告人雖遭受停止健保特約處分，其診所仍可繼續運作服務非全民健康保險之病患，縱因此而使病患減少，自係其業務收入之損害，並非不得以金錢賠償而回復；如更造成其名譽損失，亦得依法請求相對人爲回復名譽之適當處分，難認有將發生難以回復損害之情形。	原裁定並無不合，其抗告難認有理由，應予駁回。
14	93年度裁字第1058號	93年8月26日	台北高等行政法院93停59	查相對人所爲停止抗告人健保醫療業務兩個月之處分，僅生相對人不負擔該期間抗告人所爲醫療業務之健保給付，抗告人仍得執行一般醫療業務，因此，原處分如不停止執行，在一般社會通念上，如處分事後經撤銷，抗告人縱受有損害，亦得以金錢賠償，是該處分之執行並不會發生日後	本件原處分執行之內容，僅爲相對人不負擔執行期間內抗告人所爲醫療業務之健保給付，因而僅足生抗告人金錢財產減少之結果，對抗告人之繼續執行醫療業務，不生任何影響，自無損害抗告人之生存權、訴訟權、名譽權及工作權之可言。

序號	最高行裁判字號	最高行裁判日期	行政法院裁定字號	行政法院裁判理由	最高行政法院裁判理由
				難於回復之損害，抗告人聲請停止該處分之執行，核與行政訴訟法第116條第2項前段規定之停止執行要件不合，因而駁回抗告人之聲請。	
15	93年度裁字第968號	93年8月6日	台北高等行政法院93停44	抗告人因原處分之執行，所受之損害仍得以金錢賠償而回復，並無將發生難於回復之損害情事，其聲請停止原處分之執行，難認爲有理由等，而予以駁回。	抗告人因原處分之執行，其名譽縱有損害，尚非不得回復，民法關於人格權之侵害，亦訂有回復之方法，故原處分縱嗣後被撤銷，仍難謂將對抗告人發生難以回復之損害。至於因原處分影響抗告人之工作收入、病患之流失等損失，則非不得以金錢補償。
16	92年度裁字第1529號	92年10月24日	台北高等行政法院92停98	本件原處分之執行在一般社會通念上，並非不能以金錢賠償爲回復原狀，且聲請人亦僅表明其將受重大之經濟上之損害，是本件尚難謂將發生難於回復之損害，核與前揭停止執行之要件不符，而駁回抗告人之聲請。	名譽並非不得回復，民法關於人格權之侵害，亦訂有回復之方法，故原處分縱有嗣後被撤銷之可能，其名譽受損，仍難謂有難以回復之損害。至於因原處分造成民衆不再前往看診，影響收入、病患流失等損失，則非不得以金錢補償。

資料來源：作者自行整理。

參考文獻

一、中文部分

（一）書籍

林騰鷂（2011），《行政訴訟法》，台北：三民。

陳計男（2000），《行政訴訟法釋論》，台北：自刊。

闕銘富（2012），《行政訴訟權保障之現代意義：以2004年日本行政事件訴訟法修正為中心》，台北：台灣法學會。

（二）書之篇章

林明昕（2006），〈行政爭訟上停止執行之實體審查基準：以行政訴訟法第126條第2項為中心〉，湯德宗、劉淑範（編），《2005年行政管制與行政爭訟》，頁18-23，台北：中央研究院法律學研究所。

林明鏘（2002），〈停止執行〉，翁岳生（編），《行政訴訟法逐條釋義》，頁748，台北：五南。

許宗力（2000），〈行政處分〉，翁岳生（編），《行政法（上）》，2版，。台北：元照。

許宗力（2000）。〈行政處分〉，收於：翁岳生（編），《行政法》，頁539-630。台北：元照。

劉宗德、彭鳳至（2000），〈行政訴訟制度〉，翁岳生（編），《行政法（下）》，頁1119-1318，台北：元照。

（三）期刊論文

李志宏，施肇榮，〈全民健康保險解讀系列（5）：全民健保特約行政與衛生行政的雙重管理〉，《台灣醫界》，51卷3期，頁44-47。

林明昕（2001），〈論行政爭訟上之「停止（不）執行原則」〉，《月旦法學雜誌》，77期，頁66-79。

林昱梅（2010），〈暫時性權利保護之有效性〉，《月旦法學教室》，91期，頁14-15。

林素鳳（2006），〈「日本行政事件訴訟法」〉，《警學叢刊》，36卷5期，頁275-287。

阿部泰隆（著），劉宗德（譯）（2011），〈關於日本行政法最近之「發展（實為停滯？）」及「大改革」之必要性〉，《法學新論》，33期，頁1-17。

蔡進良（2001），〈論行政救濟上人民權利之暫時保護〉，《月旦法學雜誌》，47期，頁65-82。

蕭文生（2010），〈行政處分之停止執行：評最高行政法院九十九年裁字第九七二號裁定〉，《月旦裁判時報》，6期，頁26-33。

（四）未出版之學位論文

陳世旻（1999），《行政爭訟之暫時權利保護制度》，頁163，中央警察大學法律學研究所碩士論文（未出版），桃園。

林明鏘（1987），《人民權利之暫時保護—以行政訴訟為中心》，頁106-107，國立台灣大學法律學研究所碩士論文（未出版），台北。

康春田（2003），《論行政訴訟法上停止執行之審查標準》，頁125，國立中正大學法律研究所碩士論文（未出版），嘉義。

（五）網路文獻

司法院法學資料全文檢索網站，http://jirs.judicial.gov.tw/Index.htm（最後瀏覽日：01/09/2020）。

（六）政府出版品

司法院秘書處（2006），《司法院公報》，48卷10期，頁205-208，台北：司法院。

司法院行政訴訟及懲戒廳（1996），行政法院（編），《中譯德奧法日行政法院法》，台北：司法院。

陳秀美（1982），〈改進現行行政訴訟制度之研究〉，司法院（編），《行政訴訟論文彙編）》，台北：司法院。

藤田宙靖（著），劉宗德（譯）（2010），〈2004年行政事件訴訟法改正が日本行政法の理論及び実務に与えた影響について〉，最高行政法院（編），《新制行政訴訟實施10週年國際學術研討會會議實錄》，台北：司法院。

二、日文部分

（一）書籍

園部逸夫（1989），《注解行政事件訴訟法》，東京：有斐閣。

南博方、高橋滋（2006），《條解行政事件訴訟法》，3版，東京：弘文堂。

（二）期刊論文

暫時救濟之法理，山本隆司（2009），〈行政訴訟における假の救濟の理論〉，《自治研究》，85卷12號，頁28-48。

（三）網路文獻

平成19（行フ）5執行停止決定に対する許可抗告事件平成19年12月18日最高裁判所第三小法廷最高裁判所，http://www.courts.go.jp/search/jhsp0020_1（最後瀏覽日：01/17/2020）。

東京高等裁判所，警察関係最高裁判所網站，http://www.courts.go.jp/search/jhsp0010（最後瀏覽日：01/16/2020）。

第六篇

智慧財產權

第一章

侵害智慧財產之損害賠償計算

林洲富*

壹、前言
貳、智慧財產侵權之損害賠償
參、共同之損害賠償計算
肆、特殊之損害賠償計算
伍、損害賠償計算之加減
陸、智慧財產權之鑑價
柒、結論

*法學博士，智慧財產法院法官。

摘 要

侵害智慧財產之損害賠償計算，有具體損害計算說、差額說、總利益說、銷售總價額說、商品單價加倍計算說、合理權利金說、酌定說及懲罰性賠償說，權利人得選擇其中之計算損害賠償方式，作爲損害賠償之主張，此爲法定計算損害賠償數額之方法。故原告就不同之計算損害賠償方式，分別提出其舉證之方法，並請求法院擇一計算損害方法，命侵權行爲人負損害賠償責任，法院不可限縮權利人之計算損害方法。因不同之計算損害賠償方式，基於民事訴訟法採辯論主義及處分權主義，應由當事人主張與負舉證責任，法院得囑託鑑定損害賠償金額，作爲計算損害賠償金額之參考。再者，有鑑於智慧財產權價值係建立在市場機能上，其具有變動性，故法院計算金額或數額時，自應考慮市場上之經濟因素，以實際之市場運作爲基礎，進行經濟分析。依據財團法人會計研究發展基金會評價準則公報第 7 號無形資產之評價準則第 18 條規定之鑑價方法，主要有收益法、市場法及成本法。

關鍵詞：市場，無形資產，所得利益，舉證責任，經濟分析。

壹、前言

21 世紀爲智慧財產之經濟時代，智慧財產之經濟時代前，生產要素主要仰賴有形財產與勞力生產，是以傳統會計原則評估事業之體質與獲利能力，有形財產扮演重要之角色。因智慧財產之經濟時代之來臨，事業擁有無形財產之價值及重要性，已逐漸超越傳統之有形財產。對依賴智慧財產權爲主之高科技公司而言，益形重要。隨著商業競爭日趨激烈，事業將智慧財產權納入經營策略之一環，藉由該無形資產之價值，強化市場競爭力與擴展市場占有率，管理智慧財產權者，除應防制第三人侵害外，亦應避免產品侵害智慧財產權而涉訟。

智慧財產權法包含專利法、商標法、著作權法、營業秘密法及公平交易法，智慧財產權人於侵害智慧財產民事事件，得對侵權行爲人主張損害賠償請求權，就侵害智慧財產之損害賠償計算類型，有具體損害計算說、差額說、總利益說、銷售總價額說、商品單價加倍計算說、合理權利金說、酌定賠償說及懲罰性賠償說，權利人得選擇其中之計算損害賠償方式，作爲損害賠償之主張，此爲法定計算損害賠償數額之方法，而非限定權利人僅能擇一請求。故原告可就不同之計算損害賠償方式，分別提出其舉證之方法，並請求法院擇一計算損害方法，命侵權行爲人負損害賠償責任，法院不可限縮權利人之計算損害方法。因不同之計算損害賠償方式，基於民事訴訟法採辯論主義及處分權主義，應由當事人主張與負舉證責任。再者，智慧財產鑑價之主要目的爲市場交易與解決紛爭，依據財團法人會計研究發展基金會評價準則公報第 7 號無形資產之評價準則第 18 條規定之鑑價方法，計有收益法、市場法、成本法及實際選擇權法。有鑑於智慧財產權價值建立在市場機能上，其具有變動性，法院計算金額或數額時，雖得斟酌無形資產之評價準則，考慮市場上之經濟因素，以實際之市場運作爲基礎，進行分析與計算市場交易價値。然鑑定侵害智慧財產權之訴訟費用之繳納、保全執行應提供之擔保或損害賠償金額時，常因訴訟經濟之考量、舉證能力、當事人資力、鑑價結果與實際金額有落差，導致法院在侵害智慧財產權之民事訴訟事件，囑託鑑定訴訟費用之繳納、保全執行應提供之擔保或計算損害賠償金額之參考，在訴訟實務並非常見。

貳、智慧財產侵權之損害賠償

我國智慧財產權法對於侵害智慧財產權之損害賠償責任設有特別規定，是慧財產權法有特別規定者，應優先適用之。因智慧財產權爲無體財產權，計算損害賠償不易，故明定不同之計算損害賠償方式，計有具體損害計算說、差額說、總利益說、銷售總價額說、商品單價加倍計算說、合理權利金說、酌定賠償說及懲罰性賠償說，由權利人選擇爲之。其中具體損害計算說、總利益說及酌定賠償說，侵害任何智慧財產權均可適用。倘商標權人依據商標法規定，請求侵權行爲人賠償金額顯不相當者，法院得酌減之。因侵害智慧財產權屬侵權行爲之類型之一，倘智慧財產權法或智慧財產案件審理法未規定者，自得適用民法有關侵權行爲或民事訴訟法計算損害賠償之規範。準此，本文茲就侵害智慧財產之損害賠償計算方式，歸納分爲共同之損害賠償計算、特殊之損害賠償計算、損害賠償計算之加減等類型，分別如表 1.1 至 1.3 所示。

參、共同之損害賠償計算

一、具體損害計算說

專利權人或專屬被授權人請求損害賠償時，得依據民法第 216 條規定請求損害賠償（專利法第 97 條第 1 項第 1 款本文、第 120 條、第

142 條第 1 項）[1]。著作權法第 88 條第 2 項第 1 款本文、商標法第 71 條第 1 項第 1 款本文、營業秘密法第 13 條第 1 項第 1 款本文及公平交易法第 30 條，均有相同規定，是侵害智慧財產權均可適用具體損害計算說。詳言之，除法律另有規定或契約另有訂定外，應以塡補債權人所受損害及所失利益爲限，除爲智慧財產侵權行爲之法定賠償範圍外，亦爲侵權行爲之典型損害賠償計算方法，德國學理上稱爲具體損害計算說[2]。

(一) 所受損害

所受損害者，係指現存財產因損害事實之發生而被減少，該損害與責任原因具有相當因果關係存在，其屬於積極損害。例如：因智慧財產權受侵害，導致智慧財產權人之商品或服務滯銷或減少，此爲積極之損害。

(二) 所失利益

所失利益者，係指新財產之取得，因損害事實之發生而受妨害。倘無責任原因之事實，即能取得此利益，因有此事實之發生，導致無此利益可得，其屬於消極損害。例如：因侵權物品或服務進入市場，排除智慧財產權之物品或服務之市場占有率。所失利益包含：1. 確實可以獲得之利益而未獲得者。2. 依通常情形可預期之利 益。3. 依已定之計畫或其他特別情事可預期之利益。例如：有交易相對人曾向智慧財產權人訂購智慧財產權之物品或服務，嗣後終止交易轉而向侵害人購買侵權物品或服務，故侵害智慧財產權之行爲，係妨害智慧財產權人之新財產取得，倘無侵害事實之發生，智慧財產權人即能取得此利益，其屬損害範

1 智慧財產法院100年度民專上更（一）字第10號民事判決。

2 林洲富（2019），《專利法案例式》，8版，頁415，台北：五南。

圍之所失利益[3]。

二、總利益說

(一)侵害行為所得利益

具體損害計算說與差額說，係以專利權人所受之損害爲計算基準。而總利益說則以侵權行爲人因侵害行爲所得之利益，爲計算損害賠償數額之方式，均以侵害人之立場，非以被害人之因素，計算應賠償之金額，故理論上不適用「無損害，則無賠償」原則[4]。申言之，以侵害行爲所得之利益，作爲損害賠償之範圍，此爲總利益說或侵害人所得淨利（專利法第 97 條第 1 項第 2 款、第 120 條、第 142 條第 1 項）。著作權法第 88 條第 2 項第 2 款本文、商標法第 71 條第 1 項第 2 款前段、營業秘密法第 13 條第 1 項第 2 款本文及公平交易法第 31 條第 2 項，均有相同規定。德國法上稱爲侵害人利益說，爲德國法院所採三種計算賠償方法之一。所謂侵害行爲所得利益者，係指加害人因侵害所得之毛利，扣除實施專利侵害行爲所需之成本及必要費用後，以所獲得之淨利，作爲加害人應賠償之數額，其爲稅前淨利，並非稅後淨利[5]。就我國專利侵害之民事訴訟以觀，權利人常主張侵權行爲人侵害專利所得利益，作爲計算損害賠償之基準[6]。

---

3 智慧財產法院100年度民專上更（一）字第6號民事判決：以鑑定結果作為所受損害之依據。

4 最高法院96年度台上字第363號民事判決；智慧財產法院100年度民專上更（二）字第2號、100年度民專訴字第132號、102年度民專訴字第136號、98年度民專訴字第81號、97年度民專訴字第3號民事判決。

5 最高法院104年度台上字第1144號、103年度台上字第973號、103年度台上字第326號、102年度台上字第943號民事判決。

6 智慧財產法院106年度專上字第38號民事判決。

(二) 變動成本

生產成本之範圍分爲固定成本與變動成本，而固定成本不隨產量之變動而變，其數値固定，縱使無侵權行爲之發生，侵害智慧財產權人仍應支出固定成本。故計算因侵害智慧財產權所受之損害時，而進行成本分析時，僅需扣除額外銷售所需之變動成本，不應將固定成本計入成本項目[7]。

(三) 營業淨利

權利人主張因侵害行爲所得之利益，計算其損害，可參考財政部公布之同業利潤標準所示毛利率或淨利率。申言之：1. 所謂營業毛利或毛利額，係指銷貨淨額扣除銷貨成本後之數額，等同營業收入扣除營業成本。毛利率爲銷費收入除以銷貨成本，以營業毛利或毛利率計算損害賠償基礎，對於智慧財產權人最有利。2. 所謂營業淨利，係指營業毛利扣除營業費用，其爲稅前淨利[8]。3. 所謂稅後淨利，係指營業淨利扣除營業事業所得稅，其爲稅後淨利。淨利率爲稅後淨利除以業業收入，等同毛利率扣除費用率，以淨利率計算損害賠償基礎，對於智慧財產權人最爲不利。舉例說明如後：1. 行爲人未經商標權人同意或授權仿冒其所有商標，行爲人使用商標所獲之利益爲新台幣（下同）200 萬元，其扣除支出成本 100 萬元與必要費用 40 萬元，行爲人使用商標所得淨利爲 60 萬元，是商標權人得向侵害商標行爲人，請求 60 萬元之損害賠償，此爲營業淨利或稅前淨利[9]。2. 擅自以重製之方法侵害他人之著作財產權，係侵害著作權人對著作物獨占利用、收益之權利（著作權法第 22 條至第

7 智慧財產法院100年度民專上更（一）字第10號、99年度民專訴字第147號、102年度專訴字第67號民事判決。

8 智慧財產法院104年度專上字第14號民事判決。

9 林洲富（2018），《商標法案例式》，4版，頁206-207，台北：五南。

29 條）。行爲人侵害依法應歸屬著作權人之利用權能，而獲得利益，導致著作權人受損害，此項利益自得依其利用著作權，所能獲得之交易上客觀價額，作爲計算基準，此爲營業淨利[10]。

三、酌定賠償額說

(一)著作權法

被害人不易證明其實際損害額，爲達眞正之公平正義，避免被害人求償無據，得請求法院依侵害情節，在新台幣 1 萬元以上 100 萬元以下酌定賠償額（著作權法第 88 條第 3 項前段）。倘損害行爲屬故意且情節重大者，賠償額得增至新台幣 500 萬元。該規定係爲確保對侵害智慧財產權之行爲得有效防止及遏止 更進一步之侵害，爰提高法院依侵害情節酌定賠償額之上限（第 3 項後段）。參諸我國侵害著作權之民事事件，權利人常依侵權行為人之過失或故意情節，主張酌定賠償說，請求法院酌定損害賠償金額[11]。法院於具體個案，得參酌兩造之經濟能力、社會地位、侵害情節等因素，在法定賠償額之範圍，酌定賠償額。反之，爲避免被害人不盡舉證責任，遽行請求法院酌定賠償額，導致酌定損償制度遭濫用之弊端。被害人可具體確定之實際損害，並非不易證明者，其請求法院依據著作權法第 88 條第 3 項規定，酌定加害人應給付之損害賠償額，爲無理由。職是，被害人依著作權法第 88 條第 3 項規定請求損害賠償，應以實際損害額不易證明爲其要件，法院始審查侵害之情節，酌定賠償金額[12]。

---

10 最高法院101年度台上字第9號民事判決。

11 林洲富（2017），《著作權法案例式》，4版，頁204，台北：五南。

12 最高法院97年度台上字第375號、第1552號民事判決；智慧財產法院104年度民著上易第3號、105年度民著上易第3號、106年度民著上字第2號民事判決。

(二)民事訴訟法

智慧財產權係無體財產，其價值與有形資產相比，較不易計算其價值，故計算侵害智慧財產權之損害數額，通常並非易事。倘法院囑託專業機構進行損害賠償之鑑定或權利人提起之證據，尚無法計算出損害賠償數額時，顯現當事人已證明受有損害而不能證明其 數額或證明顯有重大困難者，法院應審酌一切情況，斟酌全辯論意旨及調查證據之結果，依所得心證定其數額（民事訴訟法第 222 條第 2 項）。俾使智慧財產權容易實現，減輕損害證明之舉證責任[13]。因智慧財產權法所列舉之計算損害賠償方法，係法定之計算方式，亦爲民法之特別規定，自應優先適用，僅有智慧財產法或智慧財產案件審理法明定之法定方式無法計算時，法院始得依據民事訴訟法第 222 條第 2 項規定，酌定賠償之金額。申言之，依智慧財產權法請求損害賠償時，固可多項計算損害賠償方式，惟此僅智慧財產權人得選擇計算其損害方法之法定選項而已，非謂其選擇之計算方法不成立，即謂無損害而不得請求賠償。職是，智慧財產權人已證明受有損害而不能證明其數額或證明顯有重大困難者，法院應審酌一切情況，依所得心證定其數額。不得以其數額未能證明，即駁回其請求[14]。例如：營業秘密均具經濟價值，倘遭不法侵害，權利人可能受有相當於其財產價值之損害，爲社會通常之觀念。法院不得以權利人不能證明受有損害，遽爲其不利之判斷[15]。

---

13 最高法院93年度台上字第2213號民事判決。

14 最高法院98年度台上字第865號、102年度台上字第837號民事判決。

15 最高法院105年度台上字第1501號民事判決。

表 1.1　共同之損害賠償計算

方法＼法律	專利法	商標法	著作權法	營業秘密法	公平交易法
具體損害計算說	第97條第1項第1款本文	第71條第1項第1款本文	第88條第2項第1款本文	第13條第1項第1款本文	第30條、民法第216條
總利益說	第97條第1項第2款	第71條第1項第2款前段	第88條第2項第2款本文	第13條第1項第2款本文	第31條第2項
酌定賠償額說	民事訴訟法第222條第2項	民事訴訟法第222條第2項	第88條第3項前段、後段	民事訴訟法第222條第2項	民事訴訟法第222條第2項

肆、特殊之損害賠償計算

一、差額說

(一) 權利人於侵害期間所失利益

專利權人不能提供證據方法以證明其損害時，專利權人得就其實施專利權通常所可獲得之利益，減除受害後實施同一專利權所得之利益，以其差額爲所受損害（專利法第 97 條第 1 項第 1 款但書、第 120 條、第 142 條第 1 項）。著作權法第 88 條第 2 項第 1 款但書、商標法第 71 條第 1 項第 1 款但書及營業秘密法第 13 條第 1 項第 1 款但書，均有相同規定。差額說係減輕權利人之舉證責任規定，並將權利人之損害概念具體化。所謂可獲之利益或利潤者，係指無智慧財產被侵害時，權利人在相當期間內之正常營運，實施智慧財產所能獲得之利潤，此爲實施智慧財產通常所可獲得之利益[16]。適用本款計算權利人之損害，係以權利

16 陳佳麟（2002），《專利侵害損害賠償之研究：從美國案例檢討我國專利損害賠

人在智慧財產遭侵害期間，可於市場上通常可獲得之利益，扣除權利人在智慧財產權遭侵害期間，其實際所得之利益後，將兩者之差額作爲權利人之損害。易言之，將權利人於智慧財產侵害期間所失利益，作爲權利人之損害[17]。例如：行爲人未經商標權人同意或授權仿冒其商標，商標權人於其商標遭仿冒前，使用商標所獲之利益爲新台幣（下同）200萬元，嗣於其商標遭仿冒後，使用商標所獲之利益降爲100萬元，商標遭仿冒前後之利益差額100萬元，是商標權人得向侵害商標行爲人，請求100萬元之損害賠償[18]。

(二)減輕權利人舉證證明

造成權利人之利益差額因素，不僅限於侵害權利與期間，雖有諸多因素。例如：加害人行爲、政治因素、產品之生命週期及天災事變等因素。是僅比較智慧財產權被侵害前、後之獲利差異，不僅計算不精準外，亦忽視損害賠償責任成立及範圍之因果關係[19]。然認爲侵害智慧財產權之損害計算，具有高度之專業性及技術性，通常不易取得相關事證，使權利人負擔此舉證責任，殊屬不易。職是，適用差額說，可減輕權利人舉證證明其因智慧財產權所受損害及所失利益之責任，有減少事後交易成本之效益，自有規定之必要性。

償制度》，國立交通大學科技法律研究所碩士論文，頁23。

17 智慧財產法院100年度專上更（一）字第6號、98年度民專上字第65號民事判決：應證明有因果關係。

18 林洲富（2018），《商標法案例式》，4版，頁206，台北：五南。

19 蔡明誠（2000），《發明專利法研究》，自版，頁234。

二、銷售總價額說

(一)侵權人之營業收入

商標權人得依行為人侵害商標權行為所得利益，作為求償之金額。因我國商標法就成本及必要費用之舉證責任，採舉證責任倒置之原則，不由商標權人證明，應由商標侵權行為人舉證。倘商標侵權行為人不能就其成本或必要費用舉證以實其說，得以銷售該項物品之全部收入，作為所得利益之基準（商標法第 71 條第 1 項第 2 款後段）。著作權法第 88 條第 2 項第 2 款但書、營業秘密法第 13 條第 1 項第 2 款但書亦有相同規定。例如：行為人未經商標權人同意或授權仿冒其所有商標，行為人使用商標所獲之利益為新台幣（下同）200 萬元，倘行為人無法證明其所支出成本與必要費用，商標權人得向侵害商標行為人，請求 200 萬元之損害賠償。

(二)舉證責任倒置

固有認為智慧財產侵權行為人所受之利益有諸多因素，並不等同於智慧財產權人之損害。然要求權利人就侵權行為人之成本或必要費用加以舉證，常不易取得相關事證。反之，成本或必要費用等事證，就侵權行為人而言，取得較為容易，其就此提出相關事證，以減免自己之損害賠償責任，亦有利己之行為。準此，商標法與著作權法之舉證責任倒置規定，對智商標或著作侵權行為人而言，並無不平處。其於侵害行為人所得利益大於權利人之實際損失時，採用此計算方式對權利人比較有利。例如：權利人於遭侵害後收入減少新台幣（下同）50 萬元，依據差額說僅能請求賠償 50 萬元（著作權法第 88 條第 2 項第 1 款但書、商標法第 71 條第 1 項第 1 款但書）。倘侵害行為人於市場之收入達 100 萬元，其未提出成本或必要費用而扣除之，商標權人或著作權人依據總銷售額得請求 100 萬元，此對權利人較爲有利[20]。

三、商品單價加倍計算說

(一)查獲侵害商品 1,500 件以下

商標權人得就查獲侵害商標權商品之零售單價 1,500 倍以下之金額，作爲損害賠償數額，非就查獲商品之總價定賠償之數額（商標法第 71 條第 1 項第 3 款本文）。就我國侵害商標之民事訴訟而言，權利人常主張以查獲仿冒商標商品單價之倍數，作爲計算損害賠償之基準[21]。例如：行爲人未經商標權人同意或授權仿冒其所有商標，經查獲侵害之仿品有 1,000 件，行爲人出售仿品之零售單價爲新台幣（下同）1,000 元，故商標權人得向侵害商標行爲人，請求 150 萬元以下金額。

(二)查獲侵害商品 1,500 件以上

經所查獲商品逾 1,500 件時，以其總價定賠償金額，以符合實際損害（商標法第 71 條第 1 項第 3 款但書）。例如：行爲人經查獲侵害之仿品有 5,000 件，其出售仿品之零售單價爲 500 元，是商標權人得請求侵害商標行爲人賠償 250 萬元。因冒用他人商標之商品，通常不循正常商業機制銷售，其銷售之數量或被害人之損害難以計算或證明，爲減輕被害人之舉證責任，乃以侵害商標權商品之零售單價倍數，作爲損害賠償之計算基礎。所謂零售單價，係指侵害他人商標權之商品實際出售商品之單價，非指商標權人自己商品之零售價或批發價，倘未行銷出售，

---

20 黃文儀（2014），《專利實務第2冊》，4版，頁1087，台北：三民。

21 最高法院102年度台上字第974號民事判決。智慧財產法院105年度民商上字第10號民事判決；智慧財產法院105年度附民上字第14號、第15號、第16號刑事附帶民事判決。

自無零售價可言[22]。

四、合理權利金說

(一)適度減輕權利人舉證責任之負擔

專利權具有無體性，侵害人未得專利權人同意而實施專利之同時，專利權人仍得向其他第三人授權，並取得授權金而持續使用該專利[23]。依民法上損害賠償之概念，專利權人於訴訟中應舉證證明，倘無侵權行爲人之行爲，專利權人得在市場取得更高額之授權金，或舉證證明專利權人確因侵權行爲而致專利權人無法於市場上將其專利授權予第三人，專利權人該部分之損失，始得依民法損害賠償之法理視爲專利權人所失利益。因專利權人依專利法第 97 條第 1 款規定請求損害賠償額時，常遭遇舉證之困難，故明定以合理權利金作爲損害賠償方法之規定（專利法第 97 條第 1 項第 3 款、第 120 條、第 142 條第 1 項）。商標法第 71 條第 1 項第 4 款，亦有相同之規定。就專利權人之損害，設立法律上合理之補償方式，以適度免除權利人舉證責任之負擔[24]。準此，依合理權利金法計算之損害賠償數額，雖非最有利於專利權人，惟其最簡便之損害證明方式與易滿足訴訟之舉證要求。除專利權人無須揭露自身之營業機密，而無須費力取得侵害人之營運機密外，亦能免除證明所請求數額與專利所保護發明間因果關係之負擔[25]。

---

22 最高法院90年度台上字第324號、91年度台上字第1411號民事判決。

23 智慧財產法院101年度民專上字第41號民事判決。

24 智慧財產法院100年度民專訴字第63號民事判決。

25 顏崇衛（2014），《侵害專利權之民事責任》，國立中正大學法律學系研究所碩士論文，頁118。

(二)歷史授權金之資料

法院除可審酌本件專利授權合約之授權期間與每年之授權金外，亦可諭知當事人各自提出其他類似專利之授權合約以供參考，其相當於無形資產之評價準則第 18 條第 1 項第 1 款規定，評價人員以收益法評價無形資產時，可使用權利金節省法計算方式。例如：經專利權人提出第三人以第 M262678 號「瓦斯熱水器排氣管之改良結構」新型專利之專屬授權合約書，該新型專利內容與本件專利為類似之技術，授權期間及每年授權金亦與本件專利授權期間、授權金相當。職是，法院得參考歷史授權金之資料，作為損害賠償之金額[26]。

表 1.2　特殊之損害賠償計算

方法＼法律	專利法	商標法	著作權法	營業秘密法
差額說	第97條第1項第1款但書	第71條第1項第1款但書	第88條第2項第1款但書	第13條第1項第1款但書
銷售總價額說		第71條第1項第2款後段	第88條第2項第2款但書	
商品單價加倍計算說		商標法第71條第1項第3款本文、但書		
合理權利金說	第97條第1項第3款	第71條第1項第4款		

26 最高法院104年度台上字第1343號民事判決；智慧財產法院102年度專上字第3號、101年度民專上字第41號、101年度民專上字第50號民事判決。

伍、損害賠償計算之加減

一、懲罰性賠償說

專利侵權行為人故意侵害專利權，因其侵害意圖對過失而言，較具有惡性，是法院得依侵害情節，酌定損害額以上之賠償，令故意侵權行為人負較多之損害賠償責任，此為懲罰性賠償金，法院得於法定提高範圍內裁量之。法院酌定之賠償金額，以不超過損害額之三倍為限（專利法第97條第2項）[27]。營業秘密法第13條第2項、與公平交易法第31條第1項亦有相同規定。自我 國專利法、營業秘密法及公平交易法規定可知，僅限於故意侵害行為，始得令侵權行為人負懲罰性賠償責任，不包括過失行為[28]。

二、酌減賠償說

商標權人依據商標法第71條第1項規定，請求侵權行為人賠償金額顯不相當者，法院得予酌減之（商標法第71條第2項）。倘損害賠

27 智慧財產法院98年度民專上字第5號民事判決，提高0.6倍；智慧財產法院98年度民專上字第3號民事判決，提高1.5倍；智慧財產法院97年度民專訴字第22號民事判決，提高2倍；智慧財產法院102年度民專上字第52號、106年度民專上字第38號民事判決，提高2.5倍。

28 最高法院93年度台上字第560號民事判決：依據營業秘密法命加害人賠償懲罰性賠償金，即營業秘密法第13條規定，依同法第12條請求損害賠償時，被害人固得依民法第216條之規定請求，但被害人不能證明其損害時，得以其使用時依通常情形可得預期之利益，減除被侵害後使用同一營業秘密所得利益之差額為其所受損害。依前項規，侵害行為如屬故意，法院得因被害人之請求，依侵害情節，酌定損害額以上之賠償，但不得超過已證明損害額之3倍。準此，侵害行為如屬故意，法院因被害人之請求，依侵害情節，酌定損害額以上之賠償時，自應審酌當事人雙方之資力、侵害營業秘密之程度及其他一切情形定之。

償金額逾侵害者所得利益甚多，爲期公平起見，法院得酌減賠償金額。申言之，侵權行爲賠償損害之請求權，乃在塡補被害人之實際損害，而非更予以利益，故損害賠償以受有實際損害爲成立要件。商標法第71條規定商標權受侵害之請求損害賠償，係侵權行爲賠償損害請求權之一種，自有適用損害塡補法則。商標權人固得選擇以查獲仿冒商品總價定賠償金額，然法院可審酌其賠償金額是否與被害人之實際損害相當，倘顯不相當，應予以酌減，始與侵權行爲賠償損害請求權，在於塡補被害人實際損害之立法目的相符[29]。法院經審酌商標之知名度、實際查獲商品數量、原告所受損害、侵害類型、侵害期間、被告銷貨與進貨數量、仿冒商標之近似性、被告經營規模、市場之流通性、被告侵害商標所得利益、原告因系爭商標侵權而與第三人和解金額等事項，倘認爲原告請求損害賠償金額，顯屬過高，爲防止原告有不當得利或懲罰被告之嫌，自得酌減賠償金額[30]。

表 1.3　損害賠償計算之加減

法律／方法	專利法	商標法	著作權法	營業秘密法	公平交易法
懲罰性賠償說	第97條第2項			第13條第2項	第31條第1項
酌減賠償說		第71條第2項			

29 最高法院97年度台上字第1552號民事判決。

30 智慧財產法院99年度民商訴字第51號民事判決；智慧財產法院107年度附民字第4號刑事附帶民事訴訟判決。

陸、智慧財產權之鑑價

智慧財產鑑價之主要目的爲市場交易與解決紛爭[31]。而細分鑑價之原因，有交易、作價入股、侵害訴訟、企業併購、資產鑑價與重估、管理策略、擔保融資與證券化、保險等種情形，每種原因之鑑價目的不同，對於價鑑之結果亦會有所影響，如表 1.4 所示鑑價之原因與目的[32]。有鑑於智慧財產權價值係建立在市場機能上，其具有變動性，故計算市場交易價值時，自應考慮市場上之經濟因素，以實際之市場運作爲基礎，進行經濟分析。不論智慧財產權是否已商品化或尚無實施權利之計畫，均得藉由經濟分析之方式，計算較精準之市場交易價值，就市場交易的目，爲值得探討之重大議題。依據財團法人會計研究發展基金會評價準則公報第 7 號無形資產之評價準則第 18 條規定之鑑價方法，有收益法、市場法、成本法及實際選擇權法，該等鑑價方式之基礎與優缺點，如表 1.5 所示。因影響鑑價之因素甚多，故各種單一鑑價方式，均有其不足或缺點，故較完整之智慧財產權鑑價方法，應就不同類型之智慧財產權，先分析其本質因素，進而進行整體考量。智慧財產權之評價得採用市場法或收益法時，不得以成本法爲唯一評價方法，始得估算出符合市場機能之智慧財產價格（無形資產之評價準則第 26 條第 2 項）。經由智慧財產權之鑑價，雖得較客觀計算侵害智慧財產之市場交易價值。然鑑定侵害智慧財產權之損害賠償金額時，常因訴訟經濟之考量、舉證能力、當事人資力、鑑價結果與實際應賠償金額有落差，導致

---

31 劉博文（1999），〈智慧財產資產管理〉，《智慧財產權月刊》，8期，頁15。蔡朝安（2006），〈智慧財產鑑價〉，《智慧財產專業法官培訓課程》，司法院司法人員研習所，頁24。

32 經濟部工業局（2006），《智慧財產運用暨評價管理手冊》，台灣技術交易市場整合服務中心，頁8。

法院囑託鑑定損害賠償金額，作爲訴訟費用之繳納、保全執行應提供之擔保或計算損害賠償金額之參考，在訴訟實務並非常見。

表 1.4　智慧財產權之鑑價原因與目

鑑價原因	鑑價目的
智慧財產權交易	1.計算授權之權利金或授權金 2.智慧財產權之交易參考價格
智慧財產權作價入股	估算事業資本之智慧財產權價值之依據
智慧財產權侵害訴訟	1.保全執行擔保金額計算 2.訴訟費用計算 3.侵害智慧財產權之損害賠償計算
企業併購（M & A）	智慧財產權價值之估算
資產鑑價與重估	智慧財產權價值之重估
智慧財產權管理策略	1.智慧財產權之稽核 2.智慧財產權運用策略參考
智慧財產權擔保融資與證券化	1.擔保品之估算 2.有價證券之發行 3.資金之募集
智慧財產權保險[33]	1.智慧財產權侵權責任保險 2.智慧財產權訴訟費用保險

一、收益法

(一) 無形資產之評價準則

評價人員以收益法評價無形資產時，包含超額盈餘法、增額收益法及權利金節省法（無形資產之評價準則第 18 條第 1 項第 1 款）。申言之：1. 超額盈餘法係排除可歸屬於貢獻性資產之利益流量後，計算可歸屬於標的無形資產之利益流量，並將其折現，以決定標的無形資產之價

33 林恆毅（2005），〈專利保險〉，《法令月刊》，56卷5期，頁91。

值（無形資產之評價準則第 21 條第 1 項）。2. 增額收益法係比較企業使用與未使用標的無形資產所賺取之未來利益流量，以計算使用無形資產所產生之預估增額利益流量，並將其折現，以決定標的無形資產之價值（無形資產之評價準則第 22 條）。3. 權利金節省法係經由估計因擁有標的無形資產而無須支付之權利金，並將其折現，以決定標的無形資產之價值（無形資產之評價準則第 23 條第 1 項）。前項之權利金係指在假設性之授權情況下，被授權者在經濟效益年限內須支付予授權者之全部權利金，並經適當調整相關稅負與費用後之金額（第 2 項）。

(二)收益法之評估因素

收益法係將智慧財產權相關之成本及收入資料予以量化，並藉由現金之時間價值（time value of money）觀念，將量化之數額以折現率調整爲現值評價，其爲所得之估算法。收益法之基本原則，在於反應被評估之智慧財產權，其相關產品、服務所產生之經濟效益，除得評估智慧財產權之實際市價外，同時亦對未來風險及可能產生之利潤進行分析，是收益法對智慧財產權本身及其所產生之現金流量，均需進行鑑價。收益法評估智慧財產權價值之因素如後：1. 市場銷售價值：先確認智慧財產權是否具備市場銷售價值，倘有市場銷售價值，進而評估智慧財產權之效益期間，就使用與不使用智慧財產權時，經濟收益之增值數量比較。2. 智慧財產權之效益期間：評估智慧財產權之效益期間，使用與不使用智慧財產權時，其經濟成本之節省數量比較。3. 權利金之折現率：智慧財產權人授權他人使用權利時，所取得權利金總和之折現率，或者企業取得智慧財產權後，得節省之權利金所支付成本折現率。4. 經濟效益之差距：評估使用與不使用智慧財產權時，對事業運作造成之經濟效益差距[34]。

(三)收益法之量化因素

參諸前揭評估因素基礎，估算智慧財產權之利潤與經濟貢獻，必須量化之下列因素：1. 事業之有形資產、無形資產及智慧財產權。2. 收益期間。3. 實現收益之風險程度。依據量化之數額，計算事業於智慧財產權之效益期間，其獲利與創造現金流量，減去所有必要費用後，將所得數額以適當之折現率折算現值（Discount Cash Flow, DCF）。例如：事業擁有智慧財產權，授權智慧財產權之頭期款（initial payment），加上預估未來每期將收取之權利金總合，得出智慧財產權之授權契約總收益。總收益扣除智慧財產權之成本後，以現今市場之有效利率（effective interest rate）加以折現，據此所得之折現，即得作爲評估智慧財產權價值之依據。折現率等同於最低投資報酬率、通貨膨脹率及風險報酬率相加總合。是折現率之決定，應考慮現金之時間價值因子，其包括投資風險、資本之機會成本及企業合理投資報酬等參考值[35]。

(四)收益法之計算方式

收益法是在假設多種變數下所產生之估價方法，其通過預測資產在未來之經濟壽命期間，按週期可獲得之預期收益，繼而選擇合適之折現率折現計算。因其利用鑑價決定未來之獲利能力與創造現金流量，嗣後以適當之折現率來計算其現値，亦稱爲折現現金流量法。收益法計算

---

34 Gordon V. Smith, Russell L. Parr, *Valuation of Intellectual Property and Intangible Assets* 166 (3rd ed. 2000).

35 John S. Torkelsonn1 Carrington Coleman Sloman & Blumenthal LLP Dallas, TX, *Calculating Reasonable Royalty Damages for Infringement of Early-Stage Technology Patents,* 4 Sedona Conf. J. 47, Fall, 2003.

方式可分爲假設收益損失法、殘餘盈餘法、超額盈餘法及權利金節省法[36]。

1. 假設收益損失法

所謂假設收益損失法（postulated loss of income approach）係假設權利人在未擁有智慧財產權之情況，其所受到之收入損失。因收入將會因不享有智慧財產權之排他性保護，導致收入減少，而可能減少之金額，即爲智慧財產權之價值。

2. 殘餘盈餘法

所謂殘餘盈餘法（residual earnings approach），係指利用事業之總收入以扣除智慧財產權之外，所有可用以生產之資產，所產生之利潤，即爲智慧財產權之價值。

3. 超額盈餘法

所謂超額盈餘法（excess earnings approach），係指以歸屬智慧財產權之稅前、折舊前、攤銷前之盈餘，扣除其他必要報酬後之現金流量折現值總和（無形資產之評價準則第 18 條第 1 項第 1 款）。即所估計之未來盈餘扣除正常盈餘之後，其爲超額盈餘。超額所得可能來自於智慧財產權之產品溢價、運輸成本之減省或銷售數量增加等因素。而各種因素影響程度有別，故智慧財產權人必須能適時增強某些因素與消除其他因素，俾於達成最適化之現金流量，使智慧財產權價值最大化。

4. 增額收益法

所謂增額收益法，係指比較企業使用與未使用標的無形資產所賺取

36 陳蕙君（2015），《論專利權的價值：以選擇最適鑑價機制為基準》，國立中正大學法律研究所博士論文，頁34至35。Brain M. Daniel, Scott D. Philips, & David Tenenbaum, *Financial Aspects of Licensing Agreements: Valuation and Auditing* 97 (1997).

之未來利益流量，以計算使用該無形資產所產生之預估增額利益流量並將其折現，以決定標的無形資產之價值（無形資產之評價準則第 18 條第 1 項第 1 款）。評價人員採用增額收益法時，所評價案件之價值標準爲公平市場價值，應考量下列評價輸入值：(1) 市場參與者使用標的無形資產所預期產生之各期利益流量。(2) 市場參與者未使用標的無形資產所預期產生之各期利益流量。(3) 適用於預估各期之增額利益流量之適當資本化率或折現率（無形資產之評價準則第 55 條第 1 項）。所評價案件之價值標準非爲公平市場價值，評價人員應判斷是否須將企業特定因素納入考量（第 2 項）。

5. 權利金節省法

所謂權利金節省法（relief from royalty approach），係指將智慧財產權人視爲授權人，其將智慧財產權授權他人可獲取之權利金數額，即爲此智慧財產權之價值。反之，倘權利人未擁有智慧財產權，而必須尋求向他人授權時，其所需支付之權利金數額，即爲智慧財產權之價值（無形資產之評價準則第 18 條第 1 項第 1 款）。準此，法院雖可審酌市場之權利金或其他類似產業之權利金，提供計算損害賠償之參考。然權利金並非公開資訊，在缺乏完整或更新數據，易錯估權利金數額[37]。

二、市場法

(一) 無形資產之評價準則

評價人員得以市場法下之可類比交易法，評價無形資產（無形資產之評價準則第 18 條第 1 項第 2 款）。可類比交易法爲市場法之評價特定方法，係參考相同或相似資產之成交價格、該等價格所隱含之價值

---

37 孫遠釗（2011），〈評台灣面對國外專利侵權訴訟的對應策略：兼論政府參與智慧財產基金的可行性〉，《智慧財產評論》，9卷2期，頁162。

乘數及相關交易資訊，以決定標的資產之價值。評價人員採用可類比交易法評價無形資產時，應特別注意可類比交易之相關特性，以決定該等交易價格參考之適當性（無形資產之評價準則第 25 條）。

(二) 市場法之評估因素

市場法是蒐集智慧財產權之交易市場，既有之交易資料與技術價格，進行分門別類之工作。市場方對於待鑑價之智慧財產權價值，係利用對應比較之概念，將智慧財產權與其歷史交易資料、價格進行比對，以求出智慧財產權之合理價格，亦稱市場比價法。詳言之，市場法係以完全公開及競爭之自由經濟市場爲前提，經由市場調查而於不同或相同、類似產業之權利金比例、獲利能力、成交價格等條件，找出相對應歷史交易資料之市場行情價格，將待鑑價之智慧財產權價值與對應歷史交易標的，進行差異性之比對，並利用數量化之技巧，將各種差異因素量化之。具體適用市場法，就被評價與評價者間，應考慮下列量化因素：1. 行業特性：被評價與成爲評價基礎之智慧財產權，兩者產品之產業特性是否相同，其等類似程度爲何。2. 獲利能力：兩者獲利率是否相似。3. 市場占有：兩者產品之市場占有率是否相當。4. 進入市場障礙：兩者產品進入市場障礙難度是否相同，所遇之障礙性質如何。5. 替代性方案：兩者對於智慧財產權之變化反應能力爲何。6. 預期成長率：兩者未來前景是否相似[38]。市場法就該等量化因素，先給予一定之分數與比例，繼而依據綜合判斷，對智慧財產權之交易市場價格進行比對，得到智慧財產權之合理價格。準此，就被評估之智慧財產權而言，必須有活絡之智慧財產交易市場存在，交易條件完全公開及取得容易，並有諸多市場經驗性之定價資訊（market-derived empirical pricing data）可供參

38 詹炳耀（2002），《智慧財產估價的法制化研究》，國立台北大學法律學研究所博士論文，頁171。

考，始得進行比對分析價值。

三、成本法

(一)無形資產之評價準則

評價人員得以成本法評價無形資產，其包含重置成本法及重製成本法（形資產之評價準則第 18 條第 1 項第 3 款）。評價人員採用成本法評價無形資產時，應依據標的無形資產之特性採用重置成本法或重製成本法。詳言之：1. 重置成本法係指評估重新取得與評價標的效用相近之資產之成本。2. 重製成本法係指評估重新製作與評價標的完全相同之資產之成本（形資產之評價準則第 69 條第 1 項）。評價人員雖應依據可得之資訊，將所有必要合理之現時成本，納入重置成本或重置成本之計算，然不得計入機會成本（第 2 項）。

(二)生產成本與機會成本

成本依據主客觀之選擇因素，可區分生產成本與機會成本二種類型，前者具有客觀性質，而後者則有主觀成分，故兩者並不相同，茲說明如後：1. 生產成本就期間之長短，有短期成本與長期成本之分別。長期成本者，係期間在 1 年或 1 個營業週期以上之成本；反之，係期間在 1 年或 1 個營業週內之成本，則爲短期成本[39]。2. 所謂機會成本（opportunity costs）或稱經濟成本（economic costs），其係指當人們選擇某事物時，必須放棄其他事務之最高價值（the value of best alternative）。

(三)固定成本及變動成本

成本法係將開發或購置智慧財產權所需之花費，視爲智慧財產權

39 徐俊明（2000），《財務管理理論與實務》，頁68，台北：新陸。

之合理價格。因其將智慧財產權之價值等同於開發成本之總合，故亦稱成本累積法。就會計而言，購入智慧財產權應以成本入帳，成本包括所有使智慧財產權處於可供使用之狀態，所支出之一切費用。就專利權人之成本以觀，發明創作需事前投入研發之時間與經費，以完成發明創作之成果[40]。詳言之，研發智慧財產權過程中，必須投入各項資源，其包括研發工作所需之人力、研發設備所應付出之資本及研發者之專業智能等。就經濟學之分類而言，生產成本之範圍，可分固定成本（fixed costs）及變動成本（variable costs）。固定成本不隨產量之變動而變，其數值爲固定。例如：管理階層人員之薪資、財產稅及保險等支出，均屬固定成本。而變動成本爲隨產量之變化而增減，諸如原料及成本。準此，計算因侵害智慧財產權所受之損害時，而進行成本分析時，僅需扣除額外銷售所需之變動成本，不應將固定成本計入成本項目。因固定成本縱使未發生智慧財產權侵權，亦屬固定性之必要性支出，不因發生智慧財產侵權情事，而增加額外之支出[41]。

四、選擇權法

(一) 金融資產選擇法

所謂金融資產選擇法（option pricing method），係運用金融市場中選擇權之交易模式，就智慧財產權進行鑑價。金融市場之選擇權分爲買權與賣權。所謂買權（call），係指賦予買方於未來特定期間內，以約

---

40 專利制度之成本有三：1.國家成本：國家制定專利法制之立法成本、設置專責專利機關與審查人員（patent examiner）之行政成本、審理訴訟機關之司法成本。2.社會成本：推動研發機構、專利律師及專利代理人（agent）等成本。3.企業成本：研發專利技術成本、申請與維護專利成本，此為專利權人之成本。

41 張清溪、許嘉棟、劉鶯釧、吳聰敏（2000），《經濟學理論與實務（上冊）》，4版，頁167至168，台北：翰蘆。

定之價格買進特定數量之標的商品的權利，賣方則有賣出標的商品之義務。至於賣權（put），係指賦予買方於未來特定期間內，以約定之價格賣出特定數量之標的商品的權利，賣方則有買進標的商品之義務。準此，選擇權交易者，係指買權或賣權之選擇權人，得於未來之特定期間內，以一定之履約執行價（executive price）買受或出賣股票之權利。因選擇權代表一種得以繼續從事未來行爲之權利，並非義務。茲舉股票之買權選擇權爲例，投資人購買一買權選擇權（call option），係取得未來特定期間，得以一定之價格買受某種股票之權利。該買權之選擇權，僅有於特定時期之某股票市價高於執行價時，理性之選擇權持有人始會執行此選擇權。反之，某股票市價低於執行價時，投資人則會放棄執行之權利。

(二)商品選擇權

所謂商品選擇權，係指以玉米、小麥、黃金、石油、電力等呈現商品市場資訊之指標，作爲連結標的。商品市場可含蓋之範圍甚廣，包括農產品、金屬、能源等市場。以農產品原物料之買權爲例，食品加工公司憂慮未來農產品原物料，價格上漲。原物料價格上漲將增加食品加工公司成本，爲食品加工公司所不樂見，爲此買一買權。取得未來特定時間，得以一定之價格買受農產品原物料之權利。買權之選擇權，僅有於特定時期之農產品市價高於執行價時，理性之選擇權持有人始會執行選擇權。當農產品原物料市價飆漲時，食品加工公司仍得以執行價購入原物料，避免成本過高。反之，農產品原物料市價低於執行價時，放棄執行之權利。其與金融資產選擇權類似，商品選擇權亦具槓桿效應與風險管理特徵[42]。

---

42 陳哲賢（2014），《專利技術認定與鑑價於訴訟之研究》，國立中正大學法律學系研究所碩士論文，頁63。

(三) 實質選擇權

所謂實質選擇權，係指將選擇權觀念應用於資產投資，幫助進行投資決策分析（形資產之評價準則第 18 條第 2 項）。以石油探勘爲例，假設石油公司預定執行石油開採計畫。計畫期初需要開發成本進行地質環境勘查。繼而進行基礎建設，需投入建設成本。開鑿動作必須於基礎建設完成後，始可開始進行。倘在基礎建設期間，市場不景氣時，石油公司可選擇放棄往後之開採計畫。故市場景氣相對較差時，其可緊縮建設成本。反之，市場景氣較預期爲佳，即可增加投入建設成本。石油公司亦可在任何時間放棄開採計畫，其可得剩餘價值，停止持續投入資本[43]。

表 1.5　智慧財產鑑價方式之基礎與優缺點

類型	基礎	優點	缺點
成本法	依據開發或購置該智慧財產所需之成本，可分重置成本法及重製成本法。	1.簡易計算方式，較無爭議性。 2.成本法得作爲成智慧財產權價值之初步參考依據。	1.研發開發之成本，未必等同經濟價值。 2.成本代表過去之支 出，價值著重於未來預期之利潤，故成本法無法完全反映未來之經濟價值與風險。
市場法	蒐集智慧財產權交易市場中，既有之交易資料與技術價格進行比對，求出智慧財產權之合理價格。	市場法係以完全公開及競爭之自由經濟市場爲前提，故市場法符合與反應出供需法則所建立之合理價值決定。	1.假設條件於現實世界，並非完全得以實現，因現實之市場中存有障礙與營業秘密等事項。故市場法最不容易克服處，係難以找到完全類似之交易實例。 2.市場價格具有變動性，故影響市場交易之因素，通常處於變動狀

43 黃順當（2006），《以實質選擇權評價商業決策：以數位相機專業決策為例》，國立政治大學財務管理研究所碩士論文，頁19-20。

類型	基礎	優點	缺點
			況，其差異性會時間增減，導致比較之基礎失眞。
收益法	將智慧財產權相關之成本及收入資料予以量化，並藉由現金之時間價値觀念，將量化之數額以折現率調整爲現値評價。收益法之評估因素如後： 1.市場銷售價値。 2.智慧財產權之效益期間。 3.權利金之折現率。 4.經濟效益之差距。	本法除得評估智慧財產權之實際市價外，同時亦對未來風險與可能產生之利潤進行分析。	1.收益法必須量化智慧財產權之收益與效益期間，然實際上要認定收益來源與預測合理效益期間，並非易事。 2.折現率越大與延遲期間越長之場合，其間之差異更大，將使收益容易被嚴重低估，連帶影響智慧財產權價値評估之客觀性。
選擇權法	藉用財務管理之選擇權理論，計算智慧財產權價値。買權選擇權與智慧財產授權或買賣，兩者本質上有相類似處。	因有選擇執行與放棄執行之權利，除易與現實商業經營決策趨於一致外，選擇權法亦得評估未來收益與風險。	倘無法區隔相類似之智慧財產權群間之差異性，僅能就相類似智慧財產權群，產生平均概念値，無法精確評估智慧財產權之價値。

柒、結論

我國智慧財產權法對於侵害智慧財產權之損害賠償責任設有特別規定，是慧財產權法有特別規定者，應優先適用之。因智慧財產權爲無體財產權，計算損害賠償不易，故明定不同之計算損害賠償方式，由權利人於民事訴訟事件依據辯論與處分主義，選擇其主張之損害賠償計算方式，倘商標權人依據商標法規定，請求侵權行爲人賠償金額顯不相當者，法院得酌減之。因侵害智慧財產權屬侵權行爲之類型之一，倘智慧財產權法或智慧財產案件審理法未規定者，自得適用民法有關侵權行爲或民事訴訟法計算損害賠償之規範。有鑑於智慧財產權價値係建立在市場機能上，其具有變動性，故計算市場交易價値時，自應考慮市場上之經濟因素，以實際之市場運作爲基礎，進行經濟分析，計算較精準之市場交易價值，就市場交易的目，爲值得探討之重大議題。依據財團法人會計研究發展基金會評價準則公報第 7 號無形資產之評價準則第 18 條規定之鑑價方法，有收益法、市場法、成本法及實際選擇權法，經由智慧財產權之鑑價，雖得較客觀計算侵害智慧財產之市場交易價值。然鑑定侵害智慧財產權之訴訟費用之繳納、保全執行應提供之擔保或損害賠償金額時，常因訴訟經濟之考量、舉證能力、當事人資力、鑑價結果與實際金額有落差，導致法院在侵害智慧財產權之民事訴訟事件，囑託專業機構、機關或專家鑑定，作爲訴訟費用之繳納、保全執行應提供之擔保或計算損害賠償金額之參考，在訴訟實務並非常見。

參考文獻

一、專書

林洲富（2019），《專利法案例式》，8版，台北：五南。

林洲富（2018），《商標法案例式》，4版，台北：五南。

林洲富（2017），《著作權法案例式》，4版，台北：五南。

陳佳麟（2002），《專利侵害損害賠償之研究：從美國案例檢討我國專利損害賠償制度》，國立交通大學科技法律研究所碩士論文。

陳蕙君（2015），《論專利權的價值：以選擇最適鑑價機制為基準》，國立中正大學法律研究所博士論文

陳哲賢（2014），《專利技術認定與鑑價於訴訟之研究》，國立中正大學法律學系研究所碩士論文。

徐俊明（2000），《財務管理理論與實務》，台北：新陸。

黃文儀（2004），《專利實務第2冊》，4版，台北：三民。

黃順當（2006），《以實質選擇權評價商業決策：以數位相機專業決策為例》，國立政治大學財務管理研究所碩士論文。

張清溪、許嘉棟、劉鶯釧、吳聰敏（2000），《經濟學理論與實務（上冊）》，4版，台北：翰蘆。

詹炳耀（2003），《智慧財產估價的法制化研究》，國立台北大學法律學研究所博士論文。

蔡明誠（2000），《發明專利法研究》，自版。

顏崇衛（2014），《侵害專利權之民事責任》，國立中正大學法律學系研究所碩士論文。

經濟部工業局（2006），《智慧財產運用暨評價管理手冊》，台灣技術交易市場整合服務中心。

二、專論

林恆毅（2005），〈專利保險〉，《法令月刊》，56卷5期，頁73-91。

孫遠釗（2011），〈評台灣面對國外專利侵權訴訟的對應策略：兼論政府參與智慧財產基金的可行性〉，《智慧財產評論》，9卷2期，頁137-173。
劉博文（1999），〈智慧財產資產管理〉，《智慧財產權月刊》，8期，頁10-17。

第二章

故事角色之著作權保護

王怡蘋 *

*國立台北大學法律學系教授，德國佛萊堡大學法學博士。

摘　要

故事中的角色是否得獨立受著作權保護，以及如何認定其受著作權保護之要素與他人之行為是否侵害著作權，素為關注的問題，尤其是文學作品中的角色，不若卡通或漫畫中的角色，後者係以線條、色彩等方式呈現，具有明確之外觀，在著作權與侵害之認定上依循美術著作之判斷標準，較無疑問，但文學作品中的角色係以文字描述其外形、個性，且個性呈現又多與故事情節交織，難以明確區分。然而隨著角色運用於電玩、cosplay 等各式領域中，如何界定角色是否受著作權保護及其保護範圍，則成為日益重要的議題。

德國聯邦最高法院於 2014 年 Pippi-Langstrumpf 一案判決中，對於故事角色是否受著作權保護，首次提出明確之判斷標準，但對於利用人以真人扮演該故事角色，並製成行銷文宣，認定不構成侵害著作權，從而引起學說與實務之熱烈討論。因此，本文將以此判決內容為討論核心，並藉由分析故事角色之不同利用方式，嘗試建構對於故事角色之保護。

關鍵詞：故事角色，著作權侵害，語文著作，改作，思想與表達區分。

壹、前言

金庸控告江南創作之《此間的少年》侵害其武俠小說中故事角色之著作權，於2017年4月25日於廣東廣州天河法院開庭審理[1]。《此間的少年》是江南於15年前創作的網路小說，以金庸武俠小說中的人物的所開展的校園故事，主要喬峰、郭靖、令狐沖等大俠們在汴京大學的青春歲月。由此案例可見，擷取他人之故事片段發展自己之故事，如《飄》、《麥田捕手》等知名小說均有續寫其故事，固屬常見，僅擷取故事中的角色作爲己用，亦非少見。

故事中的角色是否得獨立受著作權保護，以及如何認定其受著作權保護之要素與他人之行爲是否侵害著作權，素爲關注的問題，尤其是文學作品中的角色，不若卡通或漫畫中的角色，後者係以線條、色彩等方式呈現，具有明確之外觀，在著作權與侵害之認定上依循美術著作之判斷標準，較無疑問，但文學作品中的角色係以文字描述其外形、個性，且個性呈現又多與故事情節交織，難以明確區分。然而隨著角色運用於電玩、cosplay等各式領域中，如何界定角色是否受著作權保護及其保護範圍，則成爲日益重要的議題。

美國法院對於故事角色是否受著作權保護，發展出「清晰描繪標準」（distinctly delineated）與「角色即故事標準」（story being told）二種方式作爲判斷標準。「清晰描繪標準」係指源於Learnd Hand法官於Nichols v. Universal Pictures Corp. 一案中之陳述，作者對於角色發展投入越少，則越無法獲得著作權之保護[2]，依此，發展越完整之角色，包

---

1 蘋果日報（04/25/2014），〈金庸告《此間的少年》侵權案開庭　求償2188萬〉，蘋果日報網站，http://www.appledaily.com.tw/realtimenews/article/new/20170425/1105245（最後瀏覽日：03/04/2020）。

2 Nichols v. Universal Pictures Corp. 45 F.2d 119,121 (1930).

含越多表達成分與越少思想成分，即越能取得著作權[3]。「角色即故事標準」則以區別系爭故事角色是否構成故事本身，抑或是僅爲故事陳述之工具，若屬於前者方受著作權之保護[4][5]。

德國聯邦最高法院於 2014 年 Pippi Langstrumpf 一案判決中對於故事角色是否受著作權保護，首次提出明確之判斷標準；再者，由於本案係以眞人扮演該故事角色 Pippi Langstrumpf，製作成行銷文宣，因此，法院對於如何認定是否侵害故事角色，亦有詳細說明。有鑑於此，本文將以此判決內容作爲討論核心，一方面著重於探討故事角色是否受著作權保護之判斷標準，以回應我國實務運作；另一方面則嘗試借鑑德國判決對於故事角色侵害之討論，並經由分析故事角色之不同利用方式，嘗試建構對於故事角色侵害與否之判斷標準。

貳、我國著作權法對於角色之保護

觀察我國實務判決，曾出現卡通角色之著作權是否受侵害之判決，如最高法院 97 年度台上字第 6499 號刑事判決，告訴人主張被告多次下單產製小叮噹、史努比、維尼小熊，從而侵害其美術著作之著作權。台灣高等法院台南分院認定被告之行爲侵害著作權，最高法院雖指摘其判決理由而發交智慧財產法院另爲判決，但其指摘主要針對事實調查與認定，並未否認小叮噹、史努比、維尼小熊等爲美術著作而受著作

3 Nimmer, M./ Nimmer, D., Nimmer on Copyright, Miamisburg, U.S.: Matthew Bender, 2.12 (2009).

4 Warner Bros. Pictures, Inc. v. Columbia Broadcasting System, Inc. 216 F.2d 945, 950 (1954).

5 二種判斷標準之運作與相關問題，參見李治安（2013），〈故事角色的第二人生：論著作權法對故事角色之保護〉。《智慧財產權月刊》，169期，頁104-127。

權保護。然截至目前爲止，我國法院判決仍未出現以文學作品中故事角色是否受著作權侵害之爭訟。

至於智慧財產局所作成之函釋，有幾則針對電影中「人物角色」於電視劇中所涉及之著作權問題，其中較爲詳細者如98年7月10日之電子郵件980710a號函釋謂：「按著作權法第10條之1（簡稱本法）規定，依本法取得之著作權，其保護僅及於該著作之表達，而不及於其所表達之思想、程序、概念、原理、發現等，亦即著作權所保護者爲著作之表達形式，而表達形式有『外面之表現形式』與『內面之表現形式』。『外面之表現形式』，係將著作人之思想以語言、文字、色彩、聲音、影像加以表現，使人客觀感覺其存在；而『內面之表現形式』，則對應著外面之表現形式，與外面之表現形式密不可分，存在於著作人內心之一定思想之次序，例如：小說故事中人物之性格及情節發展。因此，利用他人電影中之「人物角色」倘已達概念的表達程度，則似會涉及著作權問題。通常而言，如模仿原著作中人物、風格、形式、內容而另行創作，即會涉及『改作』他人著作之行爲，除有合理使用情形外，應經著作財產權人授權，始得爲之。但如就原著中人物一、兩個角色人物，僅仿其人名，但其性格、情節均不相同，則尚無侵害著作權之問題。所詢電影製片公司爲另行拍攝『海角七號』電視劇，有無侵害『海角七號』電影版導演之『人物角色』之著作權，須視電影中人物角色如何在電視劇中呈現而定，尚難一概而論。」

103年9月12日之電子郵件1030912d則更進一步說明，謂：「二、所詢王小明欲從A、B兩部電影，選擇部分主角人物爲角色設定，重新創作一部故事情節與對白均與電影不同之小說。所涉及著作權問題說明如下：通常而言，經過作者高度發展、清晰描繪，故事發展得越完整的角色，此種角色會包含更多的表達成分及較少的思想成分，例如：蜘蛛人、蝙蝠俠、哈利波特等，如利用這種具備民眾所熟知性格與情節色彩之『人物角色』而另行創作，即會涉及『改作』他人著作之行爲，又『改作』係著作權人專有之權利，除有著作權法第44條至第65條合理使用之規定外，應事先徵得被利用著作之著作財產權人之同意始得為之，否則將侵害原著作之著作權。至於王小明改作自原電影之小說，如符合『原創性』及『創作性』兩項要件，而達到有別於原著作另為創作之程度，仍得構成一新的獨立著作（衍生著作），另外享有著作權，獨立受著作權法保護。三、但如果王小明係單純就原電影中人物一、兩個角色人物，僅仿其人名，但其性格、情節均不相同，則尚無侵害著作權之問題，其獨立創作之小說只要符合『原創性』及『創作性』兩項要件，即可享有著作權。」

在第一則函釋中，明確肯認故事角色可受著作權保護，只須對於故事角色已達概念的表達程度即可。第二則函釋則更明確指出，「經過作者高度發展、清晰描繪，故事發展得越完整的角色，此種角色會包含更多的表達成分及較少的思想成分」，即可能受著作權之保護，若僅模仿其人物名，性格並不相同時，則無侵害著作權之問題。第二則函釋之說明內容應受美國之「清晰描繪標準」影響甚深。

參、德國 Pippi Langstrumpf 判決[6]

一、法律事實

原告主張其享有過世作家 Astrid Lindgren 所創作文學之著作利用權。

作家 Astrid Lindgren 是 *Pippi Langstrumpf* 小說之作者，於書中她對主角 Pippi Langstrumpf 的外形描述如下：

---

[6] BGH GRUR 2014, 258.

> 她的頭髮顏色有如胡蘿蔔，扎實地綁成二根上彎的辮子。她的鼻子形狀有如完整的小馬鈴薯，上面布滿雀斑。鼻子下方有個寬大的嘴巴，牙齒健康潔白。她的穿著也相當引人注意，Pippi自己縫製衣服，顏色是非常漂亮的黃，但因爲布料不夠，因此顯得過短，而露出裡面藍色配有白點的褲子。她細長的腿上穿著一雙長襪，一隻有螺旋條紋，另一隻是黑色。她穿著一雙黑鞋，大小正好是腳的二倍。

被告經營P超市，於2010年1月，以下列照片廣告嘉年華服裝：

上述照片印製於銷售型錄中，共印製1,620萬份，發送至德國各地，並印製於各超市分店的銷售預告看板，以及報紙廣告。於被告經營

之網頁 www.p....de 上亦登載此項訊息長達 11 天之久。此外並伴隨個別服裝的照片，共計 15,675 套提供銷售，兒童裝之售價爲 5,99 歐元，成人裝爲 9,99 歐元。

原告主張，Astrid Lindgren 自 1998 年 3 月 26 日透過讓與契約（Überlassungsvertrag）將所有著作之利用權交由原告行使，其中包含 *Pippi Langstrumpf* 小說之利用權。原告認爲，文學角色 Pippi Langstrumpf 係獨立受著作權保護，因此，被告於廣告中侵害該角色之著作利用權。由於被告所使用之照片係依據該角色而來，故侵害其著作利用權，而得依類推授權向被告請求賠償損害 50,000 歐元。此外，原告並以不正競爭法第 3 條、第 4 條第 9 款及民法第 823 條、第 826 條作爲備位聲明。原告要求法院命被告賠償其 50,000 歐元加上利息。

被告則抗辯，Pippi Langstrumpf 爲小說角色，無法獨立受著作權保護；且無論如何，系爭照片並未擷取 Pippi Langstrumpf 在小說中外形、個性、能力與行爲模式之組合，因此屬於自由利用。

二、判決內容

就 Pippi Langstrumpf 作爲小說主角，得否單獨受著作權保護而言，聯邦最高法院之實務見解向來認爲，著作權法第 2 條第 1 項第 1 款之文學著作不僅包含具體之文字敘述（konkrete Textfassung）及思想之直接表現（unmittelbare Formgebung eines Gedankens），對於著作中具有個人色彩之部分（eigenpersönlich geprägte Bestandteile）及形式要素（formbildende Elemente），以表現情節發展，或人物之個性特質、角色配置，或場景安排與舞台布景等，均屬於著作權保護之範疇。除故事主要情節（fabel）、故事中人物間之行爲與關係交織（Handlungs- und Beziehungsgeflecht der Charactere）外，個別角色亦可獨立受到著作權保護。

以著作權法第 2 條第 1 項第 4 款之圖像式描繪角色，得個別受著作權保護，早已爲聯邦最高法院所肯認。此項見解並不僅限於以相同且具體之圖像描繪個別角色，使其呈現不同之肢體動作；亦包含對於個別角色之所有描述，此係以獨特方式結合外觀特徵、個性、能力與特定之行爲模式，使該角色具有特別顯著之人格特質（besonders ausgeprägten Persönlichkeiten），並以其人格特質重複出現於故事中。此項原則同樣適用於以著作權法第 2 條第 1 項第 1 款之語文著作呈現之角色。可作爲類比的是對於視覺藝術或應用美術中角色描繪之保護，即在讀者眼中，對於角色之文學描述是否呈現鮮明之「圖像」。但在此應注意的是，以文字爲媒介呈現虛擬人物之特徵與以視覺藝術爲媒介呈現，二者具有本質上的差異，因此，鉅細靡遺地描述角色之特質得以彌補文字僅能有限地具體描繪角色之外形。而虛擬角色單獨受到保護之要件爲創作人經由結合鮮明之個性特徵與特別之外觀特徵，賦予該角色獨特、無法混淆之個性。對於此項要件應採取嚴格之判斷標準，因此，若僅描述系爭角色之外觀或外型，一般而言，尚不足以滿足本項要件。

就本案而言，法院根據人物個性特徵之結合具有原創性而肯認 Pippi Langstrumpf 已達到原創高度（Schöpfungshöhe），此項認定並非僅基於重複出現之外形描述，而是基於該人物之性格特徵及其生活環境，即 Pippi Langstrumpf 之外觀以及因母親過世、父親缺席所造成不幸之生活環境，與該角色之其他特徵形成明顯對比，她總是愉快、非常滿足現況，擁有超乎常人之能力，以想像力與文字遊戲充分展現其不畏懼與無禮貌。

至於被告之行爲是否構成侵害 Pippi Langstrumpf 之著作權，主要取決於擷取外形要素是否屬於著作權法第 23 條之不具獨立性之改作，抑或是著作權法第 24 條第 1 項之自由利用。依據聯邦最高法院長期以來之見解，係取決於新著作與舊著作中被截取之自身特色（eigenpersönlichen Züge）間所存在之差異性（Abstand）。自由利用之要件係自新著作之特色觀之，取自被利用著作之自身特色須已褪色（verblassen）。

一般而言，當受保護之舊著作被截取之自身特色在新著作退居次要地位，使新著作對於舊著作之利用僅屬於激發新的、獨立的創作時，可認爲已成立上述之要件。但自由利用並非僅成立於自舊著作擷取之自身特色已於新著作中褪色並居於次要地位，以致於舊著作僅在新著作中以微弱、不具有著作權重要性之方式顯現。而是當新著作與舊著作被截取之自身特性間具有重要之內在差異（großen inneren Abstand），致使新作品在本質上被視爲獨立作品時，亦可肯認自由利用所必要之差異性已存在 —即使於形式設計中存在明顯之擷取。在此種案例中，亦可認爲自舊著作擷取之個別特性（individuellen Züge）已於新著作中「褪色」。特別是新作品係爲探討舊著作之藝術創作時，由於舊著作及其特性須得以在新著作中被認出，因此，內在差異則爲重要之判斷標準。常見之此類型案例爲戲謔仿作（Parodie）。其反命題表達即屬於內在差異之表現形式，但不以此爲限，而可能存在其他表現方式。依據上述之差異性原則（Grundsätzen der Abstand），具有重要性者爲新著作與其截取自舊著作之自身特色間之差異，此取決於新著作與形成舊著作之原創特性（schöpferische Eigentümlichkeit）之客觀特徵（objektiven Merkmale）是否相同。因此，係藉由比較二者之創作以了解，新作品是否擷取舊著作之自身特色以及擷取之範圍。在判斷上具有重要性的是比較新舊作品所呈現之整體感受（Gesamteindrucks der Gestaltungen），即就擷取之所有創作特性以整體觀之方式比較。

本案系爭照片僅擷取頭髮顏色與造型、雀斑及 Pippi Langstrumpf 之穿著風格，而此等要素或許能呈現該角色之外形，但尚不足以構成 Pippi Langstrumpf 受著作保護之特徵，從而並未涉及獨立受著作權保護之角色。對於極爲有名之著作，往往只需略爲提及，特別是涉及外形特徵時，即明顯與舊著作產生連結。因此，應於個案中檢視所提及之部分是否爲擷取舊著作具有個人色彩之原創特性。在系爭案件中之關於 Pippi Langstrumpf 之照片，係經由觀看者在思想上連結（gedankliche

Verknüpfung）該角色之顯著特質，如其於極爲著名之文學作品中所描述，但並非於照片中可得知。此外，在系爭案件中，系爭照片所拍攝之對象顯而易見僅爲嘉年華之目的而裝扮成 Pippi Langstrumpf，亦即僅欲裝扮該角色，因此，僅於外觀上不完整地涉及文學作品之角色，眞人與其扮演之角色間存在明顯之緊張關係（erkennbaren Spannung），藉此展現出與作家 Astrid Lindgren 創造之角色間具有充分之內在差異，因爲對於觀看者而言，被拍攝之對象顯然不是 Pippi Langstrumpf。故被告之行爲屬於著作權法第 24 條之自由利用，而不成立侵害著作權。

肆、故事角色之著作權保護問題

一、故事角色受著作權保護之判斷標準

Pippi Langstrumpf 判決重要性之一在於對角色是否獨立受著作權保護提出更明確之判斷標準[7]。過往之判決如 Sherlock Holmes 一案[8]，法院並未論述柯南・道爾於偵探小說中所創作之福爾摩斯與華生是否獨立受著作權保護，而直接認定小說與電影中所呈現之福爾摩斯與華生截然不同，因此不構成著作權侵害[9]。於 Asterix-Persiflagen 一案[10]，聯邦最高法院較明確指出，虛擬之故事角色雖非均受著作權之保護，但 Asterix 與 Obelix 係由外型與性格、能力、行爲模式所形成之獨特組合（eine unverwechselbare Kombination äußerer Merkmale sowie von Eigenschaften, Fähigkeiten und typischen Verhaltensweisen），呈現特別顯著之人格（be-

7 Hahn, Anmerkung zu BGH, Urteil vom 17. Juli 2013 —I ZR 52/12 —Pippi-Langstrumpf-Kostüm. ZUM 2014, 239, 239 f.

8 BGH GRUR 1958, 354.

9 BGH GRUR 1958, 354, 355-356.

10 BGH GRUR 1994, 191.

sonders ausgeprägten Comic-Persönlichkeiten），因此，受著作權保護[11]。此則判決之對象雖爲漫畫之故事角色，但已較爲明確指出該故事角色之所以受著作權保護之理由，即外型與內在性格之獨特組合，以呈現該故事角色顯著之人格。然而在 Alcolox 一案[12]中，對於 Asterix 與 Obelix 是否獨立受著作權之保護，法院卻未有論述，惟對於漫畫人物與演員表演之比較則更爲明確地指出，對於如同 Asterix 系列著名之著作，通常只需略爲提及，特別是外在特徵如身材、特定服飾或髮型，即足以讓人聯想該著名著作，因此於比較二者之差異應特別加以考量。本案中，由演員扮演之 Asterix 與 Obelix，在故事背景中所呈現之個性與行爲模式與漫畫所呈現有明顯差異，而在外觀上亦僅有少量之相似[13]。

於 Laras Tochter 一案[14]，Laras Tochter 一書作者 Mollin 以齊瓦哥醫師書中齊瓦哥醫師的情人 Lara 之女兒 Katja 爲故事主角，並援用齊瓦哥醫師書中部分情節與人物關係，如齊瓦哥醫師的配偶 Tonja 與情人 Lara 間之關係等，因此，法院認爲 Laras Tochter 一書不僅借用齊瓦哥醫師書中角色，即並非開始於齊瓦哥醫師一書結束之處，而係二者之故事內容有多年重疊，故爲齊瓦哥醫師之續集[15]。於本判決中，聯邦最高法院明確指出，著作權法第 2 條第 1 項第 1 款之文學著作不僅包含具體之文字敘述及思想之直接表現，對於著作中具有個人色彩之部分及形式要素，以表現情節發展，或人物之個性特質、角色配置，或場景安排與舞台佈景等，均屬於著作權保護之範疇[16]。由於本案係針對文學作品之故事角色，首次明確肯認文學作品之故事角色亦可能受著作權之保護，因此，

---

11 BGH GRUR 1994, 191.

12 BGH GRUR 1994, 206.

13 BGH GRUR 1994, 206, 208.

14 BGH GRUR 1999, 984.

15 BGH GRUR 1999, 984, 985-986.

16 BGH GRUR 1999, 984, 987.

此段論述常被嗣後之判決所引用，以文學作品中之故事角色等小說片段亦得爲獨立受著作權保護，但其判斷標準爲何，聯邦最高法院則未說明。

嗣後於 Hundefigur 一案[17]，對於塑膠狗玩偶是否侵害 Junge & Bill 漫畫系列中狗角色 Bill 之著作權，聯邦最高法院表示，上訴法院認定狗角色 Bill 獨立受著作權保護並無疑義，但未能充分考量塑膠狗玩偶在整體印象（Gesamteindruck）上與漫畫中的狗 Bill 具有顯著差異。漫畫中的狗 Bill 具有明顯且充分發展的狗格特性（Hundepersönlichkeit），爲生龍活虎且十分好動的混種狗，靈活且纖細；在外觀上則有巨大的耳朵，幾乎垂至地面，過長的舌頭，以及長於頭上、耳朵、腳上與尾巴的毛。相對與此，塑膠狗玩偶則有胖胖的身軀，幾乎沒有脖子，呈現沉浸於夢幻中的幼犬，係模仿可卡犬（Cockerspaniel）的幼犬繪製而來。漫畫中的狗 Bill 令人印象深刻的是不成比例的大頭（漫畫手法的超大眼睛、團狀的圓鼻子、彼此相距較遠的大耳朵）、項圈與白色茸毛胸膛；而塑膠狗玩偶的胸膛則較像白色圍兜[18]。此則判決詳細比較漫畫中之故事角色與立體玩偶，而以整體印象具有顯著差異否認利用行爲侵害漫畫故事角色之著作權。

由上述法院判決之論述可見，以漫畫中故事角色爲系爭標的時，法院最早肯認故事角色得獨立受著作權保護，對於是否侵害其著作權之判斷，亦提出較爲詳盡之論述，而對於文學作品中之故事角色，法院遲至 Laras Tochter 一案始明確肯認其亦得獨立受著作權之保護，但對於其受保護與認定侵害著作權之判斷標準，均未有說明。

在 Pippi Langstrumpf 判決中，聯邦最高法院除延續過去判決精神，並引用 Laras Tochter 判決中之文字外，更進一步對於故事角色是否獨立

17 BGH GRUR 2004, 855.

18 BGH GRUR 2004, 855, 856-857.

受著作權保護提出具體之判斷標準。首先，對於該故事角色之描述須以獨特方式結合外觀特徵與內在個性、能力與特定之行爲模式，使該角色具有特別顯著之人格特質，並以其人格特質重複出現於故事中。其次，聯邦最高法院以對於視覺藝術或應用美術中角色描繪之保護作爲類比，從而要求角色之文學描述在讀者眼中須達到呈現鮮明之「圖像」，方得受著作權保護。但聯邦最高法院進一步指出文字與視覺藝術二種媒介在本質上的差異，因此，對故事角色之內在特質詳加描述得以彌補文字僅能對其外型作有限之描繪。綜上所述，聯邦最高法院無論對於漫畫等圖像表現方式或文學作品等文字表現方式，均以結合鮮明之個性特徵與特別之外觀特徵，賦予該角色獨特、無法混淆之個性，作爲故事角色是否獨立受著作權保護之判斷標準，惟圖像表現方式與文字表現方式在形塑故事角色上，前者較擅長於表現外型，後者則是內在個性。此外，對於此項要件應採取嚴格之判斷標準，若僅描述系爭角色之外觀或外型，一般而言，尚不足以滿足本項要件。此判決對於故事角色是否獨立受著作權保護提出具體之判斷標準，普遍受到肯定[19]。

德國聯邦最高法院 Pippi Langstrumpf 判決所提出之判斷標準，應可供我國參考。如前於「貳」所述，我國智慧財產局似於參酌美國實務之「清晰描繪標準」後，認爲「經過作者高度發展、清晰描繪，故事發展得越完整的角色，此種角色會包含更多的表達成分及較少的思想成分」，而得單獨受著作權保護。智慧財產局此項說明之重要性除在於肯認故事角色得獨立受著作權保護外，並明確指出該故事角色之刻劃應「高度發展、清晰描繪」，以與思想相區隔，落實著作權法第第 10 條之 1 規定：「依本法取得之著作權，其保護僅及於該著作之表達，而不

---

19 Götting, Anmerkung zum BGH Pippi-Langstrumpf-Kostüm, LMK 2014, 361723; Hahn, (Fn.7), 239-240 ff.; Heim/Burkhardt, Urheberrechtlicher Figurenschutz am Beispiel der "Pippi-Langstrumpf"-Entscheidung des BGH. GRUR-Prax 2014, 196, 197 f.

及於其所表達之思想、程序、製程、系統、操作方法、概念、原理、發現。」至於何謂「高度發展、清晰描繪」，則可參考德國聯邦最高法院 Pippi Langstrumpf 判決所提出之判斷標準，即須結合外觀特徵與內在個性、能力與特定之行爲模式，使該角色具有獨特、無可混淆之個性，亦即創作人須使故事角色達到鮮明之程度，方能使該鮮明之故事角色獨立受著作權之保護。

二、故事角色利用方式與著作權侵害

(一) 故事角色之著作權侵害認定

德國聯邦最高法院 Pippi Langstrumpf 判決另一個值得注意之處則是如何判斷故事角色之著作權是否受侵害；詳言之，故事角色係因結合外觀特徵與內在特質而受著作權保護，因此，利用人是否亦須呈現其外觀特徵與內在特質，始構成侵害故事角色之著作權。在上述 Pippi Langstrumpf 判決中，聯邦最高法院表示，本案系爭照片僅擷取頭髮顏色與造型、雀斑及 Pippi Langstrumpf 之穿著風格，而此等要素或許能呈現該角色之外型，但尚不足以構成 Pippi Langstrumpf 受著作保護之特徵，從而並未涉及獨立受著作權保護之角色。此外，本案系爭照片所拍攝之對象顯而易見僅爲嘉年華之目的而裝扮成 Pippi Langstrumpf，亦即僅欲裝扮成該角色，因此，僅於外觀上不完整地涉及文學作品之角色，眞人與其裝扮之角色間存在明顯之對立關係，藉此展現出與故事角色間具有充分之內在差異，因爲對於觀看者而言，被拍攝之對象顯然不是 Pippi Langstrumpf，故該利用行爲不構成故事角色之著作權侵害。換言之，利用行爲須呈現故事角色之外型與內在特質，方能成立對於故事角色之著作權侵害，而在本案中則是由觀看者在思想上連結該角色於文學作品中描繪之顯著特質，而非由照片中所得獲知。此項見解係延續過去法院判決內容，認爲利用行爲僅影射故事角色，或整體觀之，二者間具有顯著差異，均不成立故事角色之著作權侵害[20]。

德國聯邦最高法院於判決中探究眞人裝扮與故事角色是否具有充分內在差異之目的在於區別無涉他人著作權之自由使用與著作利用。所謂自由使用係規定於德國著作權法第 24 條第 1 項，謂：「自由使用他人著作而創作獨立著作者，得不經被使用著作之著作人同意，公開發表與利用所創作之獨立著作。[21]」依此，利用人係基於自由使用他人著作之權利，而不涉及其著作權，包含著作人格權與著作財產權，故無須得著作人之同意[22]。於性質上，本條項之規定不同於同法第44a條以下關於著作權限制之規定，蓋著作權限制之規定係針對已涉及他人著作財產權之利用行爲，基於教育、司法等各項目的性考量，而允許利用人無須得著作人之同意，性質上屬於著作人之權利限制。而著作權法第 24 條第 1 項規定，則是基於所有創作均建立於前人創作之上，因此，以他人創作爲其創作之素材或其創作靈感時，屬於文化發展之必然現象，故不涉及他人之著作權，自無須得他人之同意[23]。著作權法第 24 條第 1 項規定既以文化發展爲保護目標，因此，利用人適用本條項時，以產生新著作爲要件，且該著作必須獨立於被利用之著作（gegenüber dem benutzten Werk selbständig）[24]。至於何謂獨立於被利用之著作，實務上慣指，相較於新著作之特色，取自被利用著作之個別特色（individuelle Züge）已褪色

---

20 BGH GRUR 1958, 354, 365; BGH GRUR 1994, 206, 208; BGH GRUR 1999, 984, 987; BGH GRUR 2004, 855, 856-857.

21 24 Abs. 1 UrhG: "Ein selbständiges Werk, das in freier Benutzung des Werkes eines anderen geschaffen worden ist, darf ohne Zustimmung des Urhebers des benutzten Werkes veröffentlicht und verwertet werden."

22 Stuhlert, Die Behandlung der Parodie im Urheberrecht, 2002, S. 81 f.

23 Loewenheim, in: Schricker/Loewenheim, Urheberrecht Kommentar, 4. Aufl. 2010, 24 Rn. 2.

24 Loewenheim, (Fn. 23), 24 Rn. 9.

（verblassen）[25]。

然而學說對上述判決理由多有批評，有認爲利用行爲無須再現故事角色之所有細節方成立侵權，而系爭廣告中所呈現之人物影像雖未呈現 Pippi Langstrumpf 之所有細節，但確實引起觀看者對於 Pippi Langstrumpf 之粗略、不清晰之連結，而這正是該廣告所欲傳達之訊息，實難謂新舊作品間已存在充分之差異。再者，聯邦最高法院之論述自相矛盾，一方面認爲故事角色係因其文學描述在讀者眼中呈現鮮明之圖像而受著作權保護，另一方面卻認爲經由觀看者在思想上連結該角色在文學作品所描述之顯著特質，始形成完整且具有著作權意義之圖像，因此，該廣告照片未侵害其著作權[26]。有論者認爲上述判決理由混淆故事角色受著作權保護之要件與其保護範圍及侵權認定之標準[27]。亦有論者認爲此種侵害著作權之認定標準將導致盜版品盛行[28]，並進一步指出上述判決之問題在於觀看者看到廣告即聯想到 Pippi Langstrumpf，但聯邦最高法院卻認爲二者已具有充分差異而未侵害故事角色之著作權。實則以畫面呈現小說中的角色本無法表現角色之個性特徵，因此，只須外觀上相似即爲已足。再者，角色穿著之衣物屬於判斷上之核心要素，因爲藉由衣物得以向外表現其內在精神與個性[29]。此外，論者並建議，若法院實務繼續維持上述聯邦最高法院之見解，則未來對於故事角色之保護尚須輔以競爭法規範，始爲足夠，而競爭法與著作權法對於故事角色之保護界線在於，前者適用於新作品僅讓人想起舊作之故事角色，後者則適用

25 BGH GRUR 1961, 631; BGH GRUR 1965, 45; BGH GRUR 1971, 588; BGH GRUR 1981, 352; BGH GRUR 1999, 984; BGH GRUR 2002, 799; BGH GRUR 2003, 956; BGH GRUR 2008, 693; BGH GRUR 2009, 403.

26 Götting, (Fn.19), 361723.

27 Heim/Burkhardt, (Fn.19), S. 197 f.

28 Graef, Die fiktive Figur im Urheberreht. ZUM 2012, 108, 117 f.; Hahn, (Fn.7), S. 241 f.

29 Graef, (Fn.28), S. 114 f.; Hahn, (Fn.7), S. 241 f.

於觀看者確實將其視爲舊作之故事角色[30]。

由德國聯邦最高法院 Pippi Langstrumpf 判決與上述學說評論可見，其主要分歧點在於新作品係以圖片式呈現，而以圖片式呈現故事角色時必然較能顯現其外型，而少著墨於其內在特性，此種利用行爲是否仍侵害故事角色之著作權。此外，Pippi Langstrumpf 判決之法律事實尚有一特殊性，即其以眞人裝扮成 Pippi Langstrumpf 後拍攝成廣告嘉年華服飾之照片文宣，此與劇照之性質又有不同，因此以本案爲例探討故事角色之著作權侵害問題，更能突顯故事角色在利用形態上之多樣性。而在故事角色之著作權侵害認定上，主要有二項考量因素：1. 故事角色之利用媒介與原本形塑該故事角色之媒介在性質上之差異；2. 故事角色之利用目的與程度。

首先，就故事角色之利用媒介與原本形塑該故事角色之媒介在性質上之差異而言，以 Pippi Langstrumpf 一案爲例，文學作品對故事角色之描繪與視覺藝術及應用美術在形塑其故事角色上有著本質上的差異，而此即聯邦最高法院於判決中所言，視覺藝術與應用美術能具體刻劃故事角色之外型，相較與此，文學作品對其故事角色之外型刻劃則受到相當限制，而更擅長透過文字描述與情節安排呈現故事角色之內在特質。再者，由於文學作品係以文字描繪故事角色之外型，讀者經由閱讀產生其對於故事角色之想像，對於絕大多數之故事角色而言，讀者各自想像之外型有著或多或少的差異，此又與視覺藝術與應用美術所呈現之故事角色具有明確之外型不同。於 *Pippi Langstrumpf* 一書中，作者 Astrid Lindgren 對於該故事角色之外型描述詳細，然讀者對於 Pippi Langstrumpf 之想像是否大致相同，抑或是經由電視劇等後續利用方使其外型清楚明確，似值得進一步探究。而相較與此，柯南．道爾創作的福爾摩斯，起初外型並不明確，直到插畫家 Sidney Paget 將其刻劃成具

---

30 Hahn, (Fn.7), S. 241 f.

有鷹勾鼻、頭戴獵鹿帽、身披格子外套，以及菸斗與放大鏡不離身的偵探英雄，始賦予福爾摩斯具體的外觀。至於 J. K. 羅琳創作的哈利．波特一角，其外型除額頭上有類似閃電般的疤痕外，並無其他特別明顯之處。由此可見，文學作品在形塑其故事角色之外型上有著極大的限制，且多因讀者之想像而有不同。

以不同媒介呈現文學作品之故事角色時，尚可能因媒介性質之不同而受影響。在 Pippi Langstrumpf 一案中係以圖片呈現，由圖片之性質多未能顯現故事角色之內在特質，或僅能如學者所言藉由衣著等表現其內在特質，惟其所呈現之內在特質絕對無法與文學作品之描繪相比擬。相對與此，故事角色亦常被利用於戲劇演出中，而其呈現故事角色之方式與圖片方式不同，主要係由表演者之裝扮呈現故事角色之外型，並經由演出方式與劇情發展呈現其內在個性等特質，因此，較圖片更能呈現故事角色之內在個性等特質，惟其呈現方式仍與文字描述不同，且常因表演者不同而對故事角色有不同之詮釋，此觀察歷任 007 之表演者演出即可獲得應證。因此，若以不同於文學作品之媒介利用文學作品中之故事角色時，因媒介性質上之不同，對於故事角色之呈現亦可能有所不同，在認定故事角色之著作權是否受侵害時，應予考慮。

其次是故事角色之利用目的與程度。再以 Pippi Langstrumpf 一案為例，聯邦最高法院指出，系爭照片所拍攝之對象顯而易見僅為嘉年華之目的而裝扮成 Pippi Langstrumpf，亦即僅欲裝扮成該角色，因此，僅於外觀上不完整地涉及文學作品之角色，真人與其裝扮之角色間存在明顯之緊張關係，藉此展現出與故事角色間具有充分之內在差異，因為對於觀看者而言，被拍攝之對象顯然不是 Pippi Langstrumpf。又如德國 Sherlock Holmes 一案[31]中，被告以福爾摩斯與華生為主角拍攝喜劇偵探電影，原告因此主張其著作權受到侵害。惟聯邦最高法院認為，依據地

---

31 BGH GRUR 1958, 354.

方法院與高等法院之事實認定，被告影片中的福爾摩斯與華生在外觀上與柯南·道爾原著中的福爾摩斯與華生一樣，但其性格上則相差甚遠，因此，觀眾從電影演出開始即清楚認知到此與柯南·道爾原著中的福爾摩斯與華生並不相同，故未侵害原著故事角色之著作權[32]。由此可知，於檢視利用行為是否侵害故事角色之著作權時，除比對二者間之差異外，尚應考量利用行為之目的，不同之利用目的可能致使利用結果與文學作品之故事角色顯著不同。

至於故事角色知名程度是否亦須考量，則不無疑問。德國聯邦最高法院於上述 Alcolox 一案判決雖然表示，對於著名著作之故事角色，通常只需略為提及，特別是外在特徵如身材、特定服飾或髮型，即足以讓人聯想該著名著作，然而若因此即認為已利用該著名故事角色，則不無過度擴張對於該故事角色之保護。以柯南·道爾創作之福爾摩斯與華生為例，後續產生無數的小說、電影、電視劇，或以福爾摩斯為主角，或以福爾摩斯與華生為主角，此外尚有不少偵探雖非名為福爾摩斯，但亦喜愛手持菸斗。此等創作或有令人認為是福爾摩斯，或有令人聯想到福爾摩斯，亦有令人想到如福爾摩斯般之神探，然若因此即認為均侵害柯南·道爾創作之故事角色之著作權，則將對於故事角色之保護擴及至思想層面，不僅有違反我國著作權法第 10 條之 1 明示之共通原則之虞，而且亦將大幅限制後續創作之空間。因此，當創作人以文字形塑出具有鮮明人格特質之故事角色時，固應使該故事角色獨立受著作權，方能確保創作人受到較完善之保障，但另一方面則須注意著作權之保護不應擴張至思想層面，以避免不當限制後續之創作發展。有鑑於此，似不應僅因利用行為呈現故事角色之部分特徵，使觀者聯想到該故事角色，即認為侵害故事角色之著作權，而應於觀者認知此即為該故事角色時，始構成對於故事角色著作權之侵害，方屬恰當。惟誠如前述德國學者之

32 BGH GRUR 1958, 354, 356.

建議，若新作品僅使人聯想到特定故事角色，而非認知其爲該故事角色時，雖非著作權保護之範疇，但可能成立不正競爭，如我國公平交易法第 25 條之規定。

綜上所述，對於判斷是否侵害故事角色之著作權具有影響性之因素有二：1. 故事角色之利用媒介與原本形塑該故事角色之媒介在性質上之差異；2. 故事角色之利用目的與程度。以下本文將針對目前故事角色常見之利用型態，即圖像呈現、眞人扮演、電玩與手機遊戲、文字創作等四種，藉由分析其呈現方式，進一步討論利用故事角色在不同呈現方式上應如何認定其著作權是否受侵害。

(二) 故事角色之利用型態

1. 圖像呈現

以圖片等圖像式呈現文學作品中的故事角色，首先在於該故事角色之外型，例如：Romanhelden 案[33]，被告銷售各式紡織品，其中包含床罩組，於其銷售之枕頭套與被套上印有一金髮男孩，配帶眼鏡，穿著牛仔褲與毛衣，並罩著斗篷、手持魔杖。原告享有哈利波特系列書籍專屬利用權，主張被告行銷之床罩組上印製的圖案侵害其著作權。對此，科隆地方法院認爲比對已出版的四集哈利波特，並無法獲得一致性之外觀描述，而以第一集之描述與之相比較，哈利波特是黑髮、綠眼，額頭上有著明顯如閃電的疤痕，被告床罩組上的圖樣與之完全不同[34]。依此，當二者之外型相去甚遠時，即使人認定其爲該故事角色之可能性，仍無須再考量該故事角色之內在個性，而無侵害著作權之疑慮。其次則是故事角色之內在個性，一如 Pippi Langstrumpf 判決內容所示，以圖像呈現故事角色時，固然可藉由圖像清楚明確表現故事角色之外型，但對於各式

33 LG Köln GRUR-RR 2002, 3.

34 LG Köln GRUR-RR 2002, 3, 4.

角色之內在個性，雖非絕無呈現之可能，但確實有相當大之限制，多半需由觀者透過對故事角色外型之詮釋以想像其內在個性，因此，以圖像式呈現文學作品之故事角色，是否能清楚呈現故事角色之內在個性，實有疑問。

2. 眞人扮演

以眞人扮演故事角色又可分爲靜態式與動態式，前者如 Pippi Langstrumpf 一案，由眞人裝扮成 Pippi Langstrumpf 拍照，惟其目的在於製作廣告嘉年華服飾之文宣，因此，性質上與劇照不同，製作成廣告嘉年華服飾之文宣，如聯邦最高法院於判決中所言，觀看者明顯知悉此非 Pippi Langstrumpf，但若爲拍攝劇照時，則其目的即在呈現所扮演之故事角色，從而有別於 Pippi Langstrumpf 一案情形。此項差異之重要性在於 Pippi Langstrumpf 一案之裝扮者或廣告文宣設計者並無意呈現故事角色之內在個性，而僅欲藉此行銷其產品，而劇照中所呈現之扮演者與攝影者則欲呈現藉此傳遞故事角色之內在個性。

動態式之眞人扮演則係指表演者扮演故事角色參與電視劇、電影或舞台劇的演出，透過其裝扮與演出呈現故事角色之外型與內在個性等特質。以英國小說家柯南．道爾創作的偵探小說爲例，塑造福爾摩斯與華生二個知名的故事角色，近期有 BBC 新世紀福爾摩斯影集與 Elementary 影集，前者爲英國版福爾摩斯偵探影集，但將故事背景從原著的 19 世紀末搬到 21 世紀；而後者則是美國版福爾摩斯偵探影集，不僅將故事背景搬到 21 世紀的紐約，而且華生也由原著中的男性改成女性角色。經過不同的故事發展、時代背景的改變，以及表演者的詮釋，二部影集中的福爾摩斯與華生是否仍令觀眾認爲是利用柯南．道爾原著的故事角色，特別是 Elementary 影集，似乎已與普遍對於原著中福爾摩斯與華生之想像有相當大的差距。由上述二例可見，電視劇、電影或舞台劇之演出，不僅可以明確呈現故事角色之外型，且透過劇情發展、場景設計與演員間的對白、演員的表演技巧等，亦可清晰呈現故事角色之內在個性等特質。

3. 電玩與手機遊戲

改編自著名小說、漫畫、電視劇的電玩不在少數，例如：金庸武俠小說即改編成諸多電玩與手機遊戲，又如紅極一時的後宮甄環傳亦改編成手機遊戲。無論是電玩或手機遊戲，均能在視覺上清晰明確呈現故事角色之外型，但是否能呈現其內在個性等特徵，則需視其遊戲之設計。部分遊戲標榜原汁原味呈現原著中之故事，因此，於遊戲進展中穿插出現角色間之對話互動，由此似可於相當程度內展現故事角色之內在個性。至於部分遊戲僅利用原著中的人物，既未呈現故事情節，亦未呈現故事角色間之對話或互動，則難謂於遊戲中呈現故事角色之內在個性。

4. 文字創作

利用他人已創造之故事角色發展自己之文學作品，亦屬常見之情形。例如：作家 Andrew Lane 撰寫的 Young Sherlock Holmes: Death Cloud，爲其福摩爾斯偵探小說系列的第一部作品，內容描述 14 歲的福摩爾斯，暑假期間因故借住於伯父家，在暑假中經歷死亡、愛情與磨難，從而自天眞無邪的少年蛻變爲成熟男子。又如前言中提及江南創作的「此間的少年」，係以以宋代嘉佑年爲時間背景，故事發生的地點在以北大爲模版的汴京大學，描述的是喬峰、令狐沖、郭靖、黃蓉等人的校園生活。江南於小說中對於喬峰的片段描述爲「如果不是生錯了時代，喬峰更適合當一個土匪或者民族英雄，而並非趴在汴大窄窄的課桌上讀書。他的身材和相貌使人很容易聯想起他在那裡是收買路錢的，頭頂應該是『替天行道』這種更加鮮明的口號。大三的他算不得汴大學生中頂級的老鳥，只是迎接新生的任務激起了他的一些懷舊情緒，讓他覺得自己開始變老。他喜歡寬鬆安靜的校園，蜂擁而入的新生讓他有些憂愁，因爲這意味著過去的某些人……已經不在了，也許從此就音訊杳然。[35]」而描述段譽的片段爲「每天中午 11 點早早就拎上飯盆去食堂，占上一個靠門臨窗的好位置，把兩個小菜排開，然後一邊美滋滋地吃，一邊樂呵呵地看著女生們在門口出出入入，間或品評一下好看程度。[36]」由此可見，在媒介上，此與原來形塑故事角色之媒介相同，因此，在呈現故事角色之特色時，不存在因媒介不同而生之差異。

(三) 小結

從上述四類常見之利用類型觀之，前三種係以不同媒介呈現文學作品之故事角色，由於各種媒介在性質上之差異，因此影響所及在於其呈現故事角色之外型與內在特性。詳言之，文學作品在描繪故事角色之外型上較受限制，且經由讀者之想像後或多或少有些差異，而以圖像式、眞人扮演與電玩、手機遊戲等方式呈現故事角色時，多能清晰明確描繪故事角色之外型，但其對於故事角色之內在個性等特質之表現上，則有不同程度之落差。

應特別注意的是，著作權保護之對象爲客觀表現形式，爲各國著作權法之共通原則，此項原則亦明示於我國著作權法第 10 條之 1，然而由於各種著作類型在性質上之差異，其表現形式與內容之關聯性有著程度上的不同，例如：美術著作與音樂著作，其表現形式與其呈現之內容難以區分，但語文著作如小說，在主要部分上則不難區分其表現形式與其欲呈現之內容，此自電影係改編自小說情節，而非小說之文字表現形式，即可清楚知悉[37]。惟爲對語文著作提供較完善之保障，其表現形式

35 江南（2011），第一章 相逢 第二節 此男和彼女相遇，努努书坊網站，https://www.kanunu8.com/book/4486/57914.html（最後瀏覽日：03/04/2020）。

36 江南(2011)，第八章 段誉 第一节 花痴，努努书坊網站，https://www.kanunu8.com/book/4486/57962.html（最後瀏覽日：03/04/2020）。

37 Loewenheim, (Fn. 23), 2 Rn. 54.

與其涵蓋之內容均應屬於著作權之保護範疇，因此小說情節、故事角色之特徵、角色分配與場景安排等，亦均受著作權保護[38]。但另一方面，基於語文著作之此項特性，在保護範圍與侵權認定上亦應特別謹慎小心，避免過度擴張，致使著作權之保護及於思想，從而不當限制他人創作之可能性，而對於故事角色之保護即屬於一例。

準此，則須回到故事角色如何展現於觀者前之問題，在「肆」、「一」中論及故事角色獨立受著作權保護之處在於以獨特方式結合外觀特徵與內在個性、能力與特定之行爲模式，使該角色具有特別顯著之人格特質。此段論述雖爲故事角色受著作權保護之判斷標準，實則亦爲故事角色展現於觀者前之方式，因此，在判斷利用行爲是否侵害故事角色之著作權時，應考量利用行爲是否已呈現該故事角色之特點，即包含其外型與內在個性等特點，唯有在利用人呈現故事角色之外型與內在個性等特點時，方能使觀者認知其爲該故事角色。此項判斷要求並不違反著作權侵害之認定原則，即利用人無須利用全部著作內容始構成著作權侵害，而是基於故事角色之特性，對於故事角色之著作權侵害採從嚴認定標準。

承上，在上述分析之利用型態中，以圖像呈現故事角色時，基於此種媒介之特性，能明確清晰呈現故事角色之外型，但較難呈現其內在特性，因此，在認定故事角色之著作權侵害時，應留意其與文學作品中故事角色之落差，不應僅因其外型而逕認爲構成故事角色之著作權侵害。類似之情形亦出現於電玩與手機遊戲，此種媒介之主要目的不在於呈現故事角色或故事情節發展，而在於提供數位遊戲，因此，各遊戲呈現故事角色之程度差異極大。部分遊戲強調忠於原著，而於遊戲中呈現原著故事情節、故事角色間之關係與互動等，確有侵害故事角色之著作權之可能，但此種呈現方式，實已侵害原著之內容，而無待權利人以故事角

38 Loewenheim, (Fn.23), 2 Rn. 56.

色作為救濟方式。而部分遊戲內容與原著並無太多關聯性，充其量只是借用其名稱，以吸引玩家注意，此時難謂已侵害故事角色之著作權，但是否構成不正競爭等其他法規範欲禁止之行為，則有待進一步討論。至於以表演方式呈現故事角色，不僅在外型上能明確勾畫，亦能經由劇情發展、場景設計與演員對白、演員表演等展現故事角色之內在特質，其呈現方式雖與文字呈現仍有不同，但應屬最接近之媒介，因此，在判斷故事角色之著作權侵害上較無差異，即應考量利用行為之目的與程度，並應注意故事角色知名程度對於觀者之影響。

伍、結論

首先，就故事角色是否獨立受著作權保護，德國聯邦最高法院於 Pippi Langstrumpf 判決中提出之判斷標準，即故事角色之描述須以獨特方式結合外觀特徵與內在個性、能力與特定之行為模式，使該角色具有特別顯著之人格特質，並以其人格特質重複出現於故事中。聯邦最高法院並以視覺藝術或應用美術中角色描繪之保護作為類比，從而要求角色之文學描述在讀者眼中須達到呈現鮮明之「圖像」，方得受著作權保護。此項判斷標準值得肯定與參考，理由在於其明確指出故事角色受著作權保護之特點。

其次，就利用行為是否侵害故事角色之著作權，本文認為應考量文字創作之特殊性，即文學作品對其故事角色外型之描繪受到相當限制，而更擅長透過文字描述與情節安排呈現故事角色之內在特質，且讀者經由閱讀所產生對於故事角色之想像，對於絕大多數之故事角色而言，讀者各自想像之外型有著或多或少的差異。因此，在判斷利用行為是否侵害故事角色之著作權時，應考量利用行為是否已呈現該故事角色之特點，即包含其外型與內在個性等特點，以避免不當擴張保護至思想層面。準此，以圖像呈現故事角色時，雖能明確清晰呈現故事角色之外型，但較難呈現其內在特性，因此，在認定故事角色之著作權侵害時，應留意其與文學作品中故事角色之落差，不應僅因其外型而逕認爲構成故事角色之著作權侵害。類似之情形亦出現於電玩與手機遊戲，部分遊戲強調忠於原著，而於遊戲中呈現原著故事情節、故事角色間之關係與互動等，確有侵害故事角色之著作權之可能，但此種呈現方式，實已侵害原著之內容，而無待權利人以故事角色作爲救濟方式。而部分遊戲內容與原著並無太多關聯性，充其量只是借用其名稱，以吸引玩家注意，此時難謂已侵害故事角色之著作權，但是否構成不正競爭等其他法規範欲禁止之行爲，則有待進一步討論。至於以表演方式呈現故事角色，不僅在外型上能明確勾畫，亦能經由劇情發展、場景設計與演員對白、演員表演等展現故事角色之內在特質，其呈現方式雖與文字呈現仍有不同，但應屬最接近之媒介，因此，在判斷故事角色之著作權侵害上較無差異，即應考量利用行爲之目的與程度，並應注意故事角色知名程度對於觀者之影響。

參考文獻

一、中文部分

江南（2011），第一章 相逢 第二節 此男和彼女相遇，載於：https://www.kanunu8.com/book/4486/57914.html。

江南（2011），第八章 段誉 第一節 花痴，載於：https://www.kanunu8.com/book/4486/57962.html。

李治安（2013），〈故事角色的第二人生：論著作權法對故事角色之保護〉。《智慧財產權月刊》，169期，頁104-127。

二、英文部分

Nimmer, M./ Nimmer, D. (2009), Nimmer on Copyright. Miamisburg, U.S.: Matthew Bender.

三、德文部分

Götting, H. (2014), Anmerkung zum BGH Pippi-Langstrumpf-Kostüm. LMK 2014, 361723.

Graef, R. (2012), Die fiktive Figur im Urheberreht. ZUM 2012, 108-117.

Hahn,A. (2014), Anmerkung zu BGH, Urteil vom 17. Juli 2013 —I ZR 52/12 —Pippi-Langstrumpf-Kostüm. ZUM 2014, 239-242.

Heim, S./Burkhardt, B.(2014), Urheberrechtlicher Figurenschutz am Beispiel der„ Pippi-Langstrumpf“-Entscheidung des BGH. GRUR-Prax 2014, 196-198.

Schricker, G./Loewenheim, U. (Hrsg.) (2017), Urheberrecht Kommentar (5. Aufl.). München,Deutschland: C.H.Beck.

Stuhlert, S. (2002). Die Behandlung der Parodie im Urheberrecht. München: C. H. Beck.

第三章

學位授予法關於學位論文強制公開新制之探討

章忠信*

*東吳大學法律學系助理教授兼任科技暨智慧財產權法研究中心主任，經濟部智慧財產局著作權審議及調解委員會委員，曾任職經濟部智慧財產局。

摘　要

新修正學位授予法增訂學位論文強制公開條款，要求依該法取得學位之碩士、博士論文等等，均應公開供公眾接觸，一方面有助於學術資源之開放流通，另方面等同建立公眾審查制度，得以有效杜絕學位論文之抄襲歪風。本文從著作權法及學位授予法之立法過程，探討學位論文強制公開後之實務運作、相關疑義及其可能之解析，並建議仍應進一步修正著作權法及學位授予法，擬制著作人同意公開發表其學位論文，並要求將學位論文電子檔提送國立台灣圖書館，轉製爲專供身心障礙者接觸之無障礙版本。

關鍵詞：學位論文，著作權，公開發表，馬拉喀什公約，身心障礙者。

壹、前言

新修正學位授予法業於 107 年 11 月 28 日經總統公布施行，其中，關於學位論文之強制公開條款，要求依該法取得學位之碩士、博士論文、書面報告、技術報告或專業實務報告等（下稱學位論文），均應公開供公眾接觸。該項新修正之規定，一方面有助於學術資源之開放流通，另一方面等同建立公眾審查制度，得以有效杜絕學位論文之抄襲歪風。

學位論文強制公開條款之修正，影響學位論文著作權之私權及公眾方便接觸學位論文之公益，尤其強制公開制度將使抄襲及品質欠佳之學位論文無所遁形，阻力不小，立法過程幾番波折，幾乎夭折，幸賴少數立法委員之堅持，終於順利完成立法。

本文試從著作權法及學位授予法之立法過程，探討學位論文強制公開後之實務運作、相關疑義及其可能之解析，並提出修正建議，期使各方理解本議題之原委及其相關因應之道。

貳、著作人之公開發表權

著作人完成著作之後，依法立即享有著作權，無待進行任何程序或形式上之申請、審查、標示，甚至無須公開發行[1]。該項著作權又包括「著作人格權」及「著作財產權」[2]。其中，著作人之「公開發表權」屬於「著作人格權」之一種，亦即著作人有權決定是否對公眾發表其著作

---

1 著作權法第10條規定：「著作人於著作完成時享有著作權。但本法另有規定者，從其規定。」

2 著作權法第3條第1項第3款規定：「著作權：指因著作完成所生之著作人格權及著作財產權。」

之權利，此亦包括於何時、何地、以何種方式、交由何人對公眾發表其著作之權利。至於「公開發表」之定義，依據著作權法第 3 條第 1 項第 15 款之規定，「指權利人以發行、播送、上映、口述、演出、展示或其他方法向公眾公開提示著作內容。」

「公開發表權」於實質上僅屬「第一次公開發表權」，蓋著作人一旦公開發表其著作之後，公眾已知悉其著作之內容，著作人即不再享有「公開發表權」，他人如再度公開發表其著作，可能涉及重製、公開口述、公開上映、公開播送、公開展示、公開傳輸、公開演出等著作財產權之行爲，惟著作人並無權再援引「公開發表權」，禁止他人再次公開發表其著作[3]。

「公開發表權」並非國際著作權公約所要求應賦予著作人之「著作人格權」。伯恩公約第 6 條之 1 所規範之「著作人格權」，僅包含「姓名表示權」及「禁止不當修改權」等二種權利，並未及於「公開發表權」，其原因主要來自英美法國家之強烈質疑與反對，擔心其將影響著作財產權之行使，且認爲透過契約或其他法律規範，應足以處理此一議題[4]。

目前行政院送請立法院審議中之著作權法修正草案，關於「公開發表權」方面已有部分調整。

首先，法人爲著作人者，於其消滅後，不再保護其「著作人格

3 經濟部智慧財產局97年7月25日電子郵件970725a號函釋：「著作人僅有『第一次公開發表』其著作的權利，一旦著作經著作人第一次公開發表後，對於他人的第二次公開發表，就不能再主張『公開發表權』。」

4 參照WIPO所出版伯恩公約指南（Guide to the Berne Convention）第6條之1解説，頁42。另亦有認為係由於公開發表權介於精神權利（著作人格權）及經濟權利（著作財產權）之間，難以成為純粹之精神權利，請參見張今、劉佳（2010），著作人身權制度的質疑和思索，收錄於「中國著作權法律百年國際論壇論文集」，頁385，中國法律圖書公司。

權」，自然亦不再保護其「公開發表權」。其次，自然人死亡後，草案第 20 條第 1 項繼續保護其「著作人格權」，並維持現行第 18 條但書規定，即「但依利用行爲之性質及程度、社會之變動或其他情事可認爲不違反該著作人之意思者，不構成侵害」。另外，針對自然人之「公開發表權」，增訂第 2 項爲「除著作人已爲不予公開之表示，或依前項但書所定情事可認爲違反著作人意思之情形外，公開發表著作人生前未公開之著作者，不構成侵害」[5]。

參、學位論文之公開發表權

學位論文亦爲著作權法保護之著作，取得碩士、博士學位者，限於自然人，法人於事實上無從取得碩士、博士學位，故學位論文必屬於自然人所完成之著作，享有永久之「公開發表權」。不過，81 年修正之著作權法第 15 條第 2 項第 3 款針對學位論文另有特別規定，使「依學位授予法撰寫之碩士、博士論文，著作人已取得學位者」，「推定著作人同意公開發表其著作」。亦即，若著作人無特別爲反對之意思表示，學位論文應可被自由公開而不致構成侵害碩士、博士生之「公開發表權」[6]。

5 立法院議案關係文書院總第553號，政府提案第16161號，行政院106年11月2日院台經字第1060193149號函，頁24。

6 經濟部智慧財產局101年5月7日電子郵件1010507號函釋：「二、復按著作權法第15條第2項第3款之規定，依學位授予法撰寫之碩士論文，著作人已取得學位者，推定著作人同意公開發表其著作。……因此，如您並未為反對公開發表之表示，則他人公開發表您的碩士論文，並不會構成侵害您『公開發表』的著作人格權，但如欲以重製等方式利用您的碩士論文，則另涉及著作財產權之利用，仍須徵得您的同意。又法律上所稱之『推定』，如當事人可舉證為相反證明者，自得推翻該法律所推定之事實。因此，如您於授權書勾選『不同意公開發表』，則本條項之推定即不適用。」

上述規定，係參考自日本學位規則關於博士論文之公開制度。由於博士論文對學術研究扮演重要角色，日本於 1953 年訂定學位規則，其中第九條明定，取得博士學位者，應於取得學位後 1 年內，公開其學位論文之全文，以供各界參考。2013 年更配合網路科技之發展，進一步修訂學位規則，要求博士學位論文應於網路公開[7]，授予博士學位之大學乃於其機構典藏網站或JAIRO Cloud公開博士論文[8]。由於碩士學位論文之品質不若博士論文，上開規範並不及於碩士學位論文。

---

7 日本學位規則第9條規定：「博士の学位を授与された者は、当該博士の学位を授与された日から一年以内に、当該博士の学位の授与に係る論文の全文を公表するものとする。ただし、当該博士の学位を授与される前に既に公表したときは、この限りでない。2、前項の規定にかかわらず、博士の学位を授与された者は、やむを得ない事由がある場合には、当該博士の学位を授与した大学又は独立行政法人大学改革支援・学位授与機構の承認を受けて、当該博士の学位の授与に係る論文の全文に代えてその内容を要約したものを公表することができる。この場合において、当該大学又は独立行政法人大学改革支援・学位授与機構は、その論文の全文を求めに応じて閲覧に供するものとする。3、博士の学位を授与された者が行う前二項の規定による公表は、当該博士の学位を授与した大学又は独立行政法人大学改革支援・学位授与機構の協力を得て、インターネットの利用により行うものとする。（翻譯：被授予博士學位之人，自博士學位授予之日起一年內，應公開其博士學位論文之全文，但於授予該博士學位前已公開者，不在此限。前項規定不適用於被授予博士學位之人，於有無法避免之理由，經授予該博士學位之大學或獨立行政法人大學改革支援／學位授予機構所同意之情形，其得僅公開該博士學位論文之摘要以替代全文之公開。於該等情況下，該大學或獨立行政法人大學改革支援／學位授予機構，應依閱覽者要求，提供該論文之全文。經授予博士學位者，依前2項規定公開其博士論文，得經由授予該博士學位之大學或者獨立行政法人大學改革支援／學位授予機構之協助，利用網路予以公開。）」

8 參見國家圖書館吳英美副館長等，「2017年參訪日本圖書館典藏設施及數位物件保存經驗」——東京、京都圖書館參訪出國報告，頁18，2017年12月21日，https://report.nat.gov.tw/ReportFront/PageSystem/reportFileDownload/C10603605/001（最後瀏覽日：2020/03/01）。

在我國實務上，碩士、博士生通過論文口試，取得學位之後，於辦理離校時，依據 107 年 11 月修正前學位授予法第 8 條[9]、圖書館設立及營運標準第 8 條[10]與學校內部行政規定，應向學校繳交學位論文紙本數本及電子檔，學校除留存於圖書館典藏之外，並進一步轉送國家圖書館保存[11]。國家圖書館爲使該項送存及公開制度更爲順暢，訂有「國家圖書館紙本學位論文送存注意事項」，作爲各大學及公眾申請閱覽之依據。爲鼓勵各大學執行該項送存業務，國家圖書館並於每年 4 月，就前一學年度紙本學位論文送存率達 100% 之大學，發函感謝，並建請各校就相關人員予以敘獎[12]。

由於依學位授予法送存之學位論文，依據著作權法第 15 條第 2 項第 3 款「推定著作人同意公開發表」，僅係限制其「著作人格權」中之「公開發表權」，使其可被公開閱覽，並不影響其著作財產權，如欲將其上網公開傳輸或下載，仍須取得著作財產權人之授權[13]。國家圖書館

9 107年11月28日修正公布前之學位授予法第八條之規定：「博、碩士論文應以文件、錄影帶、錄音帶、光碟或其他方式，於國立中央圖書館保存之。」

10 圖書館設立及營運標準第八條第一項規定圖書館館藏發展基準，其中，關於國家圖書館之館藏發展基準（三）明定，國家圖書館「為全國大學博碩士學位論文之法定送存機關，應依法要求各大學將該校博碩論文以文件、錄影帶、錄音帶、光碟或其他方式，連同電子檔定期送存永久典藏，並以授權公開閱覽為原則」。

11 在學位授予法83年修正於第8條要求將碩、博士學位論文送交中央圖書館保存以前，教育部係將各校所送之碩、博士學位論文，移交政治大學社會科學資料中心，並專款補助，委託整理，參見王宏德（2019），對於「學位授予法」修正通過之我見，《國家圖書館館訊》，1期，總號159期，頁20，https://nclfile.ncl.edu.tw/files/201904/b9fbec6d-2b27-42b5-a0d6-10002c89240c.pdf（最後瀏覽日：07/29/2019）。

12 參見「國家圖書館紙本學位論文送存注意事項」第九點，https://night.stust.edu.tw/Sysid/night/master_forms/國家圖書館紙本論文送存注意事項.pdf（最後瀏覽日：03/01/2020）。

13 經濟部智慧財產局106年3月6日智著字第10600003800號函釋：「本法第15條第2

爲方便碩士、博士論文被廣爲接觸利用，乃於該項送存制度運作同時，引導各大學鼓勵碩士、博士生簽署該館所設計之定型化授權書，將「論文全文（含摘要），提供讀者基於個人非營利性質之線上檢索、閱覽、下載或列印，此項授權係非專屬、無償授權國家圖書館及本人畢業學校之圖書館，不限地域、時間與次數，以微縮、光碟或數位化方式將上列論文進行重製，並同意公開傳輸數位檔案。」[14] 亦即，碩士、博士生於該項授權書中，以非專屬、無償授權方式，授權國家圖書館及碩士、博士生所畢業之學校，得不限地域、時間與次數，以微縮、光碟或數位化方式，將學位論文重製爲數位檔案，上網公開傳輸，以供讀者基於個人非營利性質之線上檢索、閱覽、下載或列印。

87 年修正著作權法時，國科會科資中心遊說立法委員提案 [15]，增訂第 48 條之 1 之合理使用，允許政府、學校或圖書館不必取得授權，即得自由重製學位論文中所附之摘要 [16]。然而，此項合理使用規定僅適用

項規定，依學位授予法撰寫之碩士、博士論文，著作人已取得學位者，推定著作人同意公開發表其著作，其立法意旨係為國家學術發展之目的，限縮著作人之著作人格權，因而對於已取得學位之著作人就該碩士、博士論文如未表示不予公開者，即推定著作人同意公開發表，不論紙本論文或該論文之電子檔案均有適用。至於來函所詢得否不經研究生授權，逕行將論文電子全文公開傳輸於網路開放一節，則另涉及著作財產權之利用，例如：於網站上提供全文瀏覽、下載等涉及『公開傳輸』、『重製』等利用行為，應取得著作財產權人之同意或授權，方屬合法。是以，並非符合本法第15條有關公開發表權之例外規定，即可逕行為公開傳輸等著作財產權之利用行為；亦即，公開發表權之例外規定與著作財產權之利用係屬二事。」

14 參見「國家圖書館博碩士論文電子檔案上網授權書」，https://ndltdcc.ncl.edu.tw/authority_20171102.doc（最後瀏覽日：03/01/2020）。

15 立法院議案關係文書院總第553號，林耀興委員等提案第1548號，https://lis.ly.gov.tw/lgcgi/lgmeetimage?cfcccfcdcecfcfcfc5c9c7d2c9c6（最後瀏覽日：03/01/2020）。

16 著作權法第48條之1規定：「中央或地方機關、依法設立之教育機構或供公眾使用之圖書館，得重製下列已公開發表之著作所附之摘要：一、依學位授予法撰寫之

於學位論文中所附之摘要，並不及於學位論文之全文利用，且其合理使用之方式亦僅限於「重製」。雖然著作權專責機關曾以函釋認為，圖書館將學位論文中所附之摘要上網「公開傳輸」有主張合理使用之空間[17]，惟此項行政函釋之意見，是否為司法機關所接受，尚不明確。為善用網路科技以助學術研究，目前行政院送請立法院審議中之著作權法修正草案，於第 59 條關於論文摘要之合理使用，除保留現行條文第 48 條之 1 之「重製」之方式，再將現行第 63 條所允許進一步之「翻譯」、「散布」前移並列之外，並已增訂「公開傳輸」之利用方式，根本解決前述行政函釋不足以保護利用人合理使用權益之缺失[18]。

原本國家圖書館所營運之「台灣博碩士論文知識加值系統」僅有學位論文之論文名稱、碩士、博士生姓名、指導教授姓名、畢業學校、論文關鍵字、完成日期等基本資料，讀者檢索完成後，必須親自到館瀏覽紙本，無從於線上閱覽全文。此項不便之解決，有待碩士、博士生同

碩士、博士論文，著作人已取得學位者。二、刊載於期刊中之學術論文。三、已公開發表之研討會論文集或研究報告。」

17 經濟部智慧財產局99年4月22日智著字第09900034750號函釋：「三、至所詢資料庫收錄學術期刊論文之中、英文摘要一節，依本法第48條之1規定，中央或地方機關、依法設立之教育機構或供公眾使用之圖書館，就已公開發表，刊載於期刊中之學術論文，或已公開發表之研討會論文集或研究報告，得重製該等著作所附之摘要，故貴中心重製已公開發表之學術期刊論文之中、英文摘要，不會有侵害著作權的問題。四、至於後續利用型態或與其他國際資料庫洽談國際合作事宜，如涉及於網路傳輸利用（即公開傳輸）行為，考量此等利用行為對著作權人所造成之影響尚屬有限，在符合本法第48條之1合理使用之前提下，尚可依本法第63條第3項規定予以散布，則其後續之「公開傳輸」行為似亦有依本法第65條第2項規定，認有主張合理使用之空間。至符合上述合理使用之情形，仍須依本法第64條之規定註明其出處（著作人如明示其姓名或別名者，亦須一併註明）。五、以上係行政機關見解。由於著作權屬私權，在具體個案中，對於利用著作有無合理使用、有無構成侵害等，如有爭議，仍應由司法機關調查事證予以審認。」

18 前揭註5，頁56。

意簽署「國家圖書館博碩士論文電子檔案上網授權書」，並自行上傳碩士、博士論文全文電子檔後[19]，讀者始可透過網路進入「台灣博碩士論文知識加值系統」，檢索、瀏覽及下載學位論文全文，進行學術研究及引用。

肆、問題之源起

107 年 11 月 28 日新修正公布學位授予法第 16 條第 2 項要求國家圖書館應公開碩士、博士論文供公眾接觸，起源於教育部自 97 年起，應國家圖書館之請，通函各大學將學位論文送國家圖書館時，以公開利用爲原則，若延後公開則期限至多爲 5 年，且應避免永不公開[20]。

國家圖書館提出該項建議，係因該館「頻接獲已送到館之論文，夾附研究生『永不公開』或民國 999 年始公開之聲明，其不公開之事由不一，原因列舉如後：(一) 延後公開：廠商合作計畫、論文尚未發表、專利申請中、尚未申請相關專利……；(二) 永不公開：個案企業涉及機密、研究資料不便公開、商業機密、預計日後投期刊、內部資料無法公開、相關資料提供者要求不公開……。」[21] 著作權法第 15 條第 2 項第

19 參見「台灣博碩士論文知識加值系統」徵求授權說明，https://ndltdcc.ncl.edu.tw/get_thesis_authorize.php（最後瀏覽日：03/01/2020）。

20 教育部97年7月23日台高通字第0970140061號函及100年7月1日台高（二）字第1000108377號函：「學位授予法第8條規定：『博、碩士論文應以文件、錄影帶、錄音帶、光碟或其他方式，於國立中央圖書館保存之。』學位論文應提供各界閱覽利用，俾促進學術傳播。綜上，請各校於提交博、碩士學位論文送國家圖書館時，以公開利用為原則，若延後公開則須訂定合理期限，其期限至多為5年，且應避免永不公開之情況。」

21 國家圖書館97年7月15日台圖採字第0970002209號函。
例如：亞洲大學即於其圖書館網頁公告：依「教育部100年7月1日台高（二）字第1000108377號函文」，延後公開須訂定合理期限，請依實際需求設定延後公開日

2 款於碩士生、博士生取得學位，即推定著作人同意公開發表其學位論文，惟如今碩士生、博士生明示「永不公開」或民國 999 年始公開其學位論文，推翻著作權法關於同意公開發表其學位論文之「推定」，使得國家圖書館必須遵從碩士生、博士生之意願，即使已依學位授予法第 8 條取得學位論文之紙本或電子檔，仍不得任意公開，乃建請教育部轉知並要求各大學致力於公開學位論文。然而，修正前之學位授予法第 8 條僅規定學位論文應送國家圖書館「保存」，並未要求必須「公開」，教育部前開函文通令學位論文應被公開利用，如延後公開只能限期至多爲 5 年而應避免永不公開，並無法律依據。然而，各大學接獲教育部之函示，偶見強力遵行，導致學位論文被限期強制公開而與著作權法所賦予著作人公開發表權之規定相違者[22]。

爲解決上述法律上之疑義，本文作者於 100 年 7 月 13 日教育部 100 年度保護校園智慧財產權跨部會諮詢小組第一次會議中提案，建議應檢討是否於政策上強制公開學位論文，如爲肯定，則應修正著作權法或學位授予法，以符法制。提案中特別強調，「強制公開之目的僅爲接觸資訊與學術研究之方便，並利於公眾審查，使論文抄襲無所遁形，故限制著作人之公開發表權，非在剝奪碩、博士論文著作財產權之經濟利益，且應注意其內容是否有保密之需求，故仍應輔以專利權、營業秘密或國家機密之保護機制，並依著作權法第 37 條規定授權利用，使著作

期，自申請起算至多5年，若超過5年或未填寫延後公開日期，將逕以函定5年辦理。http://library.asia.edu.tw/files/14-1037-57108,r627-1.php?Lang=zh-tw（最後瀏覽日：03/01/2020）。

22 例如：亞洲大學即於其圖書館網頁公告：依「教育部100年7月1日台高（二）字第1000108377號函文」，延後公開須訂定合理期限，請依實際需求設定延後公開日期，自申請起算至多5年，若超過5年或未填寫延後公開日期，將逕以函定5年辦理。http://library.asia.edu.tw/files/14-1037-57108,r627-1.php?Lang=zh-tw（最後瀏覽日：03/01/2020）。

人有機會獲取其論文產生之經濟利益。」[23]

該項提案經討論後，獲得支持，最後決議爲：「請經濟部智慧財產局（下稱智慧局）與教育部將本案討論意見，於研修著作權法及學位授予法時納入考量，另兩法相關內容之修訂須有其一致性。」該項決議乃成爲本次新修正學位授予法及行政院版著作權法修正草案之調整起源。

其後，教育部分別於 101 年通函各大學以「爲促進國家學位論文之完整典藏與傳播，請貴校依學位授予法第 8 條規定，將學位論文之紙本及電子檔送存國家圖書館，並鼓勵所屬研究生授權公開閱覽」[24]；102 年則以「爲落實學術公開，有效促進我國學位論文之能見度及使用率，請各校鼓勵研究生將學位論文電子全文送國家圖書館並授權公開閱覽[25]」；國家圖書館 107 年則以「國家圖書館依著作權法、學位授予法等相關規定典藏學位紙本論文及提供公開閱覽服務，學位論文電子檔則經授權後開放公眾閱覽，敬請貴校鼓勵研究生授權公開；研究生因專利或發表而申請論文延後公開，本館依旨揭原則辦理」[26]，不再強力要求必須公開。

伍、法律制度上之調整

一、著作權法修正草案

依據前述教育部 100 年度保護校園智慧財產權跨部會諮詢小組第 1 次會議決議，智慧局所擬訂，透過經濟部於 105 年 9 月 6 日提送行政

23 參見會議提案説明文字。

24 教育部101年5月18日台高（二）字第1010085280號函。

25 教育部102年7月3日台高（二）字第1020096745號函。

26 國家圖書館107年1月17日國圖發字第10702000120號函。

院之著作權法修正草案[27]，於第17條第3項第3款修正爲「依學位授予法撰寫之碩士、博士論文，著作人已取得學位者」，「視爲著作人同意公開發表其著作」[28]。修正理由述及：「按碩、博士論文本應以公開爲原則，以促進學術交流及資訊流通。惟依現行法，如以推定方式同意公開發表，造成許多論文著作人不願公開發表，阻礙學術交流及知識傳播，造成寄存該等論文之國家圖書館之困擾，爰明定依學位授予法撰寫之碩士、博士論文，著作人已取得學位者，均視爲同意公開發表其碩、博士論文，而不容許當事人舉證推翻。」亦即，一旦碩士、博士生依據學位授予法取得碩士、博士學位，其學位論文即可被自由公開，以利學術交流及知識傳播，碩士、博士生不得再以「公開發表權」限制公眾接觸其學位論文。

不過，此項修正於105年11月10日行政院審查時遭刪除，不僅修正草案之「『視爲』著作人同意公開發表其著作」未獲通過，甚至連現行條文之「『推定』著作人同意公開發表其著作」之文字，亦不復維持。該項刪除於審查會議紀錄上雖敘明「有關碩博士論文之公開事宜請教育部研議納入《學位授予法》修正草案中處理」[29]，然其眞正原因係於太陽花學運之後，行政院施政處處擔心引發學生反彈，乃迴避此項修正而暫不處理學位論文強制公開之議題。惟若學位授予法未依決議處理[30]，而著作權法復刪除現行「『推定』著作人同意公開發表其著作」之文字，

27 經濟部105年9月6日經智字第10502609260號函。

28 參見經濟部報行政院之著作權法修正草案，頁21，https://www.tipo.gov.tw/public/Attachment/691210383827.pdf（最後瀏覽日：03/01/2020）。

29 行政院秘書長105年11月28日院台經字第1050184423號函檢送105年11月10日審查著作權法修正草案第二次會議紀錄。

30 行政院107年4月27日院台教字第1070172717號函送立法院審議之學位授予法修正草案，最後確實並未處理碩士、博士論文強制公開之議題，本次修正純係立法委員柯志恩提案之結果。

使學位論文等同一般著作受完整之公開發表權保護，則必須取得碩士、博士生同意公開發表其學位論文，外界始有接觸該等論文之可能，此實係倒退之修法。

由於立法院第九屆任期屆滿，行政院原提之著作權法修正草案未完成審議，依據立法院職權行使法第 13 條屆期不續審之規定，經濟部智慧財產局於 109 年 1 月 30 日重新研擬並公開之著作權法修正草案，仍循前述行政院審議時之見解，刪除「依學位授予法撰寫之 碩士、博士論文，著 作人已取得學位者」「推定著作人同意公開發表其著作」之文字[31]，前述疑義仍無從解決。

二、學位授予法

(一) 行政院 102 年 5 月函請立法院審議草案

教育部關於學位論文強制公開之修法，依據前述 100 年度保護校園智慧財產權跨部會諮詢小組第一次會議決議，於行政院 102 年 5 月 27 日函請立法院審議之學位授予法修正草案[32]，將第 8 條修正移列為第 17 條：

「碩士、博士學位論文、專業實務報告、書面報告或技術報告，學校應以文件、錄影帶、錄音帶、光碟或其他方式，連同電子檔送國家圖書館保存。

國家圖書館保存之碩士、博士學位論文、專業實務報告、書面報告

---

31 請參閱經濟部智慧財產局之著作權法部分條文修正草案條文對照表第15頁，https://topic.tipo.gov.tw/copyright-tw/cp-434-863657-327fd-301.html（最後瀏覽日：03/01/2020）。

32 參見行政院102年5月27日院台教字第1020135923號函送立法院審議之學位授予法修正草案。https://lis.ly.gov.tw/lgcgi/lgmeetimage?cfc7cfcbcfcdcfcec5cccecfd2cccdcd（最後瀏覽日：03/01/2020）。

或技術報告，應提供公眾閱覽其內容。但涉及機密、專利事項或依法不得提供，並經學校認定者，得不予提供或於一定期間內不爲提供。

前項碩士、博士學位論文、專業實務報告、書面報告或技術報告電子檔，經著作權人授權後，始得利用。」

上開草案條文一方面「爲因應資訊數位化整理、傳輸與儲存等趨勢，及利於學術成果之傳承分享」，要求「大學應將碩士、博士學位論文、專業實務報告、書面報告或技術報告，以文件、錄影帶、錄音帶、光碟或其他方式，送交國家圖書館保存，俾使學位論文相關資訊充分流通與分享」，另一方面要求「送交國家圖書館之論文或相關報告內容，以提供公眾閱覽爲原則，涉及機密、專利事項或依法不得提供者爲例外，並由各大學認定涉及機密、專利事項或依法不得提供之情形」，同時明示，除前述強制公開之外，「學位論文、報告等電子檔之利用，依著作權法規定，應經著作權人同意[33]」。

103 年 1 月 2 日立法院教育委員會完成審查之學位授予法草案，對於第 17 條僅略做文字調整，並無實質修正。

(二) 立法院委員 102 年底提出建議版本

立法院委員於 102 年底爲因應 2013 年世界智慧財產權組織於摩洛哥－馬拉喀什簽訂之關於保障視障者接觸著作之權益之馬拉喀什條約，提出著作權法、身心障礙者權益保障法、圖書館法及學位授予法之修正案。其中，針對學位授予法第 8 條，建議修正如下：

「依本法取得博士或碩士學位之人應將其博、碩士論文以文件、錄影帶、錄音帶、數位格式或其他方式，提交畢業學校轉送國家圖書館保存及公開閱覽。

33 參見該條文之修正理由。

依前項取得學位之人並應提供數位格式予中央主管機關指定專責規劃、整合及典藏視覺功能障礙者需求圖書資源之圖書館，依著作權法規定利用，以專供視覺功能障礙者使用。

前二項規定於涉及專利權之申請、營業秘密或國家機密之保護之博、碩士論文，經學位考試委員會決議不宜公開者，不得公開及提供。」[34]

該項提案之第2項規定，目的在使碩士、博士生將其學位論文之數位格式提供予教育部指定之視障專責圖書館，亦即國立台灣圖書館，以供其依據甫修正通過之著作權法第53條規定，轉換爲視障者所得自由接觸之無障礙版本。惟該項提案因教育部認爲行政院版「所提學位授予法修正條文第17條第1項業針對論文等增列『連同電子檔送國家圖書館保存』之規定，其電子檔可經相關轉譯軟體轉換視障者方便閱讀使用之格式，業符合陳委員等人所提需求，應無增加相關文字之必要」[35]，未予通過。不過，委員會協調後，期望未來於實務運作上，國家圖書館將所保存之學位論文，得交由國立台灣圖書館，轉換爲視障者所得自由接觸之無障礙版本，委員會仍做成附帶決議如下：

「爲因應世界知識財產權組織於2013年6月27日通過「促進盲人、視覺功能障礙者及其他對印刷品有閱讀障礙者接觸已公開發表著作之馬拉喀什公約」，請教育部針對視覺障礙者及使用常規著作有困難之特定身心障礙者，依照身心障礙者權益保障法第30條之1、著作權法第53條、圖書館法第9條等規定，提供可供上述人員閱讀之博碩士論文。

34 立法院議案關係文書院總第230號，陳節如委員等提案第15688號，https://lis.ly.gov.tw/lgcgi/lgmeetimage?cfc7cfcbcecdcfcec5cdcbcbd2cdcbca（最後瀏覽日：03/01/2020）。

35 參見103年4月14日立法院第8屆第5會期教育及文化委員會第12次全體委員會議紀錄，頁153，https://lis.ly.gov.tw/lgcgi/lypdftxt?xdd!cecacbc6c9c8c9c6cfca81cecfcccfcdc8cfcec4cfcecacdc4cfcdccca（最後瀏覽日：03/01/2020）。

由國家圖書館將依學位授予法獲得之博、碩士論文電子檔，交由教育部指定之專責圖書館（現爲國立台灣圖書館）依身心障礙者保護法（按，應爲身心障礙者權益保障法）、著作權法、圖書館法等規定轉製，俾供上述人員閱讀使用。」

上開結論於立法院第八屆並未完成立法，依據立法院職權行使法第 13 條所定「屆期不續審」之原則[36]，學位授予法草案後經行政院於立法委員改選換屆後重新提案[37]，嗣又以政黨輪替之原因，經行政院撤回[38]。

(三) 行政院 107 年 4 月 27 日提請審議版本

行政院最近之學位授予法草案，係於 107 年 4 月 27 日提出於立法院[39]，惟關於學位論文強制公開之議題，並未處理，僅將第 8 條之送存機關「國立中央圖書館」，依現制事實修正爲「國家圖書館」。教育部對於其未堅持依數年來對各大學三令五申要求即時公開學位論文之立場，修正學位授予法之規定，雖然係以相關法律有諸多爭議待釐清[40]，但恐怕亦係因時空改變，立場隨之改變。

---

36 立法院職權行使法第13條規定：「每屆立法委員任期屆滿時，除預（決）算案及人民請願案外，尚未議決之議案，下屆不予繼續審議。」

37 行政院105年3月11日院台教字第1050156445號函重新提案。

38 行政院105年6月23日院台教字第1050168197號函撤回提案。

39 行政院107年4月27日院台教字第1070172717號函再次提案。

40 參見107年10月22日立法院第9屆第6會期教育及文化委員會第5次全體委員會議，教育部代表政務次長姚立德發言：「由於本條文之修訂與政府資訊公開法、著作權法、圖書館法之間尚有諸多爭議待釐清，為避免本條文之溝通研商作業繁複，影響本法其他較無爭議且具時效性、急迫性之條文修法進度，爰建議先以行政院版本為主，暫維持本法現行條文。」，頁9，https://lis.ly.gov.tw/lgcgi/lypdftxt?xdd!cecacbc6c8cdcacec9ca81cecfc8cfc6cbcfcec4cfcfcfc9c4cfcfcccb（最後瀏覽日：03/01/2020）。

(四) 本文作者向立法院委員建議並獲提出版本

著作權法修正草案先已刪除現行條文第15條第2項第3款所定「依學位授予法撰寫之碩士、博士論文，著作人已取得學位者」、「推定著作人同意公開發表其著作」等文字，學位授予法若未做適當之處理，則學位論文若非得到碩士、博士生之同意，恐將無從爲公眾所自由接觸。本文作者乃向立法院委員建議，修正舊學位授予法第8條條文如下：

「取得碩士、博士學位者，應將其取得學位之論文、專業實務報告、書面報告或技術報告，以文件、錄影帶、錄音帶、光碟或其他方式，連同電子檔，送交國家圖書館及所屬學校圖書館保存，並提供電子檔予中央主管機關指定之身心障礙者權益保障專責圖書館，依著作權法規定利用，以專供身心障礙者使用。

前項碩士、博士學位論文、專業實務報告、書面報告或技術報告，國家圖書館或所屬學校圖書館應提供公眾於館內閱覽，並得於館外無法接觸之館內網路系統公開傳輸。

前二項圖書館之保存、提供或館內公開傳輸，對各該碩士、博士學位論文、專業實務報告、書面報告或技術報告之其他著作權不生影響。」

上開建議條文第1項，係規範取得碩士、博士學位者之義務。首先，其應將其學位論文以文件、錄影帶、錄音帶、光碟或其他方式，連同電子檔，送交國家圖書館保存。另因目前各學校正推動「機構典藏計畫」，將全校師生著作數位化後，集中於校內資料庫供其他校內師生參考，故亦應允許其所屬學校圖書館得保存及利用。又因身心障礙者權益保障法第30條之1要求中央教育主管機關應指定專責圖書館提供身心障礙者無障礙版本之資訊，爰將立法委員先前之建議納入後段，增列取得碩士、博士學位者並應提供電子檔予中央主管機關指定之身心障礙者權益保障專責圖書館，依著作權法規定利用，以專供身心障礙者使用。

另鑒於行政院版著作權法修正草案已將現行條文第 15 條第 2 項第 3 款「依學位授予法撰寫之碩士、博士論文，著作人已取得學位者」、「推定著作人同意公開發表其著作」之文字刪除，爰於第 2 項增訂前項學位論文應由國家圖書館或所屬學校圖書館提供公眾於館內閱覽，又考量數位網路技術時代，應允許於其館內網路系統公開傳輸，但不得供館外接觸，以保障著作人之著作權。

前二項圖書館之保存、提供或館內公開傳輸，限制著作人之著作人格權中之公開發表權及著作財產權中之部分重製權及公開傳輸權，除此之外，其他利用仍應依著作權法第 37 條取得授權或依第 44 條至第 65 條合理使用規定，爰於第 3 項明訂，對各該著作之其他著作權不生影響。

另外，行政院 105 年 3 月 11 日所提之修正草案，該條文第 2 項但書曾述及「涉及機密、申請專利或依法不得公開，經學校認定，得不予提供或於一定期間內不為提供。」然而，一般論文之發表，其內容本即不得有「涉及機密、專利事項或依法不得提供者」，否則應承擔相關法律後果，何以學位論文等卻得以此作為不公開之理由？殊不合理，爰不予援引納入。

上開建議條文及說明，嗣後為立法院委員所接受，納入 106 年 11 月 24 日所提之學位授予法草案之第 17 條[41]。

除此之外，立法委員亦針對碩士、博士學位論文之公開，提案修正第 8 條條文如下：「博、碩士論文應由主管機關指定單位以適當方式保存之。受指定單位有提供公開閱覽、管理維護、妥善保存之責。」

立法委員之提案雖亦是要因應數位時代之儲存媒介改變而修正，同

---

41 立法院議案關係文書院總第230號，柯志恩委員等提案第21350號。https://lci.ly.gov.tw/LyLCEW/agenda1/02/word/09/04/10/LCEWA01_090410_00047.doc（最後瀏覽日：03/01/2020）。

時使學位論文之保存單位承擔公開閱覽、管理維護、妥善保存之責[42]，然何謂「適當方式保存」？可否重製及公開傳輸？其所稱「提供公開閱覽之責」，是否需取得授權？或可逕行爲之？其文字仍不夠明確、直接，最後未被委員會接納。

由於行政部門對於學位論文強制公開議題態度消極，立法委員之提案復未必獲得其他委員之支持，且因學位論文被質疑違反學術倫理之情形時有所聞，委員提案在立法院獲得重視或通過之可能性並不高。本文作者乃於立法院教育及文化委員會審查學位授予法修正草案前夕，107年10月24日於媒體發文呼籲，引發各方關切[43]。最後，經過多方折衝，立法院107年10月25日教育及文化委員會審議及107年11月9日全院三讀通過之學位授予法第16條條文如下：

「取得博士、碩士學位者，應將其取得學位之論文、書面報告、技術報告或專業實務報告，經由學校以文件、錄影帶、錄音帶、光碟或其他方式，連同電子檔送國家圖書館及所屬學校圖書館保存之。

國家圖書館保存之博士、碩士論文、書面報告、技術報告或專業實務報告，應提供公眾於館內閱覽紙本，或透過獨立設備讀取電子資料檔；經依著作權法規定授權，得爲重製、透過網路於館內或館外公開傳輸，或其他涉及著作權之行爲。但涉及機密、專利事項或依法不得提

42 「為因應數位時代之存放載體改變，爰將博碩士論文保存方式中文件、錄影帶、錄音帶等字樣改為以適當方式保存。保存單位則得因應閱覽工具之變化由主管機關指定之。」，參見李麗芬立法委員等提案之該條立法說明，立法院議案關係文書院總第230號，委員提案第22058號，https://lci.ly.gov.tw/LyLCEW/agenda1/02/word/09/05/13/LCEWA01_090513_00008.doc（最後瀏覽日：03/01/2020）。

43 參見章忠信，「學位授予法修正案未強制論文公開 學者呼籲：應公眾審查」一文，原本作者自訂之投書標題為「建立學位論文的公眾審查制度」，經媒體編輯逕行依據內文最後一段文字之意涵，修改為「立委的碩博論文給看嗎？」，後又被電子版編輯修正為目前網路標題，https://udn.com/news/story/11321/3438888（最後瀏覽日：03/01/2020）。

供，並經學校認定者，得不予提供或於一定期間內不爲提供。

前二項圖書館之保存或提供，對各該博士、碩士論文、書面報告、技術報告或專業實務報告之著作權不生影響。」

陸、相關爭議及其可能之解析

新修正學位授予法第 16 條對於學位論文之強制公開，給予明確之法律依據，其雖僅是針對學位論文之「公開發表權」進行限制，惟仍會影響著作財產權之行使[44]。不僅如此，其於適用上，仍有諸多議題亟待面對、修正及解決。

一、學位論文無障礙版本之轉製，仍有待修法努力

103 年 6 月 4 日修正公布之身心障礙者權益保障法第 30 條之 1，雖已要求負責提供身心障礙者接觸資訊之國立台灣圖書館，應優先提供身心障礙者所需之數位格式之圖書資源[45]，又 103 年 1 月 22 日修正公布之著作權法第 53 條亦擴大既有之視障者權益之合理使用範圍，允許爲專

44 例如：國家圖書館對於學位論文之對公眾提供，是否使其成為著作權法第51條及第52條所定之「已公開發表之著作」？該等著作是否為第48條所稱國家圖書館或碩士、博士生所屬學校圖書館「收藏之著作」？此項爭議將另文撰述，於本文不做進一步討論。

45 身心障礙者權益保障法第30條之1規定：「中央教育主管機關應依視覺功能障礙者、學習障礙者、聽覺障礙者或其他感知著作有困難之特定身心障礙者之需求，考量資源共享及廣泛利用現代化數位科技，由其指定之圖書館專責規劃、整合及典藏，以可接觸之數位格式提供圖書資源，以利視覺功能障礙者及特定身心障礙者之運用。前項受指定之圖書館對於視覺功能障礙者及前項特定身心障礙者提出需求之圖書資源，應優先提供。第一項規劃、整合與典藏之內容、利用方式及所需費用補助等辦法，由中央教育主管機關定之。」

供身心障礙者接觸之目的，得合理使用已公開發表之著作[46]。然而，國立台灣圖書館若無從取得學位論文之數位檔案，必需耗費資源自行將紙本轉製爲無障礙版本，仍不利身心障礙者接觸資訊，將使身心障礙者與一般人之間，數位差距更加嚴重。雖然，國家圖書館得透過館際合作程序，將碩士生、博士生所送存之學位論文之數位檔案，提供國立台灣圖書館轉製爲無障礙版本，但國家圖書館對此提供行爲之合法性，非無疑慮，造成實際執行上之困擾，乃有前述立法委員所提要求國家圖書館應提供學位論文數位檔案給國立台灣圖書館之附帶決議，可惜該次學位授予法修正草案未完成立法程序，附帶決議亦無所附麗。本文作者曾於國立台灣圖書館 108 年 2 月 26 日舉行之「強化身心障礙者數位圖書資源利用中程發展計畫」108 年度諮詢委員會議中，提案建議請教育部協助協商國家圖書館，提供出版品或學位論文數位檔案給國立台灣圖書館，以利轉製專供身心障礙者接觸之無障礙版本，並獲得通過。然於法制上，仍應明文使國立台灣圖書館直接取得學位論文之數位檔案以利轉製爲無障礙版本爲宜，本文認爲學位授予法仍有必要增訂條文，使國立台灣圖書館取得法源依據，建議應於第 16 條第 1 項後段增訂如下斜粗體底線之文字：

「取得博士、碩士學位者，應將其取得學位之論文、書面報告、技術報告或專業實務報告，經由學校以文件、錄影帶、錄音帶、光碟或其他方式，連同電子檔送國家圖書館及所屬學校圖書館保存。**學校並應提**

---

46 著作權法第53條：「中央或地方政府機關、非營利機構或團體、依法立案之各級學校，為專供視覺障礙者、學習障礙者、聽覺障礙者或其他感知著作有困難之障礙者使用之目的，得以翻譯、點字、錄音、數位轉換、口述影像、附加手語或其他方式利用已公開發表之著作。前項所定障礙者或其代理人為供該障礙者個人非營利使用，準用前項規定。依前二項規定製作之著作重製物，得於前二項所定障礙者、中央或地方政府機關、非營利機構或團體、依法立案之各級學校間散布或公開傳輸。」

供電子檔予中央主管機關指定之身心障礙者權益保障專責圖書館，由其依著作權法規定利用，以專供身心障礙者使用。」

二、碩士、博士生所屬學校圖書館得否公開學位論文，尚待釐清

著作權法第 15 條賦予著作人「公開發表權」，而新修正學位授予法第 16 條第 2 項僅允許「國家圖書館」將學位論文「提供公眾於館內閱覽紙本，或透過獨立設備讀取電子資料檔」，並不及於其他人，則依該法第 1 項取得學位論文之所屬學校圖書館，得否公開該等論文，將滋生疑義。

此項疑義，起源於著作權法與學位授予法未同步協調一致之修正。如前所述，著作人之「公開發表權」，僅有首次公開發表之權利，一旦經著作人將其著作公開發表後，其著作內容已為公眾所接觸，即無由再以「公開發表權」對抗他人對其著作之公開。然而，此處學位論文之公開，係由國家圖書館依據學位授予法第 16 條第 2 項而公開，並非由碩士、博士生自行公開，與上開情形有異。

依法言法，若著作權法第15條未限制學位論文之「公開發表權」[47]，則碩士、博士生就其學位論文享有完整之「公開發表權」，而國家圖書館依法之公開行為，僅屬得主張阻卻違法之行為，碩士、博士生對於其他人任意公開其學位論文之行為，仍得主張侵害其「公開發表權」。事實上，國家圖書館依法公開學位論文之後，公眾已得自由接觸論文內容，此時再使該學位論文之「公開發表權」繼續存在，並無實益，解釋上應允許碩士、博士生所屬學校圖書館或其他取得學位論文紙本或電子檔之

47 現行著作權法第15條第2項第3款之「推定著作人同意公開發表其著作」，或經濟部原提修正草案之「視為著作人同意公開發表其著作」，均屬對於「公開發表權」之限制，惟行政院提送立法院審議之草案已完全刪除本款，若立法院照行政院版草案通過，碩士、博士學位論文將取得完整之「公開發表權」。

人（例如：指導教授、口試委員或其他獲贈學位論文之人）得公開該論文，但法制上仍存在上述爭議。國家圖書館肩負公開碩士、博士生送存之學位論文之義務，此係具公法性質之學位授予法對於國家圖書館之要求，而學位論文之著作人能否享有「公開發表權」，則屬於賦予私權之著作權法應規範之範圍，二者係屬於不同規範目的，無法相混。本文乃建議，即使學位授予法已要求國家圖書館應公開學位論文，著作權法仍應明文限制學位論文之「公開發表權」，使「依學位授予法撰寫之碩士、博士論文，著作人已取得學位者」，「視為著作人同意公開發表其著作」，始能確認其他人公開學位論文不致構成侵害「公開發表權」。在此之前，必須是國家圖書館依法公開學位論文之後，其他人始得公開該學位論文，否則，仍可能有構成侵害學位論文之「公開發表權」之疑慮。此項措施或將增添學校圖書館之行政負擔，但為避免引發侵害權利之爭，恐怕只能勉力為之。

三、「原則公開，例外限制」之檢討與執行疑義

學位授予法第 16 條第 2 項對於國家圖書館保存之學位論文，以公開為原則，但書例外允許「涉及機密、專利事項或依法不得提供，並經學校認定者，得不予提供或於一定期間內不為提供。」該項例外規定，係援引教育部歷來要求開放學位論文之函示中為降低大學反對聲浪所為之妥協因應，使得大部分學位論文有被公開之可能。然而，其或將完全推翻條文本文所期待達到之「學術資訊流通」及「公眾審查」立法目的，不僅開了重大缺口，實際執行面亦滋生爭議。

一般論文之發表，其內容本即不得有「涉及機密、專利事項或依法不得提供者」，否則應承擔相關法律後果。實務上，諸多學校要求學位論文之部分重要內容，必須先完成研討會或期刊發表，取得形式及實質考驗之後，始得進入全文撰寫及整理，其必不會任意發表不該發表者。

至於專利之申請，只要於學位論文公開後1年內提出申請，亦得依據專利法第22條主張優惠期，不致喪失新穎性或進步性[48]。上開情形均足以說明，將不得公開之資訊排除於一般文章或學位論文，並無困難，而取得學位之學位論文，較一般論文更須接受公眾參考、評斷，以確保學位之學術價值，基於「學術資訊流通」及「公眾審查」之立法目的，更不應據此為理由而不公開。

學位授予法第16條第2項但書將學位論文是否不對公眾提供之必要性認定，明定由「學校認定」，其實際上如何執行，亦生爭議。校長為學校最高行政主管，「學校認定」似乎係指由校長做最後之核可。然各校之各院系所，每年畢業之碩士、博士生，以數十或數百計，領域與校長相近者寡，關係亦不接近，校長如何認定？即使各院系所主管，亦未必全然掌握所屬碩士、博士生之研究領域專業，最後之認定將落至指導教授或口試委員身上。雖然，教育部基於大學自主之精神，於學位授予法修正公布後，即通函各大學就此議題「應就特殊情形訂有認定或審議機制[49]」，強調由各校自訂機制，不予干預，本文仍建議，指導教授

48 經濟部智慧財產局106年3月6日智著字第10600003800號函釋：「（一）有關學位論文之典藏及公開閱覽係屬專利法第22條第1項第1款所指見於刊物態樣之一，惟按現行專利法第22條第3項及第4項規定，前揭論文典藏及公開之事實發生後6個月內，該論文技術內容發明人向本局提起專利申請者，於申請時得主張該論文典藏及公開之事實為優惠期事由，排除為喪失新穎性或進步性之事由。再者，若該論文典藏及公開閱覽之事實於專利申請日後發生者，則不影響該專利技術之新穎性及進步性。……（二）另，……新法修正後，優惠期期間由原事實發生6個月延長為12個月，且申請人毋庸於申請時主張，亦即前開論文典藏及公開之事實後12個月內，向本局提出專利申請案即符合優惠期要件……。」

49 參見教育部107年12月5日台教高（二）字第1070210758號函。

與碩士、博士生關係過於密切[50]，恩怨牽連，不宜獨斷[51]，由扮演專業與考核角色之全體口試委員認定，較爲恰當[52]。亦即，碩士、博士生若不欲公開其學位論文，應於口試時提出具體事證，說服全體口試委員同意「不予提供或於一定期間內不爲提供」，再循行政程序由校長核可，附記於送存之學位論文[53]，否則，即應由國家圖書館予以公開提供予公眾接觸。

50 研究顯示，指導教授對於學位論文之公開具關鍵因素，參見：張慧娟、蘇小鳳，研究生學位論文數位授權意願之研究，圖書資訊學研究3卷2期，頁121，2009年7月，http://jlisr.lac.org.tw/vj-attachment/2009/10/attach44.pdf（最後瀏覽日：03/01/2020）。

51 依據國家圖書館108年3月7日為方便各大學統一執行學位論文送存事務，以國圖發字第10802000530號函送各校之「學位論文送存國家圖書館典藏暨授權利用作業要點」附件三之「國家圖書館博碩士學位論文延後公開申請書」，除了以碩士、博士生簽名外，亦要求指導教授簽名，並加蓋「學校系所章戳」，似乎係認為應由指導教授同意，再由學校系所同意即可，依據學校現場實況，系所之行政主管一般不會干涉學術專業認定事項，此一規範等同將認定權交予指導教授，並不恰當。由於該要點發布後引發諸多質疑，在教育部之行政指導下，國家圖書館乃於108年6月19日以國圖事字第10801001322號令重新修正發布，並將要點名稱修正為「學位論文送存國家圖書館典藏作業要點」，並基於大學自主之原則，將「學校系所章戳」修正為「學校認定／審議單位章戳」，使認定權限之歸屬由學校自行決定，不再由國家圖書館統一規範。

52 本文作者於接受國家圖書館初擬「學位論文送存國家圖書館典藏暨授權利用作業要點」草案之諮詢時，曾具體建議應由全體口試委員決定，可惜當時並未被採納。不過，日後重新修正要點後，國家圖書館似已認為可行。參見明志科技大學圖書資訊處公告，「經國家圖書館建議，本校已於昨日（108/07/02）主管會議審議通過，新版國家圖書館學位論文延後公開申請書『學校認定／審議單位』授權由『口試委員會所有委員簽名』認定。」http://lis.mcut.edu.tw/p/406-1013-38415,r11.php?Lang=zh-tw（最後瀏覽日：07/29/2019）。

53 國立高雄師範大學即採此措施，參見該校網頁，「學位論文因涉及專業領域，若有需延後公開者，建議於學生口考時告知口試委員，當場進行認定並簽名延後公開申請書，後續依國家圖書館規定辦理。」，http://transart.nknu.edu.tw/?p=1277（最後瀏覽日：07/29/2019）。

四、畫蛇添足之授權條款

學位授予法第16條第2項另增訂有授權條款，規定國家圖書館「經依著作權法規定授權，得爲重製、透過網路於館內或館外公開傳輸，或其他涉及著作權之行爲。」關於著作之利用，除有著作權法第44條至第65條所定之合理使用情形外，原本就應依據著作權法第37條規定取得授權。此項增訂看似畫蛇添足，其實卻係國家圖書館遊說之下所增列，其眞正目的係欲使各大學於向碩士、博士生收繳送存之學位論文時，順道取得碩士、博士生之授權書，方便國家圖書館於學位授予法第16條第2項所賦予公開學位論文之使命之外，得進一步於其所經營之「台灣博碩士論文知識加值系統」，提供各界進行學位論文之線上閱覽及下載、列印[54]。國家圖書館108年3月7日函送各校之「學位論文送存國家圖書館典藏暨授權利用作業要點」第五點之（二）即要求「大學於送存論文電子檔時，檢附學生親筆簽名之『國家圖書館電子學位論文網路公開授權書』（附件四）（或各校依本館版本修訂之授權書，增列《同意非專屬、無償授權國家圖書館，不限地域、時間與次數，以各類方式進行重製，並於網際網路或館內網路公開傳輸數位檔案》選項之校訂版電子學位論文網路公開授權書），另行郵遞本館並加註《博碩士論文電子檔案網路公開授權書》」。此項規定固然有助於「台灣博碩士論文知識加值系統」之服務，但其於作業要點中，要求各校必須要求學生

54 此一規定亦引發學者之強烈抨擊，參見周佳宥，評學位授予法第十六條修法之合憲性，三之（二）真授權還是假授權？教育法學評論，國立台灣師範大學，頁213，2018年12月；黃仁俊，學位論文與大學自治——評學位授予法第十六條下國家圖書館的角色丕變，文中認為「國家圖書館不再是法定地位下之『保存典藏』的圖書館，而是在學位授予法第十六條第二項『得為重製、透過網路於館內或館外公開傳輸』的規範文字下，逾越了圖書館法定地位的規範，進而來從事『電子出版』的『國家圖書館出版社』」，同前期刊，頁225。

授權國家圖書館，已超越學位授予法之規範，且嚴重影響學位論文之商業市場[55]，法律依據不足，並不恰當[56]。爲此，國家圖書館在教育部行政指導下[57]，重新將「學位論文送存國家圖書館典藏暨授權利用作業要點」修正發布之「學位論文送存國家圖書館典藏作業要點」，除刪除原要點名稱中之「暨授權利用」等文字，並於第八點修正明文「學生同意依著作權法規定授權重製、透過網路於館內或館外公開傳輸，或其他涉及著作權之行爲者，得於畢業離校時檢附親筆簽名之『學位論文網路公開授權書』（附件六）或各校依本館版本修正之授權書交由學校圖書館，並由學校圖書館連同紙本論文與電子檔案一併遞送本館辦理[58]。」不再強勢要求學生必須授權重製或公開傳輸，弭平此項爭議。

柒、結論

新修正學位授予法關於學位論文之強制公開條款，係教育部與國家圖書館共同推動之重要政策之落實，雖然行政院於修法過程中已見遲疑，最後係於本文作者之推促及相關立委之堅持下，完成立法。不過，

---

55 部分大學認為學位論文應透過有償授權之商業機制散布，對於國家圖書館免費線上公開之政策並不支持，參見張慧娟、蘇小鳳：研究生學位論文數位授權意願之研究，圖書資訊學研究 3卷2期，頁107，2009年7月，http://jlisr.lac.org.tw/vj-attachment/2009/10/attach44.pdf（最後瀏覽日：03/01/2020）。

56 經濟部智慧財產局101年8月6日電子郵件1010806號函釋：「二、至於您來函所投訴之在獲得碩士學位，辦理離校手續時，必須填寫之授權書，就有關是否授權及相關授權事宜的選項，完全沒有不同意之選項，且未填寫並簽名繳交該授權書，就不能辦理離校手續畢業一事，涉及您與學校間之契約爭議，建議洽請學位授予法之主管機關教育部處理為宜。」

57 參見108年3月27日聯合報報導，強迫學生論文網路公開？教育部令國圖修正要點，https://udn.com/news/story/7266/3721084（最後瀏覽日：03/01/2020）。

58 國家圖書館108年6月19日國圖事字第10801001322號令發布。

由於學位授予法僅係規範國家圖書館公開學位論文之公法，關於學位論文「公開發表權」之限制，仍應於著作權法中統一規範，此部分尚待立法院之持續關注。至於學位授予法修正公布後，立法上之闕漏及執行上之疑義，仍須教育部及智慧局本於學位授予法及著作權法之主管機關及專責機關之立場，進一步協商，釐清疑義，並關注國家圖書館執行業務是否合法適當，必要時，仍須提出妥適之修法草案，始能根本解決疑義。

第四章

著作權法的限度保護原則及法定保護原則：智慧財產法院近來對伴唱機著作權爭議案例的比較與思考

吳尚昆*

壹、前言

貳、伴唱機製造商或持有人，將歌曲灌錄至伴唱機內：重製的著作財產權爭議

參、營業場所業者提供伴唱機，供消費者播放著作及演唱：公開演出的著作財產權爭議

肆、著作權的限度保護原則及法定保護原則

伍、結論

*現任大成臺灣律師事務所律師、世新大學法學院兼任助理教授

摘　要

與伴唱機有關的著作權爭議多爲重製權及公開演出議題，常見權利人派人實際操作伴唱機爲蒐證方法，本文觀察近年智慧財產法院判決對此蒐證方法見解改變的脈絡。又權利人針對不同的爭議型態，應分別就其著作類型爲特定權利的主張或請求，此不但涉及刑法上罪刑法定主義與民法上請求權基礎，亦回應著作權法重要法理：限度保護原則與法定保護原則。

關鍵詞：著作權，重製，公開演出，限度保護原則，法定保護原則。

壹、前言

卡拉 OK 或伴唱機從 1980 年代左右，在日本發展流行後，很快傳到台灣，而台灣以「包廂式」KTV 的商業創意經營，又傳回日本及世界各國。KTV 店家在台灣成爲一般民眾的娛樂場所，而且在個人住家、小吃店、餐廳、甚至遊覽車、計程車、里民活動中心、廟宇、公園等地，都可看到伴唱機的身影。而就伴唱機產業的發展而言，無論是伴唱機的製造銷售、營業場所的建置、從音響喇叭中傳來的歌曲、螢幕出現的影像畫面或使用者的點唱等場景，都避不開著作權議題。

今日常見電腦伴唱機／卡拉 OK（以下本文均統稱爲「伴唱機」）的著作權爭議，以爭議發生場域來看，大抵有二類：一、伴唱機製造商或持有人將歌曲灌錄至伴唱機內；二、營業場所業者提供伴唱機，供消費者播放歌曲及演唱的行爲。從請求權基礎（即據以支持一方當事人向他方當事人有所請求的法規範）出發，權利人針對不同的爭議型態，應分別就其著作類型所得享有的排他權爲主張或請求，但實務上屢見權利人對其何種權利受侵害語焉不詳，因而受不利判決結果。又一般常見權利人的舉證方式，多爲派遣職員或徵信人員實際操作伴唱機，並將點歌過程拍照或攝影蒐證，而依此方法取得的證據，以往司法實務曾將之作爲認定犯罪或侵權的依據，但近年來司法實務逐漸採取較嚴格認定。

本文介紹近一、二年間智慧財產法院相關類似案例，觀察智慧財產法院對上開爭議案件處理脈絡及近來主要見解，並藉相關案例闡述著作權基本理論：限度保護原則及法定保護原則。

貳、伴唱機製造商或持有人將歌曲灌錄至伴唱機內：重製的著作財產權爭議

伴唱機內灌錄有多首歌曲，此涉及重製的著作財產權，著作類型則有詞與曲的音樂著作、原聲部分的錄音著作、影像（含聲音）的視聽著作等。一般市售伴唱機出廠時已內建大量歌曲，該類歌曲多經製造商取得授權後重製，故較少爭議發生。不過利用人取得原廠伴唱機後，另外灌錄的歌曲，仍涉及音樂、錄音、視聽著作的重製行爲。實務常見例子有：小吃店等商家自行將新增歌曲灌錄於記憶卡、光碟或硬碟內；伴唱機所有人或持有人利用記憶卡、硬碟或光碟將新增歌曲灌錄至電腦伴唱機內硬碟；電腦伴唱機製造商服務人員或機台出租人提供加灌歌曲服務。

以下簡單整理並評析，近年來多件智慧財產法院類此爭議的判決，我們可發現智慧財產法院對於重製的「行爲人」認定，有逐漸嚴格的趨勢。

一、2019/5/9 智慧財產法院 108 年度刑智上訴字第 14 號刑事判決

案例事實：遊覽車伴唱機內有非法重製的錄音著作，靠行遊覽車司機被控在伴唱機內灌錄非法重製的音樂著作。檢察官起訴認被告犯違反著作權法第91條第2項之擅自以重製之方法侵害他人著作財產權罪嫌。

蒐證方式：告訴人的蒐證人員於遊覽車上實際操作伴唱機蒐證。

判決結果：有罪。

判決理由：

(一) 告訴代理人證稱：瑞影公司有自己的伴唱機 MDS-655，只租不賣，租伴唱機就可以用瑞影公司的歌。MDS-655 只能用瑞影公司

獨有的程式去灌新歌，外面盜版的歌使用其他灌錄程式無法灌進MDS-655 裡面。至於音圓伴唱機與瑞影公司沒有關係。所以音圓伴唱機裡灌錄有瑞影公司的歌，就可以推知爲違法灌錄。被告放置者既爲音圓伴唱機，並非瑞影公司 MDS-655 之伴唱機，然其伴唱機內卻有附表所示瑞影公司擁有著作財產權之四首歌曲，且其伴唱機內點選附表歌曲之歌頭畫面亦與 MDS-655 電腦伴唱機顯示之歌頭畫面有明顯差異，顯見被告車內伴唱機內附表所示歌曲，係經非法灌錄而來。

(二) 細繹被告所辯，就該台伴唱機來源究係購買時原車所附，抑或另至跳蚤市場購買，先後供述已有明顯歧異，是該台伴唱機之來源已有可疑。再者，縱認被告所辯伴唱機乃至跳蚤市場所購得爲眞，然其所述購買機台之時間爲查獲前 4、5 年，即約 99、100 年間，則機台內之歌曲理應爲 99、100 年之前所發行之歌曲，始爲合理。乃本案附表編號 2「心肝仔」CD 專輯發行之日期爲 102 年 12 月，顯然於被告自述在跳蚤市場購得伴唱機之時點之後，豈有於 99、100 年購得伴唱機時，伴唱機內業已灌錄 101、102 年始發行之附表所示音樂著作之可能。是其所辯伴唱機於購買時業已灌錄附表所示歌曲，並未另行灌錄云云，顯非可採。

評析：本件是近年來智慧財產法院少數認定伴唱機侵權案件之一[1]，被告爲伴唱機持有人，而伴唱機內新歌又被認定是伴唱機購買後所灌錄，法院是就各項間接證據來綜合判斷[2]。

---

1 另一件是2019/10/31智慧財產法院108年度刑智上易字第56號刑事判決，該判決是關於伴唱機出租業者將重製有未授權歌曲的伴唱機出租給冷飲店，被告不否認有灌錄非法重製音樂著作，但主張並非「出租」，而是出借，但法院綜合事證，認為被告確實收取租金，構成刑法第92條以出租之方法侵害他人著作財產權罪。

2 參照最高法院44年台上字第702號判決意旨「認定犯罪事實所憑之證據，並不以直接證據為限，即綜合各種間接證據，本於推理作用，為認定犯罪事實之基礎，如

二、2019/5/2 智慧財產法院 108 年度刑智上易字第 12 號刑事判決

案例事實：小吃店內伴唱機有非法重製的音樂著作，伴唱機銷售業者被控將非法重製歌曲灌錄至伴唱機內。檢察官起訴認被告涉犯違反著作權法第 91 條第 1 項之擅自以重製之方法侵害他人著作財產權罪嫌。

蒐證方式：告訴人於被告的店內蒐證錄影；警方搜索扣押伴唱機、點歌本、遙控器。

判決結果：無罪。

判決理由：

(一) 告訴人雖派員至阿文卡拉 OK 店，蒐證點唱系爭歌曲二，復經原審勘驗蒐證錄影光碟，然上開蒐證錄影畫面顯示，現場點歌本內頁，均爲白底黑字。原審命警取回扣押之點歌本，並當庭勘驗，發現扣押之點歌本內頁有粉白色、綠白色、橘白色及藍白色，均無記載新增歌曲之字樣。職是，告訴人蒐證錄影畫面顯示之點歌本，其與警方至現場扣押之點歌本，顯不相同，無法確認告訴人蒐證錄影畫面中顯示之點歌本，究竟是否爲店內伴唱機台之點歌本。

(二) 經本院準備程序，當庭播放告訴人提出之阿文卡拉 OK 店蒐證光碟。雖可知該光碟之影片爲連續拍攝，並無剪接等情。然現場之伴唱機台後方，可自行抽換記憶卡，以灌錄系爭歌曲二，使該光碟呈現系爭歌曲二影像之錄影。因抽換記憶卡之動作得於短時間完成，縱使現場有第三人停留，抽換記憶卡之動作，仍可輕易完成，故系爭歌曲二是否確爲被告所灌錄重製，容有疑義。

(三) 證人○於警詢中雖證稱，其於 7、8 年前向被告購買伴唱機，伴唱

無違背一般經驗法則，尚非法所不許。」

機內歌均為被告侯景堯灌製，每次收費 3,800 元，大約 1 至 2 月一次等語。然原審勘驗扣押之點歌本，並無記載新增歌曲之字樣，證人○○○復未提出相關單據，無法確認被告侯景堯所收取之費用除維修保養費用外，是否確實包含灌錄新歌之費用。準此，依據檢察官提出之上開證據，無從確認被告是否有在扣案之伴唱機台內，重製系爭歌曲二。

評析：本案法官質疑告訴人的蒐證有瑕疵，認為現場的伴唱機有可能被抽換記憶卡，就銷售伴唱機業者來說，並無直接證據證明伴唱機內的侵權歌曲是其灌錄。當然，本案案發後店家有無更換點歌本（案件至法院審理後扣押點歌本內無新增歌曲），也是值得注意之處。

三、2019/11/21 智慧財產法院 108 年度刑智上訴字第 36 號刑事判決

案例事實：民宿內伴唱機有非法重製的音樂著作，檢察官起訴伴唱機銷售業者將非法重製的音樂著作灌錄製伴唱機。檢察官起訴認被告犯著作權法第 91 條第 2 項意圖銷售而擅自以重製方法侵害他人之著作財產權罪，及同法 91 條之 1 第 2 項之明知係侵害著作財產權之重製物而散布罪之罪嫌。

蒐證方法：告訴人法務人員蒐證、扣案伴唱機及歌本。

判決結果：一審有罪、二審無罪。

判決理由：（二審）

(一) 被告公司所生產銷售的原廠伴唱機內附之硬碟，均載有○○公司之硬碟保固易碎貼紙，以辨別是否為○○公司原廠之硬碟及硬碟保固期間之起算與維護，原審函文所檢附硬碟照片，其上所載的保固貼紙，並非○○公司之硬碟保固貼，故該扣案之硬碟並非該公司原廠出廠所隨附之硬碟，並檢送該公司原廠之歌單樣張、商

標圖樣及原廠硬碟照片爲證，足認被告辯稱扣案之伴唱機內硬碟業經抽換，並非○○公司原廠之硬碟，點歌本亦非原廠點歌本，應堪採信。

(二) 證人黃○○、鍾○○均爲本案之利害關係人，證人黃○○並將扣案之伴唱機置於其經營之民宿供客人使用，其等所爲陳述有使自己遭受刑事追訴之風險，故該二人陳述是否實在，仍應綜合參酌其他證據認定之，本院認爲黃○○、鍾○○之陳述彼此互有矛盾，且與卷內其他證據資料無法互相勾稽，難以採認，該舉證不足之不利益自不能由被告承擔。

評析：本案伴唱機銷售業者抗辯伴唱機內硬碟遭更換，法院認爲僅憑證人有瑕疵之供述，無法證明已經出售的伴唱機內之侵權音樂著作是伴唱機出售業者所灌錄。[3]

---

3 此可一併參考最高法院104年度台上字第3178號判決意旨「證據之證明力，雖由法官評價，且證據法亦無禁止得僅憑一個證據而為判斷之規定，然自由心證，係由於舉證、整理及綜合各個證據後，本乎組合多種推理之作用而形成，單憑一個證據通常難以獲得正確之心證，故當一個證據，尚不足以形成正確之心證時，即應調查其他證據。尤其證人之陳述，往往因受其觀察力之正確與否，記憶力之有無健全，陳述能力是否良好，以及證人之性格如何等因素之影響，而具有游移性；其在一般性之證人，已不無或言不盡情，或故事偏袒，致所認識之事實未必與真實事實相符，故仍須賴互補性之證據始足以形成確信心證；而在對立性之證人（如被害人、告訴人）、目的性之證人（如刑法或特別刑法規定得邀減免刑責優惠者）、脆弱性之證人（如易受誘導之幼童）或特殊性之證人（如秘密證人）等，則因其等之陳述虛偽危險性較大，為避免嫁禍他人，除施以具結、交互詰問、對質等預防方法外，尤應認有補強證據以增強其陳述之憑信性，始足為認定被告犯罪事實之依據。」（本判決為最高法院具參考價值裁判）

四、2019/12/10 智慧財產法院 108 年民著訴字第 106 號民事判決

案例事實：小吃店內伴唱機有非法重製的音樂著作，原告主張小吃店負責人侵害其重製之著作財產權，請求損害賠償。

蒐證方法：原告所屬法務人員前往營業場所蒐證，點選店內伴唱機有原告系爭音樂著作三首，拍照蒐證。

判決結果：侵權不成立。

判決理由：

(一) 現場蒐證照片僅顯示原告基於蒐證目的而點播出現系爭音樂著作之首頁，並無其他客人點播公開演出系爭音樂著作，亦無發現被告有於播放系爭音樂著作時予以錄音或錄影之重製行爲。

(二) 一般電腦伴唱機內所收錄之歌曲動輒上萬首，而原告發現其享有著作財產權之系爭音樂著作，僅係其中之三首著作，所占比例甚爲低微，要難以系爭音樂著作被收錄於上開電腦伴唱機內，遽以推論被告即知悉有非法重製音樂著作、甚至重製該音樂著作之事實。

(三) 至於原告主張被告逕以侵害著作權之音樂重製物供不特定人點選、演唱，顯有重大過失，惟此應係主張被告另有侵害系爭音樂著作之公開演出權或出租權之過失，然原告既已放棄主張此權利。

評析：本案原告起訴並非以伴唱機銷售業者爲被告，而是選擇小吃店負責人爲被告，但要證明購買伴唱機者知悉伴唱機內有侵權歌曲，甚至要證明是購買伴唱機者進行灌錄歌曲的重製行爲，並不比證明伴唱機銷售業者侵權簡單，本案即爲一例。

參、營業場所業者提供伴唱機，供消費者播放著作及演唱：公開演出的著作財產權爭議

自上開近年智慧財產法院對侵害重製的著作財產權爭議案例介紹可知，音樂著作權利人要對伴唱機的銷售者或是使用伴唱機的營業場所業者主張重製權被侵害，都有一定的難度。前者常常抗辯其所銷售伴唱機內的記憶卡或硬碟遭更換，或是不知被何人灌錄新歌（例如：智慧財產法院 108 年度刑智上易字第 12 號刑事判決及 108 年度刑智上訴字第 36 號刑事判決）；後者則抗辯其單純購買或使用伴唱機，不知伴唱機內的歌曲如何灌錄（例如：智慧財產法院 108 年民著訴字第 106 號民事判決）。

基上，權利人若難以證明重製權被何人侵害，再考量取締蒐證成本或便利，則另一合理的選擇爲對營業場所業者主張公開演出的著作財產權。蓋將伴唱機擺放於營業場所供不特定人點選演唱，提供伴唱機者可能涉及音樂著作及錄音著作公開演出的利用[4]；提供伴唱機供他人點選演唱而播放原聲原影的視聽著作時，則涉及視聽著作的公開上映權[5]。

理論上，在營業場所中實際「公開演出」者應爲點歌的消費者，而非提供伴唱機的業者，最高法院 86 年度台上字第 763 號民事判決即認爲：「KTV 業者僅係依消費者之點歌，由機械操作，將視聽著作之內容顯現於電視之螢幕上，眞正實施『公開演出』行爲者，應係消費者，而非 KTV 業者。」。

---

4 依著作權法第26條各項規定，音樂著作享有公開演出權，錄音著作僅享有報酬請求權，視聽著作則無。

5 現今電腦伴唱機，採PC架構，其儲存的影像及聲音係用數位化檔案格式，而其伴唱的聲音及影像係分開處理，不像以往伴唱錄影帶或影碟係將聲音及影像同時儲存於影帶或碟片內。許多伴唱機均提供取得授權成本低的影片重複播放，而迴避授權金成本高的原聲原影的視聽著作。

但台灣高等法院台南分院89年度上易字第2024號刑事判決則認爲業者讓不知情的消費者點唱侵權歌曲，應構成間接正犯：「被告在其經營之花園KTV休閒廣場以將音樂內容透過電腦伴唱機播映設備，供不特定之顧客伴唱，將上開音樂著作內容傳達於現場之公眾，即係擅自以公開演出之方法侵害他人之著作財產權。核其所爲，係犯著作權法第九十二條擅自以公開演出之方法侵害他人之著作財產權罪。其係播放伴唱樂曲而使不知情之客人向在場之其餘不特定客人演唱以傳達各該音樂著作之內容，爲間接正犯。」。智慧財產法院98年度刑智上易字第21號刑事判決，也是判決被告有罪的類似案例，其判決意旨亦爲「被告係利用不知情之客人以點唱之方法向現場公眾傳達音樂著作詞、曲內容之公開演出行爲，遂行其侵害著作權人音樂著作財產權之犯行，應爲間接正犯。」。

綜上，若業者提供伴唱機供消費者點唱而營業，雖然實際公開演出者爲點唱的消費者，但法院可能會認爲這是業者利用不知情的消費者作爲工具，侵害音樂著作權人的公開演出權。

在此類業者提供伴唱機供消費者點唱而營業案件中，法院對於告訴人派員點唱蒐證取得證據的認定，被告多有二點重要答辯：即「告訴代理人的點唱行爲是否構成公開演出？」，及「涉案音樂著作儲存於伴唱機內，能否推論被告有使其他客人公開演出之行爲？」，早期實務判決曾採對被告不利見解，但近期智慧財產法院判決則多採有利於被告的見解。

89年10月31日台灣高等法院台南分院89年度上易字第2024號刑事判決（及該案件附帶民事台灣高等法院台南分院90年度訴易字第19號民事判決）認爲：「被告在其經營之花園KTV休閒廣場以扣案之電腦伴唱機供不特定之客人點唱牟利，系爭歌曲是否曾經他人點唱，伴唱機內並不會留下任何紀錄，而該場所出入之客人甚多，更無庸表示其身分，自無從查考何人曾以該電腦伴唱機點唱何首歌曲，再該電腦伴唱機中有數千首歌曲灌入，此觀扣案之點歌簿即明，衡情告訴代理人或警員前往查獲時，得以遇見恰有客人點唱系爭四首歌曲之機率極微，倘必要求當場查獲客人演唱系爭歌曲始足以認定其犯行，則著作權法所欲保障公開演出之權利將無從實現；被告既自八十八年五月上旬起至八十八年六月二十二日止，確有長期以該伴唱機供不特定客人公開演唱之行爲，應足以推論該期間內曾有客人點唱該歌曲而公開演出，自不以當場查獲有客人點唱爲必要。」。簡言之，早期實務見解認爲「長期以系爭伴唱機提供不特定客人點歌」以及「伴唱機裡面含有系爭著作重製物」的事實，可推論「確實有提供系爭伴唱機給客人公開演出系爭著作」，進而認定提供伴唱機供消費者點唱之業者侵害「公開演出」之著作權。

不過上開對權利人蒐證要求寬鬆的見解，逐漸動搖而受到挑戰，102 年 11 月 14 日智慧財產法院 102 年度刑智上訴字第 66 號刑事判決即認爲：「證人邱○○乃係依告訴人指示前往上址蒐集證據，始於店內點播上開歌曲，其點播行爲既經告訴人事前同意，自非屬著作權法所定之非法演出，被告亦不因告訴代理人之點播、演唱行爲而成立非法公開演出之間接正犯。是縱被告出租提供證人黃○○灌錄有系爭音樂著作之電腦伴唱機，確有利用不知情之證人黃○○而供不特定客人公開演出該機器所收錄音樂詞曲之意思，然本案既無證據足認確有客人點播並公開演出告訴人系爭音樂著作，則被告所爲自僅屬公開演出之預備行爲。按著作權法第 92 條對於預備犯並無處罰明文，是依罪刑法定原則，自不得令被告負該條之罪責。再電腦伴唱機所收錄之詞曲數量龐大，上開歌曲著作是否曾爲客人點播並公開演出，純依客人之喜好而定，故在無積極證據可資佐證之情形下，亦難逕以推測之方式，認定前往尚珍視聽伴唱城消費之客人，確曾點播告訴人上開歌曲，並利用被告現場提供之卡拉 OK 伴唱機公開演出之事實。」

再檢視近一、二年的智慧財產法院多則判決，關於類似案件，權利人派遣蒐證人員點選營業場所伴唱機內涉及侵權的音樂著作 ，並以拍照或攝影方式存證，而法院均認爲權利人舉證不足，而爲對被告有利的判斷。綜合整理相關法院判決意旨[6]，法院判決無罪或不侵權的理由略爲：

一、告訴人基於蒐證目的的點唱行爲，不足以證明被告或其他消費者有公開演出行爲。此係基於「告訴人同意」的觀點出發，102 年度刑智上訴字第 66 號刑事判決認爲「點播行爲既經告訴人事前同意，自非屬著作權法所定之非法演出，被告亦不因告訴代理人之點播、演唱行爲而成立非法公開演出之間接正犯。」；108 年度刑智上易字第 65 號刑事判決更認爲「縱其爲被告之公開演出行爲，然既係經由告訴代理人所爲，故係經告訴人自己所同意者，而具超法規阻卻違法事由[7]，從而亦無法對被告論罪。」

二、扣案之伴唱機內雖有系爭歌曲，然至多僅能證明被告未經告訴人之同意或授權，即對不特定之人提供內含系爭音樂著作歌曲之電腦伴唱機，其屬將系爭音樂著作置於前往小吃店之不特定顧客，可得點播歌唱之狀態，此非著作權法所欲規範或處罰之對象（即 102 年度刑智上訴字第 66 號刑事判決認爲著作權法第 92 條對於預備犯並無

---

6 這些判決包括：智慧財產法院107年度民著訴字第55號民事判決、107年度民著訴字第73號民事判決、107年度民著訴字第90號民事判決、108年度刑智上易字第53號刑事判決、108年度刑智上易字第12號刑事判決、108年度刑智上易字第65號刑事判決、108年度刑智上易字第36號刑事判決。

7 參照最高法院97年度臺上字第4546號刑事判決意旨：「行為是否成立犯罪，係以不法與罪責為前提，故行為雖適合於犯罪構成要件之規定，但如欠缺實質的違法性，仍不成罪，故不論學術界或實務界，均普遍承認超法規阻卻違法事由。其中，得被害人承諾或同意，即是一例，於受保護之法益具有可處分性時（例如：身體、自由、財產、隱私等），在一定要件下，容許被保護人基於自主決定權，捨棄法律的保護」（最高法院106年度臺上字第3989號刑事判決意旨參照），「阻卻違法事由除刑法第21條以下之規定外，固得允許有超法規之阻卻違法事由，以阻卻其行為之違法性。惟所謂『超法規之阻卻違法事由』必須具備『被害人之同意或承諾』、『容許之危險』及『義務衝突』等三種情形之一」。

處罰明文之意旨），尚須實際上確有相關消費者公開演出系爭音樂著作，始該當著作權法第 92 條所定「以公開演出方法侵害他人之著作財產權」構成要件。[8]

三、衡諸常情，一般電腦伴唱機內，收錄之歌曲動輒數千或逾萬首，而告訴人享有著作財產權之系爭音樂著作歌曲，所占比例甚低，經點播演出之機率微小。

而對於前述台灣高等法院台南分院 89 度上易字第 2024 號刑事判決（及該案件附帶民事台灣高等法院台南分院 90 年度訴易字第 19 號民事判決）曾認為「長期以系爭伴唱機提供不特定客人點歌」以及「伴唱機裡面含有系爭著作重製物」的事實，可推論「確實有提供系爭伴唱機給客人公開演出系爭著作」的見解，智慧財產法院 107 年度民著訴字第 55 號民事判決意旨，則提出反省意見：「『長期以系爭伴唱機提供不特定客人點歌』最多只能推論應該至少會有人前往點歌消費，但並不能進一步推論前來點歌的人一定會點到系爭著作來公開演出。只因為權利人的蒐證困難，就將事理上難以推論之事，認為必然發生，而強要求很可能沒有侵權的人，負擔侵權賠償責任，難令人認同。更何況，著作權法顧及個別權利人行使權利及維權蒐證不易，已經設有著作權集體管理團體制度，讓權利人以共同集體的力量來克服分散、個別權利人困境，更不應只為保障個別權利人，就要所有利用人都承擔可能根本不存在的侵權責任。前述的南高分院見解，只是單一案例，且其判決做成時間距今

8 智慧財產法院107年度民著訴字第55號民事判決以白話文說明此意旨：單純陳列展示音樂著作重製物無法推論必有公開演出。對照原告所提出來蒐證光碟內的蒐證照片，均只有顯示歌本及伴唱機螢幕畫面有系爭著作，而沒有任何呈現出客人公開演唱的照片，更可以確認原告最多只有舉證到被告「長期以系爭伴唱機提供不特定客人點歌」、「伴唱機裡面含有系爭著作重製物」的事實（假設被告就是系爭伴唱機的實際經營者），還沒有舉證被告「確實有提供系爭伴唱機給客人公開演出系爭著作」的事實。

已有 17 年之久，權利人在此期間內的蒐證方法與技巧也該與時俱進，不能單單再以權利需要實現爲由，就要求將有限的舉證，做過度的推論。法院作爲私人紛爭的強制裁判機構，還是應該堅守公平公正的基本立場。」。

回顧近一、二年的智慧財產法院判決見解，對於權利人以現場蒐證人員點唱營業場所伴唱機內涉及侵權的音樂著作 ，將之拍照或攝影所取得的證據，法院已多不認爲可用以直接證明甚或推論利用人有侵權或犯罪的事實。面對此一趨勢，權利人以往的蒐證方式似不足以說服法官，權利人或許會考慮就蒐證方式再予「精進創新」，但現實社會的執法或維權成本如過高，對權利人及社會全體未必有利。權利人在思考此難題時，似亦可考量適度的科技保護措施。

肆、著作權的限度保護原則及法定保護原則

在前面提到的案例中，可以發現權利人爲了實現或行使其著作權，在舉證上遇到不小的困難；而且在選定權利行使時，也偶爾發現有權利人對於著作財產權本質認識模糊，以致於起訴時對於請求權基礎的選擇不明。例如：前面介紹的智慧財產法院 107 年度民著訴字第 55 號民事判決中，該案中溫泉湯屋伴唱機內有非法重製的音樂著作，供不特定客人消費點唱、收益，湯屋業主被訴侵害著作權。該案件原告起訴先主張「被告將侵害原告著作財產權的重製物進行公開陳列、展示。」，嗣或因法官闡明音樂著作無公開展示權可言，原告始主張「被告是以公開演出的方法侵害原告的著作財產權。」。智慧財產法院 109 年度民著訴字第 3 號民事判決，小吃店伴唱機被訴侵權案件，原告主張侵害出租權，但法院認爲此爲公開演出問題，但原告未主張（法官似亦未闡明），駁回原告之訴。

又智慧財產法院 107 年度民著訴字第 73 號民事判決，該案件被告

將伴唱機放在路旁的小貨車，供不特定路人以每首歌曲投幣 20 元之消費方式點唱營利，本件原告主張「其雖無法舉證被告有非法重製行爲，但被告爲專業伴唱業者，竟不加以查證伴唱機內載音樂著作之著作權之授權來源或取得著作權授權書證，而逕行公開散布非法重製物來取得營業收益，已構成過失侵權。」本件判決則否准原告的請求，並說明「著作權是法律創設的權利，所以其權利內容必須根據法律的規定而來，沒辦法像自然人的人格權或對實體物的物權，直接依照其既存狀態圓滿的破壞來判斷侵害與否。按照原告所主張被告行爲所侵害其著作權的型態內容，是認爲：以非法重製物公開散布取得營業收益，但著作權法對於著作權有關散布的權利內容，是規定在第 28 條之 1 第 1 項，也就是『專有以移轉所有權之方式，散布其著作』。換句話說，因散布著作而侵害著作權，必須是以移轉所有權的方式，才構成侵權。如果只是讓公眾接觸著作，但沒有移轉所有權，除其情況另有侵害其他著作權的權利內容（如：公開演出、公開傳輸等）外，就不構成侵害著作權。」[9]

對於上開智慧財產法院 107 年度民著訴字第 73 號民事判決理由闡明「著作權是法律創設的權利，所以其權利內容必須根據法律的規定而來」，涉及著作權法理的限度保護原則及法定保護原則，本文爰爲進一步補充與闡釋。

一、創作者藉排他權控制著作的特定市場用途

對於傳統有體物，因其具經濟學上私有財性質，即具獨享性與排他性，所有人只要占有使用權利標的，幾可排除他人干涉，而物權即給予所有人完全控制該物所有用途的權利，在界定權利內容時則以使用、

9 本件原告並未主張被告侵害重製權（自認無法舉證），法院自未就此部分為審理。

收益、處分及排除侵害為規範事項。但在具經濟學上公共財性質[10]的著作權（其他智慧財產權亦同），特徵是具非獨享性與無排他性，且其權利本身無形體，不像有體物有形體可供占有，著作一旦創作完成且公開發表，任何人均可不靠作者的協力使用著作，著作本身也不會因為有多少人使用而消耗。如果決定以法律給予權利的方式保護智慧財產[11]，就應該考慮要用何種方式界定權利內容，若像有體物一樣的給予支配權，強調其使用、收益、處分權能，權利人卻不能依靠占用權利標的排除他人使用，這樣的權利界定顯然不妥，故將權利內容的認識與界定，側重於賦予權利人適度的市場獨占權，使權利人得以排除他人進入與該著作特定相同用途的市場，才能眞正的使創作者取得該著作財產的市場價值。[12]

以印刷術技術為核心發展的著作權市場，著作的標的依其表達媒體可以分為三大類：1. 語文著作（以文字表達）；2. 音樂、戲劇、舞蹈或電影（以聲音或肢體動作表達）；3. 圖畫或美術、雕刻（以符號表達）。這些著作權所保護的著作，有些是人類自古以來就有的創作活動的產物，例如：語文著作、音樂著作、戲劇、舞蹈著作、美術圖形著作、建築著作；也有因科技的發明創造新的表達工具，而發展出新的創作類型，例如：照相機的問世，帶來了攝影著作；電影的發明，創造了電影等視聽著作；錄音機的發明，產生了錄音著作；電腦技術，帶來電腦程式的著作。

---

10 即pubic goods，張五常教授認為應稱為「共用品」。此與公有或私有無關，而是指多人可以共享而不干擾他人的享用。參張五常（2015），《經濟解釋》，2版，頁205-206，北京：中信出版社。

11 政府介入的方式除立法給予權利外，尚可自行提供著作或以獎勵補助方式，以解決public goods可能發生供給不足的市場失靈。

12 詳參吳尚昆（2011），〈從中國物權法談著作權制度的經濟性〉，張凱娜主編，《兩岸知識產權發展研究》，頁203-221，台北：元照。

隨著技術及觀念的進步，現今社會有許多創作可以歸類爲多種類型，而非僅限於一種著作種類，上述著作分類只是例示，一項創作如符合各類型著作的特徵，自可依該類型著作所取得的著作財產權保護。再從權利人如何控制市場收益的角度觀察前述三大類著作，即可理解何以著作權法給與不同類型的著作財產權（市場控制方法）。

從印刷術發展的語文著作（例如：書籍），作者完成著作後交與出版者編排、印裝、裝訂成爲著作物，經由各種行銷管道提供給讀者閱讀，在此一連串創作、印製、行銷、閱讀使用的過程中，印刷出版產業投入最多固定成本的地方是印製，將一份原稿快速印成千萬份，顯然這是印刷著作市場的重要經濟關鍵，因此著作權法給予權利人複製或重製權，以排除他人競爭，獲取市場利益。

音樂、戲劇、舞蹈或電影等著作，作者原以符號表達，印製成冊的樂譜、舞譜或劇本，其銷售對象本來主要是表演藝術家，而非一般觀眾或聽眾。樂譜、舞譜或劇本經由表演藝術家的表演或演奏，將之還原成聲音或肢體動作的原貌，供社會大眾欣賞。此類著作的創作者必須假手表演藝術家的表演，才能將其以符號表示的聲音或肢體動作還原，而與閱聽大眾溝通。所以除了具語文著作性質的重製權外，著作權法給予音樂或戲劇、舞蹈、電影等著作的權利人控制表演人公開表演或演奏的權利，才是重點。而當廣播、電視技術問世後，表演人的表演除了現場觀眾外，更擴大原來的閱聽市場，增加市場價值，著作權法即賦予權利人公開播送權，使權利人能分享電台或電視台新增市場的收益。錄音錄影技術成熟後，原來創作者透過表演藝術家還原的著作，也得以原形（肢體或聲音）保存及複製，因此原來給予語文著作的重製權在此轉變爲錄音、錄影或攝影的重製。

圖畫或美術、雕刻著作的原始市場是眞品轉讓及原件展示，前者與著作權沒太大關係，而因應後者的市場控制，著作權法給予權利人公開展示權。照相及印刷技術進步後，美術作品可以精細的仿眞銷售，爲控制此因應新科技的市場收益，亦給予美術著作權人重製權。

從印刷術到後來的新技術去看著作權，我們可以說著作權制度是爲了將著作引入市場機制所建立，著作權的權利內容則以著作在市場上的使用方法去界定，即著作權是對著作的特定市場用途的控制權。我國目前著作權法給予權利人十種控制市場用途的著作財產權：(一) 重製權；(二) 改作權；(三) 公開口述權；(四) 公開播送權；(五) 公開上映權；(六) 公開演出權；(七) 公開展示權；(八) 公開傳輸權；(九) 散布權；(十) 出租權。著作權法的制定，主要就是將作者的創作導入市場經濟，使權利人可以藉由著作權控制著作的各種市場用途，獲取市場的收益，這也是著作財產權的本旨。

二、著作權法的限度保護原則

著作財產權的範圍就僅限於上開法定內容，不屬於以上法定十種著作財產權權利範圍的市場用途，則屬社會大眾所有，著作權人無法排除或禁止。舉個誇張的例子：我寫了一本書，授權出版社出版販賣，這是將我的語文著作的重製權授權給出版社，今天如果有人買了這本書，發現如果把這本書當枕頭，可以有效幫助睡眠，就大量購入這本書，改裝成枕頭販賣；或是有人買了這本書後，發現一頁一頁撕下來，包油條吃特別香，就大量購買當油條包裝紙。無論是枕頭書或是油條包裝紙，這些用途都與前面說的十種控制市場用途的著作財產權無關，我管不著，更不能說人家侵害我的著作權。

這就是著作權法理中所謂「限度保護原則」（The Limited-Protection Principle），指著作權人的權利種類僅限於法律所規定者，且有一定期間的限制。[13] 以美國 1790 年的著作權法爲例，當時著作權的標的僅

---

13 L. Ray Patterson & Stanley W. Lindberg, The Nature Of Copyright, Uni. Of Georgia Press Athens, 60 (1991).

有具原創性的書籍（books）、地圖（maps）及圖表（charts），權利則僅限於一定期間內（最多 28 年）的印製（print）、再印製（reprint）、出版（publish）及販賣（vend），所以當時對原著作的摘要（digest）、刪節（abridgement）及翻譯（translation）均不被認爲是對著作權的侵害。

限度保護原則的起源，一部分是因爲著作權法的時代環境，早期印刷科技的運用還是件昂貴的事情，印刷出版產業的保障其實是既得利益者遊說立法者的重要課題，既然當時對書籍的經濟利用就是印製與出版，則法律對此加以保護，亦不足爲奇。另一個較重要的原因，則剛好與印刷出版產業的保障相對立，是爲了限制出版業的獨占，而此原因又與著作權法的歷史有密切關係。

著作權是作者權的觀念，是從英國安娜女王法案施行之後，開始的。雖說現代國家的著作權法立法大多以「保護作者」爲重心，但著作權法的起源與作者的關係不大，反而與書籍的製造及販賣至有關係。在英國安娜女王法案之前，著作權觀念只是出版商間以公會形式分享印製特定作品的專屬權利，而出版業對著作權的需求又與當時統治者的言論檢查制度不謀而合，在歷經將近 150 年的書商獨占利益與政府統治相結合的局面，英國國會終於在 1694 年，拒絕再更新政府授權書商獨占，瓦解了書商壟斷及政府管制言論，嗣經書商以保護作者權爲號召請願，國會才在 1709 年通過安娜女王法案（1710 年施行），成爲世上第一部著作權成文法[14]。

安娜女王法案制訂時，國會明白雖然以法案形式上保護作者權爲重心，但作者爲求作品出版，很難不接受書商要求將權利轉讓，最後還是

14 關於英國安娜女王案的詳細介紹，請見吳尚昆，〈著作權法的起源：英國安娜女王法案〉，https://wulaw.blog/2015/01/06/著作權法的起源：英國安妮法案/（最後瀏覽日：02/18/2020）。

書商的獲利最大，因此在法案中加上濃厚的公益色彩[15]，以緩和書商的獨占。該法案確認著作權不再是由出版商業同業公會（書商）所享有，而是任何人都可能享有自己著作的著作權；限制著作權期間，使逾越著作權期間的著作進入公共領域，由社會共用；創設的註冊制度及送存制度[16]。這些制度設計都與公共利益有關。著作權法理論經過多年的發展，亦建立了如：限度保護原則、法定獨占原則、合理使用原則、接近使用原則及個人使用原則等原則，均用以支持公共利益的保護，目前世界各國的著作權法制也都不會忽略公益原則在著作權法上的重要性。我國著作權法第 1 條即明白揭露：「爲保障著作人著作權益，調和社會公共利益，促進國家文化發展，特制定本法。」

著作權制度是爲了將著作引入市場機制所建立，著作權內容則以著作的使用方法去界定權利，即著作權是對著作的特定用途的控制權著作權法對於著作權內容應以明確方式界定、掌握，凡不屬於法定權利範圍的用途，應屬社會大眾所有，著作權人無法禁止，這就是著作權制度考量公共利益所導出的限度保護原則。

此處以中國大陸的立法做一反面說明。中國大陸《著作權法》第 10 條第（五）項至第（十七）項列舉十三種用途的著作財產權：複製權、發行權、出租權、展覽權、表演權、放映權、廣播權、信息網絡傳播權、攝製權、改編權、翻譯權、彙編權及應當由著作權人享有的其他權利。前開「應當由著作權人享有的其他權利」，一般認爲是爲了避免立法的滯後而給權利人帶來經濟上的損失，當著作權人所享有《著作權法》第 10 條第（五）項至第（十七）項所定財產權以外的其他財產權

---

15 從安娜女王法案「The Statute of Anne」的正式名稱也可一窺其公益性質：「An act for the encouragement of learning, by vesting the copies of printed books in the authors or purchasers of such copies, during the time therein mentioned」。

16 註冊制度，可防止人民無端觸法，降低交易成本；送存制度，充實大學及圖書館的藏書，有助於公眾閱讀學習。

受侵犯時，法院可以根據「應當由著作權人享有的其他權利」，來保護著作權人的權益[17]；甚至認爲該「應當由著作權人享有的其他權利」條款是一「兜底條款」，理論上作品有多少種使用方式，作者就有多少種權利。[18] 這樣的看法，筆者認爲並不妥當，蓋將權利人的權利無限擴大，違背前開限度保護原則，而有忽視公共利益之嫌，且對於權利的界定如不明確，能否有效率的配置資源，亦值深思。

三、著作權法的法定保護原則

自限度保護原則往上思考，很自然的會考量著作權的本質是「天賦人權」，還是「法定權利」？關於著作權的本質，一直有兩種理論相對立：自然權理論與法定保護理論（又稱法定獨占理論）。前者認爲著作權是作者因創作所生的自然財產，後者則認爲著作權是法律所賦予著作人有限制的獨占權利。若將著作權視爲「自然權利」，則著作權法所關心者，只是權利的範圍及對個人的影響；但若將著作權視爲國家政策的工具，則著作權法必須能促進有智慧、有效率的著作，以增進社會的福利。

目前著作權法學界，雖少有再奉自然權理論爲圭臬者，但自然權理論卻陰魂不散，不斷地影響現今著作權法的發展。而自然權理論與法定獨占理論的爭執，並沒有在 1710 年安娜女王法案實行後停止。安娜女王法案創設了法定著作權，看來此法案爲獨占印刷權的唯一法律保護，且受二次 14 年期間的限制，最多 28 年一過，著作即進入公共領域

17 李順德、周祥（2001），《中華人民共和國著作權法修改導讀》，頁87，北京：知識產權出版社。

18 胡康生主編（2002），《中華人民共和國著作權法釋義》，頁61-68，北京：法律出版社。

了[19]。這當然不是書商所樂意見到的，書商們仍然希望能享有出版者的權利，書商們尋求修法未果，改以司法途徑，並提出了作者「普通法上著作權」（common law copyright），也引發出安娜女王法案後二件重要的案例：Millar v. Taylor（1769）及 Donaldson v. Beckett（1774）。[20]

Andrew Millar於1729年向James Thomson購買其所著作的詩集《四季》（*The Seasons*）的著作權，並依安娜女王法案辦妥登記，在安娜女王法案所規定的保護期間屆滿後（1729 + 28 = 1757），另一書商 Robert Taylor 將《四季》印製發行。Millar（原告）於 1767 年向國王法院（the Court Of King's Bench）起訴控告 Taylor（被告）非法印製《四季》。法院於 1769 年判決原告勝訴，認爲著作出版後，著作人仍享有普通法上著作權（common law copyright），且不因安娜女王法案的實施而失效，主要理由則是：1. 依過去公會內規、星室法庭的命令、1662 年的授權法，可認爲作者有普通法上著作權；2. 作者對其創作的財產有人格上的自然權利，若有人對作者的作品誤用、誤導、羞辱等，就是對作者造成傷害。

Millar本人於判決前（1768年）死亡，其繼承人於1769年6月將《四季》拍賣，Thomas Beckett 與十四名合夥人以 505 英鎊購得包括 Millar 案中所給予的普通法上著作權。Alexander Donaldson 當時也參加拍賣，但未得標，惟其事後聲稱《四季》的著作權存續期間依安娜女王法案的規定業已屆滿，任何人均得自由印製，並持續販售。

---

19 第2條：作者或其權利受讓人對法案施行前已發行的著作，自法案施行日起算，有21年的獨占期間，如至法案施行日著作尚未排版或已排版但未印刷出版，則自著作印行日起算享有14年的著作權。第11條：作者依本法享有之14年的著作權，14年屆滿後，作者若尚生存，可再享有14的獨占權。

20 關於此二案例的介紹，請參閱Patterson & Stanley W. Lindberg, The Nature Of Copyright, Uni. of Georgia Press Athens, 33-46(1991).。鄭中人（1996），〈著作權法的經濟分析〉，《月旦法學雜誌》，15期，頁24-25。

Beckett 遂於 1772 年 11 月向法院聲請核發永久禁制令（perpetual injunction），禁止 Donaldson 繼續侵權，Donaldson（原告）則起訴請求撤銷 Beckett（被告）聲請的禁制令。最高法院（the House of Lord）於 1774 年判決原告 Donaldson 勝訴，判決認爲：1. 作者擁有未銷售而首次印刷及發行的專屬權利，若有人未經其同意而印刷、出版、銷售，作者有權對之提起訴訟。2. 上述權利不因著作發行而喪失。3. 若前二項普通法權利被安娜女王法案所排除，則對作者的救濟，僅限於安娜女王法案所規定之期間及條件。4. 任何文學作品之著作人及其受讓人，均有普通法上永久專屬的印刷、出版權利，但取得安娜女王法案所規定的著作權後，上開權利即喪失。判決的主要理由是：1. 普通法著作權是書商爭取修法擴權失敗的產物，既然立法者制定新法，就應適用之。2. 若讓書商擁有永久獨占權，則社會大眾將被迫成爲書商的奴隸。

顯然，上開 Millar 案採自然權理論，Donaldson 案採法定保護理論（自然權至多僅存於著作未出版前），而自 Donaldson 案後，確認了著作權法採法定保護理論。在 Millar 案與 Donaldson 案的討論中，更值得注意的是，這二案例的訴訟二造當事人均非作者，而都是書商，可知所謂「作者權」很多時候，只是書商謀求己利的面具與工具而已，作者自然權理論在著作權市場的實踐中，只是虛幻而已。

上開英國著作權歷史與早期案例的發展，今日對我們仍有啓發，尤其是不受智慧財產權保護的智慧成果，可否再依據民法或其他法律保護？我國智慧財產法院 102 年度民著上字第 18 號民事判決，認爲對於就著作財產權消滅之文字著述（即前輩作家賴和手稿）整理出版，縱未依法登記製版權，仍得以權利以外之利益保護之，依民法第 184 條第 1 項後段判命被告負賠償責任，此一見解是否有違「法定保護原則」，亦有商榷餘地。[21]

---

21 本件判決上訴三審後，雖經最高法院104年度台上字第1139號判決認為原告是否不

伍、結論

現代著作權制度是因應印刷術發展而來，考量如何將著作導入市場，獲取一定限度的獨占利益，此處強調「一定限度」，其重點不在於單純限制或剝奪權利人利益，而是在於避免壟斷的損害發生，進而鼓勵學習與創作、累積知識及促進文化發展，這正是著作權公益原則的內涵，而依此公益原則延伸，在著作權立法上自然採用限度保護原則及法定保護原則。

在本文所討論著作權爭議中的刑事案件，智慧財產法院 102 年度刑智上訴字第 66 號刑事判決意旨認爲「縱被告出租提供灌錄有侵權音樂著作之電腦伴唱機，是利用不知情之證人而供不特定客人公開演出該機器所收錄音樂詞曲之意思，然本案既無證據足認確有客人點播並公開演出告訴人系爭音樂著作，則被告所爲自僅屬公開演出之預備行爲，然法無處罰之規定」，是刑法罪刑法定主義的正確適用。

而在著作權爭議的民事案件，除蒐證或舉證的證明力外，更需要考慮「限度保護原則」及「法定保護原則」在著作權制度的設計功能，即「保護公共利益」。本文所介紹智慧財產法院 107 年度民著訴字第 73 號民事判決及 107 年度民著訴字第 55 號民事判決，明確說明「著作權是法律創設的權利，所以其權利內容必須根據法律的規定而來」、「著作權是由法律所創設的權利，其權利內容應該完全按照法律規定而定。在著作權法第 22 條至第 29 條之 1 所規定著作人的權利態樣中，只有未

得依著作權請求尚有疑義，發回更審，但本判決關於「不受著作權保護的標的還可以用民法保護」的獨特見解卻因為判決標的金額過小，不得上訴第三審，最高法院沒有檢驗表示意見的機會，極為可惜。筆者認為在公平交易法已設計概括條款，智慧財產法和不公平競爭法已經為智慧成果提供了窮盡性的保護，應無再回歸民事侵權法的空間。

發行的美術著作或攝影著作才有專有公開展示的權利，其他著作並無此種權利（系爭著作爲音樂著作）。」等見解，即爲我國著作權法採限度保護原則及法定保護原則之適例。

第五章

技術標準制定與專利權濫用之檢討*

周伯翰**

*本文係將作者之前所著的〈技術標準制定與競爭法規範及專利權濫用之檢討〉進行大幅修改及補充而成。

**美國威斯康新州立大學麥迪遜總校區法學博士，現任國立高雄大學財經法律學系專任副教授。

摘 要

技術標準制定及標準制定組織之專利政策可防止濫用專利權致損害交易秩序與公平競爭等公共利益，但其亦須適度保護發明人之專利權，而其重心在於謀求與技術標準制定及其專利政策有關的專利法制與競爭法制之有效調和。本文乃先研究相關法制的先進國家和地區與技術標準制定及其專利政策有關的法律規範與重要案例並進行分析檢討，並研究競爭法中的關鍵設施理論與其相關案例是否能適用於技術標準制定之領域及其適用條件，再就國內相關的法規和重要案例加以研究並進行分析檢討，以作爲立法機關及相關主管機關修訂有關法規、司法機關審理有關案件以及技術標準所涉及的專利權人與有意實施該專利權的業者進行協商之參考。

關鍵詞：技術標準，標準必要專利，標準制定組織，專利權濫用，競爭法，關鍵設施理論。

壹、前言

於經貿活動全球化之潮流下，技術標準已成爲產業發展與競爭的重要基礎，特別在科技產業界，爲使各類新產品或應用技術能大量推廣以擴張市場並降低成本，紛紛制定各種技術標準（例如：IMT-2000[1]、IEEE 802.16[2]、DDR-400C[3]），因此各種標準制定組織（例如：ITU[4]、IEEE[5]、JEDEC[6]、ETSI[7]、TIA[8]、ATIS[9]）也大量成立。然而，隨著技術標準的普遍

---

1 IMT-2000（International Mobile Telecommunications-2000）乃國際電信聯盟（the International Telecommunication Union）所制定之一系列的第三代行動通訊技術（the Technologies for 3rd Generation Mobile Communications）之總稱，分為IMT-DS（Direct Spread）、IMT-MC（Multi-Carrier）、IMT-TC（Time-Code）、IMT-SC（Single Carrier）、IMT-FT（Frequency-Time）、OFDMA（Orthogonal Frequency Division Multiple Access）六種頻道供各國選擇使用，其中IMT-TC又有TD-CDMA（Time Division-Code Division Multiple Access）與TD-SCDM（Time Division-Synchronous Code Division Multiple Access）兩種子頻道。

2 IEEE 802.16乃電機電子工程師學會（Institute of Electrical and Electronics Engineers）所制定之第802號第16部（Part）的技術標準，係作為寬頻無線都會區域網路（Broadband Wireless Metropolitan Area Networks）之技術標準。國際電信聯盟於2007年所新訂之OFDMA（Orthogonal Frequency Division Multiple Access）通訊技術即係以IEEE 802.16的技術標準作為基礎加以擬定。

3 DDR-400C（Double Data Rate-400C）乃聯合電子設備工程委員會（Joint Electron Device Engineering Council）所制定的「雙數據速率同步動態隨機存取記憶體」（Double Data Rate Synchronous Dynamic Random Access Memory，以下簡稱DDR SDRAM）之技術標準，而DDR SDRAM係一種供電腦使用之記憶體積體電路（a class of memory integrated circuits used in computers）。

4 指「國際電信聯盟」（International Telecommunication Union）。

5 指「電機電子工程師學會」（Institute of Electrical and Electronics Engineers）。

6 指「聯合電子設備工程委員會」（Joint Electron Device Engineering Council）。

7 指「歐洲通信標準協會」（the European Telecommunications Standards Institute）。

8 指「電信行業協會」（Telecommunications Industry Association）。

9 指「電信行業解決方案聯盟」（the Alliance for Telecommunications Industry Solutions）。

化，也衍生許多利用技術標準之制定而濫用專利權及不公平競爭的情事，例如：參與技術標準制定的業者於技術標準之制定過程隱匿其已擁有或申請中的專利權，而使某類新產品或應用技術的技術標準之核心內容落入該專利權的涵蓋範圍，等其他業者實施該技術後，該專利權人再主張該技術的使用者侵害其專利權，而請求高額的賠償金或授權金而獲取不合理之利益，或拒絕將該技術標準所涉及的專利權授權其他業者使用，或在無正當理由下對於某請求授權的對象要求遠高於其他授權對象之授權金；此外，亦有業者藉由參與技術標準的制定過程，了解標準制定組織對於某類新產品或應用技術的技術標準之發展方向，再退出該標準制定組織，而提出涉及該技術標準發展內容的專利申請，俟其取得專利權且其他業者實施該技術後，再進行前述高額求償、拒絕授權或無正當理由的差別授權等行為，以阻止其他業者進入必須應用該技術標準的市場。前述行為不但會妨礙產業進步，而且違背專利制度促進產業發展的終極目的，並有形成不公平競爭或限制競爭之虞，因此各法制先進國家或地區莫不亟思防止前述行為。

為充分檢討本議題，本文將併用比較法制研究法、案例分析研究法與文獻回顧分析研究法，對美國、歐盟與我國的相關法制與案例進行分析與檢討，以研擬明確適宜的規範，以便提供我國相關主管機關（智慧財產局與公平交易委員會）、立法機關、參與技術標準制定的產業界人士、處理相關爭端解決的司法實務工作者，以及相關領域的學者作為應用與研究之參考。

貳、美國相關法制之研究

一、美國相關規範

(一)休曼法第1條及第2條

休曼法（Sherman Act）[10]第1條規定：「每項契約、信託或其他方式的結合、或合謀限制跨州或對外的貿易或商業，被宣告係違法的。每位將訂立任何被宣告爲違法的契約或從事任何被宣告爲違法的結合或合謀之人將被視爲觸犯重罪，且在其受到定罪，而在承審法院的斟酌下，若其爲公司將被科處美金一億元以下之罰金，若其爲任何其他的個人或法人將被科處美金一百萬元以下之罰金或十年以下有期徒刑，或併科前述處罰。」[11]

休曼法第2條則規定：「每位將要壟斷、企圖壟斷、或與任何其他人或其他數人結合或合謀以便壟斷跨州或對外的貿易或商業的任何部分之人將被視爲觸犯重罪，且在其受到定罪，而在承審法院的斟酌下，若其爲公司將被科處美金一億元以下之罰金，若其爲任何其他的個人或法人將被科處美金一百萬元以下之罰金或十年以下有期徒刑，或併科前述處罰。」[12]

(二)聯邦貿易委員會法第5條

聯邦貿易委員會法（Federal Trade Commission Act，以下簡稱 FTC Act）第5條[13](a)項主要規定，違法情形之宣告、聯邦貿易委員會禁止

---

10 Sherman Act (Sherman Antitrust Act), 26 Stat. 209, 15 U.S.C.§ 1-7 (2020).

11 15 U.S.C. § 1 (2020).

12 15 U.S.C. § 2 (2020).

13 Federal Trade Commission Act § 5, 15 U.S.C. § 45 (2020).

不公平行爲的權力、不適用於外國貿易之情形；同條 (b) 項主要規定，由聯邦貿易委員會提起訴訟及聯邦貿易委員會修正或擱置其命令之情形；同條 (c) 項主要規定「禁止命令」（cease and desist order）之審查及複審；同條 (d) 項主要規定，聯邦上訴法院對於維持、執行、修正、或擱置聯邦貿易委員會的命令有專屬管轄權；同條 (e) 項主要規定，聯邦貿易委員會的命令或法院的判決不能豁免任何人、合夥或公司基於反壟斷法的任何責任；同條 (f) 項主要規定，控訴、命令與其他流程之送達及退回；同條 (g) 項主要規定，聯邦貿易委員會的「禁止命令」將成爲終局命令之情形；同條 (h) 項主要規定，聯邦最高法院修正或擱置聯邦貿易委員會的命令之情形；同條 (i) 項主要規定，聯邦上訴法院修正或擱置聯邦貿易委員會的命令之情形；同條 (j) 項主要規定，聯邦最高法院複審或發回聯邦貿易委員會的命令之情形；同條 (k) 項主要規定最終命令之定義；同條 (l) 項主要規定，違反命令的懲罰、禁制令及其他適合的衡平救濟；同條 (m) 項主要規定，因明知違反有關不公平或詐欺的行爲或措施之規則與「禁止命令」而生的請求回復原狀之民事訴訟、管轄權、罰金之最高額度、持續違反、重新審理、和解程序；同條 (n) 項主要規定證明的標準及公共政策的考量。

(三) 智慧財產權授權之反壟斷指導原則

美國聯邦貿易委員會（Federal Trade Commission，以下簡稱 FTC）於 1995 年 4 月發布「智慧財產權授權之反壟斷指導原則」（Antitrust Guideline for the Licensing of Intellectual Property）[14]，該指導原則之特點是對於智慧財產權之授權行爲提供一個安全區，對於符合下列條件之授權行爲，執法機關將不會認爲其違反「智慧財產權授權之反壟斷指導原

---

14 Antitrust Guideline for the Licensing of Intellectual Property, http://www.justice.gov/atr/public/guidelines/0558.htm (last visited on 02/05/2020).

則」：1. 授權契約中的限制條款必須不是「明顯反競爭的」。本項所謂「明顯反競爭的」係指通常被視爲當然違反競爭的限制條款以及通常會造成產量降低、價格上漲的限制行爲；[15] 2. 授權者與被授權者在相關市場中合計的產品市占率未超過 20%。[16] 因此，授權者與被授權者在相關市場中合計的產品市占率越高，便越容易超出安全區。

雖然 FTC 發布的指導原則、報告或其他文件並非法律，但在實務上由於 FTC 係直接隸屬於美國總統的獨立委員會，且依 FTC Act 第 5 條第 (c) 項之規定[17]，FTC 有調查程序及行政法官的審理程序，且若對於 FTC 的最終決定不服者亦可向管轄的上級法院提起上訴，因此 FTC 的決定受到法院相當程度的尊重，若有證據支持 FTC 的決定，法院即應維持該決定。[18]

(四)「預期 21 世紀：在全球市場新高科技之競爭政策」報告

FTC 於 1996 年 5 月發布「預期 21 世紀：在全球市場新高科技之競爭政策」（Anticipating the 21st Century: Competition Policy in the New High-Tech, Global Marketplace）[19] 之報告，該報告要求在某些情形下，標準制定組織（Standards Setting Organizations，以下簡稱 SSOs）必須開放業者參加，以免有構成反壟斷行爲之虞。SSOs 必須開放業者參加之情形如下：1. 該 SSOs 的技術標準制定對於水平競爭之業者具有排除效果；2. 因爲該 SSOs 集體形成的市場力量，使該 SSOs 的成員地位具有一定之市場利益，且該市場利益無法藉由其他方式取得；3. 該 SSOs 並

---

15 Antitrust Guideline for the Licensing of Intellectual Property § 2.3.

16 Antitrust Guideline for the Licensing of Intellectual Property § 4.3.

17 Federal Trade Commission Act § 5(c), 15 U.S.C. § 45(c)(2020).

18 FTC v. R.F. Keppel & Bro., Inc., 291 U.S. 304 (1934).

19 Anticipating the 21st Century: Competition Policy in the New High-Tech, Global Marketplace, http://www.ftc.gov/opp/hitech/global.htm (last visited on 02/05/2020).

無合理的商業理由可以拒絕業者加入該 SSOs。

(五)「反壟斷實施與智慧財產權：促進創新及競爭」報告與相關措施

為釐清如何利用專利權可以適用反壟斷法，美國司法部（United States Department of Justice，以下簡稱 DOJ）與 FTC 於 2007 年 4 月聯合發布「反壟斷實施與智慧財產權：促進創新及競爭」（Antitrust Enforcement and Intellectual Property Rights: Promoting Innovation and Competition）[20]之報告。該報告的內容分為六章，分別就「授權之策略運用：單方面拒絕授予專利權」[21]、「當專利被併入共同制定標準之競爭關注事項」[22]、「組合交互授權協定與專利聯盟之反壟斷分析」[23]、「智慧財產權授權實施之差異性」[24]、「智慧財產權之搭售與包裹授權的反壟斷議題」[25]、「專利權授與之市場力量其實施延伸超過專利權之法定期限的競爭法議題」[26]等議題進行解說。其中第二章「當專利被併入共同制定標準的競爭關注事項」即是關於技術標準制定是否涉及競爭法規範之說明。

該報告之第二章論及，產業界可聯合成立 SSOs 共同制定某類新產品或應用技術的技術標準，以達到擴張市場並降低成本的經濟優勢。然而，為避免參與技術標準制定的業者利用技術標準之制定而有濫用專利

---

20 Antitrust Enforcement and Intellectual Property Rights: Promoting Innovation and Competition, http://www.usdoj.gov/atr/public/hearings/ip/222655.pdf (last visited on 02/05/2020).

21 The Strategic Use of Licensing: Unilateral Refusals to License Patents

22 Competition Concerns When Patents Are Incorporated into Collaboratively Set Standards

23 Antitrust Analysis of Portfolio Cross-Licensing Agreements and Patent Pools

24 Variations on Intellectual Property Licensing Practices

25 Antitrust Issues in the Tying and Bundling of Intellectual Property Rights

26 Competitive Issues Regarding Practices that Extend the Market Power Conferred by a Patent beyond its Statutory Term

權或不公平競爭的情事，因此 SSOs 要求其成員必須在參與制定某項技術標準之前揭露可能被納入該技術標準因而受到該技術標準之使用者侵害的現存專利權，或要求 SSOs 的成員對於 SSOs 之技術標準所必要的智慧財產權必須承諾以合理且不歧視（Reasonable and Non-Discriminatory，以下簡稱RAND）之條件授權[27]，或於某項專利權被納入技術標準之前要求該專利權人必須事先協商合理的授權條件，以緩和市場攔阻的影響。[28]

此外，若 SSOs 之成員於制定技術標準的過程中，關於智慧財產權之存在未予揭露或有欺瞞行爲，而於該技術標準實施後始宣稱該技術標準之實施侵害該成員的智慧財產權，並因此要求實施該技術標準者須取得授權並支付授權金，則FTC指稱該行爲違反FTC Act第5條[29]。然而，關於 SSOs的成員於制定技術標準之過程中，對於可能被考慮納入 SSOs之標準的技術事先聯合協商授權條件是否當然違反休曼法第1條[30]，FTC則認爲，由於事先協商可以增進被考慮納入 SSOs 之標準的技術彼此間的競爭，因此 FTC 通常認爲該等行爲並非當然違反休曼法第 1 條，而應適用「合理原則」（rule of reason）加以評量該等行爲是否違反休曼法第 1 條，例如：多方事先授權協商或 SSOs 要求揭露授權條件範本。[31]

27 *Supra* note 20, at 36.

28 *Supra* note 20, at 49.

29 Federal Trade Commission Act § 5, 15 U.S.C. § 45 (2020) (Unfair Methods of Competition Unlawful; Prevention by Commission).

30 15 U.S.C. § 1 (2020).

31 *Supra* note 20, at 36-37.

二、美國相關案例

(一) Wang Laboratories Inc. v. Mitsubishi Electronics America, Inc.[32]

Wang Laboratories Inc. 自 1983 年 9 月到 1986 年 6 月，不斷向 JEDEC 爭取將 SIMM[33] 納入 JEDEC 所採用的記憶體模組之技術標準，終於成功使 SIMM 被納入 JEDEC 所採用的記憶體模組之技術標準，但 Wang Laboratories Inc. 並未向 JEDEC 說明其持續就 SIMM 向美國專利及商標局[34]申請專利權。

其後 Wang Laboratories Inc. 開始向業界推廣 SIMM 之技術標準並與業界合作量產 SIMM 產品，其合作廠商包括 Mitsubishi Electronics America, Inc.（以下簡稱 Mitsubishi），但 Wang Laboratories Inc. 並未向 Mitsubishi 說明當時 Wang Laboratories Inc. 已就 SIMM 取得專利權[35]並計畫收取專利授權金。直到 1989 年 12 月，Wang Laboratories Inc. 才通知 Mitsubishi 已侵害 Wang Laboratories Inc. 的專利權並要求 Mitsubishi 向 Wang Laboratories Inc. 支付專利授權金。由於 Mitsubishi 一直未向 Wang Laboratories Inc. 支付專利授權金，Wang Laboratories Inc. 乃於 1992 年 6 月 4 日，向加州中區地方法院起訴控告 Mitsubishi 侵害其專利權[36]。

---

32 Wang Laboratories Inc. v. Mitsubishi Electronics America, Inc., 1994 WL 782694 (C.D.Cal. May 9, 1994), 103 F.3d 1571 (Fed. Cir. 1997), 522 U.S. 818 (1997).

33 Single In-line Memory Modules，單行排列的記憶體模組。

34 United States Patent and Trademark Office，以下簡稱USPTO。

35 Wang Laboratories Inc.就SIMM於1986年6月12日取得美國專利號第4,656,605號專利（以下簡稱，605號專利），又於1988年2月23日取得美國專利號第4,727,513號專利（以下簡稱，513號專利）。

36 Wang Laboratories Inc. v. Mitsubishi Electronics America, Inc., 1994 WL 782694 (C.D.Cal. May 9, 1994).

關於 Mitsubishi 是否侵害 Wang Laboratories Inc. 的 605 號專利，加州中區地方法院認爲，由於 Wang Laboratories Inc. 的 605 號專利在申請之過程中，兩度因爲欠缺專利要件中的「非顯著性」而遭到 USPTO 駁回，Wang Laboratories Inc. 乃修改其原有之申請專利範圍，對其原有的申請專利範圍增加限制條件，限定其申請專利範圍涵蓋的記憶體模組具有 8 顆電容器及 30 個接合點，以便有別於先前技術，而 Mitsubishi 製造的記憶體模組則具有9顆電容器，基於禁反言原則[37]，Wang Laboratories Inc. 不能在事後的專利侵權訴訟中，再重爲主張其修改申請專利範圍過程中已排除的元件及其結構與功能爲其申請專利範圍效力所及，因此判決 Mitsubishi 並未侵害 Wang Laboratories Inc. 的 605 號專利之專利權。

關於 Mitsubishi 是否侵害 Wang Laboratories Inc. 的 513 號專利，加州中區地方法院認爲，Wang Laboratories Inc. 的 513 號專利之專利權係在「有價值性的對價」之情形下推定授權予 Mitsubishi，該「有價值性的對價」表現在三方面：1. Mitsubishi 加入量產 SIMM 產品使該產品的價格顯著下降，對於不自行生產而向外採買 SIMM 產品的 Wang Laboratories Inc. 有利，且有助於 Wang Laboratories Inc. 設計的 SIMM 技術快速達到 Wang Laboratories Inc. 所預定的市占率；2. Mitsubishi 爲配合 Wang Laboratories Inc. 的要求而修改其所製造的記憶體模組之設計以滿

---

37 專利法上的「禁反言」原則為「申請歷史禁反言」（Prosecution History Estoppel）原則之簡稱，係防止專利權人藉「均等論」重為主張專利申請至專利權維護過程任何階段或任何文件中已被限定或已被排除之事項。申請專利範圍為界定專利權範圍之依據，一旦公告，任何人皆可取得申請至維護過程中每一階段之文件，基於對專利權人在該過程中所為之補充、修正、更正、申復及答辯的信賴，不容許專利權人藉「均等論」重為主張其原先已限定或排除之事項。因此，「禁反言」得為「均等論」之阻卻事由。
司法院秘書處（2004），《專利侵害鑑定要點》，http://www.tipo.gov.tw/ct.asp?xItem=285950&ctNode=6727&mp=1（最後瀏覽日：02/06/2020）。

足 Wang Laboratories Inc. 的特殊需求；3. Mitsubishi 並未向 Wang Laboratories Inc. 收取前述爲修改產品設計而衍生的開發費用及調整生產設備費用。

基於上述理由，加州中區地方法院認爲 Wang Laboratories Inc. 的 513 號專利的專利權已推定授權予 Mitsubishi 且該授權持續有效，因此判決 Mitsubishi 並未侵害 Wang Laboratories Inc. 的 513 號專利之專利權。

Wang Laboratories Inc. 乃就加州中區地方法院之判決向美國聯邦巡迴上訴法院[38]提起上訴[39]，關於 Mitsubishi 是否侵害 Wang Laboratories Inc. 的 605 號專利，CAFC 採取同於加州中區地方法院之見解，認爲 Wang Laboratories Inc. 違反專利法上的「禁反言」原則而維持加州中區地方法院就該部分的判決及其理由。

關於 Mitsubishi 是否侵害 Wang Laboratories Inc. 的 513 號專利，CAFC 引用 A. C. Aukerman Co. 案[40]所採用的「衡平法上的禁反言」原則[41]加以論述。CAFC 認爲，由於 Wang Laboratories Inc. 長期[42]未就其

---

38 美國聯邦巡迴上訴法院係巡迴法院（聯邦第二審法院）中，唯一不依地理區域決定管轄權，而係依事務性質決定管轄權者，該法院專門審理有關專利爭訟或關稅爭訟之上訴案件，其前身為美國關稅與專利上訴法院（United States Court of Customs and Patent Appeals，以下簡稱CCPA），於1982年時改制為美國聯邦巡迴上訴法院（United States Court of Appeals for the Federal Circuit，以下簡稱CAFC）。

39 Wang Laboratories Inc. v. Mitsubishi Electronics America, Inc., 103 F.3d 1571 (Fed. Cir. 1997).

40 A. C. Aukerman Co. v. R.L. Chaides Const. Co., 960 F.2d 1020 (Fed. Cir. 1992).

41 「衡平法上的禁反言」（equitable estoppel）原則之適用有以下四項要件：(1)專利權人對於侵害其專利權之行為必須表示反對，(2)專利權人對於侵害其專利權之行為必須在相當時期內尋求救濟，(3)因專利權人之行為誤導侵害專利權者認為專利權人不會對侵害專利權者採取行動，(4)侵害專利權者對於該專利權之存在必須知悉。

42 自1986年SIMM被納入JEDEC所採用的記憶體模組之技術標準至1992年Wang Laboratories Inc.向加州中區地方法院起訴控告Mitsubishi侵害其專利權有六年多的時間。

513 號專利的專利權受到 Mitsubishi 侵害尋求救濟，且在該段時期內，Wang Laboratories Inc. 不但勸說 Mitsubishi 加入製造 SIMM 產品，並提供 Mitsubishi 有關 SIMM 的設計及樣品，又持續大量購買 Mitsubishi 所製造的 SIMM 產品，因而誤導 Mitsubishi 合理相信 Wang Laboratories Inc. 已同意 Mitsubishi 利用有關 SIMM 的專利權以製造 SIMM 產品並加以銷售，因此基於「衡平法上的禁反言」原則推定 Wang Laboratories Inc. 已授權給 Mitsubishi，故判決 Mitsubishi 並未侵害 Wang Laboratories Inc. 的 513 號專利。

雖然 Wang Laboratories Inc. 就 CAFC 的判決又上訴於美國聯邦最高法院，但其訴訟文件移轉命令的申請被拒絕[43]，本案因此宣告確定。

(二) In the Matter of Dell Computer Corp.[44]

Dell Computer Corp. 在參與 Video Electronics Standards Association（以下簡稱 VESA，即「視訊電子標準協會」）制定電腦設備標準規格 VL-Bus（VESA Local-Bus）[45] 時，向該協會僞稱其未擁有與該標準有關之專利權，但 Dell Computer Corp. 於 VL-Bus 標準規格在業界普遍使用後，開始向其他使用 VL-Bus 標準規格之 VESA 成員主張專利權而請求專利授權金。

FTC 認爲，VESA 向來習慣採用無專利權的技術作爲該協會之標準，VESA 係因 Dell Computer Corp. 的虛僞陳述才將 Dell Computer Corp. 擁有專利權之技術納入 VESA 制定之 VL-Bus 標準規格中，故

---

43 Wang Laboratories Inc. v. Mitsubishi Electronics America, Inc., 522 U.S. 818 (1997).

44 In the Matter of Dell Computer Corp., 121 F.T.C. 616 (1996).

45 VL-Bus係由Video Electronics Standards Association（簡稱VESA，即「視訊電子標準協會」）制定之標準規格，主要用於連接486CPU（Central Processing Unit）與外圍設備（例如：錄影機、光碟機）之總線路，以便在CPU與其外圍設備間提供高速的傳輸數據路徑。

Dell Computer Corp. 的行爲有違反 FTC Act 第 5 條之虞，因而發出「禁止命令」，限制 Dell Computer Corp. 不得對使用 VL-Bus 標準規格的 VESA 成員主張專利權，Dell Computer Corp. 最後與 FTC 達成行政和解而不再對使用 VL-Bus 標準規格的 VESA 成員主張專利權。[46]

(三) Townshend v. Rockwell Intern. Corp.[47]

Townshend公司曾參與ITU[48]對於56K數據機[49]之技術標準的制定，Townshend 公司爲爭取將其擁有的專利技術納入 56K 數據機之技術標準，乃於該技術標準的制定過程中向 ITU 表示，於該技術標準在產業上適用後，Townshend 公司將樂於將其所擁有而涉及 56K 數據機的技術標準之專利權授權給採用 56K 數據機的技術標準之業者使用。

於業界廣泛採用 56K 數據機的技術標準後，Townshend 公司卻對 Rockwell Intern. Corp. 等多家曾參與制定並已採用 56K 數據機的技術標準之業者提出訴訟，主張該等業者擅自使用 Townshend 公司的資料，構成不公平競爭、擅自使用營業秘密、違反契約及違反信賴義務；被告 Rockwell Intern. Corp. 等業者則抗辯 Townshend 公司違反 35 U.S.C. 271(d)[50] 的規定而構成專利權的濫用。[51]

本案法院審查後表示，由於 35 U.S.C. 271(d)(4) 規定，除非專利權人在該專利授權或該專利產品銷售的相關市場具有市場力量，否則專利權人拒絕專利授權或使用將不視爲專利權濫用或專利權非法擴張，其專利侵權救濟亦不會受到拒絕；因此，Townshend 公司未履行對 ITU 所表

---

46 In the Matter of Dell Computer Corp., 121 F.T.C. 616, 618 (1996).

47 Townshend v. Rockwell Intern. Corp., 2000 WL 433505 (N.D.Cal. Mar. 28, 2000).

48 International Telecommunication Union，國際電信聯盟。

49 56K數據機能使電腦使用者以每秒56000位元之速度使用資訊。

50 35 U.S.C. § 271(d) (2020).

51 Townshend v. Rockwell Intern. Corp., 2000 WL 433505, at *1 (N.D.Cal. Mar. 28, 2000).

示的樂於將相關專利權授權給採用 56K 數據機之技術標準的業者使用將不視爲專利權濫用，因而駁回 Rockwell Intern. Corp. 等業者所提出有關專利權濫用的抗辯。[52]

(四) In the Matter of Rambus Inc.[53]

JEDEC 於 1990 年代初，開始研擬新型的動態隨機存取記憶體[54]的技術標準，Rambus Inc. 於 1991 年以非成員的身分參與該技術標準之研擬，Rambus Inc. 又於 1992 年正式加入 JEDEC 以成員的身分參與該技術標準之研擬，但 Rambus Inc. 於 1996 年表示退出 JEDEC，並宣稱 JEDEC 所研擬的「同步動態隨機存取記憶體」[55]之技術標準與 Rambus Inc. 擁有的專利權有關，致 JEDEC 只好研擬新的技術標準—「雙數據速率同步動態隨機存取記憶體」[56]，惟DDR SDRAM仍含有SDRAM的主要技術，故仍有受到 Rambus Inc. 主張涉及其擁有的專利權之虞。

FTC 認爲 Rambus Inc. 刻意不揭露其研發的專利範圍涵蓋 JEDEC 所研擬的新型動態隨機存取記憶體之技術標準，而企圖藉該專利權的行使壟斷記憶體晶片市場，此等行爲已違反休曼法第 2 條[57]所制止的不當壟斷或企圖壟斷貿易活動的行爲，並違反 FTC Act 第 5 條所制止的從事貿易或影響貿易的不公平競爭方法及不公平或詐欺的行爲或措施，因此

---

52 *Id*. at 8.

53 In the Matter of Rambus Incorporated, a corporation., FTC Docket No. 9302, 2007 WL 431522 (Feb. 2, 2007), Rambus Inc. v. F.T.C., 522 F.3d 456 (D.C.Cir., 2008), F.T.C. v. Rambus Inc., 555 U.S. 1171 (2009).

54 Dynamic Random Access Memory，以下簡稱DRAM。

55 Synchronous Dynamic Random Access Memory，以下簡稱SDRAM。

56 Double Data Rate Synchronous Dynamic Random Access Memory，以下簡稱DDR SDRAM。

57 15 U.S.C. § 2 (2020).

命令 Rambus Inc. 對於與 SDRAM 及 DDR SDRAM 有關的專利不得拒絕授權，且規定該相關專利授權金的上限。[58]

惟本案經 Rambus Inc. 上訴後，上訴法院認爲 FTC 無法證明 Rambus Inc. 確有壟斷記憶體晶片市場的事實，亦無法證明 Rambus Inc. 之行爲在記憶體晶片市場足以產生反競爭之效果。而獨占行爲的論罪除須該行爲人於相關市場擁有獨占力量外，亦須其惡意獲得或維持該獨占力量，且該獨占力量並非由於優勢產品、商業敏銳性或歷史偶然所致的成長或發展而來。[59]

關於 Rambus Inc. 是否從事排他性的行爲並藉此於相關市場非法獲得其獨占力量，此一重大問題必須依照反壟斷原則加以判斷。首先，獨占者的行爲必須有反競爭之效果，亦即獨占者的行爲必須傷害競爭之過程且因此傷害消費者，若獨占者的行爲僅傷害一名或數名競爭者將無法滿足此項要件；其次，反壟斷的原告必須負擔證明獨占者的行爲之反競爭效果。[60] 此外，反壟斷的原告必須能夠確立，若無不實的陳述或疏漏，SSOs 不會採用爭議的標準。[61]

承審本案的法院認爲，FTC 在其救濟意見中表明，沒有足夠證據顯示如果 JEDEC 已經知道 Rambus Inc. 的智慧財產權之全部範圍，JEDEC 將以其他技術作爲標準。再者，詐欺行爲必須有反競爭的效果，以便成立獨占主張之基礎，若無被告將獨占特定市場的危險可能性之證明，則一企業競爭者對另一企業競爭者的單純惡意行爲，無法說明基於聯邦反壟斷法的主張。此外，合法的獨占者使用詐欺如僅爲獲得較高價格，原

58 In the Matter of Rambus Incorporated, a corporation., FTC Docket No. 9302, 2007 WL 431522, at *1 (Feb. 2, 2007).

59 Rambus Inc. v. F.T.C., 522 F.3d 456, 463 (D.C.Cir., 2008).

60 *Id.*

61 *Id.* at 466.

則上沒有排除競爭對手並因此消除競爭的特別傾向。[62]

關於 JEDEC 的書面揭露政策部分，JEDEC 的手冊敘及所有 JEDEC 的參加者有義務通知技術標準審定會議，他們所知的任何專利及申請專利中的專利申請案，其可能涉及他們正從事的工作。承審本案的法院認爲，JEDEC 之書面揭露政策的措詞相當清楚地說明對於專利及申請專利中的專利申請案之揭露義務，但對於在專利申請案的潛在修正中所進行的未歸檔工作，則未說明有揭露義務。[63]

揭露期待表面上要求競爭者分享其原本將作爲營業秘密加以極力保護的資訊，此將提供清楚的指導並清楚表明 JEDEC 的成員必須揭露什麼、何時揭露、如何揭露及對誰揭露。在營業秘密本身的揭露涉及反壟斷相關事項之情況下，揭露清晰的必要性顯得特別重大。由於承審本案的法院認爲 FTC 就本案所採取的積極解釋其證據較爲薄弱，所以將 FTC 的命令廢棄並發回，而要求 FTC 依此判決的意旨作進一步處理。[64]

本案經 FTC 上訴於美國聯邦最高法院後，由於美國聯邦最高法院拒絕發出「訴訟文件移轉命令」（Writ of Certiorari），[65]因此前述美國聯邦上訴法院所作的判決，乃告確定。

(五) FTC v. Qualcomm[66]

FTC 於 2017 年向美國加州北區地方法院控告高通公司[67]違反 FTC

62 *Id.* at 464.

63 *Id.* at 467-68.

64 *Id.* at 468-69.

65 F.T.C. v. Rambus Inc., 555 U.S. 1171, 1171 (2009).

66 FTC v. Qualcomm, No. 17-CV-00220-LHK, 2017 WL 2774406 (N.D. Cal. June 26, 2017).

67 Qualcomm Incorporated，以下簡稱Qualcomm。

Act 第 5 條 [68]，Qualcomm 則向該法院提議不受理此案，該法院則駁回 Qualcomm 的提議。[69]

Qualcomm 擁有許多手機通訊標準的重要專利，且 Qualcomm 經由加入許多 SSOs 而參加了手機標準的制定過程。SSOs 在將一項技術納入其制定的標準之前，通常會要求相關專利的所有人，要揭露其專利並承諾對其有關該標準的「標準必要專利」[70] 將以「公平、合理與不歧視的」[71] 條件進行授權。而 Qualcomm 已經對其加入的 SSOs 以及其他的 SSOs 承諾，Qualcomm 對其有關手機的 SEPs 將以 FRAND 條件進行授權。[72]

Qualcomm 的 FRAND 承諾要求 Qualcomm 授權其數據機晶片的競爭對手使用 Qualcomm 的 SEPs 以製造並銷售數據機晶片；然而，Qualcomm 對其有關數據機晶片的 SEPs 僅授權代工製造商 [73]，但 Qualcomm 對其有關數據機晶片的 SEPs 拒絕授權給與其競爭的數據機晶片之製造商。[74]

FTC 指稱，Qualcomm 利用其在 CDMA[75] 的數據機晶片及獨特的

68 15 U.S.C. § 45 (2020). (Unfair methods of competition unlawful; prevention by Commission)

69 FTC v. Qualcomm, No. 17-CV-00220-LHK, 2017 WL 2774406, at *1 (N.D. Cal. June 26, 2017).

70 Standard Essential Patents，以下簡稱SEPs。

71 Fair, Reasonable and Non-Discriminatory，以下簡稱FRAND。

72 FTC v. Qualcomm, No. 17-CV-00220-LHK, 2017 WL 2774406, at *2, *4-*5 (N.D. Cal. June 26, 2017).

73 Original Equipment Manufacturers，以下簡稱OEMs。

74 FTC v. Qualcomm, No. 17-CV-00220-LHK, 2017 WL 2774406, at *5 (N.D. Cal. June 26, 2017).

75 指「分碼複存」（Code Division Multiple Access），是一種多位址接入的無線通訊技術，將語音訊號轉換為數位訊號，給每組數據語音封包增加一個位址，進行擾碼處理，然後將其發射到空中，可以大幅提高對無線頻率通道的利用率，增強抗干擾能力。

LTE[76] 的數據機晶片的供應之支配地位而使得 SEPs 的授權協商傾向有利於 Qualcomm 的結果並傷害 Qualcomm 之數據機晶片的競爭者。FTC 並指稱，Qualcomm 實施前述行爲之過程包括三種主要的作法：1.「無授權即無晶片」的策略；2. Qualcomm 就其 SEPs 拒絕授權給與其有競爭性的數據機晶片製造商；3. Qualcomm 與蘋果公司的獨家交易安排。[77]

FTC 指出所謂「無授權即無晶片」的策略係指，OEMs 必須接受對 Qualcomm 有利的有關手機 SEPs 之授權條款，Qualcomm 才會同意該 OEMs 採購 Qualcomm 的數據機晶片。經由 Qualcomm 與 OEMs 的數據機晶片之供應協議，OEMs 同意下列條件：1. Qualcomm 的數據機晶片之供應協議未附載智慧財產權；2. 僅有依據與 Qualcomm 所簽的個別的專利授權協議，OEMs 才可以使用 Qualcomm 的數據機晶片；3. 若 OEMs 未履行該專利授權協議，則 Qualcomm 可以終止數據機晶片之供應。實際上，除非 OEMs 同意個別的 SEPs 授權協議提出對 Qualcomm 有利的條款，且該協議涵蓋該 OEMs 銷售的所有手持裝置，否則 Qualcomm 將不會供應任何 Qualcomm 的數據機晶片給該 OEMs。[78]

FTC 並指出，在數據機晶片的供應商及其他手機設備零件的供應商中，Qualcomm 的行爲是獨特的。其他手機設備零件的供應商並非藉由個別的專利授權將 OEM 的顧客所需的智慧財產權傳給該 OEM 的顧客，而是藉由零件的銷售將 OEM 的顧客所需的智慧財產權傳給該 OEM 的顧客，以便該 OEM 的顧客可以使用或轉售其已經購買的該等零件。當

---

76 指「長期演進技術」（Long Term Evolution），是在電信中用於手機及資料終端的高速無線通訊標準，係「高速下行封包接入」（High Speed Downlink Packet Access，簡稱為HSDPA）過渡到4G的版本。

77 FTC v. Qualcomm, No. 17-CV-00220-LHK, 2017 WL 2774406, at *5 (N.D. Cal. June 26, 2017).

78 *Id.*

供應商銷售諸如數據機晶片之零件給 OEM 的顧客時，基於專利權耗盡理論，該銷售通常會終止該供應商依法控制任何進一步的使用或銷售該零件的任何權利。因此，當 Qualcomm 的競爭者銷售數據機晶片給 OEMs 時，該 OEMs 可以使用或轉售該處理器而無須自有競爭關係的數據機晶片之供應商獲得個別的專利授權，如同購買智慧手機的消費者無須自智慧手機的銷售者獲得個別的專利授權以使用該智慧手機，而不會侵害該智慧手機所執行的專利權。[79]

本案的承審法院認爲 FTC 已經適當地證明 Qualcomm 的「無授權即無晶片」的策略導致 OEMs 爲 Qualcomm 的 SEPs 支付了 FRAND 以上的權利金，且 Qualcomm 的「無授權即無晶片」的策略傷害了在數據機晶片市場的競爭。因此，FTC 已經合理地證明 Qualcomm 的「無授權即無晶片」的策略係違反休曼法第 1 條[80]或第 2 條[81]之反競爭行爲，並因此違反 FTC Act 第 5 條[82]。[83]

其次，FTC 主張 Qualcomm 就其 SEPs 拒絕授權給與其有競爭性的數據機晶片之製造商違反了「交易的反壟斷責任」，因爲 Qualcomm 的 FRAND 義務以及更大的反競爭行爲導致 Qualcomm 有與其競爭對手從事交易的反壟斷責任。基此，本案的承審法院同意 FTC 已適當證明 Qualcomm 就其 SEPs 拒絕授權給與其有競爭性的數據機晶片之製造商以及其更大的反競爭行爲構成違反「交易的反壟斷責任」，並因此違反

---

79 *Id.*

80 15 U.S.C. § 1 (2020).

81 15 U.S.C. § 2 (2020).

82 Federal Trade Commission Act § 5, 15 U.S.C. § 45 (2020).

83 FTC v. Qualcomm, No. 17-CV-00220-LHK, 2017 WL 2774406, at *18 (N.D. Cal. June 26, 2017).

休曼法第 2 條[84]以及 FTC Act 第 5 條[85]。[86]

本案的承審法院並援引最高法院在Aspen Skiing案[87]與Trinko案[88]之見解及第九巡迴法院在MetroNet案[89]之見解而指出，在原告證明專利權人具有反競爭的惡意而決定改變自願的交易方式且在承認「交易的反壟斷責任」不會出現重大的司法管理問題之情形下，則原告主張的「交易的反壟斷責任」存在。[90]

由於 Qualcomm 主動推動其專利納入手機通訊的標準，且 Qualcomm 自願同意以 FRAND 的條款授權其 SEPs。因此原告 FTC 指出，Qualcomm 係自願加入制定該標準的過程並自願承諾授權其 SEPs 給其數據機晶片的競爭對手，此足以證明 Qualcomm 在本案中的行爲已改變其最初所採用的自願且獲利之交易方式。[91]

FTC 另主張，Qualcomm 承認藉由就其 SEPs 僅授權給 OEMs 且不授權給其數據機晶片的競爭對手，Qualcomm 能利用其數據機晶片的獨占以尋求不以 FRAND 方式授權其 SEPs。如前所述，Qualcomm 能收取 FRAND 以上的授權金並非僅基於其自有的數據機晶片之銷售，也基於其競爭對手的數據機晶片之銷售，而允許 Qualcomm 對其競爭對手的數據機晶片之銷售能徵收附加費用，會減少對其競爭對手的數據機晶片

---

84 15 U.S.C. § 2 (2020).

85 Federal Trade Commission Act § 5, 15 U.S.C. § 45 (2020).

86 FTC v. Qualcomm, No. 17-CV-00220-LHK, 2017 WL 2774406, at *19 (N.D. Cal. June 26, 2017).

87 Aspen Skiing Co. v. Aspen Highlands Skiing Corp., 472 U.S. 585 (1985).

88 Verizon Communications Inc. v. Law Offices of Curtis V. Trinko, LLP, 540 U.S. 398 (2004).

89 MetroNet Services Corp. v. Qwest Corp., 383 F.3d 1124 (9th Cir. 2004).

90 FTC v. Qualcomm, No. 17-CV-00220-LHK, 2017 WL 2774406, at *20 (N.D. Cal. June 26, 2017).

91 *Id.* at *21.

之需求，並會減少其競爭對手從事投資與創新的能力與誘因。FTC 並主張，Qualcomm 拒絕授權其 SEPs 給其數據機晶片的競爭對手係 Qualcomm 的「無授權即無晶片」之反競爭策略的重要部分。在此訴訟階段，本案的承審法院認爲 FTC 的主張已足以證明 Qualcomm 的拒絕交易係出於反競爭之惡意。[92]

在本案中 Qualcomm 的相關交易條款係 Qualcomm 的 FRAND 承諾。此外，在 FTC 的訴狀中包括許多主張關於如何決定 FRAND 費率以及在決定合理的 FRAND 授權金費率中法院所扮演的重要角色。因此，承認在本案中專利權人具有交易責任不會要求法院在決定交易條款上扮演之角色大於在專利案件中法院在決定適當的授權金所扮演之角色。[93] 亦即，在本案中承認專利權人具有「交易的反壟斷責任」不會出現重大的司法管理問題。

最後，本案的承審法院認爲 FTC 已適當地證明自 2011 年 10 月至 2016 年 9 月 Qualcomm 與蘋果公司已達成事實上的獨家交易安排，且此種事實上的獨家交易安排會排除獨特的 LTE 數據機晶片市場之大量份額。因此，FTC 已適當地證明 Qualcomm 與蘋果公司的獨家交易安排違反休曼法，並因此違反 FTC Act 第 5 條，故本案的承審法院駁回 Qualcomm 的不受理本案之提議。[94]

三、美國相關法制之分析與檢討

(一) 標準制定組織對於關鍵專利技術通常採用之專利政策及其說明

關鍵專利乃指基於技術上的原因必然要實施之專利技術，若係因商

92 *Id.* at *22.

93 *Id.*

94 *Id.* at *25.

業上的原因而必須實施之專利技術並不構成關鍵專利。關鍵專利權人若無正當理由而僅對特定事業爲該關鍵專利的專屬授權、無正當理由而對不同事業就該關鍵專利收取差別的授權金、或無正當理由而拒絕授權該關鍵專利，皆可能產生攔阻第三人進入該關鍵專利所控制的特定市場之限制競爭的結果。

SSOs 爲避免其所採用爲技術標準的關鍵專利之權利人有前揭限制競爭的行爲而妨礙技術標準的推廣，通常會要求 SSOs 之成員必須遵守其專利政策，SSOs 通常會採用下列幾項專利政策：1. SSOs 的成員應聲明其對於 SSOs 擬定中的技術標準未擁有關鍵專利權；2. SSOs 的成員應揭露與 SSOs 擬定中之技術標準有關的申請專利中之技術及其相關資訊；3. SSOs 的成員應說明，在其所擁有的專利權或申請專利中之技術被納入技術標準後，其是否同意將該專利權或技術授權給該 SSOs 的所有成員及其他有意實施該技術的業者，以及其將如何授權，例如：無償授權、以符合 FRAND 標準進行授權、或揭露其日後將收取的授權金之上限；4. SSOs 的成員依 SSOs 之專利政策所作的聲明、揭露及說明將不可撤回。

若 SSOs 的成員不同意遵守 SSOs 之專利政策，則 SSOs 將會考慮改採其他技術作爲其技術標準。另一方面，CAFC 認爲，若 SSOs 的成員違反 SSOs 之專利政策所規定的揭露義務而僞稱其對於擬定中之技術標準未擁有專利權，而在該專利的技術內容被納入技術標準後，SSOs 始發現有前述不實聲明之情事，則基於「衡平法上的禁反言」原則，該 SSOs 的成員即不能主張行使其專利權[95]。

若 SSOs 的成員依 SSOs 之專利政策要求而說明，其同意在其所擁有的專利權或申請專利中之技術被納入技術標準後，將該專利權或技術授權給該 SSOs 的所有成員及其他有意實施該技術的業者，事後

---

95 Stambler v. Diebold, Inc., 878 F.2d 1445 (Fed, Cir. 1989).

該 SSOs 的成員卻違反該說明而控告實施該技術標準的業者侵害其專利權，則該被告的業者可以主張，由於該 SSOs 的成員已藉由接受 SSOs 的技術標準之專利政策，而對相關市場說明其亦同意將專利權授權給有意實施該技術的業者，因此基於「衡平法上的禁反言」原則，該 SSOs 的成員不得向實施該技術的業者要求侵害專利權之損害賠償及其他救濟。

前述兩種情形是將「衡平法上的禁反言」原則擴張適用於雖非 SSOs 的成員但有意實施該技術的業者，亦即「衡平法上的禁反言」原則可應用於專利權人藉由遵守 SSOs 的技術標準之專利政策而對該技術標準之相關市場所作的聲明、揭露及說明，而該等聲明、揭露及說明並不需要直接對因實施 SSOs 的技術標準而被控告侵害專利權的業者爲之便可對該等業者發生法律上的效力。

另有法院認爲，只要 SSOs 的成員於加入該 SSOs 時已同意接受該 SSOs 的專利政策，在其所擁有的專利權或申請專利中的技術被納入該 SSOs 所制定的技術標準後，將該專利權或技術授權給該 SSOs 的成員及其他有意實施該技術的業者，則當該 SSOs 的成員拒絕授權給其他有意實施該技術的業者時，該等業者即使並非該 SSOs 的成員，亦得基於第三人利益契約的受益人資格，直接對該拒絕授權的 SSOs 成員起訴，主張其違反第三人利益契約，而要求其履行該契約（亦即將該 SSOs 成員的專利或申請專利中的技術，授權給其他有意實施該技術的業者）。[96]

由於 SSOs 的專利政策要求其成員在技術標準制定之過程中，必須揭露申請專利中的技術內容，如此可能致使該技術在被納入技術標準前，即遭到其他 SSOs 的成員使用，或因前述揭露致使該技術內容喪失新穎性而無法申請專利權，或喪失秘密性而無法繼續作爲營業秘密受到

96 ESS Tech., Inc. v. PC-Tel, Inc., No. C-99-20292 at*5 (N.D. Cal. Nov. 2, 1999).

保護。因此，SSOs可設立獨立單位專門負責接受與保管其成員所提供的專利與其他技術的資料並使其他SSOs的成員無法接觸該等資料，以維護該等技術的新穎性及秘密性；此外，SSOs可以要求其成員在技術標準制定之過程中揭露其申請專利中的技術時，其揭露內容僅需要包含該專利申請案的摘要及申請專利範圍，而無須揭露該專利申請案的說明書內容，以保障對於申請專利中之技術加以揭露的SSOs成員。

關於前述FRAND標準中所謂的「公平」，有學者認爲係指在授權協議之過程中，應兼顧專利權人與尋求取得授權者雙方的利益且其程序須爲可預期者；而所謂的「合理」係指雙方當事人皆認爲授權協議之結果係可接受者；至於所謂的「不歧視」則係指各尋求取得授權者與專利權人進行授權協商時，其授權條件必須立於相同的基礎進行考量與決定。[97]

另有學者認爲「合理」的授權條件可以運用契約法的原理加以推定，例如：當事人未約定授權金額與履行期限時，法院可以根據個案事實、當地慣例與一般交易習慣等客觀因素，推定出合理的授權金額與履行期限。[98]

此外，有學者表示，FTC v. Qualcomm案最精彩的論述在於，爲何Qualcomm作爲標準必要專利權人爲FRAND承諾後拒絕授權，本身就屬於違反美國競爭法之行爲，而認爲其具有反托拉斯法之交易義務……未來若此見解能夠持續被後續法院支持，將成爲美國競爭法的另一經典案例。[99]

---

97 Larry M. Goldstein & Brain N. Kearsey, TECHNOLOGY PATENT LICENSING: AN INTERNATIONAL REFERENCE ON 21ST CENTURY PATENT LICENSING, PATENT POOLS AND PATENT PLATFORMS, 27-28 (2004).

98 楊禎（2000），《英美契約法論》，頁36，北京：北京大學出版社。

99 楊智傑（2018），〈高通行動通訊標準必要專利授權與競爭法：大陸、南韓、歐盟、美國、台灣裁罰案之比較〉，《公平交易季刊》，26卷2期，頁33。

(二)為避免成為技術標準之關鍵專利的專利權人濫用其專利權，得考慮援用關鍵設施理論

關鍵設施指進入某一特定市場不可缺少的基本設備，無法近用該設備者將被排除於該特定市場之外，其情形經常出現於交通、電信、油氣等產業。爲避免擁有關鍵設施者拒絕他人近用該關鍵設施而使某一特定市場的競爭秩序受到限制，得適用競爭法之關鍵設施理論，而使有意使用該關鍵設施以進入某一特定市場者，得近用該關鍵設施。

最早引用關鍵設施理論的判決係 United States v. Terminal Railroad Association of St. Louis[100] 案，本案係因爲擁有跨越密西西比河谷進入 St. Louis 之鐵橋的鐵路運輸業者，在無正當理由下，拒絕其他鐵路運輸業者使用該鐵橋進入 St. Louis，由於 St. Louis 附近的密西西比河谷形勢險峻而難以找出其他適當地點再建鐵橋，所以原有的鐵橋已成爲進入 St. Louis 不可或缺之關鍵設施，因此本案承審法院認爲擁有該鐵橋的鐵路運輸業者，在無正當理由下，拒絕其他鐵路運輸業者使用該鐵橋進入 St. Louis 乃限制競爭的行爲，而命令擁有該鐵橋的鐵路運輸業者，必須使其他鐵路運輸業者使用該鐵橋進入 St. Louis。

最早將適用關鍵設施理論的要件明列出來之判決則爲 1983 年的 MCI v. AT&T 案[101]，本案所揭櫫適用關鍵設施理論的四項要件如下[102]：1. 關鍵設施由獨占事業控制；2. 競爭者實際上或理論上並無能力重製此種關鍵設施；3. 拒絕競爭者使用此種關鍵設施；4. 提供此種關鍵設施的可

100 United States v. Terminal R. Ass'n, 224 U.S. 383 (1912).

101 MCI Communications Corp. v. American Tel. & Tel. Co., 708 F.2d 1081(7th Cir. 1983).

102 The case law sets forth four elements necessary to establish liability under the essential facilities doctrine: (1) control of the essential facility by a monopolist; (2) a competitor's inability practically or reasonably to duplicate the essential facility; (3) the denial of the use of the facility to a competitor; and (4) the feasibility of providing the facility.

行性。

雖然美國聯邦第七巡迴上訴法院所揭櫫適用關鍵設施理論的要件為其他美國聯邦巡迴上訴法院普遍遵循，惟各美國聯邦巡迴上訴法院於適用前述要件時，皆從嚴解釋。

關於第 1 項要件的適用，必須獨占事業因控制此種關鍵設施而能夠排除其次級市場的競爭，才可適用關鍵設施理論[103]；若獨占事業雖控制此種關鍵設施而具有相當程度之競爭優勢，但競爭者在未使用此種關鍵設施下，仍有可能取得有限之市場占有率，則不適用關鍵設施理論[104]。

就第 2 項要件而言，此種關鍵設施限於自然獨占的設施、法律禁止重製的設施，以及可能由政府資助因而實際上無法由私人興建的設施；主張適用關鍵設施理論的原告必須證明，無法使用此種關鍵設施的損害超過不便利或某些經濟損失，也必須證明此種關鍵設施之替代物係無法實施的[105]。

關於第 3 項要件的適用，並不限於獨占關鍵設施的事業直接拒絕競爭者使用此種關鍵設施；若獨占關鍵設施之事業未以公平合理的條件使競爭者使用此種關鍵設施，亦符合本項要件[106]。至於使用關鍵設施的費用是否過高而未該當公平合理之條件，應由市場機能決定，並非由使用者或消費者認定。惟競爭者除須證明其使用關鍵設施應支付較高費用或較為困難外，尚須證明獨占關鍵設施之事業存有惡意，將競爭者排除於市場競爭之外[107]。

是否符合第 4 項要件必須就擁有關鍵設施者的一般營業範圍加以分

---

103 Paladin Assocs. v. Montana Power Co., 328 F.3d 1145, 1163 (9th Cir. 2003).

104 Gregory McCurdy, Intellectual Property and Competition: Does the Essential Facilities Doctrine Shed Any New Light, 25 EUR. INTELL. PROP. REV. 472 (2003).

105 Twin Laboratories, Inc. v. Weider Health & Fitness, 900 F.2d 566, 569-70 (2d Cir. 1990).

106 Covad Communs. Co. v. BellSouth Corp., 299 F.3d 1272, 1287 (11th Cir. 2002).

107 Alaska Airlines, Inc. v. United Airlines, Inc., 948 F.2d 536, 538-41 (9th Cir. 1991).

析，而非依擁有關鍵設施者其行業的所有可能性（超過一般營業範圍的經營方式）加以分析[108]。

(三)標準制定組織的行為可能違反競爭法之情形

若 SSOs 符合：1. 未加入該 SSOs 的水平競爭業者將無法進入相關之技術市場；2. 該 SSOs 集體形成的市場力量使該 SSOs 的成員取得一定的市場利益，且該市場利益無法以其他方式取得；3. 並無合理之商業理由可拒絕業者加入該 SSOs，則 SSOs 必須開放業者加入，否則其將違反競爭法。[109]

因 SSOs 將特定技術納入技術標準或將特定技術排除於技術標準外而遭受損害的特定技術之擁有者，若能證明 SSOs 的該等行爲符合：1. 原告與 SSOs 之成員存在水平競爭關係；2. SSOs 或 SSOs 之成員的組合有一定之市場力量；3. SSOs 之決定會直接對市場效應產生重大影響；4. SSOs 作成該等決定有限制競爭或不公平競爭之意圖，則得向法院起訴並得向 FTC 檢舉該 SSOs 違反競爭法。[110]

即使參與 SSOs 的業者於擬定技術規格之過程中未直接就日後該技術被納入技術標準中的授權金額聯合協議，然而該等業者相互交換其技術資訊，彼此間仍可能對授權金額產生默契而形成間接的價格聯合行爲致該等行爲違反競爭法。[111]

(四)合理原則之分析說明

所謂「合理原則」係指，法院或競爭法的主管機關於判斷某事業之

---

108 Laurel Sand & Gravel, Inc. v. CSX Transp., Inc., 924 F.2d 539, 545 (4th Cir. 1991).

109 Herbert Hovenkamp, Mark D. Janis, Mark A. Lemley, IP and Antitrust: An Analysis of Antitrust Principles Applied to Intellectual Property Law, §35.3 (2002).

110 *Id.* at §35.4.

111 C-O-Two Fire Equip. v. United States, 197 F.2d 489 (9th Cir. 1952).

行爲是否違反競爭法時，必須具體考量該行爲對於該類產業的相關市場發生何種影響，倘若該事業能證明該行爲雖然可能造成不公平競爭，但卻能提升該類產業相關市場之效率，且其利益可由社會大眾所共享時，則該行爲將視爲未違反競爭法。

合理原則得應用於評估 SSOs 或 SSOs 的成員之行爲是否違反休曼法第 1 條，而其考量重點在於 SSOs 成員的市場地位及 SSOs 的限制行爲是否會影響該特定市場之競爭秩序。[112]

在適用合理原則的情形下，原告必須先舉證證明被告的某種行爲構成不合理之限制競爭，待原告舉出充分的證據後，被告才需要就其限制措施的合理性加以說明，其後法院應依照相關產品市場與相關區域市場加以分析雙方的市占率、市場結構與市場影響力以綜合判斷被告的限制措施對於市場競爭是否有重大不利之影響。若被告的限制措施對於市場競爭並無重大不利之影響，且被告有正當理由支持其採取該等限制措施，則該等限制措施即符合合理原則而不構成違法。

參、歐洲相關法制之研究

一、歐洲相關規範

(一)歐盟執委會發布之規則

歐盟執委會爲使歐盟相關競爭秩序的管理更有效率，乃發布眾多之集體豁免規則，其中與技術標準的研擬以及技術的移轉有關之規則，例如：有關共同研擬協議集體豁免規則的 2659/2000 號規則[113]，以及有關

112 National Ass'n of Review Appraisers and Mortg. Underwriters, Inc. v. Appraisal Foundation, 64 F.3d 1130,1137 (8th Cir. 1995).

113 Commission Regulation (EC) No. 2659/2000 of 29 November 2000 on the Application of Article 81(3) of the Treaty to Categories of Research and De-

技術移轉協議集體豁免規則的240/96號規則[114]，由於歐盟執委會發布的規則本身即爲一種法規，因此可以直接爰用該等規則，處理有關技術標準的研擬與技術的移轉等問題。

240/96號規則將契約條款分爲三類，列於白色清單中的契約條款係指表面上看起來似乎有反競爭之效果，但實際上係合理的，因而該等條款可豁免於競爭法之調查；而列於黑色清單中的契約條款，係指無法獲得豁免而當然違法之契約條款；至於歸類爲灰色條款的規定，係指可能需要向主管機關報備或需要經過調查及裁決，始能決定其是否違反競爭法的規定。

(二)歐洲共同體條約第81條及第82條

「歐洲共同體條約」[115]第81條第1項係禁止任何事業有阻止、限制或扭曲市場競爭之行爲，包括：1. 直接或間接操縱買賣、售價或其他交易條件；2. 限制或控制生產、市場、技術發展或投資；3. 分割市場或供應來源；4. 與其他交易對象從事同樣的交易時適用不同的條件，藉此使該等交易對象處於競爭的劣勢；5. 契約成立繫於具有附加義務的其他交易對象之承認，而該附加義務依其性質或商業用途與該等契約之主題無關。[116]

---

velopment Agreements, http://eur-lex.europa.eu/LexUriServ/LexUriServ.do?uri=CELEX:32000R2659:EN:HTML (last visited on 02/10/2020).

114 Commission Regulation (EC) No. 240/96 of 31 January 1996 on the Application of Article 85 (3) of the Treaty to Certain Categories of Technology Transfer Agreements, http://eur-lex.europa.eu/LexUriServ/LexUriServ.do?uri=CELEX:31996R0240:EN:HTML (last visited on 02/10/2020).

115 「歐洲共同體條約」亦稱為「建立歐體條約」，the Treaty Establishing the European Community，簡稱EC Treaty。

116 http://ec.europa.eu/competition/legislation/treaties/ec/art81_en.html (last visited on 02/10/2020).

第 81 條第 2 項則規定，違反本條之禁止規定的契約或決定將自動無效。第 81 條第 3 項並規定，若事業間之契約、決定或一致性的措施有助於改善產品的生產或行銷或促進技術或經濟發展，而前述產生的利益能由消費者合理分享，且該等行爲未加諸該事業對其達成目標不必要的限制，且未提供該事業關於爭議產品的實質部分有消除競爭的可能性，則該等行爲不適用同條第 1 項禁止之規定。[117] 例如：事業間以共同研發方式制定技術標準，雖然參與之事業有競爭之關係，但其在特定市場之總市占率不超過 25% 者，其共同研發協議便可適用集體豁免程序，不需要對第 81 條第 1 項禁止的聯合行爲依同條第 3 項之規定就個案申請豁免許可 [118]。

「歐洲共同體條約」第 82 條第 1 項規定，一家或多家事業濫用其在歐洲共同體市場或在該市場的實質部分中的支配地位將受到禁止，只要該濫用可能影響成員國間的貿易，則該濫用便不容於歐洲共同體市場。[119]

第 82 條第 2 項則進一步說明：「特別當該濫用包含於：1. 直接或間接強加不公平的買賣或售價或其他不公平的交易條件；2. 限制消費者偏好的生產、市場或技術發展；3. 與其他交易對象從事同樣的交易時適用不同的條件，藉此使該等交易對象處於競爭的劣勢；4. 契約成立繫於具有附加義務的其他交易對象之承認，而該附加義務依其性質或商業用途與該等契約之主題無關。」[120] 例如：掠奪性的定價或不當搭售等行爲。[121]

---

117 *Id.*

118 Maurits Dolmans, *Standards For Standards*, 26 Fordham Int'l L.J. 163-70 (2002).

119 http://ec.europa.eu/competition/legislation/treaties/ec/art82_en.html (last visited on 02/10/2020).

120 *Id.*

121 Dolmans, *supra,* note 118.

(三) 歐洲共同體條約第 81 條適用於水平合作協議之準則

「歐洲共同體條約第81條適用於水平合作協議之準則」[122]對於技術標準制定協議是否適法分別依合法的協議、極可能違法的協議以及可能違法的協議三部分加以說明。

該準則對於合法的協議的說明表示，若制定技術標準係爲符合產品的相容性且無限制競爭的行爲，並以不歧視、公開且透明的方式實施者，該制定技術標準的協議係屬合法。[123]

該準則對於極可能違法之協議的說明表示，若制定技術標準的協議有廣泛範圍之限制條款，且該限制條款之目的係爲排除事實上的競爭者或潛在的競爭者，該制定技術標準的協議通常即爲歐洲共同體條約第 81 條第 1 項所禁止的聯合行爲。[124]

該準則對於可能違法的協議之說明表示，若參與制定技術標準者對依該技術所生產的產品或該技術的創新具有共同控制權，致失去產品特性的競爭而影響到有利害關係的第三人，該制定技術標準的協議可能構成歐洲共同體條約第 81 條第 1 項所禁止的聯合行爲。[125]

(四) 歐盟運作條約第 102 條

歐盟運作條約（the Treaty on the Functioning of the European Union）[126]第 102 條第 1 項規定：「一家或多家事業濫用其在歐盟的內部市場或在

---

122 Guideline on the Applicability on Article 81 of the EC Treaty to Horizontal Cooperation Agreement, http://eur-lex.europa.eu/LexUriServ/LexUriServ.do?uri=CELEX:32001Y0106(01):EN:NOT (last visited on 02/10/2020).

123 *Id.* at 6.3.1.1.

124 *Id.* at 6.3.1.2.

125 *Id.* at 6.3.1.3.

126 https://eur-lex.europa.eu/legal-content/EN/TXT/PDF/?uri=CELEX:12012E/TXT&from=EN (last visited on 02/10/2020).

該市場的實質部分中的支配地位將受到禁止，只要該濫用可能影響歐盟成員國間的貿易，則該濫用便不容於歐盟的內部市場。」本條第 2 項規定的內容則與前述歐洲共同體條約第 82 條第 2 項規定的內容相同。

(五) 歐洲經濟區協定第 54 條

歐洲經濟區協定（Agreement on the European Economic Area）[127]第54條第 1 項規定：「一家或多家事業濫用其在本協議所涵蓋之領域或在該領域的實質部分中的支配地位將受到禁止，只要該濫用可能影響締約當事國間的貿易，則該濫用便不容於本協議的運作。」本條第 2 項規定的內容亦與前述歐洲共同體條約第 82 條第 2 項規定的內容相同。

(六) 歐洲通信標準協會之管理事項

歐洲通信標準協會[128]雖未隸屬於歐盟委員會[129]亦未隸屬於「歐洲郵政與電信管理會議」[130]，但經由 EU 及 CEPT 與 ETSI 之合作，ETSI 可管理歐洲之電信、無線通訊及廣電事務，且負責分配前述通訊事業之頻道並協助前述通訊事業之認證。

---

127 https://eur-lex.europa.eu/legal-content/EN/TXT/PDF/?uri=CELEX:21994A0103(01)&from=EN (last visited on 02/10/2020).

128 the European Telecommunications Standards Institute，以下簡稱ETSI。

129 European Commission，以下簡稱EU。

130 European Conference of Postal and Telecommunications Administrations，法文名稱Conférence Européenne des Administrations des Postes et des Télécommunications，以下簡稱CEPT。

二、歐洲相關案例

(一) Spundfaß 案[131]

於 2004 年，德國聯邦最高法院在 Spundfaß 案認定技術標準的實施所必要之專利技術將形成關鍵設施，因此專利權人對該專利技術負有授權義務，於本案中德國聯邦最高法院未採用歐盟最高法院[132]於過去案例[133]所發展出類似關鍵設施理論之原則的第一項要件—「占有市場支配地位之事業拒絕其他事業使用其擁有的重要設施必須阻礙新產品之出現」。

本案的原告於 1993 年對於裝載運送化學品的緊口瓶取得歐洲專利局所核發之專利，1990 年初德國化學工業協會計畫就裝載運送化學品的容器安全制定技術標準，當時本案的原告與另外三家業者提出符合德國化學工業協會所需求的安全材質的技術規格，經多次討論後，德國化學工業協會決定以本案原告的專利技術作爲基礎就裝載運送化學品的容器安全制定技術標準，而本案原告則承諾將無償授權另三家在技術標準制定過程中提出技術規格並參與討論的業者實施該項作爲技術標準之專利技術。

歐洲其他化學品容器的製造業者則藉由與本案的原告簽訂有償之專利授權協議而得實施該項作爲技術標準的專利，於 1996 年，本案的被告之義大利母公司先向本案的原告提出無償授權之請求，遭到本案的原告拒絕，其後改向本案的原告提出有償授權之請求，亦遭到本案的原告

131 BGH, Urt. v. 13.7.2004-KZR 40/02, GRUR 2004, 966.

132 The Court of Justice of the European Union（簡稱CJEU），其前身稱為 The Court of Justice of the European Communities（簡稱CJEC）。

133 Radio Telefis Eireann (RTE) and Independent Television Publications Ltd. (ITP) v. Commission of the European Communities., Joined cases C-241/91 P and C-242/91 P；[1995] ECR I-743.

拒絕，但本案的被告卻逕行使用原告所擁有的作爲裝載運送化學品的安全容器標準之專利技術以製造及販賣化學品容器，本案的原告乃向德國Düsseldorf 邦的法院提起專利侵權訴訟。

本案的被告則主張，於德國化學工業協會決定以本案原告的專利技術作爲基礎就裝載運送化學品的容器安全制定技術標準時，本案的原告承諾將該項作爲技術標準的專利無償授權另三家在技術標準制定過程中提出技術規格並參與討論的業者，因此本案的原告對於所有想要實施該項作爲技術標準之專利的業者皆負有無償授權之義務。德國 Düsseldorf 邦的法院於 1999 年判決本案成立專利侵權，被告乃上訴於德國聯邦最高法院。

德國聯邦最高法院審理本案後認爲，本案原告所擁有的專利技術被納入德國化學工業協會所制定的技術標準後，若化學品容器的製造業者生產的容器不符合該項標準，該容器即無法在德國境內行銷，因此以符合該項技術標準的化學品容器爲基準，即能界定出特定的市場，而本案的原告乃此特定市場唯一能提供此項技術者，所以原告於該特定市場具有控制力量，能藉由專利權的行使與否將其他化學品容器的製造業者排除於該特定市場外，本案的原告將該項作爲技術標準的專利技術無償授權另三家在技術標準制定過程中提出技術規格並參與討論的業者，並將該項作爲技術標準之專利技術有償授權歐洲其他化學品容器之製造業者，卻拒絕將該項作爲技術標準之專利技術授權本案的被告之義大利母公司，此拒絕授權的行爲已構成德國競爭限制防止法[134]第 20 條第 1 項所規定的無正當理由的差別待遇。

對於本案的被告主張，本案的原告承諾將該項作爲技術標準的專利技術無償授權另三家在技術標準制定過程中提出技術規格並參與討論的

134 Gesetz gegen Wettbewerbsbeschränkungen，簡稱GWB，英文名稱 The 1999 Amendments to the German Act Against Restraints of Competition。

業者，因此本案的原告對於被告亦負有無償授權的義務，德國聯邦最高法院對此不表同意。德國聯邦最高法院認爲，本案的原告會承諾將該項作爲技術標準的專利技術無償授權另三家在技術標準制定過程中提出技術規格並參與討論的業者，乃因爲在德國化學工業協會計畫就裝載運送化學品之容器安全制定出技術標準的過程中，該三家業者如同原告就相關技術投入研發資源並提出相關的技術規格，只是德國化學工業協會決定以本案原告的專利技術作爲標準，該三家業者爲協助此項技術標準順利制定事實上較其他化學品容器的製造業者付出較大之成本，因此本案的原告將該項作爲技術標準之專利技術無償授權該三家在技術標準制定過程中提出技術規格並參與討論的業者；另一方面，本案的原告則以有償授權的方式將該項作爲技術標準之專利技術授權歐洲其他化學品容器的製造業者，此不同的授權方式係考慮不同的業者對於制定化學品容器之安全技術標準所作的貢獻有所差異，故就此部分並不構成無正當理由的差別待遇，因此本案的原告對於被告沒有無償授權的義務。

惟德國聯邦最高法院指出，由於德國化學工業協會制定的技術標準與本案的原告之專利技術具有依存關係，原告憑藉該項專利權而在化學品容器的特定市場具有排除競爭之能力並具有獨占之地位，因此本案的原告拒絕將該項作爲技術標準的專利有償授權給被告，已構成獨占事業濫用其市場力量，故應適用德國競爭限制防止法第 19 條第 4 項第 4 款所規定的關鍵設施理論，而得要求本案的原告將該項作爲技術標準的專利有償授權給被告。

(二) Qualcomm 案[135]

在 2018 年 1 月 24 日，歐盟執委會公布本決定之內容。本決定確立

---

[135] Case AT.40220 - Qualcomm, (2018/C 269/16). https://eur-lex.europa.eu/legal-content/EN/TXT/?uri=CELEX%3A52018XC0731%2801%29 (last visited on 02/12/2020).

自 2011 年 2 月 25 日至 2016 年 9 月 16 日，Qualcomm 違反歐盟運作條約[136]第102條及歐洲經濟區協定[137]第54條之規定，此乃因在蘋果公司自 Qualcomm 獲得所有蘋果公司所需要且符合「長期演進技術」[138]標準及「全球行動通訊系統」[139]與「通用行動電信系統」[140]標準的基頻處理器晶片組之條件下，Qualcomm 將准許付款給蘋果公司。[141]

本決定認爲在 2011 年 1 月 1 日至 2016 年 9 月 31 日之間，Qualcomm 對於 LTE 晶片組在全球市場擁有支配地位，且 Qualcomm 濫用其對於 LTE 晶片組在全球市場的支配地位。[142]首先，由於 Qualcomm 的付款係獨家付款。其次，該獨家付款有潛在的反競爭影響，此係因 Qualcomm 的付款會降低蘋果公司轉向競爭性的 LTE 晶片組之供應商購買的誘因；而 Qualcomm 的獨家付款涵蓋全球 LTE 晶片組市場相當大的份額；且因蘋果公司在全球 LTE 晶片組市場之進入與擴充的重要性，蘋果公司對於 LTE 晶片組之供應商是有吸引力的客戶。第三，Qualcomm 提出的臨界利潤分析無法支持其主張的其獨家付款未有反競爭影響。第四，由於 Qualcomm 未曾表明其獨家付款對於達成任何效率提升是必須的，所以 Qualcomm 未曾表明其獨家付款在對消費者亦有利的效率方面是平衡的或占優勢的。因此，Qualcomm 藉由在蘋果公司自 Qualcomm

---

136 https://eur-lex.europa.eu/legal-content/EN/TXT/PDF/?uri=CELEX:12012E/TXT&from=EN (last visited on 02/10/2020).

137 https://eur-lex.europa.eu/legal-content/EN/TXT/PDF/?uri=CELEX:21994A0103(01)&from=EN (last visited on 02/10/2020).

138 Long-Term Evolution，簡稱LTE。

139 the Global System for Mobile Communications，簡稱GSM。

140 Universal Mobile Telecommunications System，簡稱UMTS。

141 Case AT.40220 — Qualcomm, para. (1), (2) (2018/C 269/16). https://eur-lex.europa.eu/legal-content/EN/TXT/?uri=CELEX%3A52018XC0731%2801%29 (last visited on 02/12/2020).

142 *Id.* para. (9), (13).

獲得所有蘋果公司所需要的 LTE 晶片組之條件下，准許付款給蘋果公司，係濫用 Qualcomm 對於 LTE 晶片組在全球市場的支配地位。[143] 因此在 2018 年 1 月 19 日及 2018 年 1 月 23 日，由「限制實施與支配地位的諮詢委員會」[144] 依歐盟理事會條例第 7 條及第 23(2)(a) 條科處 Qualcomm997,439,000 歐元的罰金。[145]

三、關鍵設施理論於歐洲實務之發展的分析與檢討

雖然歐洲最高法院的判決中並未明文引用關鍵設施理論，但於決定事業是否違反「歐洲共同體條約」第 82 條 [146] 的相關判決中，歐洲最高法院亦發展出類似關鍵設施理論的原則。此原則的主要內容可分爲三項要件：1. 占有市場支配地位之事業拒絕其他事業使用其擁有之重要設施必須阻礙新產品之出現；2. 占有市場支配地位的事業拒絕其他事業使用其擁有的重要設施並無正當理由；3. 占有市場支配地位的事業拒絕其他事業使用其擁有的重要設施必須足以排除次級市場的競爭。[147]

此外，歐洲最高法院於 IMS Health 案 [148] 中指出，要求占有市場支配地位的智慧財產權人授權使用經營次級市場不可或缺而受智慧財產權保護的產品時，事業不能意圖使其限於主要在複製智慧財產權人於次級市場所提供的產品或服務，而須意圖生產智慧財產權人於次級市場尚未

143 *Id.* para. (13)-(20).

144 the Advisory Committee on Restrictive Practices and Dominant Positions

145 *Id.* para. (3), (26).

146 http://ec.europa.eu/competition/legislation/treaties/ec/art82_en.html (last visited on 02/10/2020).

147 周伯翰（2009），〈專利強制授權與競爭制度之調和（中）〉，《萬國法律》，167期，頁72。

148 IMS Health GmbH & Co. OHG v. NDC Health GmbH & Co. KG. , Case C-418/01；[2004] ECR I-05039.

提供但有潛在消費需求的新產品或服務，如此智慧財產權人拒絕授權，才可能被視爲濫用其市場地位[149]。

肆、我國相關法制之研究

一、我國相關規範

(一)公平交易法及其子法之相關規定

1. 公平交易法第15條第1項之規定

企業經營者藉由參與SSOs而聯合制定某類新產品或應用技術之技術標準係一種聯合行爲，惟我國公平交易法並不絕對禁止聯合行爲，公平交易法第15條第1項的但書設有八種例外情形，只要事業之聯合行爲符合其中一種情形，且該行爲有益於整體經濟與公共利益，並經申請中央主管機關許可者，其聯合行爲即不受限制。

SSOs聯合制定某類新產品或應用技術之技術標準係一種統一商品規格或型式的行爲，而其主要目的除藉由大量推廣採用該技術標準之商品或服務以擴張市場外，亦包含藉由採用先進之技術標準得使其提供之商品或服務降低成本、改良品質或增進效率，因此SSOs聯合制定某類新產品或應用技術之技術標準符合公平交易法第15條第1項但書第1款所規定的「爲降低成本、改良品質或增進效率，而統一商品或服務之規格或型式」，若經評量採用該技術標準有益於整體經濟與公共利益，並申請中央主管機關許可採用該技術標準，則該技術標準的制定及應用即爲合法之聯合行爲，不受公平交易法限制。

---

149 ECR I-05039, paragraphs 49.

2. 公平交易法第 20 條第 2 款與公平交易法施行細則第 26 條之規定

於 SSOs 聯合業者制定某類新產品或應用技術的技術標準時，若該 SSOs 偏好採用某業者的技術作爲其技術標準的主要內容，而且此種作爲並無正當理由者，即可能構成公平交易法第 20 條第 2 款規定的「無正當理由，對他事業給予差別待遇之行爲」，又依公平交易法施行細則第 26 條之規定，是否有公平交易法第 20 條第 2 款所稱的正當理由，應審酌下列情形認定，包括市場供需情況、成本差異、交易數額、信用風險及其他合理之事由。若公平交易委員會經衡量上述情形後，認定該技術標準的制定行爲違反公平交易法第 20 條第 2 款之規定者，公平交易委員會即應依公平交易法第 40 條之規定，命令該 SSOs 停止、改正該等無正當理由的差別待遇行爲或採取必要更正措施，並連續處以罰鍰至該 SSOs 停止、改正該等無正當理由的差別待遇行爲或採取必要更正措施爲止。此外，對屆期未停止、改正其無正當理由的差別待遇行爲或未採取必要更正措施，或停止後再爲相同違反行爲者，得依公平交易法第 36 條之規定對該行爲人處以刑罰。至於因該等無正當理由的差別待遇行爲而受害之其他業者亦得依公平交易法第 30 條之規定行使損害賠償請求權，並得依公平交易法第 29 條之規定，行使排除侵害請求權與防止侵害請求權。

3.「公平交易委員會對於技術授權協議案件之處理原則」之規定

「公平交易委員會對於技術授權協議案件之處理原則」[150] 第4點第2項規定，本會審議技術授權協議案件，不受授權協議之形式或用語所拘束，而將著重技術授權協議對下列相關市場可能或眞正所產生限制競爭

---

150 公平交易委員會（2016），《公平交易委員會對於技術授權協議案件之處理原則》，http://www.ftc.gov.tw/internet/main/doc/docDetail.aspx?uid=163&docid=227（最後瀏覽日：02/14/2020）。2001年1月18日訂定；最近一次修訂，2016年8月17日。

之影響，該等特定市場包括，利用授權技術而製造或提供之商品所歸屬之「商品市場」、與該特定技術具有替代性而界定之「技術市場」、以可能從事商品之研究發展爲界定範圍之「創新市場」。

該原則第 4 點第 3 項則規定，本會審議技術授權協議案件，除考量相關授權協議內容之合理性，並應審酌下列事項：包括授權人就授權技術所具有之市場力量、授權協議當事人於相關市場之市場地位及市場狀況、授權協議所增加技術之利用機會與排除競爭效果之影響程度、相關市場進出之難易程度、授權協議限制期間之長短、相關市場之國際或產業慣例。

該原則第 6 點第 1 項規定，有競爭關係之技術授權協議當事人間以契約、協議或其他方式之合意，共同決定授權商品之價格，或限制數量、交易對象、交易區域、研究開發領域等，相互約束當事人間之事業活動，足以影響相關市場之功能者，授權協議當事人不得爲之。

該原則第 6 點第 2 項規定，技術授權協議之內容，有下列情形之一，而對相關市場具有限制競爭之虞者，授權協議當事人不得爲之：

(1) 限制被授權人於技術授權協議期間或期滿後就競爭商品之研發、製造、使用、銷售或採用競爭技術。

(2) 爲達區隔顧客之目的或與授權範圍無關，而限制被授權人技術使用範圍或交易對象。

(3) 強制被授權人購買、接受或使用其不需要之專利或專門技術。

(4) 強制被授權人應就授權之專利或專門技術所爲之改良以專屬方式回饋予授權人。

(5) 授權之專利消滅後，或專門技術因非可歸責被授權人之事由被公開後，授權人限制被授權人自由使用系爭技術或要求被授權人支付授權實施費用。

(6) 限制被授權人就其製造、生產授權商品銷售與第三人之價格。

(7) 限制被授權人爭執授權技術之有效性。

(8) 拒絕提供被授權人有關授權專利之內容、範圍或專利有效期限等。

(9) 專利授權協議在專利有效期間內，於我國領域內區分授權區域之限制；專門技術授權協議在非可歸責於授權人之事由，致使授權之專門技術喪失營業秘密性而被公開前對專門技術所為區域之限制，亦同。

(10) 限制被授權人製造或銷售商品數量之上限，或限制其使用專利、專門技術次數之上限。

(11) 要求被授權人必須透過授權人或其指定之人銷售。

(12) 不問被授權人是否使用授權技術，授權人逕依被授權人某一商品之製造或銷售數量，要求被授權人支付授權實施費用。

該原則第 6 點第 3 項則規定，技術授權協議授權人要求被授權人向授權人或其所指定之人購買原材料、零件等，而非為使授權技術達到一定效用，維持授權商品之商標信譽或維護專門技術秘密性之合理必要範圍內，如在相關市場具有限制競爭之虞者，授權協議當事人不得為之。

該原則第 6 點第 4 項並規定，技術授權協議無正當理由，就交易條件、授權實施費用等，對被授權人給予差別待遇之行為，如在相關市場具有限制競爭之虞者，授權協議當事人不得為之。

關於違反技術授權協議之法律效果，則規定於該原則第 7 點，包括：(1) 事業違反第 6 點第 1 項者，構成公平交易法第 15 條之違反；(2) 事業違反第 6 點第 2 項者，可能構成公平交易法第 20 條第 5 款之違反；(3) 事業違反第 6 點第 3 項者，可能構成公平交易法第 20 條第 1 款或第 5 款之違反；(4) 事業違反第 6 點第 4 項者，可能構成公平交易法第 20 條第 2 款之違反。

(二) 電信法及其子法之相關規定

我國電信法第 1 條規定，第一類電信事業從事其固定通信網路管線基礎設施之建設時，於通信網路瓶頸所在設施，得向瓶頸所在設施之第一類電信事業請求有償共用管線基礎設施。同法第 2 條並規定，前項共用管線基礎設施之請求，被請求之業者無正當理由不得拒絕之。

依電信法之子法—固定通信業務管理規則[151]第37條第1項之規定，經營者[152]或取得籌設同意書者從事其固定通信網路[153]管線基礎設施[154]之建設時，於通信網路瓶頸所在設施，無法於合理期間自行建置或無其他可行技術替代者，得向瓶頸所在設施之固定通信業務[155]經營者，請求共用管線基礎設施。

固定通信業務管理規則第 37 條第 2 項並規定，前項共用管線基礎設施之請求，被請求之經營者無正當理由，不得拒絕之。

固定通信業務管理規則第 37 條第 3 項進一步規定，經營者相互間應以平等互惠之方式，協商共用管線基礎設施之收費條件、共用部分之管理維護、共用部分發生毀損或通信中斷情事之處理方式、通信品質與安全、雙方責任分界點及其他有關事項。雙方簽訂共用協議書後，應於 1 個月內報請主管機關[156]備查。若無法於開始協商後 3 個月內達成協議或未能於請求後 1 個月內開始協商者，任一方得請求主管機關調處之。

---

151 依固定通信業務管理規則第1條之規定，本規則依電信法第14條第6項規定訂定。

152 依固定通信業務管理規則第2條第5款之規定，經營者指經主管機關特許並發給執照經營固定通信業務者。

153 依固定通信業務管理規則第2條第2款之規定，固定通信網路指由固定通信系統所組成之通信網路。

154 依固定通信業務管理規則第2條第6款之規定，管線基礎設施指為建設市內、長途及國際通信所需之架空、地下或水底電信線路、電信引進線、電信用戶設備線路，及各項電信傳輸線路所需之管道、人孔、手孔、塔臺、電桿、配線架、機房及其他附屬或相關設施。

155 依固定通信業務管理規則第2條第4款之規定，固定通信業務指經營者利用固定通信網路提供固定通信服務之業務。

156 依固定通信業務管理規則第3條之規定，固定通信業務之主管機關為國家通訊傳播委員會。

固定通信業務管理規則第 37 條第 4 項則規定，第 1 項所稱之瓶頸所在設施，由主管機關核定之。

二、我國相關案例

(一) 飛利浦等三家公司對 CD-R 光碟片之技術授權案

飛利浦公司、新力公司與太陽誘電公司於 1988 年共定製造 CD-R 光碟片的技術標準，將其各自擁有的關於製造 CD-R 光碟片之專利，統一由飛利浦公司授權並收取與分配授權金。飛利浦等三家公司與國內製造 CD-R 光碟片的廠商原先簽署的授權契約中，約定授權金的金額以被授權人所生產的 CD-R 之出貨量淨銷售價格的 3% 或每片 10 日圓，兩者中較高者爲準。惟 CD-R 的價格從 1997 年國內業者與飛利浦公司簽約時的每片 5 美元，至 2002 年時已降至每片 0.126 美元至 0.15 美元，比較每片 CD-R 光碟片的出廠價與授權金的金額，飛利浦等三家公司所要求的授權金占出廠價之比率顯然過高。

國內數家製造 CD-R 光碟片之業者乃共同向公平交易委員會（以下簡稱公平會）檢舉飛利浦等三家公司違反當時的公平交易法第 10 條第 2 款、第 10 條第 4 款與第 14 條之規定，請求公平會處理。公平會於 2001 年 1 月 20 日作成處分[157]，認爲飛利浦等三家公司違反當時的公平交易法第 14 條、第 10 條第 2 款及第 10 條第 4 款，依當時的公平交易法第 41 條，要求飛利浦等三家公司停止其違法行爲並處以罰鍰，飛利浦等三家公司乃向行政院訴願會提起訴願，經行政院訴願會作成訴願決定撤銷公平會所作的原處分而要求公平會於 2 個月內另爲適法的處分[158]。

---

157 行政院公平交易委員會2001年1月20日（90）公處字第021號處分書。

158 行政院2001年11月16日台90訴字第067266號訴願決定書、行政院2001年11月26日台90訴字第059443號訴願決定書及行政院台90訴字第067401號訴願決定書。

惟公平會於2002年4月25日重新所作的處分[159]，依然認定飛利浦等三家公司違反當時的公平交易法第14條、第10條第2款及第10條第4款，仍依當時的公平交易法第41條要求飛利浦等三家公司停止其違法行爲並處以罰鍰，且本次處分經行政院訴願會維持，飛利浦等三家公司乃分別向台北高等行政法院提起行政訴訟。台北高等行政法院於2005年8月11日分別就飛利浦公司、新力公司與太陽誘電公司提起的行政訴訟作成判決[160]，將行政院訴願會所作的訴願決定與公平會所作的處分均予撤銷。雖經公平會就前述台北高等行政法院的判決向最高行政法院提起上訴，惟公平會的上訴均經最高行政法院駁回[161]。

公平會認爲原審法院的法律見解錯誤，乃就本案向最高行政法院提起再審之訴，惟最高行政法院駁回該再審之訴。[162]雖然前述再審之訴遭到駁回，但公平會於2009年10月29日對於本案所作之第三次處分仍認爲，飛利浦等三家公司制定橘皮書，設定CD-R標準規格，以共同授權方式，取得CD-R光碟片技術市場的獨占地位，在市場情事顯著變更情況下，仍不予被授權人談判的機會，及繼續維持原授權金的計價方式，屬不當維持授權金的價格，違反當時的公平交易法第10條第2款規定；此外，飛利浦等三家公司於前述取得CD-R光碟片技術市場獨占地位之情形下，拒絕提供被授權人有關授權協議之重要交易資訊，並禁

159 行政院公平交易委員會2002年4月25日公處字第091069號處分書。

160 就飛利浦公司提起之行政訴訟，台北高等行政法院所作判決之字號為92年度訴字第908號判決；就新力公司提起之行政訴訟，台北高等行政法院所作判決之字號為92年度訴字第1132號判決；就太陽誘電公司提起之行政訴訟，台北高等行政法院所作判決之字號為92年度訴字第1214號判決。

161 就公平會關於飛利浦公司之部分所提之上訴，最高行政法院所作判決之字號為96年度判字第553號判決；就公平會關於新力公司之部分所提之上訴，最高行政法院所作判決之字號為96年度判字第554號判決；就公平會關於太陽誘電公司之部分所提之上訴，最高行政法院所作判決之字號為96年度判字第555號判決。

162 最高行政法院98年度判字第661號判決。

止被授權人對該等專利之有效性提出異議，爲濫用市場地位之行爲，違反當時的公平交易法第 10 條第 4 款規定。因此，公平會命令飛利浦等三家公司自本處分書送達的次日起，應立即停止前兩項違法行爲，並對飛利浦等三家公司處以罰鍰。[163]

飛利浦等三家公司乃再度分別向台北高等行政法院提起行政訴訟。台北高等行政法院認爲，關於公平會審認飛利浦等三家公司以共同授權方式行使專利權，以取得 CD-R 光碟片技術市場的獨占地位，而不當維持授權金之價格，且禁止被授權人對專利有效性異議，該當於當時的公平交易法第 10 條第 2 款及第 4 款規定之情形，而應適用當時的公平交易法第 41 條之規定予以處罰，顯認該等案件係因公平交易法涉及智慧財產權所生的第一審行政訴訟事件，應由智慧財產法院管轄，因此台北高等行政法院將相關行政訴訟以裁定移送智慧財產法院管轄，[164] 智慧財產法院則於 2012 年 4 月 23 日分別對該等案件作出判決 [165]。

智慧財產法院表示，新力公司及太陽誘電公司將其本身所擁有的可錄式光碟與可錄式磁碟產品的專利授權給飛利浦公司，由飛利浦公司單獨對國內廠商進行授權，並依飛利浦公司執行該三家公司所同意的授權條件之結果分配權利金，是以飛利浦公司代表該三家公司進行授權條件

163 行政院公平交易委員會2009年10月29日公處字第098156號處分書。

164 就飛利浦公司再度提起之行政訴訟，台北高等行政法院所作裁定之字號為99年度訴字第1854號裁定；就新力公司再度提起之行政訴訟，台北高等行政法院所作裁定之字號為99年度訴字第2005號裁定；就太陽誘電公司再度提起之行政訴訟，台北高等行政法院所作裁定之字號為99年度訴字第2057號裁定。

165 對於台北高等行政法院將飛利浦公司提起之行政訴訟移送於智慧財產法院管轄之案件，智慧財產法院所作行政判決之字號為100年度行公訴字第3號判決；對於台北高等行政法院將新力公司提起之行政訴訟移送於智慧財產法院管轄之案件，智慧財產法院所作行政判決之字號為100年度行公訴字第4號判決；對於台北高等行政法院將太陽誘電公司提起之行政訴訟移送於智慧財產法院管轄之案件，智慧財產法院所作行政判決之字號為100年度行公訴字第5號判決。

的協商及合約的履行時，如有涉及「不當維持價格、拒絕提供重要交易資訊、禁止廠商提專利有效性異議」的違法行爲，新力公司與太陽誘電公司自應負共同行爲責任。

智慧財產法院並表示，雖然市場上除 CD-R 外，尚有其他光學技術儲存媒體，例如：CD-RW、DVD 或 MD，但上開光學技術儲存媒體或因價格、功能及製造設備上的差異，或當時技術研發尚未發展成熟，是以於當時全球僅有 CD-R 光碟片爲「可錄一次式光碟片」產品，其他製造 CD-RW、DVD 或 MD 的技術與製造 CD-R 的技術不具有合理的替代可能性，故本案市場應界定爲製造 CD-R 技術及其替代性技術所構成的市場。

由於全球 CD-R 的製造必須循飛利浦等三家公司制定的橘皮書規格，而製造符合橘皮書規格的 CD-R 之專利分別爲飛利浦等三家公司所擁有，則飛利浦等三家公司所擁有的專利構成生產 CD-R 商品的關鍵技術，其他事業欲爭取進入系爭 CD-R 光碟產品技術市場的機會，已因飛利浦等三家公司制定統一規格而被限制，致使他事業欲另定規格進入該技術市場甚爲困難，故欲製造符合橘皮書規格的 CD-R 均須向飛利浦等三家公司取得專利授權，則飛利浦等三家公司就授權他人製造符合橘皮書規格的 CD-R 技術市場，具有可排除其他事業參與該市場競爭的能力，故可認定飛利浦等三家公司已構成公平交易法所稱的獨占事業。

當該事業具有市場上的獨占地位時，爲避免其濫用獨占力不當決定價格以攫取超額利潤，當時的公平交易法第 10 條第 2 款爰規定，獨占事業不得對商品價格或服務報酬爲不當的決定、維持或變更。惟判斷價格的正當與否必須就獨占事業價格的決定是否出自於市場供需法則加以分析，若非如此，則可推定其價格的決定係出自於獨占者的獨占地位與獨占力。就 CD-R 專利授權案件而言，倘專利權人恃其市場上的獨占地位，逕自單方決定授權金的價格，迫使被授權人僅得選擇締約與否而無協商授權金的餘地，即構成濫用獨占力，已違反當時的公平交易法第

10 條第 2 款之規定。

飛利浦等三家公司於專利技術授權協議中，要求擬取得授權的廠商必須撤回其專利無效之舉發，始得簽署授權合約，顯係憑恃其市場優勢地位，迫使被授權人接受授權協議，禁止專利有效性之異議，核屬濫用市場地位的行為，違反當時的公平交易法第 10 條第 4 款之規定。

雖然飛利浦等三家公司主張公平會的原處分違反行政程序法第 43 條[166]及最高行政法院 39 年判字第 2 號判例；惟智慧財產法院認為，公平會為本件裁處，顯已審酌一切情狀，且其作成裁量無與法律授權之目的相違，或出於不相關事項考量之裁量濫用，核尚無違反比例原則[167]，亦無消極不行使裁量權之裁量怠惰情事。

因此，智慧財產法院認為，飛利浦等三家公司違反當時的公平交易法第 10 條第 2 款及第 4 款規定之事證明確，公平會依當時的公平交易法第 41 條[168]，以原處分命該三家公司立即停止上開違法行為，並分別處以罰鍰[169]，其認事用法核無違誤，訴願決定予以維持核無不合，故駁回飛利浦等三家公司之訴。

(二) Qualcomm 濫用獨占地位案

公平交易委員會表示，Qualcomm 係行動通訊基頻處理器之主要供

---

166 行政程序法第43條規定：「行政機關為處分或其他行政行為，應斟酌全部陳述與調查事實及證據之結果，依論理及經驗法則判斷事實之真偽，並將其決定及理由告知當事人。」

167 行政程序法第7條規定：「行政行為，應依下列原則為之：一、採取之方法應有助於目的之達成。二、有多種同樣能達成目的之方法時，應選擇對人民權益損害最少者。三、採取之方法所造成之損害不得與欲達成目的之利益顯失均衡。」

168 按當時（即2015年6月24日修正前）的公平交易法第41條前段規定：「公平交易委員會對於違反本法規定之事業，得限期命其停止、改正其行為或採取必要更正措施，並得處新台幣5萬元以上2千5百萬元以下罰鍰」。

169 處飛利浦公司罰鍰350萬元；新力公司罰鍰100萬元；太陽誘電公司罰鍰50萬元。

應商，涉及拒絕授權競爭同業 CDMA、WCDMA 及 LTE 等行動通訊標準必要專利、要求手機業者欲購買 Qualcomm 基頻處理器，必須先簽署專利授權契約，及提供折讓予蘋果公司對 Qualcomm 獨家交易，排除競爭同業與蘋果公司交易之機會等情，涉及 CDMA、WCDMA 及 LTE 行動通訊標準基頻處理器的市場競爭。[170]

Qualcomm 於 CDMA、WCDMA 及 LTE 等，均有相當的標準必要專利數量，而 Qualcomm 的標準必要專利並無法爲其他專利取代，如此標準必要專利在相關技術市場足見有不可替代性。Qualcomm 於 3G 及 4G 均有相當高比例的 SEPs，手機業者即便選用 Qualcomm 競爭同業所供應的基頻處理器，亦無法迴避 Qualcomm 所擁有的 3G 及 4G 標準必要專利。[171]

Qualcomm 於 CDMA 基頻處理器市場 2008 年至 2016 年的市占率每年均超過七成，Qualcomm 於 CDMA 基頻處理器市場顯具有壓倒性地位；另 Qualcomm 於 2011 年至 2016 年在 LTE 基頻處理器市場占有率亦均超過五成，Qualcomm 於 LTE 基頻處理器市場亦具有壓倒性地位。Qualcomm 於 WCDMA 日漸普及形成主流期間的市占率已超過五成，縱 Qualcomm 於 2015 年以迄，因市場 LTE 之主流標準確立，而減少生產 WCDMA 基頻處理器，仍無礙其在 2009 年至 2014 年於 WCDMA 基頻處理器市場具獨占地位的事實。[172]

公平交易委員會指出，標準制定組織於致力鼓勵標準技術的使用及促進附加價值的創新時，亦兼顧智慧財產權濫用的風險，而於智慧財產權政策納入相關專利權人加入標準制定組織的義務，課予渠等揭露其專利資訊與自願地對標準制定組織做出 FRAND 的授權承諾。所

170 公平交易委員會公處字第106094號處分書，頁47-48。

171 前揭註，頁50-51。

172 前揭註，頁52-53。

謂FRAND承諾並不是每一位被授權人均享有完全相同的授權條件或內容，而是每一位被授權人與標準必要專利權人協商時，考量及決定授權條件基礎應爲相同，標準必要專利權人對每一位被授權人，就授權條件與授權金應以同等條件對待，對於授權契約中的基礎條件，不應有不合理的差別待遇。[173]

若標準必要專利權人拒絕提供符合FRAND條件的授權，原則上可能構成濫用市場地位，被授權人得對標準必要專利權人排除侵害的請求提出違反競爭法的主張；倘標準必要專利權人於下列情況請求排除侵害，則將不構成濫用市場地位：1. 標準必要專利權人須先提出專利侵權警告，明示被侵權的專利，當相對人表達締結符合FRAND條件的授權契約意願時，標準必要專利權人應以書面提出符合FRAND條件的授權要約，內容應明示權利金的數額及計算方式；2. 相對人持續其侵權行爲，未依商業慣行及誠信原則回應標準必要專利權人所提出的要約，若相對人不願接受標準必要專利權人所提出的要約，必須立即以書面另行提出符合FRAND條件的新要約，若雙方仍無法就FRAND條件達成合意，得約定委由獨立第三人決定權利金數額，若標準必要專利權人未踐行上開程序，則有濫用市場地位之情。[174]

本案Qualcomm無視系爭晶片於銷售時權利即耗盡的商業慣例，竟以「未耗盡」爲對競爭同業的授權主張，並附加戕害效能競爭的限制條款，不僅違反國際耗盡原則，也損害我國之競爭秩序，違反我國公平交易法。[175]

Qualcomm拒絕授權給競爭同業所致影響於高階手機之競爭尤甚，競爭同業於高階手機晶片的供應因迴避Qualcomm的SEP之困難及研

173 前揭註，頁53-54。

174 前揭註，頁54-55。

175 前揭註，頁56-57。

發創新處於劣勢，而手機業者採用競爭同業所供應的晶片又有面臨侵權告訴之風險，致 Qualcomm 的晶片於高階手機晶片市場幾乎面臨無競爭之態勢。[176]

Qualcomm 擁有 CDMA、WCDMA 和 LTE 等行動通訊標準必要專利，爲基頻處理器相關市場的獨占業者，渠以其垂直整合支配市場之地位，違背標準制定承諾 FRAND 的初衷，未給予競爭同業於請求授權時公平對待的授權協商機會，僅以互不告訴的承諾取代競爭同業向 Qualcomm 要求取得 FRAND 條件的 SEP 授權，造成未獲授權的競爭同業必須面對專利侵權風險而有銷售中斷的不穩定性，並要求競爭同業提供敏感的晶片銷售資訊以供查核，掌握競爭同業之銷售資訊，阻礙基頻處理器業者的研發及商業活動，藉由限制基頻處理器市場競爭，以確保、維持或加強其在基頻處理器市場支配地位而得執行手機層級的授權商業模式。[177]

手機業者礙於晶片需求之困境，喪失公平對等之談判機會，同意與 Qualcomm 簽署無償交互授權條款，致提高手機業者使用其他 Qualcomm 競爭同業所供應的基頻處理器之成本，減低對於 Qualcomm 競爭同業處理器相關晶片的需求，並且降低手機業者投資及創新的能力與誘因，進而提高手機業者使用 Qualcomm 競爭同業基頻處理器的價格，使得 Qualcomm 於提高晶片價格時，仍能維持市占率之成長，並於 Qualcomm 晶片降價時，仍得藉由授權金加以補貼，致競爭者無法爲降價的競爭，藉以弱化 Qualcomm 於基頻處理器價格變動所受的競爭限制。[178]

綜上，Qualcomm 不簽署授權契約則不提供晶片的政策使得手機業者無法與 Qualcomm 就授權條件有充分對等的談判機會，造成手機業者

---

176 前揭註，頁59。

177 前揭註，頁59-60。

178 前揭註，頁63。

於晶片需求的考量下，接受對 Qualcomm 較爲有利的授權條件並購買 Qualcomm 基頻處理器，提升 Qualcomm 競爭同業供應基頻處理器的價格，降低交易相對人對於 Qualcomm 競爭同業基頻處理器的需求，排除 Qualcomm 競爭同業競爭，並使手機業者將其支付的高額權利金轉嫁給消費者，提高消費者爲手持裝置所支付的價格。[179]

因此，公平交易委員會認爲 Qualcomm 違反公平交易法而作成下列處分[180]：

1. Qualcomm 於 CDMA、WCDMA 和 LTE 等標準之基頻處理器市場具獨占地位，然拒絕對晶片競爭同業授權專利技術並要求訂定限制條款、採取不簽署授權契約則不提供晶片之手段及與特定事業簽署含有排他性之獨家交易折讓條款等，核其整體經營模式所涉行爲，損害基頻處理器市場之競爭，屬以不公平之方法，直接或間接阻礙他事業參與競爭之行爲，違反公平交易法第 9 條第 1 款[181]之規定。
2. Qualcomm 自本處分書送達的次日起 60 日內，應停止涉案違法行爲，包括：(1) 停止適用與晶片競爭同業已簽署須提供含晶片價格、銷售對象、銷售數量及產品型號等敏感經銷資訊的契約條款；(2) 停止適用與手機製造商已簽署的元件供應契約有關未經授權則不供應晶片的契約條款及 (3) 停止適用與相關事業已簽署排他性的獨家交易折讓之契約條款。
3. Qualcomm 自本處分書送達的次日起 30 日內，應以書面通知晶片競爭同業及手機製造商，得於收受該通知的次日起 60 日內向 Qualcomm 提出增修或新訂專利技術授權等相關契約的要約，Qualcomm

---

179 前揭註，頁63-64。

180 前揭註，頁1-2。

181 公平交易法第9條第1款規定，獨占之事業不得以不公平之方法直接或間接阻礙他事業參與競爭。

於收受要約後，應即本於善意及誠信對等原則進行協商；協商範圍應涵蓋但不限於協商對象根據本處分書而認有不公平之契約條款，且協商內容不得限制協商對象透過法院或獨立第三方之仲裁途徑解決爭議。

4. Qualcomm 自本處分書送達的次日起每 6 個月，應向本會陳報與前項協商對象之協商情形，並於完成增修或新訂之契約簽署後 30 日內，向本會陳報。
5. 處新台幣 234 億元罰鍰。

Qualcomm 對公平交易委員會的處分不服，遂向智慧財產法院提起行政訴訟[182]，並在智慧財產法院的審理過程中，與公平交易委員會達成和解；惟為保護 Qualcomm 的營業秘密，該和解的內容並未公開。

三、我國相關法制之分析與檢討

(一)關鍵設施理論於技術授權之適用

有學者認為關鍵設施理論得適用於技術授權，並舉 CD-R 製造技術授權案為例，認為 CD-R 製造技術的專利權，乃我國廠商進入 CD-R 市場不可缺少之技術，故關鍵設施理論得適用於CD-R製造技術授權案。[183]

有學者指出，關鍵專利的排他性轉為獨占性之事實表現於兩方面，首先，SSOs 所制定的標準會由市場參與者廣泛使用，此一結果將

---

182 智慧財產法院106年度行公訴字第1號有關公平交易事件。

183 黃銘傑（2006），〈專利授權與公平交易法—以拒絕授權與強制授權為中心〉，氏著，《競爭法與智慧財產法之交會—相生與相剋之間》，頁178-179，台北：元照；黃銘傑（2006），〈專利集管（Patent Pool）與公平交易法—評行政院公平交易委員會對飛利浦等三家事業技術授權行為之二次處分案〉，氏著，《競爭法與智慧財產法之交會—相生與相剋之間》，頁262-263，台北：元照。劉孔中（2007），〈專利強制授權之革新〉，氏著，《智慧財產法制的關鍵革新》，頁243，台北：元照。

使專利技術成為通用技術，與其有競爭關係的其他專利權人無法與之抗衡，關鍵專利權人在特定市場上，因而處於無競爭狀態或具有壓倒性地位，而具有可排除競爭之能力。由於市場參與者所提供的商品或服務必須符合 SSOs 所制定的技術標準，否則將無法與上下游其他商品或服務相容，因而該技術的使用者以取得專利授權為必要；專利權人若拒絕授權或主張不合理的授權條件，則可維持其在特定市場的獨占地位，第三人無法在該市場提供相同之商品或服務，其結果亦使專利權人有排除競爭之能力。此外，競爭法主管機關認定技術標準相關專利權人構成獨占地位濫用，以關鍵設施理論為基礎，作成公平交易法第 41 條所規定的更正措施之行政處分，而令專利權人負有強制授權的義務者，應一體適用於所有市場參與者及技術需求者。[184]

(二)競爭法之主管機關是否能介入規範關鍵專利權之授權條件

若關鍵專利權人因其所擁有的專利技術被納入技術標準，而依關鍵設施理論致其對有意使用該專利技術以進入該專利技術所控制的特定市場者負有授權義務時，競爭法的主管機關是否能介入規範該關鍵專利權的授權條件，或是仍應由該關鍵專利權人在具體個案之間決定不同的授權條件，學者間對此問題有不同的看法。有學者認為，公平交易委員會應以一般市場行情作標準，亦即以專利權人或相關產業中，類似授權所收取的權利金為標準，以決定權利金的數額。[185]

另有學者認為，當擁有獨占地位濫用規制的國家或地區之競爭法制，基於競爭法規範理念，而在與競爭秩序無直接關聯的價格過高行為之規範上，有越來越趨保守且呈現相當自我抑制的傾向下，我國公平交

184 李素華（2008），〈專利權行使與公平交易法—以近用技術標準之關鍵專利為中心〉，《公平交易季刊》，16卷2期，頁110, 113。

185 劉孔中，前揭註183，頁248。

易委員會似有反其道而行之趨勢，而且其所指向者，竟然多是其他國家法制幾無類似案例的智慧財產權授權金的行爲。公平交易委員會若不能具體地證明特定競爭秩序或消費者利益，因其本案有關授權金過高的處分，而免於受到限制或侵害，進而符合公平法之規範目的，即貿然介入私法自治領域的契約自由行爲的話，實有違反憲法第 23 條法律保留規範理念之虞。[186] 另有學者論及，技術標準的關鍵專利權人雖然該當關鍵設施理論而負有授權義務，但具體的授權條件與內容仍應回歸契約自由原則而留待當事人協議。此外，考量智慧財產權鼓勵創新研發之目的，即便該當關鍵設施理論而課以專利權人授權的義務，仍應使其保有協商授權條件的權利與自由。[187]

伍、結論

各種 SSOs 雖盡力防止參與技術標準制定的業者於該技術標準實施後，主張該技術標準侵害其專利權，而有高額求償、拒絕授權或無正當理由而要求差別的授權金等濫用專利權、限制競爭或不正競爭等情事，因此 SSOs 對於參與技術標準制定的業者，皆要求其必須詳實揭露關於 SSOs 研擬中之技術標準是否有涉及其所擁有的專利權或申請專利中的技術；若 SSOs 研擬中之技術標準有涉及參與技術標準制定的業者所擁有的專利權或申請專利中的技術，則 SSOs 會藉由其專利政策要求參與該技術標準制定的業者於該技術標準實施後，不得拒絕授權該專利權或技術，且要求的授權金必須符合 FRAND 標準。

然而，如前述 Rambus Inc. 案中的判決理由，若 SSOs 對於參與技術標準制定的業者所要求之專利揭露義務不夠詳細明確，包括尚未正式

186 黃銘傑，前揭註183，頁271-272。

187 李素華，前揭註184，頁110-112。

討論技術標準的草案前參與技術標準制定的業者是否也有專利揭露義務，專利揭露的範圍是否包括參與技術標準制定的業者有申請專利之企圖但尚未提出專利申請的技術，SSOs 對於這些責任模糊的事項應該向參與技術標準制定的業者清楚說明，才有利於日後爭訟時釐清參與技術標準制定的業者之法律責任。

雖然對於研擬中之技術標準有涉及參與技術標準制定的業者所擁有的專利權或申請中的專利申請案時，SSOs 會要求參與該技術標準制定的業者於該技術標準實施後不得拒絕授權，且要求的授權金必須符合 FRAND 標準。惟由於 FRAND 標準所稱的「公平」與「合理」皆為不確定的法律概念，為避免於個案爭訟時缺乏可資參考的具體標準，可考慮參照前述美國法制關於 SSOs 或 SSOs 成員的行為是否符合「公平」與「合理」所建立的評估事項，於公平交易法施行細則或「公平交易委員會對於技術授權協議案件之處理原則」中對「公平」與「合理」之法律概念作更具體詳細的規定。

如前述美國 35 U.S.C. 271(d)(4) 之規定，除非專利權人在該專利授權或該專利產品銷售的相關市場具有市場力量，否則專利權人拒絕專利授權或使用將不視為專利權濫用或專利權非法擴張，其專利侵權救濟亦不會受到拒絕；此外，美國的相關案例認為，專利權人單純拒絕授權不視為專利權濫用，僅有當專利權人於相關市場具有獨占地位而拒絕專利授權時始構成專利權濫用。因此，若 SSOs 僅於其專利政策中要求參與技術標準制定的業者對於其被納入該技術標準之專利權不得拒絕授權，該專利政策將無法達成限制專利權濫用之效果。SSOs 應該要求參與其技術標準制定的業者必須簽訂書面契約，該契約中應有條款規定，參與技術標準制定的業者對於其被納入該技術標準之專利權不得拒絕授權（但該業者之授權不限於無償授權，該業者亦得以 FRAND 條件作有償授權），若該業者於該技術標準實施後拒絕將其被納入該技術標準的專利權授權他人使用，則必須賠償 SSOs 鉅額的違約金，或必須將該專利權移轉給 SSOs，再由 SSOs 提供其成員及有意實施該項技術標準的業者無償使用。如此將可令專利權人對於其被納入技術標準的專利權不敢拒絕授權，以達成限制專利權濫用的效果，俾保障實施技術標準的業者，並促進產業技術標準的推廣。

法院或競爭法的主管機關於判斷某 SSOs 或 SSOs 的成員的行為是否違反競爭法時，必須基「合理原則」具體考量該 SSOs 或 SSOs 的成員之市場力量、制定技術標準之目的、制定技術標準之過程、該技術標準的實施對於該類產業的相關市場發生何種影響。如果 SSOs 或 SSOs 的成員能證明其行為本身雖然有構成不公平競爭之虞[188]，但該行為卻能提升該類產業相關市場的效率，且其利益可由社會大眾所共享時，則該行為應視為未違反競爭法。

由於各種類型的產業有不同的技術內涵與產業慣例，欲研擬出可以普遍適用於所有 SSOs 之標準制定的相關規範將有實際上的困難，且因為標準制定的相關規範涉及競爭法制與專利法制，而各國又基於其本身在經濟條件與產業條件的差異以至於對各產業的規範標準採取不同之立場，因此目前可能的解決之道係先研擬出 SSOs 之標準制定的基本政策，再由各SSOs基於其產業的特殊環境與市場需求適度加以調整適用。

由於與標準制定有關的規範涉及競爭法之處相當廣泛且複雜，因此競爭法的主管機關應該積極發揮主管機關的功能，於廣泛且深入研究法制先進國家或地區的相關法制後，將關於 SSOs 的標準制定之基本概念與重要規範納入公平交易法及其子法中；並仿照美國 FTC 善用「禁止命令」而靈活運用公平交易法第 40 條授與主管機關「採取必要更正措施」的職權，適度要求實施不正競爭或限制競爭的業者對於被納入技術標準之專利技術不得主張權利或將該專利技術開放授權給所有實施該

188 例如：SSOs限制，僅有已同意就其被納入技術標準的專利技術所要求的授權金不超過該SSOs所定上限的業者，其專利技術才會被該SSOs評估納入技術標準。

技術標準的業者；並於被納入技術標準的專利技術之專利權人與意圖實施該項專利技術的業者雙方無法就該專利技術的授權金達成協議時，公平交易委員會應適時介入協調，以輔導對於被納入技術標準的專利技術之授權協議有爭執的雙方當事人達成協議，以充分發揮公平交易委員會糾正不正競爭及限制競爭的功能，並促進技術標準於產業界的應用與推廣，進而促使國內的各項產業亦能組成該業界倚重的 SSOs 且制定出該業界重視的技術標準，以提升我國產業在國際上的影響力與重要性。

參考文獻

一、中文部分

（一）專書

黃銘傑（2006）。《競爭法與智慧財產法之交會—相生與相剋之間》。台北：元照。

楊禎（2000）。《英美契約法論》。北京：北京大學出版社。

劉孔中（2007）。《智慧財產法制的關鍵革新》。台北：元照。

（二）期刊論文

李素華（2008）。〈專利權行使與公平交易法—以近用技術標準之關鍵專利為中心〉，《公平交易季刊》，16卷2期，頁85-121。

周伯翰（2009）。〈專利強制授權與競爭制度之調和（中）〉，《萬國法律》，167期，頁68-78。

楊智傑（2018）。〈高通行動通訊標準必要專利授權與競爭法—大陸、南韓、歐盟、美國、台灣裁罰案之比較〉，《公平交易季刊》，26卷2期，頁1-54。

（三）網路文獻

公平交易委員會（2016）。《公平交易委員會對於技術授權協議案件之處理原則》。載於：http://www.ftc.gov.tw/internet/main/doc/docDetail.aspx?uid=163&docid=227。

司法院秘書處（2004）。《專利侵害鑑定要點》。載於：http://www.tipo.gov.tw/ct.asp?xItem=285950&ctNode=6727&mp=1。

二、外文部分

（一）專書

Goldstein, Larry M. & Kearsey, Brain N. (2004). TECHNOLOGY PATENT LICENSING: AN INTERNATIONAL REFERENCE ON 21ST CENTURY PATENT LICENSING, PATENT POOLS AND PATENT PLATFORMS. Boston : Aspatore Books.

Hovenkamp, Herbert, Janis, Mark D., Lemley, Mark A. (2002). IP and Antitrust: An Analysis of Antitrust Principles Applied to Intellectual Property Law. New York: Aspen Law & Business.

（二）期刊論文

Dolmans, Maurits (2002). *Standards For Standards*, Fordham Int'l L.J., 26, 163-70.

McCurdy, Gregory (2003). *Intellectual Property and Competition: Does the Essential Facilities Doctrine Shed Any New Light*, Eur. Intell. Prop. Rev., 25, 472-76.

（三）網路文獻

Anticipating the 21st Century: Competition Policy in the New High-Tech, Global Marketplace, http://www.ftc.gov/opp/hitech/global.htm

Antitrust Enforcement and Intellectual Property Rights: Promoting Innovation and Competition, http://www.usdoj.gov/atr/public/hearings/ip/222655.pdf

Antitrust Guideline for the Licensing of Intellectual Property，http://www.justice.gov/atr/public/guidelines/0558.htm

Commission Regulation (EC) No. 240/96 of 31 January 1996 on the Application of Article 85 (3) of the Treaty to Certain Categories of Technology Transfer Agreements，http://eur-lex.europa.eu/LexUriServ/LexUriServ.do?uri=CELEX:31996R0240:EN:HTML

Commission Regulation (EC) No. 2659/2000 of 29 November 2000 on the Application of Article 81(3) of the Treaty to Categories of Research and Development Agreements，http://eur-lex.europa.eu/LexUriServ/LexUriServ.do?uri=CELEX:32000R2659:EN:HTML

Guideline on the Applicability on Article 81 of the EC Treaty to Horizontal Cooperation Agreement, http://eur-lex.europa.eu/LexUriServ/LexUriServ.do?uri=CELEX:32001Y0106(01):EN:NOT

第六章

商標過失侵權與剝奪所獲利益

楊智傑 *

*國立雲林科技大學科技法律所教授

摘　要

我國商標法第 71 條的損害賠償計算方法中，包括了侵害人所獲利益的計算方法。但侵害人所獲利益，通常會大於商標權人所受損失。倘若損害賠償的精神是塡補損害，侵害人所獲利益已經超過了塡補損害的範圍，比較接近準無因管理中的剝奪管理人的所有獲利。民國 74 年商標法修正時，對於侵害人所獲利益及成本扣除規定，立法理由說是參考美國商標法。但當時美國商標法對於侵害人所獲利益作爲損害賠償，僅限於侵害人屬於蓄意侵權時。

美國商標侵害時能否請求侵害人所獲利益？在 1999 年美國商標法修正後，不同巡迴法院採取不同見解，2020 年 4 月以前，目前大概一半的法院認爲要請求侵害人所獲利益，必須證明侵害人爲蓄意或惡意，包括在智財領域發展中較重要的第二巡迴法院、第九巡迴法院、聯邦巡迴上訴法院，均採取這個立場。但 2020 年 4 月，美國最高法院做出 Romag v. Fossil 案判決，採取「不限於蓄意侵權」之立場。本文將就此問題，說明我國法條的矛盾、精神與立法來源，進而詳細說明美國商標法的條文與重要案例。最後，本文將建議，在商標侵害的損害賠償計算上，必須限於侵害人爲故意時，才能主張所獲利益求償；就算法院仍然不接受此一限縮立場，在扣除成本時，倘若侵害人不具故意，也應該盡量允許其扣除成本。

關鍵詞：商標侵權，損害賠償，侵害人所獲利益，蓄意侵權，扣除成本。

壹、前言

我國商標法第 71 條的損害賠償計算方法中，包括了侵害人所獲利益的計算方法。但侵害人所獲利益，通常會大於商標權人所受損失。倘若損害賠償的精神是填補損害，侵害人所獲利益已經超過了填補損害的範圍，比較接近準無因管理中的剝奪管理人的所有獲利。

民國 74 年商標法修正時，對於侵害人所獲利益及成本扣除規定，立法理由說是參考美國商標法。但殊不知，當時美國商標法對於侵害人所獲利益作爲損害賠償，僅限於侵害人屬於蓄意侵權時。

美國商標侵害時，能否請求侵害人所獲利益？在 1999 年美國商標法修正後，不同巡迴法院採取不同見解，2020 年 4 月之前，目前大概一半的法院認爲要請求侵害人所獲利益，必須證明侵害人爲蓄意或惡意，包括在智財領域發展中較重要的第二巡迴法院、第九巡迴法院、聯邦巡迴上訴法院，均採取這個立場。但 2020 年 4 月美國最高法院做出 Romag v. Fossil 案判決，採取「不限於蓄意侵權」之立場。

本文將就此問題，先說明我國法條的矛盾、精神與立法來源，進而詳細說明美國商標法的條文與重要案例。最後，本文將建議，在商標侵害的損害賠償計算上，必須限於侵害人爲故意時，才能主張所獲利益求償；就算法院仍然不接受此一限縮立場，在扣除成本時，倘若侵害人不具故意，也應該盡量允許其扣除成本。

貳、商標侵權損害賠償中之所獲利益與故意過失的關係

一、侵權人所獲利益高於權利人實際損害

我國現行商標法第 71 條有四種損害賠償計算方式，包括 1. 商標權

人實際損害，2. 侵權人所獲利益，3. 查獲侵害商品零售價一千五百倍，4. 相當權利金。其中第 2 款的侵權人所獲利益，詳細規定為：「二、依侵害商標權行為所得之利益；於侵害商標權者不能就其成本或必要費用舉證時，以銷售該項商品全部收入為所得利益。」

許多論者早已指出，如果損害賠償的概念是要填補商標權人的損害，則侵權人的所獲利益，與商標權人的實際損害，之間會有很大的落差[1]。會有多少落差？若以美國為例，美國的智財權人（包括專利權人或商標權人）損害賠償，一般以合理權利金作為其最客觀的所受損害，但是侵權人所獲利益，縱使扣除成本，也會高於合理權利金，因為侵權人的經營能力、資本、銷售能力、其他優勢等不同，其獲利來源並非只靠侵害專利或商標。根據美國學者調查，一般商業談判，會以利潤的 25% 作為授權金的基準，再進行微調[2]，因而，侵權人所獲利益可能是合理權利金的四倍。

但我國的專利法、商標法、著作權法的損害賠償規定，一般均將權利人實際損害，以及侵權人所獲利益，共同列為損害賠償的計算方式。但這兩種算法算出的賠償金差異很大，蔡明誠大法官主張應修法刪除「侵害人所獲利益」此種計算方式；若在尚未能修法前，法院應該盡量避免利用該款規定計算損害額[3]。因而，在適用上，如何避免利用該款規定，或者是否明確指出其適用的限制，是以下本文的關注點。

---

1 例如：黃銘傑（2009），〈專利法第八十五條第一項第二款以「侵害行為所得之利益」計算損害規定之法律定位、功能與適用〉，收於黃銘傑，《競爭法與智慧財產法之交會》，頁628-629，台北：元照。

2 可參考楊智傑（2018），《美國專利法與重要判決》，2版，頁364，台北：五南。

3 例如：蔡明誠（2007），《專利侵權要件及損害賠償計算》，頁81，台北：經濟部智慧財產局。

二、不法無因管理剝奪獲利與明知要件

(一)類似不法無因管理

黃銘傑教授指出，如果是塡補損害，不應該剝奪侵害人所有獲利，因此，在損害賠償計算時，剝奪侵害人所有獲利，其眞正的法理基礎，不是侵權塡補損害，而是民法第 177 條第 2 項之準無因管理：「前項規定，於管理人明知爲他人之事務，而爲自己之利益管理之者，準用之。」[4]。

原因在於，不論依照民法侵權行爲或不當得利求償，所能求償的金額，都還是限於自己的損害範圍。就算適用不當得利求償，也必須是自己所受損害、對方所獲利益，兩者有因果關係，才能請求返還不當得利。因此，適用不當得利求償，也並不是剝奪對方所有獲利，而仍須對應於自己的所受損害。

而創造準無因管理規定的目的，根據立法理由：「本人依侵權行爲或不當得利之規定請求損害賠償或返還利益時，其請求之範圍卻不及於管理人因管理行爲所獲致之利益；如此不啻承認管理人得保留不法管理所得之利益，顯與正義有違。因此宜使不法之管理準用適法無因管理之規定，使不法管理所生之利益仍歸諸本人享有，必能除去經濟上之誘因而減少不法管理之發生。……」

(二)明知要件

剝奪侵害人所獲利益，其立法的目的或功能，並不是在推算商標權人的實體損害，而是 1. 不當利得之剝奪，2. 侵權行爲之遏止[5]。

---

4 黃銘傑，前揭註1，頁629。

5 黃銘傑，前揭註1，頁631-633。王敏銓（2018），〈商標侵害損害賠償之計算：以合理權利金、侵害所得利益、法定賠償額為中心〉，《月旦法學雜誌》，274

黃銘傑認為，剝奪侵害人所獲利益的設計，法律性質上趨近於民法不法無因管理，而民法不法無因管理僅限於「管理人明知為他人之事務」，才能適用。因此，其建議我國法院在操作智財權侵害時，若要適用「侵害人所獲利益」作為損害賠償計算，應該也要限縮於明知或故意侵害的情況[6]。

論者指出，在德國類似於我國不法無因管理，規定於德國民法第687條第2項，適用於商標侵害規定之操作上，原則上也應該以明知為限[7]，但法院實務認為過失行為亦得類推適用[8]，但德國學界對此多有批判[9]。

至於美國商標法的操作，要剝奪侵害人所獲利益，部分法院也堅持認為，應該限於商標權人構成蓄意侵權時。因而，王敏銓也建議，若以剝奪侵害所得利益的立論基礎，是要遏止侵害行為，則應針對故意的侵害行為；至於不法利得剝奪，也應針對被告具有故意時，才需要剝奪[10]。

三、立法乃參考美國商標法

既然侵權人所獲利益高於商標權人所受損害，為何會採取此種立法？此時要回溯立法原意。

期，頁147-148。

6 黃銘傑，前揭註1，頁643。

7 許忠信（2007），〈從德國法之觀點看我國專利權侵害之損害賠償責任〉，《台北大學法學論叢》，61期，頁86。

8 陳昭華（2015），《商標法之理論與實務》，2版，頁307，台北：元照。

9 許忠信，前揭註7，頁96。

10 王敏銓，前揭註5，頁148。

(一)民國 61 年修法的損害推定

在民國 61 年全面修正商標法時，新增了損害賠償計算規定，於第 64 條第 1 項規定：「有左列情事之一者，推定爲侵害商標專用權所生之損害：一、侵害人因侵害行爲所得之利益。二、商標專用權人使用其註冊商標，通常所可獲得之利益，因侵害而減少之部分。」而當時的立法理由爲：「因商標專用權被侵害而請求損害賠償時，依民事訴訟法第二百七十七條規定，被害人須對其損害數額負責舉證。惟商標專用權爲無體財產權之一種，其損害數額頗難估定，舉證甚困難，從而對商標專用權之保護，自嫌薄弱，爰於本條第一項規定損害之種類，及其數額之推定。」因此，從當時的立法理由，主要是認爲商標權人的損害賠償計算困難，因而將侵害人所得之利益，「推定」爲商標權人的損害。也就是說，當初的立法並沒有想要打破填補損害的基本原則，只是將侵害人所獲利益，作爲推算實際損害金額的一種方式，而且只是一種推定。

(二)民國 74 年修法參考美國商標法

後來在民國 74 年再次全面修正商標法時，採取了現行的類似規定，於第 64 條規定：「商標專用權人，依第六十一條請求損害賠償時，得就左列各款擇一計算其損害：……二、依侵害商標專用權者因侵害行爲所得之利益。於侵害商標專用權者不能就其成本或必要費用舉證時，以銷售該項商品全部收入爲所得利益。」而當時的立法理由說明，提到：「現行條文第一項第一款一列修正條文第一項第二款，由被害人選擇請求。並**仿美國商標法（蘭哈姆法案）第三十五條規定**，由商標專用權人證明侵害人所得之銷售金額，侵害人則需證明其成本或必要費用。」

立法理由明白指出，剝奪侵害人所獲利益，包括可以扣除成本及必要費用，乃是參考美國商標法之規定[11]。但美國法院對於商標侵害時欲求償侵害人所獲利益，部分法院認爲應限於侵害人構成蓄意侵權。

參、美國商標損害賠償計算中的剝奪獲利

一、損害賠償計算方式

美國聯邦商標法的侵權損害賠償，規定於前述立法理由指的蘭哈姆法第35條，亦即15 U.S.C.第1117條，該條規定，商標權人可以在「衡平原則限制下」（subject to the principles of equity），請求回覆下述項目：1.侵權人所獲利益，2.商標權人所受損失，3.律師費用[12]。

若要請求侵權人所獲利益，該條規定：「……爲預估此利益，原告需要證明被告之銷售量；而被告則必須證明所有其所主張之成本產生之原因或其所主張應扣除之一切要件。……如果法院發現根據其利潤而得之損害賠償數額不正確或超過時，法院可自行根據此案的情況，決定爲法院所認爲公平數額之判決。……[13]」

---

11 趙晉枚（2010），〈商標侵害的賠償：兼評商標法的修正〉，《科技法律透析》，22卷9期，頁46。

12 15 U.S.C. § 1117(a)("... the plaintiff shall be entitled, subject to the provisions of sections 1111 and 1114 of this title, and subject to the principles of equity, to recover (1) defendant's profits, (2) any damages sustained by the plaintiff, and (3) the costs of the action ....").

13 15 U.S.C. § 1117(a)("... In assessing profits the plaintiff shall be required to prove defendant's sales only; defendant must prove all elements of cost or deduction claimed. ... If the court shall find that the amount of the recovery based on profits is either inadequate or excessive the court may in its discretion enter judgment for such sum as the court shall find to be just, according to the circumstances of the case. ... .").

二、普通法上混淆或欺騙意圖，才能剝奪所獲利益

到底侵害商標要請求侵害人所獲利益，是否要證明侵害人具有惡意，美國最高法院於 2020 年以前沒有明確表達見解[14]。1993 年出版的《不公平競爭重述》（*The Restatement of Unfair Competition*），所採取的立場則是，只有在侵害人採取行爲時，具有引起混淆或欺騙之意圖，才可請求該商標侵害行爲所獲之利益[15]。

美國舊的商標法第 1117 條 (a) 規定，當商標權人證明被告違反第 1125 條 (a) 侵害商標後，在衡平原則之下（subject to the principles of equity），可求償：1. 被告所獲利益，2. 原告所受之任何損失，及 3. 訴訟之支出[16]。

在 1999 年商標法修法前，美國各巡迴法院對於這個問題，有不同看法。有一派法院認爲，由於商標法第 1117 條有一個「在衡平原則之下」的限制，所以認爲必須證明有蓄意，才能侵權被告所獲利益。

三、以第二巡迴法院為例

第二巡迴法院是最典型的代表。掌管紐約地區的第二巡迴法院，

---

14 Romag Fasteners, Inc. v. Fossil, Inc., 817 F.3d 782, 785 (Fed. Cir. 2016).

15 Restatement (Third) of Unfair Competition § 37(1) (1995) ("One ... is liable for the net profits earned on profitable transactions resulting from [the infringement], if, but only if, the actor engaged in conduct with the intention of causing confusion or deception ...").

16 15 U.S.C. § 1117(a)(1996)("When a violation of any right of the registrant of a mark registered in the Patent and Trademark Office, or a violation under section 1125(a) of this title, shall have been established in any civil action arising under this chapter, the plaintiff shall be entitled, subject to the provisions of sections 1111 and 1114 of this title, and subject to the principles of equity, to recover (1) defendant's profits, (2) any damages sustained by the plaintiff, and (3) the costs of the action.").

在 1992 年曾做出 George Basch Co., Inc. v. Blue Coral, Inc. 案[17]判決，認爲在商標法第 1117 條 (a) 下，原告必須證明侵害人具有蓄意欺騙，才能夠以侵害人所獲利益計算賠償[18]。在 1993 年 Banff, Ltd. v. Colberts, Inc. Eyeglasses 案[19]中指出，一定要有惡意，才可請求侵權人所獲利益，而所謂惡意，就是要有蓄意詐欺（willful deception）[20]。該判決認爲零售商的銷售行爲構成侵權，而判決其不准許再銷售，但卻判決其無庸負損害賠償責任。在 1996 年的 Internat'l Star Class Yacht Racing Ass'n v. Tommy Hilfiger 案，第二巡迴法院再次判決，原告必須證明侵權人的行爲乃出於惡意（bad faith），才能夠以侵權人所獲利益作爲賠償[21]。

第二巡迴法院之所以認爲一定要證明具有蓄意，是因爲一般的損害賠償可填補原告的損失，若以被告的獲利作爲賠償，會有過度賠償的問題[22]。用所獲利益作爲賠償，主要是採取嚇阻理論，其不是爲了保護商標權人，而是爲了保護公眾[23]。甚至，第二巡迴法院除了要求要證明蓄意外，還要求地區法院考量其他因素：1. 被告從該違法行爲獲利的確定程度；2. 其他救濟是否存在或是否適當？；3. 被告在實行該侵害行爲的角色；4. 原告是否有遲延；5. 原告是否有不潔之手。綜合考量這些重要的因素後，從衡平觀點整體考量，才能決定是否要賠償侵害人所獲利益[24]。

除了第二巡迴法院之外，哥倫比亞特區巡迴法院、第三巡迴法

17 George Basch Co., Inc. v. Blue Coral, Inc., 968 F.2d 1532 (2d Cir.1992).

18 Id. at 1540.

19 例如：Banff, Ltd. v. Colberts, Inc.Eyeglasses, 996 F.2d 33(2ed Cir., 1993).

20 Id. at 35.

21 Internat'l Star Class Yacht Racing Ass'n v. Tommy Hilfiger, U.S.A., Inc., 80 F.3d 749, 753 (2d Cir.1996).

22 George Basch, 968 F.2d at 1540.

23 Id. at 1539.

24 Id. at 1540-41.

院、第九巡迴法院、第十巡迴法院，在 1999 年商標法修法前，都採取一定要證明具有蓄意或惡意，才能以侵害人所獲利益請求賠償[25]。

四、1999 年商標法修正

1996 年時，美國商標法修正，在第 1125 條將商標侵害行爲區分爲：1.(a) 一般商標混淆誤認，2.(b) 進口行爲，3.(c) 著名商標淡化理論。

進而在 1999 年時，再次修正商標法，針對第 1117 條，在前後文中增加了一句「……違反 1125 條 (a)，或蓄意（willful）違反第 1125 條 (c)」，而後面則沒有改變，仍然是「在符合本章第 1111 條和第 1114 條以及衡平原則（subject to the principles of equity）的情況下，原告有權或得：(1) 被告所獲利益，(2) 原告的任何損失，以及 (3) 訴訟費用。[26]」。

因此，有人認爲，既然在 1125 條 (c) 的商標淡化強調蓄意侵權，則在 1125 條 (a) 的一般商標混淆沒有強調蓄意，則就算沒有蓄意，也可請求該條的所獲利益賠償。

---

25 Romag Fasteners, Inc. v. Fossil, Inc., 817 F.3d at 786.

26 15 U.S.C. § 1117(a)(1999)("... a violation under section 1125(a) of this title, or a willful violation under section 1125(c) of this title, shall have been established in any civil action arising under this chapter, the plaintiff shall be entitled, subject to the provisions of sections 1111 and 1114 of this title, and subject to the principles of equity, to recover (1) defendant's profits, (2) any damages sustained by the plaintiff, and (3) the costs of the action.").

肆、美國商標法修法後的兩種立場

一、1999年商標法修法後，各法院的立場

在1999年商標法修法，對於商標淡化侵權明確寫上「蓄意」，就有人開始主張，一般商標混淆侵權，並不需要有蓄意，就可以請求侵害人所獲利益。甚至，有法院也接受這個論點。例如：第三巡迴法院在1999年之前，認爲請求所獲利益賠償一定要證明侵害爲蓄意，但在修法後就改變見解，認爲不再需要證明具有蓄意[27]。

各巡迴法院大致區分爲三種立場：

(一) 第二、第十、哥倫比亞特區巡迴法院，均要求必須證明被告具有惡意（bad faith），法院才可判賠侵權人所獲利益。

(二) 第一、第九巡迴法院則採用不同的因素判斷法。但最終的結果大致爲，如果侵權人與商標權人有直接競爭關係，就不需要具有惡意，即可請求侵權人獲利。但若非直接競爭關係，仍須具有惡意，才可請求賠償侵權人所獲利益。

(三) 第三、第四、第五、第六、第七和第十一巡迴法院，認爲並不需要證明侵權人爲蓄意，就可以請求賠償侵權人獲利[28]。

最近，美國聯邦巡迴上訴法院與第九巡迴上訴法院，分別在2016年與2017年，均做出重要判決，仍然堅持，要求償被告所獲利益，必須證明被告具有蓄意侵權。

---

27 Banjo Buddies, Inc. v. Renosky, 399 F.3d 168, 175 (3d Cir.2005) ("By adding this word ['willful'] to the statute in 1999, but limiting it to [§ 1125(c)] violations, Congress effectively superseded the willfulness requirement as applied to [§ 1125(a)].")

28 Elizabeth L. Plitzuweit, *Supreme Court Denies Certiorari in Contessa: Courts Remain Split in Determining Standard for Awarding Profits in Trademark Infringement Cases*, 26 NO. 2 Intell. Prop. L. Newsl. 5 (2008).

二、聯邦巡迴上訴法院 2016 年 Romag v. Fossil 案

(一) 事實

聯邦巡迴上訴法院的 2016 年 Romag Fasteners v. Fossil 案的事實如下。

Romag 公司在磁按扣上有專利，並且註冊了商標 ROMAG，用該商標銷售自己的磁按扣。而被告 Fossil 乃設計、行銷、銷售流行配件，包括女用手提包、小的皮件，並委由小公司製造其設計的產品。2002 年時，Fossil 和 Romag 簽署契約，約定使用 ROMAG 的磁按扣於 Fossil 的產品上。根據該契約，Fossil 會指示代工商，向 Romag 的香港代工廠永業金屬配件製品有限公司（Wing Yip）購買 ROMAG 的磁按扣[29]。

Fossil 所授權的其中一家代工廠 Superior 皮革公司，在 2002 年至 2008 年間，向永業公司購買了上萬個磁按扣。但到 2008 年 8 月至 2010 年 11 月間，Superior 皮革公司只購買了幾千個磁按扣。2010 年時，Romag 公司的老闆發現，某些 Fossil 手提包使用了仿冒的磁按扣。因而，Romag 於 2010 年 11 月 22 日，向 Fossil 提告，主張其侵害專利和商標等[30]。Romag 並且於美國的「黑色星期五」大採購日的 3 天前 11 月 23 日，向法院申請暫時禁制令與永久禁制令[31]。

(二) 陪審團裁決與一審判決

2014 年 4 月，經過陪審團審判後，陪審團做出裁決，認定 Fossil 公司構成專利與商標侵害。就專利侵害，陪審團判賠合理權利金 5 萬餘美金；就商標侵害的計算，陪審團則提出二種建議，就不當得利理

29 Romag Fasteners, Inc. v. Fossil, Inc., 817 F.3d at 783.

30 Id. at 783.

31 Id. at 783-84.

論（unjust enrichment theory），以 Fossil 公司的所獲利益判陪 9 萬餘美金，就嚇阻理論（deterrence theory），以 Fossil 公司的所獲利益判陪 670 萬餘美金。陪審團也認定，ROMAG 這個商標對 Fossil 公司所獲利益的貢獻度爲 1%[32]。此外，陪審團雖然認爲 Fossil 公司「冷漠不在意」Romag 的商標權，但認爲 Fossil 的專利和商標侵害行爲並非出於「蓄意」（willful）[33]。

陪審團裁決後，地區法院再進行法律審理。地區法院認爲，Romag 故意等到黑色星期五之前才提起訴訟，構成「遲延」（laches），故就專利侵害的合理權利金部分，調降 18%，扣除遲延期間銷售的侵害。此外，地區法院也認爲，由於陪審團認定 Fossil 的商標侵害並非出於蓄意，所以不能獲得 Fossil 所獲利益所計算出的賠償[34]。

(三)第二巡迴法院並沒有改變立場

Romag 告 Fossil 案屬於第二巡迴法院管轄區內的案子，只是因爲同時涉及專利，才由聯邦巡迴上訴法院審理。

聯邦巡迴上訴法院認爲，就商標的侵害問題，則要回歸到第二巡迴法院所採取的見解。第二巡迴法院至今並沒有直接回答，到底 1999 年商標法修正，在解釋上是否會有不同[35]。但是在判決中，仍然維持蓄意欺騙是請求所獲利益的前提。第二巡迴法院在 1999 年商標法修法後，於 2014 年的 Merck Eprova AG v. Gnosis S.p.A. 案中，曾經再次表達，證明被告具有蓄意欺騙，是請求被告所獲利益的前提要件[36]。

---

32 Romag Fasteners, Inc. v. Fossil, Inc. 29 F.Supp.3d 85, 107 (D. Connecticut, July 2, 2014).

33 Id. at 90.

34 Id. at 109-110.

35 Romag Fasteners, Inc. v. Fossil, Inc., 817 F.3d at 789.

36 Merck Eprova AG v. Gnosis S.p.A., 760 F.3d 247, 261 (2d Cir.2014).

(四)聯邦巡迴法院認為仍然要維持蓄意要件

聯邦巡迴法院提出三項理由，認爲 1999 年商標法的修法，並沒有改變這個要件。

第一，1999 年商標法之所以要修法，是因爲 1996 年將淡化理論納入商標侵權時，並沒有特別規定其損害賠償的問題，才導致 1999 年商標法要修改第 1117 條 (a) 加入「蓄意違反第 1125 條 (c)」這句話。而立法的過程來看，當時加入這句話的目的，只是爲了讓商標淡化的侵權有損害賠償的依據，並沒有想要改變第 1125 條 (a) 一般商標混淆誤認侵權所要求的蓄意要件[37]。

第二，原本第 1117 條 (a) 的「衡平原則之下」這幾個字，在修法時並沒有刪除。第二巡迴法院就是因爲這幾個字，才認爲要請求侵害人所獲利益，應該要有蓄意侵害的要件。

第三，原告認爲，在商標淡化侵害前加上「蓄意」這個字，就可以反面推論，一般商標侵害不再需要蓄意這個要件。但是，這種反面推論，只有在對二個條文同時進行修法，且比較同時修法的二個條文有所不同，才可以做這種反面推論。但因爲 1999 年只有在原條文加入「蓄意構成商標淡化侵害」，其他文字都沒有改變，所以不能做此反面推論[38]。

聯邦巡迴上訴法院認爲，1999 年商標法修正時，對商標淡化侵害求償加上「蓄意」這個要件，並不是要與一般商標混淆誤認侵害能否請求所獲利益做對照；而只是在強調，商標淡化侵害要請求損害賠償（不論請求所受損害或所獲利益），都要具有蓄意[39]。

---

37 Romag Fasteners, Inc. v. Fossil, Inc., 817 F.3d at 789.

38 Id. at 790.

39 Id. at 790-91.

三、第九巡迴法院 2017 年 Stone Creek v. Omnia 案

(一) Stone Creek v. Omnia 案事實

本案的原告是美國的 Stone Creek，是一家家具製造商，並且在鳳凰城、亞利桑納州有自己的零售店面，直接銷售家具給消費者[40]。1990 年起，Stone Creek 開始使用商標圖案。1992 年，Stone Creek 申請註冊該州的商標，20 年後，2012 年，Stone Creek 註冊了聯邦商標[41]。

在 2003 年時，Stone Creek 與被告 Omnia 的代表會面。Omnia 是一加義大利公司，專門製作皮革家具，其在加州有展售店。當時，Stone Creek 同意購買 Omnia 的皮革家具，並掛上 Stone Creek 的商標。這樣的合作模式一直持續到 2012 年[42]。

Omnia 公司在 2008 年起，開始與一家家具連鎖店大客戶 Bon-Ton 公司合作推出新家具。Bon-Ton 同意由 Omnia 公司提供皮革家具，讓 Bon-Ton 在其家具店販售。但是，Bon-Ton 不想使用 Omnia 的商標名稱，Bon-Ton 希望使用「聽起來像是美國」的商標。當時 Omnia 公司提供了幾個選項，但 Bon-Ton 公司最後選擇使用「STONE CREEK」。之所以 Omnia 會提出「STONE CREEK」這個選項，是因爲這方面的行銷資料和標誌，本來都已經有了，不用另外準備[43]。

因此，Omnia 從 Stone Creek 的資料上直接複製了標誌，並且使用在許多相關產品上，包括皮革樣品、Bon-Ton 商店展示的顏色版、保證書等，時間從 2008 年到 2013 年[44]。Bon-Ton 的家具展示店，分布在美國中西部，包括伊利諾州、密西根州、俄亥俄州、賓州和威斯康辛州。這些家具展示店的產品，所賣給的對象，是住在離展示店不超過 200 英里內的消費者，因此除了上述這幾個州的消費者外，還包括印第安那州、

---

40 Stone Creek, Inc. v. Omnia Italian Design, Inc., 875 F.3d 426, 429 (2017).

41-44 Id. at 430.

愛荷華州的消費者[45]。

(二)蓄意侵權才能剝奪所獲利益

本案中，Stone Creek 主張，要請求賠償、剝奪被告所獲利益，並不需要證明被告是蓄意侵權（willfulness），但是第九巡迴上訴法院認為，必須是蓄意侵權，才能剝奪被告所獲利益[46]。

1999 年之前，第九巡迴區的判決都堅持，要請求被告所獲利益，要能證明被告具有蓄意。但第九巡迴法院也討論，1999 年商標法第 1117 條修法後，是否改變了這個立場？但第九巡迴法院認為該次修法並沒有改變仍需要蓄意這個要件的立場[47]。

第九巡迴法院在 1993 年的 Lindy Pen 案提到，判賠被告所獲利益，並非自動的，而必須有衡平考量（equitable considerations）；而衡平考量中，就要求原告必須證明，被告侵害行為具有某種故意（intent）[48]。

第九巡迴法院認為，雖然 1999 年修法時，強調違法第 1125 條 (c) 的商標淡化必須要蓄意侵權，但是並沒有改變「在衡平原則限制下」這句話，原告才能獲得救濟[49]。

第九巡迴法院同意聯邦巡迴法院在 2016 年 Romag v. Fossil 案的分析，亦即，1999 年那次修法，只是想要更正，1996 年納入商標淡化理論的求償時，沒有講清楚是否要蓄意侵權，如此而已，並沒有想要改變其他商標侵權求償的要件，尤其是仍然要遵守「在衡平原則限制下」這

45 Id. at 430.

46 Id. at 439.

47 Id. at 439-441.

48 Lindy Pen Co. v. Bic Pen Corp., 982 F.2d 1400, 1405-06 (9th Cir. 1993). 但後來因為其他理由被第九巡迴法院廢棄判決。SunEarth, Inc. v. Sun Earth Solar Power Co., 839 F.3d 1179 (9th Cir. 2016) (per curiam).

49 Stone Creek , 875 F.3d at 441.

個要件[50]。因此，既然1993年的Lindy Pen案的立論基礎是衡平原則，1999年既然沒有改變這個限制，故要求要具備蓄意的要件也沒有被改變[51]。

因此，第九巡迴法院認爲，地區法院要求原告Stone Creek必須證明，被告Omnia必須具有故意或蓄意侵權，才能剝奪其所獲利益，是正確的判決[52]。

四、最高法院2020年Romag v. Fossil案

關於上述二派法院判決見解歧異，美國最高法院終於在2020年4月23日，做出Romag v. Fossil案判決，以9比0之票數，採取「不需要蓄意侵權」的立場。

由Gorsuch大法官所撰寫的法院意見認爲，既然在1999年商標法修正後，在第1117條中，只有針對商標淡化部分強調蓄意侵權，而一般商標混淆誤認沒有強調蓄意侵權，則從法條解釋來看，只能解釋爲，請求侵害人所獲利益，不限於是蓄意侵權。至於法條中的衡平原則，其認爲沒有限定只能蓄意才能求償的意思。

同時，三位大法官（Alito、Breyer、Kagan）提出協同意見認爲，雖然請求侵害人所獲利益不限於蓄意侵權，但是否具有蓄意，仍是決定是否要判賠侵害人所獲利益的重要參考因素。

另外，Sotomayor大法官個人提出協同意見認爲，雖然請求侵害人所獲利益不限於蓄意侵權，但基於衡平原則，倘若侵害人屬於無辜（innocent）或善意（good-faith），仍不應賠償侵害人所獲利益。

---

50 Id. at 441-442.

51-52 Id. at 442.

伍、簡評智慧財產法院 107 年民商上更（一）字第 2 號民事判決

以下以智慧財產法院 107 年民商上更（一）字第 2 號民事判決，作爲案例，討論我國智財法院在過失侵害商標的案件中，仍然採用商標法第 71 條第 1 項第 2 款侵害人所獲利益，作爲損害賠償之計算方式。

一、案件事實與損害賠償

本案原告爲英商 Burberry 公司，被告爲東森得易購股份有限公司，旗下有東森購物電視台、東森購物網站、森森購物網站等（以下簡稱東森購物）。由於東森購物的供貨商僞造原廠證明文件，宣稱其提供的商品爲正版的 Burberry 手錶，東森購物因而與之合作，進行銷售。但後來被證明該批手錶爲仿冒品，智財法院認爲供貨商和東森購物構成共同侵權。

該案有一個重要爭議，就是東森購物對於該商標侵權，並不明知，但是否有所過失，亦即違反其注意義務。智財法院在最新的智慧財產法院 107 年民商上更（一）字第 2 號民事判決中，在個案的複雜考量下，認爲被告並沒有盡到其注意義務，而有過失[53]。

既然被告有過失，原告就可根據商標法第 69 條第 3 項，請求損害賠償。而對於損害賠償，法院根據商標法第 71 條第 1 項第 2 款，以侵害人所獲利益，作爲賠償計算[54]。其中，被告主張要扣除部分成本與必要費用，包括「分期手續費」、「客服成本」、「行政處理費」、「上架費」等。但法院均認爲其並非可扣除的「成本與必要費用」[55]。

---

53 智慧財產法院 107 年民商上更（一）字第 2 號民事判決，五、(四)、2（2019/6/3）。

54 智慧財產法院 107 年民商上更（一）字第 2 號民事判決，五、（五）、2。

55 智慧財產法院 107 年民商上更（一）字第 2 號民事判決，五、（五）、2、(1)。

最後，根據商標法第 71 條第 2 項：「前項賠償金額顯不相當者，法院得予酌減之。」但法院認爲由於「上開賠償金額爲東森公司、森森公司之實際獲利，並無顯不相當之情形，自無再依商標法第七十一條第二項予以酌減之必要。[56]」

二、簡評

(一)應限於明知，才可剝奪所獲利益

根據前文貳、二的說明，剝奪侵害人所獲利益，高於權利人所受損失，其根據比較類似不法無因管理，可是不法無因管理也限於「明知爲他人事務」，應限於故意才有適用。而若參考德國，德國商標侵害若要剝奪侵害人所獲利益，也是要適用德國民法第 687 條第 2 項的不法無因管理，原則上也限於明知，而德國實務判決認爲過失可類推適用，遭到學者批評。至於我國民國 74 年修法時參考的美國商標法，經過前文參、肆詳細介紹可知，要剝奪侵害人所獲利益，2020 年 4 月以前，半數巡迴法院仍堅持必須限於侵害人屬於故意或蓄意的情況。

因此，筆者建議，對於商標法第 71 條第 1 項第 2 款的解釋，從文義上來看雖然沒有限於故意，但若從目的解釋來看，法院應該限縮其適用範圍僅於故意的情況[57]。本案判決經過複雜個案認定後，認爲被告東森購物有過失，不論其認定是否正確，但既然被告只有過失，就不應該適用商標法第 71 條第 1 項第 2 項，以侵害人所獲利益作爲求償計算。

(二)若過失也以所獲利益計算，應盡量允許扣除成本

雖然筆者提出上述建議，但畢竟商標法第 71 條第 1 項第 2 款沒有

---

56 智慧財產法院 107 年民商上更（一）字第 2 號民事判決，五、（五）、2、(4)。

57 黃銘傑，前揭註1，頁644。

故意的明文限制；退而求其次，倘若智財法院認爲在過失的情況下也要適用第 71 條第 1 項第 2 款，就成本或必要費用的扣除，法院在操作時，應該也應寬鬆認列。

一般而言，在計算所獲利益時，可扣除的成本或必要費用，應不包括固定成本或間接成本，而只能包括變動成本或直接成本，亦即被告爲製造銷售該產品的額外投入的成本，而不包括被告公司經常支出的行政成本、固定成本[58]。

具體的每一項費用，到底屬於變動成本還是直接成本，會有所爭執，但筆者認爲，被告若屬於過失，本就不該使用第 71 條第 1 項第 2 款求償；若允許用該款，則對於所謂的變動成本或直接成本，應該盡量寬鬆認列。其目的在於，倘若不允許過失的商標侵害人扣除成本，將導致實際結果，過失的商標侵害人仍然因過度賠償而受到懲罰，這違背了損害賠償主要是塡補損害的原始精神。

本案中，被告所提出的「分期手續費」、「客服成本」、「行政處理費」、「上架費」，其中就客服成本和行政處理費，被告本來就聘有客服人員，本來也有固定的行政支出，這部分屬於固定成本，不能扣除。但就「分期手續費」，法院認爲：「分期手續費是……因爲提供消費者以分期方式購物而須支出之手續費，該費用與消費者若以刷卡方式購物，商家須支付銀行刷卡手續費之道理相同，該費用與侵害商標權並無直接關聯，不得扣除[59]……」但該筆費用確實爲變動成本，沒有該筆交易就不會有該筆費用，筆者認爲應可扣除。

至於所謂上架費，究竟爲何，該判決並沒有詳細說明。倘若爲促銷該商品特別支出的銷售費用，筆者也認爲並不屬於固定成本，而屬於變動成本，應從寬認列。

---

58 黃銘傑，前揭註1，頁647-648。

59 智慧財產法院 107 年民商上更（一）字第 2 號民事判決，五、（五）、2、(1)。

陸、結論

筆者認爲，智慧財產權的侵害損害賠償，包括專利侵害、商標侵害，仍應該以塡補損害爲原則。倘若要在損害賠償中納入懲罰性的因素，則必須被告有故意行爲。專利法的三倍懲罰性賠償，就是限於故意的情形。而專利法、商標法中剝奪侵害人所獲利益，其實也帶有懲罰侵害人的味道，原則上也應限於故意。

本文指出，不論從民法的基本概念出來，剝奪侵害人所獲利益接近於不法無因管理，應限於明知、故意；從我國商標法於民國 74 年修法參考的美國商標法，就剝奪侵害人所獲利益，也應該限於侵害人爲蓄意侵權的情況。美國商標法自 1999 年修法後，對於是否仍限於蓄意侵權才能請求侵害人所獲利益，各法院立場不同。直到 2020 年 4 月，美國最高法院 Romag v. Fossil 案採取「不限於蓄意侵權」之立場，但協同意見認爲，蓄意侵權仍是判賠侵害人所獲利益的重要參考因素。

相較於台灣，商標法第 71 條第 1 項允許以各種方式計算損害賠償，包括以侵害商標所獲得之利益。但法院並沒有注意到，侵害人所獲利益並非商標權人實際的損害，會有過度賠償的問題，只有在故意侵權時需要嚇阻這類行爲，才需要以所獲利益作爲賠償。本文最後以涉及的智慧財產法院 107 年民商上更（一）字第 2 號民事判決爲例，說明該案中，東森購物縱使被認定有過失，也不應以剝奪侵害人所獲利益作爲損害賠償計算方式。退一步言，倘若法院仍然要在過失場合適用剝奪侵害人所獲利益，則應從寬認列成本與必要費用，避免過度懲罰過失的商標侵害人。

參考文獻

一、中文部分

王敏銓（2018），〈商標侵害損害賠償之計算：以合理權利金、侵害所得利益、法定賠償額為中心〉，《月旦法學雜誌》，274期，頁133-157。

許忠信（2007），〈從德國法之觀點看我國專利權侵害之損害賠償責任〉，《台北大學法學論叢》，61期，頁79-109。

陳昭華（2015），《商標法之理論與實務》，2版，台北：元照。

黃銘傑（2009），〈專利法第八十五條第一項第二款以「侵害行為所得之利益」計算損害規定之法律定位、功能與適用〉，收於黃銘傑，《競爭法與智慧財產法之交會》，頁617-652，台北：元照。

楊智傑（2018），《美國專利法與重要判決》，2版，台北：五南。

趙晉枚（2010），〈商標侵害的賠償：兼評商標法的修正〉，《科技法律透析》，22卷9期，頁36-64。

蔡明誠（2007），《專利侵權要件及損害賠償計算》，台北：經濟部智慧財產局。

二、外文部分

Elizabeth L. Plitzuweit, *Supreme Court Denies Certiorari in Contessa: Courts Remain Split in Determining Standard for Awarding Profits in Trademark Infringement Cases*, 26 NO. 2 Intell. Prop. L. Newsl. 5 (2008).

第七章

商標廢止於註冊商標指定使用商品或服務之範圍判斷：以最高行政法院 108 年度判字第 133 號行政判決爲中心

陳匡正 *

* 美國伊利諾大學香檳分校法律科學博士（J.S.D.），國立台北科技大學智慧財產權研究所專任副教授，E-mail: kcschen@mail.ntut.edu.tw。

** Associate Professor, Graduate Institute of Intellectual Property, National Taipei University of Technology. Doctor of the Science of Law, 2010, University of Illinois at Urbana-Champaign. E-mail: kcschen@mail.ntut.edu.tw.

摘要

商標法（以下稱本法）第63條第1項第2款（以下稱本款），係無正當理由迄未使用或繼續停止使用之相關規定，是以，本款不僅是商標廢止事由之一，也是商標維權使用之重要規範。至於本款使用之範疇，實乃定義於本法第5條、第64條，亦即：依據社會一般通念，應認爲有使用同一性之註冊商標者，只不過，如何從系爭商標所指定使用商品或服務，來判斷是否爲使用同一性之商標，就此問題而言，不僅在本款或其他商標廢止等條文中未有規範，還因爲與使用系爭商標同一連結關係之商品或服務的範圍未定，而如何按此決定何爲廢止商標之適法性爭議。本文將以最高行政法院108年度判字第133號行政判決爲基礎，並逐一分析與檢視國內學說、理論中，關於未使用／停止使用商標被廢止之同一性判斷議題；尤其是針對相關條文未規定廢止商標指定商品或服務之範圍，本文將進行歸納，並對於本法關於廢止未使用／停止使用商標之同一性法制，提出建議及探討。

關鍵詞：商標廢止，指定使用商品或服務，商標法，維權使用，同一性。

Scopes of the Goods or Services Used by Revoking Registered Trademarks: Taiwan Supreme Administration Court's 2019 Pan-Zi-133

Kuang-Cheng Chen**

Abstract

Because Article 63, Section 1, Clause 2 (hereafter called this Clause) in Trademark Act (hereafter called this Act) is a regulation about revocation of trademarks due to not being uses or suspending uses, this Clause is not only a cause of trademark revocation, but also an important regulation. Scopes of the trademark uses in this Clause are defined in Articles 5, 64. Moreover, it does not affect the identity of trademark according to general concepts in the society. However, how to judge the identity of trademarks or services? These are not regulated in this Clause or other articles regarding trademark revocations. Since scopes of goods or services identified by given trademarks are not determined, it indicates that whether trademark revocations are legally or not? This article is focused on discussing Taiwan Supreme Administration Court's 2019 Pan-Zi-133, and analyzes and examines domestic theories concerning not being uses or suspending uses of trademarks caused trademark revocations. In particular, this article will induce and propose suggestions about laws of not being uses or suspending uses for trademark revocations decided by scopes of goods or services, which are not regulated by relevant articles.

Keywords：Trademark Revocation, Indicated by Goods or Services, Trademark Act, Maintenance of Trademark Use, The Identity of Trademark.

壹、前言

首先，我國就商標之保護，係採取先申請主義（本法第 30 條第 1 項第 10 款參照）爲原則[1]，例外才以使用主義（本法第 36 條第 1 項第 3 款參照）爲輔助[2]。只不過，商標使用不僅攸關經濟意義之眞實使用，甚至是合理使用、混淆誤認之虞、淡化等成立與否之前提要件。正因爲商標使用概念之重要性，本法第 5 條特別從舊法之概括條款，增訂使用行爲之態樣於同條第 1 項，且由於現今傳播商標之媒介物已擴展至數位、電子、網路等，另增訂爲同條第 2 項之內容[3]。此外，本法在 2011 年的修法中，除了明確規範商標使用態樣於第 5 條之內容外，同時將維權使用及侵權使用兩種商標使用之種類，納入本法之總則規範中[4]。

最高行政法院 108 年度判字第 133 號行政判決（以下稱本案判決）之主要爭點，是商標維權使用之同一性判斷，既然系爭商標是以識別所指定商品或服務爲主要功能，然則，該如何從商品或服務之範疇，來決定是否屬於本法第 64 條之同一性使用？究竟應參酌哪些因素，得以符合同一連結商品或服務之標準？

是故，本文之主要內容，乃基於本案判決之事實及爭議，分別整理國內學說理論、司法判決中，關於商標廢止之同一性使用判斷，再歸納出：該如何從系爭商標所指定之商品或服務，來探討是否爲同一性商標

---

1 陳昭華（2018），《商標法之理論與實務》，4版，頁32，台北：元照。

2 陳昭華，前揭註1，頁174。

3 請參見2011年5月31日修正通過之商標法第5條修正理由三、（一）與四。詳見立法院法律系統網站，https://lis.ly.gov.tw/lglawc/lawsingle?004A697159D400000000000000000140000000000400FFFFFD00^01936100053100^0002A001001（最後瀏覽日：03/12/2019）。

4 請參照2011年5月31日修正通過之商標法第5條修正理由二。詳見立法院法律系統網站，前揭註3。

之使用，並進而判斷系爭商標是否應該廢止。據此，下一章節之內容，除了包含本案判決之案例事實與裁判要旨外，更會針對本案判決進行簡要之評析。

貳、最高行政法院108年度判字第133號行政判決

查本法第 64 條：「商標權人實際使用之商標與註冊商標不同，而依社會一般通念並不失其同一性者，應認為有使用其註冊商標。」然單從本條文規範之內容，實在難以判斷或解釋，究竟在多大的差異性範圍內，能夠允准實際使用之商標與註冊之商標（以下稱兩商標）為實質同一[5]。即使檢視兩商標所指定之商品或服務範圍，乃是判斷兩者實質同一的一種方式，然而，本法第 64 條文中之「同一性」，卻為不確定法律概念，這也讓司法實務在兩者同一性之判斷上，產生許多想像之空間。

若欲深入了解兩商標是否構成實質同一之判斷，本章節之架構及內容當著重於歸納和分析本案判決之實質內容，包括案例事實、裁判要旨，並提出本案之評析及觀察。

一、案例事實

被上訴人於 1993 年 12 月 6 日以「Angelina 設計圖」商標，指定使用於當時本法施行細則第 24 條所定商品及服務分類表第 24 類之「蜜餞、糖果、餅乾、乾點、麵包、蛋糕」商品，乃向上訴人經濟部智慧財產局（以下稱智慧局）申請註冊，經上訴人智慧局核准為註冊第 00000000 號商標（以下稱系爭商標）。

嗣後同案之上訴人安吉利娜公司（以下稱安吉公司），以系爭商標

5 夏禾（2017），〈從歐盟及我國商標實務見解探討商標實際使用之同一性認定問題〉，《智慧財產月刊》，217期，頁38。

有違反本法第63條第1項第2款規定，申請廢止其註冊。業經上訴人智慧局之審查，於2015年10月8日以中台廢字第L00000000號商標廢止處分書，作爲系爭之註冊商標應予廢止之處分。

而被上訴人不服，遂向經濟部提起訴願，於2016年2月3日以經訴字第0000000000號決定駁回，又被上訴人不服，另向智慧財產法院（以下稱智財法院）提起行政訴訟。原審之智慧財產法院105年行商訴字第54號行政判決（以下稱原審判決）認爲，本件判決之結果，將影響上訴人安吉公司之權利或法律上之利益，依職權命上訴人安吉公司獨立參加本件上訴人智慧局之訴訟。後經原審判決，撤銷訴願決定及原處分，上訴人不服，亦向最高行政法院提起上訴。

二、裁判要旨

連續3年以上未使用註冊商標在指定的商品或服務，又無正當事由者，將構成本法第63條第1項第2款規定的廢止事由[6]。而上開本法第63條所指商標有無使用，或其使用是否構成廢止事由，是針對註冊的商標及其指定的商品或服務而言。查本法第63條並無第30條第1項第10款、第68條第2、3款中之「類似」商品文字，其認定實際使用的商品或服務範圍，應留意實際使用的商品或服務範圍，是否與註冊指定的商品或服務相符合，而不是誤引類似商品或服務之字句。

再者，商標的使用同一性，是屬於商標維權使用的概念範疇，必須按照社會一般通念，認定兩者爲相同商標，而維持商標與指定使用商品或服務間之同一連結關係，才能認爲具有使用同一性；若商標維權使用之同一性概念，如同侵權使用擴張至類似之商品或服務，如此將擴大商

6 商標法第63條第1項第2款：「商標註冊後有下列情形之一，商標專責機關應依職權或據申請廢止其註冊：二、無正當事由迄未使用或繼續停止使用已滿三年者。但被授權人有使用者，不在此限」。

標之權利，不僅缺乏法律依據，也將不當排擠他人運用未經註冊商標之商業競爭自由。

經濟部頒布「註冊商標使用之注意事項」3.2.2，在舉例中，誤引類似商品之文字，將導致觀念混淆，自非恰當。同一性使用判斷標準應就商標實際使用時，兩者商品或服務之內容、專業技術、用途、功能等是否相同，在商業交易習慣上，一般消費者能否認定係相同商品或服務而定。倘若使用具體下位概念商品或服務者，應認定使用於概括之上位概念商品或服務，但反之則不得認爲係使用。

本案上訴人指稱：「蛋糕」與「蜜餞、糖果、餅乾、乾點」，依據社會通念，兩商品並無上下位、包含、重疊或相當之關係，且兩商品之產製、販賣、行銷管道及消費群均不同，所以並非性質相同商品，難認爲系爭商標實際已使用於「蜜餞、糖果、餅乾、乾點」商品。至於「蛋糕」與「麵包」商品，雖然產製及行銷之管道相同或高度重疊，但並非同一商品，於指定商品時，需分別指定，且須分別使用系爭商標，一般消費者可輕易分辨「蛋糕」及「麵包」兩商品之差異，故系爭商標使用於「蛋糕」，並不當然可認爲也使用於「麵包」。原判決未敘明其法律依據及法理基礎，且本件事證尙有未明，有由原審再爲調查審認之必要，由於最高行政法院無法自爲判決，故將此部分之原判決廢棄，發回原審調查後，另爲適法之裁判。

三、本案簡評

本法第 63 條第 1 項第 2 款：無正當理由迄未使用或繼續停止使用之商標廢止事由，乃屬於維權使用之規範[7]。所謂的維權使用，係指商標權人爲維護其權利所爲之使用。然商標維權使用之判斷關鍵是眞實使

7 林洲富（2019），〈商標權人行使損害賠償請求權之舉證責任：區分商標侵權使用與維權使用為基準〉，《智慧財產月刊》，243期，頁91。

用，正如同本法第 57 條第 3 項之規定，所提出之商標使用證據，不僅應符合一般商業交易習慣，並應足以證明為真實使用[8]。至於商標之真實使用，其實是指：使用人在主觀上以行銷為目的，並在客觀上有積極使用商標於指定商品或服務之行為，足以使相關消費者認識其所指示商品或服務之來源，而能夠與他人之商品或服務相區別[9]。

申言之，欲檢驗本法第 64 條中之使用同一性商標者，除了先分析系爭商標外型是否實質同一外，還要剖析系爭商標與指定使用商品或服務間，是否維持同一連結之關係；如此更突顯出，廢止不使用或停止使用系爭商標之同一性檢驗，應該與檢視使用系爭商標是否屬於真實使用之法理相結合。

但可惜的是，何謂商標使用之同一性，並未明訂於本法第 64 條及其他相關條文中，這自然也讓最高行政法院在同一性使用之判斷上，產生不確定之詮釋角度。尤其是在商標使用同一性之檢驗中，所必須剖析之系爭商標與註冊商標所指定商品或服務間的同一性連結判斷，相關條文未有規定；而最高行政法院判決、智財法院判決、「註冊商標使用之注意事項」3.2.2[10]，乃利用上、下位概念使用商品或服務的方式來判斷之，此一既複雜又不確定之判斷方法，是否為唯一之方法？是否能夠直接從商品或服務之分類來判斷之？本文以下章節之內容，將研討商標維權使用，以及廢止不使用或停止使用商標之同一性判斷等學說理論及司法實務，藉以了解維權使用（亦即不使用或停止使用商標之廢止事由）的理論基礎。

---

8 商標法第57條第3項：「依前項規定提出之使用證據，應足以證明商標之真實使用，並符合一般商業交易習慣」。

9 吳佩芝（2013），《商標維權使用與侵權使用之研究》，頁55，天主教輔仁大學財經法律研究所碩士論文。

10 請參酌「註冊商標使用之注意事項」3.2.2。

參、商標維權使用及同一性使用概念之剖析

舊法第6條於2011年修法前，雖然都是商標使用之規範，但此規範於修法後除了從本法第6條改爲第5條外，還將侵權使用同時納入第5條之規定中[11]。尤其是爲貫徹商標註冊主義，並爲維持系爭商標註冊後之權利，故維權使用作爲本法第5條商標使用種類之一，乃是理所當然之立法。

申言之，本法第63條第1項第2款：不使用或繼續停止使用商標之廢止事由，其立法目的是爲維護已經註冊商標權利之行使，只不過，欲判斷商標權人或其授權人是否有眞實使用已經註冊商標，仍必須就已經註冊商標與實際使用商標之間，在權利之行使（包括商標本身及其所指定之商品或服務）是否具備同一性？換句話說，不使用或繼續停止使用商標之廢止事由，實爲維權使用之具體實踐。是故，以下本章節之內容，將結合學說理論與法院實務，來逐一探討商標維權使用及同一性使用概念之關聯性。

一、商標維權使用與商標廢止

我國商標使用之概念，實可分成商標權人爲維持其權利之維權使用，以及侵害他人商標權之侵權使用。其實，商標在註冊以後，就取得積極之使用權，倘若商標權人不累積商譽，並進而阻礙他人進入市場競爭之機會，如此不僅會喪失保護商標之目的，還發生消極使用註冊商標之結果[12]。

---

11 相同見解如智慧財產法院99年度民商上字第12號民事判決、同院98年度民商上字第11號民事判決及同院99年度民商訴字第33號民事判決；另請參照2011年5月31日修正通過之商標法第5條修正理由二。詳見立法院法律系統網站，前揭註3。

12 陳昭華（2012），〈將商標使用在廣告或贈品上是否構成維權使用之探討〉，

由於本法採取註冊主義，亦即商標雖不經使用，仍能夠加以註冊，惟商標權人無事實上障礙或不可歸責於己之正當事由，卻迄今未使用，或繼續停止使用已滿 3 年者，應廢止其商標；但有例外，例外之情形包括：被授權人有使用商標者，不在此限（本法第 63 條第 1 項第 2 款參照）。申言之，未使用或繼續停止使用商標之廢止事由，不僅是實務上判斷維權使用最主要之案例類型，此外，欲檢視未使用商標廢止之使用，仍必須符合眞實使用之要件[13]。進而論之，系爭商標於註冊時所指定使用之商品或服務，商標權人並未使用，且未讓相關消費者在市場上認爲系爭商標是區分商品或服務之來源，系爭商標便應該構成本法第 63 條第 1 項第 2 款之廢止事由。

二、商標廢止之同一性使用範疇判斷

然商標的使用同一性，是屬於商標維權使用的概念範疇，係指實際使用的商標與註冊商標雖然在形式上略有不同，但實質上沒有變更註冊商標主要識別的特徵[14]，必須按照社會一般通念，還是認爲兩者爲相同商標，而維持商標與指定使用之商品或服務間具備同一連結關係，例如：讓一般消費者產生與原註冊商標相同之印象，才能夠認爲具有使用之同一性[15]。

因爲商標廢止事由僅存在於註冊商標所指定使用之部分商品或服務者，並就該部分之商品或服務得以廢止其註冊（本法第 63 條第 4 項參照），故商標有無使用，或其使用是否構成廢止事由，是針對註冊之商標及其指定之商品或服務而言。特別是，同一性使用判斷標準，應就

《智慧財產月刊》，166期，頁111-112。

13 陳昭華，前揭註1，頁152。

14 相同見解請參見智慧財產法院108年行商更（一）字第5號行政判決。

15 相同見解請參照智慧財產法院108年行商訴字第56號行政判決。

商標實際使用時，兩者商品或服務之內容、專業技術、用途、功能等是否相同，在商業交易習慣上，一般消費者能否認定係相同商品或服務而定[16]。此外，若使用具體下位概念商品或服務者，應認定使用於概括之上位概念商品或服務，但反之則不得認爲係商標使用[17]。

三、小結

本法第 5 條之商標使用規範，係就商業交易過程中，使用系爭商標之判斷，是否足以讓相關消費者認識其爲商標，爰明訂使用之態樣於本法總則中，甚至連證明標章、團體標章及團體商標之使用態樣，仍按照本法第 17 條之規定，準用同法第 5 條之規定。

據此而論，本法第 5 條除了是商標使用之主要規範，尙將維護商標權人權利之維權使用，及侵害他人商標之侵權使用等規範一併納入條文中。既然本法第 63 條第 1 項第 2 款：未使用或繼續停止使用商標之廢止使用，係屬於維權使用中最重要之一種，且註冊商標所實際使用之商品或服務，應與原註冊商標所指定之商品或服務一致，故而本條款所規定該廢止商標所指定商品或服務範圍，實乃局限在註冊商標所指定使用之商品或服務。

換句話說，判斷廢止未使用或繼續停止使用商標之同一性問題者，如果只參酌系爭商標所指定商品或服務之內容、專業技術、用途、功能及上下位概念等，就得以從該商標所使用之商品或服務範疇，來決定是否屬於同一性商標之使用。本文以下章節之內容，將著重於商標使用同一性，針對商標廢止具體適用之討論，分別從我國法院判決之見解、經濟部頒布註冊商標使用之注意事項規定等角度，加以探討是否有其他從系爭商標所指定商品或服務範圍，來決定同一性之參酌因素。

---

16 相同見解請參酌最高行政法院108年度判字第133號行政判決。

17 相同見解請參酌智慧財產法院108年行商訴字第3號行政判決。

肆、商標使用同一性針對商標廢止之具體適用

綜合前述本文之內容，本法第 63 條第 1 項第 2 款：未使用或繼續停止使用商標之廢止事由，乃是維權使用之一類[18]，其立法意旨在繼續維護已經註冊商標之權利；倘若商標權人長期不使用或怠於使用，本於公益之考量、市場競爭者利用同一商標競爭之權利、維護商標權利之必要[19]，商標專責機關（即智慧局）自是應依職權或申請廢止系爭商標之註冊。

只不過，爲判斷系爭商標是否應該廢止，當從檢驗使用商標是否屬於同一性爲起始點。商標使用之同一性，乃實際使用商標與註冊商標是完全相同之使用，例如：商標權人實際使用之商標與註冊商標不同，而依社會一般通念並不失其同一性者，應認爲有使用其註冊商標（本法第 64 條參照）。

另一方面，同一性之定義及範圍，於本法並無明確之規定，這也讓司法實務在詮釋及判斷上，確實有其困難性。可是，現今實務多以判斷系爭商標本身之文字、圖樣爲主；而藉由系爭商標所指示之商品或服務範疇，來判斷系爭商標與已經註冊商標兩者是否爲同一性使用，此一方式卻較少運用。是以，本章之論述內容，擬從近 3 年我國智財法院、最高行政法院關於指定商品或服務範疇，來判斷使用系爭商標是否屬於同一性等判決爲基礎，並討論、比較由經濟部頒布註冊商標使用之注意事項規定，以及從「社會一般通念」之標準，來深入探討商標同一性使用之判斷方法。

---

18 王義明（2016），〈論註冊商品停產後之維權使用：以台朔汽車商標廢止案件判決為中心〉，《智慧財產月刊》，211期，頁28。

19 汪渡村（2012），《商標法論》，3版，頁245，台北：五南。

一、我國司法及行政實務針對商標廢止之同一性判斷

我國最高行政法院、智財法院於最近 3 年所作出針對本法第 63 條第 1 項第 2 款：未使用或繼續停止使用商標之廢止事由，並判斷是否使用同一性系爭商標之判決如下：

(一) 我國法院判決之見解

1. 最高行政法院 108 年度裁字第 51 號行政裁定

本裁定是上訴人財團法人看見台灣基金會，特別針對智財法院 107 年度行商訴字第 6 號行政判決（以下稱原判決）之商標廢止註冊案件，而提起上訴。再者，本裁定從上訴人商標代表商品或服務範圍，來判斷系爭商標與實際使用商標同一性之論述，乃包括：「商標的使用同一性，是屬於商標維權使用的概念範疇，必須要能夠按照社會一般通念還是認爲兩者爲相同商標，而維持商標與指定使用的商品或服務間的同一連結關係，才能認爲具有使用同一性；但商標近似致混淆誤認疑慮，是屬於商標侵權使用的概念範疇，並不限於混淆誤認爲同一商品或服務來源，即使是會造成混淆誤認爲有相關連的來源，也包括在內。換句話說，商標近似致混淆誤認疑慮的概念，已經使商標的權利範圍有所擴張，以求周全保護；如果又將使用同一性的概念加以擴張，如此一來，等同降低了商標保護的門檻要求，一來一往之間，將使商標權利大幅擴大，不僅缺乏法律依據，而且也將不當排擠他人的運用未經註冊商標而爲商業競爭的自由。[20]」

申而論之，本裁定並未特別從上訴人商標所指示之商品或服務，來判斷是否屬於同一性使用商標；本裁定與原判決所共同採取同一性使用商標判斷之方法，乃包含商標調查報告與商標使用證據等兩種。

---

20 請參酌「最高行政法院 108 年度裁字第51號行政裁定」之見解。

2. 最高行政法院108年度判字第133號行政判決

本案判決是上訴人法商安吉利娜股份有限公司，針對智財法院105年度行商訴字第54號行政判決（以下稱原判決）之商標廢止註冊案件，而提起上訴。又本案判決，就被上訴人商標代表商品或服務範圍，來判斷系爭商標是否該被廢止，亦即判斷系爭商標與已註冊商標同一性之描述，乃包括：「另從商標侵權與維權使用之本質上而言，商標的使用同一性，是屬於商標維權使用的概念範疇，必須按照社會一般通念，還是認爲兩者爲相同商標，而維持商標與指定使用的商品或服務間的同一連結關係，才能認爲具有使用同一性。上訴人據以指摘：『蛋糕』與『蜜餞、糖果、餅乾、乾點』，依社會通念，兩商品並無上下位、包含、重疊或相當之關係，兩商品之產製者、販賣者、行銷管道及消費群均不同，實非性質相同商品，實難認系爭商標若實際已使用於蛋糕商品，亦可認已使用於『蜜餞、糖果、餅乾、乾點』商品。至於『蛋糕』與『麵包』商品，雖產製者及行銷管道相同或高度重疊，但仍非同一商品，於指定商品時需分別指定，仍須分別使用系爭商標，且一般消費者亦可輕易分辨『蛋糕』及『麵包』兩商品之差異，故系爭商標使用於『蛋糕』，並不當然可認爲亦已使用於『麵包』，原判決不當擴張解釋，顯係對商標法第五十七條第四項規定之誤解，且未敘明其法律依據及法理基礎，顯有判決不備理由及認定事實違反經驗法則、論理法則之違背法令等語，自屬有理，且此部分之理由不備影響判決之結果，是本件事證尚有未明，有由原審再爲調查審認之必要，本院尚無從自爲判決，故將原判決關於此部分廢棄，發回原審調查後，另爲適法之裁判。[21]」

本案判決是本文主要評析之判決。進而論之，本案判決從被上訴人實際使用商標所指定之「蛋糕」商品，以及其已經註冊商標所指定之「蜜餞、糖果、餅乾、麵包、乾點」商品兩者，來判斷是否可屬於同一

21 請參酌最高行政法院108年度判字第133號行政判決之見解。

性使用商標。本案判決不同於原判決所採取同一性使用商標之判斷，而認爲：實際使用商標指示之「蛋糕」，與已經註冊商標指定之「麵包」兩商品間，雖然產製及行銷相同或重疊，但因爲不是同一商品，仍必須分別被系爭商標所指示，且一般消費者很容易分辨兩商品之差異，故系爭商標實際使用於「蛋糕」商品，乃和已註冊商標所指定使用於「麵包」商品，兩者並非同一。

3. 智慧財產法院 108 年度行商更（一）字第 5 號行政判決

本案判決，是原告七味之友有限公司不服經濟部經訴字第 00000000000 號訴願決定，提起行政訴訟，經智財法院裁定，命參加人法商安吉利娜股份有限公司獨立參加被告智慧局之訴訟，又經智財法院 105 年度行商訴字第 54 號判決（以下稱原判決）後，被告及參加人不服，遂向最高行政法院提起上訴，再經最高行政法院 108 年度判字第 133 號判決將原判決廢棄，發回智財法院更爲審理。

本案判決乃就原告商標代表商品或服務範圍，來判斷系爭商標是否該被廢止，也就是判斷系爭商標與已註冊商標同一性之描述，乃包括：「所謂『同性質』之商品或服務，可參考被告編定之商品或服務分類 6 碼（組群未分類至 6 碼者，以 4 碼爲準），6 碼商品服務組群項下之商品服務名稱，原則上可認定爲性質相同，惟在個案判斷時若認不妥適，可再就具體商品服務之用途、功能、材料、製程或商標權人實際經營之產銷型態及提供者等客觀事實綜合考量後認定，若認定其商品或服務性質不同，仍得認爲未使用而廢止該商品服務之註冊。系爭商標使用之『蛋糕』商品與『餅乾、乾點、麵包』商品，其商品及服務分類均爲『300602』組群項下，且『餅乾、乾點、麵包』商品與『蛋糕』商品同爲糕餅烘焙業者所產製提供，於材料均爲麵（米）粉、製程亦十分相近，且在商業交易習慣上，銷售『餅乾、乾點、麵包、蛋糕』等商品之場所亦相同或高度重疊，對同一業者而言，該等商品彼此間，隨時可透過現有材料產製，以提供予相關消費者，所滿足相關消費者的需求亦相同，依社會一般通念及市場交易情形，應屬性質相同之商品。至於『蜜餞』商品之商品及服務分類爲『290802』組群，『糖果』商品之商品及服務分類爲『300601』組群，與『蛋糕』商品之分類『300602』分屬不同組群，且『蜜餞』商品係以梅、桃、杏、梨、棗、冬瓜、生薑或果仁等爲原料，用糖或蜂蜜醃漬後而加工製成之脫水果蔬或糖漬果蔬，『糖果』以糖類爲主要成分，經高溫溶糖熬煮所製成，『蜜餞』及『糖果』商品與『蛋糕』商品相較，於材料、製程或實際產銷型態及提供者均有差異，非屬同性質之商品。[22]」

申言之，本案判決其實是本文所評析判決之再審判決，且本案判決特別利用商品或服務分類碼、材料、製程、產銷等方法，來判斷原告實際使用之商標與系爭商標，是否具有同一性。而智財法院主張：系爭商標使用於「蛋糕」商品，應認爲同性質之「餅乾、乾點、麵包」商品亦有使用，惟不及於不同性質之「蜜餞、糖果」商品，故系爭商標指定使用於「餅乾、乾點、麵包」商品，並不構成「無正當事由迄未使用或繼續停止使用已滿3年」之廢止事由；另一方面，系爭商標指定使用於「蜜餞、糖果」商品，則有構成「無正當事由迄未使用或繼續停止使用已滿3年」之廢止事由。

4. 智慧財產法院105年度行商訴字第54號行政判決

本案判決之事實是：原告七味之友有限公司因不服經濟部經訴字第00000000000號訴願決定，遂向智財法院提起行政訴訟，並經智財法院命參加人法商安吉利娜股份有限公司獨立參加被告智慧局之訴訟。

此外，本案判決就原告商標代表商品或服務範圍，來判斷系爭商標是否該被廢止，亦即判斷系爭商標與已註冊商標是否具備同一性之論

22 請參酌智慧財產法院108年度行商更（一）字第5號行政判決之見解。

述，乃包括：「本件系爭商標指定使用於『蜜餞、糖果、餅乾、乾點、麵包、蛋糕』商品，原告已證明有使用於蛋糕商品，而此商品與其他『蜜餞、糖果、餅乾、乾點、麵包』商品，均屬喜餅禮盒、休閒零食之常見商品，依一般社會通念及市場交易情形，將前揭商品組合販售可滿足消費者多樣化口味選擇之需求，且前揭商品之產製者及行銷管道相同或高度重疊，應屬性質相同且高度類似商品，應認原告已提出蛋糕商品之使用證據，其餘同性質之『蜜餞、糖果、餅乾、乾點、麵包』商品的使用證據雖未提出，仍應認無本法第 63 條第 1 項第 2 款規定之適用。[23]」

進而論之，本案判決其實是本文所評析判決之原審判決，且本案判決還以商品性質、產製、行銷等方法，來憑判原告實際使用之商標，與系爭商標是否具有同一性；智財法院認定，系爭商標使用於「蛋糕」商品，應認爲與「蜜餞、糖果、餅乾、乾點、麵包」商品同性質，故系爭商標於參加人申請廢止日前 3 年內，並無迄未使用或繼續停止使用已滿 3 年之情形，即無本法第 63 條第 1 項第 2 款規定之適用。

綜上所述，既然廢止事由僅存於註冊商標所指定使用之部分商品或服務者，得就該部分之商品或服務廢止其註冊（本法第 63 條第 4 項參照），所以針對本法第 63 條第 1 項第 2 款：未使用或繼續停止使用商標廢止事由之判斷，必須具有更嚴格之標準。換言之，欲從系爭商標所指示商品或服務，來判斷其是否該被廢止者，自然也必須被限縮解釋。

只不過，本案判決所比較之混淆誤認類似與商標同一性議題，卻在智財法院 108 年度行商更（一）字第 5 號行政判決中，將其稱爲同性質之商品或服務，而同性質之判斷，可參考智慧局編定之商品或服務分類 4 碼或 6 碼，唯有在個案判斷時性質顯非相當者，才須就具體商品或服務之用途、功能、材料、製程、產銷、提供者等，來判斷本法第 64 條

23 請參見智慧財產法院105年度行商訴字第54號行政判決之見解。

是否同一性使用商標[24]。

據此而論，雖然用商品或服務分類碼已經足以判斷是否爲同性質之商品或服務，且 4 碼或 6 碼商品或服務組群項下之商品或服務名稱，係指類似商品或服務之檢索範圍，再者，就個案判斷時，性質顯非相當者，才會就具體商品或服務之用途、功能、材料、製程、產銷、提供者等參酌因素進行考量。所以本文認爲，從系爭商標所指示商品或服務之範圍，來判斷其是否被同一性使用，或是否應被廢止，可以藉由商品或服務分類 4 碼或 6 碼，尤其以 4 碼或 6 碼商品或服務組群項上之商品或服務名稱，來作爲判斷同一性使用商標之主要方法，如此才能夠符合本法第 64 條使用同一性商標之標準。

(二) 經濟部頒布「註冊商標使用之注意事項」規定

本法第 63 條第 1 項第 2 款：未使用或繼續停止使用商標之廢止事由，是維權使用之一種，亦即，已經註冊商標，除了有必要維護其權利之執行外，使用商標則更能夠突顯商標之價值。倘若已經註冊商標長期不使用或繼續停止使用，有妨害他人使用相同商標並公平參與市場競爭之虞，如此確實有廢止系爭商標權利之必要性。當然，判斷本法第 64 條中同一性使用商標，乃是維護商標權利與廢止商標權利間之界線，所以，是否屬於同一性使用商標，在本質上有其重要性。

然經濟部於 2008 年 7 月訂定發布，並於 2019 年 8 月修正生效之「註冊商標使用之注意事項」3.2.2，正嘗試在本法之規範外，來定義何謂同一性；只不過，觀其判斷之方法，卻是從上下位概念、包含、重疊或相當之關係等[25]，先判斷商品或服務，並進而考量是否爲同一性之模式。可是本文以爲，這樣的判斷方法必須藉由許多主觀因素來考量，包

---

24 相同見解如智慧財產法院108 年度行商更（一）字第5號行政判決。

25 請參見「註冊商標使用之注意事項」3.2.2。

括：實際使用商標指示商品或服務之內容、專業技術、用途、功能等；是以，倒不如直接使用商品或服務分類 4 碼或 6 碼爲判斷之方法，較爲客觀。以下列舉 3 個於「註冊商標使用之注意事項」3.2.2 論述之例子，逐一進行說明：

1. 註冊使用於「化妝品」商品，實際使用於「粉餅」、「眼影」商品

「化妝品」商品爲 030101 小類組，而「粉餅」與「眼影」商品也都是 030101 小類組[26]，故從註冊使用及實際使用商品之分類碼來看，兩者 6 碼之分類碼完全一致，因此兩者屬於同性質之商品，所以系爭商標權利人乃使用同一性之商標。

此外，倘若非以商品或服務分類碼，來判斷是否爲同一性使用商標，具體而言：「化妝品」商品爲上位商品名稱，但「粉餅」及「眼影」屬於其下位概念範圍內之具體商品，所以能夠認定該註冊商標有使用於「化妝品」商品。申言之，以商品或服務分類碼與上下位概念，來判斷是否爲同一性使用商標，最後判斷之結果是相同的。

2. 註冊使用於「銀行」服務，實際使用於「信用卡發行」服務

「銀行」服務爲 360100 小類組，又「信用卡發行」服務亦是 360100 小類組[27]，所以從註冊使用和實際使用商品之分類碼來觀察，兩者 6 碼之分類碼也是完全相同，兩者均屬於同性質之服務，故系爭商標權利人使用商標屬於同一性。

再者，假使未採取商品或服務分類碼爲方法，來判斷是否爲同一性使用商標，具體而論：「銀行」服務爲上位服務名稱，「信用卡發行」

---

26 詳見智慧財產局商標檢索系統網站，https://twtmsearch.tipo.gov.tw/OS0/OS0101.jsp（最後瀏覽日：12/03/2019）。

27 詳見智慧財產局商標檢索系統網站，前揭註26。

服務則歸屬於其下位概念範圍內之服務，所以能夠認爲該註冊商標有使用於「銀行」服務。綜前所述，以商品或服務分類碼及上下位概念，來判斷是否爲同一性使用商標，最後的判斷結果是一樣的。

3. 註冊使用於「超級市場」服務，實際使用於「菸酒等特定商品零售」服務

「超級市場」服務是351800小類組，而「菸酒等特定商品零售」服務則是351937小類組[28]，因爲兩者爲4碼組群項下相同之服務，所以兩者屬於類似之服務，但實際使用商標與註冊使用商標卻非具有同一性。

另一方面，假如非以商品或服務分類碼，來區分是否爲同一性使用商標，具體而言：註冊商標指定使用於「超級市場」服務時，應該匯集家庭日常用品、食品、生鮮或組合料理食品等商品於同一場所，並提供消費者瀏覽及選購。若只是提供菸酒等特定商品零售，則不應認爲該註冊商標有使用於「超級市場」服務[29]。申言之，利用商品或服務分類碼及上下位概念等方法，來判斷是否爲同一性使用商標，最後判斷之結果雖然是相同的，只不過結果是：實際使用商標與註冊使用商標，並不具有同一性。

二、依據「社會一般通念」來為商標同一性之判斷

本法第19條第6項規定：「類似商品或服務之認定，不受前項商品或服務分類之限制。」由於商品或服務分類實爲行政管理與檢索便利使用，所以同一類商品不一定是類似或同一商品，況且，即使兩種以上商品或服務屬於相同之分類，亦不得認定其爲類似之商品或服務[30]；而

28 詳見智慧財產局商標檢索系統網站，前揭註26。

29 請參酌「註冊商標使用之注意事項」3.2.2。

30 陳昭華，前揭註1，頁92。

兩種以上商品或服務歸屬不同之分類時，自然其不被認定爲類似之商品或服務[31]。換言之，即便規範於同一類之商品或服務，亦並非是指類似之商品或服務[32]。

只不過，吾人應該從本法第 64 條之規範中：「依社會一般通念」，來檢視系爭商標所指定使用之商品或服務，和據爭商標所指定使用之商品或服務是否同一。其中需特別指出的是，藉由「商品或服務分類表」之分類，來判斷商品或服務是否類似之方式，並不等於從商品或服務之類似，來得出商標同一性之結論。進而論之，前述利用「商品或服務分類表」之商品或服務分類碼來判斷商標同一性方法，實忽略「商品或服務分類表」乃爲便於行政管理與檢索來使用[33]；又，商品或服務類似之判斷，不一定等同商標同一性之判斷。

本文主張，欲判斷商標之同一性，最後仍然必須回到「社會一般通念」之判斷標準。申言之，倘若吾人依據「社會一般通念」之標準，而無法區辨出被判斷系爭商標所指定商品或服務有其他種類者，也就代表系爭商標得以被認定與據爭商標具有同一性。

三、小結

本文認爲，從系爭商標所指示商品或服務之範圍，來判斷其是否被同一性使用或是否應被廢止，可以藉由商品或服務分類 4 碼或 6 碼之商品或服務，作爲判斷同一性使用商標的方法之一，尤其以 4 碼或 6 碼商品或服務組群項上之商品或服務名稱，才能夠符合本法第 64 條使用同一性商標之標準。惟有當個案判斷時性質顯非相當者，才會就具體商品或服務之用途、功能、材料、製程、產銷、提供者等考量因素，再進行考量。

31-33 陳昭華，前揭註1，頁92。

另一方面，經濟部所訂定修正之「註冊商標使用之注意事項」3.2.2，正嘗試在本法以外，來定義何謂同一性？只不過查其判斷之方法，依舊是從上下位概念、包含、重疊或相當之關係等，先判斷商品或服務來考量是否為同一性之模式，可是如此之判斷方法，必須藉由許多主觀因素來考量，包括：實際使用商標指示商品或服務之內容、專業技術、用途、功能等。雖然本文所檢視 3 個「註冊商標使用之注意事項」3.2.2 論述之例子，分別使用商品或服務分類碼和上下位概念等方法，最後判斷之結果是一致的，而使用商品或服務分類 4 碼或 6 碼，乃是直接從商品或服務來判斷是否為同一性使用商標的一種。

只不過，前揭利用商品或服務分類碼，來進行商標同一性之判斷者，卻忽視「商品或服務分類表」僅為便於行政管理與檢索來使用，欲判斷商標之同一性，依舊必須回到「社會一般通念」之判斷標準，當無法區辨出被判斷系爭商標所指定商品或服務有其他種類者，也就代表系爭商標得以被認定與據爭商標具有同一性。

伍、結論

經過以上探討，吾人得以了解，既然商標需被真實使用才能突顯商標識別之功能與價值，所以，為維護他人使用相同或近似商標於市場上公平競爭，超過 3 年未使用或繼續停止使用商標時，其商標權自是應該被廢止（本法第 63 條第 1 項第 2 款參照）。申言之，判斷是否為本法第 64 條之同一性使用商標，實為維護商標權利與廢止商標權利間之界線。

詩云：「山重水複疑無路，柳暗花明又一村。」縱使判斷本法第 64 條之同一性使用商標極其重要，可是該條文中並未明訂何種差異性之範圍，才能夠認定已經註冊商標與實際使用商標是否具有同一性；在前面無路可走之情況下，此時突然豁然開朗，亦即應回到本法第 64 條規範之「社會一般通念」標準，尤其是當無法區分出被判斷系爭商標所指定商品或服務有其他種類者，亦即系爭商標得以被認定與據爭商標具有同一性。

申言之，行政與司法機構由於不必考量如：系爭商標所指示商品或服務之用途、功能、材料、製程、產銷、提供者、上下位概念等主觀斟酌因素，如此得以商標權利人舉證、智慧局職權廢止商標、智財法院審查商標廢止等同一性使用議題上，減少了許多不確定之解釋空間。

至於行政及司法機構利用智慧局現有制訂之商品或服務分類碼，雖說是一種直接針對商品或服務範疇來判斷同一性使用商標之方法，可是此法卻忽視「商品或服務分類表」僅爲方便行政管理與檢索所使用；欲判斷商標之同一性，最後仍必須回歸「社會一般通念」之判斷標準，也就是說，當無法區辨出被判斷系爭商標所指定之商品或服務有其他種類者，即代表系爭商標得以被認定與據爭商標具有同一性。

參考文獻

一、中文部分

王義明（2006），〈論註冊商品停產後之維權使用：以台朔汽車商標廢止案件判決為中心〉，《智慧財產月刊》，211期，頁28-42。

吳佩芝（2013），《商標維權使用與侵權使用之研究》，天主教輔仁大學財經法律研究所碩士論文（未出版），台北。

汪渡村（2012），《商標法論》，台北：五南。

林洲富（2019），〈商標權人行使損害賠償請求權之舉證責任：區分商標侵權使用與維權使用為基準〉，《智慧財產月刊》，243期，頁87-99。

夏禾（2017），〈從歐盟及我國商標實務見解探討商標實際使用之同一性認定問題〉，《智慧財產月刊》，217期，頁38-80。

陳昭華（2012），〈將商標使用在廣告或贈品上是否構成維權使用之探討〉，《智慧財產月刊》，166期，頁111-136。

陳昭華（2018），《商標法之理論與實務》，4版，台北：元照。

第八章

從商標合理使用規定論戲謔仿作：智慧財產法院相關判決評析 *

余賢東 **

*本文相關論述僅為一般研究探討，不代表任職單位之意見。

**逢甲大學財經法律研究所兼任助理教授級專業人員

摘　要

自 2010 年起，國內陸續發生了數起戲謔仿作的商標侵權案件，法院對於是否屬合理使用的見解不一，本文從行政審查角度，檢視當事人之主張，並提出修法建議。

關鍵詞：商標合理使用，戲謔仿作，連續性圖案。

壹、商標合理使用之規定

商標法第 36 條第 1 項第 1 款規定：「下列情形，不受他人商標權之效力所拘束：一、以符合商業交易習慣之誠實信用方法，表示自己之姓名、名稱，或其商品或服務之名稱、形狀、品質、性質、特性、用途、產地或其他有關商品或服務本身之說明，非作爲商標使用者。」即爲現行商標法中關於合理使用（Fair Use）之規定，其要件可歸納爲三點：(一) 符合商業交易習慣之誠實信用方法。(二) 表示自己商品或服務之說明。(三) 非作爲商標使用者。

商標合理使用之規定，乃基於商標法在將商標權賦予商標權人之際，必須同時兼顧第三人合理使用其商標之正當利益，學理上稱爲「保留給公共使用之需要[1]」；故商標法在第 35 條規定商標權的效力範圍之後，緊接著規定商標權效力的四種例外態樣[2]，第一種即爲商標合理使用之規定。

根據該條款之立法理由，進一步將商標合理使用的樣態分爲「描述性合理使用」（又稱爲：標準型合理使用／Classic Fair Use）及「指示性合理使用」（又稱爲指名性合理使用／Nominative Fair Use[3]）兩種。所謂「描述性合理使用」，係指第三人將他人商標用來描述自己商品或服務之名稱、形狀、品質、性質、特性、用途、產地或其他有關商品或服務本身之說明，原則上僅能輔助第三人行銷之用；例如：在 2000

---

1 劉孔中（2002），《中央研究院叢書(1)：著名標章及相關表徵保護之研究》，頁309，台北：聯經。

2 商標法第36條第1項的3種例外依款次為：(1)合理使用、(2)功能性例外、(3)善意先使用；第4種例外為第2項規定之權利耗盡原則，通常適用於真品平行輸入之爭議。

3 Mary LaFrance, *Understanding trademark law*, Newark, N.J. LexisNexis Matthew Bender, 271～272, 276 (2005).

年12月核准之註冊第00135012號「重量級及牛頭設計圖」商標（如右圖），專用權人後於2011年對第三人使用「史堤克重量級牛排館」招牌文宣提起訴訟；智慧財產法院認爲系爭商標中「重量級」三字係搭配牛頭造型圖案合併使用，方得以使其整體具有識別性，倘單獨使用「重量級」三字則不能認爲具有識別性；故認定第三人招牌文宣中使用之「重量級」部分文字，僅會使消費者產生其所提供之餐飲份量很大之認知，而不會構成侵害，即爲「描述性合理使用」之適例[4]。

其次，「指示性合理使用」係第三人利用他人商標來表示自己商品或服務之品質、性質、特性、用途等；例如：販賣汽車時就相近車款進行的比較性廣告，或是汽車修配廠標示特定車廠或車款的保養及維修服務，或是汽車晴雨窗上標示與特定商標權人產品規格相符之標記[5]；以上三種指示性合理使用情形，皆因商品或服務之性質乃針對他人產品規格所設計，必須使用他人商標向消費者說明第三人所提供之商品或服務的特色，故排除在商標權的效力範圍之外，均不受商標權效力所拘束。

然而，上述兩種商標合理使用樣態的規定，是否足以因應近年來新興的戲謔仿作爭議？本文認爲現行的商標法條文似乎力有未逮，例如：前述的商標合理使用第一個要件：「符合商業交易習慣之誠實信用方

---

4 智慧財產法院民事判決101年度民商上字第12號。

5 市場上常見的汽車晴雨窗產品，多僅標示「for XXX use」或「APPLY TO XXX」，而未標示第三人的商標，恐有引起消費者對產製主體產生混淆誤認之虞；經濟部智慧財產局曾於95年4月17日提出說明，建議第三人宜(1)應自創品牌，避免標示使用他人商標。(2)標示方式非作為商標使用。(3)使用說明性文字，應避免刻意強調該文字的顯著性。

法」，如果一個新興的戲謔仿作沒有合法的前案可循[6]，即無既成的「商業交易習慣」可資援引參照，第三人恐無主張合理使用的空間。又如前述的第二個要件：「表示自己商品或服務之說明」，戲謔仿作者亦難解釋其商品有何說明的本質，反而容易被認定是攀附他人著名商標的商譽。第三個要件爲「非作爲商標使用者」，因戲謔仿作的使用對象均爲具有知名度的品牌，不如此無法使消費者產生戲謔之觀感；此時消費者於選購之際常先認識被使用之他人著名商標圖樣，第三人欲主張非將他人商標作爲商標使用實有困難。

爲此，現行商標法的合理使用規定應如何修正[7]？或是透過目的性擴張解釋的方法涵蓋新興的戲謔仿作爭議？或是類推適用既有的合理使用規定？本文將就近年較具代表性的戲謔仿作案件與其判決，探討可行的解決之道。

貳、戲謔仿作（Parody）的適用法律

戲謔仿作起源於文學與藝術作品，在中國東漢時期的學者張衡，就曾經仿照班固的《兩都賦》作品風格，寫下了《兩京賦》，對當時腐敗的社會情況提出批判，並在其中寫出「水可載舟、亦能覆舟」的千古名句[8]。另外在西方世界，有普普藝術領袖之稱的安迪沃荷（Andy Warhol）在 1967 年創作的「沃荷式的夢露」（Monroe in Warhol style）也是戲謔仿作的代表性作品之一，顯見此種模仿他人既有的作品，添加仿作

6 近年來的「嬌蕉包」、「哭哭香奈兒包」、「THE FACE SHOP x My Other Bag聯名款氣墊粉餅」等較具代表性的戲謔仿作案件，終審均無法主張商標合理使用而被判敗訴。

7 吳佩凌（2014），《商標之戲謔仿作：對既存秩序的「有理」取鬧？》，頁142-143，政治大學法學院法律學系碩士論文。

8 仲麗華（2007），《戲仿作品的法律規制研究》，頁4，廈門大學法律碩士論文。

人自己的創意後去評判、嘲諷原作品的手法，不僅古今中外皆然，而且所在多有。

至於在司法判決部分，學界通常以 1994 年 Campbell v. Acuff-Rose Music, Inc. 案件[9]作爲首件代表性的判決[10]，其中確立了檢視戲謔仿作的著作權合理使用標準，並認爲「詼諧仿作須就原著作進行嘲諷，才足以發展出其所要點出的重點，故須使用原著作之創作部分。」（Parody needs to mimic an original to make its point, and so has some claim to use the creation of its victim's (or collective victims') imagination.）[11]因此，可知早期戲謔仿作的爭議案件，大多出現在著作權法的領域，慢慢地才涉及到商標法的領域。

其實，部分被戲謔仿作的客體也有可能涉及到專利法的設計專利，例如：法商路易威登馬爾悌耶公司（LOUIS VUITTON MALLETIER：下稱 LV 公司）於 2004 年 8 月向我國申請之核准第 D107784 號「行李箱」設計專利（如右圖），其上有一類似棋盤之圖案，均勻地形成於行李箱之外表面，形成具有特異視感之獨特外觀；由此可知部分連續性圖案的著名商標於取得商標註冊之前，宜就其商品本身外表圖案或包裝容器外觀申請設計專利的保護。然而，大多數的廠商鑑於設計專利的保護期

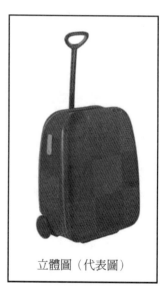

立體圖（代表圖）

9 Campbell v. Acuff-Rose Music, Inc., 510 U.S. 569, 590 (1994).

10 陳雅萍（2015），《戲謔仿作與著作權合理使用之研究》，頁7-12，東吳大學法學院法律學系碩士論文。

11 章忠信（2015年11月），〈詼諧仿作之合理使用規範與判準〉，頁6，發表於：《2015著作權法合理使用研討會》。經濟部智慧財產局（主辦），台北。

間僅有10餘年[12]，不願在此相對較短的保護期間過後，該產品外觀即淪爲公共財而無法繼續受到保護，故多捨棄申請專利，轉而申請可不限次數、每10年延展專用期間之商標權，藉以保護其容易被仿冒的獨特產品外觀圖樣。

被戲謔仿作的客體取得商標註冊之後，即可受到商標法的保護，對於侵權者可以追訴其民事與刑事責任；然在大多數的戲謔仿作訴訟案件中，常見到權利人不僅主張商標權被侵害，還會一併主張著作權被侵害，以及被告違反公平交易法的規定。此等請求權競合的情形，固然是原告有如亂槍打鳥般的訴訟策略使然，然卻有浪費司法資源之嫌，且不符智慧財產權的法制，蓋因著作與商標有著本質上的區別，著作乃強調其爲具有原創性的文學、科學、藝術或其他學術範圍的創作，縱使完成後可以進行有對價關係的交易買賣，仍不掩其具有美感的本質。反之，商標不一定需要具有著作的美感，只要能讓相關消費者識別即能取得註冊；且商標之使用乃以行銷之目的將商標使用於商品本身、容器外觀或廣告文宣之上，讓消費者得知該商標乃表徵特定的產製主體；著作權雖亦可授權他人重製於商品本身、容器外觀或廣告文宣之上，然僅能使此等商品具有美感，不一定具有指示來源的功能，與商標的本質有著明顯的區別。

故本文認爲被戲謔仿作的客體一旦取得商標註冊之後，即應依商標法第35條關於商標權範圍的規定，於同一或類似之商品或服務的範圍內行使其商標權；僅於權利人於戲謔訪作的產品尙未取得商標註冊時，方得回頭主張著作權法賦予的人格權與財產權，如此方能解決請求權競合與浪費訴訟資源的問題。另外，公平交易法第22條第2項規定：「前項姓名、商號或公司名稱、商標、商品容器、包裝、外觀或其他顯示他

12 設計專利（2011年修法前稱新式樣專利）的保護期間，在1944年初次立法時訂為5年，1993年起修正為10年，1997年以後延長為12年，2019年再度延長為15年。

人商品或服務之表徵，依法註冊取得商標權者，不適用之。」亦明文規定取得商標註冊的權利人，不得主張適用公平交易法關於禁止使用他人著名表徵的規定；此益證在商標戲謔仿作的案件中，應先論究商標法規定的重要性，僅於權利人未能受到商標法的保護時，始得主張適用著作權法或公平交易法的規定，如此方能符合智慧財產權法制，並節省法院審理的爭點與時間。

參、國外案例介紹

近年國外關於商標戲謔訪作的案件，影響我國司法實務最大的應爲自2014年開始的LOUIS VUITTON MALLETIER, S.A., v. MY OTHER BAG, INC.案件[13]，源起於居住在美國南加州Santa Monica市的Tara Martin女士，因當地超市不再發放免費塑膠袋後，就成立MY OTHER BAG, INC.（下稱MOB公司），並開始製作帆布材質的環保購物袋，此袋一面印有「My Other Bag...」[14]（如右圖）的文字，另一面分別印有LOUIS VUITTON、CHANEL、FENDI等著名品牌皮包的手繪圖樣（如右圖），後被LV公司提告。受理的美國紐約南區聯邦地區法院Jesse Matthew Furman法官認爲被告

Fig. C. – My Other Bag's Zoey – Tonal Brown Tote (Front)

Fig. D – My Other Bag's Zoey – Tonal Brown Tote (Back)

13 Louis Vuitton Malletier, S.A. v. My Other Bag, Inc., 156 F.Supp.3d, at 430-431 (2016).

14 前揭註13附件。

此舉等同有些美國人會在自己車尾貼上「My Other Car is a Mercedes.」（我的另外一輛車是賓士）貼紙，藉以嘲諷自己開的是台爛車；同時，沒有人會將貼紙上的「Mercedes」（賓士）當作是商標使用而認爲這台爛車就是賓士車。Furman 法官據此認定被告的帆布環保購物袋商品只是向他人傳達「我的另外一個皮包是名牌包」而已，沒有人會把被告產品上另一面的著名品牌皮包的手繪圖樣當作是被告的商標，因此在 2016 年 1 月 6 日駁回原告之訴。原告不服提起上訴，聯邦第二巡迴上訴法院於同年 12 月 22 日判決駁回上訴，後由最高法院於 2017 年 10 月 2 日決定不受理其上訴遂告確定。

在一審 Furman 法官判決中，先引述美國法院前案[15]的見解，認爲戲謔仿作應具有兩點要件[16]，始得受到合理使用的保護：其一爲：「仿作與原作是來自兩個不同主體」，其二爲：「產生詼諧的效果」；而在本案中被告 MOB 公司的行爲，Furman 法官認爲被告已清楚地傳達這不是原告 LV 公司的提包、而且是一個嘲諷的玩笑（joke）；被告的提包已建立起一個與原告提包明顯的差異（builds significant distance），是用來在超市裝農產品（會沾到菜屑）、健身房裝汗濕的衣服（會留下汗臭味）或是裝去海灘玩時用的毛巾（會沾到沙子），與名牌包用來出入時尚社交場合的功能迥然不同，所以已經符合第二個要件；另外，在被告提袋一面印有「My Other Bag ...」的文字，則清楚地表示被告的提包不是原告的提包，向消費者傳達了第一個要件；因此，Furman 法官認

15 在判決討論商標淡化（Trademark Dilution）的部分，Furman法官引述了三個判決的要旨：(1)Cliffs Notes, Inc. v. Bantam Doubleday Dell Publishing Group., Inc., 886 F.2d 490, 494 (2d Cir. 1989). (2)Haute Diggity Dog, 507 F.3d at 260; see Cliffs Notes, 886 F.2d at 496. (3)Jordache Enters., Inc. v. Hogg Wyld, Ltd., 828 F.2d 1482, 1486 (10th Cir. 1987).

16 其原文為：「A parody relies upon a difference from the original mark, presumably a humorous difference, in order to produce its desired effect.」

爲被告可以受到合理使用的保護（MOB's bags are protected as fair use）。

此外，在一審 Furman 法官判決結論（conclusion）中，還提到了：「在某些案件中，『接受戲謔仿作中的默示恭維』並且一笑置之，會比起訴他人更好。」（In some cases, however, it is better to "accept the implied compliment in [a] parody" and to smile or laugh than it is to sue.），二審與終審法院亦認同此見解，顯現出美國法院認爲相關消費者能了解並欣賞被告戲謔仿作行爲的幽默感，並劃出了商標使用與合理使用的分界線。

肆、國內案例介紹

自 2010 年起，國內陸續發生了幾件戲謔仿作的商品，分別是 2010 年的嬌蕉包、2012 年的香奈兒哭哭仿包，以及 2016 年的 THE FACE SHOP × My Other Bag 聯名氣墊粉餅，分別被權利人追訴並被法院判決有罪或道歉賠償，以下依時間順序，介紹案情與判決結果。

一、嬌蕉包

嬌蕉包乃由位在台北市的嬌蕉國際公司設計製作，因爲 2010 年 11 月間，藝人大 S 採用爲婚禮伴手禮而走紅[17]，提包外觀除了將法商埃爾梅斯國際公司（下稱愛馬仕公司）著名產品柏金包的圖案印製在帆布材質的手提袋上[18]（如下圖），還設計了一個近似於愛馬仕公司馬車圖樣

---

[17] 中國時報（03/23/2011），〈嬌蕉包當伴手禮夯爆：台灣品牌客製200份贊助〉，D2 版。

[18] 橙新聞網站，http://www.orangenews.hk/blog/system/2014/12/23/010003277.shtml#left-link（最後瀏覽日：04/11/2020）。

註冊第640774號 HERMES	嬌蕉包申請商標

商標的「BANANE TAIPEI 及圖」香蕉車圖樣商標[19]（如右圖）；由於將柏金包特殊的鎖頭、釘扣及側邊摺痕處的圖案都完整地複製印刷，且價格低廉（相較於眞品柏金包要價數十萬元而言，嬌蕉包售台幣一千餘元堪稱價廉），一時之間引起競購，業者還接到國外地區的訂單；記者訪問嬌蕉國際公司時，發言人表示該包不是拷貝，是以幽默的方式詮釋經典。

隨後在 2011 年 4 月間，愛馬仕公司認爲此舉有侵害其商標權與著作權之嫌，向台北地方法院檢察署提出告訴並申請假扣押[20]；嬌蕉國際公司發言人表示，該包之圖像並非取自柏金包，只是將「類似柏金包的影像」印製在帆布提包上而已；這樣的辯解不僅難以說服一般民眾，媒體於隔日的後續報導中也不看好地直言：「直接轉印說創意、恐難服

19 智慧財產法院行政判決100年度行商訴字第104號附件。

20 自由時報（04/08/2011），〈轉印柏金包爆紅：國際大牌愛馬仕槓上台灣名牌、嬌蕉包遭假扣押〉，A12 版。

眾[21]」；另案[22]審理嬌蕉國際公司「BANANE TAIPEI 及圖」商標核駁案件的智慧財產法院法官開庭時，還痛批該公司「抄襲」、「利用愛馬仕來拉抬自身產品」、企圖「搭便車不勞而獲」，嬌蕉國際公司發言人回應：「我們只是開心玩創意的一群設計師，卻被法律搞得烏煙瘴氣，更遭外界妖魔化[23]」。

本案經台北地方法院檢察署檢察官於 2011 年 12 月間提起公訴，審理約一年後，被告才改口認罪、承諾道歉賠錢並銷毀嬌蕉包，最終與告訴人達成和解[24]；2013年3月間，台北地方法院考量被告二人坦承犯行、尚有悔意，並與告訴人達成和解，告訴人已具狀表示被告二人均已履行和解之內容，因此從輕判決嬌蕉國際公司兩名被告各處有期徒刑 3 個月、得易科罰金，其中一名被告因無前科諭知緩刑 2 年，以勵自新[25]。

由於被告在法院審理期間認罪，判決中並未詳加討論本案嬌蕉包的帆布提袋外觀上印製的柏金包圖案及香蕉車圖樣商標，是否有無成立商標戲謔仿作的可能？台北地方法院逕以使用近似原告「HERMĒS」的馬車圖樣商標而為判決[26]，否定了被告行為可否成立戲謔仿作的探討空

21 自由時報（04/09/2011），〈不管禁售令：被愛馬仕提假扣押、反湧入更多新訂單，嬌蕉包（表示）接單一定出貨〉，A14 版。

22 智慧財產法院行政判決100年度行商訴字第104號。

23 蘋果日報（12/03/2011），〈kuso柏金包：嬌蕉包爭商標敗訴、法官批仿襲「搭便車不勞而獲」〉，A10版。

24 自由時報（12/16/2012），〈嬌蕉包道歉賠錢、愛馬仕商標侵權戰落幕〉，A12版。

25 台北地方法院刑事簡易判決102年度智簡字第30號。

26 判決之事實及理由第一、二點略以：被告明知「HERMES」之商標圖樣，係法商埃爾梅斯國際公司向經濟部智慧財產局申請註冊登記獲准而取得商標權，指定使用於書包、手提袋、手提箱、旅行袋、皮夾類等商品，仍在商標專用權期間內而受我國商標法保護……被告擅自以「BANANE TAIPEI及圖」此一近似上開商標圖樣使用於手提包類產品……以每件售價新台幣（下同）1480 元至1780元不等之價格，陳列、販賣前揭仿冒商標商品，有致相關消費者混淆誤認之虞、上開犯罪事

間。另於智慧財產法院審理嬌蕉國際公司「BANANE TAIPEI及圖」商標核駁案件的行政訴訟[27]中，雖然該公司曾主張該商標之圖樣設計係屬幽默詼諧之戲謔仿作，並舉美國第四巡迴上訴法院於 Louis Vuitton Malletier v. Haute Diggity Dog,LLC. 案爲例，主張應可受合理使用保護，惟智慧財產法院以國情不同、法制互異爲由，不採納該公司之抗辯。

本文以爲：若以前述發生在稍後 2014 年的美國 MOB 案件標準來審視嬌蕉包案件，因 MOB 公司生產的提袋一面清楚地印有「My Other Bag ...」的大型書寫體文字，另一面才印有 LV、CHANEL、FENDI 等著名品牌皮包的手繪圖樣，如此方能明確地向消費者傳達「仿作與原作是來自兩個不同主體」與「產生詼諧的效果」等兩項訊息。然而，本案被告嬌蕉國際公司係在長方形提包最寬的兩側及較窄的側邊摺痕處都印上類似原告的柏金包圖案，完全沒有如同美國「My Other Bag ...」的宣示性文字，自不符美國法院審理時的第一個「來自兩個不同主體」要件，亦難期待被告能在我國法院審理時，主張其爲商標戲謔仿作而受到合理使用的保護，此爲本案與美國 MOB 案件最大的不同。

從消費者的角度而言，確實不會將售價僅一千餘元的帆布材質提包，與價值數十萬元的眞皮提包等同觀之，因爲售價與材質都相去甚遠，生產嬌蕉包的公司也是持相同的論點；然而，若從商標識別性的角度來分析，消費者只是認爲這兩個提包不是相同的商品，但仍有可能認爲是類似的商品，或是已取得原告愛馬仕公司的授權進行翻玩的作品，而對產製主體產生混淆誤認之虞，自有成立侵害商標權的可能。

所以，嬌蕉包的案件僅符合美國法院在 MOB 案件中建立的第二個「產生詼諧的效果」要件，但無法符合第一個「來自兩個不同主體」的

實，業據被告苑○○、朱○○於及本院調查時坦承不諱……本案事證明確，被告犯行，洵堪認定。

27 前揭註22。

要件，縱使被告堅持一開始的「玩創意」主張而進行訴訟到最後，也難令吾人期待其能主張如同美國判決的理由而在我國法院獲判無罪。

二、香奈兒哭哭仿包

(一) 事實與經過

2012 年 11 月間，報載北市一名業者自中國大陸地區進口仿冒瑞士商香奈兒股份有限公司（下稱香奈兒公司）所生產的菱格紋包[28]，並在文林路的店面販售，經保護智慧財產權警察大隊前往查扣一千多個仿冒手提包；這些仿包[29]（如右上圖）的整體造型與眞正的香奈兒菱格紋包高度相似，包含使用紅色皮革、菱形壓紋、皮穿金屬鍊、置於正面中央偏下方的鎖扣位置等特徵都難分軒輊，僅有兩點差異：一爲兼具商標造型的鎖扣形狀不同，正品[30]（如右下圖）呈現香奈兒公司著名的雙 C 商標圖樣，仿品則呈現流淚或掉漆狀的雙 C 反向交疊商標圖樣。二爲仿品上縫有自創的商標標籤或掛有紙質吊牌，其上爲「HALLOWEEN」（萬聖節）英文文字與萬聖節常見的惡魔造型南瓜燈籠圖案。部分消費者受到仿品業者

---

28 蘋果日報（11/25/2012），〈香奈兒哭哭、仿包（雙C反向交疊商標）變（流淚雙C反向交疊圖樣）〉，A14 版。

29 智慧財產法院刑事判決103年度刑智上易字第63號附件。

30 香奈兒公司網站，https://www.chanel.com/tw/fashion/p/A58601Y01864C3906/maxi-classic-handbag-grained-calfskin-gold-tone-metal/（最後瀏覽日：04/11/2020）。

自創的「HALLOWEEN 及南瓜圖樣」商標[31]（如右圖）影響，還誤以爲該仿包是香奈兒公司出品的萬聖節限定款[32]。

(二) 一審判決

本案經警方訊問後，將蔡姓負責人依違反商標法移請士林地方法院檢察署偵辦，檢察官提起公訴後，2014 年 5 月第一審士林地方法院判決被告無罪[33]，主要理由爲被告在系爭的手提袋、購物紙袋及店面等通路均積極標示[34]自創的「HALLOWEEN 及南瓜圖樣」商標，至於手提袋及購物紙袋上使用之掉漆形式雙 C 反向交疊商標圖樣，被告於檢察官訊問時，辯稱係以詼諧手法裝飾之用；法院綜合判斷後，認爲相關消費者不會誤認正品與仿品間有來自相同來源或誤認二商標之使用人間存在關係企業、授權關係、加盟關係或其他類似關係；易言之，被告產品並無仿冒使用近似於香奈兒公司商標之意圖，應無致相關消費者產生混淆誤認之虞，因此判被告無罪。

由於前述的嬌蕉包案件判決並未討論商標詼諧仿作的議題，此士林地方法院的一審判決遂成爲我國司法機關面對商標戲謔仿作挑戰的第一個刑事判決。惟查，此判決全文中僅有一處提及「詼諧」二字，即前段所述檢察官訊問時，被告辯稱：「掉漆形式雙 C 商標圖樣，係以詼諧

---

31 該商標於2011年12月由被告公司呂姓董事向經濟部智慧財產局提出申請，後被認定與註冊第01442975號「Hallowii」商標近似而有違商標法第30條第1項第10款規定被駁回，提起訴願仍被駁回而確定在案，列為核駁第T0341026號商標。

32 自由時報（11/25/2012），〈香奈兒雙C商標變形、被抓包〉，B3 版。

33 士林地方法院刑事判決103年度智易字第3號。

34 廖珮羽（2018），《論商標使用：以歐盟及我國實務判決為中心》，頁105-107，東海大學法律學研究所碩士論文。

手法裝飾之用，並無仿冒使用」，其餘判決內容對被告的此點抗辯，均未加以論述，僅強調被告有自創的「HALLOWEEN及南瓜圖樣」商標，卻未詳究該商標已被主管機關駁回的不利結果，就以「綜合觀之」及「整體標示情形」等語作出心證，判決被告無罪。

本文認爲一審判決未探討成立詼諧仿作的可能性，主要係針對香奈兒公司註冊的雙C反向交疊商標與被告使用的「HALLOWEEN及南瓜圖樣」商標進行比較，遂不重視兼具鎖環功能的掉漆形式雙C反向交疊商標圖樣；惟若考慮該等仿品被警方查緝到的時間點爲2012年10月21日，可以推論其販售期間正值每年10月31日西洋萬聖節的前後，此時被告使用的「HALLOWEEN及南瓜圖樣」商標即淪爲呼應節慶之說明性文字與圖樣[35]（如右圖），無怪乎有部分消費者會誤認該仿包是香奈兒公司出品的萬聖節限定款，並造成仿品上的「HALLOWEEN及南瓜圖樣」商標識別性旋即大幅減低，甚至可被視爲節慶說明而非商標使用。更何況該商標在2012年8月間，即因與他人商標近似而被駁回，後於同年9月提起訴願，2013年1月間被駁回訴願並因放棄上訴而確定，自始至終未曾取得合法的專用權利；反觀本案2014年5月第一審士林地方法院才作出判決，卻採納被告以此被核駁商標作爲抗辯理由[36]實欠允當。

---

35 前揭註32記者王英傑先生拍攝之警方搜索照片，左上方可見被告使用的「HALLOWEEN及南瓜圖樣」商標。

36 判決理由（二）附表編號1、2所示手提袋及購物紙袋部分，第(1)點記載：「此有（被告）祥駿公司設立登記資料、祥駿公司實體店面相片、『HALLOWEEN及南瓜圖樣』商標註冊資料在卷可按（見偵查卷第29、30、98至105頁、本院卷第64

另外，檢察官與法院均未就正品與仿品上的「皮包外型」與「菱形壓紋[37]」加以論究，雖然香奈兒公司並未將「皮包外型」申請外觀設計專利，亦未就「菱形壓紋」申請商標註冊獲准[38]，惟該「菱形壓紋」係香奈兒公司創辦人CoCo Chanel自1920年起廣泛使用於服裝、首飾產品之上，「皮包外型」係於1955年2月設計生產之「香奈兒2.55包」、後於1983年經卡爾·拉格斐（Karl Lagerfeld）修改設計該款皮包之鎖扣形狀爲香奈兒公司註冊的雙C反向交疊商標，並將揹帶改爲皮穿金屬鍊，遂成爲有別於其他款式皮包的經典包款。易言之，該款「香奈兒2.55包」所獨具之1.皮包外型、2.菱形格紋、3.雙C鎖扣與4.皮穿金屬鍊等四項要素，能使與時尚相關的消費者一眼辨識其爲香奈兒公司產品；鑑於本案正品與仿品除了前述3.雙C鎖扣部分有差異之外，其餘部分幾近完全相同，更加容易引起相關消費者的混淆誤認之虞，足以證明中國大陸製造商與台灣經銷被告仿襲名牌經典包的惡意。

頁），且為檢察官所不爭。」另外，在第（五）點記載：「至被告聲請本院勘驗祥駿公司實體店面（欲證明祥駿公司店面使用之商標為「HALLOWEEN 及南瓜圖樣」）部分，（見本院智易字卷第26頁），業經被告提出祥駿公司店面裝潢陳設相片及「HALLOWEEN 及南瓜圖樣」商標註冊資料為證，且經檢察官表示同意做為證據（見本院卷第32頁），該部分事實並經本院認定如上，嗣並據被告具狀陳明不再聲請勘驗祥駿公司店面（見本院卷第64頁），已無另行勘驗祥駿公司店面之必要。

37 香奈兒公司後於2017年12月間，在我國就他款皮包申請獲准第D178707號設計專利，公告之【設計說明】欄載明：「圖式所揭露之虛線部分係表示包包之絎縫部分或縫線，為本案主張設計之部分」，因該絎縫部分呈現出連續菱形格紋形狀，顯見該菱形格紋可受專利法的承認與保護，自有進一步探討有無商標識別性或著名表徵之必要。

38 香奈兒公司後於2019年2月間，始取得註冊第01972821號「MAXI MONOGRAM Pattern」連續圖案商標權；該圖案並非單純的菱形格紋，而是以菱形格紋為主，間以香奈兒公司的雙C商標與山茶花圖案所組成的連續性圖案。

(三) 二審判決

士林地方法院檢察署不服本案一審判決提起上訴，二審智慧財產法院撤銷原判決，在 2014 年 11 月改判被告有期徒刑陸月、得易科罰金[39]，扣案之物均沒收。

二審法院並未將焦點放在被告使用的「HALLOWEEN 及南瓜圖樣」商標上，判決理由第三點之（四）第 3 小點以「然依社會一般交易觀念，常有商家同時販售多種品牌商品之情形，且『掉漆實心鎖扣』圖樣予相關消費者之寓目印象，因所在位置爲附表 2 編號 1 所示手提袋之正面、及附表 2 編號 2 所示購物紙袋之正面，最爲吸引消費者之注意」爲由，否定了被告以自創品牌就不會混淆誤認告訴人香奈兒公司雙 C 反向交疊商標的抗辯。二審法院將焦點集中於「掉漆實心鎖扣」圖樣與香奈兒公司雙 C 反向交疊商標的近似程度與引起混淆誤認的可能性，遂做出與一審完全相反的認定。

另外，二審判決中提到被告公司之董事確有以「HLW 及南瓜圖樣」向經濟部智慧財產局申請商標註冊（如右圖），然「HLW 及南瓜圖樣」與「HALLOWEEN 及南瓜圖樣」係屬不同的兩件商標，且在一審士林地方法院的判決中，自始至尾僅提及「HALLOWEEN 及南瓜圖樣」商標，完全沒有提到「HLW 及南瓜圖樣」。經查被告公司之呂姓董事於 2012 年 12 月間確有提出「HLW 及南瓜圖樣」申請，該案於 2013 年 9 月間獲准公告註冊，隨後於 2014 年 5 月移轉予香港商紐約五大道時尚國際股份有限公司。以本

39 智慧財產法院刑事判決103年度刑智上易字第63號。

案的時間軸來分析，警方於 2012 年 10 月 21 日赴被告處所查緝的時間點在先，被告公司董事於 2012 年 12 月間申請「HLW 及南瓜圖樣」的時間點在後，被告自難以事後彌補的方式掩飾發生在先的錯誤行爲。

二審判決參酌了「1. 商標識別性之強弱；2. 商標是否近似暨其近似之程度；3. 商品／服務是否類似暨其類似之程度；4. 註冊商權人多角化經營之情形；5. 實際混淆誤認之情事；6. 相關消費者對各商標熟悉之程度；7. 行爲人是否善意；8. 其他混淆誤認之因素[40]」，綜合認定被告使用「掉漆實心鎖扣」圖樣已達有致相關消費者產生混淆誤認之虞。並且在判決理由第三點之（四）第 4 小點，對商標戲謔仿作提出了較爲具體的論述，認爲：「如欲允許『商標之戲謔仿作』，模仿知名商標的商標必須具詼諧、諷刺或批判等娛樂性，並同時傳達二對比矛盾之訊息，且應以『避免混淆之公共利益』與『自由表達之公共利益』予以衡平考量」。易言之，欲符合商標戲謔仿作必須具備兩個要件：1. 具詼諧、諷刺或批判等娛樂性。2. 向相關消費者傳達模仿者與被仿者係對比矛盾之訊息[41]。

二審法院以此要件審視被告之產品，認爲「掉漆實心鎖扣」圖樣因具有傳達「世界品牌知名商標怎會掉漆」的詼諧效果，似已符合前段所述的第一個要件；但是法院認爲被告產品未表達出第二個要件中的對比矛盾訊息；易言之，被告的仿包未能表現出與告訴人香奈兒公司完全

40 此八項因素可見於經濟部智慧財產局之「混淆誤認之虞」審查基準，最早於2004年4月訂定發布，後於2012年4月修正。

41 陳昭華教授進一步整理出五個判斷標準：1.須具備詼諧、諷刺或批評等娛樂性，並同時傳達兩商標對比矛盾的訊息。2.消費者看到戲謔仿作的商標，就會聯想到著名商標。3.兩商標具有相當距離，消費者可以明確區別，不致使相關公眾混淆誤認之虞。4.戲謔仿作商標經言論自由的嚴格審查，具有犧牲商標權，而保護自由表達之公共利益的必要性。5.無不當利用著名商標，或有致減損著名商標之識別性或信譽之虞。見陳昭華（2016），〈著名商標之戲謔仿作〉，《月旦法學教室》，167期，頁30-32。

是兩個不同的主體，而有使消費者認為係來自同一產製主體而有混淆誤認之虞。法院遂依此認定被告之行為不能成立商標戲謔仿作，且毫無文化貢獻與社會價值，實屬一商業上搭便車行為；考量本案蔡姓被告曾於 2007 年因違反商標法被判處拘役 30 日，後於 2010 年再度因違反商標法被判處有期徒刑 4 月、緩刑 2 年，2012 年又因本案涉訟，不見其悔改之意，判處有期徒刑 6 月、得易科罰金。

前述二審法院在論述被告仿品是否符合商標戲謔仿作第二個要件時，判決中尚指出：「難認『掉漆實心鎖扣』圖樣與表達性作品具有最低程度的關聯，無從判斷其有何文化上貢獻」，此係從保護文化創作的著作權法角度切入，認為被告仿品上的圖樣根本不能算是著作，自不得援引起源於文學與藝術作品的戲謔仿作法理而免責，而應回到有無侵害商標權的判斷。

此件二審智慧財產法院的判決，因對商標戲謔仿作提出了較為具體的論述，實為我國司法機關對商標戲謔仿作的第一個代表性判決；且二審判決的第三點理由之（三）第 4 小點中，就正品與仿品的皮包「款式」、「菱格紋圖案」與「皮穿金屬鍊」加以比對，並藉以認定被告的行為不具主觀上的善意，顯較未予論究的一審判決周妥。

三、THE FACE SHOP x My Other Bag 聯名氣墊粉餅

(一) 事實與經過

2016 年 4 月間起，陸續有美妝網站報導韓商 LG 集團旗下 THE FACE SHOP 公司販售幾款與美國 MOB 公司聯名的氣墊粉餅、用以包裝粉餅盒的小帆布袋及作為贈品用途的手拿鏡[42]（如下圖），粉餅的圓形包裝盒及帆布袋上，分別印有近似於原告 LV 公司與村上隆合作推出

42 智慧財產法院107年民商訴字第1號民事判決附件。

1. 系爭氣墊粉餅

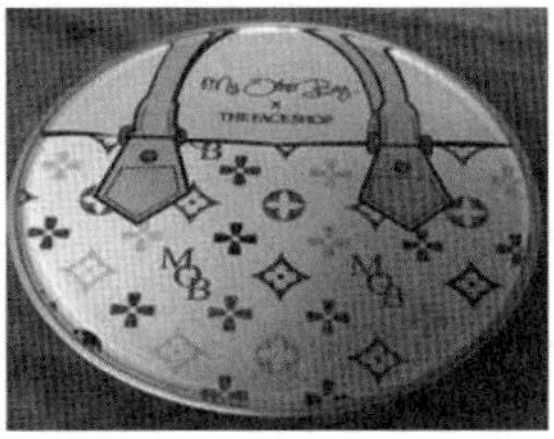

2. 系爭帆布袋

3. 系爭手拿鏡

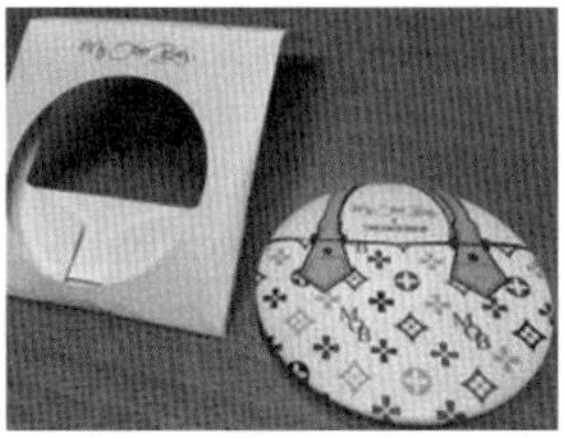

之 Speedy 包款[43]（如右圖）、香奈兒公司 2.55 包 50 年紀念款[44]、法商歌雅聖譽股份有限公司（GOYARD ST-HONORE）之托特包[45]等圖樣；原告 LV 公司於同年 10 月間發現前述情事，認被告台灣樂金生活健康股份有限公司（下稱台灣 LG 公司）引進前述粉餅在我國銷售的行為，已嚴重侵害

Speedy 外觀圖樣

---

43 前揭註42。

44 如前述香奈兒哭哭仿包案件中提及：香奈兒公司於1955年2月設計生產之「香奈兒2.55包」，於1983年經卡爾．拉格斐（Karl Lagerfeld）修改設計該款皮包之部分外觀，廣受相關消費者喜愛並成為有別於其他款式皮包的經典包款；香奈兒公司遂於發行該款皮包屆滿50週年之2005年，重新發行1955年款式之紀念包，其與1983年卡爾拉格斐修改版本最大之差異在所扣的形狀，紀念款為長方形、1983年修改版為雙C反向交疊商標。

45 法商歌雅聖譽股份有限公司於2008年12月間，在我國申請並獲准為註冊第01342880號「design for coated cloth textile GOYARD (in colour)」連續性圖案商標，註冊公告事項之圖樣描述為：「本件商標圖樣如申請書上之圖案所示，係百分之百手工繪製之『人字型繪製圖樣』設計，並有灰棕色及棕褐色之特殊設色，係延伸使用於與商品有關之全部或部分，並不限於使用於固定之方位或位置。」

原告之商標權、著作權及違反公平交易法之相關規定，遂於同月 21 日提起刑事告訴（另案），經警方於次（11）月 2 日進行搜索並查扣上千件系爭產品，後自行提起民事訴訟並由智慧財產法院作出本案一審與二審判決。

被告台灣 LG 公司銷售之系爭氣墊粉餅、帆布包裝袋及手拿鏡等商品，外觀上均有三樣要素，以模仿原告 LV 公司 Speedy 包款的粉餅圓形包裝盒蓋圖樣爲例，第一要素是位於上方的「My Other Bag × THE FACE SHOP」倒梯形雙排文字，面積約占 4.72%；第二要素爲類似原告 LV 公司 Speedy 包的圖樣，面積約占 72.98%；第三項要素爲下方提包中，將原告之 LV 交疊字商標圖案，替換成縮寫的 MOB 交疊字圖案[46]。

以原告 LV 公司與村上隆合作推出之 Speedy 包款的外觀而言，哪些部分可以受到商標法的保護？依我國商標法第 2 條所採行的註冊保護主義，自須檢視商標主管機關經濟部智慧財產局的商標註冊資料：原告 LV 公司最早具備連續性圖案雛形的商標是在 1980 年 5 月間提出申請、次年 4 月註冊公告、指定在「手提箱袋、旅行箱袋」商品類別，列爲註冊第 00149682 號「COMBINATION OF LV DESIGNS（墨色）」商標（如右圖）；惟當時主管機關尚未正式接受連續性圖案的註冊，只能以一般商標先行核准公告。至於在本案的系爭商品乃屬國際分類第 3 類之「粉餅、化妝品」類別，原告 LV 公司遲

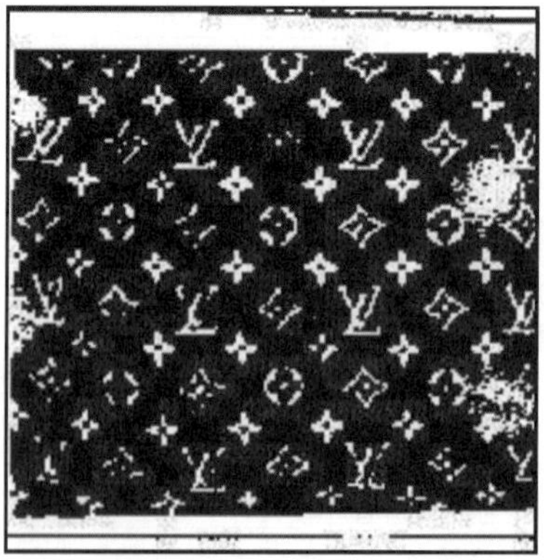

46 經查美國My Other Bag公司未在我國申請註冊商標，該MOB的交疊字圖案亦未由第三人申請註冊而取得商標權。

至 2017 年 3 月間才提出申請、同年 11 月核准註冊公告，列爲註冊第 01876695 號商標，其圖樣係以 13 個小圖案排列成的菱形圖申請註冊獲准（如右圖），並正式公告註記[47]爲連續性圖案商標。故在本案發生之 2016 年 11 月間警方進行搜索扣押之際，原告包款外觀尚未於化妝品類別取得有效的連續性圖案商標註冊保護。

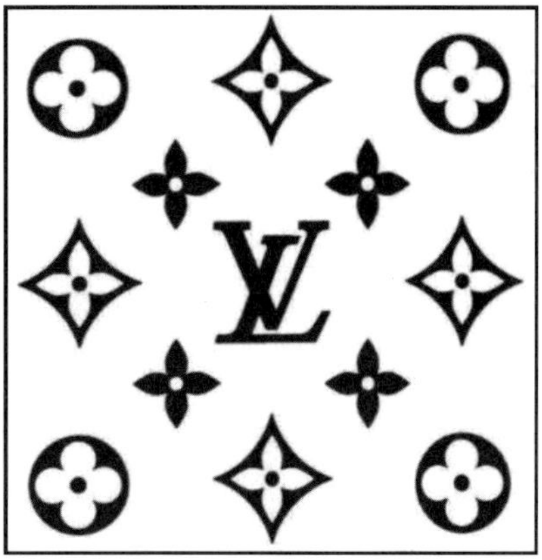

另外，原告 LV 公司於一審及二審的理由中，均舉出其擁有註冊第 01552668、01592692、01876695、01155372、00831283、00843926、01182808 號等商標；惟查除前段所述係於案發後 1 年始取得註冊之第 01876695 號連續性圖案商標之外，其餘商標或爲由數個小圖案整齊排列之陣列圖樣，或爲陣列圖樣中之單一圖形，可否直接據以在本案主張商標權，乃不無疑義，先予敘明。

(二) 一審判決

本案自 2016 年 11 月間經警方進行搜索扣押後，歷經 2 年 2 個月的審理，終於在 2019 年 1 月，由智慧財產法院做出一審判決[48]：駁回原告之訴。

判決的主要理由爲：1. 商標部分：被告台灣 LG 公司銷售之產品已傳達既利用原告原作、並同時詼諧揶揄原作高貴完美形象之娛樂元素，

---

47 經濟部智慧財產局於接受連續性圖案註冊為商標之後，會在核准公告內容中記載：「圖樣描述：本件商標圖樣為連續性圖案如申請書上之圖案所示，延伸使用於與商品有關之全部或部分，並不限使用於固定之方位或位置。」

48 智慧財產法院107年民商訴字第1號民事判決。

Monogram Multicolor

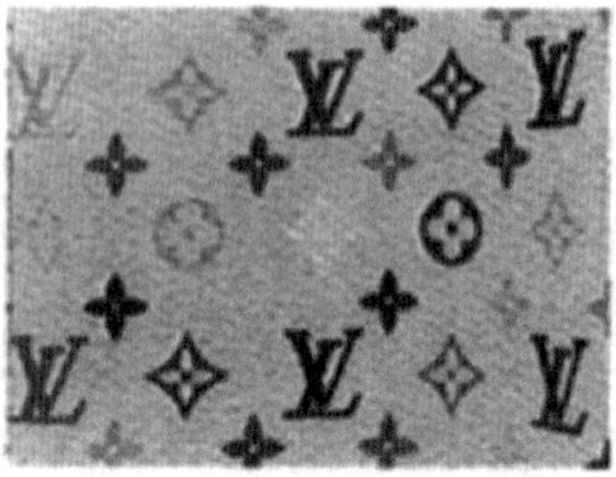

而呈現出矛盾對比之訊息，應已構成學理上的「商標之戲謔仿作」而應受保護；且被告將原告之 LV 交疊字商標圖案，替換成 MOB 的交疊字圖案，其他的彩色四葉或花朵圖樣有其差異，堪認被告係出於善意，因此認定被告未侵害原告之商標權。2. 著作權部分：法院雖認定原告 Speedy 包款外觀的 Monogram Multicolor 圖樣[49]（如右圖）為我國著作權法所保護之美術著作，惟原告 LV 公司之商標係於 1896 年問世，Speedy 包於 1930 年設計誕生，故商標與 Speedy 包的著作權均已逾 50 年保護期間而消滅；原告縱擁有 2002 年由日本藝術家村上隆完成並在美國登記之著作權，被告也因系爭產品為「著作之戲謔仿作」，而受著作權法第 65 條第 2 項合理使用之保護，故未侵害原告之著作權。3. 公平交易法部分：法院認為原告之 Speedy 包款及 Monogram Multicolor 之彩色外觀，已堪認定為相關消費者所普遍認知之著名表徵，惟因被告之產品屬於戲謔仿作，且系爭產品乃單價數百元至千元出頭之氣墊粉餅等產品，與原告單價數萬元以上之名貴精品之客群不同，對原告之潛在市場及價值亦無不良影響，法院遂認定被告產品應未致消費者將之與原告之品牌混淆，故未違反公平交易法。

有關本案戲謔仿作認定的部分，本文認為一審法院援引美國 MOB 案件有其依據與合理性，惟如前點分析系爭產品圖樣要素比例時，已說明被告標示之「My Other Bag × THE FACE SHOP」倒梯形雙排商標文字，其面積僅占約 4.72%，相較於類似原告 LV 公司 Speedy 包的圖樣，

---

[49] 前揭註42。

面積約占 72.98%，兩者大小相差十五倍有餘；消費者於選購之際，目光容易被較大的圖形部分吸引，而忽略較小的被告商標文字，實難認定已符合 MOB 案件中的第一個「仿作與原作是來自兩個不同主體」要件。其次，法院認爲美國 MOB 公司的帆布環保購物袋產品「兼具環保意識及社會感知」、「展現言論、藝術自由表達之公共利益」，然本案被告之系爭產品乃金屬製包裝盒，其內容物亦不能重複循環利用，似不具備任何的環保意識，應有違 MOB 案件中的第二個「產生詼諧的效果」要件。

另外，原告 LV 公司提出之第一點第 3 小點理由中，主張被告侵害原告取得之著作權，本文難表贊同，因日本藝術家村上隆於西元 2002 年完成、並由原告取得之著作權，首次應附著於手繪的平面設計稿或電腦製圖的檔案之中，此時該平面設計稿或電腦檔案應可獲得美術著作的保護；然而，當原告將此美術著作應用於著名之經典包款 Speedy 包之外觀時，美術著作之著作權可能會蛻變成物品外觀的設計專利，或是立體商標，或是受公平交易法保護的著名商品外觀之表徵，原告自應分別依照專利法或商標法申請註冊保護；因爲消費者看到原告 Speedy 包的外觀時，第一印象應爲：「這個包很好看！」。易言之，消費者會認爲這是物品的外觀創新，屬於設計專利保護物品外觀之範疇。消費者的第二印象應該是：「這個包是 LV 公司生產的！」此時 Speedy 包的外觀就具有了識別來源的功能，而屬立體商標的樣態。此外，本文認爲消費者若在非百貨公司或精品店等通路見到此款提包時，可能產生的第三印象是：「這個包……該不會是仿冒 LV 公司的吧？」此時 Speedy 包的外觀就成爲受公平交易法保護的著名商品外觀之表徵。故從消費者的角度而言，實難期待會將原告 Speedy 包的外觀視爲美術著作，縱使形式上符合著作權法的「原創性」要件，法院若逕依著作權法判決亦難符合民眾法律情感；且從智慧財產權相關法制的保護客體與分工而言，除非被告重製或改作首次附著的平面設計稿或電腦檔案，實不宜適用著作權法去解決商標法或公平交易法的爭議。

(三) 二審判決

本案自 2019 年 1 月一審判決後，由 LV 公司提起上訴，又經過約 1 年的審理，於 2020 年 1 月間由智慧財產法院做出二審判決[50]：撤銷一審原判決，改判被上訴人台灣 LG 公司應賠償上訴人 LV 公司新台幣 283 萬 5 千元，並負擔費用將判決摘要登報一日，查扣品與相關產品應回收或銷毀，得假執行。

判決的主要理由為：1. 商標部分：法院剔除上訴人 LV 公司於事後取得之註冊第 01876695 號商標後，肯認上訴人其他商標為著名商標；被上訴人台灣 LG 公司銷售商品上之圖樣，使用上訴人圖樣面積比例超過三分之二，成為吸引消費者注目之焦點，已構成商標之使用，侵害上訴人其他非連續性圖案之商標權。雖然上訴人 LV 公司所舉之商標曾因廢止而減縮系爭「化妝品」商品，然於被上訴人侵權時尚未減縮，不會影響侵權之成立。2. 著作權部分：法院肯認上訴人之 Monogram Multicolor 彩色圖樣為受我國著作權法保護之美術著作，且 2002 年起由日本藝術家村上隆完成之多款圖樣均與 1930 年 Speedy 包設計誕生時之圖樣不同；被上訴人雖將重疊之外文「LV」字改為「MOB」、其餘圖案亦稍加調整，然未產生「轉化」的效果，仍與上訴人之美術著作構成實質近似，而有侵害上訴人之著作財產權。3. 公平交易法部分：二審法院援引公平交易法第 22 條第 2 項規定，認為上訴人應依商標法行使權利，不適用公平交易法。本文認為非如此不能導正原告或上訴人向來習慣採用的亂槍打鳥策略，並且進一步節省司法資源；另外，法院認為上訴人 LV 公司「Speedy 包外觀」涉及該包款之立體外觀特徵，而系爭商品上

50 智慧財產法院民事判決108年度民商上字第5號。

之圖樣均以平面方式表現，難認有侵害「Speedy 包外觀」著名表徵之情形，不採納上訴人之主張，似有類推適用著作權法第 58 條關於戶外長期展示之美術著作或建築著作的保護，需以平面方式重製平面作品、或以立體方式重製立體作品，才能構成侵害著作權，除此之外，均可自由利用。

在論究有無侵害商標權的心證理由中，法院認爲兩造使用之商標高度近似，惟如前述法院已剔除上訴人 LV 公司於事後取得之註冊第 01876695 號連續性圖案商標，亦即法院乃以上訴人所舉其他非連續性圖案商標，與被上訴人之商品上連續性圖案進行比對，仍得到高度近似的心證結果。本文認爲這是法制演進及實務見解需要時間累積造成的問題，因爲商標法對於得作爲商標之客體乃是與時俱進地增加新的種類，主管機關最早核准上訴人 LV 公司具備連續性圖案雛形的商標是前述 1980 年 5 月間提出的註冊第 00149682 號「COMBINATION OF LV DESIGNS（墨色）」商標；後於 2006 年 5 月間始正式公告第一件連續性圖案商標[51]（如右圖），然並不當然表示 2006 年之前註冊的非連續性圖案商標，就不會與第三人使用之連續性圖案構成近似。易言之，只要消費者對本案上訴人 LV 公司的單一圖案商標或數個圖案組成的陣列商標、會與被上訴人台灣 LG 公司銷售

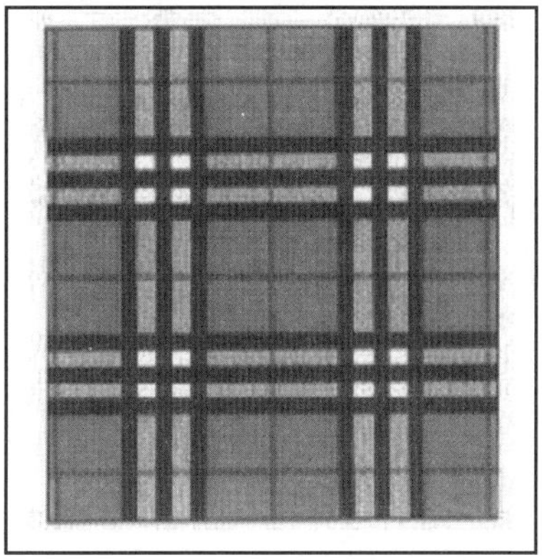

51 第一件連續性圖案商標應為英商布拜里公司（BURBERRY LIMITED）之註冊第01209764號「BURBERRY CHECK」商標，其公告之商標圖樣描述為：「本件商標圖樣如申請書上之圖案所示，延伸使用於與商品有關之全部或部分，並不限使用於固定之方位或位置。」

商品上之連續性圖案產生混淆誤認之虞時，法院亦得認定兩造使用之商標高度近似。

另外，二審判決針對本案不能成立商標戲謔仿作的理由，首先論述合理使用的性質係一種「抗辯」而非「權利」，僅使用人用以作爲抗辯之方法，並未享有商標權，也無權再授權他人；縱使 MOB 公司在美國提出的抗辯被美國法院採納，亦不表示 MOB 公司有權再授權他人在我國境內使用。其次，針對美國 Furman 法官在判決中論證是否合理使用的「仿作與原作是來自兩個不同主體」及「產生詼諧的效果」兩個要件，我國二審法院將其解釋爲「清楚傳達與原作沒有任何關係」且爲「消費者立可察覺爲戲謔仿作」。法院認爲本案的粉餅產品屬性不若 MOB 公司帆布包與 LV 公司手提包般相近，所以無法使「消費者立可察覺爲戲謔仿作」，不符合前述的第二個要件；另外由於系爭粉餅商品盒上之圖樣，使用近似於上訴人 LV 公司的提包圖樣超過三分之二而成爲消費者識別來源的焦點，故認定不能「清楚傳達與原作沒有任何關係」，除了無法符合前述的第一個要件外，判決中更指責被上訴人台灣 LG 公司展露欲混淆消費者及攀附上訴人商譽之意圖。

本案被上訴人業已於 2020 年 3 月間登報[52]，似可推知被上訴人應未依二審判決主文第九點提供反擔保，或提出上訴尋求翻案，本案應已確定。

---

52 自由時報（03/13/2020），〈依智慧財產法院108年度民商上字第5號判決，被上訴人台灣樂金生活健康股份有限公司及陳子儀不得使用（如圖：LV公司之Monogram Multicolor圖樣）及其他相同或近似於上訴人法商路易威登馬爾悌耶公司（LOUIS VUITTON MALLETIER）之商標（如註冊第01876695號商標圖樣）及Monogram Multicolor設計於其製造、進口、銷售之商品或任何媒介上；並不得將使用相同或近似於前揭商標及Monogram Multicolor設計之商品，予以持有、陳列、販賣、輸出或輸入。〉A1版。

伍、結論

不論在國外的 LOUIS VUITTON v. MY OTHER BAG 案件，或是國內的香奈兒哭哭仿包及 THE FACE SHOP × My Other Bag 聯名氣墊粉餅案件，被告均引用商標法合理使用之規定作爲抗辯；惟該款可分爲「描述性合理使用」及「指示性合理使用」兩種，要件與新興的戲謔仿作有所不同已如前述，適用上實有困難，究應如何規範爾後類此之爭議？智慧財產法院並未明言；惟在氣墊粉餅案件的二審判決理由中，法院論述商標法之合理使用規定後，緊接著闡釋：「因此，在我國商標法之規範下，主張戲謔仿作合理使用之人，可以提出之抗辯有二：一爲其使用的方式，僅係戲謔詼諧之言論表達，並非將他人之商標作爲表彰自己之商品或服務來源之標識，故非商標法上『商標之使用』行爲，自無成立侵害商標權可言；如該項抗辯無法成立，使用人可主張其使用商標之行爲，不致造成相關消費者混淆誤認，故不侵害商標權。」觀其前後文義，應認爲現行條文要件有所不符，然因商標戲謔仿作性質接近於合理使用，故可類推適用該款規定，在現行商標法的規範下提出抗辯。

另外，在 2014 年 11 月哭哭香奈兒包案件之智慧財產法院二審判決理由第三點之（四）第 4 小點，亦提及：「學理上所謂『商標之戲謔仿作』（parody），係基於言論自由[53]、表達自由及藝術自由之尊重，而對商標權予以合理之限制」；故在現行商標法的體系中，宜類推適用作爲商標權例外之合理使用規定處理類似爭議。鑑於現行商標法於 2016

53 美國湯瑪士.麥卡錫（J. Thomas McCarthy）教授於其「麥卡錫論商標法與不公平競爭法」書中指出：戲謔仿作者未經同意而使用被仿作商標，用以傳達詼諧效果之訊息乃屬言論自由而受美國憲法第一增修條文所保護，可使戲謔仿作者免負商標侵權之責。見J. Thomas McCarthy, McCarthy on Trademarks and Unfair Competition (4th ed. 2014), at § 31:153.

年11月間修正，其時早已發生前述哭哭香奈兒包案件，故商標戲謔仿作此等爭議應非立法者於立法時得預見之疏忽，不宜以目的性擴張解釋解決此等爭議。至於應否修改現行商標合理使用之條文內容？或是增列商標戲謔仿作的條款[54]？本文建議可以考慮在商標法第36條第1項第1款規定中加入「對比與戲謔效果」之說明類型，條文內容遂成爲：「下列情形，不受他人商標權之效力所拘束：一、以符合商業交易習慣之誠實信用方法，表示自己之姓名、名稱，或其商品或服務之『對比與戲謔效果』、名稱、形狀、品質、性質、特性、用途、產地或其他有關商品或服務本身之說明，非作爲商標使用者。」若要完整地規範後續戲謔仿作的爭議，亦可以新增商標法第36條第1項第4款規定爲：「下列情形，不受他人商標權之效力所拘束：四、爲傳達自己與他人之商品或服務間具有詼諧、諷刺或批判等對比效果，未攀附他人商譽且非作爲商標使用者。」

最後，從立法沿革檢視得作爲商標的客體種類，商標法於1930年首次立法時，僅承認「文字、圖形、記號或其聯合式」，後於1993年增列「具有後天識別性之描述性名稱、地理名詞、姓氏、指示商品等級及樣式之文字、記號、數字、字母等」，1997年增列「顏色組合」，2003年增列「顏色、聲音、立體形狀」，2012年增加「動態、全像圖」等；除了前述法條明文規定的客體外，尚可加入前述2006年5月起正式公告的「連續性圖案商標」。可知往昔可能由專利法保護的設計專利、著作權保護的美術著作或是公平交易法保護的著名表徵，隨著商業競爭與促銷手段的推陳出新，明顯地向商標法移動而成爲商標的客體，進而受到商標法的保護；若能依此趨勢修改或適用商標法規中的合理使用規定，則可兼顧並平衡戲謔式的言論表達自由與商標權人的權利。

---

54 林蔓（2015），《論嘲諷性商標與商標之言論自由保障：以我國司法實務為中心》，頁94，東吳大學法律學系碩士論文。

參考文獻

一、專書

劉孔中（2002），《中央研究院叢書(1)：著名標章及相關表徵保護之研究》，台北：聯經。

Mary LaFrance, *Understanding trademark law*, Newark, N.J. LexisNexis Matthew Bender, (2005).

二、期刊論文

陳昭華（2016），〈著名商標之戲謔仿作〉，《月旦法學教室》，167期，頁30-32。

J. Thomas McCarthy, *McCarthy on Trademarks and Unfair Competition* (4th ed. 2014), at § 31: 153.

三、學位論文

廖珮羽（2018），《論商標使用：以歐盟及我國實務判決為中心》，東海大學法律學研究所碩士論文。

林蔓（2015），《論嘲諷性商標與商標之言論自由保障：以我國司法實務為中心》，東吳大學法律學系碩士論文。

陳雅萍（2015），《戲謔仿作與著作權合理使用之研究》，東吳大學法學院法律學系碩士論文。

吳佩凌（2014），《商標之戲謔仿作：對既存秩序的「有理」取鬧？》，政治大學法學院法律學系碩士論文。

仲麗華（2007），《戲仿作品的法律規制研究》，廈門大學法律碩士論文。

四、研討會論文

章忠信（2015年11月）。〈詼諧仿作之合理使用規範與判準〉，發表於：《2015著作權法合理使用研討會》。經濟部智慧財產局（主辦），台北。

第九章

評析 WTO 澳洲「菸草素面包裝法」裁決案：以商標與公共利益之衝突爲核心

賴苡任 *

*北京大學法學院知識產權法學博士候選人，北京大學科技法律研究中心研究助理，中國政法大學知識產權研究中心副研究員，亞洲大學法學碩士。

摘　要

「世界貿易組織」爭端解決小組（Panel）於 2018 年 6 月 28 日裁決澳洲「菸草素面包裝」（Australia-Tobacco Plain Packaging）案由澳洲勝訴，本案歷時長達 5 年，係由古巴、宏都拉斯、多明尼加共和國及印度尼西亞 4 個「世界貿易組織」成員，針對澳洲 2011 年實施之「菸草素面包裝法案」（Tobacco Plain Packaging Act）向爭端解決機構（Dispute Settlement Body，簡稱 DSB）提出控訴。原告方認爲澳洲國內法案侵害菸草商使用商標權利，能否有效達到減緩菸害之目的，仍有疑義，主張該立法造成不必要之貿易障礙。爭端解決小組檢視原被告主張與證據，認定澳洲法律系透過減少菸品使用、改善公眾健康之目的，手段與目的之間具合理關聯性，駁回原告主張其他替代措施具同等效果之要求及侵犯商標權違反智慧財產權的論點。此案被視爲全球公共健康衛生政策與貿易衝突之指標性案件，目前法國、匈牙利、愛爾蘭、紐西蘭、挪威、斯洛維尼亞、英國等國，均已通過此類規範菸草包裝之規定，而比利時、加拿大、哥倫比亞、印度、巴拿馬、土耳其、新加坡與馬來西亞等國亦有意比照辦理。惟國際菸草產業質疑此項裁定，將使其他欲實施嚴格管制菸品、酒類與高熱量食品的國家開先例，不利於商標權保護與發展。

關鍵詞：世界貿易組織，TRIPS，商標，公共利益，澳洲，菸草素面包裝。

壹、前言

世界衛生組織（World Health Organization，以下簡稱WHO）於2003年宣布通過，並於2005年2月27日生效的「世界衛生組織菸草控制框架公約」（the WHO Framework Convention on Tobacco Control, WHO FCTC，以下簡稱「菸草控制框架公約」或「FCTC公約」）爲全球第一個公共衛生公約，迄今已滿10餘年，截至2017年9月15日，計有181個國家完成批准與加入程序，成爲締約方。[1]

「FCTC公約」主要因應菸害防制的全球化而量身制定，其主要職掌及權力機構爲締約方會議 (Convention of Parties, COP)，該會議致力於發展對於「上癮物質」的規範性策略做出示範，並確保各締約方對於「FCTC公約」之落實。[2] 不同於其他的毒品藥物控制公約，「FCTC公約」除了將目標放在提供者的有效控制，譬如反對菸草廣告、促銷和贊助，爲締約方提供指導並實施全面禁止菸草廣告、促銷和贊助，或者對於那些由於其憲法或憲法原則無法全面禁止的締約方，盡可能對菸草實施限制廣告、促銷和贊助。[3] 此外；亦同時強調對「上癮物質」需求者減少的策略，爲了促進締約方對於「FCTC公約」條文之執行，「FCTC公約」運用許多不同機制，如簽訂議定書及準則來確實執行不同條文，其中一項議定即爲向各締約國推行菸草素面包裝（tobacco plain packaging）。[4]

---

1 什麼是FCTC？，衛生福利部國民健康署，https://www.hpa.gov.tw/Pages/Detail.aspx?nodeid=3802&pid=10233（最後瀏覽日：02/10/2020）。

2 「世界衛生組織菸草控制框架公約」前言，https://www.hpa.gov.tw/Cms/File/Attach/10233/File_11649.pdf（最後瀏覽日：02/15/2020）。

3 Guidelines for implementation of Article 13 of the WHO Framework Convention on Tobacco Control (Tobacco advertising, promotion and sponsorship)

4 Guidelines for implementation of Article 11 of the WHO Framework Convention on Tobacco Control (Packaging and labelling of tobacco products)

澳洲（Australia）國會於 2011 年 12 月最先表態支持「FCTC 公約」並建議通過「菸草素面包裝法」（Tobacco Plain Package Act 2011）針對菸草外觀及包裝進行大範圍規定，該法案業已於 2012 年 7 月生效。除規定「健康圖文警語」需占菸盒之包裝正反面百分之八十的面積外，該法案要求所有菸草包裝之正、反與上、下面均要求採用統一之「素面顏色」，相關標示亦需採用規定之「字體、大小及顏色」。此外，除了菸商名稱與法定揭露資訊，政府禁止任何其宣傳菸品效果的資訊暴露於菸盒上。法案同時禁止菸盒包裝出現任何具有宣傳效果之文字，包括菸商商標或標誌。[5]

澳洲國會及政府希望藉由此一良善政策之推行，進而減少菸草商品對於國內消費者之購買吸引力，從而降低整體國民吸菸率。惟多間國際菸草公司對於澳洲之新政諸多反對，認爲該新法不僅降低其利潤，甚至侵害其商標權，因此向澳洲最高法院提起憲法訴訟、國際商業仲裁，甚至與部分 WTO 成員國聯手控訴澳洲違反其作爲 WTO 會員之義務。古巴、多明尼加、宏都拉斯與尼加拉瓜等菸草生產國家於 2011 年 6 月召開的「世界貿易組織與貿易有關智慧財產權理事會」（Trade-Related Aspects of Intellectual Property Rights，以下簡稱 TRIPS 理事會）時一致表達對於澳洲「菸草素面包裝法」之反對意見，其中理由包括妨礙消費者鑑別菸草產品及眞僞，進而導致菸品零售價格惡性競爭之可能性大幅提升，最終影響合法菸草消費者之權益並對相關菸草產業發展造成傷害。此外，這些會員國家更提出質疑，認爲澳洲「菸草素面包裝法」可能造成貿易障礙，且侵害其他 WTO 成員國之企業在澳洲使用商標之權

---

5 Australian Government Federal Register of Legislation Tobacco Plain Packaging Act 2011, Chapter 2—Requirements for plain packaging and appearance of tobacco products, Part 2—Requirements for retail packaging and appearance of tobacco products, Division 1—Requirements for retail packaging of tobacco products, https://www.legislation.gov.au/Details/C2011A00148（最後瀏覽日：02/11/2020）。

利。[6]

2012 年 5 月，烏克蘭[7]率先透過 WTO 爭端解決機構，向澳洲提出諮商請求，爾後宏都拉斯[8]、多明尼加[9]、古巴[10]、印度尼西亞[11]等國陸續向

6 World Trade Organization, Members debate cigarette plain-packaging's impact on trademark rights
https://www.wto.org/english/news_e/news11_e/trip_07jun11_e.htm（最後瀏覽日：02/14/2020）

7 World Trade Organization DISPUTE SETTLEMENT DS434: On 13 March 2012, Ukraine requested consultations with Australia concerning certain Australian laws and regulations that impose trademark restrictions and other plain packaging requirements on tobacco products and packaging.
https://www.wto.org/english/tratop_e/dispu_e/cases_e/ds434_e.htm（最後瀏覽日：02/14/2020）

8 World Trade Organization DISPUTE SETTLEMENT DS435: On 4 April 2012, Honduras requested consultations with Australia concerning certain Australian laws and regulations that impose trademark restrictions and other plain packaging requirements on tobacco products and packaging.
https://www.wto.org/english/tratop_e/dispu_e/cases_e/ds435_e.htm（最後瀏覽日：02/01/2020）

9 World Trade Organization DISPUTE SETTLEMENT DS441: On 18 July 2012, the Dominican Republic requested consultations with Australia concerning certain Australian laws and regulations that allegedly impose trademark restrictions and other plain-packaging requirements on tobacco products.
https://www.wto.org/english/tratop_e/dispu_e/cases_e/ds441_e.htm（最後瀏覽日：02/01/2020）

10 World Trade Organization DISPUTE SETTLEMENT DS458: On 3 May 2013, Cuba requested consultations with Australia concerning certain Australian laws and regulations that allegedly impose trademark restrictions and other plain-packaging requirements on tobacco products.
https://www.wto.org/english/tratop_e/dispu_e/cases_e/ds458_e.htm（最後瀏覽日：02/01/2020）

11 World Trade Organization DISPUTE SETTLEMENT DS467: On 20 September 2013, Indonesia requested consultations with Australia concerning certain Australian laws and

澳洲提出諮商請求。上述各 WTO 成員國皆認爲澳洲「菸草素面包裝法」與「菸草素面包裝施行細則」（Tobacco Plain Packaging Regulation 2011）違反 WTO 與貿易有關智慧財產權協議（Trade-Related Aspects of Intellectual Property Rights，以下稱 TRIPS）。然而；澳洲政府堅稱此法案乃是遵守 WHO「FCTC 公約」對於締約方之要求，並爲保護本國國民健康所採取之必要措施，並回應上述諮商國亦應跟隨 WHO「FCTC 公約」之規範。

本案歷時長達 5 年，合併審理古巴等 4 個 WTO 成員針對澳洲的「菸草素面包裝法」向 WTO 爭端解決機構提出之控訴。於 2018 年 6 月 28 日做出判決，小組認定該法案以降低吸菸人口、改善國民健康爲宗旨，係屬公共利益之範圍，雖該法案部分程度構成侵害及限縮商標權人表彰其商標之自由，但透過降低菸草包裝之外觀吸引力，造成消費者購買時，產生障礙之手段，進而達成其維護公共利益之目的。同時，原告也無法提供其他經過科學驗證後比該手段更有效降低吸菸人口之方法，因此，其可能侵害商標權人之商標作法，均屬必要之手段。[12]

---

regulations that impose restrictions on trademarks, geographical indications, and other plain packaging requirements on tobacco products and packaging.
https://www.wto.org/english/tratop_e/dispu_e/cases_e/ds467_e.htm（最後瀏覽日：02/02/2020）

12 Australia-Certain Measures Concerning Trademarks, Geographical Indications And Other Plain Packaging Requirements Applicable To Tobacco Products And Packaging Reports Of The Panels, 7.2507. In the circumstances of the present case, we note Australia's explanation that there moval of stylized fonts, logos, emblems and other branding imagery from trademarks on tobacco packaging and products is intended to prevent the use of such imagery to communicate specific messages to targeted demographic groups or to convey any positive associations. It further explains that the TPP measures are not concerned with the specific features of particular trademarks; rather, their premise is that prescribing a standardized, plain appearance for tobacco packages and products is intended to minimize the ability of tobacco packages and products to increase the appeal of tobacco products, detract from the effectiveness of graphic health warnings, or mislead consumers

本文以研究案例為方法，從探討澳洲「菸草素面包裝法」之立法根本原由，進而分析 WTO 爭端解決小組所做出之裁決，針對裁決中所提有關商標法之爭點進行研究比較，又以本案涉及商標法領域之爭議 TRIPS 第 8 條、第 15.4 條、第 16.1 條及第 20 條為核心，原裁決中同時援引「技術性貿易壁壘協議」（Agreement on Technical Barriers to Trade，以下簡稱 TBT 協議），但 TBT 協議雖為 WTO 底下之協議，惟與智慧財產權無關，其重點為降低貿易壁壘，因此本文雖以爭端解決小組之判決為核心，但忽略其中與 TBT 協議有關之判決及爭議。

貳、「菸草素面包裝法」於澳洲國內背景及過程

澳洲政府於 2010 年 4 月 9 日宣布籌備立法，並要求所有菸草產品皆需採用素面包裝以做為該國完整控制菸草商品策略之一環。緊接著於 2011 年 7 月澳洲國會通過「菸草素面包裝法」[13]，並於 1 月正式獲皇室御准 [14]（Royal Assent），法案訂於 1 年後正式施行。此法案之通過，也使澳洲成為全球第一個遵循「FCTC 公約」第 11 條之建議施行菸草素面

as to the harms of tobacco use. We consider that this approach is not, per se, unjustifiable. Rather, as described above, to the extent that the requirements at issue relate to an entire class of marks or signs, an assessment of their unjustifiability is best approached in terms of the extent to which this is supported by the reasons for their adoption. We will therefore consider further whether this is the case in respect of the TPP measures, as part of our analysis in the section 7.3.5.5.3.4 below. p.475.

13 Tobacco Plain Package Act 2011.

14 The Parliament of Western Australia consists of the Legislative Assembly, Legislative Council and the sovereign. Royal Assent is given when the Governor of Western Australia, representing the sovereign, assents to a Bill after it has been passed by both Houses of Parliament. This must occur before the Bill becomes an Act. While it does vary, it is usually takes between 5 and 10 working days for a Bill to receive Royal Assent. Some constitutional Bills must be approved by the electors at a referendum before they can be presented for assent.

包裝的國家。以「標準顏色和字體（素面）顯示品牌名稱和產品名稱，限制或禁止在包裝上使用其他標示、顏色、品牌形象或推銷文字」，進而「可以增加健康警語信息程度和引人注目的效果，防止菸草外包裝轉移消費者對警語之注意力，並解決菸商試圖透過外包裝設計，使得該產品似乎危害較小的問題。[15]」

澳洲「菸草素面包裝法」規定，所有在澳洲銷售的菸草產品皆須採用統一顏色之外包裝，同時包裝之正、反面必須涵蓋正面百分之七十五與背面百分之九十五之健康警示圖文、限制使用任何形式之商標和標示、規範包裝上使用之文字的字體與大小，與法定應揭露之資訊。[16] 根據統計在 2012 年，澳洲約有 280 萬的吸菸者；吸菸率約莫百分之十六，因吸菸造成之死亡人數達每年 1 萬 5 千人。因此；澳洲政府希望透過「素面包裝」與「增加菸稅」兩大政策雙管齊下，能夠在 2020 年時，讓吸菸率下降到百分之十以下。[17] 時任澳洲衛生部長 Halton 指出，

---

15 *FCTC Guidelines Article 11*, Plain Packaging, Parties should consider adopting measures to restrict or prohibit the use of logos, colors, brand images or promotional information on packaging other than brand names and product names displayed in a standard color and font style plaint Packaging). This may increase the noticeability and effectiveness of health warnings and messages, prevent the package from detracting attention from them, and address industry package design techniques that may suggest that some products are less harmful than others.

16 *Australian Government Federal Register of Legislation Tobacco Plain Packaging Act 2011*, Chapter 2—Requirements for plain packaging and appearance of tobacco products, Part 2-Requirements for retail packaging and appearance of tobacco products, Division 1-Requirements for retail packaging of tobacco products, https://www.legislation.gov.au/Details/C2011A00148（最後瀏覽日：02/8/2020）

17 *The National Tobacco Strategy 2012-2018 (NTS) sets out a national policy framework for the Commonwealth and state and territory governments to work together and in collaboration with non-government organizations to improve the health of all Australians.* https://www1.health.gov.au/internet/main/publishing.nsf/Content/tobacco-strategy（最後瀏覽日：02/11/2020）

「對澳洲而言，菸草素面包裝政策是一項長期的公共健康投資。」[18]

一、法案背景與過程

澳洲癌症行爲研究中心（Center for Behavioral Research in Cancer），也於1992年時建議「控制菸草法令應該包含限制菸品包裝外的顏色、設計與文字」[19]。然而；眞正加快菸草素面包裝立法的動力，來自於2005年世界衛生組織通過的「FCTC公約」與在2008年由締約方會議通過「FCTC施行準則」第11條[20]和第13條[21]，都建議締約方應當考慮

---

18 *Reducing the appeal of smoking – first experiences with Australia's plain tobacco packaging law*
https://www.who.int/features/2013/australia_tobacco_packaging/en/（最後瀏覽日：02/15/2020）

19 Ron Borlaod & David Hill, "*The Path to Australia's tobacco health warnings*", Addiction, Centre for Behavioral Research in Cancer, 1997, p.1154.

20 第11條：菸草製品的包裝和標籤
1.每一締約方應在本公約對該締約方生效後三年內，根據其國家法律採取和實行有效措施以確保：(a)菸草製品包裝和標籤不得以任何虛假、誤導、欺騙或可能對其特性、健康影響、危害或釋放物產生錯誤印象的手段推銷一種菸草製品，包括直接或間接產生某一菸草製品比其他菸草製品危害小的虛假印象的任何詞 語、描述、商標、圖形或任何其他標誌。其可包括「低焦油」、「淡味」、「超淡味」或「柔和」等詞語；和(b)在菸草製品的每盒和單位包裝及這類製品的任何外部包裝和標籤上帶有説明菸草使用有害後果的健康警語，並可包括其他適宜資訊。這些警語和資訊：(i)應經國家主管當局批准，(ii)應輪換使用，(iii)應是大而明確、醒目和清晰的，(iv)宜占據主要可見部分的50%或以上，但不應少於30%，(v)可採取或包括圖片或象形圖的形式。2.除本條第1(b)款規定的警語外，在菸草製品的每盒和單位包裝及這類製品的任何外部包裝和標籤上，還應包含國家當局所規定的有關菸草製品成分和釋放物的資訊。3.每一締約方應規定，本條第1(b)款以及第2款規定的警語和其他文字資訊，應以其一種或多種主要語言出現在菸草製品每盒和單位包裝及這類製品的任何外部包裝和標籤上。4.就本條而言，與菸草製品有關的「外部包裝和標籤」一詞，適用於菸草制品零售中使用的任何包裝和標籤。

21 第13條：菸草廣告、促銷和贊助

制定素面包裝政策與法規。2008年由當時政府主導，菸草素面包裝正式成爲澳洲國家政策，並邀請集結該領域專家、學者所組成的「國家預防健康工作小組」（National Preventive Health Taskforce）所提出的「澳洲：2020最健康國家」公共衛生政策白皮書（Australia：the healthiest country by 2020，以下簡稱2020白皮書）。澳洲當時的衛生部長Rox-

1.各締約方認識到廣泛禁止廣告、促銷和贊助將減少菸草製品的消費。2.每一締約方應根據其憲法或憲法原則廣泛禁止所有的菸草廣告、促銷和贊助。根據該締約方現有的法律環境和技術手段，其中應包括廣泛禁止源自本國領土的跨國廣告、促銷和贊助。就此，每一締約方在公約對其生效後的五年內，應採取適宜的立法、實施、行政和／或其他措施，並應按第21條的規定相應地進行報告。3.因其憲法或憲法原則而不能採取廣泛禁止措施的締約方，應限制所有的菸草廣告、促銷和贊助。根據該締約方目前的法律環境和技術手段，應包括限制或廣泛禁止源自其領土並具有跨國影響的廣告、促銷和贊助。就此，每一締約方應採取適宜的立法、實施、行政和／或其他措施並按第21條的規定相應地進行報告。4.根據其憲法或憲法原則，每一締約方至少應：(a)禁止採用任何虛假、誤導或欺騙或可能對其特性、健康影響、危害或釋放物產生錯誤印象的手段，推銷菸草製品的所有形式的菸草廣告、促銷和贊助；(b)要求所有菸草廣告，並在適當時包括促銷和贊助帶有健康或其他適宜的警語或資訊；(c)限制採用鼓勵公眾購買菸草製品的直接或間接獎勵手段；(d)對於尚未採取廣泛禁止措施的締約方，要求菸草業向有關政府當局披 露用於尚未被禁止的廣告、促銷和贊助的開支。根據國家法律，這些政府當局可決定向公眾公開並根據第21條向締約方會議提供這些數位；(e)在五年之內，在廣播、電視、印刷媒介和酌情在其他媒體如網際網路上廣泛禁止菸草廣告、促銷和贊助，如某一締約方因其憲法或憲法原則而不能採取廣泛禁止的措施，則應在上述期限內和上述媒體中限制菸草廣告、促銷和贊助；以及(f)禁止對國際事件、活動和／或其參加者的菸草贊助；若締約方因其憲法或憲法原則而不能採取禁止措施，則應限制對國際事件、活動和／或其參加者的菸草贊助。5.鼓勵締約方實施第4款所規定義務之外的措施。6.各締約方應合作發展和促進消除跨國界廣告的必要技術和其他手段。7.已實施禁止某些形式的菸草廣告、促銷和贊助的締約方有權根據其國家法律禁止進入其領土的此類跨國界菸草廣告、促銷和贊助，並實施與源自其領土的國內廣告、促銷和贊助所適用的相同處罰。本款並不構成對任何特定處罰的認可或贊成。8.各締約方應考慮制定一項議定書，確定需要國際合作的廣泛禁止跨國界廣告、促銷和贊助的適當措施。

con 指出：「在過去，個人、社區與政府都過於專注在立即解決人們生病後照護議題。這當然是相當重要的，但更重要的是，我們不能僅聚焦於治療而忽略了預防」[22]。「2020 白皮書」表示，爲了達到2020年吸菸率降低至百分之十或更低，澳洲政府必須要採用強烈的手法於減少青少年吸菸與降低戒菸率最少兩倍以上。爲此，「2020 白皮書」建議政府應該採取下列手法：[23]

(一) 應透過菸稅與關稅，使菸品價格更爲昂貴。

(二) 更加嚴格的菸草產業管制法規，包括限制促銷、禁止銷售點陳列非素面包裝。

(三) 增加反菸教育活動的頻率、接觸率與強度。

(四) 確定健保制度將每位吸菸者都納入戒菸計畫中，並透過最強烈與最有效的方法，使其戒菸。

(五) 增加公眾對於反菸的認知，特別是對教育程度較低與弱勢族群等宣傳。

因此，於 2010 年 4 月 30 日起澳洲提高菸稅百分之二十五，使每包香菸價格高達 15 元澳幣（約 362 元台幣），並預計將降低百分之六的菸品消費量與減少百分之二的吸菸率，可望促使約八萬七千人戒菸。同時，澳洲政府也推動修法以斷絕菸品廣告的最後工具（the last vehicles for advertising of tobacco），法案強制規定所有菸草產品需於 2012 年 12 月 1 日起，採用統一規格的素面包裝。[24]

在澳洲政府宣布此一新法案政策決定之後，國際菸商也立即採取

---

22 *Discussion Paper Australia: The Healthiest Country By 2020, Preventative Health Taskforce*, Australia Government, 2008, p.11.

23 Ibid p.23.

24 *Taking Preventive Action, A Response to Australia: The Healthiest Country by 2020, The Report of the National Preventative Health Force*, Preventive Health Taskforce, Australia Government, 2010, p.10.

反制行動。國際菸商包括菲利浦·莫里斯（Philip Morris）、英美菸草（British American Tobacco）、傑太日菸（Japan Tobacco International）與帝國菸草（Imperial Tobacco）等國際菸商反對施行「菸草素面包裝法」的力量透過各種不同的管道向澳洲政府施壓，包括於澳洲國內提起憲法訴訟；利用「香港與澳洲雙邊投資與保障協定」向國際仲裁法庭對澳洲提出非金錢賠償；藉助烏克蘭、宏都拉斯、多明尼加共和國及印度尼西亞等 WTO 之成員國，提起貿易爭端解決等。

二、違憲爭議

國際四大菸商分別於 2012 年 12 月，向澳洲最高法院法庭提出澳洲政府與「菸草素面包裝法」違反憲法第 51 條第 31 款[25]。該款規定，界定議會立法應該符合「公平正義原則」[26]，以避免政府透過立法擴權並不當取得他人之財產，無論有形或無形資產。澳洲憲法第 51 條第 31 款是菸商唯一貌似有理並且得以挑戰憲法的基礎[27]，可惜與其他國家不同的

---

25 British American Tobacco Australasia Limited v Commonwealth of Australia, Writ of Summons (filed l December 2011, High Court of Australia); Van Nelle Tabak Nederland BV and Imperial Tobacco Australia Limited v Commonwealth of Australia, Writ of Summons (filed 6 December 2011, High Court of Australia; International SA v Commonwealth of Australia, Writ of Summons (filed 15 December 2011, High Court of Australia); Philip Morris Limited v Commonwealth of Australia, Writ of Summons (filed 20 December 2011, High Court of Australia).

26 Common Wealth of Australia Constitution Act, Part V Power of the Parliament, Article 51, the Parliament shall, subject Io this Constitution, have power to make laws for the peace, order and good government of the Commonwealth with respect Io: (xxxi) The acquisition of property on just terms from any State or person for any purpose in respect of which the Parliament has power to make laws.

27 Jonathan Liberman, *Plainly Constitutional: The Upholding of Plain Tobacco Packaging by the Hugh Court of Australia*, American Journal of Law &Medicine, Vol. 39 No. 2&3, 2013, American Society of Law, Medicine & Ethics, p. 367.

是，除了帶有隱射的政治溝通自由（如談論政府與政治議題等），澳洲憲法並未保障言論自由。因此，澳洲維多利亞省（The State of Australia）與首都領地（The Australian Capital Territory）等地方政府，都透過立法賦予人民言論自由的權利，但若有違公眾利益之言論得以限縮。[28] 然而，這些法令所規範之人權，僅適用於自然人。[29]

四大菸商各自對澳洲政府提出的憲法挑戰，在澳洲最高法院與四家菸商協商後，決議共同審理並且產生一個決定，包含六個分別的判決。在英美菸草、菲利浦・莫里斯與帝國菸草所提的訴訟案裡，法院必須回覆原告提出的主要問題，包括下列五點：

(一) 除了「菸草素面包裝法」第 15 條規範「取得財產」（acquisition of property）[30] 之外，該法中的其他條款是否構成憲法第 51 條第 31

---

[28] S 15, Charter of Human Rights and Responsibilities 2006, State of Victoria; S16 Human Rights Act 2004, Australia Capital Territory.

[29] S6, Charter of Human Rights and Responsibilities 2006, State of Victoria; S6 Human Rights Act 2004, Australia Capital Territory.

[30] Acquisition of property

(1) This Act does not apply to the extent (if any) that its operation would result in an acquisition of property from a person otherwise than on just terms. (2) In particular, if, apart from this section, this Act would result in such an acquisition of property because it would prevent the use of a trade mark or other sign on or in relation to the retail packaging of tobacco products, or on tobacco products, then despite any other provision of this Act, the trade mark or sign may be used on or in relation to the retail packaging of tobacco products, or on tobacco products, subject to any requirements that may be prescribed in the regulations for the purposes of this subsection. Note: Offences and civil penalties apply to the supply, purchase and manufacture etc. of tobacco products that do not comply with any requirements specified in the regulations (see Chapter 3). (3) To avoid doubt, any tobacco product requirement (within the meaning of paragraph (a) or (b) of the definition of tobacco product requirement) that does not result in such an acquisition of property continues to apply in relation to:(a) the retail packaging of tobacco products; and (b) the appearance of tobacco products.

款中定義之「取得」（acquisition）原告任何資產？

(二) 第 (一) 題之結果是否需要透過司法程序界定爭議？

(三) 如果第 (一) 題的答案是肯定的，「菸草素面包裝法」中的哪一個條款，或全部的條款已經超越了根據憲法第 51 條第 31 款賦予議會的立法權限？

(四) 利用憲法三權分立的架構下，挑戰「菸草素面包裝法」第 15 條的合憲性。

(五) 有關訴訟程序的費用。[31]

原告主張他們擁有爲數眾多的智慧財產權與相關權利，包括商標（trademark）、式樣（get-up）、著作權（copyright）、設計（design）、專利（patents）、包裝權（packaging rights）、各式授權（licensing rights）與商譽（goodwill）等，然而「菸草素面包裝法」並未提供菸商公平之法律對待。[32] 因此菸商要求該法第 15 條不適用於其上述所列之財產，或者由法院判決該條款無效。[33]

澳洲最高法院在 2013 年 8 月以六比一的表決票數裁定判決[34]，並且於同年 12 月公開判決結果與理由。最高法院在判決指出「菸草素面包裝法」案「並未違反澳洲憲法第 51 條第 31 款」，同時在判決摘要中，最高法院：「原告辯稱，該法令的條款無效，因爲它們以不法手段侵犯智慧財產權。然而最高法院多數法官認爲該法令並不違反憲法第 51 條。」

---

31 JT International SA v Commonwealth of Australia; *British American Tobacco Australasia Limited v Commonwealth of Australia /2012J HCA 43*, 5 October 2012, at para 27 (Abbreviated: 'JTI/BAT v Common Wealth of Australia).

32 JTI/BAT v Common Wealth of Australia, para 25.

33 JTI/BAT v Common Wealth of Australia, para 26.

34 JT International SA v Commonwealth of Australia; British American Tobacco Australasia Limited v Commonwealth of Australia [2012] HCA 30, 15 August 2012.

在訴訟過程中，原告之一的帝國菸草，嘗試以類比之方法來說明在毒鼠藥產品上的骨頭標示或「遠離孩童」的警語是用來告訴消費者該產品應該如何安全且正確地使用該產品，其目的並非造成對銷售的負面影響。然而，菸品素面包裝的用途並非在告訴消費者「勿使用過量」、「遠離孩童」，而是「這裡是爲何你不應該買的原因」。[35] 原告試圖區分「警語」與「素面包裝」的差異是完全不同的概念，一是告訴消費者應當正確的、小心的使用，另一則在摧毀一個合法產品的商業價值。[36] 法官 Bell 反駁這個主張，並認爲這個比喻是一種錯誤的謬論，他說：「這個比喻並未以一個公正、合理的標準進行比較，毒鼠藥產品包裝上的警語與菸草素面包裝的立法目的與菸草產品的本質。」[37] 此外，原告帝國菸草也要求政府應當補償菸商因配合法規實施所造成的損失。政府法令要求菸草產品包裝必須使用政府規定之健康警示圖文也是一種形式的廣告，無論是宣導大家吃更多的新鮮食物、多運動或是其他推廣健康的訊息，但是當私人財產被要求作爲這類型廣告的平台時政府應當給付公平與適當的損害賠償。[38]

在此判決中，法官 Crennan 表示菸商主張的相關權利本質上都是「消極權利」（negative rights），如商標權，即是限制他人使用的權利。商標法授予商標所有人使用該標誌的專用權（exclusive right），而此權利是一種限制他人未經許可使用的消極權利。[39] 然而，菸商雖會因爲法案限制其使用相關權利而造成商業價值損失，但是這些損失並非在

---

35 JT International SA v Commonwealth of Australia; British American Tobacco Australasia Limited Ors v The Commonwealth of Australia [2012J HCATrans 91, 17 April 2012, para 3670.

36 Ibid, para 3685.

37 Ibid, para 3875.

38 Ibid, para 3760.

39 JTI/BAT v Common wealth of Australia, para 248.

憲法保護的範圍內。Crennan 認爲顯著的標誌可以廣告與促銷商品，商標的功能便因此產生了重要的商業價值。[40] 所以「菸草素面包裝法」可能會因此降低了菸草產品的銷售量、和商標連結的商譽價值與商機、授權的價值等。[41] 法官 Kiefel 認爲，若「菸草素面包裝法」背後的策略性意義是爲了勸阻社會公眾使用菸草產品，那麼該法令有效施行的必然結果，將是使菸商利益受損。[42]

法官 Hayne 與 Bell 在判決中指出，「菸草素面包裝法」的要求與其他法令要求必須印製健康或安全警語的產品，在本質上並無差異。這些法規的目的是要避免錯誤使用某項產品，或告訴閱讀警語者，若使用某產品可能具有危險性時，應該與誰聯絡或該做什麼。[43] 根據「菸草素面包裝法」，包裝所傳達的訊息並不構成廣告。菸草素面包裝僅做爲傳達訊息給社會大眾的載體，並告訴他們使用或持續使用包裝內的產品，可能帶來的風險爲何。[44] Kiefel 認爲，許多產品都受到法令嚴格的規範，包括藥品、具毒性產品與特定食品等，而其目的是爲了預防或降低造成傷害的可能性，並且保護與推廣公眾健康。[45] 法規要求製造商或零售商必須在產品包裝上標示錯誤地使用或持續使用具有危險性的產品，已經是一個廣爲社會大眾所接受的基本法令要求。[46]

原告要求政府補償一事，法官 Hayne 與 Bell 在判決中回覆此一要求時」表示，菸商利用包裝銷售菸草產品，他們擁有菸品外包裝與其樣貌的決定權，但是前提是包裝的樣貌必須符合法令要求。[47] 首席法官

---

40 JTI/BAT v Common wealth of Australia, para 286.

41 JTI/BAT v Common wealth of Australia, para 295.

42 JTI/BAT v Common wealth of Australia, para 372.

43 JTI/BAT v Common wealth of Australia, para 181.

44 JTI/BAT v Common wealth of Australia, para 188.

45 JTI/BAT v Common wealth of Australia, para 316.

46 JTI/BAT v Common wealth of Australia, para 301.

47 JTI/BAT v Common wealth of Australia, para 182.

French 形容「菸草素面包裝法」是「控制菸草產品銷售方法是立法計畫的一部分」。[48]

雖然「菸草素面包裝法」限制菸商透過產品外包裝與消費者進行溝通，但是仍然允許在菸品包裝工使用產品名稱。法官 Crennan 強調：「在法令實施後，菸品品牌視覺的、文字的、氣味的、暗示的特徵，還有其本質上或後來取得的各種品牌。相關特徵，都持續影響著消費者。」[49] 消費者對菸草品牌名稱或其品牌名稱連結的菸商商譽的認知程度不低，因此菸商仍然享有以其顯著品牌名稱銷售商品並獲利的權利。[50]Crennan 認為原告主張「菸草素面包裝法」剝奪其權利的說法言過其實。[51]

此外，首席法官 French 認為菸商主張智慧財產權的本意是用來保護公眾利益[52]，而「菸草素面包裝法」正是反映出該法案的在保護公眾利益之立法意圖「在於驅使公眾利益之進步，而此法令規範更是超越了原告享有的智慧財產權與普通法賦予的權利。」[53] 法官 Gummow 指出，商標權可能因其他法令的限制而受到影響，商標法和相關法令並未賦予其完全的使用自由。[54]

然而，唯一持反對意見的法官 Heydon 認為，「菸草素面包裝法」剝奪了菸商財產中最有價值的部分[55]，並指出該法剝奪了菸商使用其擁有的財產與享受伴隨而來的利益之權利，同時把此權利轉移給澳洲聯邦

48 JTI/BAT v Common wealth of Australia, para 301.
49 JTI/BAT v Common wealth of Australia, para 260.
50 JTI/BAT v Common wealth of Australia, para 293.
51 JTI/BAT v Common wealth of Australia, para 284.
52 JTI/BAT v Common wealth of Australia, para 35.
53 JTI/BAT v Common wealth of Australia, para 43.
54 JTI/BAT v Common wealth of Australia, para 78.
55 JTI/BAT v Common wealth of Australia, para 216.

政府[56]。澳洲聯邦政府透過立法手段使財產擁有人之財產權無效，並且轉移給政府相關的利益與好處，尤其是控制菸品與其外包裝的樣式。[57]「菸草素面包裝法」的立法動機相當強烈，其目的是在於改善全體澳洲國民之健康，然而改善公眾健康並非主要的考量。[58]Heydon 認爲，其主要的考量是爲了避免支付因菸害所造成的鉅額國民健康保險費用的支出與浪費。[59]

最終澳洲最高法院以六比一的多數，判決「菸草素面包裝法」並未違憲。在法院判決摘要中表示，原告辯稱：「該法令的條款無效，因爲它們以不法手段侵犯智慧財產權。最高法院多數法官認爲該法令並不違反憲法第 51 條。」判決結果不但引起世界許多政府與反菸團體的共鳴，並且更有許多國家表態將仿效澳洲菸草素面包裝制度。此外，澳洲最高法院的判決更是受到包括加拿大最高法院與南非最高法院在公共衛生與菸草控制訴訟案件的附和與引用。[60] 此一判決結果也將強化澳洲在世界貿易組織爭端解決的立場。

參、WTO爭端解決小組對於「菸草素面包裝案」之仲裁理由及雙方衝突

一、仲裁結果與本案爭點

2011 年 6 月於瑞士召開的 TRIPS 理事會例會時，多明尼加、古巴、宏都拉斯及尼加拉瓜等 WTO 主要生產菸草成員國紛紛表示，由於國內

56 JTI/BAT v Common wealth of Australia, para 212.

57 JTI/BAT v Common wealth of Australia, para 227.

58 JTI/BAT v Common wealth of Australia, para 193.

59 JTI/BAT v Common wealth of Australia, para 193.

60 Matthew Rimmer, "*The High Court and the Marlboro Man: the plain packaging decision, The Conversation* ", 18 October 2012.

菸草產業多屬中小企業型態，極大面積之素面包裝規範可能使相關生產業者首當其衝，須執行澳洲素面包裝相關技術性措施，不僅有礙消費者對相關商標之識別度外，更可能導致菸品零售價格競爭，最終仍無益於消費者保護及相關產業發展。此外，澳洲限縮商標使用之手段，能否達到減免菸害的最終目的，並無任何證據可爲其必要性提供佐證。該等會員認爲，澳洲菸品素面包裝法案可能涉及 TBT 第 2.2 條是否造成不必要貿易障礙，以及涉及 TRIPS 第 20 條不得對商標使用特殊要求而造成不合理妨礙等相關規範。[61]

烏克蘭是第一個針對此法案在 WTO 爭端解決機構下，向澳洲提出諮商請求的國家[62]，於後；宏都拉斯、多明尼加、古巴、印尼皆向澳洲提出諮商請求。於該諮商書當中，與商標規範的主要爭議在於：TRIPS 協定第 15.4 條、TRIPS 協議第 16 條，以及 TRIPS 協議第 20 條。

TRIPS 協議第 15.4 條規定：「商標所使用之貨品或服務之性質，不得構成商標註冊之障礙。」此外，TRIPS 協議第 16 條設有商標所有人所享有之商標權。

依據第 16.1 條之規定：註冊商標所有人應享有專用權（exclusive right），以禁止第三人在未得商標所有人之同意下，在交易之過程中，以相同或類似之標記，使用於相同或類似之貨品或服務上；但必須此種使用，有導致混淆之可能爲限，若第三人將相同之商標使用於相同之貨品或服務上，則推定有造成混淆之可能。以上權利不應影響已經存在之

61 趙化成，出席「世界貿易組織與貿易有關智慧財產權理事會（WTO/TRIPS）2011年06月例會及特別會議」報告，經濟部智慧財產局（100年08月01日），頁6，http://open.nat.gov.tw

62 Request for Consultations by Ukraine, Australia－Certain Measures Concerning Trademarks and Other Plain Packing Requirements Applicable to Tobacco Products and Packaging, WT/DS434/1(Mar. 15, 2012).

既有權利，且不應影響會員以使用作爲賦予該等權利之條件。[63] 又，爲保護商標權人使用商標之權，TRIPS 協議第 20 條設有「其他要件」之限制。依其規定，會員不得對商標在交易過程中之使用，以特別之要件（special requirement）課以不合理之負擔（unjustifiably encumbered）。

對澳洲菸品素面包裝法案持反對意見原因在於，[64] 該法案不但規定所有香菸品牌名稱皆須以特定顏色標示，又要求其必須統一放置於警示語的下方，這些規定不只限制菸商的商標使用權，亦使菸品的外表相仿，使消費者無法明確辨識不同品牌，故違反 TRIPS 協議第 20 條。惟澳洲政府強調，該法案系保護其國民健康之必要措施，且澳洲與其他提出諮商之國家，例如：烏克蘭皆爲世界衛生組織（WHO）2003 年「FCTC 公約」之締約國，該公約第 11 條及第 13 條要求締約國必須在國內採取相關法令措施，以禁止或限制任何可能誤導消費者某項菸品較不傷害健康之標示，並禁止任何菸品相關廣告、促銷及贊助。澳洲政府認爲：身爲締約國，應爲一定行爲履行公約下之義務。

本爭端案件，被視爲 WTO 最具爭議性案件之一，不僅引發 WTO 智慧財產權規定與 2003 年國際菸草控制框架公約之競合問題，同時亦使得全球主要菸草商包括菲利浦．莫里斯及英美菸草公司聯手抗衡聯合國世界衛生組織。[65] 其中，WTO 爭端解決機構於 2013 年 9 月 25 日，就宏都拉斯針對澳洲「菸草素面包裝法」爭端案件成立爭端解決小組，古

---

63 林彩瑜（2011），〈WTO制度與實務〉，《世界貿易組織法律研究（三）》，頁358。

64 林于仙、張凱媛、葉慈薇，《試析澳洲之菸品包裝法案與TBT協定及TRIPS協定之合致性》，政治大學國際經貿組織暨法律研究中心經貿法訊，126期，頁8，http://www.tradelaw.nccu.edu.tw/epaper/no126/1.pdf。

65 古巴就澳洲菸品標示規定提WTO爭端解決案（2013），《經濟部貿易調查委員會貿易救濟動態週報》，515期，http://portal.moeaitc.gov.tw/portal/document/wFrm-Document02.aspx?doctype1=9&docid=520-2。

巴、多明尼加及印尼皆向 WTO 提出爭端解決。

二、是否構成 TRIPS 第 15.4 條：歧視註冊商標之產品本質

最早由烏克蘭及宏都拉斯認爲澳洲菸草素面包裝法要求移除菸盒上的商標，乃構成歧視產品本質（nature）之虞，恐違反 TRIPS 第 15.4 條[66]。然而；爭端解決小組於裁決中指出，第 15.4 條僅適用於產品「註冊」（registered）商標時，而非「使用」（used）商標時，澳洲也特別於法案指出，不會對商標之註冊利益造成負面影響，故應不會違反第 15.4 條。菸商公司菲利浦．莫里斯表示認同該法案違反 TRIPS 第 15.4 條，該公司藉由國際法律公司發表一份分析澳洲「菸草素面包裝法」違反 TRIPS 及巴黎公約的報告，其中提出 TRIPS 第 15.4 條雖僅規範註冊時，不得歧視商品本質，然由於註冊商標之目的就是使用商標，故「註冊」與「使用」間存在不可分割的連結（inextricably linked），若剝奪商標之使用權，則註冊權可能因此間接地受到減損，因此，此法案限制商標出現於菸盒包裝，已構成損害註冊權之疑慮，可能違反 TRIPS 第 15.4 條。[67]

然而，澳洲聲明其特別於此法案中第 28 條強調，法案雖禁止菸品使用商標於菸盒包裝上，但卻不會減損任何菸商註冊商標之權利[68]，亦即菸品註冊仍得以正常運行，不會因爲法案之實施，而使商標於註冊時

---

66 Agreement on Trade-Related Aspects of Intellectual Property Rights, art. 15.4: The nature of the goods or services to which a trademark is to be applied shall in no case form an obstacle to registration of the trademark.

67 Letter from Lalive Law Firm to Philip Morris International Management SA (July 23, 2009).

68 Tobacco Plain Packaging Act 2001, Section 28(3):to avoid doubt... (a) the operation of this act... are not circumstance that make it reasonable or appropriate: (c) not to register the trademark.

遭受歧視，澳洲認爲其已明確地保證商標註冊人之權益不會受到法案而受到影響，故認爲此法案合乎 TRIPS 第 15.4 條之規範。

TRIPS 第 15.4 條明文指出，「註冊」商標時不得因產品本質而限制商標之權利，雖菲利浦．莫里斯指出澳洲菸草素面包裝法案可透過「使用」與「註冊」的間接關係，構成歧視產品商標之要件，然爭端解決小組認爲透過使用與註冊兩者之間接關係而指控此法案違反商標權難以被接受，故違反 TRIPS 第 15.4 條之可能性不大。原則上；TRIPS 第 15.4 條保護智慧財產權，即不論各政府認定該產品或服務在合法或非法之情形下，政府都必須准許商標於國內註冊，然而是否得使用該註冊商標，則需視各國國內政策。[69]

世界智慧財產權組織（World Intellectual Property Organization, WIPO）前任總執行長 Neil Collishaw 亦認爲「註冊」及「使用」是不同之概念，政府有義務保護各種符合 TRIPS 宗旨之智慧財產權，因此不得因產品本質而歧視商標之註冊，政府仍有權力依據其國內之情形或保護公共利益爲目的限制產品的銷售，此部分乃各國政府之裁量權[70]，亦非相關智慧財產保護協議所能干涉。

WTO 成員制定 TRIPS 第 15.4 條規範時，系刻意將條文僅限用於商標註冊時，因此註冊商標者，不得間接藉由第 15.4 條要求他國政府開放該已註冊商標之使用。此外，澳洲已於法案中第 28 條指出，法案不會影響商標之註冊權利，故爭端解決小組認爲澳洲此法案應不構成違反 TRIPS 第 15.4 條[71]。

---

69 Daniel Gervais, The TRIPS agreement: Drafting History and Analysis 169 (2nd ed.2003).

70 ALBERTO ALEMANNO & ENRICO BONADIO, DO YOU MIND MY SMOKEING? PLAIN PACKAGING OF CIGARETTES UNDER THETRIPS AGREEMENT 467-469.

71 AUSTRALIA – CERTAIN MEASURES CONCERNING TRADEMARKS, GEOGRAPHICAL INDICATIONS AND OTHER PLAIN PACKAGING REQUIREMENTS APPLICABLE TO TOBACCO PRODUCTS AND PACKAGING

三、是否構成 TRIPS 第 16.1 條：減損商標專用權

TRIPS 第 16.1 條爲商標專用權（exclusive rights）之規範，即商標註冊人得拒絕他人註冊相同或近似商標之權利，以避免造成商品混淆。

澳洲爲降低菸品之宣傳效果，有意將所有菸盒外觀趨於一致，除法律允許的必要揭露資訊（如廠商名稱、條碼、圈地標示以及其他必須揭露之資訊），該法案規定菸盒上不得存在任何具區別性或宣傳性之印記，且上述法案允許之資訊皆須按法案規定的格式呈現於菸盒包裝上。

烏克蘭及宏都拉斯認爲素面包裝法案禁止商標之使用，使其於 TRIPS 第 16.1 條享有之專用權遭減損，甚至遭到剝奪，且認爲素面化及統一規格後的菸盒恐導致菸品混淆之虞，故認爲澳洲此法案可能違反第 16.1 條。[72] 此外，菸商憂心，法案之實施將菸盒包裝依規定統一後，除了容易造成菸品混淆外，亦可由於菸盒製造成本降低而導致仿冒之菸

7.1913. In light of the above, including our findings in paras. 7.1831, 7.1857, 7.1873, 7.1874, 7.1894, and 7.1908 above, we conclude that the complainants have not demonstrated that the TPP measures are inconsistent with Australia's obligations under Article 15.4 of the TRIPS Agreement.

72 7.1923. Honduras also states that it has not claimed that there is a positive right to use a trademark that results from registration.4311 As to the question of "whether registration of a trademark gives one a right to use that trademark, including a right to object to any regulation or restriction on the sale of the product to which the trademark is to be applied",4312 Honduras states that "[t]here is indeed no such 'absolute' right to use the trademark".4313 Honduras accepts that Article 16.1 is triggered by certain situations in which a third party uses an identical or similar trademark on certain goods without the trademark owner's consent. The central point of Honduras's claim is that the TPP measures curtail a trademark owner's ability to assert that right. The TPP measures lead to a loss of distinctive power of the trademark. This erodes the ability of the trademark owner to assert his or her rights, and shrinks the universe of potential Article 16.1 actions that the owner can bring against the use of a similar or identical trademark by an unauthorized third party.

品盛行。菸商認爲，商標系有助於消費者區分辨別，且具有防止非法的僞造菸品及走私之功能，法案實施後，可能使市場充斥難分眞僞的菸品，無法確保菸品質量，更加損害菸品消費者之健康，仿冒菸品之盛行亦會減損商標於 TRIPS 第 16.1 條被保障之專用權。

TRIPS 第 16.1 條明確定義出商標註冊人於 TRIPS 下，被授予專用權之權利，此條刻意避開商標使用權（right of use）之詞彙，反而給予商標註冊人一專屬且排外（right to prevent）之消極權利（negative right）。此外，澳洲政府強調，法案的細部規定第 3.1.2 條准許菸商在菸盒包裝置入不得具有宣傳效果的字母或數位編碼（alphanumeric code）。細部規定亦要求該編碼以統一格式呈現於菸盒上，印刷編碼的字型、顏色及出現在菸盒上的位置等，皆須遵循規定的標準，此舉顯示澳洲政府有意在此方面保障菸商之專用權。

TRIPS 第 16.1 條係規範消極的專用權，由於法案未限制商品註冊者擁有該專用權之權利，且澳洲此法案透過「防僞標識」加強杜絕仿冒品之意圖。

四、是否構成 TRIPS 第 20 條：特殊要求及不合理妨礙

原告認爲，「菸草素面包裝法」及細部規定屬於使用商標時之「特殊要求」（special requirements），且澳洲該法案屬第 20 條「造成不合理妨礙」（unjustifiable encumbered）第三種情形，即造成減損商品識別性之特殊使用方式（detrimental to its capability to distinguish the goods），因此認爲該法案違反 TRIPS 第 20 條規範。菸商菲利浦・莫里斯認同兩控訴國之指控，認爲第 20 條條文中，雖未定義「不合理妨礙」，且 WTO 規範及 DSB 對「合理性」向來皆未有明確之定義，然而第 20 條有爲「不合理妨礙」列舉出三種情形，因此認爲只要符合該三種情形其中之一者，即可能構成表面上（prima fade）符合「不合理

妨礙」之要件[73]。

惟爭端解決小組支持「菸草素面包裝法」，判決研究報告指出，該法案雖可能構成對商標使用之特殊要求，然此法案之目的合乎TRIPS第8條之原則；維護公共健康，不致構成「不合理」之妨礙，故主張該法案不構成違反第20條之要件，因此承認澳洲此法案可能符合特殊要求之要件。[74]

---

[73] 7.2164. Article 20, on its face, does not prohibit as a matter of principle all measures that impose encumbrances upon the use of a trademark in the course of trade. Rather, it disallows only those special requirements that "unjustifiably encumber" the use of a trademark in the course of trade.4698 The structure of the first sentence of Article 20 suggests that it establishes a single obligation, rather than an obligation and exception thereto: "[t]he use of a trademark in the course of trade shall not be unjustifiably encumbered by special requirements". Had the drafters intended to establish a general prohibition on encumbrances and an exception for justifiable ones, it seems to us that they could have, for example, drafted the obligation as follows: the use of a trademark in the course of trade shall not be encumbered by special requirements, unless such encumbrance is justifiable. The commitment that Members have undertaken under the terms of Article 20 is thus to not "unjustifiably encumber[] by special requirements" the use of a trademark in the course of trade. The second part of the sentence, introduced by the term "such as", identifies three examples of specific situations covered by this provision, namely "use with another trademark, use in a special form or use in a manner detrimental to its capability to distinguish the goods or services of one undertaking from those of other undertakings

[74] 7.2441. We note that, under the terms of Article 20, Members have committed not to "unjustifiably encumber[] by special requirements" the use of a trademark in the course of trade. The language used in that provision does not disallow any particular type of "special requirements". Rather, it makes the adoption of such requirements subject to the condition that they do not "unjustifiably encumber[]" the use of trademarks. As described in Section 7.3.5.5.1.3 above, a consideration of whether the use of a trademark is "unjustifiably encumbered" will normally involve a consideration of various elements, including the nature and extent of the encumbrance arising from the special requirements at issue, the reasons for which these requirements are applied, and whether these reasons sufficiently support them. While a prohibition on use of a trademark by nature

藉由檢視 WTO 過去唯一解釋過 TRIPS 第 20 條之案例；印尼車案（Indonesia-certain Measures Affecting the Automobile industry）可知，小組認為若廠商已知商標使用權會因自願參與某些計畫而受損，則不會符合 TRIPS 第 20 條特殊要求之要件，因該廠商系自願使其商標使用權遭受特殊要求之限制，然而澳洲此法案對於菸草包裝之要求系法定且強制之（mandatory），任何進入澳洲市場之菸品商標，皆非自願而必須遵守此法案及細部規定，故此原告認為澳洲之法案應符合第 20 條特殊要求之要件。然而，此份判決不認同 Philip Monis 對於法案「不合理妨礙」之解釋，其認為第 20 條所列舉之三種情形係針對「特殊要求」而非針對「造成不合理妨礙的特殊要求」（unjustifiable special requirement），故不得因為法案之特殊要求可能屬於第三種情形而主張此法案足以構成「不合理妨礙」之要件。[75]

---

involves a high degree of encumbrance on such use, we see no basis for assuming that a particular threshold or degree of encumbrance would be inherently "unjustifiable" under this provision. Rather, we consider that this must in all cases be assessed in light of the circumstances in accordance with the standard of review that we have identified above. This reasoning is comparable, mutatis mutandis, with the reasoning by the Appellate Body in Brazil – Retreaded Tyres in the context of Article XX(b) of the GATT 1994: "As the Panel recognized, an import ban is 'by design as trade-restrictive as can be'. We agree with the Panel that there may be circumstances where such a measure can nevertheless be necessary, within the meaning of Article XX(b)."5034 Similarly, while recognizing that a prohibition on the use of a trademark involves a very high degree of encumbrance, we do not consider that this renders it by nature incapable of justification under Article 20.

75 7.2442. We therefore conclude that special requirements that involve a high degree of encumbrance, such as those in the TPP measures that prohibit the use of stylized word marks, composite marks, and figurative marks, are not per se unjustifiable. Rather, as discussed above, we must apply to them the same standard of review, which we have established in Section 7.3.5.5.1.3 above, as to other special requirements contained in the TPP measures.

肆、結論

本案雖非菸草貿易爭端之首例案件，但相較於前開爭議案件，受到各界廣泛討論及關注，尤其是在 TRIPS 第 20 條及第 8 條之適用範圍及解釋，二者相互依存，彼此解釋。由於第 8 條的原則性條文，因此給予第 20 條極大的解釋空間，但這僅僅解釋了在援引第 20 條的合法性及合理性，並不能將其解釋爲第 20 條的「合理手段」。換言之，第 8 條只是第 20 條的目的，但其手段必須爲不可替代性及唯一性。素面包裝是否爲降低吸菸人口唯一且不可替代的手段，在仲裁判決中，仍然沒有給予正面答案。本案小組判決公示以後，原控訴方僅宏都拉斯及多明尼加提起上訴，指責該小組裁決有誤，包含對 TRIPS 第 20 條之解釋及適用範圍。

筆者認爲，在考慮降低吸菸人口及促進國家整體公共衛生進而立法規範提升對於菸品取得之困難，著實爲一德政，也符合目前世界主流價值觀及世界衛生組織之期待，但依舊回到 TRIPS 第 20 條之爭議，此一立法及限制，是否必須造成不合理妨礙來達成目標，而無其他更適合方法？在此羅列幾項爭議：一、限制商標權人表彰自己商標之權力，是否違反商標權之核心本質及價值觀？二、是否爲唯一必要之手段？有無不合理妨礙商標使用？

首先，商標的本質及功能爲何？不就是爲了使消費者能辨別商品或服務之來源，進而指示消費者在對於同類型商品或服務中，能區別不同製造商或服務提供者。「菸草素面包裝」法案雖爲了整體國民健康及公共利益，而有更遠大及宏觀之視角，但也不能犧牲商標之本質及精神，透過無法辨別商品來源增加選購困難達到降低吸菸人口，此手段與商標本質是相互矛盾。透過文獻可以知悉，當初立法時之考量點，就是透過抹煞各家菸商產品外包裝之不同，達到消費者在選擇上出現困難，增加消費者購買時的額外成本，進而達到最終目的。因此從商標權的角度而言，此法案相當粗糙，甚至退一萬步說，已經不是保護商標權的問題，而是直接忽視商標存在的本質及功能。

其二，是否爲唯一必要之手段，答案明顯爲否，畢竟在仲裁判決中，仲裁委員也無法回答該質疑，無法給出正面答案。必須了解到爲達降低吸菸人口之目的，其使用不同手段之成本爲何？在眾多手段之中，是否選擇合理的成本？就筆者淺見，澳洲政府選擇採用此立法方式，事實上爲耗費社會成本最高之手段。限制商標權人表彰商標之權利，犧牲商標存在的本質及功能，造成立法上之衝突，甚至構成法律競合，進而發生澳洲國內訴訟及國際仲裁，耗費大量司法資源。

最後，從判決文當中可以看出，仲裁員認定雖然有妨礙商標使用之虞，但非屬不合理妨礙；換言之，「菸草素面包裝法」確實有構成第20條所稱之特殊要求，但不構成不合理之要件，其原因爲援引第8條之原則性條文。上文提到，TRIPS第20條及第8條二者相互依存，彼此解釋，第8條屬原則性條文，因此給予第20條極大的解釋空間，但這僅僅解釋了在援引第20條的合法性及合理性，並不能將其解釋爲不構成第20條所稱之「不合理手段」。換言之，第8條只是第20條的目的，但其手段必須爲不可替代性及唯一性。

在上述三個觀點中，筆者認爲仲裁委員會有「先射箭，後畫靶」之嫌疑，對此爭議已有心證，只是找出大量理由及擴大對第8條之解釋、限縮第20條之解釋來支持其心證。從「菸草素面包裝」法案來說，可謂簡單粗暴，用一刀切的方式來規範菸盒包裝，本人同意菸盒外包裝限制其設計樣式，只能使用單一顏色塗滿。但限制商標表彰方式違反商標法立法本旨，其實該法案可以限制菸商之商標需小於菸盒整體多少百分比，但依舊可以表彰其商標之原樣，而非限制只能用類似「標楷體」的方式表示。在選擇手段上，澳洲也可以嘗試其他更爲成本低廉的方式，譬如再次提高菸稅，仿效大麻設立販賣專區，使得菸品不得在一般超商販售、落實消費者年齡查核、將菸品列爲管制商品，購買時須取得國家核發之許可證等手段，綜上所述，限制購買菸品之手段其效果未必比修「菸草素面包裝法」更爲沒有效率，在降低耗費社會及司法成本時，亦能達到戒菸之目的。

參考文獻

一、中文部分

（一）書籍

林彩瑜（2011），〈WTO制度與實務〉，《世界貿易組織法律研究（三）》，頁358。

（二）論文

林于仙、張凱媛、葉慈薇(2011)，《試析澳洲之菸品包裝法案與TBT協定及TRIPS協定之合致性》，政治大學國際經貿組織暨法律研究中心，經貿法訊第126期。

李亞璇（2012），《試論澳洲菸盒素面包裝法案與TRIPS商標權之合致性》，政治大學國際經貿組織暨法律研究中心，經貿法訊第130期。

黃嘉偉（2015），《從菸草素面包裝論公共衛生與智慧財產權之關係及發展趨勢》，頁45，國立台灣大學工學院工業工程學研究所碩士論文。

（三）網路文獻

什麼是FCTC？，衛生福利部國民健康署，https://www.hpa.gov.tw/Pages/Detail.aspx?nodeid=3802&pid=10233（最後瀏覽日：02/15/2020）。

《世界衛生組織菸草控制框架公約》前言，https://www.hpa.gov.tw/Cms/File/Attach/10233/File_11649.pdf（最後瀏覽日：02/15/2020）。

古巴就澳洲菸品標示規定提WTO爭端解決案（2013），《經濟部貿易調查委員會貿易救濟動態週報》，515期，http://portal.moeaitc.gov.tw/portal/document/wFrmDocument02.aspx?doctype1=9&docid=520-2。

趙化成，出席「世界貿易組織與貿易有關智慧財產權理事會（WTO/TRIPS）2011年06月例會及特別會議」報告，經濟部智慧財產局（100年08月01日），http://open.nat.gov.tw。

二、英文部分

（一）法規

Australian Government Federal Register of Legislation Tobacco Plain Packaging Act 2011

Agreement on Trade-Related Aspects of Intellectual Property Rights

Guidelines for implementation of Article 13 of the WHO Framework Convention on Tobacco Control (Tobacco advertising, promotion and sponsorship)

Guidelines for implementation of Article 11 of the WHO Framework Convention on Tobacco Control (Packaging and labelling of tobacco products)

（二）網路文獻

World Trade Organization, Members debate cigarette plain-packaging's impact on trademark rights
https://www.wto.org/english/news_e/news11_e/trip_07jun11_e.htm（最後瀏覽日：02/15/2020）

World Trade Organization DISPUTE SETTLEMENT DS434: On 13 March 2012, Ukraine requested consultations with Australia concerning certain Australian laws and regulations that impose trademark restrictions and other plain packaging requirements on tobacco products and packaging.
https://www.wto.org/english/tratop_e/dispu_e/cases_e/ds434_e.htm（最後瀏覽日：02/15/2020）

World Trade Organization DISPUTE SETTLEMENT DS435: On 4 April 2012, Honduras requested consultations with Australia concerning certain Australian laws and regulations that impose trademark restrictions and other plain packaging requirements on tobacco products and packaging.
https://www.wto.org/english/tratop_e/dispu_e/cases_e/ds435_e.htm（最後瀏覽日：02/15/2020）

World Trade Organization DISPUTE SETTLEMENT DS441: On 18 July 2012, the Dominican Republic requested consultations with Australia concerning certain Australian laws and regulations that allegedly impose trademark restrictions and other plain-packaging

requirements on tobacco products.
https://www.wto.org/english/tratop_e/dispu_e/cases_e/ds441_e.htm（最後瀏覽日：02/15/2020）

World Trade Organization DISPUTE SETTLEMENT DS458: On 3 May 2013, Cuba requested consultations with Australia concerning certain Australian laws and regulations that allegedly impose trademark restrictions and other plain-packaging requirements on tobacco products.
https://www.wto.org/english/tratop_e/dispu_e/cases_e/ds458_e.htm（最後瀏覽日：02/15/2020）

World Trade Organization DISPUTE SETTLEMENT DS467: On 20 September 2013, Indonesia requested consultations with Australia concerning certain Australian laws and regulations that impose restrictions on trademarks, geographical indications, and other plain packaging requirements on tobacco products and packaging.
https://www.wto.org/english/tratop_e/dispu_e/cases_e/ds467_e.htm（最後瀏覽日：02/15/2020）

Reducing the appeal of smoking – first experiences with Australia's plain tobacco packaging law.
https://www.who.int/features/2013/australia_tobacco_packaging/en/（最後瀏覽日：02/15/2020）

（三）判決

AUSTRALIA – CERTAIN MEASURES CONCERNING TRADEMARKS, GEOGRAPHICAL INDICATIONS AND OTHER PLAIN PACKAGING REQUIREMENTS APPLICABLE TO TOBACCO PRODUCTS AND PACKAGING REPORTS OF THE PANELS,

JTI/BAT v Common wealth of Australia.

JT International SA v Commonwealth of Australia; British American Tobacco Australasia Limited v Commonwealth of Australia [2012] HCA 30, 15 August 2012.

JT International SA v Commonwealth of Australia; British American Tobacco Australasia

Limited Ors v The Commonwealth of Australia [2012J HCATrans 91, 17 April 2012.

（四）文章

Discussion Paper Australia: The Healthiest Country By 2020, Preventative Health Taskforce, Australia Government, 2008.

Matthew Rimmer, "The High Court and the Marlboro Man: the plain packaging decision, The Conversation", 18 October 2012.

Letter from Lalive Law Firm to Philip Morris International Management SA (July 23, 2009).

Daniel Gervais, The TRIPS agreement: Drafting History and Analysis 169 (2nd ed.2003).

ALBERTO ALEMANNO & ENRICO BONADIO, DO YOU MIND MY SMOKEING? PLAIN PACKAGING OF CIGARETTES UNDER THETRIPS AGREEMENT 467-469

Discussion Paper Australia: The Healthiest Country By 2020, Preventative Health Taskforce, Australia Government, 2008.

第十章

從營業秘密實務判決，研析法律風險管理對策

薛筱諭 *

壹、前言

貳、營業秘密法之立法歷程

參、從實務判決，研析營業秘密保護

肆、公司營業秘密外洩之原因

伍、營業秘密保護之法律風險管理對策

陸、結論

*律師

摘　要

我國最初於民國（下同）85 年 1 月 17 日制定公布「營業秘密法」全文，共 16 條，用以維護產業倫理、確保工商競爭秩序之發展，調和社會公共利益之所由設。嗣後，立法者為因應層出不窮之營業秘密侵害案件，遂於 102 年 1 月 30 日增訂公布第 13 條之 1 至第 13 條之 4，明定刑事責任及域外加重罰責之目的，旨在擴大營業秘密之保護並發揮嚇阻作用。109 年 1 月 15 日修正公布第 15 條條文，並增訂第 13 條之 5、第 14 條之 1 至第 14 條之 4 條文，係為防止偵查中獲悉營業秘密者為不當利用，而明定偵查保密令之相關規範。營業秘密（trade secret）之保護，不僅與公司之永續經營、創新息息相關，亦在社會與個人間產生廣泛之法律風險，如何確保產業競爭秩序之發展，並兼顧社會公益之調和，司法實務見解即是重要參考依據。是以有機會接觸營業秘密之相關人員，均須正視營業秘密保護之問題。因此，本文係從營業秘密法之立法歷程開始探討，並從司法實務判決，研析營業秘密保護之要件，探究公司營業秘密外洩原因，提出因應營業秘密保護之法律風險管理對策，以達政府機關、學界、企業界及受僱人等均能對營業秘密法更加了解，希冀凝聚社會共識，強化我國產業之國際競爭力等多贏之目標。

關鍵詞：營業秘密，秘密性，經濟價值，合理保密措施，法律風險管理。

壹、前言

近期本文作者曾參與民國（下同）108 年 9 月 24 日在台中舉辦「台日科技高峰論壇──數位創新與智慧製造」之會議，議程主題乃爲因應人工智慧（AI）、物聯網（IOT）、大數據（Big Data）及第五代行動通訊技術（5G）等科技時代來臨，舉凡 AI 技術開發、機器人製造及應用、智慧製造聯網數據加值驅動產業升級創新、大數據於量子電腦之應用等高科技議題均涉及智慧財產權保護之問題。顯見未來使用雲端計算與互聯網間之高度發展[1]，將係高科技產業之潮流與趨勢。

「智慧財產」係指人類運用精神力創作之成果，而受法律保障者稱「智慧財產權」此乃一概括名詞，目前我國係以著作權法、專利法、商標法、營業秘密法[2]等規範，來保護不同面向之智慧財產。智慧財產法院是依據「智慧財產法院組織法」於 97 年間成立之專業法院，設置目的在使具智慧財產權專業之司法人員處理案件，以收妥適審理之效[3]。109 年 1 月 15 日修正公布名稱「智慧財產及商業法院組織法」，其管轄案件，包括：一、依專利法、商標法、著作權法、光碟管理條例、營業秘密法、積體電路電路布局保護法、植物品種及種苗法或公平交易法所保護之智慧財產權益所生之第一審及第二審民事訴訟事件，及依商業事件審理法規定由商業法院管轄之商業事件。二、因刑法第 253 條至第 255 條、第 317 條、第 318 條之罪或違反商標法、著作權法、營業秘密法及智慧財產案件審理法第 35 條第 1 項、第 36 條第 1 項案件，不服地方法院依通常、簡式審判或協商程序所爲之第一審裁判而上訴或抗告之

1 陳春山（2016），《智財法實務：案例及契約範例》，頁3，台北：新學林。

2 楊智傑（2019），《智慧財產權法》，3版，頁1-23，台北：新學林。

3 洪陸麟（2008），《以專利案件為中心論智慧財產案件審理法》，頁20，國立政治大學法律學系學士後法學組碩士論文。

刑事案件。三、因專利法、商標法、著作權法、光碟管理條例、積體電路電路布局保護法、植物品種及種苗法或公平交易法涉及智慧財產權所生之第一審行政訴訟事件及強制執行事件。四、其他依法律規定或經司法院指定由智慧財產及商業法院管轄之案件。

由於法律規範之不同，應就不同智慧財產選擇適當之保護方式。除符合著作權法保護要件之表達，於著作完成時，即受著作權法保護[4]（創作保護主義）；專利權與商標權則須向我國智慧財產局爲專利申請、商標註冊登記[5]，始受保護（登記或註冊主義）；營業秘密則須符合三要件：(一) 秘密性，(二) 經濟價值，(三) 合理保密措施，始受營業秘密法保護。是以，選擇以何種型式保護智慧財產，究係申請專利或營業秘密之保護，即爲商業策略之一環。其抉擇重點爲智慧財產一旦公開後，在同業間競爭力是否會被超前、公開專利申請範圍對研發能力之影響、專利申請難易[6]及費用與維護成本、產品生命週期等問題，均考驗著企業經營者之智慧。惟若單以營業秘密保護智慧財產，恐有不足[7]，可兼採專利法及營業秘密法保護研發成果[8]，較爲周全。關於保護期限長短，發明、新型、設計專利權，自申請日起算，分別爲20年[9]、10年[10]、15年[11]屆滿。商標自註冊公告當日起，權利人取得商標權，商標權期間爲 10

4 簡啓煜（2011），《著作權法案例解析》，2版，頁32，台北：元照。

5 陳昭華（2013），《商標法實例解析》，頁104，台北：元照。

6 曾勝珍（2008），《智慧財產權論叢第壹輯》，頁45，台北：五南。

7 曾勝珍（等著），（2015），〈我國營業秘密法制探討（上）〉，《全國律師》，19卷7期，頁88。

8 張志朋（等著），（2019），《營業秘密訴訟贏的策略》，2版，頁5，台北：元照。

9 專利法第52條第3項。

10 專利法第114條。

11 專利法第135條。

年，每次得延展為 10 年[12]（潛在永久權）。「營業秘密」於該秘密具經濟價值且採合理保密措施，可受永久保護[13]。例如：可口可樂之配方即係以營業秘密為保護[14]。

有鑑於網路數位科技發展迅速，所有機密資訊及智慧財產等均仰賴電腦儲存與應用，倘若公司對於營業秘密之保護、資安控管有所疏忽，極可能造成多年努力研發之營業秘密一夕曝光之嚴重後果，相關人員恐涉民事、刑事等法律責任。是以，營業秘密之保護不僅是公司永續經營之重要議題，即使受僱員工也應預防於離職時，不受公司以侵害營業秘密為由求償鉅額。目前實務運作上，營業秘密之保護，通常同時要求員工簽定競業禁止契約及保密條款[15]，乃係因三者間，息息相關且密不可分。例如：大立光電股份有限公司對跳槽至先進光電科技股份有限公司洩漏營業秘密之工程師，以侵害營業秘密為由，求償新台幣（下同）140 億元，一審法院判決連帶給付 15 億 2 千 2 百餘萬元[16]，為我國目前侵害營業秘密損害賠償金額最高之案件。

因此，本文將從營業秘密法之立法歷程開始探討，接著探究司法實務對營業秘密保護要件之認定與案例研析，摘錄企業營運不可或缺的商業性資訊，諸如客戶名單及商品售價、成本分析、產品報價與技術性資訊如保健食品配方、手機外觀與開機畫面等數則將營業秘密三要件分析論述綦詳之判決觀察，使企業得以參照將具秘密性、有經濟價值之智慧財產成果，區分機密等級，並採取合理保密措施後，使受我國營業秘密法保護，進而提高企業競爭力，並就公司營業秘密外洩之原因，提出法律風險管理對策以供產、官、學界等參酌，避免動輒得咎並臻致多贏目標。

---

12 商標法第33條第1項、第2項。

13 謝銘洋（2018），《智慧財產權法》，8版，頁95-160，台北：元照。

14 杜拉克（2001），《21世紀的管理挑戰》，頁134，台北：天下遠見。

15 李兆環（編）（2017），《營業秘密與競業禁止》，頁94，台北：新學林。

16 智慧財產法院102年度民營訴字第6號判決。

貳、營業秘密法之立法歷程

關於營業秘密之保護，最早規範於 80 年 1 月 18 日制定，同年 2 月 4 日公布之「公平交易法」第 19 條之不正競爭[17]之第 5 款條文：「有左列各款行爲之一，而有妨礙公平競爭之虞者，事業不得爲之：以脅迫、利誘或其他不正當方法，獲取他事業之產銷機密、交易相對人資料或其他有關技術秘密之行爲」[18]。嗣後，我國爲因應世界貿易組織（World Trade Organization, WTO）[19]，WTO 貿易規則涵蓋貿易範圍包括貨品（「關稅暨貿易總協定」）、服務（「服務貿易總協定」）及智慧財產權（「與貿易有關之智慧財產權協定」），並透過爭端解決及貿易政策檢討機制予以強化。「關稅暨貿易總協定」（General Agreement on Tariffs and Trade, GATT）烏拉圭回合談判「與貿易相關之智慧財產權協定」（Agreement on Trade- Related Aspects of Intellectual Property Rights, TRIPS），該協定明確要求會員國對營業秘密應予以法律保護。TRIPS 所謂的最低保護標準，係以歐、美、日等國當時法制水準及產業發展情況爲基準，要求 WTO 會員應達到相同的保護水平[20]。我國遂於 85 年 1 月 17 日公布「營業秘密法」，第 1 條明定爲保障營業秘密，維護產業倫理與競爭秩序，調和社會公共利益，特制定之。其立法目的有三：(一) 因營業秘密爲智慧財產權之一環，爲保障營業秘密，以達提升投資與研發與意願之效果，並能提供環境，鼓勵在特定交易關係中的資訊得

---

17 周德旺（1992），《透視公平交易法》，頁32，台北：大日。

18 呂榮海（等著），洪美華（編）（1992），《公平交易法解讀》，頁24，台北：月旦。

19 曾勝珍（2016），《案例式營業秘密法》，頁5，台北：新學林。

20 王美花（2005），〈智慧財產權最新國際發展之評析〉，《智慧財產權月刊》，74期，頁83。

以有效流通。(二) 維護產業倫理與競爭秩序，使員工與雇主間、事業體彼此間之倫理與競爭秩序有所規範依循。(三) 調和社會公共利益。

第 2 條係營業秘密之定義及權利保護要件：「本法所稱營業秘密，係指方法、技術、製程、配方、程式、設計或其他可用於生產、銷售或經營之資訊，而符合左列要件者：一、非一般涉及該類資訊之人所知者。二、因其秘密性而具有實際或潛在之經濟價值者。三、所有人已採取合理之保密措施者。」理由爲營業秘密本爲資訊之一種，資訊之自由流通，雖爲民主社會之基石，惟對資訊之所有人仍應予以適當保護，以求調和。爲避免營業秘密保護之內涵與範圍漫無標準，爰參酌：(一) 美國統一營業秘密法第 1 條第 1 項第 4 款：營業秘密意指資訊，包括配方、模型、編纂、程式、設計、方法、技術或過程：1. 其獨立之實際或潛在經濟價值係來自於非他人所公知，且他人無法以正當方法輕易確知，而其洩漏或使用可使他人獲得經濟上價值者。2. 已盡合理之努力維持其秘密性者。(二) 加拿大統一營業秘密法第 1 條第 2 項：營業秘密意指資訊，包括但不限於包含或具體表現一配方、模型、編纂、電腦程式、方法、技術、過程、產品設計或結構之資訊：1. 被或可能被使用於交易或商業者。2. 於該交易或商業中非一般公知者。3. 因非爲公知而具經濟價值者，且 4. 已盡合理之努力維持其秘密性者。(三) 日本不正競爭防止法第 1 條第 3 項：持有視爲機密而予以管理之生產方法、販賣方法以及其他不被公眾所知悉且對事業活動有用之技術上或營業上之情報。(四) 韓國不正競爭防止法第 2 條第 2 項：所謂「營業秘密」係指無法公然得知，具有獨立經濟價值，經相當之努力，且維持秘密之生產方法、銷售方法或於其他營業活動上實用之技術或經營資料而言。(五) 關稅暨貿易總協定烏拉圭回合談判「與貿易有關之智慧財產權協定」（TRIPS）第 39 條第 2 項：自然人及法人對合法擁有之下列資訊，應可防止其洩漏，或遭他人以不誠實之商業手段取得或使用：1. 秘密資訊，亦即指不論以整體而言，或以其組成分子之精確配置及組合而言，這類資訊目前仍不為一般涉及該類資訊之人所知或取得者；2. 因其秘密性而具有商業價值者；3. 所有人已採行合理步驟以保護該資訊之秘密性者。

第 3 條明定營業秘密之歸屬。第 4 條以契約約定營業秘密之歸屬。第 5 條契約自由原則。第 6 條營業秘密共有之使用處分。第 7 條營業秘密之授權限制。第 8 條營業秘密不得為質權及強制執行之標的。第 9 條保密義務。第 10 條侵害營業秘密之態樣。第 11 條受侵害之排除及防止請求權。第 12 條損害賠償請求權及其消滅時效。第 13 條損害賠償額之計算。第 14 條專業法庭之設立或指定專人辦理。第 15 條外國人之互惠原則。第 16 條施行日。惟當時僅制定此 16 條之條文，由於不足以因應實務之運作，亦無刑罰規定，導致營業秘密侵害案件仍不斷發生。

嗣後，為防阻侵害營業秘密案件之發生，遂於 102 年 1 月 30 日增訂公布營業秘密法第 13 條之 1 至第 13 條之 4。同法第 13 條之 1 為符合罪刑法定原則，例示侵害之行為態樣，增訂：「意圖為自己或第三人不法之利益，或損害營業秘密所有人之利益，而有下列情形之一，處五年以下有期徒刑或拘役，得併科新台幣一百萬元以上一千萬元以下罰金：一、以竊取、侵占、詐術、脅迫、擅自重製或其他不正方法而取得營業秘密，或取得後進而使用、洩漏者。二、知悉或持有營業秘密，未經授權或逾越授權範圍而重製、使用或洩漏該營業秘密者。三、持有營業秘密，經營業秘密所有人告知應刪除、銷毀後，不為刪除、銷毀或隱匿該營業秘密者。四、明知他人知悉或持有之營業秘密有前三款所定情形，而取得、使用或洩漏者。前項之未遂犯罰之。科罰金時，如犯罪行為人所得之利益超過罰金最多額，得於所得利益之三倍範圍內酌量加重。」理由係刑法關於侵害營業秘密之規定，固有洩漏工商秘密罪、竊盜罪、侵占罪、背信罪、無故取得刪除變更電磁紀錄罪等，惟因行為主體、客體及侵害方法之改變，且刑法規定殊欠完整、法定刑過低，實不足以有效保護營業秘密，而有增訂刑罰之必要。惟本條增訂後，有論者提及應區分「商業性營業秘密」、「技術性營業秘密」予以不同保護密度，僅在侵害高科技產業之營業秘密範疇時課以刑責，始符比例原則。除上述外，本文認爲宜再區分不同行爲態樣之侵害程度，例如竊取與合法取得後進而使用、洩漏之侵害營業秘密態樣明顯不同，卻均適用本條規範，對於情節輕微個案恐構成顯然過苛之處罰，宜修法改善。

第 13 條之 2 增訂域外處罰加重：「意圖在外國、大陸地區、香港或澳門使用，而犯前條第一項各款之罪者，處一年以上十年以下有期徒刑，得併科新台幣三百萬元以上五千萬元以下之罰金。前項之未遂犯罰之。科罰金時，如犯罪行爲人所得之利益超過罰金最多額，得於所得利益之二倍至十倍範圍內酌量加重。」理由係行爲人不法取得我國人營業秘密，其意圖係在域外使用，將嚴重影響我國產業國際競爭力，其非難性較高。本條之增訂，有論者認爲第 13 條之 1 及第 13 條之 2 所規範之不法行爲差別僅在國內或國外，就犯罪之本質並無不同[21]，卻將之區分爲告訴乃論與非告訴乃論，應均改爲告訴乃論較爲妥適。惟另有論者持反對見解，認爲侵害營業秘密之犯罪應訂爲非告訴乃論之罪，較能保障我國產業之國際競爭力。

第 13 條之 3 增訂：「第十三條之一之罪，須告訴乃論。對於共犯之一人告訴或撤回告訴者，其效力不及於其他共犯。公務員或曾任公務員之人，因職務知悉或持有他人之營業秘密，而故意犯前二條之罪者，加重其刑至二分之一。」理由係刑法上有關營業秘密之犯罪，均係告訴乃論，故明訂第 13 條之 1 爲告訴乃論之罪，使被害人與行爲人有私下和解之機會而得以息訟，並節省司法資源。關於本條之立法建議，有論者認爲：「侵害營業秘密可能涉及不公平競爭與國家安全，此種超個人法益或兼具重層性法益的犯罪，並不適合立成告訴乃論之罪。」

第 13 條之 4 增訂：「法人之代表人、法人或自然人之代理人、受

---

21 王偉霖（2017），〈我國營業秘密法刑事規範的再思考〉，《法令月刊》，68卷5期，頁79-82。

雇人或其他從業人員，因執行業務，犯第 13 條之 1、第 13 條之 2 之罪者，除依該條規定處罰其行爲人外，對該法人或自然人亦科該條之罰金。但法人之代表人或自然人對於犯罪之發生，已盡力爲防止行爲者，不在此限。」理由爲併同處罰制，係就同一犯罪行爲同時處罰行爲人及其企業組織。對於行爲人而言，其受處罰係因其違法之犯罪行爲，對於企業組織而言，其受罰則係因其監督不力。從法理而言，對受罰之企業組織，其處罰具有從屬性，必以行爲人受處罰爲前提。但書之免責規定，讓法人或自然人雇主有機會於事後舉證而得以證明其已盡力防止侵害營業秘密之發生，此既可免於企業被員工之個人違法行爲而毀掉企業形象，也可免於大筆罰金之支出，更可予企業事先盡力防止犯罪發生之獎勵，而有預防犯罪之功能。

109 年 1 月 15 日增訂營業秘密法第 13 條之 5、第 14 條之 1 至第 14 條之 4，並修正公布同法第 15 條，係因修法前，僅法院審理時始有秘密保持命令之適用，此次修法乃爲補足偵查中營業秘密之保護，爰增訂偵查保密令等規範。第 13 條之 5 增訂：「未經認許之外國法人，就本法規定事項得爲告訴、自訴或提起民事訴訟。」理由係外國法人如未經我國認許，並未取得法人資格，依司法院院字第 533 號解釋認爲無提自訴之權，其營業秘密受侵害時，即無法循法律途徑尋求救濟，殊有礙於國際貿易之促進，且不利跨國公司來台投資，爰增訂未經認許之非本國法人得爲訴訟主體，以保護其權益。

第 14 條之 1 增訂：「檢察官偵辦營業秘密案件，認有偵查必要時，得核發偵查保密令予接觸偵查內容之犯罪嫌疑人、被告、被害人、告訴人、告訴代理人、辯護人、鑑定人、證人或其他相關之人。受偵查保密令之人，就該偵查內容，不得爲下列行爲：一、實施偵查程序以外目的之使用。二、揭露予未受偵查保密令之人。前項規定，於受偵查保密令之人，在偵查前已取得或持有該偵查之內容時，不適用之。」理由係爲使偵查程序得以順利進行，維護偵查不公開及發現眞實，同時兼顧營業秘密證據資料之秘密性，明定檢察官得核發偵查保密令，以落實偵查不公開辦法第 6 條規定。另，若告訴人認爲其營業秘密受侵害而欲防止或排除者，考量案件尚在調查中，是否確屬營業秘密之侵害仍未確定，故不宜於偵查階段由檢察官以公權力介入排除或禁止，而應回歸本法民事規定，由法院審酌事證裁定之。

第 14 條之 2 增訂：「偵查保密令應以書面或言詞爲之。以言詞爲之者，應當面告知並載明筆錄，且得予營業秘密所有人陳述意見之機會，於七日內另以書面製作偵查保密令。前項書面，應送達於受偵查保密令之人，並通知營業秘密所有人。於送達及通知前，應給予營業秘密所有人陳述意見之機會。但已依前項規定，給予營業秘密所有人陳述意見之機會者，不在此限。偵查保密令以書面爲之者，自送達受偵查保密令之人之日起發生效力；以言詞爲之者，自告知之時起，亦同。偵查保密令應載明下列事項：一、受偵查保密令之人。二、應保密之偵查內容。三、前條第二項所列之禁止或限制行爲。四、違反之效果。」理由係明定偵查保密令之生效要件及時點，並區分言詞及書面之不同方式而爲規定。言詞所爲之偵查保密令記載於筆錄時，日後案件起訴卷證送交法院審理時，應注意記載情況及是否可供閱覽，必要時，應適當遮蔽。

第 14 條之 3 增訂偵查保密令之撤銷、變更及救濟程序。其立法理由係因偵查中案件發展處於動態，應受保密之原因可能消滅或變更，爲因應案件狀況之變化，明定必要時，檢察官得依職權撤銷或變更其偵查保密令。因營業秘密所有人並非受處分人，亦非當事人，無法直接依刑事訴訟法聲明不服或抗告，爰明定準用刑事訴訟法第 403 條至第 419 條之規定，以資明確。

第 14 條之 4 增訂：「違反偵查保密令者，處三年以下有期徒刑、拘役或科或併科新台幣一百萬元以下罰金。於外國、大陸地區、香港或澳門違反偵查保密令者，不問犯罪地之法律有無處罰規定，亦適用前項規定」理由係違反偵查保密令之行爲視同藐視司法，該行爲係侵害國家法益，其性質應為非告訴乃論罪。

第 15 條修正外國人營業秘密保護之互惠原則。其立法理由係我國對外國人之營業秘密保護採互惠主義，例如：同為世界貿易組織（WTO）會員，依「與貿易有關的智慧財產權協定」（TRIPS），即有相互保護營業秘密之義務。

綜觀上述，可就我國營業秘密法之立法歷程，包括基本法律制定後，因保護不足而增訂刑責，並加重域外處罰及補足偵查中營業秘密保護不足之偵查保密令之規範。本文將重要條文全文列出，其餘僅摘錄法條要旨，建立營業秘密法之基本概念，更可從立法理由進一步認識營業秘密法。再者，由各國陸續制定之相關法律規範，如 1979 年美國統一營業秘密法及 1996 年通過經濟間諜法[22]，正式以聯邦立法對侵害營業秘密者課以嚴格刑責[23]、1990 年日本修正不正競爭防止法，擴及對營業秘密法之保護並於 2004 年增訂刑責，2005 年增訂域外犯罪等，2006 年加重罰則，2009 年擴大保護範圍於記錄載體之物，並將行為態樣做概括性規定[24]、德國 2018 年提出「營業秘密保護法」（Gesetz zum Schutz von Geschäftsgeheimnissen, GeschGehG）草案，於 2019 年 4 月 26 日登於聯邦公報正式生效，並刪除不正競爭防止法中，營業秘密保護相關條文[25]等，足見營業秘密之保護在各國均趨於重視。是以，企業面臨商業戰爭之全球化浪潮來襲，營業秘密乃提高企業競爭力之利器，競爭者為取得

22 王玉瓊（2016），〈美國法上關於營業秘密之民事救濟：以法院判決之解析為中心〉，《智慧財產權月刊》，214期，頁33。

23 經濟部智慧財產局網站：https://www1.tipo.gov.tw/ct.asp?xItem=207083&ctNode=6740&mp=1（最後瀏覽日：03/13/2020）。

24 鄭文正（2017），〈營業秘密法之競業禁止原則與刑事責任〉，《司法新聲》，122期，頁112-113。

25 資訊工業策進會科技法律研究所網站：https://stli.iii.org.tw/article-detail.aspx?no=64&tp=1&d=8362（最後瀏覽日：03/13/2020）。

對手企業之營業秘密，常運用人員竊取、侵入電腦系統等方式侵害，企業可從資訊安全管制等建立防護系統，確保營業秘密之安全[26]，又營業秘密之重要性對工業界而言有凌駕專利法之勢，亦爲商場致勝之鑰[27]，如可口可樂之配方。因此，認識我國營業秘密法規範疇即爲首要之務，協助企業高階管理者理解法律風險何在並建立法律風險意識，加強其對營業秘密法令遵循之重視，具體落實營業秘密管理於企業活動，避免營業秘密外洩，將有助公司研發創新提升國際競爭力，使公司得永續經營發展。

參、從實務判決，研析營業秘密保護

一、營業秘密要件研析

營業秘密，依營業秘密法第 2 條之規定，係指方法、技術、製程、配方、程式、設計或其他可用於生產、銷售或經營之資訊，而符合下列要件者：(一) 非一般涉及該類資訊之人所知者（下稱秘密性）；(二) 因其秘密性而具有實際或潛在之經濟價值者（下稱經濟價值）；(三) 所有人已採取合理之保密措施者（下稱合理保密措施）。從而，重製、取得、使用、洩漏他人營業秘密罪之判斷，首須確定營業秘密之內容及其範疇，並就行爲人所重製、取得、使用、洩漏涉及營業秘密之技術資訊是否具備秘密性、經濟價值及保密措施等要件逐一審酌。如其秘密，僅屬抽象原理、概念，並爲一般涉及相關資訊者，經由公共領域所可推知，或不需付出額外的努力即可取得相同成果，或未採取交由特定人管理、限制人員取得等合理保密措施，均與本罪之構成要件不符[28]。準

26 施茂林（等著）（2016），《法律風險管理理論與案例》，頁543，台北：五南。

27 經濟部智慧財產局網站，前揭註23。

28 最高法院刑事判決107年度台上字第2950號。

此，營業秘密之三要件，分別爲秘密性、經濟價值、合理保密措施，茲分述如下：

(一) 秘密性

所謂秘密性，屬於相對秘密概念，知悉秘密之人固不以一人爲限，凡知悉者得以確定某項資訊之詳細內容及範圍，具有一定封閉性，秘密所有人在主、客觀上將該項資訊視爲秘密，除一般公眾所不知者外，相關專業領域之人亦不知悉者屬之。例如：可口可樂的飲料配方，迄今其他飲料公司仍無法輕易製作相同口感的可樂。營業秘密又可區分爲「商業性營業秘密」、「技術性營業秘密」二大類，前者包括公司進貨成本、客戶聯繫資訊、客戶需求之產品規格、商品定價策略、成本分析等資訊。後者則包括方法、技術、製程、配方等相關資訊。

(二) 經濟價值

所謂經濟價值，係指某項資訊經過時間、勞力、成本之投入所獲得，在使用上不必依附於其他資訊而獨立存在，除帶來有形之金錢收入，尚包括市占率、研發能力、業界領先時間等經濟利益或競爭優勢者而言。他人擅自取得、使用或洩漏之，足以造成秘密所有人經濟利益之損失或競爭優勢之削減。可投入研發、生產、製造、銷售、維修等商業投資活動，始可謂具有經濟價值。例如：公司之研發成果等所能令公司獲得實際或潛在利益者，始足當之。因此，並非所有公司之資訊皆屬營業秘密，端視該營業秘密之是否具經濟價值爲斷。

(三) 合理保密措施

所謂合理保密措施，係指營業秘密之所有人，主觀上有保護之意願，且客觀上有保密的積極作爲，使人了解其有將該資訊當成秘密加以保守之意思。所有人所採取之保密措施必須「有效」，惟並不要求須達「滴水不漏」之程度，只需秘密所有人按其人力、財力，依其資訊性質，以社會通常所可能之方法或技術，將不被公眾知悉之資訊，依業務需要分類、分級而由不同之授權職務等級者知悉，除有使人了解秘密所有人有將該資訊當成秘密加以保密之意思，客觀上亦有保密之積極作爲。至於判斷是否採取合理之保密措施，不以有簽署保密協議爲必要[29]。於電腦資訊之保護，就使用者每設有授權帳號、密碼等管制措施，尤屬常見[30]。

綜上所述，法院於認定是否爲營業秘密之範疇，係以該營業秘密因其秘密性而具實際或潛在之經濟價值，並已採合理保密措施，此營業秘密三要件爲綜合判斷。例如：「大連化學工業股份有限公司（下稱大連公司）針對檔案傳輸有管理及資訊安全措施，並有內控稽核，PID 圖爲大連公司機密，有加密管控及保密措施。而原判決所引其餘證據資料，係證明大連公司對於附表所示資訊採取合理保密措施，上訴人曾參與 PID 管理作業程序書，知悉 PID 圖面屬於極機密資訊等情。惟理由欄就附表所示各種資訊彼此間是否獨立存在或相互依附，是否均因其秘密性而具有實際或潛在之經濟價值，則付之闕如。凡此，涉及上訴人侵害大連公司營業秘密之內容及其範圍，仍有釐清之必要。原判決對此未爲必要之闡析論敘，逕認附表所示資訊均屬大連公司之營業秘密，尙嫌速斷，併有理由不備之違誤[31]。」是以，實務認定研發成果是否屬營業秘密之內容及範疇，就其要件須逐一詳述剖析，不可省略，否則有遭上級審法院撤銷發回之虞。

---

29 智慧財產法院107年度刑智上訴字第24號刑事判決。

30 智慧財產法院108年度刑智上訴字第43號刑事判決、最高法院102年度台上字第235號民事判決。

31 最高法院107年度台上字第2950號刑事判決。

二、實務營業秘密之案例研析

由於企業營運活動範疇包括產品、消費者、售價、成本等基本要素，本文摘錄：「客戶名單及商品售價」、「產品報價」、「營運成本分析」，乃因實務認定上開商業資訊是否屬營業秘密，仍有不同見解。此外，另以「保健食品配方」及「未公開之手機外觀與開機畫面」之項目研析，則係因其判決理由中將營業秘密三要件逐一論證綦詳，可供企業參酌而具體落實於管理活動，爰分述如下：

(一) 客戶名單及商品售價

台灣台北地方法院 96 年勞訴字第 35 號民事判決指出，營業秘密保護之檢驗標準：「商業性之客戶資訊，類如與交易客戶相關之一切訊息、資料，如客戶姓名、地址、聯絡方式、價目表及其他與客戶相關之資料等，是否應受營業秘密之保護，即應以該資訊是否具備下列保護要件決之：1. 新穎性檢驗：倘客戶資訊之取得係經投注相當之人力、財力，並經過篩選整理，始獲致該客戶名單之資訊，而該資訊存有一些非可從公開領域取得之客戶資料，例如：事業透過長期交易過程所得歸納而知或問卷調查所建構之客戶消費偏好記錄；客戶訂單資料上所顯示之購買品項、數量及單價；客戶指定送貨地點所透露出之行銷通路；特定客戶一般所採行之貿易條件等等。該等秘密性具有實際或潛在的經濟價值，包含個別客戶之個人風格、消費偏好，相當程度可認爲該等資料非競爭對手可得輕易建立，原則上得謂已投注相當經濟成本具客觀經濟價值之客戶資料已具備營業秘密法所定營業秘密之其中一要件。2. 秘密性檢驗：客戶名單所有人須盡相當之努力採取合理之保密措施，以維護客戶名單之秘密性，倘若根本未採取任何之合理保密措施以保護其投注經濟成本具客觀經濟價值之客戶資料，自不得主張其爲營業秘密。」又如智慧財產法院 107 年民營上字第 7 號民事判決認爲：「下游客戶名單

（包含客戶名稱、聯絡人姓名、電話）等資訊，尚不具秘密性、經濟價值之要件。」另外，最高法院 99 年度台上 2425 號判決認爲：「若僅表明名稱、地址、聯絡方式之客戶名單，可於市場上或專業領域內依一定方式查詢取得，且無涉其他類如客戶之喜好、特殊需求、相關背景、內部聯絡及決策名單等經整理、分析之資訊，即難認有何秘密性及經濟價值；又市場中之商品交易價格並非一成不變，銷售價格之決定，復與成本、利潤等經營策略有關，於無其他類如以競爭對手之報價爲基礎而同時爲較低金額之報價，俾取得訂約機會之違反產業倫理或競爭秩序等特殊因素介入時，亦難以該行爲人曾接觸之商品交易價格資訊逕認具有經濟價值，以調和社會公共利益。」準此，法院認定客戶名單及商品售價，是否構成營業秘密，須依具體個案判斷，不可一概而論。

(二) 產品報價

最高法院 104 年台上字第 1654 號民事判決：「產品之報價或銷售價格，如不涉及成本分析，即屬替代性產品進入市場進行價格競爭時得自市場中輕易獲取之資訊，並非必須因受僱於產品之製造或銷售者，始得獲知之營業秘密。」準此，產品報價若不涉及成本分析，非屬營業秘密。

(三) 營運成本分析

最高法院 107 年台上字第 303 號民事判決：「襄頡公司固曾要求遮隱企劃書之營運管理成本分析內容及契約書之基本月付及拆帳分配方式，係以涉及其公司與交易對象間拆帳分配比率，拒絕上訴人共同檢視或影印，不能遽以推認壢新企劃書之營運管理成本分析、壢新契約書之基本月付及拆帳分配方式即爲上訴人之營業秘密。」準此，不能僅以公司有要求遮隱成本分析內容，即遽認屬營業秘密，仍須就營業秘密之三要件爲審核判斷，方爲適法。

(四) 保健食品配方

最高法院106年台上字第350號民事判決：「原審維持第一審所爲上訴人敗訴之判決，駁回其上訴，略以：「由於白藜蘆醇及其活化、抗老功效爲全世界熱門研究議題，上訴人所謂「隱藏不宣成分」之葡萄籽、虎杖根、大蒜油、何首烏、川七等均爲常見中藥材、營養補充品，可自行調配，上訴人未能證明係經其整理、分析進而累積形成其特有營業資訊，而有何秘密性及經濟價値，所屬專業領域者可依先前產品所揭露之主要成分的種類及含量、劑量，參酌「白藜蘆醇」相關研究，經由普通例行性、有限次地試作、組合、增減即可得知。上訴人固以紅筆手寫「商業機密」，或可認爲上訴人主觀上有管理秘密之意思，惟營業秘密之種類及內容各不相同，理應依業務需要分類、分級，且針對不同之授權職務等級予以適當之管制措施，對各種技術或營業上資訊爲秘密性管理。上訴人將「眞生活化白藜蘆醇」配方傳眞予林女、鄭女，傳眞接收端所在之不特定人員，皆可任意獲悉或取得，且未簽署任何保密協議，亦未指明其有何法律上保密義務，及未採取分類、分級之群組管制措施，與交由特定人保管、限制相關人員取得、告知承辦人保密內容及保密方法等合理保密措施，上訴人僅以「商業機密」、「機密」之記載，難認已爲合理保密措施，未符合營業秘密之要件。」惟最高法院則認爲：「上訴人主張上開配方係其研發，其生產亦於其交付各該配方予穎創、宏洲公司營養師、簡女、鄭女時，均於配方上記載「商業機密」警語，及可或不可標示於包裝盒上之成分，以爲保密等語，似非空言。次查包裝盒標示之成分刻意與實際製造成分及劑量不同，該等不同之處，衡諸常理，一般涉及該類資訊之人即無從自包裝盒標示得知，而上訴人於交付上開配方時，已以警語方式及載明不得於包裝盒標示之各該成分或劑量，其不欲穎創、宏洲公司及其使用人即上開營養師以外之人得知上開配方實際內容，上訴人主張該等配方具有獨特、秘密性及已爲保密措施，亦似非全然無據。又上訴人授權穎創公司製造系爭產品，並由宏洲公司代理，基於穎創、宏洲公司爲營利事業，其爲上訴人製造及銷售系爭產品，以謀取利潤，且穎創、宏洲公司嗣後亦自行製造、銷售白藜蘆醇產品，則上訴人主張上開配方具有經濟性，是否無稽，非無進一步研求之餘地。原審未遑詳查，遽認上訴人上開配方非營業秘密法第二條規定之營業秘密，尙嫌速斷。」因此，最高發院將原判決廢棄，發回智慧財產法院。足見司法實務認定是否構成營業秘密之要件，須逐一說明論述綦詳，方爲適法判決。

(五) 未公開之手機外觀與開機畫面

台灣新竹地方法院 102 年審智附民字第 1 號刑事判決：「被告於社群網站 Facebook 及電子產品 Mobile01 等公開網站上張貼原告客戶即訴外人三星公司尚未上市公開之 GT-I9300 手機外觀及開機畫面，該未上市公開之手機外觀及開機畫面，屬於手機整體技術、設計中之一環，而該等技術、設計是可用於生產、銷售或經營之資訊，而該手機正處於實驗室審驗階段尚未對外上市，其具有秘密性應可認定之；另該未上市之手機（含手機外觀、開機畫面等資訊）乃屬即將上市之新產品，該手機已有量產、上市銷售之實際計畫，其具有實際之經濟價值；再者，訴外人三星公司於該手機技術、設計等資訊已採取合理之保密措施，且於委託原告進行審驗業務時，與原告簽署保密切結書，要求其對於相關資訊採取保密措施，是逐一檢視上開營業秘密客體之三要件後，可認定系爭手機外觀及開機畫面應屬營業秘密。」益徵營業秘密三要件實乃密不可分，須逐一審酌綜合判斷。

由以上判決可知，司法實務認定是否屬於營業秘密，須同時審酌是否具秘密性、經濟價值並採取合理保密措施爲斷。惟不同審級法院仍有不同見解。是以，企業得參酌上述判決內容，將具秘密性、有經濟價值之智慧財產成果，區分機密等級，並採取合理保密措施，使受營業秘密法之保護，以維護自身權益。

三、違反營業秘密法案件統計暨近年實務判決

由於 102 年 1 月營業秘密法始增訂刑責，茲依據法務部地方檢察署辦理違反營業秘密法與智慧財產權案件之統計資料：103 年至 107 年 10 月間，違反營業秘密法案件起訴人數 258 人中，法人占 11.2%，較智慧財產權案件之 5.4 % 高出 5.8 個百分點。起訴法條，以違反第 13 條之 2 第 1 項（境外非法使用營業秘密行爲加重處罰）83 人（占 32.2%）最多，其次依序爲違反第 13 條之 1 第 1 項第 2 款（知悉或持有營業秘密，未經授權而重製、使用或洩漏者）75 人（占 29.1%）、第 13 條之 1 第 1 項第 1 款（以竊取或其他不正方法取得營業秘密或使用、洩漏者）50 人（占 19.4%），三者合占八成一。另外，違反營業秘密法案件偵查新收人數計 911 人，呈逐年增加之趨勢；偵查終結 991 人，占智慧財產權案件之 2.3%，如表 10.1[32]：

表 10.1　資料來源（法務統計 3 分鐘——違反營業秘密法案件統計分析）

年份	新收人數	終結人數	占智慧財產案件比例
103年至107年10月	911	991	2.3%
103年	41	52	0.6%
104年	162	153	1.5%
105年	191	312	3.3%
106年	269	264	3.0%
107年1月至10月	248	210	2.9%

32 法務部網站，https://www.moj.gov.tw/cp-75-110586-63209-001.html（最後瀏覽日：03/13/2020）。

另外，本文摘錄108年侵害營業秘密判決三則之主文及法院得心證理由摘要其內容供參，如表10.2：

表10.2　資料來源（司法院網站：法學資料檢索系統——判決書查詢）

原告	被告	案號	判決主文摘要／得心證理由摘要／裁判日期	原告求償金額
聯詠科技股份有限公司	竑邀科技有限公司	智慧財產法院107年民營訴字第4號民事判決	**主文**：禁止被告竑邀科技有限公司自行或透過任何人使用或洩漏所知悉或持有之原告所有或持有之營業秘密（包括原告產品NT37710之積體電路設計及程式碼），及其他由原告員工創作、開發，或原告委託他人或與他人合作創造或開發之營業秘密（包括但不限於其複製品、重製品、合成物、影本、抄本、節本及譯本）。 【**理由摘要**：被告羅、何、董三人均自承從原告公司離職後，任職於被告公司，且均有侵害原告營業秘密之虞、被告公司若非使用原告已開發完成之數位程式碼做為基礎架構，不可能在短時間內達成即將量產之研發進度。被告公司搜索扣押之電磁紀錄內，有多筆數位程式碼與原告公司NT37710等專案程式碼極度雷同之事實。】 108年7月9日	略
博非科技股份有限公司	日商澄明科技有限公司	智慧財產法院108年民營訴字第9號民事判決	**主文**：原告之訴及假執行之聲請均駁回。 【**理由摘要**：原告未特定明確其所主張遭侵害之營業秘密內容及範圍，於起訴狀中亦未檢附任何證據，無從使本件訴訟標的與非本件訴訟標的足資識別之程度，已難認適法。且未於補正期間補足理由，未盡舉證之責。】 108年11月29日	請求被告連帶賠償美金50萬元。
穗曄實業股份有限公司	光曄材料股份有限公司	台灣新北地方法院105年重勞訴字第1號民事判決	**一審主文**：原告之訴駁回。 【**理由摘要**：1.原告所主張之「下游客戶名單」，不具秘密性2.下游個別客戶採用何種料號、規格之銀膠產品，不具秘密性3.原告所主張之「銀膠價格」進貨價格及銷貨價格不具秘密性，非屬營業秘密。】 **二審主文摘要**：被上訴人楊○慧應給付	請求被告光曄公司、涂若望、楊嘉慧應連帶給付原告36,860,000元。

原告	被告	案號	判決主文摘要／得心證理由摘要／裁判日期	原告求償金額
			上訴人穗曄實業股份有限公司新台幣壹拾參萬伍仟陸佰參拾元（智慧財產法院107年民營上字第7號民事判決） **【理由摘要**：被上訴人楊○慧102年8月6日為光曄公司報價之行為，係違反僱傭契約之債務不履行，上訴人公司依民法第227條規定，請求被上訴人負損害賠償責任，自屬正當。基於債之相對性，上訴人公司並無請求被上訴人光曄公司、涂○望負連帶賠償責任之餘地。】 108年10月31日	

肆、公司營業秘密外洩之原因

針對公司企業內部有機會接觸營業秘密之相關人員，倘若故意竊取營業秘密，此舉實難預防。例如：109 年 3 月 26 日自由時報報導，我國觸控面板大廠宸鴻集團（TPK）旗下公司派駐中國之單身莊副理，於 107 年將可撓式面板觸控技術之營業機密偽裝成分享市場報告洩漏給中國天馬微電子股份有限公司女職員，台中地檢署偵訊後，依營業秘密法與背信罪起訴[33]。又如「蘋果即時網路新聞」報導，某高科技材料公司擔任會計課長的張女，108 年 7 月離職前，將公司之財務報表及產品規格書等機密資訊下載重製在隨身碟帶回，桃檢偵結依違反營業秘密法罪嫌，將張女起訴[34]。

另外，台灣積體電路製造股份有限公司（下稱台積電）與梁○○

33 自由時報網站：https://ec.ltn.com.tw/article/breakingnews/3113287（最後瀏覽日：03/28/2020）。

34 蘋果即時網站：https://tw.appledaily.com/local/20200225/3D5NKF2BB46C6Z53JQEICYXFWY/（最後瀏覽日：03/12/2020）。

一案，擔任台積電研發部門資深主管之梁○○，依據台積電所訂「專屬資訊保護政策」之規定，其負有保密義務，台積電並另訂有「機密資訊保護程序」及「資訊安全控管規範」，規定機密資訊之種類、範圍及保密措施。梁○○於離職前，與台積電簽訂書面約定，除重申應遵守離職後 2 年內不會直接或間接受僱於台積電之競爭公司外，並約定保密義務及競業禁止約定不因僱用關係之終止而免除。詎料，梁○○離職後卻爲侵害台積電營業秘密之行爲。嗣後遭台積電向法院提起訴訟，智慧財產法院 102 年民營上字第 3 號民事判決主文略爲：梁○○自即日起至 104 年 12 月 31 日止，不得以任職或其他方式爲韓國三星電子公司提供服務、不能洩漏在台積電知悉的營業秘密，全案經最高法院駁回上訴已確定[35]。

是以，營業秘密常見侵害行爲包括洩漏、取得、持有、使用等，其中構成侵害之取得，係指以不正當手段取得者；持有則係指負保密義務者逾越使用營業秘密之目的，未於使用目的完成後予以銷毀仍繼續持有該營業秘密[36]。因此，建立一套標準的資訊管理制度作業規範，防止公司員工直接或間接竊取機密資訊，實爲當務之急。實務上之作法，首先需對於新進人員簽定到職保密契約並進行教育訓練。其次，員工在職期間對機密資訊控管等作業程序之要求，確保公司機密資訊無被竊取之機會。最後，員工離職時，檢視其個人手機或電腦是否殘存公司機密資訊，若有，要求立即刪除等，以避免營業秘密外洩。

---

35 最高法院104年台上字第1589號民事判決。

36 戴學文（2003），《營業秘密保護大趨勢》，頁99，台北：財團法人省屬行庫中小企業聯合輔導基金。

伍、營業秘密保護之法律風險管理對策

公司之法律風險，係指於公司經營過程中，因法律規定或違法行爲，影響企業經營且帶來民事、刑事與行政等法律責任，包括營運損失、增加成本費用等，肇致有害公司營運狀況之可能性[37]。法律風險管理旨在做好法律風險之預防與控管，避免風險實現或降低風險產生之危害程度與防範再度發生相同風險。鑑於法律風險與法律責任實爲一體二面相互依存，應重視法律風險管理以防阻法律責任產生，必能提升公司之管理效能，提升企業價値與競爭力[38]。

公司亦應提升危機管理意識，未雨綢繆，防患未然，可設置虛擬化之「危機經理」，建立危機警告系統，引入危機管理系統，檢索管理癥結，避免重複性犯錯造成管理困境，實施危機管理計畫[39]。除確保網路設計程式無明顯瑕疵外，尙應針對電腦網路連線功能進行資安控管、機密資訊的紀錄留存路徑與預警、資訊安全機制欄截系統之定期檢視、審查外傳郵件內容是否涉及營業秘密侵害等，以防範資訊外洩風險。例如：門禁管制登記、定期升級防火牆功能，機密資訊須由具權限者使用通行密碼始可獲取等，以確保資訊安全，避免營業秘密外洩。

此外，本文羅列下列三項營業秘密法律風險管理對策，乃係考量公司員工爲企業經營核心要素之一，使人員接受法治教育訓練有助公司營運之遵法、守法而達法律風險控管之效；而電腦系統資安控管，則應就資訊流通的使用設備，定期檢視其功能性，且資安人員應具備危機處理能力，使機密資訊不致遭受竊取或減低損害。最後者，公司之作業流程

37 施茂林（2013），《法律風險管理跨領域融合新論》，頁7-36，台北：五南。

38 施茂林，前揭註37，頁12-17。

39 MBA核心課程編譯組（2003），《危機管理（上）》，頁73-90，台北：讀品文化。

營業秘密管理則爲具體之實踐作法，茲分述如下：

一、人員法治教育訓練

公司企業管理包括人員、作業、資訊、資源管理等，均與營業秘密之保護密不可分[40]。提升人員法治觀念，建立營業秘密法律風險管理小組落實營業秘密之保護，由各單位主管培訓種子教師（包括研發、法務、財務、採購部門等），定期宣導營業秘密，讓公司人員徹底了解營業秘密法規、營業秘密外洩原因、實務案例、因應措施等，並定期考核檢討教育訓練成效。

公司法務部門，建議設置律師及法務專員，定期檢視員工僱傭契約、工作管理規則、競業禁止契約、保密條款等，使符合現行法令要求。落實員工在職教育訓練，確保員工遵守法律規定。例如：要求員工填寫工作日誌、清楚告知工作紀錄應記載內容等，並納入年終考核，以提升工作士氣，獎勵員工熟習法律規範，舉辦有獎徵答等，相信必有助於公司人員提升法律風險意識之推行。

教育宣導宜採分級進行，初級以營業秘密法規內容爲主，中級則以司法實務案例研析，高級則採營業秘密法考核測驗，並篩選優秀人員加以培育爲公司內部講師，如此可使公司企業人員，循序漸進熟悉營業秘密法規，進而達成公司營業秘密資料保護之目標。

另外，公司與員工簽定競業禁止契約時，應考量我國已於 104 年 12 月 16 日增訂勞動基準法第 9 條之 1 規定：「未符合下列規定者，雇主不得與勞工爲離職後競業禁止之約定：一、雇主有應受保護之正當營業利益。二、勞工擔任之職位或職務，能接觸或使用雇主之營業秘密。三、競業禁止之期間、區域、職業活動之範圍及就業對象，未逾合理範

40 Williams & Johnson（2004），《管理在管什麼》，頁87-385，台北：臉譜。

疇。四、雇主對勞工因不從事競業行爲所受損失有合理補償。前項第四款所定合理補償，不包括勞工於工作期間所受領之給付。違反第一項各款規定之一者，其約定無效。離職後競業禁止之期間，最長不得逾二年。逾二年者，縮短爲二年。」該規定雖無溯及既往，但競業禁止條款訂定目的，在於限制勞工之職業自由，防止其在職時或離職後於一定期間內至競爭對手任職或自行經營與雇主相同或近似之行業。又「代償措施係因現今社會日益講究專業分工，雇主當時以其締約優勢，使弱勢員工同意簽訂競業條款，卻毋庸給予任何補償，迫使勞工接受離職後不從事競業之義務，無法繼續以其主要專業技能從事離職前之相關工作，結果可能爲弱勢勞工僅能以非專長或第二專長另覓新職，對勞工生存權、工作權之保障有所不足，無疑係對離職勞工之懲罰，而與當今勞動契約法上保障弱勢勞工之思潮相違[41]」。是以，現行法令既已明文員工離職後競業禁止之規範，故公司法務部門在審查競業條款時，應特別注意以符合法令之要求[42]。

二、電腦網路資安控管

當公司面臨營業秘密外洩時，資安人員應有即時關閉資訊系統並進行危害控管，避免損害擴大之危機處理能力。其中電腦網路設備之升級乃不可或缺之配備，早期電腦多放置於機房，安全系統採硬體保安計畫，係將機房上鎖或配置保安人員爲監控管理。現代電腦著重於軟體安全控管，由軟體或韌體執行項目時，逐一增加電腦安全系統之防護。例如：強化電腦系統之安全：1. 可在 BIOS（Basic Input/Output System，即基本輸出入系統，功能爲儲存開機程式，爲個人電腦中最基本之核

41 最高法院103年度台上字第793號判決。

42 陳盈潔（2019），《論營業秘密之保護：以離職後競業禁止為核心》，頁126，國立政法大學法學院碩士在職專班學位論文。

心單位）中設定密碼，僅供相關人員可取得通行密碼。2. 安裝 DOS 作業系統中之安全防護軟體，具軟碟讀寫控制，並設置密碼。3. 在硬碟中執行編碼防護系統。4. 檔案管理權限。5. 遠端處理控制與共用工作站。6. 資料加密。7. 防火牆設置、封包過濾（檢查內部連結是否允許進入的機制[43]）8.PGP（Pretty Good Privacy）資訊加密系統，係加密時，先以亂數產生一數值，接續採用 IDEA 運算法將文件編碼，之後再將先前亂數產生之編碼數值用公用關鍵值以非對稱金鑰加密系統（RSA）方法編碼，最後將編碼後之文件和亂數碼數值整合，才進行傳送[44]。使用者在爲PGP 加密文件時須建立一對公用關鍵值（加密）和私有關鍵值（public key/ private key）。當收到 PGP 加密文件時，須用私有關鍵值解密，才能看到文件內容，亦可加上數位簽名（digital signature），以識別何人爲文件建立者。

公司亦可進行滲透測試，委託受信任的第三方進行評估網路安全，對公司網路系統進行攻擊，找出系統漏洞，驗證公司網路系統之安全風險。除達成上開資訊管理制度外，亦可由員工之工作記錄簿制度落實，蓋研發日誌內營業秘密之產出常與智慧財產權發展相輔相成，呈正相關之狀態，公司應要求研發工程師確實記錄每日工作內容。然而，如何建立工作記錄簿制度，論者歸納下列重點：由研發工程師記錄並註明日期且採連頁式記錄本；相關人員借閱時，應簽名記錄借閱與歸還日期；記錄計畫案進行之起迄時間、經費、參與人員、任務指派等；記錄計畫案之動機、目的、技術見解、執行問題及解決方案、初步完成之計畫案、測試結果、功能規格之定案。如此方可反映所研發之成果具有經

---

43 西江Megumi著，江元仁譯、劉冠麟審校（2006），《Linux系統設定達人》，頁192，台北：博碩文化。

44 Kenny H全方位（1997），《網路系統的入侵與保護》，頁1-3-5-8，台北：高商圖書。

濟價值與過程中之努力，若遭剽竊時，可佐證營業秘密之研發過程及歸屬，用以保護公司之營業秘密[45]。

建置文件加密系統及上網記錄系統，由網路單位主管定期與不定期審視其系統安全性問題，並定期更新防毒軟體，提升網路安全與保護，於資安控管部分，除電腦系統設備定期更新外，紀錄留存與預警、稽核小組之調查與獎懲制度，以避免營業秘密之侵害案件發生。

三、公司作業流程之營業秘密管理

企業經營之總體面，應考量經濟、管理技術之整合；個體面應掌握創新、策略、變革、專業之管理[46]。資訊管理制度以篩選、儲存、區隔、標示、管制等五步驟，可具體落實於營業秘密範疇之篩選與安全措施；需知原則（need to know basis）；教育訓練；機密文件標示；管制使用人員等。目前公司管理實務，包括制定目標，激勵與整合並培養人才，累積相關知識與應用，獲取資源分配成果等，以期建立與培養公司與員工間之和諧關係，達到企業平衡與迎合股東需求，均有助公司健全發展。

針對公司應如何確保營業秘密之保護，首先，提升公司全體人員認識營業秘密對公司的重要性並由高階主管確認營業秘密之範疇。其次，將營業秘密標示機密等級，針對機密文件之檔案傳輸進行管理及資訊安全措施記載綦詳，對於機密資訊採取合理保護措施，以確保營業秘密不會輕易遭第三人竊取或洩露。例如：將資訊系統加密、金鑰使一般員工不得輕易接觸該營業秘密之資訊。

另，可參酌檔案法第 16 條之「機密檔案管理辦法」，承辦人員應使用機密檔案專用封套裝封，並於封面註明單位名稱、收發來文字號、

45 戴學文，前揭註36，頁69-88。

46 陳明璋（1991），《企業贏的策略》，頁93-101，台北：遠流。

案名、分類號、頁數、件數、附件數、案卷內文件起迄日期、保存年限、機密等級及保密期限或解密條件，封口簽章後，送檔案管理單位辦理歸檔[47]。再者，資訊傳送若以書面方式應置入密封封套內，若以電子郵件傳送，應確定資訊已受密碼保護，僅供必要人員有密碼，若以衛星通訊系統（satellite communication system）傳送，應確定系統在發射訊號已具擾碼（encoding）之功能，並由通訊雙方協定，由受信方進行解碼，避免被同一通訊系統之其他用戶取得機密資訊。最後，於人員離職時，除離職面談外，尙須確實點交其所保管之機密資訊、識別證及鑰匙等，並於點交清冊後簽名，避免機密資訊外洩。

一旦發生營業秘密遭竊取或侵害案件發生，應立即進行內部損害控管之危機管理，通知資訊控管人員立即關閉或重設帳戶密碼，報警並確認竊取發生之源頭，以釐清曾經接觸該營業秘密之人員，避免損害擴大。目前，我國內政部警政署保安警察第二總隊設有營業秘密保護專區，其中營業秘密自行檢核表，可供公司檢視內部營業秘密保存狀況，以確保營業秘密受侵害時，符合營業秘密法條之構成要件[48]。

陸、結論

全球化時代，應充分體認智慧財產權乃高科技產業成功與否之關鍵[49]。成功企業經營者，應具備策略管理與企業國際化、改革與創新、重視企業文化及人才培育等遠見[50]。其中，又以人才培育最爲重要，觀

47 機密檔案管理辦法第4條。

48 內政部警政署網站：https://www.spsh.gov.tw/spsh/homeweb/catalog.php?infoscatid=125（最後瀏覽日：03/30/2020）。

49 施茂林（等著），前揭註26，頁593。

50 饒美姣（等著）（1996），《商業管理啓示錄》，頁22-120，台北：台灣商務印書館。

察公司流失優秀人才之主因，乃係欠缺對員工之尊重與關懷。在知識經濟時代，「人」才是解決相關法律問題之解藥。公司應積極培育跨領域人才，除專業技能外加強法律意識，成立營業秘密法宣導小組，提升員工遵法觀念，以獎勵代替處罰，強化員工與公司間之向心力，貫徹並落實營業秘密之保護，以達公司以營利爲目的，追求永續經營之目標，並提升國際競爭力。

企業對營業秘密之保護，實乃企業核心競爭力之重要關鍵[51]。是以，營業秘密之保護應適中，若過度以公權力保護，恐有害產業研發與創新[52]。產業因競爭才有創新進步之動力，而對競爭之限制，宜採最小侵害手段[53]，才不致限制產業發展。任何法律之制訂或修訂，應凝聚人民與社會共識，制定適時適地合宜之法律[54]，不悖離人民法感情。有論者提及營業秘密是否應全面除罪化，鑑於刑罰仍有一定嚇阻效果，不宜全面除罪化[55]。營業秘密法未來修法方向，宜區分技術、商業機密、侵害態樣等之不同，而予以不同保護密度，不宜全面以刑法對之嚇阻防範，否則恐有違刑法最後手段性、謙抑性原則之要求。

此外，有論者提及智慧財產法院管轄民事第一、二審案件，因智慧財產法院法官人數僅 15 位，且互動頻繁，應增加法官員額，避免法官

51 施茂林（2014），〈企業經營與法律風險管理之綜觀與微論〉，施茂林主編，《工商事業活動與法律風險管理》，頁21，台北：五南。

52 盧姿如（2017），《我國營業秘密法增訂刑責後之司法實務案例研究》，頁74，東吳大學法律學系碩士在職專班科技法律組論文。

53 劉孔中（2015），《解構智財法及其與競爭法的衝突與調和》，頁86，台北：新學林。

54 劉尚志（等著）（2006），〈走出繼受、邁向立論：法學實證研究之發展〉，《科技法學評論》，3卷2期，頁14。

55 張紹軒（2019），《我國營業秘密法制與美國營業秘密法制之比較研究》，頁130，國立雲林科技大學科技法律研究所碩士論文。

因慮及同事情誼，而有影響當事人審級利益之虞[56]。依 109 年修正之智慧財產及商業法院組織法第 7 條規定，法官員額依每年受理案件 1 萬件以上者；5 千件以上未滿 1 萬件；未滿 5 千件者，分別配置 40 至 80 名；20 至 40 名；10 至 30 名法官員額。惟修法成效如何，法官員額是否足夠，後續仍有待觀察。

依據經濟部 2020 產業發展綱領之發展策略，擬規劃將「台灣整體產業無形資產占固定資本形成比重」能由 2009 年百分之八提升至 2020 年百分之十五，顯見適度之智慧財產保護，將有助提升我國國際競爭力。我國已是全球 ICT（電子、資訊和通訊）產業之重鎮，由於科技日新月異，期望日後修法時，宜邀請產、官、學界等專家，透過高科技產業人士之建言，以利立法者了解企業經營所面臨之困境，並參酌各界意見，俾利修法時，更能符合產業實際面之需求，共創多贏之目標。

56 郭雨嵐（2010），〈智慧財產法院的新里程碑：智慧財產法院設立運作觀察有感〉，《專利師季刊創刊號》，1期，頁14。

參考文獻

（一）中文書籍

Kenny H全方位（1997），《網路系統的入侵與保護》，台北：高商圖書。

MBA核心課程編譯組（2003），《危機管理（上）》，台北：讀品文化。

Williams & Johnson（2004），《管理在管什麼》，台北：臉譜。

西江Megumi著，江元仁譯、劉冠麟審校（2006），《Linux系統設定達人》，台北：博碩文化。

呂榮海、謝穎青、張嘉真合著，洪美華編（1992），《公平交易法解讀》，台北：月旦。

李兆環律師主編（2017），《營業秘密與競業禁止》，台北：新學林。

杜拉克（2001），《21世紀的管理挑戰》，台北：天下遠見。

周德旺（1992），《透視公平交易法》，台北：大日。

施茂林（2013），《法律風險管理跨領域融合新論》，台北：五南。

施茂林（2014），〈企業經營與法律風險管理之綜觀與微論〉，施茂林主編，《工商事業活動與法律風險管理》，台北：五南。

施茂林、宋明哲、宋峻杰、陳維鈞合著（2016），《法律風險管理理論與案例》，台北：五南。

張志朋、林佳瑩（2019），《營業秘密訴訟贏的策略》，2版，台北：元照。

陳明璋（1991），《企業贏的策略》，台北：遠流。

陳春山（2016），《智財法實務：案例及契約範例》，台北：新學林。

陳昭華（2013），《商標法實例解析》，台北：元照。

曾勝珍（2008），《智慧財產權論叢第壹輯》，台北：五南。

曾勝珍（2016），《案例式營業秘密法》，台北：新學林。

楊智傑（2019），《智慧財產權法》，3版，台北：新學林。

劉孔中（2015），《解構智財法及其與競爭法的衝突與調和》，台北：新學林。

戴學文（2003），《營業秘密保護大趨勢》，台北：財團法人省屬行庫中小企業聯合輔導基金。

謝銘洋（2018），《智慧財產權法》，8版，台北：元照。

簡啓煜（2011），《著作權法案例解析》，2版，台北：元照。

饒美姣、劉忠明、敖恒宇（1996），《商業管理啓示錄》，台北：台灣商務印書館。

（二）期刊

王玉瓊（2016），〈美國法上關於營業秘密之民事救濟—以法院判決之解析為中心〉，《智慧財產權月刊》，214期，頁32-56。

王美花（2005），〈智慧財產權最新國際發展之評析〉，《智慧財產權月刊》，74期，頁83-120。

王偉霖（2017），〈我國營業秘密法刑事規範的再思考〉，《法令月刊》，68卷5期，頁64-90。

郭雨嵐（2010），〈智慧財產法院的新里程碑：智慧財產法院設立運作觀察有感〉，《專利師季刊創刊號》，1期，頁10-15。

曾勝珍、嚴惠妙（2015），〈我國營業秘密法制探討（上）〉，《全國律師》，19卷7期，頁76-89。

劉尚志、林三元、宋皇志（2006），〈走出繼受、邁向立論：法學實證研究之發展〉，《科技法學評論》，3卷2期，頁1-48。

鄭文正（2017），〈營業秘密法之競業禁止原則與刑事責任〉，《司法新聲》，122期，頁99-121。

（三）學位論文

洪陸麟（2008），《以專利案件為中心論智慧財產案件審理法》，國立政治大學法律學系學士後法學組碩士論文（未出版），台北。

張紹軒（2019），《我國營業秘密法制與美國營業秘密法制之比較研究》，國立雲林科技大學科技法律研究所碩士論文（未出版），雲林。

陳盈潔（2019），《論營業秘密之保護：以離職後競業禁止為核心》，國立政法大學法學院碩士在職專班學位論文（未出版），台北。

盧姿如（2017），《我國營業秘密法增訂刑責後之司法實務案例研究》，東吳大學法律學系碩士在職專班科技法律組論文（未出版），台北。

附　論

一、獻身司法，伸張公義與關懷價值

二、我心目中的現代司法諸葛：施茂林檢察長

三、施茂林先生任職台北地方檢察署聿煥新猷事蹟

四、資歷與經歷總覽

五、作者簡介

附論一

獻身司法，伸張公義與關懷價值

施順冰 *

*自由時報副總編輯兼中部新聞中心主任，長期擔任記者、省府特派員。經歷為自由日報記者、編輯、特派員、採訪主任、副總編輯兼省政特派員；自由時報副總編輯兼省政特派員、副總編輯兼中部新聞中心主任；台灣省報紙事業協會常務理事、台中市記者公會常務理事、台中市施姓宗親會理事長。

四十年前，我主跑台中院檢新聞期間，對於施檢察官偵辦豐原百萬元綁票案到現在印象仍極為深刻，該重大刑案在他細心縝密的偵辦下，短短三天內，竟能從盲無頭緒到順利破案，轟動當時。機警幹練、神機妙算，是我對施檢察官的第一印象。

民國 68 年 7 月 3 日，有四名被告侵入被害人住宅，強行擄走被害人，勒索 100 萬元贖金得逞，檢警立即成立專案小組，包括後來擔任海巡署署長的王郡等幹練刑警，多次訪談被害人及家屬，發現嫌犯相當狡猾，經依其描述路線勘查，到烏日一廢棄磚窰現場，仍無所獲，施檢察官不死心，四處查看，發現刑案發生地點偏僻，一般人不會前往該處，在細心查看下，發現邊角有五個沒喝完的鋁箔果汁，覺得有異，立即用電話向被害人查問是否他們所喝？是否由車上拿出？被害人明確回答天氣熱，果汁是剛從冰箱拿來的，施檢察官研判已深夜三點多，何來冰果汁？ 於是趕緊帶隊到部落商店查訪，頭二家說他們很早關門休息，到第三家時，老闆一聽查問當晚有沒有人來買果汁，臉色大變，神色詭異，支支吾吾，他察覺其中必有玄機，指示調查該戶成員，追查行跡，很快查出嫌犯，全部落網，突顯其能謀善斷，使案情峰迴路轉。

本案在民國 68 年時，是一件治安史上的重大刑案，破案後各方讚譽有加，警政署長孔令晟代表政府頒發獎金 40 萬元鼓勵承辦員警，媒體一致大幅報導肯定誇讚，如聯合報、中國時報及在地媒體自強日報、民生日報等，都以「以智取勝」、「辦案團隊可圈可點」、「歸功於檢警合作」、「百萬綁票四天破案，壞事做不得，鐵證如山」、「檢警方神機妙算」、「魔高一尺道高一丈」、「一網成擒」等斗大標題擴大報導。

還記得那個時候，我曾在報紙上寫了一篇特稿加以評論：

> 該案發生於三日晚間十時許，距嫌犯○○○落網的時間僅有七十小時，專案小組有如此高的破案效率，全歸功於檢察官的正確判

斷，以及檢、警雙方的密切合作，若該案在處理過程中，有些許瑕疵的話，那僅是○○警分局的配合失當，未能發揮團隊精神，而坐失良機所致。

案發當晚，四名綁匪脅迫○○○打電話返家，準備現款一百萬元，被害人家屬即向○○警分局報案，並由警方派員跟蹤，從豐原中正路的第一現場，到烏日鄉永勝磚窰廠的第二現場，以至於逃到台中市北屯路放人的這一大段過程，○○警方卻未急速向其他警局請求支援，喪失了當場逮捕歹徒的良機。

衡乎情理，四名綁匪雖耍了幾道「故布疑陣」、「調虎離山」的小技巧，但手法並不高明，警方卻輕易上了當，處處撲空，直至翌日凌晨三時許，綁匪將○○○帶到中市北屯路放人可以說是○○警方表現的最好時機，因爲只要電請其他單位馳援，封鎖各要道口，緝獲歹徒是輕而易舉的事，奈何因一時大意而「漏失荊州」。

四日上午，地檢署接受警方報告，隨即指派檢察官施茂林前往現場實地了解，情形爲之改觀，據檢察官判斷，歹徒要求○○○打電話返家的公共電話，就在烏日鄉與台中市界的永勝鑄窰廠附近，並且綁匪對於該處地形甚爲熟悉，很明顯地說明綁匪就是附近地區的人士。

檢察官即「大膽假設」歹徒的住所後，立即指示烏日分局徹查該地區不良少年，兩天之後，烏日分局在百餘可疑人物中一一過濾，發現○○○涉有重嫌，馬上向地檢署提出報告，經資料調查結果，證明○○○爲該案主嫌成分居高。

六日晚間八時許，市警一分局三巡邏警員，在中華路與中山路口，發現可疑的嫌犯○○○，直覺上判斷，可能與綁架案有關，經盤問結果，赫然發現○○○，即是○○○大綁架案中的綁匪之一，全案益趨明朗。

施檢察官結束司法官訓練，以優秀成績分發到台中地檢署擔任檢察官，展開司法官多彩生涯。在接受訪問時，他不諱言剛開始辦案不夠熟練，但他本著「庄腳人」的苦幹精神，勤敏慎肅，虔敬其職，虛心向學長請教，細心觀摩學習，自己經常省思檢討，從辦案中體察各種案件之竅門，洞識各案情精微處，越辦越有心得，也逐漸訓練將案件分類分流，建構自己的辦案模式，並培養自己有敏銳觀察力及正確判斷力。

他喜歡歷練各種不同類型的案件，也將案件辦的有聲有色，同事都肯定他有幾把刷子。他也能從細微處找出關鍵法門，辦出有意義的刑案。有次接到密報有民代涉及詐賭，當事人都到庭否認，警方也查不到具體事證，他明察暗訪，了解賭博輸贏在 1,500 萬以上，多位地方名流醫師先後輸掉鉅款，民代因廣結善緣，地方關係非常好，別人大多不願得罪他，守口如瓶，施檢察官旁敲側擊祛除被害人心防，終而勾勒出輪廓，經蒐集扣得資料，查得經營賭場之具體事證，將該元老級民代起訴判罪，媒體也以「檢察官力主從重量刑，以昭炯戒」（台灣日報）「起訴書聲請褫奪公權，這回少見」（中國時報）加以報導。

出道不到二年，施檢察官已練得一把好功夫，逐漸展露出辦案練達有方。有一件偷竊農藥的單一案件，在他細密追查下逐漸擴大，最後發展成一件五、六十人的重大刑案，接著又發掘出贓物、藏匿人犯案中案，又追出僞造有價證券、僞造文書、詐欺等案外案，連承辦的老刑警對他的功力都很佩服。

這件刑案發生於民國於 68 年，當時美商社邦農藥南投分裝廠失竊 153 箱農藥，藥性劇毒，如被不法之徒利用，後果堪虞，施檢察官接辦後，指揮南投縣、台中縣市警察局，經三個半月順利收網，整個竊盜銷贓集團作業跨越十個縣市，大小案件共二十二件之多，地方非常肯定，聯合報、中國時報、民眾日報等媒體以「聯合偵防收效，嫌犯一網打盡」、「檢警追查終使賊眾現形，幸得消弭禍根」，「充分發揮團隊精神，值得喝采」等標題大幅報導。

台中市中山地政事務所於69年2-4月連續爆發地籍簿冊調包與土地冒貸等，被告大量僞造國民身分證、土地所有權狀、公印及盜換土地登記簿、印鑑證明，詐得2,000多萬元鉅款，社會對此偷天換日、布局周詳、手法離奇的犯罪相當震撼，引發諸多市民惶恐，紛紛向地政所查詢是否無恙。

施檢察官承辦這一複雜繁瑣的智慧型案件後，鍥而不捨追查，記者描述他：「經常到地政所向地政人員探討，常廢寢忘食在辦公室開夜車，推敲重重案結」，經過二個多月不眠不休，終而逮獲被告起訴，媒體高度肯認，媒體報導的重點是：「承辦檢察官費思量」（台灣日報）、「檢察官苦口婆心勸導，膠著案情終告突破」（聯合報）、「檢警鍥而不捨追根究底」（中國時報）。

後來，中正地政事務所業務員以眞權狀假內容向人詐騙1,500萬元，起訴後，施檢察官已轉調台中地院擔任推事，負責審理，媒體指他「駕輕就熟，迅速釐清事實」，判決有罪。也因爲處理這些案件，非常認眞研讀地政法令，累積相當地政業務經驗，後來在台中地院以及台中高分院擔任法官時，對於非法地目變更、抵押權登記糾紛、相鄰關係及分割共有物案件，得心應手，他謙虛的說，這是偵辦上述地政案件奠下的基礎。

檢察官常常摘奸發伏，查辦不法，需要主動出擊，擴大偵查，施檢察官可說是箇中老手。69年10月間他偵辦一件詐欺案，查覺一張駕駛執照有異，他不動聲色訊問嫌犯，從其供述的蛛絲馬跡，發現內情不單純，找來刑警佈線密查，破獲一個前所未聞的僞造證件集團，僞造身分證、駕照、土地權狀等一應俱有，犯案遍及各個縣市，所扣得文書證件全是贗品，幾可亂眞，適逢中央公職人員補選前夕，外界紛紛指出內情複雜包藏禍心，後來繼續追查將嫌犯一網打盡。過了四年後，他在院方擔任法官時，又審理到這個集團的主嫌重蹈覆轍，被告很爽快認罪了。

經過淬煉，施檢察官是台中地檢處辦理大案的好手，那時有司法鐵漢封號的呂玉介首席檢察官非常器重他，倚爲左右手，多次囑咐他在檢警聯繫會議中，報告偵辦重大刑案之方法與技巧，供台中縣市、南投縣檢警調憲同仁辦案參考。當時許多熱門案件都落他身上，許多同仁看他常提著裝滿卷宗的公事包帶回家處理，仔細研究找出關鍵點，逐步實施，將案件辦的有聲有色，都說：辦案紅人，功夫了得！

他這種謹慎小心，步步爲營的態度，讓許多警調同仁對他細心、用心辦案的精神非常佩服，很多案件也在他法眼下無所遁形。有位調查站主任就提到在偵辦一建設局長案件，當事人將錢塞在公文封，帶至局長辦公室，就放在桌上剛好打開的公文夾上，順口聊天，調查人員隨後衝入局長室，人贓俱獲，施檢察官很細膩查問過程，當他聽到調查員進入時，局長「隨手」將公文夾合起來，立即說這會成爲未來無罪的缺口，辦案人員覺得如此明確哪有可能，但起訴後果然判決無罪，幸好局長被檢舉許多不法事件，他要調查站立案擴大調查蒐證，一併起訴，此部分才判決有罪。

施檢察官在司法官結訓成績優秀，得到司法金馬獎，曾到金門地檢署服務半年多，那時金門隔日還在打宣傳彈，隆隆砲彈，經歷戰地的洗禮，他常代表金門地檢署參加許多公家活動及典禮，深刻體會戰地的不同特色，當時王首席檢察官常在台灣，因爲非常信任施檢察官，幾乎由施檢察官代理職務，他喜歡嘗試不同經驗，所以利用這個難得的機會，很用心去了解一個地檢署的運作以及人事經營等行政業務，王首席檢察官很滿意他處理得很妥當，誇讚他年紀輕輕，就有這種實力，眞不簡單！

金門案件不多，有充分時間鉅細靡遺調查，連細節都可查清，被告想狡辯都很困難，如偷工減料被告，只好承認；竊盜財物，俯首認罪；持刀行凶，無從抵賴；僞造文書，自承屬實。在他腦海中記住一些特殊案件，有位嫌犯從小迷上坦克車，施檢察官問他是否好奇開看看，他居然直白說：偷輛戰車，擁有它，是最大心願。又如一宗女生自殺案撲朔迷離情節奇巧，經他仔細調查，終而查出涉及共同謀財，計畫周詳，有三位共犯分工施展不同角色，讓有錢被害人陷入迷陣，在當地成爲鄉民茶餘飯後話題。

司法官的案件像流水源源而來，苦於辦不完，但金門院檢同仁就幸運得多，施檢察官說在金門六個月多，是這一輩子辦案最輕鬆的歲月，案件都慢慢辦，所以有時間看武俠小說練武功，他笑著說：我只是看，有前輩很閒，還寫長篇武俠小說在報紙連載，傳爲佳話。他是聰明人，又很會利用時間，讀了很多司法實務的書，詳細研究不同案例的內容辨辨個案特性，了解法律適用，學習辦案審斷技巧，這些苦工夫確實讓他累積深厚辦案功夫，後來他在回到台中地檢署後，大顯身手，辦案俐落順遂，屢碰大案，記者報導他：喝過鹽水，功力果然不同。

民國 70 年 5 月間，施檢察官辦理一件搶奪案，事實是一位 18 歲女生在台中市北屯舊社巷被人騎機車尾隨，突出手襲胸搶走 4,000 元，報案時提供車號，媒體大幅報導，經細密偵查，他發現疑點重重，被害人所述與情理不合，經實地勘查當時燈光昏暗不易辨認車號，車身顏色也不吻合，再查對車主之不在場證明屬實，乃不起訴處分，在當時辦案氛圍下，媒體肯定：「檢方辦案依法論法，勿枉勿縱，值得喝采」、「嫌犯冤情昭雪」、「女生被搶疑案，樹立判例」。

刑事案件是社會的縮影，施檢察官對於辦案所見所得之社會案例，在演講或透過媒體機會教育，例如新發現的竊盜模式、強盜做案新手法、詐欺手段翻新，都會提醒社會注意，並呼籲被害人出面檢舉。民國 68 年 5 月，他偵辦一件緞帶衣及毛毯加工詐騙訂金案，歹徒以代工爲餌高價賣出機器，並耍花招詐取 3、4,000 元不等保證金，許多主婦被騙，天天辛勞加工，屋內卻堆滿雜亂賣不出去的絨棉加工品，弄得身心疲憊，他趕緊呼籲家庭主婦切勿上當，使歹徒無法繼續詐騙。民國 69 年間，有名男歌星在南夜歌廳嗆罵值勤警員，社會上引發很多討論，質疑歌星怎麼可以如此囂張，施檢察官認爲此風不可長，在起訴書上嚴加糾正，勸導影藝人員要尊重值勤公務員，媒體主動報導，讓民眾了解，進而知法、遵法與守法。

六十年代，台灣正由農業社會進入工業時代，很少有人能預見未來工商發展神速，金融經濟犯罪案件叢生，施檢察官根據偵辦工商案件的體會，認爲財經經濟犯罪事件必日益增加，開始蒐集資料研究，於民國 68 年應邀到台中扶輪社演講：「經濟犯罪面面觀」，探索未來經濟犯罪之方向與態樣，得到社員許多迴響，因此日後他當檢察長及部長時，重視財經案件之偵辦，確實其來有自。

民國 69 年院檢分隸，法院改隸司法院，二年後第一次院檢互調，名額有限，施檢察官因辦案績效與能力優異，很順利調到院方擔任台中地方法院推事。民國 73 年 7 月間，司法院認爲他能力強，勤於寫書著作，特別拔擢而與第十二期學員同時調升爲台東地方法院庭長，爲第十四期首位高升的同學，他到台東地院後，實心任事，樂於指導後進，頗有口碑，司法院打破傳統調動期限及路線，不到半年榮調雲林法院服務，當時東部媒體肯定認同司法院的舉人作法，施法官因之更加珍惜盡職。

大學時偶爾看到中國最早法醫學書籍《洗冤錄》，常被參引爲查案利器，他很感興趣，後來在牯嶺街舊書攤買到，埋首研讀，略有所得。當了檢察官後，也常細讀了解。雖時序不同，其內容論述未必與現在科技一致，但其臨場搜證心法、檢驗方式、查案竅門、斷案法門、調查方式等，頗有引導思考及辦案幫助之效。有一件上吊案，家屬懷疑他殺，但現場跡證乾淨又無外傷，除聽取法醫解釋外，也借用《洗冤錄》所指引之情狀加以說服，家屬終於接受自殺事實。

在雲林地院時，審理一宗強盜殺人案件，被告侵入住宅以膠布摀嘴老婦，綁在椅子上死亡，取走 5 萬元，檢方認故意殺人強盜，被告否認有意殺人，細審驗斷書係窒息死亡，參仿《洗冤錄》上所提死亡原因，研判摀嘴不致窒息，經訊問法醫綜合事證，被害人從事農作體力很好，一再掙扎，膠布往上移動遮住鼻子以致窒息死亡，乃改變法條判決，承辦檢查官上訴駁回後，最後三審定讞。

服務於高院期間，曾承辦被告設局殺妻案件，二個權威鑑定機關之鑑定意見南轅北轍，被告堅持其妻自殺，手握插在220伏特電湯匙電解器遭電擊死亡，但死者手掌觸電灼傷一大半，五指亦二度灼傷，如此高壓電死者是不可能通電後仍緊握不放的，加上其他事證證明死者不會自殺，於是判斷是死者服用安眠藥過量昏迷中，由被告將電湯匙電解器放在死者手中再予通電，致電擊死亡，這也是在審理中從《洗冤錄》斷案決獄明理得來的靈感。

法官審理民刑事案件，窮法庭之調查，有時仍不盡明白，施法官就常實地勘察，深入了解實況，獲得具體認識。有件強盜殺人事件，被告一再否認，幾個被害人也指認在卷，然而，事實過程就是兜不攏，他於是通知承辦刑警，親往大雅勘驗，詳細比對被告與被害人所說，發現是當事人不了解當地地圖，誤將鄰近的西屯、神岡全部當作大雅，全案終於釐清事實，再度開庭時，被告說：「這樣順序才對，是警方自己弄錯的，我願意承認」。

二審審理一宗地院判決無罪的車禍案件，被害人家屬哭哭啼啼說死者是冤死的，關鍵在於被告是否越過中心線侵入來車道，施法官就現有卷證詳細勾描，覺得被告車輪是否逾線，死者行經該處是否失速滑入水溝有疑點，乃親往和平，實勘先量繪現行路況，發現死者搬運車行經下坡道，而肇事地點，被告車道緊鄰水溝，有一大電線桿被迫立在邊線上，經現場實測，每輛經過的汽車為了閃避該電線杆，都會越過中心線進入對向車道，一個小時間經過90輛都是如此，於是當場質問，被告見無可推託，坦承是越過中心線行駛，搬運車為閃避滑入水溝，施法官乃改判過失致死罪責，被告心服未再上訴。

擔任部長時，有次公出去信義，突有一中年農人跟前跟後，隨行同仁提高警覺，看他好像沒有惡意，正要請他離去，這位農民說明來意，原來是他曾被控告竊盜竹子，二次不起訴處分再次發回時，由施檢察官承辦，第一次開庭雙方各說各話，施檢察官當庭決定要勘驗現場，並通知地政事務所實測，由於地形高高低低，界址不明，經測量發現雙方界址彎曲，系爭處有小崖壁，很容易誤認爲被害人之土地，被害人當場無話可說，讓他們三代爭執水落石出，這位農人二十多年來一直感謝在心，一定要當面道謝，這件事說明了在施檢察官心中，沒有大案小案之分，重點是要找出眞相。

豐原高中禮堂倒塌案，是他擔任一審法官最後承辦的大案，宣判時，家長放聲痛哭，場面悲傷。事實是 72 年 8 月 24 日下午一時三十分，豐原高中新生群聚禮堂受訓，屋頂塌陷以致南側之致連同牆壁全面拉倒，造成二十六人死亡、八十人輕重傷，相當悽慘，堪稱台灣百年來最大校園慘案。

接辦後，施法官詳細閱卷，對照鑑定報告，發現本案涉及相當多的專業知識，鑑定意見不夠完備，他趕緊查翻相關資料，請教多位工程、建築教授及建築師等專業意見，整理出爭點，再函請鑑定單位回復具體肯定內容，確定肇禍主因，根據調查所得予以論科，媒體評論「判決論述清晰、說理分明」、「法官認事論法具警惕作用」、「很多從事建築業者心存僥倖，且貪一時之利而偷工減料，殊不知種什麼因就會得什麼果，豐中禮堂倒塌慘案就是借鏡」（中時、聯合報）。

73 年 8 月 1 日聯合報社論也說：「政府與民間應記取教訓，做出一次全面的改革，確立新規範」、「校園事故的後果嚴重，絕對不容因人謀不臧而重蹈覆轍」。後來台中一國中看台晃動，不願花錢鑑定，聯合報記者朱界陽訪問施法官，他語重心長提出忠告：「保障師生，別計較工程費用」、「寧可花錢買安全，也勝過花錢買正義」。不過校園建物是否記取這些教訓，在他處理 921 地震案件時，看到到處是倒塌的校舍，內心感觸良多。

刑事附帶民事訴訟制度立意良善，對當事人省時省事、省錢又省力，施法官在一、二審辦理此類案件，覺得是自我學習及累積辦案的機會。有關車禍賠償案件、竊占返還土地、財產犯罪、損害賠償事件盡量自行判決，也常勸導侵占、詐欺、竊盜、車禍的被告與被害人和解，讓雙方氣息訟平，再依刑法第 57 條量刑標準判處罪刑，合適的給予緩刑，被害人稱便，過了十多年後曾碰到詐欺被害人很激動地說，被告還了一部分的錢，讓他有機會經營生意，現在生活過得不錯。這些經歷，對他後來調到二審民事庭後，助益很大。

台東地區民風純樸，人際間和善相處，有爭執容易經過調解成立，施庭長在台東地院服務期間，爲讓鄉鎮調解發揮更大效益，曾主動邀集縣政府及鄉鎮市調解人員座談，講解調解實務問題，增加大家法律知識，也將台東縣歷年送來法院核定的調解案件，請願意協助的法官，依核定准否之理由予以整理分類，一一列述正確法律意見與做法，並編纂成書供大家參用，省府民政廳如獲至寶，將之列爲重要參考資訊，編入調解手冊，供全國鄉鎮市調解人員參考。

古云：「訟者兇也」，勸告大家不宜興訟，施法官體會很深，在擔任檢察官期間，對於有被害人的案件，勘明世情，解析利弊得失，他常勸導雙方和解，告訴被告所犯刑案還要負民事賠償責任，大家平和解決，不必增加另次訴訟，雙方常和解了事，尤其傷害、妨害名譽、毀損的案件都是告訴乃論，他所經辦的案件和解撤銷告訴的比例不低，這也讓他自己省下辦這件案件的精力，將時間精神貫注於其他複雜的案件，後來他在司法官訓練所或實務研習班，常以此經驗與後進司法官分享，也對法務部推動轉介鄉鎮市調解的政策全力支持，鼓勵檢察官好好運用，兩造及同仁都稱便。

在二審擔任民事庭法官時，體認兩造和解是雙方最好的結果，他先認眞的審閱卷內事證、兩造主張法律關係及攻防要點，了解兩造爭執重心、個別問題，於庭上及勘查現場時，分析利害關係，點到個別問題，勸導雙方和解，因分析透澈，陽光透明，雙方和解比例相當高，曾有更六審案件經他勸導終於和解結案，兩造都非常滿意。由於和解之計分加重，因此在三年民事庭辦案成績一直拔得頭籌，其中和解加分貢獻不少。事實上，他在刑事庭的辦案成績也相當優異，常與以後榮任司法院秘書長的沈守敬法官互別苗頭，兩人都以擅長辦案受到肯定。

司法院近年公布法官量刑參考表，讓大家了解法官量刑的參據，社會普遍說好，施先生回憶起 74 年在雲林地院擔任庭長時，看到各法官審理交通刑事案件量刑不一致，就邀集刑庭法官先就交通案件研商具體方案，然後就肇事原因、過失程度、死傷人數、已否和解、曾否賠償等達成量刑參考標準，法官從此適用上均感方便，社會雜音也減少。

雲林縣雖是農鄉地區，但依少年人口計算，少年犯罪比例也不是很低，而且隔代教養情況日漸增多，衍生許多管教照護上的問題，施庭長發現祖父母往往不了解少年心理發展傾向，不是不教而是不知如何教，乃舉辦多次包括祖父母的親職教育，邀請國中校長、輔導專家現身說法提升管教能力，並規劃合於地域性的少年輔導活動，活潑多元，成效良好，他將雲林地區少年犯罪狀況深入分析，撰寫認識少年犯罪一書，供學校教育福利機構參用，回應良好。

在訪談聊天時，施先生不經意提到每個人都有他的韌性張力，也有很大的發揮空間，大家不要小看自己。他提到剛發表到台中高分院時，許多同仁恭喜他比同期提早三、四年高升，他接受恭喜欣然到職，沒有想到接到的股別有上訴案件一百多件，包括重大刑案，肅貪專案及未審結的疑難的複雜刑案，對照別人才四、五十件，瞬間感覺到恭喜過後，正是苦難的開始，但他咬緊牙根，全心投入，分門別類，在短短一年內，結案案件就達到一般平均數，現在回想起來，感覺自己還是蠻有抗壓性的。

在二審承辦刑事案件五年多中，施法官經常辦理重大刑案、肅貪案件，案情複雜，證據不充足，承受壓力很重，很多案件常經最高法院發回更審，指示又不完備，案卷卷宗既多又厚，案牘勞形，工作奇重，朝乾夕惕，邁力工作，這可說是二審法院共通特性，二審法官工作也格外辛勞，但俗話：辛苦是會有代價的，多年來苦功夫，也練就一身更堅實的辦案能力。

施法官提到刑案中常有集團性犯罪，被告中各人分工，各有角色，需要調查清楚，費時費力，在打群架殺人案件中，誰是首謀倡議？誰下手？誰在助威助勢？不易分明；強盜集團是否每個人都參與個別事件，每個人參與強盜強的程度；又強暴共犯，何人起意？如何實施？何人強暴等均需釐清；有關綁票案件，如何串謀？如何分工？如何下手？如何分贓等，都要花費相當心力與訊問技巧，才能脈絡分明、水落石出。曾有竊盜銷贓集團，行竊多達一百五十多件，連共犯都忘記犯案幾次？各次有幾個人參加？時間順序與地點很多是衝突的，施法官每周開庭，詳細勾稽查對，僅花費六個月時間，就弄清楚全部實際狀況，被告在庭上還說，法官眞有耐心。

公務員貪瀆的案件刑責很重，而且法律適用常會有模糊空間，涉案被告有時也未能依其作業之法令提出有利辯解，對於關鍵性事項未能明確說明，增加審理的困難度，需費心思查出實情實況。有一件圖利案件，被告喋喋不休，強調他絕對沒有拿錢，不應判罪，施法官直白告訴他：檢察官起訴並不是說你拿錢，是違背法令的圖利罪，經多次要他針對問題說明，才恍然提出了他是依法令辦理的根據，經核尙屬實在，只是作業程序不夠嚴謹，終於還他公道。又收賄罪需與職務有對價關係，且行賄者係針對其職務行賄，施法官特別注意這種要件，如不符合就判決無罪，由於貪污治罪條例的法定罪刑很重，又有死刑，法官在審理時會從嚴愼重辦理，實務上不易判決死刑或過重的罪，與其如此嚴苛，不如務實訂出合理刑責，因此他調任法務部參事時，建議馬部長將死刑刪掉，提高罰金金額，全案終獲修正。

案件到二審法院後，已經過相當久的時間，被告身心也受到磨煉，已逐漸了解法律森嚴不容侵犯，也認知自己行爲的過錯，痛定思痛有所悔悟，施法官認不會再犯者，常判決緩刑，鼓勵自新，後來林洋港院長推動鼓勵緩刑政策，施法官早已行之多年。他擔任部長時，有位企業家問他：「記得嗎」？他沒印象，搖頭說「不記得」。原來該企業家曾僞造文書，施法官判決緩刑，企業家改頭換面，打拼事業事業有成，施部長感覺很欣慰；又有次演講時有位年輕人特地等他，說十多年前他父親有案件經施法官判決緩刑，一直放在心上，特地代表父親前來致意。

對於法律之精準適用，施法官有其獨到的看法，例如請求非財產上損害之精神慰撫金，當事人請求的金額不會高，實務上判的金額也不高，施法官考量精神慰撫金是在補償被害人心理的創傷及精神上的痛苦，這種身心無形的傷痛，往往既深且長，其金額可以提高，所以曾判決一件車禍造成子女、丈夫的身心傷痛，精神慰撫金達每人 80 萬至 100 萬元；又有件刺傷被害人數十刀，致當事人二年行動不便，請求 80 萬元精神慰撫金，全部准許，所以他會依請求人提出之事證，確可證明精神有相當傷痛，會核實准其金額，使法律規定得以落實。

民事第一審訴訟程序有重大瑕疵，民事訴訟法第 451 條規定，得廢棄原判決，發回原法院審理，因關係到當事人的審級利益，施法官在審案時，發現一審有重大瑕疵，會廢第一審判決，發回更審，甚且已是更二審的案件，他爲顧及兩造程序利益，仍予廢棄發回，類似情形相當罕見，曾在一審法院成爲討論話題，這也是他很務實體現法律精義的表現。

權利濫用原則是民法所明定，施法官在審理民事事件時，雖然一方有其權利，但其權利行使顯然不公不當，會援引此原則判決敗訴，他回憶先後判決了好幾個案件，連合議庭的楚庭長都說很少法官會用這個原則判決。曾有一案因道路拓寬剩餘一條薄細狹長的畸零地，長達四十八公尺，寬只有十五公分，其後之土地地主申請六樓建照時，未注意並未面臨建築線，且已取得使用執照，該小塊土地地主申請拆除該四十八公尺長之六樓牆面，施法官根據雙方攻防，及現場附近房屋興建狀況與市容繁榮盛況，認爲該地主之主張不合經濟原則，屬權利濫用，予以駁回。

在晤談中突然想起一件公案，名作家李敖曾多次在節目中及著書上公開讚揚施法官有膽識、辦案公正，請問他與李敖有何交情？施法官笑笑說他不認識李敖，也沒見過面，原來李敖之著作放在他母親學校的宿舍，經警總搜索，卻以市府名義查扣，要求市府賠償，李敖都敗訴，更審時由他承辦，經詳細調查訊問過相關公務員，再檢視法令，該查扣欠缺法令依據，他就判決應予賠償，李敖就是佩服施法官，在那時社會氛圍下，別人不敢判賠，施法官卻能依法判決令，令他心服。

自我要求高，希望每一件案件都能辦得很好，是施法官的辦案準則，而案件涉及不同專業領域，也含攝專業知識，他常涉獵相關的學科知識並運用到案件上，希能博學多識，所以他喜歡參讀犯罪心理學，了解犯罪者性格、心理傾向、人格特質、犯罪成因、犯罪心理，在偵查中可作爲辦案參考方向與具體作爲利於破案，而在審判案件時，也藉由這些知識觀察犯罪情狀，了解被告犯罪動機、目的、性格傾向、心理因素等，至於運用到刑法第 57 條各種量刑參考因素也很有幫助，這使得犯罪者罪當其罰，罰當其刑，也使被告明白須對其行爲負起法律責任，運用得宜，被告接受就不會上訴。

法律經濟學是門較新的學科，在具體案件如何應用，使判決結果創造最大的利益，是施法官一再嘗試的，他在審理土地規劃案件時，最常考量到土地的利用案件；對於分割共有物訴訟，他會去評量土地合理利用程序、各共有人最佳利益、整體土地最佳效益，這些情況與共有人使用現況未必一致，他仍以整體效益及共有人最好狀況作爲判決的重要考量。有好多次事後碰到共有人，都表示當初不接受之判決，經時間之沉澱，最終體認到判決將道路劃寬、大面積分割、土地集中分配及零星畸零地放在一起是正確的，很感謝他詳慮周全，大氣有策。

有件騙很大的不法吸金案子，經媒體大幅報導後，社會相當關注，剛好有個研討會提及，與會人員就問施法官，你們常常辦案，看到很多人講謊話，胡扯亂說，你們如何破解？施法官就舉了幾個陳述不實在的案例加以說明。其中，民國 82 年時有證人在背信案中，作證曾於民國 72 年親眼看到被告拿 500 元大鈔，當面交了現款 150 萬元與被害人，被害人氣呼呼指責亂講，經察言觀色，發現有鬼，就拿出身上 500 元鈔票，詰問證人：民國 72 年哪有 500 元大鈔？證人當場臉色大變，雙腳發抖，坦承是被告拜託他，礙於友情只好僞證，被告也不得不承認，大家聽了都感到很新奇，也眞正體會到法官辦案必須通曉社會事實，精細宏達，能明察秋毫，才不致誤判。

施法官又舉例，有一位 76 歲婦女自己出庭說，她已將她先生向原告借的錢一次還清，原告生氣否認，施法官問她 980 萬元怎麼還的，她說從銀行領出，分兩年慢慢領出，還提出全家領款的存摺爲證，數目湊不攏，再問她錢放在何處，她說隨便藏，當天她一手提著大背包帶去原告家，很明顯不合情理，而且她身材瘦小，弱不經風，說可背著走了三公里去原告家，更是離奇，去函問台灣銀行，上開數目新鈔及舊鈔重量各爲多少，根本超過老婦女之負荷，最後她不得不承認是編造的。有位教授聽了心有所感說，要戳破謊言，還需要冷靜，究明內情，眞需要有眞功夫。

我們常一起爬山或參加宗親會活動，問到他辦案的趣事，他回答說很多，許多奇奇怪怪的事，都在案件上出現，例如老爸給兒子的錢很吝嗇，兒子去檢舉父親漏稅，因查緝費時，兒子打電話催問時程才露餡，原來檢舉漏稅有獎金，他居然用這種方法拿老爸的錢，眞是匪夷所思。又如夫其吵架原委，千奇百怪，閨房事講得令人瞠目咋舌，所以常聽他說：天底下只有你想不到的，沒有不會發生的事。

施檢察官承辦一件慣竊竊盜案，其中部分是從水池偷走小鰻魚的案件，刑警報告沒有線索，他到現場，發現在草上、路上有鰻魚身上黏液流下來的痕跡，他指示刑警沿著黏液追查，在三公里外，就看到竊賊正準備運走，逮個正著，刑警很不好意思，施檢察官笑著說：這跟生活經驗有關，你在都市長大，所以沒有這種體驗。

在高分院審理一件竊取鱉魚的案件，卷內資料不明確，被告也不否認偷竊的事，施法官覺得偷法很奇怪，就問被害人，被害人說：我也很奇怪，我池塘養了二隻狼犬，還有圍牆，他怎麼能進入鱉池偷走。被告很神氣地說：我研究很久，知道鱉喜歡爬高，我就從圍牆外伸放二個大木板，然後在外面等它們爬到頂端時一一抓走，被害人插嘴說：我的狗難道沒有吠叫嗎？他說有吠幾聲，但因爲他們沒有進入地內，狗以爲是在外面逗留而已，雖然看到鱉在爬，狼犬也不知道出了問題，聽得大家很意外，被害人也說眞是沒料到！

在台中地檢處、台中地院、台東與雲林及台中高分院服務期間，同事間相處和樂，經常切磋辦案技巧，研究法學理論與司法實務，功力大增，當時同仁人才濟濟，個個頭角峥嶸，青雲直上，位居要津，先後有法務部曾勇夫部長、最高檢察署顏大和檢察總長、司法院秘書長後任公懲會謝文定委員長、司法院沈守敬、林錦芳秘書長、台灣高等法院檢察署檢察長吳英昭、吳國愛、陳守煌、王添盛、監察院趙昌平、方萬富委員、金門高分院吳昭瑩院長、花蓮高分院謝志嘉院長、高院陳宗鎮院長、台中高分院洪文章、李伯道院長、最高行政法院藍獻林院長、台中高等行政法院林清祥院長等。

大家都知道司法官工作負擔重，實質上包工分到的案件，時程長，壓力大，很少有時間運動，爲了釋壓，施法官常會與志同道合的同事，呼朋引伴，攜帶妻小去爬山旅遊或打球，青山綠水，蟲鳴鳥叫，放鬆心情，讓忙碌的工作壓力獲得調劑，後來同事南北調動在不同司法機關服務，有感於身體健康第一，十多年前在高院陳宗鎮院長登高一呼，邀請在台中工作過的同仁，包括蔡清遊大法官、黃水通院長、王添盛檢察長、林榮龍庭長等成立快樂登山隊，每月一次到山上踏青旅遊，登高探勝，走遍台灣各地勝景，好友相聚格外歡怡，五年前改成二個月一次，每次兩日一夜，晚間拚酒後觀星望斗高歌同歡，樂也融融。

談到工作上有什麼特別經歷，施法官說承辦各種案件，經歷的事不少，有一次搭警察分局的吉普車去山上看現場，上山時司機話不少，等辦完公事下山到一半時，司機突然不出聲，神情緊張，也不答話，等到了平地，他才說：剛才突然剎車失靈，我又不能講，緊張得要命，這一下換車上每個人都嚇出冷汗。又有一次去仁愛鄉相驗，回程時突然車後砂石飛揚，司機立即加速往前衝，大家以為視線不好的原因，等到了大路時，他才說剛才車後突然坍塌，再不加快衝刺，可能整部車滾下山了，眞是驚險萬分！

偵辦盜伐林木案件，到高山上去勘查實況，在武界換搭運材車，上車後發現沒有車門，覺得很奇怪，就問司機，司機說忘了裝上，沿路不少路段，是用鋼架木材架成棧道路，插在山壁上，有如蜀國棧道，運材車行路上面搖搖晃晃，相當危險，司機聚精會神開車不再講話，勘查完畢下山時，司機話匣子打開，談了不少森林故事，等到了接駁點，他說：為什麼沒有車門，就是怕有狀況，要跳車比較方便，嚇的全車人仍感覺心驚肉跳。

檢察官、法官承辦案件與當事人有互動者，除開庭及看現場外，施法官認為以書類為主，不論起訴書、不起訴處分書、判決書及裁定書所顯現的事實認定、證據取捨、心證判斷還有論述理由都需要當事人知道，所以他非常重視這些媒介文書，會將書類內容寫得很清楚，理由明確詳細，希望當事人知道何以會起訴？何以會不起訴？判決理由為何？因而寫的內容就會比較多，有一次最高法院等來視察業務，有庭長說不用寫太長，太辛苦了，但施法官甘之如飴，寫東西成為他的習性，熟能生巧，法學論文也一篇一篇出來，連法律書籍也寫得相當順手，認識的人常常羨慕他著作等身。

施檢察官平日喜歡研究，公餘勤於筆耕，著書立論，歷任院長常指派他參加各項法律修訂有關的會議，撰寫有關法律修正意見供參考，如「非訟事件法」就提了不少新的修改意見，後納爲修正內容，也曾常被指定撰寫一、二審法律座談會提案，因屬重要法律爭議或法律適用之關鍵事項，經通過後，方便法律審判實務參用，由於他各種表現突出，司法院第一屆人事審議會決定法官委員參加審議時，立即被遴選爲法官代表，林大院長經常徵詢他對人事調動審議意見，他也知無不言，提供意見供參。

司法案五花八門，類別眾多，案情複雜，司法官不易樣樣精通，施檢察官在以往自己辦案時，建立「案件學習」作法，辦一個案件就是學習一次，同類案件多辦一次，多一份心得，不同類案件則作不同學習，訓練自己觸類旁通，培養舉一反三能耐，讓自己從案件學習積累厚實經驗，辦起案件，沒有不會辦的，因此他常用「案件學習」模式教育同仁，尤其是新進檢察官，不必擔心經驗不足，也不必灰心辦的不順手或不滿意，從「案件學習」必能訓練出辦案功力，有好多地檢署的同仁都反映這個方法很管用，許多會辦大案的檢察官就是這樣紮下基礎。

曾聽法界朋友提到施法官是辦案高手，也細數他辦案的點點滴滴，而從我當記者以來的一路觀察，也發現他確實有眞功夫，無論在檢方或院方辦案都很出色，關鍵在於他極有耐性，肯用心，手法細膩，精益求精，尤其是案件的底層事實一定會設法了解，對於心證的形成很有幫助，這些經驗累積造就他厚實的火侯功夫，等他當上檢察長，以往辦案的經歷，讓他能運籌帷幄，指揮若定，談笑用兵，在團隊辦案時更能提出辦案眉角、辦案策略、布局分工、具體實作等，讓同仁有次序展開作爲，對於年輕檢察官，施檢察長更是熱心指導，適時提供辦案方向與技巧，便利同仁偵查，很多跟他共事的檢察官，常津津樂道，佩服他的辦案心法與功力。

他擔任檢察長時，大家都知道很得檢察官推崇，我請教他何以有如此本事，他謙虛說不是他厲害，原因是他一、二審工作時，碰到很多首長均領導風格都不同，各有其作法，從中觀察學習，體會同仁需要的長官模組，最關鍵的是尊重同仁，將心比心，以心帶領，對人與事多了解，多方理解其思維，本同理心，存善解，化解歧見與衝突，必能得到解決方案，這個聽起來簡單，做起來不容易，他就是有智慧完成。

對自己有信心、對工作有信念，是施法官奉行的公務守則，從我多年的觀察，他因有感於民眾對司法信賴度不足，一直以重振司法威信爲己志，民國 65 年夏奉派至台中地檢處擔任檢察官時，就展現出精明幹練、富正義感與責任心的特質，先後偵破多件重大貪瀆及刑案，以辦案能手著稱，深得首席檢察官鍾民樂及呂玉介之器重。其後調任法官，以耐煩明恕爲本，察辨眞僞、探究事源、嚴謹用法，論罪科刑務求愼刑懲惡、寬嚴並濟，期能革心向上，杜絕僥倖，如情節可憫者勸導息訟，得其情則哀矜勿喜，以維法律尊嚴，因此他以辦案公允、調查詳實，樹立良好口碑，外界常以現代版的施公案稱讚他，也深獲當時田濟棨、葛義才、林明德院長及林洋港大院長等的肯定。

嚴正執法，打擊犯罪，伸張公義與關懷價値，是施檢察官工作之理念，也是他服務社會的目標。在他初任公務員時，在自傳中曾自許：願以一己之長、獻此心、獻此身、爲人群、爲公平正義而奮鬥。其後獻身司法，一直一本初衷，專心達志，認眞用心辦案，做好首長任務，致力推動司法改革，維護人民權益打拼，確實令人敬服。

附論二

我心目中的現代司法諸葛：施茂林檢察長

唐惠東*

*台灣嘉義、桃園、台中、台北地方法院檢察署書記官長、法務部部長辦公室主任

「司法諸葛」、「點子王」是法界同仁、媒體記者及民間人士給予施部長的封號，施部長具濃郁人文涵養與人道關懷，才識宏博，個性曠達，樂觀進取，有前瞻視野及過人智慧，獲此封號，實至名歸。

施部長工作表現傑出，擔任檢察署檢察長，對業務敬勤其職，秉持專業、樂業、敬業之要求，勤幹有爲，實心任事，力求盡善盡美，帶領同仁則仁德厚實，誠懇熱情，且擅長激發同仁潛能，展現卓越領導能力。本人任職期間有幸跟隨施部長，見證施部長本著一步一腳印的務實精神，致力帶領全體檢察同仁積極推展多樣性的檢察業務，其中諸多突破與創新作法，促使各項業務蓬勃發展，獲得各方肯定及稱許，是同仁心目中的好長官、好模範。

近二十年來，施檢察長三元及第，先後擔任台中、高雄、台北地檢署檢察長，可說是第一人，他誠正剛毅，益勵忠勤，剛嚴有律，領導卓越，績效優異，先後獲得廖部長、葉部長及陳部長提拔賦予重任，也是大家公認的好首長。

民國 86 年 8 月間，施檢察長奉派到桃園地檢署後，精勤幹練，積極偵辦不法，發揮檢察功能，偵辦億萬元ＩＣ板失竊案、龐大販嬰案、兩岸人蛇集團、警大招生弊案、警察特考洩題案、袁斌夫婦劫持中國民航客機案，及母女三人分屍案、計程車司機焚屍案、擄人勒贖案、擄車勒贖案、刮刮樂詐欺集團、FM2 禁藥及藥廠仿製威而鋼藥品案及多件重大兇殺案等；主動偵辦侵害智慧財產權案件，查扣名牌高爾夫球具成品及半成品、仿冒商標之電腦遊戲光碟片及高級皮件等逾十萬件，市價總値 10 多億元，對於智慧財產權之保護，貢獻極鉅，也對當年美國從 301 條款取消台灣名單有相當助益，另多次在轄區內大規模掃黃，績效斐然。

施檢察長在每一個地檢署對轄區的事務，敏銳力強，觀察力高，能解決當地積累已久的問題。在桃園環保問題惡化快速，「大峽谷」、「千島湖」、「毒龍潭」等破壞環境的情況非常嚴重，施檢察長立即組成專案小組，找來苦幹練達檢察官嚴查蒐證，他本人也多次上山下海，明察秋毫，發現有許多不法地主，先賣土地上之砂石，再收費讓人放有毒廢棄物，接著倒入廢溶劑，再倒一般廢棄物，接著收費掩蓋建築廢棄土，然後填上薄土，種植農作物掩飾，再去申請貸款，一地賺滿金錢，形同一隻牛剝六層皮，影響深遠，經與警調同仁密集配合，績效卓著，在各地檢署名列前茅。

高雄地區在 80 多年時，街頭飆車非常嚴重，引發高雄人聞飆失色，連黑道人士身陷車陣被攻擊，對飆車極為痛恨。施檢察長到任後，多方探索其成因、路線、飆車方式、參與人角色等後，並實地勘查行進路線，審時度勢，施展鐵腕，採取事前阻斷，事中控管，事後圍堵策略，召集轄區警局、分局等，根據可能路線重點布署，運用口袋戰術，使飆車族開入死巷，有效取締，並事先做好功課，了解其集結方式，封鎖網咖店，阻斷連結，減少聚結人數，便利查緝，經過五個星期之取締、查緝圍捕等，銷聲匿跡，將高雄飆車化解於無形。當時，施檢察長還運用他的司法保護專長，請來飆車族的家長實施親職教育，要求家長要密切注意子女行蹤，不要參加飆車，否則依法處以罰鍰，很多家長本來推諉很注意行蹤，是等父母睡覺才出門，但根據情資，飆車族常在七、八點就開始集結，讓家長無言以對，不得不配合，後來人數在家長管教監督下，慢慢減少，當時各方讚許有加，媒體也對檢察長大幅報導其功勞，高雄市議會更高度肯定。

在檢肅貪瀆方面，嚴密查察蒐報，偵辦多起貪瀆案件，四個地檢署偵辦涉案被告包括多名學校校長、總務主任、省糧食局局長、銀行副總經理、縣市政府建管人員、鄉鎮市長、公所課長、幹事、代表會主席、地政事務所主任以及公立醫院醫師、工務段段長、河川局首長與總工程師等，縣議員配合款弊案、多件警察風紀案、垃圾場購地弊案、製幣廠貪瀆案等。樹立政府懲貪決心，維護良好政風，有激濁揚清、澄清吏治之效。

在掃除黑金方面，強力執行流氓掃黑專案，針對幫派首惡或地方惡霸爲優先偵辦對象，縝密蒐證，與辦案團隊細訪廣察，只要事證齊全，不問對象身分、地位或任何幫派，即行查緝追訴，同時對於環保掃黑、校園掃黑、工程掃黑、選舉掃黑等各種黑道滲入之領域，一併查辦，在四個地檢署都有相當良好成績，最後二位以直昇機送綠島之治平專案被告，就是台中地檢署偵辦的成果。

爲防止金錢、暴力介入選舉，嚴密查辦賄選，由警、調機關建立有效之賄選情資蒐報系統，掌握歷次各項選舉樁腳之活動網絡，篩選鎖定具體對象，提前長期蒐證，致力選舉期間有效查緝賄選，爲全力投入選舉查察工作及爲使社會大眾了解政府反賄選之決心，積極辦理反賄選宣導，重視宣導實效，採用多樣性、地毯式、無孔不入的宣導方式及運用多種語言廣化宣導效果，期間歷經農漁會代表選舉、縣市長、縣市議員及鄉鎮市長選舉、立法委員及總統、副總統選舉，查賄績效顯著。每次選舉前，常有立委訪問團拜訪，了解查賄情形，施檢察長將實際成果公示立委後，由批判轉爲肯定。

候選人爲求勝算，推陳出新，使盡各種花招，檢警調在查察賄選時，倍覺辛苦，而且年年有新招，檢警調必須與時俱進，調整戰法，施檢察長一向以查辦賄選爲重點，在桃園、在台中、在高雄以及台北地檢署各有不同之選舉，在他督導下，都有相當成績。其中施檢察長發現桃園有候選人將親友遷戶籍到他選區，達到勝選目的，還能當選，這種長期不在某區內，而以遷徙戶口當選，實質上由非原來住民決定該區域之公共事務，顯然不是民主選舉機制之原意，施檢察長指示廖檢察官深入查辦，一口氣起訴二百多位幽靈人口，是首宗大案件，對導正選舉風氣有相當助益。

施檢察長任期間，適遇台灣發生「水上、路上及天空」三大重大災難，他有效執行災害搶救，並積極處理善後，展現過人之應變能力與愛民護民之關懷，著實令人敬佩與感念！

87年2月16日晚上8點30分，華航班機於桃園發生國內航空史上嚴重空難，總計死亡二百零二人，施部長時任桃園地方檢察署檢察長，聞訊立即趕赴現場了解現況，並調派同仁至現場處理，結合軍憲警人力，發揮整體力量，以最大之忍耐精神，冷靜、妥適、快速的指揮現場。他目睹一具具殘缺不全的遺體停置於冰冷的馬路集結區，乃指示工作人員為每位罹難者準備地墊，再由救難人員替他們蓋上白布，沉著指揮法醫、牙醫及ＤＮＡ科技檢驗人員整合屍塊。施部長沉著穩健，不分晝夜全程督導指揮，並經深思熟慮，區劃周延，訂定相關流程與步驟，迅速機動處理複雜善後及相驗相關工作。因斯時法令規章無法應付客觀現況，乃果斷「無例開例」，採取多項創新之緊急應變措施，戒慎處理辨識指認屍體所發生之各種狀況，主動積極督導清理現場與失事原因之調查，並不時給家屬勇氣、信心與關懷，所幸全體同仁在雨中滿身汗水，辛勤工作，可說雨水、汗水、淚水三合一完成任務，圓滿完成艱鉅之善後處理工作，外界亦認桃園地檢署係空難事件中「少數能替家屬服務的政府單位」。他也從處理處理過程，對於部分機關首長遇事推諉，未能體天愛民，感觸良多，對喜歡上媒體亮相作秀之事，更為喟嘆。

由於屍體破碎不全，非常難以辨識，家屬悲戚難過，相關訊息不明，惶恐不安，施檢察長見事雜萬端，運用危機管理方式，採取快速新聞處理，因之在災害搶救時，為了使罹難者家屬及社會大眾獲得最新的訊息，每天均透過發言程序及發布新聞稿之方式對外告知，並由檢察長親自發言，施部長以便給之口才及誠懇之態度，詳述處理情形，使駐守在現場、殯儀館、地檢署前廣場之媒體記者及SNG轉播車都能及時發布與轉播最新訊息，訊息傳播之迅速，可謂前所未有。

舉世震驚的九二一集集大地震發生後，全省共有二千多民眾喪生瓦礫。面對此種巨變，施部長當時肩任檢察長職責，細密構思，完整整劃，迅速動員深入災區，掌握狀況，及時訂立完備之偵辦步驟與要領，並舉行多次勤前會議、建立共識，全體同仁在他靈活指揮率領下，本諸做功德、行善事及服務精神，勇敢面對災難，有秩序地參與各項救災與相驗工作，對於罹難者遺體之相驗工作以「主動、積極、靈活」爲辦理原則，並以「尊重死者，方便家屬」之原則從寬辦理相驗工作，第一天即完成相驗八〇六具屍體，爲司法史上最慘痛的經驗，連同其後相驗，共相驗一二六八具屍體，於最短的期間內發揮最大效率。相驗期間，已有眾多受災戶陳情建商諸多不法，自己先行構思，擬定明晰偵辦步驟，激發同仁發揮團隊精神，全力偵辦建物及公共設施等塌陷案，許多受災戶都在地檢署門口聚集聲援，而且積極防制及偵辦黑道介入災後重建工程起訴五十四人，並持續辦理心靈重建與輔導工作，讓災民感受到災變後的溫情，施部長爲使同仁之努力留爲歷史見證，事後匯集台中地檢署之力量，將偵查之具體作爲彙集成冊，書名爲「斷層上的烙痕，921 集集大地震檢察機關職權發動的具體實踐與作爲」，出版後，被列爲國家及各大學重要之著作，各界爭相索閱，國家地震工程研究中心也請求授權使用，對該署同仁於災後的付出與關懷，留下深刻印象。後來 311 地震發生死傷事件，也提供台北市政府及相關機關參考，均稱很具實用性。

高屏地區之空氣與水質不良，久爲民眾所不滿，施檢察長對於如何究辦不法破壞環保之人，念茲在茲。適於 89 年 7 月 14 日發生高屏溪被傾倒有毒之二甲苯廢溶劑事件，使兩岸地區二百多萬人無乾淨的水可飲用，民眾叫苦連天，施部長立即指派署內幹練精敏檢察官有系統且綿密指揮警、調、環保稽查等單位，並請教化學、化工與環保專家，釐訂偵查計畫，積極深入查究，以殺人未遂等罪，先行起訴二十二名被告，並具體求處無期徒刑、十二年、十年不等之重刑及 4 億 2 千萬元罰金，並將重要份子四人列爲治平專案檢肅對象，當時高雄市長公開贊揚高雄地檢作法，全力支持，嗣爲嚇阻破壞環保歪風，立即成立環保小組，依警察分局轄區，指定檢察官主動結合警察、環保等單位積極查辦，建立機動性之監督機制，有效扼阻環保再度惡化，使原來駱駝山以西無淨土之現象有效改善，深獲好評。

2020 年 1 月開始爆發新冠病毒肺炎，幾乎狂掃歐美各國，死傷無數，比起 2003 年 SARS 疫期加倍嚴重。當年 SARS 疫期，台北地區首當其衝，施檢察長正在台北服務，疫期開始，要求同仁防疫第一，注意維護身體健康，後來，和平醫院有死亡案例，檢察官需往相驗屍體，壓力很大，施檢察長趕緊打氣鼓勵，讓檢察官信心滿滿，完成工作。防疫期間，口罩需求量大增，有大囤積居奇，施檢察長指派主任檢察官到生產工廠及進口商了解出廠與進口數量，偵辦囤積廠商，提起公訴，有效壓下囤積之惡風。疫期結束後，死者家屬及社會對於處理疫情相當不滿，檢察長立即請陳主任檢察官率檢察官著手偵辦，查明疏忽過失情節，將涉案人員提起公訴。

新制度之推行，施檢察長一向有興趣投入，也視爲個人能力的挑戰，當刑事訴訟法準備減少公判庭的案件，乃考量增設緩起訴處分制度，施檢察長認爲陽春型緩起訴處分不夠週延，需附有相對條件配合，乃向法務部建議由北檢試辦社區處遇，事前與檢察官充分說明，使同仁了解其時代意義，大家全力配合，審酌寬嚴併濟精神，在刑事訴訟法現行法條容許下，由檢察官勸導輕微案件自願參加社區處遇措施，包括義務勞動、從事公益活動等，再觀察其具體表現、言行表徵、悔悟程度，予以職權不起訴處分，有百分之九十以上參與者，對此寬容有度新措施均肯認此種新作法，後來緩訴處分制度正式施行後，大家還在摸索執行，北檢已駕輕就熟，很順利推展；各附條件之要求，也讓被告充分了解而予接受，施檢察長爲維護被害人權益，要求檢察官多行預防司法措施，常有被害人對於檢察官保護被害人安全命令，預防再犯之命令非常感謝，因爲要被告不得靠近被害人，不得騷擾、恐嚇被害人、定期向派出所報到等，讓被害人安全感大增，覺得法律站在他們這邊，法律是在保護好人。

民國 91 年院檢試辦交互詰問制度，台北地方法院開始試行，台北地檢署實施專責全程到庭公訴，對於屬於大陸法系的台灣並不熟悉其運作模式，施檢察長接任後，安排訓練課程，涵蓋口語表達、語文應用、臨場應變、兵法實用、法庭角色變換以及刑事訴訟程度與法律適用等等，邀請名嘴、主播、法律學者、院檢實務專家授課，並一再演練模擬法庭、訴訟攻防、進行詰問要領，演練完再檢視改進調整，施檢察長也親自講解心理調適、攻防心法及訴訟程序攻略等，每週再親自與同仁精神講話，激勵士氣，當時，都是年齡輕、經驗少的公訴檢察官，經此密集研訓，每個公訴檢察官精神抖擻，個個功力大增，信心十足，經過公訴實戰後未久，形成一支精實部隊，攻擊力強，上陣實戰後，企圖心強，戰鬥力旺盛。沒多久，在全體公訴檢察力努力，已打響北檢名號，很多律師碰到施檢察長，認北檢公訴實戰力好強，我們律師壓力大，一週年後，舉行檢討會，律師公會顧理事長公開讚揚北檢公訴的成就，施檢察長也請同仁撰文出版公訴實戰三冊，以誌其實，提供與同仁及其他地檢署參考，有多位檢察長就參酌北檢作法，按圖索驥，訓練檢察官同仁，覺得好學又實用。

施部長任職檢察長任期間，戳力其職，任事主動、積極，屢有創新突破，由於績效卓越及具有優異事蹟，屢獲記功嘉獎及一次記二大功，備受肯定，歷年獲個人及地檢署之榮譽榜，謹舉其要項略述如次：

一、帶領桃園地檢署推動退休公教人員志願參與公共服務業務，獲致全國三個績優機關之一。

二、率桃園地檢署同仁厲行「親民形象方案」，獲法務部評比為第一類檢察署第三名。

三、引領桃園地檢署全面推動三區結合方案，法務部評定為唯一績優單位。

四、八十七年檢察官改革協會主辦全國檢察長評鑑第一名。

五、八十八年檢察官改革協會主辦全國檢察長評鑑第一名。

六、八十八年獲得模範公務員表揚。

七、八十九年檢改會票選推薦檢察總長第一名。
八、八十九年獲公務人員傑出貢獻獎。
九、率高雄地檢署同仁厲行「親民形象方案」，獲法務部評比為全國檢察署第一名。
十、帶領高雄地檢署獲致為民服務工作行政院服務品質獎。
十一、九十年後，多次榮獲法務部評鑑一審檢察長第一名。
十二、領導台北地檢署榮獲九十年度行政院服務品質獎個別類組之「落實品質研發獎」。
十三、領導台北地檢署獲頒九十一年度機關檔案管理「金檔獎」，為法務部所屬機關第一個獲獎單位。
十四、績效優異，得到法務部肯定檢察官或主任檢官陞調主任檢察官或就地升主任檢察官或高升二審檢察官，人數比例突出。

施部長深信地檢署是一個整體團隊，檢察業務的推動，必須同舟共濟，積極擘劃，全力投入，才能滿足社會大眾的殷切需求，也才有辦法讓司法改革工作注入新的契機與活力，以往檢察官「單兵作戰」的辦案模式，已不符合新世代的需求，因此，他要求職司犯罪偵查的檢察官除應貢獻一己之力外，並應採「聯合作戰」之團隊辦案方式，結合檢、調、憲、警力量，群策群力，密切合作，共同為打擊犯罪而努力，才能有效發揮檢察功能，同時不論在犯罪偵查、刑罰執行、或者是觀護工作，乃至於更生保護、犯罪被害人保護都是環環相扣，應充分協調溝通，相互銜接，同心協力、密切配合，摒除本位主義，發揮團隊精神，始能共同突破困境，施部長以團隊合作的理念，帶領各地檢署同仁齊心開創新成績，能分別邁入嶄新的里程碑，因之，他服務的四個地檢署，檢察官都能同心齊力辦案，每一個地檢署成效都創新傲人，其領導能力倍受矚目。

司法改造工程應以滿足人民需要為本，施檢察長一直致力建設高品質、高效率之為民服務系統，提昇檢察新形象，一般社會大眾對於偵查的要求不外為：開庭準時、結案快速、開庭態度良好、結案合於實情，此不必經過冗長的修法程序，重在認眞推動，乃促發同仁有「為民服務」之正確觀念，改進服務態度，改善相關設備，調整繁瑣之作業流程，積極建立親民、禮民、便民的新措施，以提升司法公信力。在他領導下，高雄地檢署、台北地檢署評比一再榮登金榜。90 年 4 月就任台北地檢署檢察長，持續推動「以客為尊」之服務理念，調派資深科長及服務熱忱之書記官加入為民服務之行列，且為方便上班民眾，取消行之多年之午休暫停服務規定，每日中午繼續服務，以全新之風貌，企業化之經營方式，提供民眾更為溫馨、便捷之服務，再榮獲行政院為民服務品質獎，凡此均足以說明他推動司法為民的積極度。

從年輕開始，施檢察長就對管理學很有興趣，有空會涉獵研習，結合實務，逐漸體會納融成一體，建立其管理思維，擔任首長後，應用在檢察業務上，相當順手，他規整領航管理、有機成長管理、三度標準化管理、網式管理、重點管理等，成為他管理模式，檢察官對於他才識淵博，戰略思維獨標，迴異以往首長的領導有序，成效優異，相當佩服，也願意配合，陳定南部長肯認他的管理模式，曾多次請他在檢察長會議專案報告，供各級檢察長參考分享，共同提昇檢察效能。

走動式管理是施檢察長一貫作風，他常抽空到署內各科室與辦公室直接近距離與同仁接觸，了解同仁工作負擔情形、勤勞程度、處理效率及同仁間之互動，也探知同仁實際問題，能當場處理的就當下解決，有需要再協調的儘快找負責同仁處理，有未能配合的同仁馬上找來主管督導，希望以最直接的方式快速解決問題。許多同仁也喜歡在他到來時，將業務上之瓶頸與困難當面報告，提出他們的解決方案。同仁對於他這種「人性化管理」足感心，上下熙和，激出打拚動力。

施檢察長常在走動式管理中，發現同仁生活上有困難，會及時給予關懷及幫助，記得在桃園地檢署服務期間，有位懷孕中的書記官，為了配合檢察官長期日夜查辦一椿校園採購弊案，而因過度疲累導致身體不適，經緊急送醫後才穩住胎兒，為了這件事，時任檢察長的施部長，特別在署務會議中提出討論並相當自責。事隔多年，該名書記官同仁為此還深深感念施部長及時保住孩子與母親，在他榮升部長時，特地向媒體表達她至今難忘施部長對同仁的體恤和關懷。

有次他巡視高雄地檢署辦公室時，在轉角處，看見一老人一直鞠躬後退，口裡說：我不敢了，下次不會再來麻煩了！在其眼前只見一個盛怒的為民服務科的同仁，他了解實情後，發現問題所在，不到二天將為民服務有關的同仁全部調動，改派脾氣平和，態度誠懇的同仁負責，得到許多洽公民眾的肯定。另外在台中地檢署也經由走動式管理，發現有位服務同仁因個人原因，情緒管理不好，不易面對民眾，他即予更換，改派至內勤科室辦公後，事後那位同仁特別感謝檢察長。同時，經由走動式管理，發現同仁行為怪異，經交由政風室了解，查得違規行為。有幾次下午三點多，去關懷同仁，見某同仁臉孔發紅或趴在桌上睡覺，甚為奇特，責成主任檢察官調查，發現交友複雜，中午常去吃飯喝酒，予以告誡，後來果然發生不法風紀事件。另外他在一地檢署走動式管理，發現有幾位同仁之言行有問題，要求其主管密切注意，嚴加監督下，均有所收斂，他調職後，故態復萌，不幸後來都出事了。

他走動式管理還擴及到辦公室外，常利用公餘外出查訪，發現色情廣告公然散播，特種行業林立，暗藏春色，嚴重影響治安，要求大力掃蕩色情行業，掃黃績效斐然，記者描述「檢察長微服出巡，港都無處不飛花」；他假日也經常結伴戶外登山健行，若見有破壞國土或對生態環境濫墾、濫伐、濫採及濫倒之違法情形，即主動偵辦，施部長並希望檢察官能夠發掘案源，如針對報導不法行為之剪報或檢舉函等主動偵辦，不要只待在辦公室偵辦警方等治安單位移送的案件，因此非常鼓勵檢察官外出搜索、查案，發揮打擊不法、摘奸發伏的職責。

施檢察長認為身為首長，首在爭取人力與經費，使同仁的工作負擔合理，也使地檢署經費充裕，得以應付辦公及辦理案件所需，因他用心很深，出力很大，上級的長官及人事會計主管對他主動爭取，見機爭取，壓力相當大，這點到他擔任法務部長時，行政院人事行政局局長及主計長開玩笑說：最怕你來找我們要員額，要經費。

對於辦公廳舍的利用，施檢察長給書記官長及總務科長很大的壓力，務必在有限空間做出最大利用空間，連他的好友沈芷蓀建築師也常到台中、高雄地檢署指導，將爭取來的補助經費，用在辦公室重新規劃、隔間上，而爲民服務中心也整體規劃，讓同仁與洽公民眾都有舒適的環境，他爲同仁改善工作環境、爲民眾改善洽公處所的用心，不僅讓同仁打從心裡佩服，洽公民眾對其舉措亦多有讚許。同時，在台北地檢署時，極力爭取經費，另在附近租賃辦公室，有效解決辦公室不足問題，對提升士氣，有效改善檢察官辦案，助益甚大。

地檢署之辦公廳舍明顯無法容納現有員工，辦公室擁擠不堪，施檢察長到任後，卯足全力向上級爭取，桃園地區與桃院地院院長挑選三個地點，評量後均不理想，後在呂秀蓮縣長協助下，擇定現在新院舍地點，而高雄地區也與蔡院長經挑細選，由鳳山改仁武，最後選定橋頭，現二地辦公廳舍均已建好，對紓緩辦公室空間大有助益，然細數時間長達十多年寒暑，足見司法辦公廳舍之翻建與新建，在整體國家預算中仍有大幅增加之必要。又台中地區要選擇市區土地相當困難，施檢察長曾建議以法務部所屬機關用地改建，較無阻礙；台北地區當時透過國有財產局、土地銀行、合庫等提供可釋放之土地，惜地價過高，乃建議以國防部博愛路國防園區爲目標，幸現已有部分撥用，稍可減少擁擠之問題。

在台中、高雄地檢署任內，因建有職務宿舍、同仁及眷屬均有宿舍可居住，但台北地檢署明顯不足，施檢察長建議法務部興建新宿舍或租賃房屋供同仁使用，法務部評估結果，採用租賃方式，他積極爭取戶數，當時，各地檢察署尙不感覺其急迫性，他見機不可失，後來大部分都撥給台北地檢署，到現在有很多同仁佩服他謀遠慮詳，感謝施檢察長有先見之明。

檢察機關經費有限，如何在有限的經費下發揮最大的檢察與行政效能，是首長的重要課題，而施部長總能以靈活、敏捷的巧思，達到樽節經費及完成亮麗績效的目標，這點他能依業務核心、重點及一般事務分流式運用經費，對可控管的經費支出嚴格執行，水電油料支出決不浪費，部分科目靈活流用，讓地檢署該花的有錢花，檢察官辦案需花用的不會縮減，因此各地檢署大多數同仁並不清楚經費的運作狀況，普遍地認爲我們錢都夠花，讓很多別的地檢署稱羨，這就是他高明的地方，也讓其他地檢署以爲台北地檢署經費最多最夠用。

善用統計數據管理檢察相關業務，掌握輕、快、準、顯、繁、稠原則，以精準的里程數計算汽油費與車輛保養費、以辦案件數估算影印紙張之耗費及預估調整辦公室支出費用，不僅達到撙節經費之目的，並解決經費不敷運用之窘境；對於案件的管理，每月均要求統計各類數據，例如，新收案件、未結件數、檢察官交辦事務官件數與複雜度、各股撤回起訴件數、聲請搜索與核准件數、核准監聽與破案率、聲請搜索與核准時程等，機動性提供正確而快速之統計數據供辦案系統參考，定期比較分析各項統計結果供主任檢察官查對，檢視各別檢察官辦案能量，呈現的問題，提醒主任檢察官適時督導。有時，主任檢察官很好奇，檢察長對組內同仁的辦案與結果居然比他清楚，還能個別一一點出其辦案風格與習性，要主任檢察官深入查明予以指導，事實上，這歸功於數據管理及平日審閱書籍時所得實況，而且施檢察長也由數據充分了解全署狀況，進而作必要調整，提昇實效，以做統合戰力之效。

在歷次辦理反賄選、法治教育及司法保護等相關活動時，多數經費拮据，爲節省經費，包括場地租借、舞台及場地週邊設計布置、節目安排及演出團體之邀請等相關事項，他均未委託任何傳播或廣告公司協助辦理，都親自督導相關科室同仁自行籌畫舉辦，希望能夠以最少的花費達到最大的效能，特別是反賄選宣導活動，因性質不同於一般民間所舉辦之活動，無法以提供摸彩獎品或贈送禮物等方式吸引民眾前往，故在沒有任何資源支援的情況下，如何吸引民眾參加，使達到有效的宣導效果，每每顯得困難重重，施檢察長鑑此原因，在節目內容之設計上特別花費心思，總是絞盡腦汁的讓節目內容豐富逗趣，讓活動過程因趣味性增加而高潮迭起，歷次活動都能吸引爲數眾多的民眾參與，行政院游院長、張院長、蘇院長及陳部長對北檢有此大規模活動，參與民眾興致高昂，現場熱鬧滾滾，一再詢問如何能辦到，非常讚許，連高標準的陳部長也好奇其眉角，在檢察官會議指示辦理反賄選活動要有創意，才能有效達到宣導目標。

公務機關運用替代役紓解同仁負擔，已行之多年，司法機關也借重殊多，但當年政策剛開始時，司法機關還在觀望，施檢察長評量高雄地檢署之人力與日益增加的業務，當機立斷，向上級申請分派，有同仁認爲制度開始，尚未運作順暢，管理不易，施檢察長舉出他的口頭禪：不要技術性問題否決原則，決定引進，商請海巡單位夜間代爲管理，對業務之推動頗有幫助。引起很多地檢署之羨慕，陸續採用，其後在台北地檢署更擴大辦理，解決不少人力不足之難題。

桃園地檢署從民國 80 年以後，因工商發達，人口成長迅速，案件急遽增加，檢察官、書記官負擔重，夙夜勞乾，以致經常調來不久即申請調走，一、二年年資就成爲資深同仁，施檢察長用盡心力挽留同仁繼續共同打拼，常夜間到辦公室爲同仁打氣加油。其間，法務部迅速補足檢察官，然書記官人力明顯不足，城部長前來巡視時，了解困境實情，不覺哽咽，全場動容，高檢署吳英昭檢察長立即指派高檢署書記官前來協助應付，創下書記官支援下級機關之先例。

在桃園及台北地檢署時，剛從司法官訓練所結訓分發到職的檢察官非常多，有時占到三分之一多，爲讓他們熟悉檢察業務，能駕輕就熟，迅速上軌道，施檢察長就籌辦新進同仁座談會，將地檢署組織、轄區特性、案件類別、辦案單位、偵辦要領等詳細解說，並由各科室主管報告其業務狀況，新進同仁都反應非常實用，對於辦案有相當助力，部裡有長官得悉笑著說：你進階版的訓練課程有特色又務實，快成爲訓練所第二了！

激勵士氣，提升效能，是施檢察長在每一地檢署念茲在茲的要務，除走動式管理，解決同仁要求外，對於辦案績效良好，表現優異的同仁，不於給予適當的獎勵，也會讓上級知道同仁的表現與成績，爭取敘獎，在升遷上更大力推薦，使同仁能安於工作，到現在很多受他照顧的同仁仍非常感謝，敘說他如何受惠與照顧。另外，企業績效獎金制度對提振員工士氣有相當效果，施檢察長聽說政府有意推行績效獎金時，覺得效果很大，立即向法務部爭取經費，讓各單位良性競爭，卯足全力拚績效，施檢察長一有具體實績，立即核發，風行草偃，正向風氣應運而起，效果宏著，未幾停辦，同仁都表示很可惜。

爲提升署內各行政科室之業務績效，施部長在每個地檢署任內，常舉辦檢察官會議、書記官會議、司法保護人員會議及行政會議，一則慰勞同仁，二則激勵士氣，三則藉由召開各種會議了解各科室之工作情況與執行進度，並強化各科室之橫向連繫，落實業務分層負責，使署內行政業務呈現亮麗的成績；又爲調適同仁身心健康，減輕工作壓力，激發團隊精神，增進同仁情誼與和諧氣氛，每年的自強活動辦得有聲有色，更經常舉辦各類「人文與關懷」講習或文康活動，於辦公區域則廣植栽綠美化，並懸掛名師字畫，希望同仁耳濡目染，氣質蘊藉，另又添購空氣清淨機等，營造良好辦公環境，優化同仁辦公情緒，進而提高工作效率。

有人說：同一單位各同仁磁場不合，不易相處，施檢察長觀察到某科室同仁一直不和，就深入了解其實因，設法調整改變該科室文化，有次他得知一科室內鬥嚴重，效率不佳，原因是主管個性及某一同仁的脾氣，相互作怪，緊張失和，他將二位調走，再抽調二位屬性相近進去，有空就去關懷，不到一個月，風調雨順，所以很多其他地檢署的書記官長會私下請教我們的秘訣。

建立與檢察官的信賴關係是施檢察長的長項，監察委員知他領導同仁有方，與他談到檢察一體的發揮有很多不同聲音，他直白說：大家相互信賴，實施檢察一體機制不是問題，有檢察長請教他如何做到，他說將心比心，要了解檢察官的個性、才識與專長，對他的情形非常清楚，本透明化原則，以坦誠的態度互動，當檢察官明白檢察長基於公務目的，要求合理適當，所指示是要具體明確，經得起檢驗，相信容易建立彼此之信任，同仁也願接受你的指揮，絕不是用權威式、強制性方式處理，否則弄巧成拙，彼此信賴不足，必橫生枝節，再來善後，已難補救。

檢察系統有其組織文化，施檢察長將溝通術活用在行政管理哲學中，「有問題就要溝通，有事情就要解決」是他一貫作法，經過三年多的耕耘，讓素有天下第一署的北檢蛻變變革，由於北檢重大案件居全國之冠，檢察官人數眾多，要讓案件辦得出色，破案俐落，他積極落實團體辦案方式，同心協力，眾志成城，構築堅實團隊，一方面可減輕承辦檢察官壓力，另一方面辦案品質必可提昇，對於未偵辦重大刑案的檢察官鼓勵各種案件辦得出好案，用心用力開挖新案源，讓每位檢察官都有發揮空間，有許多重大案件也在他努力下，成爲重案，眾方矚目，他也鼓勵同仁去公訴組歷練，鍛鍊自己成爲全方位檢察官，精通各項武藝，許多同仁對於他鼓勵同仁「各安其位」、「各得其所」、「各發揮所長」的作法，非常認同，所以有一位投入檢察官改革的同仁曾說：施檢察長很有本事，讓大家都自認受到重視，願意打拼！

檢察業務主要有偵查與公訴兩大主軸，施檢察長認係一鳥兩翼、一車之兩輪，需齊頭並重，對於重大刑案、財經案件、貪瀆案件等強調需協同辦案，在桃園因新進檢察官多，資深檢察官少，碰到重大疑難案件，施檢察長常親自參與協同辦案，曾有一段時間，重案大案接踵而來，大家疲於奔命，台北各電視台的 SNG 車就長期停在地檢署，方便直播。在台中團體辦案處理921地震相驗及工程舞弊案、分屍案、焚屍案、擄人勒索案；在高雄協同偵辦傾倒廢溶液案、縱火案、林園性侵案、廢土傾倒弊案、海關貪瀆案，重振高雄地檢署威望，在台北則協同偵辦不計其數，如民代重大黑金案、破壞國土案、公務貪瀆案、掏空大弊案、內線交易案、金融弊案、太電案等。

在公訴方面，也運用協同辦案模式，凡有關重大刑案、被告與辯護人人數多，困難度高及社會矚目案件，基本上由起訴檢察官參與公訴詰問，相互研商，採取攻防對策，其二是由有專業的檢察官與負責公訴檢察官一起蒞庭論告，相互交叉又火力支援，其三是由主任檢察官帶隊，由公訴檢察官主辦，主任檢察官適時支援，其四是指派主任檢察官、檢察官到庭聽審，遇有需要協助時上場支援，全力攻防，經長期調整改進，公訴論告採團體辦案，成效相當良好，表現地檢署整體團隊之精神。

爲拓展檢察官之法律視野，培養國際觀及人文素養，施部長於擔任台北地檢署檢察長時，以自費休假方式率多位檢察官同仁前往蒙古國參訪，並創例在蒙古包召開檢察官會議，同行檢察官均感受蒙古檢察體系對我方的重視及善意，雙方互動良好，爲日後的交流與合作，奠定了堅實的基礎，雖僅短短數日，但團員均深感收穫良多，達到諸多提昇檢察效能之共識，到現在常有檢察官建議他再組團重遊，足見那次蒙古國之行相當成功。由於蒙古國檢察機關資源分配匱乏，檢察事務所需之電腦、印表機、傳眞機、手機等事務機器欠缺，施部長返國後將堪用的事務機器捐贈該國檢察機關，協助提昇該國檢察機關之效率，並藉由資源共享，爲我國與他國檢察機關之交流，再添新頁。日後檢察機關之國際交流，成爲法務部之重要政策，並成立專司推動業務，由此可見施部長之遠見卓識與國際觀。

2017年7月，台北地院裁定宣告沒收拉法葉艦汪家海外不法所得273億6千萬元，後加上高院追加裁定共293億元，爲史上最高金額，

2019 年 10 月最高法院裁定先沒收 94 億元。本件在 1989 年至 1991 年台法簽署拉法葉巡防艦軍購案，涉及高額佣金，由於軍購案契約排佣條款，我國以違反契約為由提起國際仲裁，2010 年 5 月 4 日裁定我國勝訴，法國需賠償 8.75 億美元，本案從尹清楓過逝後，捲起千堆雲，涉及之人員包括海軍高階軍官等，其中軍火仲介商人汪傳浦居關鍵地位，外界傳聞沸沸揚揚，喧騰一時。

名記者溫紳碰到施檢察長時，常提到各該款項能追索，功勞最大，施檢察長謙虛不接受，他說：這些都是蔡秋明檢察官意志堅定，鍥而不捨，一值追查，從不放棄，才有好的結果。施檢察長到北檢後，非常重視拉法葉相關弊案，除起訴涉案軍官外，指示蔡檢察官全權負責追查佣金下落，並指派檢察官協助，蔡檢察官不負眾望，全力投入，與國防部、監察院密切協調配合，聯絡駐法國、瑞士使館人員，透過司法合作，設法與瑞士法院審理庭聯繫，提供必要證據與文件，後來施部長在法務部時，要求高檢、北檢與檢察司全力支援協助，他也代表國家簽署一份司法互助的保證書，再經多年積極追緝，終而有成果。

北檢是首善之地，各種類型案件俱足，重大刑案接連不斷，矚目案件亦有如春筍，加上政治性的角力所衍生案件也經常發生，如民代相互控告誹謗、公然侮辱、機關首長涉及貪瀆、公眾人物涉嫌不法、軍火採購弊案、軍事船艦採購佣金案、名人或演藝人員婚外情以及經常發生社會關注案件等等，比比皆是。檢察官辦起案件，動見觀瞻，全國關注，施檢察長與同仁均戰戰兢兢，如履薄冰，摒棄政治因素，排除政治性因素，回歸檢察本業勤實辦案，不幸仍常被政治化，不同立場者以其角度批評，常失真、失實，增加無限困擾。

社會上對於檢察官上媒體發言，將偵查內容洩漏或讓記者在搜索勘驗檢視報導等，常有所指責批評，施檢察長在檢察官、主任檢察官及行政會議上三番五次要求遵守偵查不公開原則，體現同理心，維護當事人名譽與隱私，防免增加自己辦案的困擾，他也會與檢察官懇談，溝通出基本法則，加強新聞發言之服務，讓媒體記者了解偵查大要，不致打高空報導失實。

每位檢察官辦案風格不同，處理方式也有異，有些人快刀快手，辦案俐落；有的慢條斯理，慢慢出細活；有的下不了決斷，容易停擺，對於案件之偵結，又是研考管理的重點，施檢察長對此非常有心，釐出一套「案件管理」的思維與作法，常在檢察官會議中耳面命題，更走動式管理，與主任檢察官研商方法，並與承辦檢察官面談，提高辦案時程之要領，有些檢察官看到檢察長如此費心，會主動積極清理，讓案件數減少。施檢察長也在學習司法官會議中，親自講解案件如何管理，並以他如何管理鐵櫃，強調控管案件的方法，並要同學保留講義備用，到現在還有很多檢察官提到，學習時懵懵懂懂，後來逐漸會覺得檢察官講的很實用，對管理案件確有助益。

今年 2 月間法務部發表一、二審檢察長調動，曾在高雄地檢署服務過的同仁所占比例相當大，外界稱之爲高雄幫，熟知實情人士表示這股氣旋逐漸形成，與施檢察長有密切關連。民國 88 年施檢察長到高雄地檢署後，發現同仁人才濟濟，辦案認眞，績效良好，但習慣在高雄地區服務，不喜歡調動他處，他勸同仁要有男兒志在四方的氣概，往中北部發展，先鼓勵現任檢察總長江惠民調法務部辦事，陸續有王俊力檢察官、周章欽襄閱主任檢察官調部辦事，任保護副司長，啓動調動風氣。事實上，施檢察長在桃園、台中、台北任內，也一樣鼓勵同仁勇於任事，主動積極辦案，有眾多主任檢察官、檢察官擔任要職，包括次長、司處長、檢察長、署長等。

常聽到施檢察長說：辦大案不是重點，是要眞的辦出好案，並以此自勉。他舉例有位檢察官個性樂觀，辦案常預估會成大案，施檢察長常提醒他們就像打獵，要打到大獵物才算有本事。曾見一位檢察官辦案時，先說辦到的層級會到鄉長，過一陣子會辦到局長，再過一段時間吹噓會辦到首長、立委，結果只辦個村長，碰到時他覺得很不好意思，所以在各地檢署常教育同仁辦大案需頭尾相顧，預期是大案結果也要辦得出來，眞的是件案情重大的案件，否則頭大尾小，外界必質疑虎頭蛇尾，留爲笑柄。

又司法保護業務是施檢察官極爲重視工作，他常說地檢署二大塊業務，其一是檢察業務，其二是司法保護業務，在他主政的每一個地檢署都親自督導，全力以赴，規劃前瞻性、整體性之司法保護及法治教育計畫，全力推動跨部門之學校、社會與公務員之三大法治教育，利用署期中大規模辦理小學生生活法律宣導，結合獅子會、扶輪社及佛教等各大宗教團體辦理多元性、多樣性宣導活動，首創中小學校長法律研習會及學生法律知識大會考，辦理教授、司法官等巡迴演講，厚植法治基礎，並舉辨各類犯罪防制、觀護、更生保護等研討會、座談會及觀摩活動，有效整合觀護、更生保護及社政系統業務之配合及銜接，發揮社區處遇功能。

由於他的投入與用心，每一個地檢署的司法保護業務都有亮麗成績，每年視察評比都能名列前茅，加上他業務嫻熟，又深知眉角，指導有則，觀護、更生保護、犯罪被害人保護的同仁，一方面做得有聲，另一也感到進步的壓力。對於同仁的努力與貢獻，施部長總是時時給予肯定與表揚，而更生保護會同仁於檢察機關辦理受保護人之更生保護工作，對於預防再犯及維護社會安寧功不可沒，施部長除於內部肯定其付出外，並主動提報同仁參與內政部辦理之社會工作專業人員表揚選拔，參選同仁一舉獲獎，此爲全國更生保護會工作人員獲此肯定的第一人，對更生保護會同仁士氣之激勵與潛力之激發，深具正面之助益。

對於弱勢族群，施檢察長長期關懷與協助，自 86 年起，先後推薦或引導全方位搖滾樂團、五眼樂團、知音二重唱、妙音集集等至桃園、台中、高雄及金澎花東地區各監所、校園、社區音樂表演及分享奮鬥過程。全方位樂團主唱蕭煌奇先生並脫穎而出成爲國內高知名度盲人流行音樂創作歌手，蕭煌奇先生展現不凡之奮鬥成果，讓視障不成爲標籤，並屢屢於節日至監所以膾炙人口的歌曲及耳熟能詳的懷舊旋律關懷受刑人，營造既輕鬆又溫馨的氛圍，一方面讓受刑人嗨翻天，一方面又讓同學淚流滿面，以音樂牽引受刑人的情緒起伏，並演繹出無限的感傷與正能量，鼓勵受刑人勇敢接受挑戰，走向正途，藉此達到教化目的，令在場的部長、檢察長及各級長官、貴賓也爲之動容，眼角泛淚！

記得蕭煌奇與他的五眼樂團第一次在桃園舉辦募款餐會時，施檢察長對於樂團主角蕭煌奇、朱萬花、周開平等眼盲心不盲，力爭上游，非常感佩，覺得他們身上都有感人的故事，可以啓發上進，激勵人心，極力向外界推介，蕭煌奇他們在施檢察長關懷與鼓勵下，儘管無法看見，卻能眞切的感受到部長給予的協助與溫暖，也造就他日後非凡的成就。另有視障音樂家因施部長之推薦，獲得扶輪社獎學金赴美深造，讓視覺障礙者開啓才藝之窗，也藉由視覺障礙者之經驗分享，教育學生及監所受刑人克服障礙、自我省思與重建信心，贏得諸多回響。

追隨施檢察長多年，對他觀察事理、洞悉訊息、果敢解析、決策審斷、風險評量及應變因應等能力非常佩服，而且對署內事務瞭若指掌，見微知著，曾多次提到某些事務或某些同仁會出狀況均如其所擔憂，很多檢察官都不解他如何有這樣的功力，格外佩服，積累大家認同，逐步威重望高。值得一提的是，施部長任職檢察長期間，鼓勵計畫行政，對各項業務預爲準備，精確蒐集資料，以備不時之需，同時宣導風險預防的概念，提昇同仁洞燭機先的應變能力，實爲行政管理上之一絕。

施檢察長待人仁厚坦誠，唯心唯眞，以心待人，知人善用，鼓勵同仁辦好案件，一向得到檢察官的信賴，推崇他是好長官。民國 90 年後，法務部評鑑一、二審檢察長，施檢察長連續三年均獲得一審檢察長第一名。在這之前檢察官改革協會，曾辦理檢察長評鑑，於 87 年 11 月 3 日公布司法史上第一次評鑑，時任桃園地檢署的施檢察長他獨占鰲頭，榮登榜首，其後又一再奪魁。民國 89 年檢察總長可能出缺，檢改會舉辦「票選推薦檢察總長」活動，施檢察長獲最多檢察官的青睞，許多檢察官肯定他學養佳、抗壓高、體恤下屬，與同仁溝通無障礙，媒體形容「好人出頭」、「超人氣」、「實至名歸」。

施部長從基層檢察官到一、二審法官、庭長到檢察長，再榮陞部長，一生獻身司法，勤奮忠誠，努力體現公義與關懷價值，無怨無悔，卸下公職後仍繼續關心司法，常與檢察長、檢察官同仁研議精準檢察的精進作爲，檢視司法有關之民刑法修正、訴訟制度變革與人權保障相關議題，提出提昇司法效能之心法，也撰寫司法改革、柔性司法、精緻司法、訴訟變革及司法福利化等專著論文，也常參加檢察或司法議題之研討會或論壇，專題報告司法改造工程進路、改革司法之軌向、訴訟制度改變等題材，呼籲司法應展現溫度、契合國民法感情，得到民眾的信賴。

施部長天資聰明，活力十足，一向積極投入公益事業，熱心司法保護工作，卸任公職後，仍一本初衷，繼續以踐行公益型社會企業爲志業，創立中華法律風險管理學會，接任台灣法學研究交流協會，網羅國內法學各領域學者專家共同研究法學，探討法學新領域理論，並與國內藝術大師李奇茂、周澄等組成茂林雅集畫會，推動社會美育環境，詳和社會，另又擔任社會團體、基金會、學校公益董事長、董事、理事或顧問，協進推動社會公益，發揮社會企業精神，而爲增廣學生視野，增加閱歷，率領龐大大學生團嶺南修學行及重慶研習，另又從事兩岸法學交流，每年均舉辦法學論壇研討會，在大學法學及研討會法學專題演講，赴廣東省名人講堂開講：台灣司法面面觀，是台灣首位登台的名人，聽眾反應熱烈，佳評如潮。

二十年來，台灣法學昌盛，百家爭鳴，成果輝煌，施部長爲提昇法學研究風氣，激發研究專家智慧火花，發揮群聚效應，仍積極與國內多數大專院校合作，開設下列法律平台，舉辦下列不同類型之論壇、研討會，每年在二、三十場以上，並連續出版六本法律風險管理論著專書，催動法律風險管理新學門的拓展與生根。

有關法律交流平台，施部長先後規劃了下列八種平台：

一、企業經營之刑罰風險論壇證券交易法適用疑慮與修法芻議：主要探討獨立董事制度、審計委員會職能之發揮、內線交易、操縱股價、特別侵占、背信、不合常規交易、財報不實、職務貪瀆、違法發行有價證券罪與違法吸收存款罪間界線等。

二、智慧財產權與法律風險論壇：主要在探究智財權最新發展趨勢、智慧財產權鑑價、電腦軟體著作權、文化創意產業的著作權、因應數位時代的著作修法、適用耗盡原則於商標權人之限制、商標善意先使用之抗辯、營業秘密法之適用疑義、營業秘密定暫時狀態、專利海外布局保護、藥品風險管理專利的專利登載問題等。

三、科技與法律論壇：主要在研討技術移轉及授權、人工智慧智慧財產權之探討、人工智慧創作之著作權歸屬、AI 是否破壞專利制度、區塊鏈在分散式能源應用的法律、3D 列印涉及之法律規則、健康大數據應用之法律風險、新科技發展與法律規範、自駕車輛的交通法律責任、民事法律上針對 AI 人工智慧的定義及應用、自駕車責任分配的可能方式、網路科技與新興商業發展模式的爭議、科技應用與隱私保護法律實務探討等。

四、地產開發法律論壇：主要探尋房屋土地使用法律連動、不動產物權效力、區域計畫法適用爭議、都市計畫規劃利用問題、房產土地交易所得核課之探討、當前土地建物分購合建法律問題、都市更新修法後之問題、都市更新及危老重建、加編都市更新之法律策略、論老舊房屋結構補強與危老條例、高齡社會金融創新之以老養老問題、預售屋買賣中廣告不實與切磋條款之關係及其效力等。

五、長照法制論壇：探討長照法律之今天昨天與明天、實現長照法制化之困擾、長照法適用之問題、長照以政領法之展望、長照法運用實務中的難題、長期照法與信託、商業長期照顧保險制度之探討、老人財產規劃與保全、未立案機構的長期照顧法律課題、病人自主權利法與長期照護、以房養老之法律問題、長照法律關係建構——以保險法律關係爲中心等。

六、法律風險管理論壇：包括法律風險管理新趨勢、法律風險管理理論與實務、法律風險管理調控心法、企業法律風險體系建構、企業法律風險評估與決別、公司負責人忠實義務風險、企業主刑法律風險防範、企業法律風險防範心法、併購交易案之法律風險、環境與刑法風險、政府採購與法律風險、對企業組織爲刑事究責的可行性、駕駛人之智能車之法律責任風險、中國大陸企業經營法律風險等。

七、台中醫法論壇：由中國醫藥大學與中山醫藥大學附設醫院、台中榮民總醫院、彰化基督教醫院輪流主辦，與台中高分院、檢、台中與彰化地院檢首長搭配主持，已辦理六屆，研討議題包括：醫療責任社會化之探討、醫療糾紛之預防與處理、告知義務之風險、醫療民事責任與賠償、醫療刑事責任與風險、醫院就系統性錯誤造成醫療傷害的法律責任、醫療過失之判斷——以醫療法第 82 條之修正爲核心、第 82 條修正後之民事法律適用探討、醫療法第 82 條修正後之刑事法律適用探討、病人自主權利法與優生保健法之規範競合、病人自主權利法對於告知後同意理論之影響等。

八、法制論壇：先開辦大台中法制論壇、其後辦理第一、二、三屆中彰苗法制論壇，主要研討綠能法律規範、公民電廠作爲能源轉型措施之法制建設、國土保育法律責任、發展觀光面臨法律問題：民宿管理法律規範、地方自治法規之制修權限、平台經濟下的勞動法新議題人權保障與地方政府、都市計畫定期通盤檢討司法救濟的責任與虛相、食品安全法制議題、食品法制中顯示義務之原則與例外、年金改革與信賴保護、原住民基本法傳統領域劃設及國土資源利益分配、原住民保留地開發管理辦法適用問題等。

本人有幸得以跟隨施部長，在他的厚愛與指導下，與檢察同仁一起打拚，並共同見證檢察機關無數精彩樂章，就個人而言，豈是一個謝字了得。施部長於肩負檢察工作期間，工作場所與職務雖數有變動，工作上亦或有起伏，但施部長總是坦蕩面對困境，審時度勢，敬事勤謹，應變有方，均能處處開創新猷，圓滿完成任內擔負之職責，實爲檢察體系難得之棟樑。今欣逢部長七十大壽，謹描述他在檢察長任內的奉獻與成就，以表祝賀之意。

附論三

施茂林先生任職台北地方檢察署聿煥新猷事蹟

邢泰釗 *
邱秀玉 **

壹、檢察業務
貳、檢察行政
參、司法保護業務成效
肆、績效
伍、結語

*台灣高等檢察署檢察長
**台灣台北地方檢察署書記官長

施茂林先生在司法界望重士林，曾擔任台北地檢署第 18 任檢察長（任期：90.04.27～93.11.04）、法務部政務次長（任期 93.11.05～94.01.31）、法務部第 16 任部長（任期 94.02.01～97.05.20），任職期間貢獻卓著，其中在台北地檢署擔任檢察長期間更宏開勝境、聿煥新猷茲略述其事蹟如次：

壹、檢察業務

一、奠基公訴制度

施部長任職台北地檢署檢察長期間開始啓動地檢公訴模式，當時由主任檢察官黃東焄、田炳麟、張熙懷負責，爲加強檢察官公訴能力，除辦理各項教育訓練及研習會外、亦邀請媒體主播至北檢訓練口語表達之辯結能力，激發公訴同仁強烈的企圖心，以作爲戰鬥型的公訴檢察官。檢察官在刑事訴訟法的角色是當事人，公訴制度實施後，在法庭上的互動與以往不同，開啓了院檢在法庭上的技巧磨合及對應。施部長對於公訴制度的實施頗有心得及貢獻，其任內在同仁的共同努力下，完成《啓動公訴詰問，活化檢察效能（2002）》、《公訴新視界：精實、精準、精緻（2003）》、《公訴語言：點、線、面（2004）》等三書，提供公訴經驗重要的傳承。

二、成立檢肅黑金專組

91 年時任檢察長施茂林先生擘劃創立檢肅黑金專組，由忠、愛兩組檢肅黑金主任檢察官，各自帶領三位檢肅黑金檢察官，成立兩組檢肅黑金團隊，不分一般案件，專責辦理查緝黑金案件，開啓檢肅貪瀆與經濟犯罪的新頁。

三、開創社區處遇制度

社區處遇制度對刑事訴訟流程的節約與犯罪矯治成效的改善，在民主先進國家的刑事制度運作上，早已扮演著重要的關鍵角色，我國刑事訴訟法雖已有緩起訴制度之相關規定，但實務運作中社區處遇之執行內涵仍待充實，故在北檢開先鋒試行「社區處遇」制度，透過系統化的規劃、操作與分析、研究，為社區處遇尋求將來相關制度在發展上的有利契機，並為緩起訴制度歸納可行的執行經驗及執行模式。本制度之研究具有 (一) 有效疏解訟源，增進司法品質。(二) 降低政府獄政負擔並促使政府、被告與被害人三贏。(三) 發揮人本精神，達到「心靈改革、穩定社會」目標。(四) 社會資源整合，塑造公共事務高度參與之優質文化。施部長對於「社區處遇」之成果，亦出版《偵查中試辦社區處遇之研究—運用社區處遇 強化微罪不舉機制》（2003.9. 出版）一書，為這個試辦的制度，留下一個完美的句點。

四、促進國際司法交流

為拓展法律視野促進國際交流及提升人文素養，施部長首創國內司法界第一次組團參訪蒙古國，共有 34 位檢察官、法官及律師等參加，以溫馨的一面，透過經貿關係運作與台商協助，默默耕耘，不計風格，對提升政府形象，民間交流與實質外交，功不可沒。

五、偵辦社會矚目案件

(一) 美國盜版電腦軟體案

美國海關於 90 年 12 月與聯邦調查局、洛杉磯警察局破獲史上最大宗之盜版電腦軟體案，盜版電腦軟體價值 1 億美元，海關查出該等產品來自台灣，該案經本署主任檢察官張紹斌與檢察官朱帥俊等人近 4 年偵辦，從接單、製造到銷貨階段之參與集團全部遭瓦解，破獲近年來最大盜版集團。

(二) 璩美鳳性愛光碟案

時任新竹市長之蔡仁堅爲掌握女友即時任新竹市文化局局長璩美鳳與第三人交往之證據，與璩美鳳密友郭玉鈴共同在璩美鳳辦公室及住處裝設錄音錄影設備，竊錄璩美鳳與他人之非公開活動。蔡仁堅、郭玉鈴、沈野等人均經判刑。

(三) 跨國詐欺逃漏稅捐及洗錢案

92 年 4 月間，法務部接獲外交部轉來比利時向我方請求刑事司法協助調查一宗台灣及比利時之間跨國詐欺逃漏稅及洗錢案，由本署檢察官林秀濤承辦，協助過程中亦就國內涉及洗錢之共犯分案調查，並准予比利時派遣司法官員來台，一方面協助我方追查贓款流向，同時我方也協助比利時得以順利追訴在比利時之共犯，再透過國際刑警組織之協助，循線在第三國逮捕比利時主嫌稅務律師，引渡回比利時，成功追贓緝逃。

(四) 劉偉杰侵占竊盜案

理律法律事務所投資部資深法務專員劉偉杰，利用承辦所代理美商新帝（SanDisk Corporation）公司處分其擁有在我國聯華電子公司之股票之機會，擅自盜賣新帝公司所有之聯華電子公司股票十二萬餘張，並將盜賣股票之股款新台幣近 31 億元全數侵占入己，並以購買鑽石等高價品或地下通匯之方式隱匿、搬運前開財物。嗣劉偉杰潛逃出境，經本署通緝，至 106 年 8 月 8 日已逾追訴權時效，經本署於 106 年 9 月 15 日爲不起訴處分。

(五) 楊儒門白米炸彈客案

楊儒門爲表達對於進口稻米政策之不滿，自 92 年 11 月 12 日起，近 1 年間將內摻白米之自製炸彈陸續放置於立法院、火車車廂等處，部分炸彈並引爆之，造成民眾恐慌。嗣以違反槍砲彈藥刀械管制條例等罪起訴。

(六) 羅福助涉嫌恐嚇等案

羅福助等涉嫌掏空上市公司與超貸等多起金融弊案，台北地檢署依恐嚇、洗錢等罪名，於 91 年 6 月 6 日將羅福助等人提起公訴。

(七) 劉冠軍奉天貪瀆弊案

前國家安全局上校劉冠軍，利用職務之便，私吞秘密經費「奉天專案」基金利息，劉冠軍帶走國安局奉天、當陽專案機密資料，事後棄職捲款潛逃，密帳案劉冠軍涉貪瀆，起訴求刑 12 年，目前通緝中。

貳、檢察行政

一、走動式管理

施部長認爲檢察機關首長應具備行政管理能力，管理須符合人性，其台北地檢署檢察長在職期間，以「走動式管理」方式，親身去了解各科室的狀況，能當下立即解決的，即當下處理，不讓問題累積。因此，在發揮團體效能部分，針對不同職務即有不同的處務會議及舉辦署外會議，有不同的議題，容易溝通，成果豐碩。

二、推動「遠距訊問」

法務部頒訂「法務部所屬監院所校遠距接見要點」當時臺北地檢署係試辦唯一檢察機關，後成為各地檢署參考依循的範本。

三、擴大為民服務

對為民服務工作之推展向極重視，秉持「品操第一，服務為先」的理念，施部長主動檢討改進各項便民措施，擴大為民服務中心規模，取消中午休息時間，由科室主管及同仁輪值為民服務，以全新之風貌，企業化之經營方式，提供民眾更為溫馨便捷之服務。

四、提升同仁士氣

為鼓勵同仁不斷學習創新、減化工作流程及縮短辦理期程，以提升科室競爭力及績效，每年舉辦工作績效評比，提撥一筆績效獎金，發給經評比獲得優等之各組或各科室，以茲獎勵。

五、籌劃成立「北區聯合大型贓物庫」

解決北部地區院、檢大型贓證物品之保管問題，施部長任內籌設成立「北區聯合大型贓物庫」，解決贓物儲存問題，嘉惠至今。

六、爭取租賃檢察官宿舍

爭取租賃檢察官職務宿舍 50 間，改善工作條件，為國家培養檢察人才。

七、增建替代役男宿舍

將木柵贓物庫 5 樓改建為「替代役男宿舍」，專案計畫申請役政署分發替代役男協助辦理事務，亦提供給法務部、最高檢察署、台灣高等檢察署、司法官學院申請替代役男住宿使用。

參、司法保護業務成效

一、更生保護業務，首創入監辦理就業徵才活動，以就業博覽會方式呈現。

二、爲激勵同仁，鼓舞工作士氣，以提升更生保護專業人員服務，推薦更生保護會台北分會副總幹事（現爲主任）劉宗慧參與社會工作專業人員表揚選拔，榮獲「93 年服務績優獎，爲台灣更生保護會所屬專責人員唯一獲獎者。

三、積極辦理反毒宣導，並提報協助辦理有功人士廖英藏先生（台北市紅十字會）榮獲「93 年度社會各界反毒有功人士團體代表」，並蒙總統接見。

四、93 年 4 月結合師範大學心理諮商教授在犯罪被害人保護協會台灣台北分會主任委員廖英藏之中崙聯合醫院首創「受保護人心理創傷復健門診」，以提升犯罪被害人之保護。

五、犯罪被害人保護協會台灣台北分會主任委員廖英藏赴韓國出席「台韓中犯罪被害保護業務學術研討會議」，與國際交流。

肆、績效

一、施部長擔任台北地檢署檢察長任內榮獲 91 年行政院「**落實品質研發獎**」，爲全國法務機關第一名。

二、施部長擔任台北地檢察署檢察長任內榮獲 92 年第一屆國家發展委員會檔案管理局「**金檔獎**」。

伍、結語

施部長熱誠、睿智，有著宏觀與微觀的擘劃能力，在執行上並兼具細行與同理心。任職期間不論檢察業務、檢察行政、司法保護都有著多項開創性的興革，爲台北地檢署奠定厚實基礎，眞可謂宏開勝境、聿煥新猷。欣逢茂公部長七秩華誕，謹以此文，簡誌其對司法的貢獻。

附論四

資歷與經歷總覽

施茂林

學歷

大林國民小學畢業
正心中學初中部畢業
嘉義高級中學高中部畢業
台灣大學法律系法學組畢業
韓國又石大學名譽法學博士

考試與訓練

司法官高等檢定考試及格
高考普通行政人員法制組榜首
高考律師考試及格
特考推事檢察官考試及格
行政院人事行政局公務人員第 28 期訓練班結業
司法官訓練所第 14 期結業
法官智慧財產、訴訟新制、法律實務等研習班結業
關貿、司法實務、國家賠償、檢察檢討實務班結業
陸委會談判實務研習班結業
行政院國家研究班結業

公職

台灣省政府法規委員會薦任編審
台灣台中地方法院檢察處檢察官
福建金門地方法院檢察處檢察官
台灣台中地方法院法官
台灣台東、雲林地方法院法官兼庭長
台灣高等法院台中分院法官

法務部參事、保護司司長
台灣桃園地方法院檢察署檢察長
台灣台中地方法院法院檢察署檢察長
台灣高雄地方法院法院檢察署檢察長
台灣台北地方法院檢察署檢察長
法務部政務次長
行政院政務委員
法務部部長

兼任公職

台北市政府少年輔導委員會委員
行政院消費者保護會消費者保護團體審查委員
行政院大陸委員會委員
海峽交流基金會監事
教育部防制校園暴力會報委員
教育部研商法治教育專案小組委員
台灣大學水利法研修委員會委員
法務部檢察官人事審議委員會委員、主任委員
法務部檢察官辦案書類成績審查委員
法務部檢察官候補檢察官書類審查委員
法務部法規委員會委員、主任委員
法務部政風人員甄審委員會委員
法務部政風督導會報委員
法務部人事甄審委員會委員兼主席
法務部復審審議委員會
法務部國家賠償事件處理委員會委員

法務部法律事務研究小組委員
法務部考績委員會委員兼主席
法務部犯罪研究中心研究委員
法務部宣導行政程序法錄影錄音帶審查委員
法務部大陸法規研究委員會研究員
法務部檢察事務官甄試委員會委員
法務部律師轉任檢察官甄試委員會委員
行政院衛生署法規委員會委員
行政院農業委員會法規委員會委員
交通部航發會監察人
行政院婦女權益促進委會委員
行政院原住民族基本法推動會委員
行政院人權保障推動小組委員
行政院非核家園推動委員會委員
行政院反恐怖行動小組委員
行政院嚴重急性呼吸道症候群防治及紓困團委員會委員
行政院青少年事務促進委員會委員
行政院環保署公害糾紛督導處理小組委員
中央災害防救會報小組委員
婦女權益促進發展基金會董事
戒嚴時期不當叛亂暨匪諜審判案件補償基金會董事
行政院毒品防治會報委員、執行長
行政院海洋巡防署法典諮詢委員
交通部科技產業報資深顧問
交通部航空產業金融紓困審查委員
交通部航運業紓困貸款審查委員
司法院人事審議委會委員

司法院高等行政法院法官甄試審查委員

司法保護

犯罪被害人保護白皮書撰寫小組召集人
教育部法務部中小學生法律大會考執行長
教育部法務部中小學校長法律知能研習會執行長
教育部法務部中學教師知能研習會共同主持人
法務部犯罪研究中心兼執行長
法務部司法保護視察團召集人
台南監獄國家戒毒村業務督導
台中市、台北市少輔會法治教育講座
觀護人訓練課程規劃小組召集人
矯正人員訓練所司法保護講座
矯正雜誌社執筆委員
法務通訊社司法保護執筆委員
中華民國觀護協會總顧問、評選委員
台灣更生保護會桃園、台中、高雄、台北分會主任委員、名譽主任委員
台灣被害人保護協會桃園、台中、高雄、台北辦事處主任、分會主任委員

教育

甲、學校

省立台中商專兼任講師
省立台東師專兼任講師
東海大學兼任講師
中山醫學大學兼任副教授、特聘講座教授

中國醫藥大學名譽教授
靜宜大學兼任副教授
逢甲大學兼任副教授、講座教授、特約講座
中興大學客座教授
亞洲大學三品書院院長、名譽教授、講座教授

乙、研訓單位

在下列機關、學校、研訓單位擔任講座：
台灣省訓練團文官訓練所、文官培訓所、財政訓練所、經濟人員研究中心、衛生人員訓練中心、公平交易委員會訓練班
調查局訓練所、自來水人員訓練所、台電人員訓練所
公務人員訓練班、文化大學公務員研訓班、台北市公務人員訓練中心
台北市教育研習中心
台灣省教育研習中心
台北市政府法紀研習班
行政院人事行政局地方行政研習中心
護理師公會專業能力研習會
政風人員訓練中心
勞委會勞工法規研習班
法醫研習會
桃園縣中小學教師主任研習班
法務部教育部各級國中小學校長研習營
內政部地方自治法規研習營
內政部警政署高階警官研習班
內政部警政署少年警察工作研習班
中央警察大學晉升警正官等研習班

行政院女性領導發展研究班
行政院國家發展研究班

丙、專題（案）演講及合辦法學研討會

台灣大學
台北大學
中正大學
成功大學
高雄大學
政治大學
中興大學
東吳大學
東海大學
文化大學
眞理大學
靜宜大學
逢甲大學
銘傳大學
玄奘大學
中國醫藥大學
亞洲大學
高雄醫學大學
中山醫學大學
大葉大學
輔仁大學
台北商業大學
高雄科技大學
朝陽科技大學
育達科技大學
台北科技大學
雲林科技大學
大同技術學院
淡江大學
南華大學
宏國德林科技大學
台中教育大學
彰化教育大學

口試委員

台灣大學碩士學位考試委員會委員
中央警察大學碩士學位口試委員
中央警察大學博士班學位考試委員
海洋大學碩士學位口試委員
東海大學法律博士學位考試委員
亞洲大學碩士學位考試委員
亞洲大學博士學位考試委員
雲林科技大學法律研究所學位考試委員
逢甲大學博士學位考試委員

朝陽科技大學碩士學位考試委員會委員
考選部特種考試法制人員口試委員
考選部特種考試司法人員口試委員

公益服務

十大傑出青年評選委員
中華工商婦女協會傑出女企業家評選委員
法學叢刊社社長兼主編
中山醫學大學附設醫院顧問
彰化基督教醫院顧問
亞洲大學附設醫院顧問
中華民國鑑定科學學會顧問
世界臨濮施氏總會顧問
台加文化交流經濟協會顧問
台寮文化經濟協會顧問
台中市政府顧問
朝陽科技大學顧問
中山醫學大學校長遴選委員會委員
中國醫藥大學校長遴選委員會委員
中國兒童福利基金會董事
中華民國法曹協會理事
孫中山基金會嶺南行學生團總團長
中山醫學大學董事
中國醫藥大學董事
中興大學校務諮詢委員會委員
蔡長海文教基金會董事

中華航空事業發展基金會董事
大肚山產業創新基金會董事長
巧新福德基金會董事長
中華法律風險管理學會理事長、名譽理事長
台灣法學研究交流協會理事長、名譽理事長
茂林雅集畫會會長

榮譽獎項

台灣大學法律系書卷獎（1969-1972）
陸軍總司令部獎狀（1974.5）
正心中學傑出校友
嘉義高級中學傑出校友
世界臨濮堂施氏宗親總會傑出宗親
亞洲經濟合作協會貢獻獎
撰寫後戡亂時期法制建設白皮書，開展法制體例與法律制定修正工程
長期從事法治教育及法律知識推廣事務，普及法律教育
唱導柔性司法理念，啓開司法另扇大門
積極推廣法律風險管理新學門，普獲兩岸學術肯認之新學識
行政院傑出研究獎
擔任檢察官、法官辦案成績優良，迭獲獎勵
法務部以辦理刑案績效卓著一次記大功多次
法務部辦理偵查著有功績一次記二大功
法務部二等獎牌
檢察官改革協會票選檢察長第一名
檢察官改革協會票選檢察總長候選人第一名
法務部評選地檢署檢察長第一名

法務部模範公務員

考試院公務員傑出貢獻獎

行政院一等服務獎章

行政院一等功勳獎章

著作

壹、專書

1. 最新實用六法全書，世一文化（1986-2020）
2. 最新詳明六法全書
3. 最新常用六法智庫
4. 各類小六法（1990-2020）
   (1) 小六法
   (2) 民法、商法
   (3) 地政小法規
   (4) 勞工小法規
   (5) 民刑事訴訟法
   (6) 民事訴訟法、強制執行法
5. 實用法典系列，大偉書局（1996-2016）
   (1) 行政法規
   (2) 勞工法規
   (3) 地政法規
   (4) 消防法規
   (5) 營建法規
   (6) 醫療衛生法規
   (7) 商業經營實務法規
6. 國家賠償法實用，大偉書局（1981.7）

7. 公共設施與國家賠償責任之研究，大偉書局（1982.6）
8. 刑法總則問題，大偉書局（1983.9）
9. 司法風紀現況與改進之具體措施，台中地院（1984.6）
10. 台東縣各鄉鎮市調解範例參考手冊，台東地院（1984.11）
11. 民法親屬、繼承編新舊條文對照暨修正理由，大偉書局（1985.7）
12. 對少年犯罪應有之認識，雲林地院（1985.10）
13. 中英對照六法全書，大偉書局（1992.9）
14. 新編法律問題（民事法部分）研究結論全集，大偉書局（1994.8）
15. 新編法律問題（刑事法部分）研究結論全集，大偉書局（1994.8）
16. 實用兩岸投資法典，海基會（1994.8）
17. 新編民事法規判例、解釋、決議全集，大偉書局（1996）
18. 新編刑事法規判例、解釋、決議全集，大偉書局（1996）
19. 民事法律疑難釋答、觀念辨正選集，大偉書局（1997）
20. 刑事法律疑難釋答、觀念辨正選集，大偉書局（1997）
21. 刑法，考試院公務人員保障暨培訓委員會（1998.4）
22. 犯罪被害事件分類保護護照，法務部（1999.2）
23. 貪瀆犯罪之研析，法務部（2001.6）
24. 檢察與矯正業務邁向現代化之期許，台中看守所（2007.5）
25. 法律做後盾，聯經出版社（2007.10）
26. 司法保護締新猷—多元專業創新的全面整合，法務部（2008.2）
27. 變與不變轉念之間—開創犯罪矯正工作的新紀，法務部（2008.5）
28. 法律簡單講，聯經出版社（2009.1.10）
29. 法律精解大辭典，世一文化（2010.2）
30. 法律風險管理（合著），亞洲大學，華藝數位（2011.7）
31. 商業判斷原則與企業經營責任（合著），新學林（2011.12）
32. 價格壟斷—看不見黑手（合著），五南圖書（2012.8）
33. 法律站在你身邊—法律風險防身術，聯經出版社（2013.1）

34. 法律風險管理跨領域融合新論（合著），五南圖書（2013.9）
35. 工商事業活動與法律風險管理（合著），五南圖書（2015.07）
36. 醫病關係與法律風險管理防範（合著），五南圖書（2015.12）
37. 法律風險管理：理論與案例（合著），五南圖書（2016.8）
38. 勞工法規，世一書局（2016.6）
39. 法律探微今與明的新學思（合著），聯經出版社（2017.02）
40. 證券交易法律風險探測（合著），五南圖書（2018.01）
41. 智慧財產權與法律風險析論：人工智慧商業時代的來臨（合著），五南圖書（2019.09）

貳、論著

1. 論連帶保證，台大法苑（1971.5）
2. 公務員之法律責任，台灣省法規會（1974.9）
3. 罪犯引渡制度，司法官訓練所（1975.10）
4. 論耕地所有權移轉之限制，司法官訓練所（1976.10）
5. 經濟犯罪之研究，台中地檢處（1979.8）
6. 債務清理與債權保障，台中商專商學系刊（1980.5）
7. 公職人員選舉刑事處罰之探討，台中地檢處（1981.6）
8. 催收債款之法律要領，靜宜大學商學季刊（1984.5）
9. 送達之合法性與效力，台東地院（1984.11）
10. 公共設施之國家賠償責任與免責事由之研究，東海大學法學研究（1986.6）
11. 父母怠於監督未成年子女之責任，靜宜兒福人季刊（1990.4）
12. 後戡亂時期法制建設，法務部（1994.5）
13. 法務行政與犯罪被害人之保護，法務部（1994.5）
14. 兩岸關係法律事務之發展，陸委會（1994.11）

15. 省縣及直轄市自治法立法爭議與適用問題初探，內政部（1995.1）
16. 回顧與展望—法學叢刊 40 週年紀念文集，法學叢刊社（1995.4）
17. 常見公務人員貪瀆犯罪解析，台灣省政府人事處（1995.6）
18. 偵辦貪瀆案件之集點與盲點，法務部（1995.9）
19. 建立地方自治人員法制觀念，內政部（1996.1）
20. 規整中央與省市機制運作及法規互動關係，內政部（1996.5）
21. 行憲前、後法律有關「司法機關」、「法院」用語實例輯要研析意見，法務部（1996.6）
22. 成年觀護業務工作重點與展望，法務部（1996.7）
23. 行政調查與證據法則，青溪山莊（1996.10）
24. 更生保護事業再出發，更生保護創刊號（1997.1）
25. 從貪瀆案例談公務員應注意的法律責任，台灣省政府處政風季刊（1997.3）
26. 法律諮商與輔導要領—權利糾紛之處理與救濟，法務部（1997.4）
27. 學校、行政事務相關法規，救國團（1997.8）
28. 日本飆車考察報告，法務部（1997.10）
29. 校園法律面面觀，桃園地檢署（1997.12）
30. 醫療文書之法律效果，台灣醫學季刊（1998.9）
31. 犯罪被害人保護相關法制，犯保協會台中辦事處（1999.6）
32. 凝聚檢察一體共識，激發經營團隊績效，台北地檢署（2002.10）
33. 刑事訴訟法修正要點，內政部警察署日新季刊創刊號（2003.8）
34. 處理公務常面臨之刑法問題，內政部警政署日新季刊第二期（2004.1）
35. 公務職務規範與直覺判斷之迷思與辨正，內政部警政署日新季刊第三期（2004.8）
36. 金融犯罪之偵辦要領及法庭舉證，台北地檢署（2004.11）
37. 建立矯正新文化，矯正月刊 154 期（2005.4）

38. 矯正工作新思維與具體實踐，矯正月刊 156 期（2005.6）
39. 主管人員前瞻思維與管理信念，矯正月刊 157 期（2005.7）
40. 賄選新手法，法務通訊（2005.11）
41. 如何提昇矯正管理工作，矯正月刊 162 期（2005.12）
42. 繼典維新—法學叢刊創刊 50 週年，元照出版社（2006.1）
43. 型塑執行機關新氣象—強化執行效能，彰顯公平正義，法務通訊（2006.5）
44. 當前政風核心工作—展現存在價值、再創績效高峰，法務通訊（2006.8）
45. 司法保護之犯罪預防策略，法務通訊（2006.11）
46. 提升監所競爭力—從作業成品談起，矯正月刊 172 期（2006.11）
47. 創新突破，開創矯正新猷，矯正月刊（2007.12）
48. 我國現行司法保護作爲與未來展望，收錄刑事政策予犯罪研究論文集（十），法務部犯罪研究中心（2008.1）
49. 刑事政策，法務部（2008.04）
50. 當前刑事政策與思維，法務部（2008.6）
51. 台灣金融犯罪與刑事司法對策，中華法律風險管理學會（2010.12.30）
52. 台灣司法軟性改造工程之實踐與展望。收錄於海峽兩岸金融法制建設問題研究，北京法律出版社（2011.7）
53. 後 90 年代台灣法制建設工程—描繪孫中山先生法治思想之體現孫中山法治思想研究（二），廣東人民出版社（2011.3）
54. 金融犯罪司法實踐力之建構與實務，刑事法雜誌 56 卷 2 期，刑事法雜誌社（2012.4）
55. 我國金融犯罪之具象與刑事司法析論，朝陽科技大學朝陽商管評論特刊（2012.5）
56. 中國法治思想長河與伏流探索—以韓非子與孫中山法治思想爲題，

上海中山學社，近代中國第 22 輯（2013.2）

57. 孫中山博愛思想與台灣社會福利法律體系之建制與驗證，孫中山與中國法治一孫中山法治思想研究第三輯，江西人民出版社（2013.5）
58. 認識青少年犯罪類型與防範被害意識，中正高中（2013.6）
59. 簽名蓋章玄機多，中華法律風險管理學會（2013.11）
60. 藥害救濟，減少醫病訟累，聯合報法律簡單講部落格（2013.12）
61. 科技發展與法律風險評斷，聯合報法律簡單講部落格（2014.3）
62. 車禍事故掌握現場處理，中華法律風險管理學會（2014.3）
63. 投資藝術古董，提高風險意識，中華法律風險管理學會（2014.4）
64. 企業經營之法律風險，聯合報法律簡單講部落格（2014.7）
65. 韓非子法治思想要覽，聯合報法律簡單講部落格（2014.08.04）
66. 基因改造食品，作好安全性評估，聯合報法律簡單講部落格（2014.09.19）
67. 台灣扶持對現代服務業之政策與法律治理，第九屆東北法學論壇（2014.09.05）
68. 審慎簽訂團體協約，勞資關係和諧發展，聯合報法律簡單講部落格（2014.11.06）
69. 生醫科技研發應用，重視法律風險，聯合報法律簡單講部落格（2014.12.06）
70. 從違反個資保護案件探索銀行個資之法律風險，2014 兩岸法律風險研討會（2014.11.12）
71. 論銀行業「個人資料保護」之法律風險研究及因應對策，第 18 屆全國科技法律研討會（2014.11.21）
72. 柔性司法工程之建構與發展軌向法學發展新趨勢一司法財經科技新議題，亞洲大學（2015.5）
73. 醫病關係法律風險衡量管理，中華法律風險管理學會（2015.5.20）
74. 從醫療過失案例探索法律適用與訴訟之風險實務，中華法律風險管

理學會（2015.6.20）
75. 更生保護組織之定位與發展趨向台，灣更生保護會（2015.7.26）
76. 解讀醫療與法律及風險管理之象限，中華法律風險管理學會（2015）
77. 醫療個資與隱私保護之法律風險管理對策，中華法律風險管理學會（2015.9.1）
78. 醫療隱私與法律風險，台灣法學研究交流協會（2016.2.1）

參、研究與專案報告

1. 公民投票之研析，法務部（1993.10）
2. 鎮長稅適法性之研究，法務部（1993.11）
3. 省縣自治立法，法務部（1994.1）
4. 採購法制定必要性之研析，法務部（1994.3）
5. 遊說法制定必要性之研析，法務部（1994.5）
6. 羈押權釋憲資料輯要，法務部（1996.5）
7. 貪污犯罪及其防制對策之研究，法務部（1995.6）
8. 圖利罪相關因素之研究，法務部（1996.5）
9. 藥物濫用之在監費用與醫療費用比較分析，衛生署麻管處（1996.7-1997.6）
10. 收容少年犯罪成因，法務部（1996.10）
11. 名譽權保護之研究，法務部（1996.10）
12. 華航 0216 大園空難事件相驗與偵查報告，桃園地檢署（1998.5）
13. 921 集集大地震檢察官職權之發動與實踐，台中地檢署（1999.10）
14. 斷層上的烙痕，台中地檢署（2000）
15. 偵辦飆車案件專案報告，高雄地檢署（2001.5）
16. 試辦偵查中辦理社區處遇報告，台北地檢署（2002.1）
17. 提昇檢察戰力，打擊黑金犯罪，台北地檢署（2002.3）

18. 啓動公訴詰問．活化檢察效能，台北地檢署（2002.6）
19. 參加全國州檢察長協會 2002 年夏季年會報告，台灣高等法院檢察署（2002.9）
20. 公訴新視界，台北地檢署（2003.9）
21. 公訴語言—點、線、面，台北地檢署（2004.10）
22. 2010 年兩岸法律風險論壇，亞洲大學（2010.10.20）
23. 法律風險管理新視界，中華法律風險管理學會（2010.10.30）
24. 商業判斷原則蝴蝶效應發展—商業判斷原則與企業經營責任，中興大學（2011.8.1）
25. 法律風險地圖印跡，中華法律風險管理學會（2011.10.22）
26. 法律與風險管理光與影，中華法律風險管理學會（2012.8.4）
27. 法律風險規劃與調控圖誌，中華法律風險管理學會（2013.9）
28. 公義與關懷之法務行政，新境界智庫（2013.12）
29. 法律．風險．管理—脈動與探微，中華法律風險管理學會（2014.8）
30. 吹動法律風險管理新境，中華法律風險管理學會（2015.9）
31. 規劃法律風險的鏈環，中華法律風險管理學會（2016.9）
32. 台灣法學思潮與人文光影，台灣法學研究交流協會（2017.01）
33. 法律風險波動與管理筆記，中華法律風險管理學會（2017.8.26）
34. 洞察法律風險信息與流轉，中華法律風險管理學會（2018.9.16）
35. 管理法律風險講談，中華法律風險管理學會（2019.9.22）

肆、研討會論壇專題演講與論文

1. 醫療新科技與法制發展，台灣婦產科學會亞太國際醫學研討會（2004.9.1）
2. 醫療糾紛與醫師自我保護，醫病關係研討會，中國醫藥大學（2004.10.23）

3. 啓動更生一甲子，追求卓越新思維，台灣更生保護會業務研討會，法務部、台灣更生保護會（2005.4.7）
4. 提升矯治成效，開創獄政新局，矯正業務研究會法務部，矯正人員訓練所（2005.2.16）
5. 引進企業管理觀念，活化矯正功能，94 年第一次獄政研討會，矯正人員訓練所（2005.4.10）
6. 司法改革願景與實踐，國家建設研究會，公務人力發展中心（2005.5.15）
7. 高中校長應有之法治素養，94 年全國公私立高中職校長法治研討會，東吳大學（2005.7.8）
8. 檢察行政事務與企業管理，研商各地檢署精進推動法務工作會，台灣高等法院檢察署（2005.8.4）
9. 落實犯罪被害人保護輔導工作，犯保業務精進研討會，犯罪被害人保護協會，（2005.10.4）
10. 運用風險管理，提振教化功能，94 年第二次獄政研討會，法務部（2005.11.18）
11. 電子科技監控與性侵害防治，科技設備監控研討會，亞洲大學（2006.2.17）
12. 反毒工作新思維與新策略，95 年第一次獄政研討會，台北教師會館（2006.3.12）
13. 幫助被害人，從己身做起，95 年犯罪被害人保護研習會，犯罪被害人保護協會（2006.4.14）
14. 創新觀念與作爲一開創矯正教化作業新面貌，95 年教化作業技訓研討會（2006.4.26）
15. 深化犯保工作，再造司法保護新面貌，95 年中區犯保務研討會犯罪，被害人保護協會（2006.4.28）
16. 分類教化，全面戒毒，提昇作業績效，95 年第二次獄政研討會，矯

正所（2006.10.26）

17. 全方位推動司法保護業務，協助推動司法保護工作檢討會，法務部2006年犯罪問題與對策研討會（2006.11.6）
18. 司法保護中之犯罪預防策略，國際犯罪防制研討會，中正大學（2006.11.9）
19. 法務新視野—公益與關懷具體實踐，中興學術文化講座，台灣地方研習中心（2006.11.9）
20. 教化多元化，管理透明化，96年第一次獄政研討會（2007.2.20）
21. 從法律扶助與社會救助做好犯罪被害人保護工作，96年中區犯保業務論壇，犯罪被害人保護協會（2007.4.28）
22. 建構犯罪被害人保護法制，犯保北區業務研討會（2007.4.30）
23. 自第三部門之理念談我國更生保護的發展創新與擘畫，2007年更生保護學術研討會（2007.6.12）
24. 開創犯保業務新方向，深耕保護新文化，犯保業務研討會（2008.1.30）
25. 從司法事務談職涯規劃新視野，教師知能研習會，中山醫學大學（2009.1.15）
26. 從鯤鵬心法談專業能量異質融合，教學工作研討會，朝陽大學（2009.6.29）
27. 無盡未來變革管理—大學教育檢討與發展趨勢，教師專業研習會，亞州大學（2009.9.10）
28. 醫病關係與風險管理，醫療與法律專業論壇，中山醫學大學附設醫院（2009.9.26）
29. 法律ABC綜觀與微觀，中部國中校長教師校園研究會（2009.10.2）
30. 台灣司法福利化的現況及展望—以司法保護與預防司法為主軸　台灣司法福利化的現況及展望：學術與實務／法律與社工的論壇，亞洲、中正大學、台灣社會福利學會（2009.11.19）

31. 從法律風險預測談權利保護要領，青少年論壇，台北大學等（2009.11.21）
32. 從風險預測談相關理論驗證—以預防被害與自我保護為題，法律風險管理專題研究發表會，亞洲大學財法系（2009.11.25）
33. 反恐怖行動法草案全球化海洋法，教學研究創投計畫論壇，海洋大學海洋法研究所 2009.11.27
34. 臥底偵查法草案及問題分析全球化，海洋法教學研究創新計畫論壇，海洋大學海洋法研究所（2009.11.27）
35. 創業投資與法律風險預測述論—兼論私募基金法律圖像／兩岸私募股權投資與法律風險控管研討會，北京仲裁協會、台灣創投商業同業公會（2009.12.17）
36. 跨領域科技整合與專業異質融合初論—以法律實用學為例，迎接 99 年通識教育理念與實務發展趨勢研討會，中山醫學大學（2009.12.26）
37. 創業投資與私募基金法律風險預測，管理學院各系聯合教學研究會，亞洲大學（2010.3.15）
38. 農產品營銷法律風險因子與控管，景德鎮市法學研討會，中國江西浮梁縣政府（2010.4.20）
39. 法律風險管理在劇變競爭社會之調控心法—以預測法律風險與強化權利保護為主軸，2010 企業法律風險管理學術研討會，大同技術學院、嘉義地檢署（2010.6.18）
40. 台灣金融犯罪成因與對策—兼論壇灣司法優質化前景，兩岸海峽兩岸金融法制建設研討會（2010.11.16）
41. 台灣司法軟性改造工程之實踐與展望，兩岸海峽兩岸金融法制建設研討會（2010.11.17）
42. 透過法律社會觀檢驗柔性司法之底蘊立基，司法保護及社區關懷中心 99 年度成果發表會，玄奘大學（2010.12.16）

43. 司法與經濟領域結合之運用綜觀描繪，刑事司法與法律風險學術研討會，玄奘大學（2011.6.10）
44. 法律風險管理體用矩陣與連動議題之研究，兩岸法律風險管理研討會，中國法學會、中國法律諮詢中心（2011.7.31）
45. 自來水品質安全與法律風險防控對策，2011 年兩岸法律風險管理研討會，內蒙古法學會（2011.8.4）
46. 孫中山法治思想對台灣法制建設之影響－以編纂六法全書法典驗證爲軸，孫中山法治思想理論研討會，中山大學、電子科技大學中山學院等（2011.10.18）
47. 九○年代後台灣法建設工程－後戡亂時期法制思維，中山大學等（2011.10.18）
48. 法律風險與預測控管總說，2011 企業法律風險管理學術研討會，大同技術學院等（2011.12.2）
49. 會計鑑識與司法實務鑑識會計，高峰論壇研討會，會計師全國聯合會（2011.12.6）
50. 企業經營與法律風險管理之規制與課題，法律風險專題研討會，朝陽科技大學等（2011.12.28）
51. 當代台灣法制建設工程，臬陶文化學術研討會，皖西學院（2012.3.22）
52. 我國金融犯罪與刑事司法，兩岸經濟犯罪防治學術研討會，朝陽科技大學（2012.5.8）
53. 法律風險評量反托拉斯法，策略研討會，中科管理局等（2012.5.10）
54. 科技發展與法律風險規則探微，第二屆皖西科技論壇銘，傳學大學等（2012.5.25）
55. 中國法治思想長河與伏流探索－以韓非子與孫中山法治思想爲題，從孔子到孫中山－傳統文化與當代社會學術研討會，孫中山基金會等（2012.9.15）

56. 孫中山博愛思想與台灣法律體系之闡揚與構建，第三屆孫中山法治思想研討會，中國清華大學等（2012.11.17）
57. 掏空企業操作探微與防制思路，掏空公司之操作與防制研討會，東海大學等（2013.1.4）
58. 柔性司法工程之建構開展與發展軌向，台灣大學人間法論壇，台灣法學會等（2013.1.12）
59. 法律風險管理綜觀與發展趨向，法律風險管理與企業風險管理研討會，中華談判學會、台灣大學等（2013.2.23）
60. 醫療擁抱法律之深度思維，醫療與司法實務研討會，台灣醫院協會、中華談判管理學會等（2013.3.16）
61. 柔性司法工程之建構與發展方向，2013 國際刑事司法學術研討會，亞洲大學等（2013.5.22）
62. 司法經濟效能與法律風險調控探微，2013 兩岸法律風險管理研討會，雲南大學等（2013.9.3）
63. 工商企業活動與法律風險治理防範，兩岸四地法律學術研討會，逢甲大學等（2014.5.15）
64. 企業經營與法律風險管理，2014 兩岸經營法律風險研討會，廣東工業大學等（2014.6.27）
65. 台灣扶持現代服務業之發展政策與法律治理，第九屆東北法治論壇，遼寧等法學會（2014.9.4）
66. 從現代服務業之效能論柔性司法之開展與實踐，第九屆東北法治論壇，遼寧等法學會（2014.9.4）
67. 台灣社會在施琅取台前後法政治理與實踐，施琅論壇研究會（2015.01.18）
68. 台灣法制發展與趨向，亞洲大學海峽兩岸關係法學研究會等（2015.6.9）
69. 論銀行業個資與隱私保存之法律風險對策，2016 兩岸風險管理研討

會，中國法律諮詢中心、貴州法學學會等（2016.7.31）

70. 法律風險管理圖像與效益，2016 年兩岸和平發展法學論壇海研會，黑龍江大學等（2016.8.18）
71. 科技發展風險與台灣傑出科技宗親，2019 世界臨濮總會（2019.7.2）

伍、參與與主持研討會論壇與國際會議

1. 新興犯罪法律爭議研討會，高檢署（2004.1.9）
2. 刑法總則修正之介紹與研析研討會，公務人力發展中心（2005.3.2）
3. 犯罪被害人之保護與關懷研討會，國立師範大學（2005.4.14）
4. 女性照顧：國家、社區、家庭國際研討會，台灣大學公館院區（2005.05.20）
5. 2005 年犯罪矯治國際研討會，中正大學（2005.06.02）
6. 國際刑事司法互助研討會，法務部（2005.06.28）
7. 中央法制業務主管行政罰法研討會，法務部（2005.7.8）
8. 因應檢察事務官運作新制研討會，北投水都會館（2005.8.18）
9. 2005 年東亞地區反貪腐會議，公務人力中心（2005.08.29）
10. 全國防暴會議，台灣防暴聯盟（2005.9.15）
11. 環保糾紛司法偵審實務研討會，司法官訓練所（2005.9.26）
12. 2005年國際鑑識犯罪偵查與科學研討會，中央警察大學（2005.10.14）
13. 更生保護與犯罪矯正研討會，青少年育樂中心（2005.10.20）
14. 亞太地區犯罪被害人保護業務國際交流研討會，法務部等（2005.10.27）
15. 台日韓紐犯罪被害業務國際研討會，圓山飯店（2005.10.28）
16. 2005 年國際鑑識科學研討會，展報山莊（2005.11.7）
17. 檢察世紀回顧之國際研討會—不同國家之檢察制度，國家圖書館（2005.11.15）

18. 2005 年國際仲裁研討會，福華大飯店（2005.12.02）
19. 95 年婦幼案件司法實務研討會，法務部（2006.4.13）
20. 毒品防治研討會，台大法學院（2006.6.1）
21. 2006 年刑法新思維研討會，高檢署（2006.6.29）
22. 治安良策民眾居安研討會，東吳大學（2006.9.25）
23. 法學教育及司法官教育展望國際論壇，司法官訓練所（2006.10.25）
24. 金融犯罪與貪瀆犯罪，政大公企中心（2006.11.10）
25. 台灣國際廉政研討會，公務人力發展中心（2007.01.25）
26. 智慧財產保護研討會—台灣及其他地區智慧財產權保護之挑戰，亞大會館（2007.02.25）
27. 內線交易防範與法律遵循研討會，政大公企中心（2007.3.5）
28. 常與非常之間—失能、復原與心理轉化性侵害防治，東台灣圓桌論壇研討會，花蓮東華大學（2007.3.30）
29. 憲政議題研討會，法務部（2007.4.20）
30. 從理性思考死刑制度的存廢，台大社科院（2007.4.27）
31. 台灣隱私權政府機關推廣研討會，台大醫院國際會議廳（2007.8.23）
32. 國際反毒研討會及反毒大會，圓山大飯店國際會議廳（2007.06.01-03）
33. 2007 年更生保護學術研討會，台灣更生保護會（2007.06.12）
34. 2007 年犯罪矯正國際研討會，法務部（2007.06.15）
35. 僞造美鈔之辨識與偵查技術講習會，調查局（2007.06.17）
36. 刑事政策與犯罪防治研究座談會，法務部犯罪研究中心（2007.6.27）
37. 戒治業務研討會，新店戒治所（2007.6.28）
38. 政風視察業務研討會，財稅人員訓練所（2007.7.19）
39. 營建管理及工程法學研討會，台大應用力學研究所（2007.8.23）
40. 刑事再犯防制政策研究成果發表會，台大法學院（2007.9.21）
41. 檢察一體國際研討會，司法官訓練所（2007.12.11）

42. 司法保護論文發表會，亞洲大學（2008.3.17）
43. 資訊業務研討會，中華電信頭城會館、法務部（2008.3.20）
44. 97 年第一次獄政研討會，雪霸國家公園管理處（2008.4.8）
45. 法務統計專題分析研討會，台北地檢署（2008.5.7）
46. 矯正產官學論壇，台中監獄（2008.5.12）
47. 98 年教育部法學教育教學研究創新計畫中區六校聯合期中報告會議，朝陽大學（2009.12.18）
48. 操縱股票市場之整體刑事責任探討，法務部、亞洲大學、台灣法學雜誌、台灣大學（2010.5.6）
49. 資本市場與企業法治學術研討會（九）商業判斷原則與阻卻違法—證券交易法第 171 條企業經營違背職務之罪責，中興大學法律學系（2010.5.25）
50. 2010 企業法律風險管理學術研討會，大同技術學院中華法律風險管理學會（2010.6.18）
51. 台壽泰山高峰論壇，青島（2010.9.6）
52. 2010 年兩岸法律風險管理論壇，台北大學法律學院（2010.10.20）
53. 2010 年兩岸法律風險管理研討會，亞洲大學（2010.10.26）
54. 教育部中長期個別型計畫與法律研究論文發表會，東海大學（2011.5.27）
55. 100 年國法與家法研討會，台灣社會福利學會靜宜大學（2011.5.28）
56. 台粵青年論壇，廣州中山大學（2011.7.5）
57. 2011 年兩岸法律風險管理研討會，內蒙古法學會（2011.8.4）
58. 以孫中山、辛亥革命與中國法治文明為主題之孫中山法治思想理論討會，廣東省依法治事辦公室、中山大學等（2011.10.18）
59. 醫事法學及醫學倫理工作坊，中山醫學大學（2011.10.29）
60. 美國價格壟斷與訴訟策略研討會，台中科學園區管理局（2011.11.16）
61. 價格壟斷訴訟策略研討會，台灣金融研訓院等（2011.11.17）

62. 首屆海峽兩岸食品安全管理及法規學術研討會，東吳大學等（2011.11.20）
63. 2011年企業法律風險管理學術研討會，大同技術學院等（2011.12.5）
64. 法律風險專題研討會，朝陽科技大學等（2011.12.28）
65. 醫學法律與醫療研討會，中山醫學大學（2012.3.4-5）
66. 文化學術研討會，皖西學院（2012.3.22）
67. 醫療與法律風險研討會，中國醫藥大學（2012.5.5）
68. 不動產投資與稅務法律風險研討會，中華法律風險管理學會（2012.6.16）
69. 兩岸四地食品安全法治與消費者權益保護研討會，中國法學會等（2012.7.20）
70. 醫療法律研討會，中華法律風險管理學會等（2012.8.19）
71. 海峽兩岸法治發展法學論壇，中國法學會海研會等（2012.8.22-23）
72. 醫療法律風險管理研討會，中華法律風險管理學會等（2012.9.16.）
73. 2012 兩岸法律風險管理論壇，中興大學等（2012.11.19）
74. 2012 兩岸法律風險管理研討會，成功大學等（2012.11.21）
75. 孫中山法治思想研討會，中山市政府、中山學院等（2012.11.17-18）
76. 公司治理論壇，彰化師範大學（2012.11.21）
77. 第三屆海峽律師論壇，中興大學等（2012.12.8）
78. 社會管理與志願服務論壇，中華法律風險管理學會等（2012.11.23）
79. 人間法論壇，台灣大學（2013.1.12）
80. 兩岸法學教育論壇，亞洲大學等（2013.1.15）
81. 醫療民事紛爭預防與醫病關係研討會，台灣醫院協會等（2013.3.17）
82. 醫療民事紛爭預防與醫病關係研討會，台中市醫師公會等（2013.3.27）
83.「我國企業國際經貿法律戰研討會—檢視對美國反托拉斯法策略與專利侵權案件」研討會，行政院公平會等（2013.3.28）
84. 醫病關係協調處理研討會，台中市醫師公會（2013.4.28）

85. 醫事法學術研討會「有關醫療救濟與保險及醫療機構法律風險研究研討會」，東海大學法律學院醫事法研究中心（2013.5.11）
86. 兩岸法學期刊學術研討會，亞洲大學等（2013.5.15）
87. 2013 國際刑事司法學術研討會，亞洲大學等（2013.5.22）
88. 2013 年暴力與毒品犯罪心理與矯治國際學術研討會暨玄奘大學設科學院學術研討會，玄奘大學（2013.5.23）
89. 海峽兩岸和平法學論壇，北京海研會（2013.8.15）
90. 2013 粵台青年論壇孫中山基金會，中山大學（2013.7.19）
91. 教育部 102 年防治校園霸凌個案研討會，台北大學等（2013.8.27）
92. 第一屆台中醫法論壇「醫療糾紛處理之現在與未來－以台中地院醫療試辦制度爲中心」研討會，中國醫藥大學等（2013.9.1）
93. 2013 海峽兩岸法律風險管理研討會，雲南大學等（2013.9.3）
94. 醫療法律研討會，中國醫藥大學等（2014.2.13）
95. 企業財報不實之民刑事責任論壇，中興大學等（2014.3.31）
96. 不動產課稅制度與評價論壇，中華法務稅務協會（2014.5.2）
97. 兩岸四地法律學術研討會－經營經貿合作與司法互助，逢甲大學等（2014.5.15）
98. 醫事法學術研討會系列（七）社會變遷與醫療法制發展國際學術研討會，東海大學等（2014.5.18）
99. 2014 茶文化、茶美學、茶時尚高峰論壇，亞洲大學（2014.6.23）
100. 2014 兩岸產業經營管理暨會計資訊研討會，電子科技大學中山學院等（2014.6.26）
101. 2014 兩岸經營法律風險研討會，廣東工業大學（2014.6.27）
102. 2014 粵台青年論壇，廣東中山大學（2014.7.17）
103. 促進遼寧現代服務業發展之政策法律保障研討會，遼寧法學會等（2014.9.4）
104. 2014 兩岸法律風險管理研討會，政治大學等（2014.11.12）

105. 2014 兩岸法律風險管理研討會，高雄大學等（2014.11.14）
106. 2015 兩岸經貿發展與司法互助學術研討會等，佛光大學、台灣法研會等（2015.4.25）
107. 2015 兩岸民商財經法制學術研討會，亞洲大學等（2015.6.9）
108. 2015 粵台青年論壇，中山大學（2015.7.15）
109. 第三屆台中醫法論壇，中山醫學大學等（2015.10.18）
110. 第一屆台中法制論壇，台中市政府等（2015.10.22）
111. 證券交易法適用疑慮與修法芻議研討會（一），台大管理學院等（2016.2.20）
112. 證券交易法適用疑慮與修法芻議研討會（二），台大管理學院等（2016.3.19）
113. 證券交易法適用疑慮與修法芻議研討會（三），台大管理學院等（2016.4.23）
114. 證券交易法適用疑慮與修法芻議研討會（四），台大管理學院等（2016.6.18）
115. 2016 粵台青年論壇，廣州中山大學（2016.7.13）
116. 2016 兩岸法學風險管理研討會，中國法學會、貴州法學會等（2016.7.31）
117. 第五屆兩岸和平發展法學論壇，中國法學會、黑龍江法學會等（2016.8.20）
118. 證券交易法適用疑慮與修法芻議研討會（五），亞洲大學財經法律系等（2016.10.01）
119. 第三屆法律風險管理國際學術研討會，亞洲大學財經法律系等（2016.11.15）
120. 企業肅貪之回顧與前瞻論壇，法務部調查局（2016.11.24）
121. 證券交易法適用疑慮與修法芻議研討會（六），逢甲大學財經法律研究所等（2016.11.26）

122. 第一屆成大—北大醫藥法律與政策論壇，成功大學等（2016.12.01）
123. 第二屆大台中法制論壇，台中市政府等（2016.12.02）
124. 證券交易法適用疑慮與修法芻議研討會（七），成功大學法律系等（2017.06.01）
125. 企業經營與法律風險管理論壇，中華談判管理學會等（2017.06.24）
126. 第一屆中彰投苗法制論壇，彰化縣政府等（2017.09.15）
127. 證券交易法適用疑慮與修法芻議研討會（八），台北大學法律系等（2017.10.14）
128. 第五屆台中醫法論壇，中國醫藥大學附設醫院等（2017.12.03）
129. 第一屆長照法律論壇（台北場），台灣法學研究交流協會、台灣社會法與社會政策學會等（2018.04.14）
130. 證券交易法適用疑慮與修法芻議研討會，中國文化大學法律學系等（2018.05.05）
131. 智慧財產權與法律風險研討會系列一，國立雲林科技大學科技法律所等（2018.05.25）
132. 智慧財產權與法律風險研討會系列二，國立政治大學法學院暨財經法研究中心等（2018.06.19）
133. 第一屆長照法律論壇（台中場），亞洲大學財經法律系等（2018.09.14）
134. 智慧財產權與法律風險研討會，銘傳大學法學院等（2018.09.28）
135. 證券交易法適用疑慮與修法芻議，中正大學法學院等（2018.10.29）
136. 第二屆中彰投苗法制論壇，台中市政府等（2018.11.07）
137. 2018 智慧財產權維權實務與 AI 法律風險國際研討會，亞洲大學財經法律系等（2018.11.16）
138. 2018 醫療法學術研討會—醫療糾紛與病人自主權利法，中國醫藥大學人文與科技學院科技法律碩士學位學程等（2018.11.17）
139. 第六屆台中醫法論壇，台中榮民總醫院等（2018.12.16）

140. 企業經營法律風險管理論壇，眞理大學法律學系等（2018.12.17）
141. 第一屆長照法律論壇高雄場，高雄科技大學科技法律研究所等（2018.12.18）
142. 2019 科技與智慧財產權發展新趨勢論壇，台北科技大學智財所、經濟部智慧財產局、法瑪國際專利法律事務所等（2019.04.12）
143. 2019 智慧財產權與法律風險研討會，中華保護智慧財產權協會、中國政法大學台灣校友會、東吳大學法學院等（2019.04.25）
144. 長照法律面面觀—從保險談起，台灣法學研究交流協會、台灣醫療衛生研究協會、中華談判管理學會、台灣長照社福關懷協會、台灣醫事法學會等於台灣大學管理學院等（2019.04.27）
145. 金融創新與不動產開發法律論壇—危老、都更與包租代管的商機，中華金融業務研究發展協會、宏國德林科技大學等（2019.05.11）
146. 地產開發法律論壇，亞洲大學財經法律學系等（2019.05.17）
147. 科技與法制學術及實務研討會，台中市政府法制局、國立雲林科技大學科技法律研究所、資策會科技法律研究所等（2019.05.22）
148. 證券交易法適用疑慮與修法芻議論壇，台北商業大學等（2019.05.30）
149. 科技醫療發展與法律議題研討會，中國醫藥大學等（2019.06.25）
150. 第三屆中彰投苗法制論壇，苗栗縣政府法制局等（2019.06.28）
151. 企業經營之刑罰風險系列論壇—證券交易法適用疑慮與修法芻議，輔仁大學（2019.10.04）
152. 智慧財產權與法律風險論壇靜，宜大學法律學系等（2019.11.14）
153. 2019AI 與醫療法律風險國際研討會，亞洲大學財經法律系等（2019.11.22）
154. 人工智慧、資訊科技與智慧財產權法學術研討會，國立高雄大學財經法律學系等（2019.12.05）
155. 長照法律論壇，國立高雄大學法學院（2019.12.18）

陸、公開演講

甲、1977 年—1995 年約 200 場（略）

乙、1996 年—2004 年

1. 司法保護業務之推動與展望
2. 社會安全防衛機制之建立與推廣—談司法保護業務之深化與廣化
3. 社區處遇與成年觀護業務
4. 民主法治之內涵與培育要領
5. 民主法治修養
6. 兒童法治教育
7. 兒童安全與保護法制
8. 少年犯罪防治對策
9. 少年犯罪防制與社區處遇
10. 少年轉向制度之因應策略
11. 性侵害防治與法律規範
12. 校園法律實務
13. 教師管教權限與法律責任
14. 問題行為與輔導面面觀
15. 犯罪現象與少年犯罪之輔導
16. 校園管教問題與輔導
17. 從案例談公務員貪瀆責任
18. 公務員法律責任與自我保護
19. 公務員應有民法知識
20. 圖利與便民之迷思與辨正
21. 權利之保護與救濟
22. 被害人保護法制

23. 被害人防衛意識與方法
24. 交通事故之處理與處罰
25. 文書之陷阱與法律意義
26. 醫療文書之法律效果
27. 談法律寶典與運用心法
28. 民法總則之理論與實務
29. 動產與不動產相關法律資訊
30. 簽發支票及使用之技巧
31. 收受支票及運用之秘訣
32. 民事訴訟之程序及費用
33. 行政程序與行政革新
34. 行政程序法要論
35. 行政處分與行政罰
36. 行政救濟
37. 案件調查程序應遵行事項與當事人權益之保護
38. 公務執行與刑法關連性
39. 掌握法律界線、快樂爲民服務
40. 案件有效管理－司法官敬業樂業法門
41. 檢察機關之行政協調與聯繫
42. 發揮檢察官正義角色
43. 檢察官應具廣角視野與深度思考
44. 靈活運用訴訟外解決機制
45. 檢察主管經營理念
46. E 世代法治基因改造
47. 運用管理知識提升檢察效能
48. 性犯罪態樣與研析
49. 公判庭攻防戰

50. 勞工權益保障
51. 金融犯罪與偵查實務
52. 企業犯罪相關議題
53. 公務防弊與興利
54. 善用緩起訴處分機制
55. 民刑事與行政訴訟證據調查
56. 國家賠償案例檢討
57. 公共設施與損害賠償
58. 管領藝術與領導成效
59. 當前刑事政策
60. 社區處遇之具體運用
61. 警察業務與風險評量
62. 千瘡百孔之法律觀
63. 檢察機關危機處理

丙、2005年以後

1. 檢察機關之行政協調與聯繫，公務人力發展中心（2005.1.24）
2. 體現司法為民，全力打擊犯罪，法務部（2005.2.1）
3. 肅貪案例實務，司法官訓練所（2005.3.14）
4. 將帥兵棋推演經營實務，檢察長會議（2005.3.28）
5. 從風險預測談政風預防工作，調查局幹訓所（2005.4.1）
6. 台灣司法與審判制度變革，蒙古國檢察長（官）班（2005.4.24）
7. 從反浪費、反腐敗、反貪污談型塑廉能政府，財政人員訓練所（2005.7.12）
8. 司法改革之願景與實踐，女性領導研究班（2005.7.14）
9. 94年三合一選舉查察賄選技巧，檢警調憲首長會議（2005.7.15）
10. 司法人員之辦案新思維，司法官訓練所（2005.8.11）

11. 從交互詰問探討當事人進行主義之精髓，公訴檢察官班（2005.8.15）
12. 打擊民生犯罪，掃除黑道不法，檢察長會議（2005.8.21）
13. 強化公訴業務，妥慎運用緩起訴處分，一二審檢察長會議（2005.8.22）
14. 檢察事務與人權保障，司法官訓練所（2005.9.8）
15. 三度標準化管理與預防，政風工作政風主管班（2005.9.9）
16. 運用踩地雷、鎖螺絲模式強化查賄效能，94 年三合一選舉分區查察會議（2005.10.3）
17. 柔性司法保護業務新方向，更保犯保座談會（2005.10.4）
18. 政風人員之核心價值，政風主管班（2005.10.25）
19. 三合一選舉查察賄選策略，行政院（2005.11.1）
20. 建構社會安全防護體系，中國石油公司，法務部（2005.11.11）
21. 管理藝術，烏來那魯灣飯店，台灣高等檢察署（2005.11.21）
22. 深化教化功能，活化輔導成效，矯正訓練所（2005.11.22）
23. 精緻檢察作為，體現公義價值，一二審檢察官會議（2005.12.19）
24. 偵查實務經驗談，展抱山莊（2005.12.22）
25. 釐清圖利與便民，文官培訓所（2006.1.15）
26. 司法保護核心價值及重點工作精義，司法官訓練（2006.2.9）
27. 推動掃除黑金與查賄方向策略，法務部（2006.2.10）
28. 貫徹正當法律程序，落實寬嚴併進刑事政策，檢察官會議（2006.2.13）
29. 落實矯正分類分級管理，台中看守所（2006.2.27）
30. 預測貪腐危險因子與防制作為，交通部公路總局（2006.3.2）
31. 當前政風核心工作—展現存在價值，再創革新高峰，政風幹部研習會（2006.4.10）
32. 法規影響評估，法務部（2006.4.13）
33. 動態蒐證偵查實務，青溪山莊（2006.4.17）
34. 台灣檢察制度，蒙古國檢察官（長）班（2006.4.18）
35. 緩起訴處分精進策略，台南江南渡假村（2006.5.2）

36. 司法改革藍圖，公務人力發展中心（2006.5.3）
37. 強化全民反貪意識，台中司法大廈（2006.5.6）
38. 檢察核心價值與自我實現，司法官訓練所（2006.5.11）
39. 預防被害意識與危機處理，犯罪被害人保護協會（2006.6.30）
40. 企業犯罪與偵辦實務，台灣地方研習中心（2006.7.5）
41. 警察業務與政風防弊，內政部警政署保一總隊（2006.7.11）
42. 司法改革的變革與前景，行政院女性領導班（2006.7.13）
43. 交互詰問技巧，檢察官座談會（2006.7.15）
44. 變革管理與政風創新做法，台灣電力公司，法務部（2006.7.18）
45. 性侵害防治與電子監控，南元農場，法務部（2006.7.30）
46. 犯罪被害人權益與司法正義，司法官訓練所（2006.8.1）
47. 選舉犯罪態樣解析，警政署（2006.8.5）
48. 反貪預防與調查防制工作，法務部中部辦公室（2006.8.11）
49. 公務系統隱藏危險因子與防制對策，地方研習中心（2006.8.14）
50. 交互詰問與法庭活動，司法官訓練所（2006.8.20）
51. 犯罪被害人保護業務之前景與展望，法務部（2006.8.28）
52. 行政管理與創新作爲，內政部警政署（2006.9.5）
53. 建構無毒家園，草屯療養院（2006.9.12）
54. 行政首長應有之法律視野，交通部（2006.9.13）
55. 性別主流化發展與導論，司法官訓練所（2006.10.12）
56. 精準調查，精緻辦案，調查局（2006.11.1）
57. 司法保護與社區處理，林業試驗所，法務部（2006.11.6）
58. 性侵害犯罪與電子科技監控，救國團劍潭中心（2006.11.7）
59. 發揮引擎領導效能，提昇檢察公信力，司法官訓練所（2006.11.8）
60. 防制弊案、提高爲民服務成效，政風輔導研習會（2006.11.10）
61. 車禍事故面面觀，文化大學（2006.11.17）
62. 金融犯罪之法庭舉證，金融犯罪研習會（2006.12.19）

63. 體現風險管理精髓，提振檢察公訴能量，檢察長會議（2006.12.26）
64. 政風預防業務與風險預測，台灣地方研習中心（2007.1.5）
65. 杜絕反浪費之具體方法，台灣地方研習中心（2007.1.21）
66. 毒品減害計畫構想與運作，嘉南療養院（2007.1.30）
67. 當前刑事政策與實踐對策，司法官訓練所（2007.2.6）
68. 推動掃除黑金之新作爲，法務部（2007.2.10）
69. 實踐公義與關懷之法律文化，法務部（2007.2.13）
70. 從三度標準管理談行政管理，文官培訓所（2007.3.10）
71. 性別主流化，台北地檢署（2007.3.15）
72. 打造人生星光大道，亞洲大學（2007.3.20）
73. 司法保護之核心價值，司法官訓練所（2007.3.22）
74. 防制地下通匯與洗錢犯罪，法務部（2007.3.29）
75. 活化政風效能，展現反貪成效，台灣地方研習中心（2007.4.10）
76. 司法保護與公義關懷理念之實施，主任觀護人會議（2007.4.16）
77. 風險管理運用行政管理之訣竅，政風人員專精研習（2007.4.21）
78. 偵查不公開，人權要保障，檢察長會議（2007.5.8）
79. 法務部施政重點與方向，蒙古國檢察官（長）班（2007.5.14）
80. 杜絕浪費之實務作法，法務部中部辦公室（2007.5.18）
81. 法律人研習法律心法，育達管理學院（2007.6.2）
82. 重塑檢察新形象，檢察長會議（2007.6.15）
83. 從風險控管探討警政相關問題，保一總隊（2007.6.21）
84. 司法倫理，檢察官升等班（2008.7.2）
85. 司法制度與正義實現，司法官訓練所（2007.7.9）
86. 行政執行新思維，電信研究所（2007.7.9）
87. 現階段興利除弊嶄新思維，政風高階領導研習會（2007.8.13）
88. 建立廉能政府－培養公務員清廉正直之操守，交通部（2007.8.20）
89. 變與不變之觀護創新作法，觀護人研習會（2007.9.3）

90. 公訴法庭活動—以審判心理為中心，司法官訓練所（2007.9.6）
91. 查處貪瀆，強化查賄策略，退輔會北區職訓中心（2007.9.29）
92. 證券市場不法案件查核及其影響之探討，政大國際公企中心（2007.10.1）
93. 建立以犯罪被害人為主軸之保護機制，一二審檢察官座談會（2007.10.4）
94. 健全法制基礎，實踐實質正義，行政院勞委會訓練中心（2007.10.6）
95. 讓法務工作的內涵與民眾期待接軌—政策行銷與資訊整合，法務部（2007.10.11）
96. 建構矯正系統優質之組織文化，矯正人員訓練所（2007.11.8）
97. 活力更生，讓愛起飛，台灣犯罪被害人保護協會（2007.11.11）
98. 精緻檢察之具體作法與實現，一二審檢察官座談會（2007.11.15）
99. 激發團隊戰力，建立調查新文化，調查局（2007.11.20）
100. 檢察事務官之定位與職權，調查局幹訓所（2007.11.22）
101. 行政執行之策略與新思維，板橋行政執行署（2007.11.28）
102. 反貪腐思維與實踐策略，政風人員訓練班（2008.1.10）
103. 司法保護發展與變革，司法官訓練所（2008.1.29）
104. 柔性司法發展趨勢，觀護人會議（2008.2.12）
105. 防範危害政風事件發生之前瞻性思維，政風人員訓練中心（2008.2.19）
106. 具體落實執行反貪行動方案，司法官訓練所（2008.3.1）
107. 當前刑事政策，司法官訓練所（2008.3.3）
108. 發揮行政執行法權力，展現公法債權實績，天母國際會議中心（2008.3.6）
109. 調整偵查策略，追查犯罪所得，檢察長會議（2008.3.12）
110. 追查犯罪不法所得新策略，司法官訓練所（2008.4.9）
111. 檢察事務核心思維與落實，司法官訓練所（2008.4.10）
112. 司法保護新思維與實踐，玄奘大學（2008.4.13）

113. 瞭解企業犯罪新型態，調整偵查作為，一二審主任檢察官會議（2008.5.5）
114. 從檢察一體談檢察系統之生存法則，一二審主任檢察官會議（2008.5.8）
115. 企業經營之法律視野與新課題，逢甲大學經營管理所（2008.10.4）
116. 無機成長管理之法律思維與文化，逢甲大學經營管理所（2008.10.11）
117. 與著作權有約，亞洲大學（2008.10.18）
118. 心理專業與司法保護，亞洲大學心理系（2008.11.15）
119. 醫藥學群與法律專業對話，高雄醫學大學（2008.12.16）
120. 司法保護新視界，亞洲大學社工系（所）（2009.3.18）
121. 瞭解法律規範，快樂為民服務，花蓮縣政府（2009.4.18）
122. 從法律風險預測談策略管理，逢甲大學經營管理學院（2009.4.20）
123. 新科技發展與法律議題，逢甲大學經營管理所（2009.5.1）
124. 醫療契約與病患權益，彰化基督教醫院（2009.5.15）
125. 明天過後法律新思維，國父紀念館（2009.5.26）
126. 開啓法律密碼，輕鬆活用法律，台壽研訓會（2009.7.4）
127. 設計建築營造法律圖譜，翔營員工研習營（2009.8.4）
128. 無機成長管理與醫院經營策略，中山醫學大學附設醫院（2009.9.2）
129. 權益關係與法律責任，台保法律知能講座（2009.12.10）
130. 消費者權益保護，台保研訓會（2010.1.14）
131. 科技與智慧財產權法律議題，逢甲大學經營管理院（2010.3.6）
132. 常用民法案例解析，台壽員工訓練講座（2010.3.11）
133. 營建事務與法律風險評斷（一），瑞助研習會（2010.3.19）
134. 企業經營策略與法律風險避讓，逢甲大學經營管理所（2010.5.8）
135. 常用民事案例解析（一）（二），台保研訓會（2010.4.8）
136. 營建事務與法律風險評斷（二），瑞助研習會（2010.4.28）
137. 權益受害內涵、保護要領、解決方案與索賠須知，台保法律知能

講座（2010.5.13）

138. 控管法律風險，優質處理公務策略，中興大學國家政策與公共事務研究所（2010.5.22）
139. 法律風險管理，固始國賓飯店（2010.6.2）
140. 法律輕鬆學—法律風險預測與控管，台中市文化中心（2010.7.17）
141. 台灣司法面面觀，廣州市名人名家講堂（2010.7.21）
142. 醫病關係與風險預測，彰化基督教醫院（2010.7.25）
143. 學校行政人員之管理思維與法治觀念，亞洲大學（2010.8.4）
144. 企業經營一般法律事務，逢甲大學經管所（2010.9.18）
145. 正視法律風險，體現法律價值，中小學校長法律知能研習（2010.10.9）
146. 預測法律風險，強化企業體質，台中市大屯扶輪社（2010.10.14）
147. 法律扶助與訴訟輔導，台壽企業（2010.11.11）
148. 法律風險管理應有之概念，亞洲大學法治教育系列講座（2010.11.9）
149. 大陸投資法律風險認識，浙江長三角台商座談會（2010.11.13）
150. 台灣法學教育發展，南京市法學會（2010.11.16）
151. 投資法律規劃與爭端解決，南京市台商座談會（2010.11.17）
152. 權利保護與救濟途徑，逢甲大學 EMBA 班（2010.12.3）
153. 企業決策運用法律風險管理心法，逢甲大學台北市校友會、逢甲 EMBA 基金會台北市明台保險公司（2010.12.10）
154. 跨過法律，開闊專業視界—兼談法律風險管理，台北北門扶輪社（2011.1.14）
155. 評量法律風險，提昇經營成效，漢翔教育中心（2011.2.16）
156. 司法爲民與柔性司法，台中西區扶輪社（2011.2.22）
157. 新科技法律議題，逢甲大學經管院（2011.3.5）
158. 從行政管理實務談企業高度管理藝術，龍開企業（2011.3.18）
159. 法律風險預測與管理—兼論律師職場運用心法，台中律師公會

（2011.4.23）

160. 法律風險與管理，中華菁英文教協會（2011.5.12）
161. 醫學倫理與醫療法律風險，台灣醫學會、中山醫學大學春季學術演講會（2011.5.21）
162. 全球化與法律發展趨勢，世界臨濮堂總會青年論壇（2011.5.30）
163. 從塑化劑事件解讀法律自閉症候群，台中西屯區扶輪社（2011.6.17）
164. 觀護工作過去與未來展望，法務部觀護 30 年研討會檢討與展望實務研討會（2011.6.27）
165. 兩岸法制、法治、法學教育交流，中國陝西、甘肅、青海、新疆、建設兵團法學會等西北法學會論壇（2011.8.28-9.4）
166. 法律風險控管，教育電台（2011.9.20）
167. 醫療與科技應用法律實務，台北 Bravo 電台（2011.10.12）
168. 企業經營與法律風險管理，台中教育大學事業經營研究所（2011.10.26）
169. 風險與法律新觀念，鹿港扶輪社（2011.11.10）
170. 非常規行爲與法律風險評鑑，逢甲大學經營管理學院（2011.11.12）
171. 全球化法律發展趨勢與權益保護心法，中國文化大學（2011.12.21）
172. 醫病關係與法律風險預測，中國醫藥大學附設醫院（2011.12.23）
173. 地下經濟活動與法律制裁規範，逢甲大學 EMBA 班（2011.12.24）
174. 從醫療案例談法律風險防範，中國醫藥大學附設醫院（2011.12.27）
175. 企業經營與法律風險，逢甲大學經營所高階經理班（2011.12.31）
176. 科技發展與智慧財產權趨勢，逢甲大學科技所（2012.3.17）
177. 建築師業務與法律風險圖譜，台中市建築師公會（2012.3.30）
178. 人身安全與風險意識，國際蘭馨協會（2012.4.20）
179. 企業經營與法律風險，中華法律風險管理學會（2012.5.5）
180. 企業經營法律風險防範，台粵工商論壇（2012.5.23）

181. 孫中山與中國現代化，廣州中山大學，台粵青年論壇（2012.7.10）
182. 犯罪心理學要論—兼論日常生活之風險意識，台中更生保護會（2012.7.30）
183. 受刑人之監所文化及監獄行爲—兼談矯正政策之實踐，台中更生保護會（2012.7.30）
184. 法律風險管理新觀念，中華法律風險管理學會（2012.9.10）
185. 法律風險管理新觸角與新視界，廣東工業大學（2012.9.20）
186. 醫療行爲的風險管理，中山醫學大學（2012.11.6）
187. 社會案例與法律規劃，逢甲大學經營管理研究所（2012.11.10）
188. 法律風險管理新發展，彰化師大（2012.11.21）
189. 競爭與消費者權益保護，逢甲大學（2012.12.1）
190. 跨過直覺，認識法律風險威力，嘉中工商聯誼會（2012.12.6）
191. 不合常規營業與稅捐風險，逢甲大學 EMBA 班（2012.12.8）
192. 法律風險管理新境與發展，雲林科技大學（2012.12.17）
193. 法律風險管理之概念與運用，逢甲大學（2013.1.4）
194. 站高一點，看清法律風險豐原，西北、中央扶輪社（2013.1.8）
195. 台灣政風體制與運作，福建監察會（2013.1.11）
196. 企業創新管理與法律風險，青創會（2013.2.16）
197. 台灣法制工程與發展，電子科技大學中山學院（2013.3.18）
198. 法律風險管理總說與實務，廣州暨南大學（2013.3.19）
199. 法律與風險管理融合探索，廣州中山大學（2013.3.20）
200. 法律風險森林探索與晴空—法律在你身邊，國立公共資訊圖書館（2013.4.20）
201. 法律風險管理新視角與發展，亞洲大學（2013.4.23）
202. 科技發展與法律規範，逢甲大學（2013.4.23）
203. 企業掏空圖景與防制對策，中興大學（2013.5.18）
204. 智慧財產權保護網，逢甲大學（2013.5.18）

205. 法律風險管理之層理剖繪與發展，淡江大學（2013.5.23）
206. 智慧財產權與損害賠償圖譜，逢甲大學（2013.5.25）
207. 當神農氏遇見賈伯斯，亞洲大學（2013.5.27）
208. 台灣立法程序與法務部角色剖繪，日本北海道大學（2013.6.1）
209. 當電腦擁抱世界的陽光思路，世界臨濮堂總會（2013.6.4）
210. 站在法律風險浪花上—工商法律規劃，彰化縣政府（2013.6.13）
211. 醫療司法程序與訴訟攻防心法，中國醫藥大學附設醫院（2013.6.15）
212. 會計師業務與法律風險調控，台中市會計師公會（2013.8.23）
213. 學校行政的法律風險管理心法，亞洲大學（2013.9.1）
214. 企業經營法律實務，亞洲大學（2013.9.16）
215. 網路人生的晴空天地與思路，亞洲大學（2013.10.08）
216. 企業業務處理平台與法律規範，亞洲大學（2013.10.14）
217. 醫院管理與法律風險避讓探微，中國醫藥大學附設醫院（2013.10.20）
218. 企業經營與法律治理，逢甲大學（2013.11.09）
219. 企業活動與法律風險意識，中科企業研習會（2013.11.23）
220. 企業經營與法律治理，中科園區廠商研習會（2013.11.30）
221. 企業經營法律治理實務，逢甲大學 EMBA 班（2013.11.30）
222. 企業經營與法律風險調控，台北天一扶輪社等（2013.11.30）
223. 企業經營與法律風險調控，天一扶輪社等（2013.12.05）
224. 昂然踏上陽光職涯大道，亞洲大學（2013.12.11）
225. 企業經營之基本法律思維，逢甲大學（2013.12.14）
226. 智慧財產權法律網與風險管理，逢甲大學（2013.12.28）
227. 法律相對性與驗證實務，亞洲大學（2014.2.24）
228. 當前科技法律訴訟實務，逢甲大學科技管理所（2014.3.1）
229. 科技法發展與法律風險評斷，逢甲大學科技管理所（2014.3.8）
230. 醫療世界與法律風險連動論證，中山醫學大學（2014.3.14）
231. 醫療鑑定在司法訴訟之運作與實務，中山醫學大學（2014.3.21）

232. 新興科技發展涉及法律風險之評量，逢甲大學（2014.3.22）
233. 醫療鑑定與司法實務，中山醫學大學（2014.3.28）
234. 休閒遊憩安全管理與法律風險，亞洲大學（2014.4.29）
235. 台灣社會發展與財經法律趨勢，亞洲大學（2014.5.5）
236. 科技發展與智慧財產權保護策略，逢甲大學經營管理學院（2014.5.31）
237. 鑑識會計在司法實務之運用，東海大學管理學院（2014.6.16）
238. 大專校園法治教育推動與實踐－兼論學務管理之法律風險，中區大學院校校務會議（2014.6.20）
239. 法律風險森林之探索與預防性管理，國際傑人會（2014.6.21）
240. 法律風險森林之探索與防身術，台北、東北等扶輪社（2014.8.22）
241. 醫病關係與法律風險控管，中山醫學大學（2014.11.22）
242. 人生浮夢的翻轉與前景，亞洲大學（2014.11.25）
243. 現代人應有的法律風險意識，南華大學（2014.11.27）
244. 法律風險管理圖像與調控作爲，逢甲大學（2014.11.30）
245. 企業經營與法律風險治理，亞洲大學（2014.12.01）
246. 法律風險管理之工具及方法，逢甲大學（2014.12.06）
247. 法律實踐跨領域融合之思維與進路，逢甲大學（2014.12.11）
248. 科技研究應用與法律風險，中國醫藥大學（2014.12.12）
249. 營運業務與法律風險管理，逢甲大學（2014.12.13）
250. 工商企業不法行爲事例探微，逢甲大學（2014.12.20）
251. 法律國考之準備與應考要領，亞洲大學（2015.01.07）
252. 醫院組織公司化之發展趨勢，中山醫學大學（2015.01.08）
253. 穿透法律風險森林－公私權益保護心法，台灣水資源管理會（2015.01.16）
254. 工商業與法律風險評估，中小企業經營領袖營（2015.01.23）
255. 台灣歷史與社會發展探微，山東建築大學師生研習營（2015.01.27）

256. 建築業務與法律風險管理，山東建築大學師生研習營（2015.01.27）
257. 不法行爲責任解析，逢甲大學（2015.02.07）
258. 興利與圖利之辨－談公務員之行政效能及爲民服務，台中市政府（2015.02.10）
259. 科技競爭與法律戰的實例解析，逢甲大學科技管理所（2015.2.14）
260. 盤點自己的法律風險意識－開啓權利保護法門，行天宮圖書館（2015.3.13）
261. 科技法律訴訟實戰解碼，逢甲大學經管院（2015.3.14）
262. 科技發展與法律風險衡量，逢甲大學科研所（2015.3.21）
263. 跨越法律風險的瞻野－權利保護心法，台北市圖書館（2015.4.7）
264. 圖利與興利之法律風險實務，台中市公務人員訓練中心（2015.4.14）
265. 政府職能與風險管理，台大商學館（2015.4.25）
266. 網路人生與法律實務，湖北財經學院，藏龍潭學術講座（2015.5.13）
267. 台灣的法制建設與趨向，湖北財經學院中南財經大學藏龍潭學術講座（2015.5.13）
268. 興利與圖利法令實務與風險，台中市公務人員訓練中心（2015.6.2）
269. 工商企業法律風險衡量心法，台中市皇將集團（2015.6.18）
270. 財經法律風險管理實務，電子科技大學中山學院師生研習團（2015.7.22）
271. 工商企業經營與法律風險－以台灣法律治理爲題，西南財經大學研習隊（2015.8.12）
272. 上市上櫃公司法律風險管理－從司法案例談企業風險實現之效應（上）台大商學館（2015.8.15）
273. 台灣法制發展與法律風險議題，上海復旦大學師生修學團（2015.8.26）
274. 兩岸企業經營與法律風險，北京 EMBA 總裁班（2015.9.2）
275. 工商事業經營與法律風險衡量，北京 EMBA 總裁班（2015.9.2）

276. 兩岸工商活動與法律風險兩岸，廣東工會研習團（2015.9.17）
277. 醫療事務與法律規範運動，中山醫學大學（2015.9.26）
278. 醫病法律關係，中山醫學大學（2015.10.17）
279. 工商企業與法律風險調控—從司法案例談風險之實現效應，育達科技大學（2015.10.22）
280. 醫療糾紛防範心法，中山醫學大學（2015.11.7）
281. 工商事業法律風險控管，逢甲大學高階經理班（2015.11.14）
282. 財經法律風險預防對策，逢甲大學高階經理班（2015.11.21）
283. 無過失責任發展趨勢與企業因應對策，逢甲大學經營管理學院（2015.12.12）
284. 企業法律風險管理體制建構，逢甲大學（2015.12.26）
285. 待人接物與醫療糾紛，林新醫院（2016.2.24）
286. 工商經營法律風險探索，中華法務會計研究發展協會（2016.3.4）
287. 科技業法律風險管理，逢甲大學科技管理研究所（2016.3.5）
288. 刑事訴訟法準備與應考法門，亞洲大學（2016.3.15）
289. 科技智慧財產權保護網，逢甲大學科技管理研究所（2016.3.19）
290. 科技侵權行爲與救濟，逢甲大學科技管理研究所（2016.3.26）
291. 營建事務跟法律風險探索—逾期完工觀測，麗明營造企業（2016.4.21）
292. 從法律事例談權益保障心法，台中市菁英工商協會（2016.4.22）
293. 鑑識會計與司法實務驗證，亞洲大學等鑑識會計與電腦稽核實務研討會（2016.5.5）
294. 醫療糾紛防身術，中華民國心臟科學會年會（2016.5.15）
295. 爲民服務與法律風險觀測，台中市政府公務人力訓練中心（2016.6.29）
296. 推廣公務法務思維，行政院人事行政總處地方行政研習中心（2016.7.20）

297. 透過法律發揮人間溫暖—法律好好用，南山講堂（2016.8.11）
298. 醫療法律與政策，中山醫學大學醫管所（2016.09.17）
299. 企業經營法律實務探索，雲林科技大學企業管理系經營管理實務講座（2016.9.19）
300. 醫療事務與法律規範，中山醫學大學醫管所（2016.10.18）
301. 工商事業與法律規範，逢甲大學經營管理學院（2016.11.12）
302. 醫療契約，中山醫學大學醫管所（2016.11.19）
303. 企業法律與法律風險觀測，逢甲大學經營管理學院（2016.11.26）
304. 無過失責任與案例解析，逢甲大學經營管理學院（2016.12.03）
305. 醫療過失責任之認定標準，中山醫學大學醫管所（2016.12.10）
306. 法律風險事例與權益風險管理，靜宜大學（2016.12.22）
307. 行業法律風險與防控，經營管理學會（2016.12.31）
308. 企業經營與法律風險防範，中華民國機密機械發展協會（2017.03.17）
309. 法律風險事例在權益保障心法，育達科技大學經營實務講座（2017.05.18）
310. 醫病關係與法律風險控管，中國醫藥大學博雅經典講座（2017.06.06）
311. 評量法律風險，快樂爲民服務，台中市政府公務人力訓練中心（2017.06.13）
312. 台灣歷史文化圖像，鞍山師範學院赴台灣文化教育研習營（2017.07.25）
313. 建築師事務法律風險圖譜，台中市建築師公會（2017.08.31）
314. 法律風險迷宮，台中大同扶輪社（2017.09.28）
315. 法律規範與責任義務要覽，亞洲大學（2017.10.2）
316. 醫療關係與風險預防，中山醫學大學（2017.10.14）
317. 法律風險責任探索，亞洲大學（2017.10.16）
318. 醫療司法訴訟實務，中山醫學大學（2017.10.21）

319. 企業法律風險與管理防範探索，育達科技大學經營管理講座（2017.11.23）
320. 令人意想不到的法律風險，台中南屯扶輪社（2017.11.29）
321. 企業管理與新科技發展之法律風險，和泰汽車公司（2017.12.01）
322. 企業經營與法律治理，大肚山產業創新精英班第一期（2018.01.13）
323. 企業法律風險與管理防範，台灣大學管理學院（2018.03.05）
324. 企業成長經營與法律風險，大肚山產業創新精英班第二期（2018.03.31）
325. 金融法律風險之評量與管理，日盛金控（2018.04.13）
326. 台灣歷史文化圖像，鞍山參訪團（2018.08.09）
327. 企業成長經營與法律風險管理，大肚山產業創新精英班第三期（2018.08.18）
328. 企業法律風險評量與防範，中興大學 EMBA（2018.09.01）
329. 企業法律風險與管理探索，逢甲大學高階經理班（2018.11.03）
330. 企業新興法律風險，逢甲大學商學院（2018.11.10）
331. 企業法律風險管理思路與防範，逢甲大學金融博士學位學程高階班（2018.11.11）
332. 企業併購與法律相關議題，逢甲大學高階經理班（2018.11.17）
333. 智慧財產權保護策略，逢甲大學高階經理班（2018.12.01）
334. 從傳統到 AI 智慧醫學探測醫療不確定之風險，中國醫藥大學附設醫院醫法對話及醫糾處理實務交流座談會（2018.12.05）
335. 法律迷宮與運算智慧，台中市嘉中校友會（2019.01.05）
336. 快樂爲民服務一興利圖利與風險評量創新學習，雲林名人講座（2019.01.24）
337. 無形資產與法律評價，逢甲大學科技管理所（2019.02.16）
338. 法律風險實現與預防，中興大學 EMBA 班（2019.02.27）
339. 營業秘密對產業之衝擊，逢甲大學科技管理所（2019.03.02）

340. 科技連動法律規範分析，中興大學 EMBA 班（2019.03.06）
341. 財經世界的法律事務，中興大學 EMBA 班（2019.03.13）
342. 管理企業法律風險之具體實踐，中興大學 EMBA 班（2019.03.20）
343. 建立智慧財產保護庫，逢甲大學科技管理所（2019.03.23）
344. 企業遇見法律滾動軌跡，中興大學EMBA企業領袖組（2019.04.27）
345. 企業法律攻略新視界，大肚山產業創新菁英班第四期（2019.05.18）
346. 企業經營成長與活用法律錦囊，中興大學 EMBA 越南班（2019.05.25）
347. 台灣科技傑出宗親與AI發展趨勢，印尼施氏青年論壇（2019.06.30）
348. 法律因應社經科技發展趨勢，亞洲大學（2019.7.3）
349. 台灣歷史文化演藝，亞洲大學（2019.8.7）
350. 彰化刑事面向與權利保護攻略－從犯罪心理談起工工系、大葉大學材料系、消防系、資工系、電機系、機械系、環工系等系之大一的新生們分享大學入門之「認識彰化」講座（2019.9.25）
351. 法律風險不只是想像，中興大學 EMBA 領袖組（2019.11.08）
352. 發現法律風險，義工獅子會（2019.11.08）
353. 法律風險森林多面相，逢甲大學 EMBA（2019.11.09）
354. 企業成長相關法律規範，逢甲大學 EMBA（2019.11.23）
355. 管理法律風險新思維，逢甲大學金融博士學位學程高階班（2019.11.24）
356. 活用法律提昇企業效能，大肚山產業創新菁英班第五期（2019.12.01）
357. 生物醫療技術與法律議題，逢甲大學 EMBA（2019.12.07）
358. 當企業遇見法律，中菁會（2019.12.15）
359. 找回法律溫度，台中東英扶輪社（2019.12.16）
360. 訴訟攻防與司法實務，逢甲大學 EMBA（2019.12.28）
361. 企業法律新藍海，逢甲科技管理所（2020.02.15）

362. 企業經營與法律鏈結，中興 EMBA（2020.03.05）
363. 科技發展與法律規範趨勢，逢甲科技管理所（2020.03.08）
364. 無形資產法律效益與實用，逢甲科技管理所（2020.03.15）
365. 新興企業法律風險議題，中興大學高階經理班（2020.3.26）
366. 外國法律風險，中興大學 EMBA 班（2020.06.18）

柒、參與重要法案之制定與修正

1. 公民投票法
2. 國家安全法
3. 政府採購法
4. 民法物權編、親屬編
5. 海商法
6. 非訟事件法
7. 公證法
8. 鄉鎮市調解條例
9. 信託法
10. 刑法總則、分則編
11. 貪污治罪條例
12. 洗錢防制法
13. 毒品危害防制條例
14. 觀察勒戒處分執行條例
15. 強制戒治處分執行條例
16. 組織犯罪防制條例
17. 刑事訴訟法
18. 羈押法
19. 通訊保障及監察法
20. 法醫師法
21. 證人保護法
22. 犯罪被害人保護法
23. 保安處分執行法
24. 更生保護法
25. 中華民國九十六年減刑條例
26. 行政程序法
27. 行政罰法
28. 行政執行法
29. 個人資料保護法
30. 政府資訊公開法
31. 遊說法
32. 公務人員行政中立法
33. 公職人員利益迴避法
34. 農會法
35. 公務人員財產申報法
36. 性侵害防治法
37. 兒童及少年福利與權益保障法
38. 兒童及少年性交易防制條例

39. 家庭暴力防治法
40. 人口販運防制法
41. 災害防治法
42. 省縣自治法
43. 直轄市自治法
44. 地方制度法
45. 公職人員選舉罷免法
46. 建築法
47. 都市更新條例
48. 警察職權行使法
49. 水汙染防制法
50. 食品衛生管理法
51. 藥事法
52. 菸害防制法
53. 醫療法
54. 傳染病防治法
55. 人工生殖法
56. 自來水法
57. 森林法
58. 水利法
59. 水土保持法
60. 山坡地保育利用條例
61. 土石採取法
62. 野生動物保育法
63. 動物保護法
64. 農業發展條例
65. 植物防疫檢療法
66. 銀行法
67. 證券交易法
68. 公平交易法
69. 民用航空法
70. 道路交通管理處罰條例
71. 發展觀光條例
72. 公路法
73. 學位授予法
74. 私立學校法
75. 台灣地區與大陸地區人民關係條例
76. 律師法
77. 行政訴訟法

捌、法律知識推廣系列叢書

1. 父母法律手冊，法務部
2. 漫畫版父母法律手冊，法務部
3. 第二生命價值—名譽權的保護與救濟，法務部
4. 飆車防制手冊，法務部

5. 犯罪被害人保護手冊（救援篇），法務部
6. 犯罪被害人保護手冊（救濟與訴訟篇），法務部
7. 釐清圖利與便民，辦公安心又自在，法務部
8. 公務員法律權限與法律責任，法務部
9. 少年法律武功秘笈，桃園地檢署
10. 原住民朋友的法律頻道，桃園地檢署
11. 刑法知識，考試院保訓會
12. 泰文版外勞法律手冊，桃園地檢署
13. 法治教育宣傳手冊（合著），亞洲大學（2010.10）
14. 法治教育宣傳手冊（合著），亞洲大學（2011.10）
15. 法治教育宣傳手冊（合著），亞洲大學（2013.10）
16. 法律風險管理（合著），亞洲大學（2017.10）
17. 生活法律風險管理（合著），亞洲大學（2018.10）
18. 生活法律風險管理（合著），亞洲大學（2019.10）

玖、特別論述

1. 揚帆擺渡拓我人生，正心校友會訊（1972.5）
2. 澎湖行旅（1974.2）
3. 澎湖居遊，用心愛澎湖（1976.6）
4. 自我實踐與生涯規劃靜，宜大學青少年兒童福利系列（1980.5）
5. 風雨來路時—郭藩院長與正心中學 10 年，靜宜大學（1984.10）；正心青年（1985.11）
6. 台澎地區施氏族群聚部落，施氏月刊（1990.10）
7. 台澎地區施氏先賢文物古蹟，施氏月刊（1991.10）
8. 陶瓷傳情，涵養性靈，名瓷雅集（1994.6）
9. 法務社論十多篇，法務通訊社（1995-1997）

10. 昨日今日畫心語，張秀燕畫集（2000.10）
11. 茶雕人生，李崑源茶壺專輯（2001.1）
12. 深耕創新、軒首高立，吳政憲陶瓷壺專集（2002.5）
13. 鹿崛溝畔的陽光歲月，大林國校百週年校慶紀念文集（2006.11）
14. 傳承創新，邁向卓越律師公會，全國聯合會（2007.9）
15. 上善若水，至大無外，康木祥雕塑集（2009.10）
16. 茂韻林集，雅趣集賢，茂林雅集（2010.1）
17. 茂林雅集畫冊，大綠文化（2010.12）
18. 仁者領航，讓正心發光發熱，正心中學50年校慶會刊（2010.12.11）
19. 高峰頂立，鷹揚千里榮耀99· 貢獻百分百，銓敘部（2010.12）
20. 大象有道，山水容情，台灣美術名家（2011.1.31）
21. 尋覓絲路足跡，體驗今古風情，中華法律風險管理學會（2011.9）
22. 峰頂高立，至大無外　亞洲大學（2011.11.20）
23. 慈悲大度般若月聖較度田法源聖蹟綠度母菩薩專集（2012.4）
24. 色彩靈動豐富心靈花園，台中施氏月刊（2012.4）
25. 泥壞深情釉紅登頂古典，台灣鈞紅（2012.7）
26. 陶瓷樂活，兩岸筆會情，中華法律風險管理學會（2012.9）
27. 法治思想長河—韓非子與孫中山對話孫，中山基金會（2012.9）
28. 廈泉參訪隆情盛意感人，台中施氏月刊（2013.1.30）
29. 台灣藝術與人文，中央電視台專訪（2013.4.10）
30. 融景迴情，氣韻靈動，顏聖哲書畫集（2014.10）
31. 清友茗情啓應茂林雅集，台灣好創藝（2015.3.20）
32. 醇化美感舞動心藝，蔡玉葉畫集（2016.11.15）
33. 意念入畫韻情涵蘊，程雪亞創作集（2017.2.12）
34. 正象樂藝，執韻采華，曾中正畫集（2017.3）
35. 飽覽山川圖景，品讀人文藝術，中華法律風險管理學會（2017.9）
36. 遊藝情深，逸雅超群，黃茂己書法集（2017.10）

37. 快樂青藏行，人文宗教饗宴，中華法律風險管理學會（2019.9）
38. 印象獅城，深度體驗，中華法律風險管理學會（2019.9）
39. 台灣施姓族人遷居與聚落脈絡探尋，台中施氏族譜（2020.3）
40. 執法者認事明用法平，台灣冤案實錄：洗冤（2020.4）

附論五　作者簡介

（按姓氏筆畫排序）

1. 牛惠之，英國倫敦大學瑪莉皇后學院法學博士，研究領域是醫療法律、生醫科技法律、國際經貿法、健康與環境風險管理，現職爲中國醫藥大學科技法律碩士學位學程副教授兼主任，Email: nieo.school@gmail.com。
2. 王立達，美國印第安那大學布魯明頓分校 Maurer 法學院法學博士，研究領域是競爭法、專利法、智慧財產權、網路與科技法、產業管制等，現職爲國立政治大學法學院教授、台灣公平交易法學會理事，E-mail: lidar@nccu.edu.tw。
3. 王怡蘋，德國佛萊堡大學法學博士，研究領域是著作權法、債法、商標法、智慧財產權等，現職爲國立臺北大學法律學系教授，E-mail: wangyiping@mail.ntpu.edu.tw。
4. 江惠民，國立台灣大學法律系學士，研究領域是刑事法，現職爲檢察總長，E-mail: azalea@mail.moj.gov.tw。
5. 余賢東，逢甲大學財經法律研究所碩士，研究領域是智慧財產權法、公平交易法，現職爲逢甲大學財經法律研究所兼任助理教授級專業人員，E-mail:sheangdong@gmail.com。
6. 吳光明，國立台灣大學法學博士，研究領域是財產法、證券交易法、仲裁法，現職爲臺北大學法律學系教授，律師〈1975-1993；2013 迄今〉，上市公司凌巨科技股份有限公司獨立董事。E-mail: carlwu@gm.ntpu.edu.tw。
7. 吳巡龍，美國史丹福大學法學博士，研究領域是刑事訴訟法、證據法，現職爲最高檢察署調辦事檢察官，E-mail: lungwu@mail.moj.gov.tw。

8. 吳尚昆，北京大學法學博士，研究領域是著作權、營業秘密、智慧財產權、文創藝術法律等，現職爲大成臺灣律師事務所律師、世新大學法學院兼任助理教授，E-mail: sunnylaw.wu@gmail.com。
9. 宋名晰，美國紐約大學法學博士，研究領域是刑事法、法律與社會、東亞法律，現職爲亞洲大學財經法律學系助理教授，東亞法律中心主任，E-mail: minghsi_sung@hotmail.com。
10. 李介民，東海大學法學博士，研究領域是行政法、租稅法，現職爲靜宜大學法律學系副教授兼系主任，E-mail:jmlee@pu.edu.tw。
11. 李兆環，中國政法大學法學博士、中正大學法學碩士，研究領域是醫療相關法規、家事法，現職爲得聲法律事務所主持律師，E-mail: evanleeoffice@gmail.com。
12. 李惠宗，德國慕尼黑大學法學博士，研究領域是憲法、行政法、法學方法論、教育法，現職爲國立中興大學法律學系教授，E-mail: htlee@dragon.nchu.edu.tw。
13. 李維宗，德國慕尼黑大學法學博士，研究領域是刑事訴訟法、刑法總則、刑法分則、特別刑法、刑事政策學、少年事件處理法、刑事法綜合演練、經濟犯罪，現職爲亞洲大學財經法律學系教授級專業技術人員，E-mail: weichung7@gmail.com。
14. 邢泰釗，國立中興大學法律學系、私立中國文化大學法律研究所碩士，研究領域是刑事法，現職爲臺灣高等檢察署檢察長，E-mail: hsing888@mail.moj.gov.tw。
15. 卓俊雄，東海大學法學博士，研究領域是保險法、商事法、金融消費者權益保障法、金融監理法；現職爲東海大學法律學系專任教授、財團法人金融消費評議中心主任委員兼總經理；E-mail: chcho@thu.edu.tw。
16. 周伯翰，美國威斯康新州立大學麥迪遜總校區法學博士，研究領域是智慧財產權法、金融法、國際經濟法、民事財產法，現職爲國立高雄大學財經法律學系專任副教授，E-mail: dbjou@nuk.edu.tw。

17. 林俊宏，美國舊金山金門大學法學博士，研究領域是通訊科技與跨境電商法制、跨國投資與國際經貿法、海商法與國際海事法、仲裁法與國際爭端解決，現職為逢甲大學財法所教授兼公司治理中心主任，E-mail: chunhlin@fcu.edu.tw。
18. 林洲富，國立中正大學法學博士，研究領域是專利法、著作權法、商標法、營業秘密法、民法、民事訴訟法、強制執行法、非訟事件法，現職為智慧財產法院法官，國立中正大學法研所兼任助理教授，E-mail: joe1011@judicial.gov.tw。
19. 林鈺雄，德國慕尼黑大學法學博士，研究領域是刑事訴訟法、刑事程序與國際人權、經濟刑法，現職為國立臺灣大學法律學院教授，E-mail: yslmy41@yahoo.com.tw。
20. 林家祺，國立中正大學法律研究所法學博士，研究領域是民事訴訟法、政府採購法、強制執行法，現職為眞理大學法律學系專任教授、台北市政府採購申訴委員、國防大學法研所兼任教授，E-mail: evanlinchiachi@gmail.com。
21. 邱秀玉，國立臺灣大學法律學系，研究領域是刑事法，現職為臺灣臺北地方檢察署官長，E-mail: bam@mail.moj.gov.tw。
22. 邱若曄，輔仁大學法學碩士，研究領域是民商法、財經法，現職為眾博法律事務所助理合夥律師，E-mail: jy.chiu@lexprolaw.com。
23. 唐淑美，英國雪菲爾大學法學博士，英國牛津大學訪問學者，研究領域是生物科技法、醫療法、專利法、科技與管理，現職為亞洲大學財經法律學系教授兼系主任，E-mail: tangshumei@asia.edu.tw。
24. 翁翊瑀，亞洲大學法學碩士，研究領域是人工智慧相關法律、兩岸刑事司法，現職為廈門大學法學院博士生，E-mail: a8368088@gmail.com。
25. 翁逸泓，英國德倫大學法學博士，研究領域是隱私與個人資料保護法、網路法、通訊傳播法、醫學與法律、歐洲人權法，現職爲世新大學法律學院副教授，E-mail: wesley@mail.shu.edu.tw。

26. 翁僑鴻，亞洲大學法學碩士，研究領域是刑事犯罪、刑事特別背信，E-mail: a841226088@gmail.com。
27. 袁義昕，國立中正大學法學博士，研究領域是無形資產法制、稅法、公司法、民法，現職爲國立雲林科技大學科技法律研究所副教授兼所長，E-mail: danielyuan1978@gmail.com。
28. 張心悌，美國加州大學柏克萊分校法學博士（J.S.D.），研究領域是公司法、證券交易法、公司治理法制，現職爲國立台北大學法律學系教授，E-mail: htchang@gm.ntpu.edu.tw。
29. 張智聖，國立中山大學中山學術研究所社會科學博士，研究領域是憲法、行政法、海洋法、長照政策及法規、不動產法律風險管理，現職爲亞洲大學財經法律學系專任助理教授，E-mail: 560820@gmail.com。
30. 張進德，美國聯邦國際大學會計博士、國立中正大學法學碩博士，研究領域是稅法、國際稅法、公司法、證券交易法、會計與企業管理，現職爲國立中興大學法律系兼任教授，E-mail:crowntc@crowncpa.com.tw。
31. 張麗卿，台灣大學法學博士、德國慕尼黑大學法學博士，研究領域是刑法、刑事訴訟法、醫療倫理與法律、法律倫理與經典文學、人工智慧相關法律，現職爲國立高雄大學特聘教授，E-mail：lichingch@nuk.edu.tw。
32. 盛子龍，國立臺灣大學法學博士，研究領域是憲法、行政法、訴願及行政訴訟法、租稅法等公法相關領域，現職爲國立中正大學財經法律學系專任教授兼系主任，E-mail: shengtzulung@yahoo.com.tw。
33. 章忠信，國立交通大學科技法律研究所博士，研究領域是智慧財產權、網路法，現職爲東吳大學法律學系助理教授兼任科技暨智慧財產權法研究中心主任、經濟部智慧財產局著作權審議及調解委員會委員，E-mail: ipr@scu.edu.tw。

34. 莊晏詞，東海大學法學博士，研究領域是智慧財產權、科技法律、醫療法，現職爲亞洲大學財經法律學系助理教授，E-mail: chuangyt@asia.edu.tw。

35. 許兆慶，中正大學法學博士、美國柏克萊加州大學 LL.M，研究領域是信託法、國際私法、證券交易法、資產規劃、民刑事訴訟實務，現職爲眾博法律事務所主持律師，E-mail: andrew.hsu@lexprolaw.com。

36. 許家源，國立台北大學法學博士，研究領域是刑法、刑事訴訟法、犯罪學、刑事政策學，現職爲靜宜大學法律學系助理教授，E-mail：jiushiu@pu.edu.tw。

37. 陳匡正，美國伊利諾大學香檳分校法律科學博士，研究領域是智慧財產權、科技與法律、生物多樣性與法律、實證法學研究、法律經濟分析、再生能源法，現職爲國立臺北科技大學智慧財產權研究所專任副教授，E-mail: kcschen@mail.ntut.edu.tw。

38. 陳彥良，德國梅茵茲大學法學博士，研究領域是銀行法、公司法、證交法、企併法、金融法，現職爲台北大學法律學院教授兼財經法中心主任，E-mail: ylchen@mail.ntpu.edu.tw。

39. 陳清秀，台灣大學法學博士，美國喬治城大學訪問研究，研究領域是財稅法、行政訴訟法、法理學，現職爲東吳大學法律學系專任教授，E-mail: chenchinghsiou@gmail.com。

40. 陳瑞仁，台灣大學法學士、碩士，美國哥倫比亞大學 LL.M.，研究領域是刑事訴訟法、刑法，現職爲最高檢察署調辦事檢察官，E-mail: ericchen@mail.moj.gov.tw。

41. 陳運財，日本神戶大學法學博士，研究領域是刑事訴訟法，現職爲成功大學法律學系教授，E-mail: ytchen@mail.ncku.edu.tw。

42. 陳學德，國立政治大學法學碩士，研究領域是醫事法、證券交易法、強制執行法，現職爲臺灣臺中地方法院法官兼庭長，E-mail: se03261961@gmail.com。
43. 程法彰，北俄亥俄大學法學院 Juris Doctor，研究領域是智慧財產權、通訊法與網路政策、個人資料保護，現職爲國立高雄科技大學科技法律研究所專任教授，E-mail: fachang@nkust.edu.tw。
44. 黃則儒，德國慕尼黑大學法學博士，研究領域是電信法、刑事訴訟法，現職爲最高檢察署調辦事檢察官，E-mail:rurhuang@mail.moj.gov.tw。
45. 楊玉隆，國立中正大學法學博士，研究領域是醫事法與家庭醫學，現職爲亞洲大學財經法律學系兼任助理教授、楊玉隆家庭醫學科診所負責醫師，E-mail: yyltsh@ms49.hinet.net。
46. 楊智傑，臺灣大學法學博士，研究領域是智慧財產權法、網路資訊法與公法，現職爲國立雲林科技大學科技法律所教授，E-mail: yangchih@yuntech.edu.tw。
47. 葉志良，美國印第安那大學布魯明頓校區法學院法學博士，研究領域是通訊傳播法律與政策、資訊隱私、智慧財產權法、電子商務法律，現職爲元智大學資訊傳播學系助理教授，E-mail: chyeh@saturn.yzu.edu.tw。
48. 葛克昌，研究領域是行政法、國家學、國家理論、財稅法，現職爲東吳法律系專任客座教授、國立台灣大學法律學院兼任教授、台灣稅法學會理事長，E-mail:ksgee1@gmail.com。
49. 詹森林，德國法蘭克福大學法學博士，研究領域是民法、消費者保護法、比較民法，現職爲司法院大法官，E-mail: shlijan@ntu.edu.tw。
50. 廖大穎，日本神戶大學（Kobe University）法學博士，研究領域是公司法、證券交易法，現職爲東海大學法律學院法律學系教授，E-mail: tyliaow@thu.edu.tw。

51. 蔡佩芬，國立中正大學法律學博士，研究領域是國際刑事司法互助、國際民事司法互助、國際私法、仲裁、調解、國際刑事訴訟法、刑事訴訟法、刑法、海商法，現職為亞洲大學財經法律學系副教授，E-mail: fen2006@gmail.com。
52. 蕭隆泉，國立台北科技大學工學碩士，研究領域是家事法學、民事法學、工程法學、智慧財產法學，現職為亞洲亞洲大學財經法律學系兼任教師、允赫通商法律事務所律師兼所長，E-mail: tandelaw@yahoo.com.tw。
53. 賴苡任，北京大學法學博士候選人、亞洲大學法學碩士，研究領域是智慧財產權、國際智慧財產權政治，現職為北京大學科技法律研究中心研究助理、中國政法大學知識財產權研究中心副研究員，E-mail: andy780410@hotmail.com。
54. 薛筱諭，亞洲大學財經法律學系科技法律組學士，研究領域是民事法、刑事法、智慧財產權法、不動產法律風險管理、公司法，現職為律師，E-mail：hsiaoyu.tw@gmail.com。
55. 謝如蘭，德國海德堡大學（Heidelberg Universität）法學博士，研究領域是憲法、行政法、稅法、國際稅法，現職為亞洲大學財經法律學系教授，E-mail: julan_hsieh@hotmail.com。
56. 謝國廉，英國愛丁堡大學法學博士，研究領域是英美法、智慧財產權法、競爭法、資訊法，現職為國立高雄大學財經法律學系專任教授兼系主任，E-mail: edhsieh05@nuk.edu.tw。
57. 顏上詠，英國雪菲爾大學法學博士，英國牛津大學、愛丁堡大學訪問學者，研究領域是智慧財產權、生物科技法制與產業政策、奈米科技法制與產業政策，現職為逢甲大學企業管理學系教授，E-mail: syyen@fcu.edu.tw
58. 魏馬哲（Matthias Wetzel），德國佛萊堡大學法律學系碩士、法蘭克福大學法學博士候選人，研究領域是智慧財產權法、經濟法、民法、法學英文、法學德文，現職爲亞洲大學財經法律學系助理教授，E-mail: wetzel@asia.edu.tw。

59. 蘇南，國立中正大學法學博士、國立交通大學土木工程博士、中國政法大學法學博士，研究領域是人工智慧法律、政府採購法、仲裁法、促參法及營建法規，現職爲國立雲林科技大學營建系及通識教育中心教授，E-mail:sun@yuntech.edu.tw。

60. Hary Abdul Hakim, Research Assistant, PAIR Labs; Assistant Research Fellow, East Asia Law Center, Department of Financial and Economic Law, Asia University, Taiwan, Email: haryabdulhakim7@gmail.com.

國家圖書館出版品預行編目資料

施茂林教授七秩華誕祝壽論文集／召集人：邱太三；唐淑美總策劃. ——初版.——臺北市：五南，2020.07
面；　公分
ISBN 978-986-522-125-6(上冊：軟精裝). --
ISBN 978-986-522-126-3(下冊：軟精裝)

1.法學　2.文集

580.7　　109009384

1MAG

施茂林教授七秩華誕祝壽論文集(下冊)

主辦單位— 亞洲大學財經法律學系、中華法律風險管理學會、台灣法學研究交流協會
召 集 人— 邱太三
總 策 劃— 唐淑美
策　　劃— 謝如蘭、顏上詠
編　　務— 許采潔、陳縈菲
發 行 人— 楊榮川
總 經 理— 楊士清
總 編 輯— 楊秀麗
主　　編— 侯家嵐
責任編輯— 侯家嵐、李貞錚
封面設計— 王麗娟
出 版 者— 五南圖書出版股份有限公司
地　　址：106台北市大安區和平東路二段339號4樓
電　　話：(02)2705-5066　　傳　　真：(02)2706-6100
網　　址：http://www.wunan.com.tw
電子郵件：wunan@wunan.com.tw
劃撥帳號：01068953
戶　　名：五南圖書出版股份有限公司

法律顧問　林勝安律師事務所　林勝安律師

出版日期　2020年7月初版一刷
定　　價　新臺幣980元